工商管理经典译丛 BUSINESS ADMINISTRATION CLASSICS

MANAGEMENT

FIFTEENTH EDITION

管理学

第15版

［美］ 斯蒂芬·罗宾斯（Stephen P. Robbins）
玛丽·库尔特（Mary Coulter） 著
刘 刚 梁 晗 程熙鎔 唐 寅 等 译

中国人民大学出版社
·北京·

图书在版编目（CIP）数据

管理学：第15版/（美）斯蒂芬·罗宾斯，（美）玛丽·库尔特著；刘刚等译．--北京：中国人民大学出版社，2022.3

（工商管理经典译丛）

ISBN 978-7-300-30079-5

Ⅰ.①管… Ⅱ.①斯… ②玛… ③刘… Ⅲ.①管理学 Ⅳ.①C93

中国版本图书馆CIP数据核字（2022）第023187号

工商管理经典译丛

管理学（第15版）

［美］斯蒂芬·罗宾斯 玛丽·库尔特 著

刘 刚 梁 晗 程熙鎔 唐 寅 等 译

Guanlixue

出版发行	中国人民大学出版社		
社　　址	北京中关村大街31号	**邮政编码**	100080
电　　话	010－62511242（总编室）		010－62511770（质管部）
	010－82501766（邮购部）		010－62514148（门市部）
	010－62515195（发行公司）		010－62515275（盗版举报）
网　　址	http://www.crup.com.cn		
经　　销	新华书店		
印　　刷	涿州市星河印刷有限公司		
开　　本	787 mm×1092 mm　1/16	**版　　次**	2022年3月第1版
印　　张	34.25 插页1	**印　　次**	2025年5月第8次印刷
字　　数	817 000	**定　　价**	98.00元

工商管理经典译丛

出版说明

随着中国改革开放的深入发展，中国经济高速增长，为中国企业带来了勃勃生机，也为中国管理人才提供了成长和一显身手的广阔天地。时代呼唤能够在国际市场上搏击的中国企业家，时代呼唤谙熟国际市场规则的职业经理人。中国的工商管理教育事业也迎来了快速发展的良机。中国人民大学出版社正是为了适应这样一种时代的需要，从1997年开始就组织策划“工商管理经典译丛”，这是国内第一套与国际管理教育全面接轨的引进版工商管理类丛书，该套丛书凝聚着100多位管理学专家学者的心血，一经推出，立即受到了国内管理学界和企业界读者们的一致好评和普遍欢迎，并持续畅销数年。全国人民代表大会常务委员会副委员长、国家自然科学基金会管理科学部主任成思危先生，以及全国MBA教育指导委员会的专家们，都对这套丛书给予了很高的评价，认为这套译丛为中国工商管理教育事业做了开创性的工作，为国内管理专业教学首次系统地引进了优秀的范本，并为广大管理专业教师提高教材甄选和编写水平发挥了很大的作用。其中《人力资源管理》（第六版）获第十二届“中国图书奖”；《管理学》（第四版）获全国优秀畅销书奖。

进入21世纪后，随着经济全球化和信息化的发展，国际MBA教育在课程体系上进行了重大的改革，从20世纪80年代以行为科学为基础，注重营销管理、运营管理、财务管理到战略管理等方面的研究，到开始重视沟通、创业、公共关系和商业伦理等人文类内容，并且增加了基于网络的电子商务、技术管理、业务流程重组和统计学等技术类内容。另外，管理教育的国际化趋势也越来越明显，主要表现在师资的国际化、生源的国际化和教材的国际化方面。近年来，随着我国MBA和工商管理教育事业的快速发展，国内管理类引进版图书的品种越来越多，出版和更新的周期也在明显加快。为此，我们这套“工商管理经典译丛”也适时更新版本，增加新的内容，同时还将陆续推出新的系列和配套参考书，以顺应国际管理教育发展的大趋势。

本译丛选入的书目，都是世界著名的权威出版机构畅销全球的工商管理图书，被世界各国和地区的著名大学商学院和管理学院所普遍选用，是国际工商管理教育界最具影响力的教学用书。本丛书的作者，皆为管理学界享有盛誉的著名教授，他们的这些著作，经过了世界各地数千所大学和管理学院教学实践的检验，被证明是论述精辟、视野开阔、资料丰富、通俗易懂，又具有生动性、启发性和可操作性的经典之作。本译丛的译者，大多是国内各著名大学的优秀中青年学术骨干，他们不仅在长期的教学研究和社会实践中积累了丰富的经验，而且具有较高的翻译水平。

本丛书的引进和运作过程，从市场调研与选题策划、每本书的推荐与论证、对译者翻译水平的考察与甄选、翻译规程与交稿要求的制定、对翻译质量的严格把关和控制，到版式、封面和插图的设计等各方面，都坚持高水平和高标准的原则，力图奉献给读者一套译文准确、文字流畅、从内容到形式都保持原著风格的工商管理精品图书。

本丛书参考了国际上通行的MBA和工商管理专业核心课程的设置，充分兼顾了我国管理各专业现行通开课与专业课程设置，以及企业管理培训的要求，故适应面较广，既可用于管理各专业不同层次的教学参考，又可供各类管理人员培训和自学使用。

为了本丛书的出版，我们成立了由中国人民大学、北京大学、中国社会科学院等单位专家学者组成的编辑委员会，这些专家学者给了我们强有力的支持，使本丛书得以在管理学界和企业界产生较大的影响。许多我国留美学者和国内管理学界著名专家教授，参与了原著的推荐、论证和翻译工作，原我社编辑闻洁女士在这套书的总体策划中付出了很多心血。在此，谨向他们致以崇高的敬意并表示衷心的感谢。

愿这套丛书为我国MBA和工商管理教育事业的发展，为中国企业管理水平的不断提升继续做出应有的贡献。

中国人民大学出版社

前　言

欢迎阅读《管理学（第 15 版）》！《管理学》一书自 1984 年首版以来，已经成为世界上最畅销的管理学著作之一！数百所美国大学选用本书开展教学活动。同时，本书也被翻译成西班牙语、法语、俄语、荷兰语、印度尼西亚语、韩语以及汉语等多种语言；澳大利亚、加拿大、印度和一些阿拉伯国家也出版了本书的改编版本。

第 15 版的新变化

在第 15 版中，我们增添了许多全新的话题。下面的概览强调了其中的一些话题：

重新思考全球化

长久以来，全球化被经济学家和媒体所推崇。对于世界各国而言，全球化是一个双赢的选择。然而，近期的发展挑战了这一信念，并显现出越来越多的反对全球化态度的迹象。在第 4 章，我们介绍了全球化的历史和近期的发展。

“我也是”运动

近年来的“我也是”运动（反性骚扰运动）将全世界的注意力吸引到工作场所的性别平等问题上来。该运动表明，当前的工作场所文化对于女性而言是不利的。在第 5 章，我们回顾了工作场所的性别平等问题。

社交媒体的广泛传播

第 15 版就社交媒体如何重塑管理实践提出了一些洞见——包括道德行为、沟通、激励以及控制等。

大数据、逻辑分析与人工智能改变管理者的工作方式

大数据、逻辑分析以及人工智能正在改变管理者的决策方式与组织设计方式。在第 15 版中，该问题在几个章节均有涉及。

本书编纂的三项原则

究竟是什么让这本《管理学》畅销了 30 多年？我们认为答案在于三项指导原则：（1）涵盖前沿主题；（2）确保文字的可读性与对话性；（3）确保呈现的内容与读者相关。

前沿的主题

本书一直力求提供前沿的主题内容。例如，它是第一本讨论组织文化、管理象征论、可持续发展和价值链管理的管理学入门图书。第 15 版延续了这一传统，涵盖了新近的主题，如对全球化态度的变化、“我也是”运动、颠覆性创新、社交媒体的影响等。当然，新版的整体研究基础已全面升级。

较强的可读性

每本书的作者都想说自己的书可读性很强，但是现实中很少有人能真正做到有较强的可读性。大多数教学用书似乎是为教授编写，而不是为学生提供指导。于是，从本书的第 1 版开始，我们就下定决心要让学生对管理领域产生兴趣，并参与其中。那么我们是怎么做到的呢？首先，我们致力于使用会话式写作风格。我们希望这本书读起来像普通人说话一样。其次，我们使用了大量的例子。正如本书资深作者在他早期的教学生涯中学到的：学生经常忘记理论，但他们记得故事。所以你会在这本书里找到大量的实例。

与读者的相关性

自本书问世以来，我们会将每一个理论和概念都放在如下框架下审视：事情的确如此，所以那又怎样？我们会问自己：为什么一个特定的概念是相关的？为什么需要了解这些？这种思考模式指导我们在各个版本中收录什么或者删除什么，并提醒我们在概念不那么显而易见时，要去解释其重要性和相关性。

解决“教”与“学”的挑战

提到相关性，如果说本书有一点让教师认为至关重要，想必就是我们注重为学生提供工作相关技能。

通常，在管理导论课程中，只有 20%的学生隶属管理专业。其余的学生则主修会计、金融、市场营销、信息系统或其他商业学科。因此，教师告诉我们，在教授管理学导论课程时，他们面临的最大障碍之一就是要让这些非管理专业的学生相信这门课程的重要性。这些非管理专业的学生经常质疑课程与他们职业目标的相关性。就像一个会计专业的学生所说的：“为什么我一定要上这门课？我对当管理者没兴趣。我最好把时间花在一门税务或审计课程上。”

我们是这样回应的：本书与管理课程对于任何一个计划在组织中工作的人而言都是相关的。如何相关？除了描述卓有成效的管理者都做什么以及提供关于组织运行的洞见，本书也包含了帮助开发学习者特定技能的专题内容，这些技能是管理者所看重的，也是他们在工作候选人中寻找的。同时我们也提供指导，帮助学习者在职场中生存发展。让我们来看看这些专题的内容。

就业技能矩阵

调查研究已经识别出雇主在求职者身上寻找的五种特殊技能：批判性思考技能、沟通技能、合作技能、知识运用与分析技能和社会责任技能。所以在这一版中，第 2 章到第 18 章都是从就业技能矩阵开始的。这个矩阵确定了各章内容是如何与五种就业技能中的一种或多种相呼应的。

针对职场生存与发展问题的意见

不论一个人是在仅有三名员工的小组工作，还是供职于 30 000 人的大公司，他都要面临员工通常要面对的一些问题。在“工作场所的秘密”专栏中，我们将为学习者提供处理此类挑战的指导。

职业生涯指导

我们发现学习者很喜欢职业生涯指导。为了实现这一目标，我们在“这是你的职业”专栏中加入了能促进职业发展的技能。这些内容包括发现自己的优势和劣势，管理自己的时间，提高谈判技巧，以及学习解读企业文化等内容。

开发抗逆力

在这一版《管理学》中，我们增加了“在失败中学习”专栏，来说明像史蒂芬·斯皮尔伯格（Steven Spielberg）、J. K. 罗琳（J. K. Rowling）和王薇薇（Vera Wang）这样的人，以及像苹果（Apple）、迪士尼（Disney）和通用汽车（General Motors）这样的公司，是如何遭遇挫折后评估问题所在，而后从经验中获得新知识，最后重新振作起来的。抗逆力对学生和员工而言都是一种宝贵的品质。这些专栏可以帮助学习者看到失败的积极面，以及个人和组织如何从他们的错误中学习。

持续关注实践应用

这一版《管理学》延续了我们一贯的承诺：提供一套全面的练习，让学习者把他们所学知识应用于实践。这些包括章末的案例应用、道德困境、团队练习和每篇后的连续案例等。以下是这些应用的简要总结。

案例应用

每一章末尾都有新的案例应用。

星巴克的连续案例

本书的每一篇都以星巴克连续案例结尾。本案例帮助学习者了解如何将概念应用于组织中。这些概念是大多数人所熟悉的，同时也帮助学习者了解管理的整体性。与上一版相比，本版案例已经全部更新。

技能练习

仅仅“了解”一些事情是不够的。学习者需要能够应用这些知识。每一章末尾的技能练习都是为了实现这个目标而设计的。这些练习包括培养你在社会活动、创造力、协作、构筑信任、面试、激励他人和获得权力方面的技能。

道德困境

每一章都会为学习者呈现一个道德困境，鼓励他们作出富有道德感的批判性决策。

团队练习

在今天的组织中，工作越来越多地以小组和团队的方式进行。在招聘过程中，团队精神已经成为一种重要的品质。为了帮助学习者建立他们的团队协作技能，我们在每一章的结尾都提供了“共同工作”专栏，让学习者实践团队练习。

学习成为管理者

在每一章中，学习者运用管理知识的另一途径就是完成“学习成为管理者”练习。

致　谢

编写和出版本书是一个团队共同努力的过程。虽然封面上只有两个著者的名字，但呈现在你面前的这本书凝结了几十个人的帮助与贡献。除了两位作者之外，本版还得到了圣迭戈州立大学（San Diego State University）的 Amy Randel 教授的大力帮助。她在提供研究建议、案例和开发章末材料方面发挥了重要作用。我们在培生公司（Pearson）的团队也一直为作者提供极大的支持和帮助，使我们零零散散的文件资料最终汇成一本书。我们要特别感谢 Stephanie Wall、Kris Ellis-Levy、Yasmita Hota、Lynn Huddon、Beth Kaufman、Lacey Vitteta、Adrienne D'Ambrosio、Erin Kelly 和 Nayke Heine 提供的帮助。我们还想感谢 Integra-Chicago 公司的项目经理 Denise Forlow 和照片编辑 Melissa Pellerano。我们也必须向培生公司出色的销售和营销人员表示感谢，在超过 45 年的岁月中，他们一直在全球支持罗宾斯品牌。最后，我们要感谢曾经和现在的审稿人为我们提供的洞见。

《管理学》第 15 版的审稿人如下：

Kennedy Amofa，密苏里州哥伦比亚学院（Columbia College）

Jessie Bellflowers，北卡罗来纳州弗耶特维尔技术社区学院（Fayetteville Technical Community College）

Margaret Deck，弗吉尼亚州弗吉尼亚理工学院（Virginia Polytechnic Institute）

Tom Deckelman，俄亥俄州欧文斯社区学院（Owens Community College）

Steve Diasio，佛罗里达州南佛罗里达大学（University of South Florida）

Lauren M. Donovan，特拉华州特拉华县社区学院（Delaware County Community College）

Barbara Garrell，特拉华州特拉华县社区学院（Delaware County Community College）

Scott Geiger，佛罗里达州南佛罗里达大学（圣彼得堡）（University of

South Florida St. Petersburg）

Lacey Gonzalez，宾夕法尼亚州利海卡本社区学院（Lehigh Carbon Community College）

Anne Hoel，威斯康星州威斯康星大学斯托特分校（University of Wisconsin-Stout）

Edward Hoeppner，佛罗里达州南佛罗里达大学（圣彼得堡）（University of South Florida St. Petersburg）

Greg Hoffeditz，伊利诺伊州南伊利诺伊大学卡本代尔分校（Southern Illinois University Carbondale）

Romas A. Laskauskas，马里兰州史蒂文森大学（Stevenson University）

Steven Levine，纽约州那桑社区学院（Nassau Community College）

David Lohr，弗吉尼亚州弗吉尼亚理工学院潘普林商学院（Pamplin School of Business at Virginia Polytechnic Institute）

Dan Morrell，田纳西州中田纳西州立大学（Middle Tennessee State University）

Jennifer Muryn，伊利诺伊州罗伯特莫里斯大学（Robert Morris University）

Chandran Mylvaganam，密歇根州诺斯伍德大学（Northwood University）

Stefanie Phythian，明尼苏达州圣托马斯大学（University of St. Thomas）

Juliette Robinson Trottman，佛罗里达州迈阿密戴德学院（Miami Dade College）

Michelle Ruiz，得克萨斯州休斯敦大学维多利亚分校（University of Houston-Victoria）

Russell Teasley，佐治亚州北佐治亚大学（University of North Georgia）

Scot W. Vaver，威斯康星州威斯康星大学斯托特分校（University of Wisconsin-Stout）

Tiffany Woodward，北卡罗来纳州东卡罗来纳大学（East Carolina University）

Nancy Zimmerman，马里兰州巴尔的摩县社区学院（The Community College of Baltimore County）

第 14 版审稿人：

Michael Alleruzzo，宾夕法尼亚州圣约瑟夫大学（St. Joseph University）

Matthias Bollmus，威斯康星州卡罗尔大学（Carroll University）

Brione Burrows，佐治亚州中佐治亚理工学院（Central Georgia Tech）

Suzanne Clinton，俄克拉何马州中俄克拉何马大学（University of Central Oklahoma）

Dana J. Frederick，密苏里州密苏里州立大学（Missouri State University）

Julia M. Fullick，康涅狄格州昆尼皮亚克大学（Quinnipiac University）

Karl Giulian，新泽西州大西洋凯波社区学院（Atlantic Cape Community College）

Dan Morrell，田纳西州中田纳西州立大学（Middle Tennessee State University）

L. Renee Rogers，北卡罗来纳州佛塞斯技术社区学院（Forsyth Technical Community College）

斯蒂芬·罗宾斯

玛丽·库尔特

目录

第Ⅰ篇　管理导论　1

第1章　工作场所中的管理者和你　3

1.1　谁是管理者，他们在何处工作？　3
1.2　管理者为什么重要？　6
1.3　管理与管理者　6
1.4　当前和未来的管理挑战　10
1.5　为什么要学习管理学？　14
1.6　就业技能　17

附加模块　管理史　25

早期的管理　25
古典方法　27
行为方法　30
定量方法　31
当代方法　32

第2章　决　策　37

2.1　决策过程　38
2.2　管理者决策　41
2.3　决策类型　45
2.4　决策风格　47
2.5　决策偏见和错误　48
2.6　改进决策的前沿方法　50

第Ⅰ篇　管理实践　59

CONTENTS

第Ⅱ篇 现代工作场所的管理基础知识 65

第 3 章 外部环境和组织文化的影响 67

3.1 管理者：万能还是象征？ 68
3.2 外部环境：限制与挑战 69
3.3 组织文化：限制与挑战 74

第 4 章 全球环境下的管理 87

4.1 术语界定 88
4.2 全球化简史 89
4.3 支持与反对全球化的理由 91
4.4 不同类型的国际组织 93
4.5 组织如何国际化？ 94
4.6 在全球环境中管理 95

第 5 章 管理多样性 107

5.1 多样性基础 108
5.2 不断变化的工作场所 111
5.3 员工多样性的类型 114
5.4 管理多样性的挑战 119
5.5 员工多样性管理的创新措施 122

第 6 章 管理社会责任和道德 131

6.1 什么是社会责任？ 132
6.2 绿色管理与可持续性 135
6.3 管理者与道德行为 137
6.4 鼓励道德行为 143
6.5 当代的社会责任与道德问题 146

第 7 章 管理变革和颠覆性创新 155

7.1 变革的原因 156
7.2 变革过程 158
7.3 组织变革的领域 160
7.4 管理变革 163
7.5 当代的变革管理问题 165
7.6 激发创新 170
7.7 颠覆性创新 173

第Ⅱ篇 管理实践 184

第Ⅲ篇 计 划 191

第 8 章 计划的基础 193
8.1 计划的含义和原因 194
8.2 计划的类型 196
8.3 制订计划过程中的权变因素 198
8.4 目标：计划的基础 199
8.5 当代的计划问题 204
第 9 章 战略管理 212
9.1 战略管理的定义及重要性 213
9.2 战略管理过程 214
9.3 公司层战略 219
9.4 竞争战略 223
第 10 章 创业型企业 234
10.1 创业的内容 235
10.2 启动与计划事项 237
10.3 组织事项 245
10.4 领导事项 248
10.5 控制事项 251
第Ⅲ篇 管理实践 257

第Ⅳ篇 组 织 261

第 11 章 组织结构设计 263
11.1 组织设计的六项要素 264
11.2 机械式结构和有机式结构 272
11.3 影响组织结构选择的权变因素 273
11.4 传统组织设计 275
11.5 21 世纪为灵活性而进行的组织设计 276
第 12 章 人力资源管理 287
12.1 人力资源管理的重要性以及人力资源管理过程 288
12.2 影响人力资源管理过程的外部因素 289
12.3 识别和甄选合格员工 293
12.4 向员工提供技能和知识 299

CONTENTS

12.5 留住胜任的高绩效员工 302
12.6 职业生涯发展 306
12.7 当代的人力资源管理问题 307

第 13 章 管理群体和团队 315

13.1 群体与群体发展 316
13.2 工作群体绩效和满意度 318
13.3 使群体转变为高效团队 325

第Ⅳ篇 管理实践 337

第Ⅴ篇 领 导 341

第 14 章 沟通管理 343

14.1 理解沟通 344
14.2 沟通过程 345
14.3 有效的组织沟通 351
14.4 互联网与社交媒体时代的沟通 354
14.5 成为更好的沟通者 356

第 15 章 理解和管理个体行为 363

15.1 组织行为学的重点和目标 364
15.2 态度与工作绩效 365
15.3 人 格 370
15.4 知 觉 380
15.5 学 习 384

第 16 章 激励员工 392

16.1 什么是动机? 393
16.2 早期的动机理论 394
16.3 当代的动机理论 398
16.4 当代的激励问题 409

第 17 章 成为有效领导者 419

17.1 谁是领导者? 什么是领导? 420
17.2 早期的领导理论 420
17.3 领导权变理论 423
17.4 当代领导观 427
17.5 领导理论的整合 432

CONTENTS

17.6 21 世纪的领导问题 433

第Ⅴ篇 管理实践 445

第Ⅵ篇 控 制 451

第 18 章 监管和控制 453

18.1 什么是控制？控制为什么重要？ 454
18.2 控制过程 455
18.3 控制组织绩效和员工绩效 459
18.4 测量组织绩效的工具 464
18.5 当代的控制问题 469

附加模块 计划与控制技术 480

环境评估技术 480
资源配置技术 483
当代计划技术 491

附加模块 运营管理 494

运营管理的角色 494
价值链管理 496
当代的运营管理问题 500

第Ⅵ篇 管理实践 505

术语表 510
译后记 530

CONTENTS

第 I 篇

管理导论

第 1 章　工作场所中的管理者和你

Managers and You in the Workplace

学习目标

1.1　阐释谁是管理者，他们在何处工作。
1.2　解释为什么管理者对组织很重要。
1.3　描述管理职能、管理角色和管理技能。
1.4　描述重塑和重新定义管理者工作的因素。
1.5　说明学习管理学的价值。
1.6　描述就业技能矩阵的优势。

像很多学生一样，你在攻读学位的同时可能打着一两份工。你的工作经历很大程度上会受到你的管理者的技能和能力的影响。是什么造就了成功的管理者？他们都拥有怎样的技能？实际上，一个优秀的管理者会使你在工作顺利时倍感欢欣，落入低谷时也能泰然自若。而一个差劲的管理者则会给你带来麻烦。在本章中，我们将从以下几个方面向你介绍管理和管理者：（1）谁是管理者，他们在何处工作；（2）管理者为什么重要；（3）他们有哪些任务。我们还将学习重新定义影响管理者工作的因素，讨论为什么管理的相关问题对你而言很重要。

1.1　谁是管理者，他们在何处工作？

你会发现管理者总是身处各种不同的环境之中。他们经营着大型企业、中型企业或者创业型企业；他们供职于政府部门、医院、非营利组织、博物馆、学校甚至是非传统意义上的组织，例如音乐之旅；他们在全球范围内从事着管理工作，他们有可能是女性，也有可能是男性。

1.1.1 谁是管理者?

定义谁是管理者曾经是一件非常简单的事：在组织中指导别人做什么以及如何做的成员就是管理者。因此，很容易区分管理者与普通员工。现在，定义管理者不那么容易了。在很多组织中，工作性质的转变使管理者与普通员工的界限变得模糊。很多传统的非管理性工作现在也包含管理活动。与此同时，许多组织已经不再有正式的管理者和管理活动。例如，游戏公司维尔福集团（Valve Corporation）的员工没有明确的职位，工作也没有严格的监督。所有的项目基本上通过个人或者小组提出想法，然后自行组建团队的方式推进。就算团队中自发产生了“领导者”，他也只是记录项目信息与任务完成情况，并不发号施令。

我们如何定义谁是管理者？**管理者**（manager）是协调和监管其他人的工作，以使组织目标能够实现的人。管理者的工作与个人成就无关，而是关注如何帮助别人完成工作。这可能意味着协调部门群体的工作，或者监管某个人，还可能涉及协调不同部门人员的工作活动，甚至组织外部人员，如临时工或为组织的供应商服务的个体的活动。记住，管理者也有与协调和监管无关的工作职责。例如，保险索赔监管者除了协调其他理赔员的工作活动，可能还要自己处理索赔事务。

组织中的管理者如何分类呢？在具有传统结构的组织（常常是金字塔形，因为底层员工较多，高层员工较少）中，管理者可以分为基层、中层和高层三类（见图表 1-1）。在管理的最底层，**基层（一线）管理者**（first-line (frontline) managers）管理非管理雇员（直接生产产品或服务顾客的员工）所从事的工作。这些管理者通常拥有主管、值班经理、地区经理、部门经理或办公室主任的头衔。**中层管理者**（middle managers）管理基层管理者，处于组织基层与高层之间。他们可能拥有地区经理、店铺经理或者部门经理的头衔。处在组织最高层的是**高层管理者**（top managers），他们负责为整个组织作决策，制订影响整个组织的计划和目标。他们常常拥有执行副总裁、总裁、总经理、首席运营官或首席执行官等头衔。

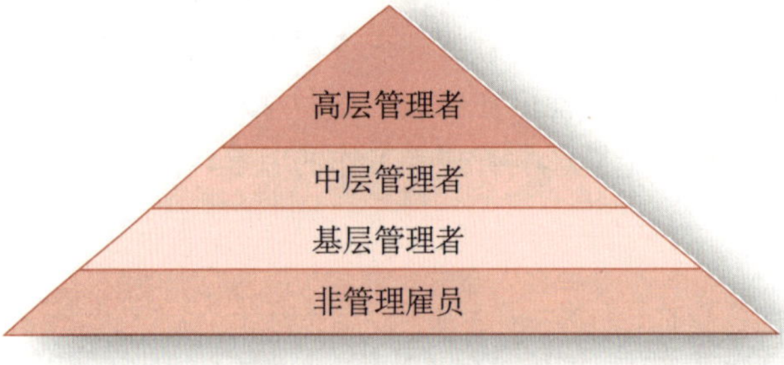

图表 1-1 管理层级

然而，并非所有组织都通过传统的金字塔结构完成工作。比如像戈尔公司（W. L. Gore）、美捷步（Zappos）和 GitHub 这一类企业，它们的组织结构更松散，其工作是由不断变化的团队成员完成的，这些成员根据工作需要从一个项目转入另一个项目。虽然要说明在这些组织中谁是管理者不太容易，但是我们确实知道有人必须履行这个职责，即使随着工作任务或项目变化，他也跟着变化，或者他根本不具有管理者的头衔，但也要协调和监管别人的工作。

1.1.2 管理者在何处工作?

很明显，管理者在组织中工作，但什么是**组织**（organization）？组织是为了实现某个特定目的而对人员的精心安排。你所在的学院或大学是组织；女性联谊会、政府部门、亚马逊（Amazon.com）、杂货店、棒球队以及梅奥诊所（Mayo Clinic）都是组织。它们有三个共同的特点（见图表 1-2）。

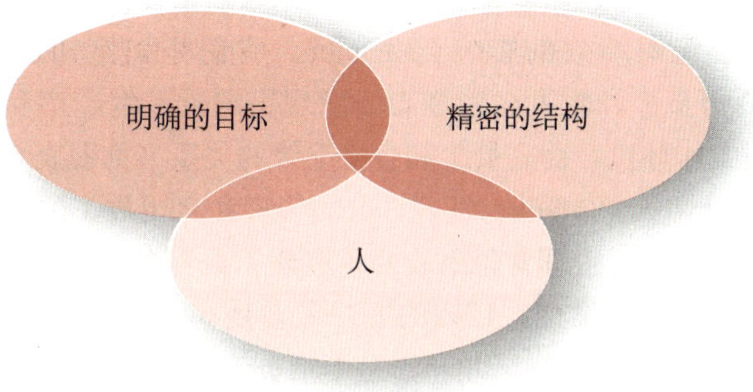

图表 1-2 组织的特点

> **用数字说话**
> - 2016 年，美国共有 950 万名管理者。
> - 美国有 260 万名首席执行官。
> - 从 2016 年到 2026 年，美国管理者的数量预计增长 8%，产生大约 807 300 个新工作岗位。[1]

首先，组织有一个明确的目标，最典型的是组织希望实现的目标。其次，每个组织都由人组成，由人来完成工作以实现组织的目标。最后，所有组织演化出一个精密的结构，使得组织成员能够完成工作。该结构可能是开放和灵活的，没有具体的工作职责或不需严格遵循特定工作安排。例如，谷歌的很多大型项目（在任何时刻都有数百个项目同时进行），都由小型、专门的员工团队处理，这些团队的建立和工作的完成都很迅速。或者像宝洁等大型公司一样，组织结构可能更加传统，具有定义清晰的条例、规定、工作说明书，同时，对其他成员有控制权限的成员被定义为“老板”。同样，在美国空军中，空军五星上将是军衔最高的军官，少尉是军衔最低的军官。在这两个军衔之间隔着 9 个等级。

当今很多组织的结构与谷歌相似，有灵活的工作安排、工作团队、开放的沟通体系以及供应商联盟。在这些组织中，工作根据要完成的任务来定义。工作日也没有时间限制，因为工作可以在任何时间和任何地点完成。然而，不论组织使用了何种类型的方法，还是需要一些精心设计的结构来完成工作，管理者负责监管和协调这些工作。

1.2 管理者为什么重要?

管理者是至关重要的。为什么?有以下三个原因。

首先，在不确定、复杂和混乱的时期，组织比以往更加需要管理者的管理本领和能力。当组织应对当今的挑战，如不断变化的劳动力、全世界的经济环境、革新的科技等时，管理者在识别关键问题和巧妙回应上发挥着重要作用。

其次，管理者对于完成任务非常重要。他们创造并协调工作场所的环境和工作系统，以使其他人能够执行公司任务。或者，当工作没有完成或没有达到预期时，他们会找到原因并让任务回到正轨。这些管理者是带领公司走向未来的重要人物。

最后，管理者对于组织绩效的影响至关重要。我们是如何知道的呢?盖洛普公司(Gallup)调查了数百万员工和数万名管理者，发现决定员工生产率和忠诚度的最重要因素不是薪水、福利或工作环境，而是员工和直接上级的关系(见图表 1-3)。[2]另外，国际咨询公司韬睿惠悦(Towers Watson)发现，公司管理和雇用员工的方式可以显著影响其财务绩效。以才能为标准进行管理者聘用的公司实现了 48%的利润增长[3]，22%的生产率增长，30%的员工敬业度得分增加，17%的客户敬业度得分增加，以及 19%的营业额减少。[4]盖洛普公司的另一项研究发现，领导力是影响员工敬业度的最大因素。[5]

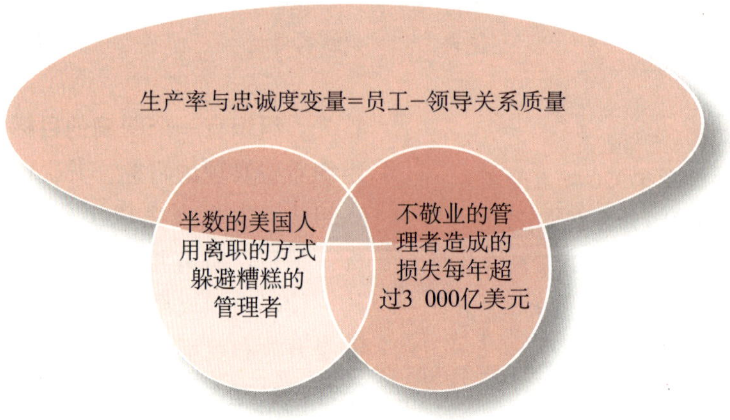

图表 1-3 管理者的影响

1.3 管理与管理者

1.3.1 管理是什么?

管理(management)涉及协调和监管他人的工作活动，从而使他们的工作可以有效率且有成效地完成。我们已经知道协调和监管别人的工作是区别管理职位和非管理职位的特征。然而，这并不意味着管理者或其员工可以在任何时间、任何地点以任何方式做他们想做的事。相反，管理涉及确保工作活动由负责的人有效地完成，或者至少这是管理者应该做的事情。

效率（efficiency）指的是以尽可能少的投入或资源获得尽可能多的产出。管理者处理着稀有的资源——包括人力、金钱和设备——并且想要高效地利用这些资源。效率常常被说成“正确地做事”，即不浪费资源。例如，西南航空公司（Southwest Airlines）通过一系列措施获得了运营上的高效率，这些措施包括整个航队选购同一种型号的飞机（波音737）。此举简化了航班调度、飞行操作、机组维护的程序，也降低了飞行员、地勤人员和机械师的培训成本，因为他们只需学习一种飞机的相关知识。[6]这些措施效果显著，西南航空公司已经连续 42 年实现盈利。[7]

然而，仅仅有效率是不够的。管理也与员工的工作成效有关。**成效**（effectiveness）常常被称为“做正确的事”，即做那些可以实现目标的工作活动。西南航空公司不仅行事高效，而且在公司使命层面通过传递热情、友好、个人自豪感和公司精神，为每一位乘客提供高质量的服务。[8]西南航空的诸多有效措施中，有两项值得关注，其一是行李托运免费，其二是行程改签无须额外支付罚款。[9]

然而效率更注重完成工作的手段，成效更注重工作的结果，或者说组织的目标（见图表 1-4）。在成功的组织中，高效率与高成效往往是紧密相连的。

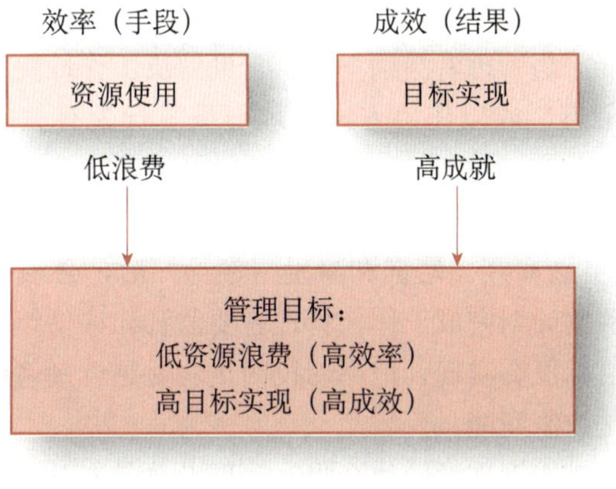

图表 1-4　管理中的效率与成效

1.3.2　管理者要做什么?

现在，让我们更仔细地看看管理者是做什么的。描述管理者做什么并不容易。正如没有两个组织是相同的一样，没有两位管理者的工作是相同的。尽管如此，管理研究者开发了三个研究方法——管理职能、管理角色和管理技能来描述管理者做什么。

管理职能　根据管理职能方法，当管理者高效且有成效地协调别人的工作时，他们执行着特定的活动或职能。这些职能是什么？亨利·法约尔（Henri Fayol），20 世纪早期的一位法国企业家，认为所有管理者都执行着五大职能：计划、组织、指挥、协调和控制。[10]（参见管理史模块）今天，我们使用四种职能来描述管理者的工作：计划、组织、领导和控制（见图表 1-5）。让我们简要地看看每种职能。

如果在你的脑海中没有特定的目的地，那么走任何一条路都行。然而，如果你有特别

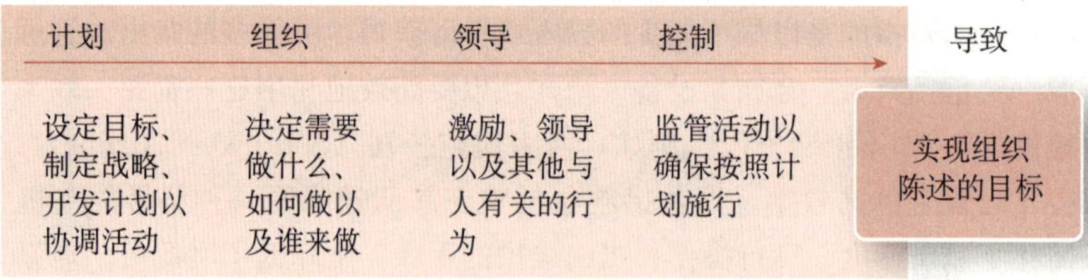

图表 1-5 管理的四种职能

想去的某个地方，你会计划去那里的最佳路径。因为组织的存在是要实现某个特定的目的，某个人必须定义这个目的和实现目的的手段。管理者就是这个人。当管理者参与**计划**（planning）时，他们设定目标，确定实现目标的战略，并制订方案以整合和协调各种活动。

管理者也负责安排和设计员工的工作以实现组织的目标。我们称这种职能为**组织**（organizing）。当管理者执行组织职能时，他们决定要做什么任务、谁来做这些任务、任务如何分组、谁向谁报告、在哪里做决策等等。

每个组织都是由人组成的，管理者的工作是与别人一起工作，通过人来实现目标。这就是**领导**（leading）职能。当管理者激励下属、帮助解决工作冲突、影响个体或组织的工作、选择最有效的沟通渠道，或以任何方式处理与员工行为有关的问题时，他们就是在领导。

最后一个管理职能是**控制**（controlling）。在目标和方案被设置好（计划），任务和结构安排合理（组织），人员被雇用、培训和激励（领导）后，必须评估事情是否按照计划来进行。为了实现目标和按计划完成工作，管理者要监管和评估绩效，将实际绩效与设定的目标进行比较。如果目标没有实现，把一切拉回正轨就是管理者的工作。监管、比较和纠正工作绩效的过程就是控制职能。

用职能方法能完美地描述管理者做什么吗？管理者总是先计划、组织、领导，然后控制吗？不一定。管理者做的事可能并不总是按照这个顺序发生。然而，不管以何种顺序执行这些职能，管理者在管理时确实做着计划、组织、领导和控制工作。

管理角色 亨利·明茨伯格（Henry Mintzberg）是著名的管理学者，他研究工作中真实的管理者。在他的第一项综合研究中，他总结道，管理者的工作可以由他们在工作中担任的管理角色来最好地诠释。[11]**管理角色**（managerial roles）这个词是指管理者被期待及表现出来的特定行为。正如图表1-6所示，十个管理角色分别与人际关系、信息传递和决策制定相关。

人际关系角色（interpersonal roles）涉及人与人（下属和组织外部的人）的关系以及其他礼仪性、象征性职责。人际关系角色包括名义领袖、领导者和联络员。**信息传递角色**（informational roles）涉及收集、接收和传播信息。信息传递角色包括监管人、宣传人和发言人。**决策制定角色**（decisional roles）涉及作出决策或选择，包括企业家、危机处理者、资源分配者和谈判者。当管理者扮演这些角色时，明茨伯格认为他们的活动既有思考也有行动。[12]

很多后续研究测试了明茨伯格角色类型的正确性，所获得的证据大体上支持管理

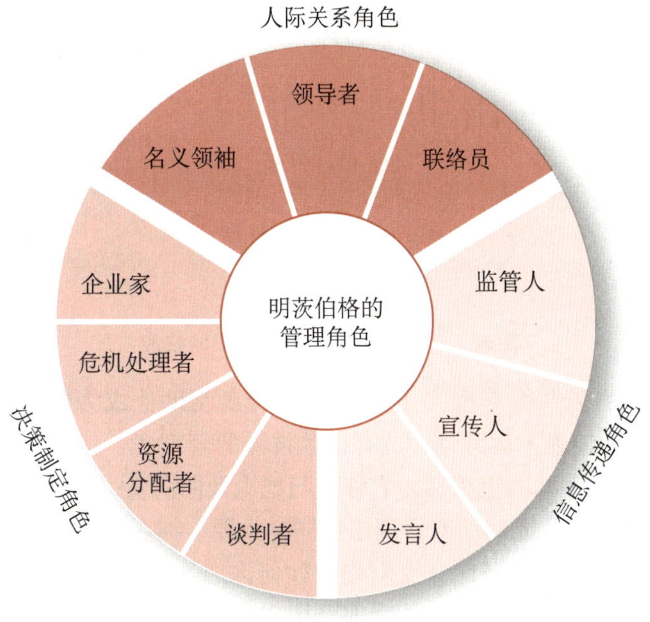

图表 1-6 明茨伯格的管理角色

资料来源：Based on H. Mintzberg, *The Nature of Managerial Work* (New York: Prentice Hall, 1983).

者——不论组织是什么类型或在组织中是何层级——扮演相似的角色。[13]然而，管理者对不同角色的重视随着组织层级的变化而变化。[14]在组织的较高层级，宣传人、名义领袖、谈判者、联络员和发言人的角色更加重要；领导者的角色（根据明茨伯格的定义）对于低层级的管理者而言更加重要。

那么，哪个研究方法更好呢？管理职能还是明茨伯格的管理角色？虽然这两种方法都能够说明管理者做什么工作，但是管理职能方法似乎仍然是广为接受的描述管理者工作的方法。"传统的管理职能方法通过清晰和边界明确的方式来区分管理者执行的数千种活动，以及他们为了实现目标而在执行职能时使用的技能。"[15]而明茨伯格的管理角色方法及其管理模型确实为我们了解管理者的工作提供了深刻的洞见。

管理技能 美国联合包裹运送服务公司（UPS）是一家理解了管理技能重要性的公司。[16]公司新的运输监管体现了包含人力和时间管理技能的新管理者导向。为了提高运营水平，公司为一线管理者启动了一项8天加强型非现场技能训练项目。管理者从技能训练中学到了什么？他们说学到了如何更有效地沟通，以及关于安全责任和劳动力实践的重要信息。

管理者需要何种类型的技能？罗伯特·卡茨（Robert L. Katz）提出，管理者需要三种关键的管理技能：技术技能、人际关系技能与概念技能。[17]（图表1-7是这些技能与管理层级之间的关系。）**技术技能**（technical skills）是熟练完成工作任务所需的特定领域的知识与技术。这些技能本质上对一线管理者更加重要，因为他们管理着使用工具和技术来生产组织的产品或向组织的顾客提供服务的员工。有着优秀技术技能的员工常常被提拔为基层管理者。例如，斯普林菲尔德再造公司（Springfield Remanufacturing）的产品主管迪恩·怀特（Dean White）就是从部件清理工做起的。现在，怀特管理着6个部门的25个人。他注意到，起初很难让别人服从自己，尤其是他以前的同事。怀特说："我学习到

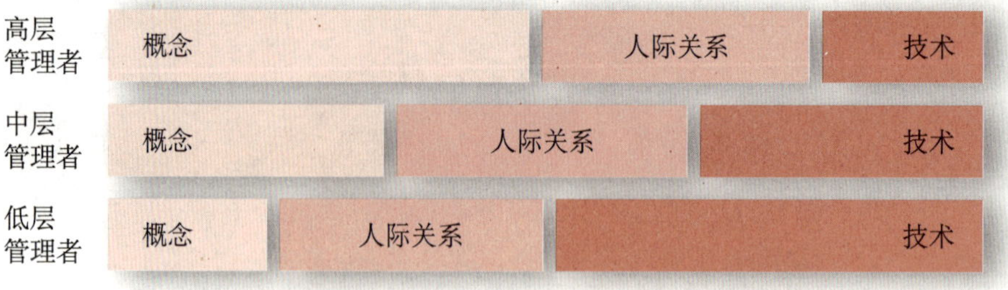

图表 1-7　不同管理层级需要的技能

在我能够领导之前我必须获得尊重。”他赞扬他的导师帮助他成为现在的管理者，这些导师是他学习的榜样。[18]迪恩·怀特是一位有技术技能的管理者，但是他也认识到**人际关系技能**（interpersonal skills）的重要性，它涉及与他人及团队良好合作的能力。因为所有管理者都与人打交道，这些技能对所有管理层都同样重要。拥有良好的人际关系技能的管理者使自己的员工实现了最大的潜能。他们知道如何沟通、激发、领导和鼓励热情与信任。最后，**概念技能**（conceptual skills）是管理者用来对抽象、复杂的情况进行思考和概念化的能力。使用这些能力，管理者将组织视为一个整体，理解各种子单元之间的关系，设想组织如何适应更广阔的环境。管理者因而也可以更加有效地指挥员工的工作。例如，亚马逊总经理伊恩·麦卡利斯特（Ian McAllister）指出，一位优秀的总经理应该了解企业整体的业务情况。因为在了解整体业务情况后，管理者可以让员工在一条战线上工作，相应地，员工也会作出有利于公司愿景的决策。[19]这些技能对于高层管理者而言是最重要的。

1.4　当前和未来的管理挑战

当今社会，管理者要应对许多挑战，我们简要地关注其中的六个方面：技术、颠覆性创新、社交媒体、道德问题、政治不确定性以及顾客。

1.4.1　聚焦技术

管理者在工作中遭遇的挑战越来越多，因为技术一直在改变人们的做事方式。[20]云计算、人工智能、机器人都是技术进步的代表。让员工紧跟技术进步的脚步对许多管理者来说是一个挑战。因此管理者需要与员工共同工作，帮助其理解为什么新技术是对当前经营方式的改进。《领先数字》（*Leading Digital*）的作者之一迪迪埃·邦尼特（Didier Bonnet）指出，管理者的工作是帮助他人渡过难关，使其适应技术，使用技术，并理解技术如何让生活更美好。[21]

这是你的职业　**时间管理的 ABC**

你是不是感觉自己一直很忙？是不是似乎总是有很多事情要做却时间不够？如果你像

大多数人一样苦恼于这些问题，那么对这些问题的回答是肯定的！在管理学教科书中，我们需要通过关注对你非常有用的管理学中的知识——时间管理来解决这个问题。

时间是种独一无二的资源，一旦失去便不可挽回。虽然人们谈论着如何节约时间，但是实际上时间从来没有在真正意义上被节约。时间不像金钱或者天资这类资源，在这个世界上的分配是不平等的。时间是一种机会均等的资源，每个人得到的时间的数量都是相同的：一天 24 小时，一周 168 小时。有区别的只是一些人能高效地使用相同的时间额度。在这里我们为你提供了一些高效使用时间的建议：

1. 列出你当前和未来的目标。知道每天、每周和每月需要做什么。

2. 根据重要性给你的目标排序。不是所有的目标都同等重要，确保你把最重要的目标放在首位。

3. 列出实现目标所必需的活动（任务）。你需要采取什么具体行动来实现你的目标？

4. 使用 A、B、C 的分类方式将这些活动（任务）分类。A 类活动既重要又紧急；B 类活动是重要或紧急的，但不是两者兼具；C 类活动是例行公事——不重要也不紧急，但仍然需要完成。

5. 根据你设定的优先顺序安排你的活动（任务）。准备一份每日计划，每天早上，或者在一个工作日结束的时候，列出你一天中想要完成的五件最重要的事情。然后根据重要性和紧迫性为列出的活动设置优先级。

6. 认识到技术可能会浪费时间。想一想，你一天会接多少电话，收到多少电子邮件、短信，看多少社交媒体上的帖子。有些是必不可少的，而有些是不用立刻注意的干扰。要根据这些信息的重要性确定优先级。

7. 意识到一天或一周之后，事件优先顺序可能会改变。新信息可能会改变任务的重要性或紧迫性。当你获得新信息时，重新评估你的优先事项清单。

1.4.2 聚焦颠覆性创新

几乎没有什么管理挑战比应对颠覆性创新更关键了。无论企业身处哪个行业，无论它们是颠覆性创新者，或者是颠覆性创新者的竞争者，它们都会有很好的机会。

技术给小型初创企业提供了机会，使其可以替代历史悠久且享有盛誉的企业。例如，优步（Uber）和来福车（Lyft）让传统的出租车公司难以匹敌；亿客行（Expedia）和猫途鹰（TripAdvisor）等已经基本淘汰了传统旅行社；Hulu 和 Sling 已经从传统有线网络和电视市场夺走了很大一部分观众；legalZoom 成为律师事务所的主要竞争者。

在第 7 章中，我们将更全面地探讨颠覆性创新这一话题，包括它所创造的机会以及老牌企业管理层的应对举措。

在失败中学习　成功的管理者在失败中积累经验

微软联合创始人比尔·盖茨（Bill Gates）说，庆祝成功是一件不错的事，但更重要的是在失败中吸取教训。实际上亚马逊的创始人兼首席执行官杰夫·贝佐斯（Jeff Bezos）也为自己的失败感到自豪。他说："我已经因为失败赔了几十亿美元。"正因为贝佐斯提倡冒险精神，所以亚马逊创造了一种能极度包容失败的文化。例如，亚马逊目的地公司（Amazon Destination）试图出售酒店房间却遭遇惨败。亚马逊在创建移动钱包、提供歌曲服务以及允许客户在购买前试用应用程序方面的努力也是如此。Fire Phone 是亚马逊最大的失败之一，花掉了 1.7 亿美元，但它成就了 Echo——一款广受好评的声控扬声器。

成千上万个成功故事的背后是充满挫折和失败的曲折道路。记住：没有人会一直保持不败。但在这些挫折中，对于那些坚持不懈并愿意评估、改变和适应的个人和组织来说，成功往往占据着主导地位。这些适用于管理者和公司的经验也适用于你。你也会犯错误，也会遇到挫折，有时也会在努力中失败。你需要从中吸取教训，继续前进。

例如，J. K. 罗琳曾是一位靠福利金生活的单身母亲。在她找到出版《哈利·波特》（*Harry Potter*）的出版商之前，她被十几家出版商拒绝。J. K. 罗琳现在是亿万富翁，是英国最富有的女性之一。

在职业生涯的早期，奥普拉·温弗瑞（Oprah Winfrey）丢掉了自己在巴尔的摩电视台的新闻记者工作，她的制片人认为她“不适合电视新闻工作”，但记者工作和电视台的经历却为她未来极其成功的电视访谈节目打下了基础。

在比尔·盖茨和保罗·艾伦（Paul Allen）还是高中同学的时候，他们就创办了 Traf-O-Data。他们设计了一个计算机微处理器。它可以分析交通数据，并为华盛顿州高速公路部门的交通工程师提供分析报告。此举目标是优化路况，解决道路拥堵问题。遗憾的是，他们的首次尝试没有成功。而这个想法后来就过时了。虽然这个概念失败了，但它为盖茨和艾伦创办微软提供了重要的软件技能基础。

在凯斯西储大学（Case Western Reserve University）2018 年的毕业演讲中，克利夫兰诊所（Cleveland Clinic）的前总裁兼首席执行官、心脏外科医生托比·科斯格罗夫（Toby Cosgrove）为失败的价值举了一个很好的例子：“失败是一位伟大的老师……在我主刀的两万多例心脏手术中，我很难记住成功的手术。但我记得百分之一的病人没有活下来……从这百分之一的失败手术中，我学到了大部分的经验。你从错误中能够学到更多……因为失败是学习的契机。我们可能会了解到我们现在的策略行不通；我们可能会意识到我们的目标是不值得的；我们可能会发现我们退出得太早了……我们的本能是隐藏我们的失败。但失败是暂时的，而且它是经验的来源。最重要的是，尽管失败是每个人生命中都要经历的一件事，但失败经历并不代表这个人就是失败的。”

我们认为通过学习别人的失败经历，自己可以学到很多东西。因此，在这本书中，我们列举了一些例子来阐述主要的失败经历，个人和组织从中吸取了什么教训，以及他们作出的相应的改变。[22]

1.4.3 聚焦社交媒体

你或许很难想象在曾经的某个时期，员工在工作时没有智能设备、电子邮件、应用程序或者是互联网的辅助。然而就在约 25 年前，当这些工具在公司中已经逐渐普及时，管理者仍然要应对指导组织内成员使用网络和电子邮件的挑战。如今，几乎所有组织都要用到的工具就是**社交媒体**（social media），它是一种人们用于分享观点、消息、私人信息以及其他内容的电子化交流方式。员工在私人时间和工作时间都要依赖社交媒体，这也是为什么管理者需要知晓并管控社交媒体的力量和风险。

社交媒体也有缺点。伯克希尔·哈撒韦公司（Berkshire Hathaway）首席执行官沃伦·巴菲特（Warren Buffet）认为："企业建立良好的声誉需要 20 年，而毁掉这一切只要 5 分钟。"[23]对于公司内部而言，当社交媒体成为自负的员工吹嘘自己成就的一种手段，成为管理者向员工发布单向信息的一种方式，或者成为员工就某事某人争论或抱怨的一条渠道时，社交媒体便会出现问题。

在本书的其他部分，我们将着眼于社交媒体如何影响管理者的管理方式，特别是在道德、沟通、动机和战略领域。

1.4.4 聚焦道德问题

如果商业媒体没有报道任何一家公司、一位主管或一些员工的不道德行为，那么这将是不寻常的一周。一家大银行被曝出以客户的名义开设假账户，一个汽车经销商被发现下调二手车的里程表，一家制药公司将一种已有 20 年历史的药物的价格提高了 5 倍，一名员工被发现用了伪造的报销单据。

组织的长期成功取决于与消费者、委托人、供应商和雇员建立的信任。组织领导者有责任制定组织的道德标准和建立富有道德感的工作环境。在第 6 章，我们将讨论道德挑战。而且每章章后都有一个"道德困境"专栏，帮助你关注道德行为的重要性，应对道德挑战。

1.4.5 聚焦政治不确定性

过去十年，我们见证了朝向不确定性的重大转变。面对管理领域涌现的新挑战，美国出现了一些变化，例如：重大的营业税改革——此举大幅降低了公司税率，但也限制了利息支出的扣除；美国、加拿大和墨西哥就《北美自由贸易协定》（NAFTA）重新展开谈判；对某些工业品征收贸易关税，导致外国对美国产品征收报复性关税；不断重新界定移民政策；影响企业医疗保健计划的联邦法律发生变化。

在欧洲，2016 年，英国选民出人意料地选择了退出欧盟。对于许多总部设在伦敦的欧洲公司来说，这意味着重组，以便更好地为欧洲消费者服务。

用数字说话

- 18%的高管认为全球政治的不确定性是他们面临的十大挑战之一。
- 被高管们提及最多的挑战（64%）是在组织中培养领导者。[24]

政治不确定性并不是只停留在美国的联邦层面。各州一直在实施影响商业活动的新法律法规。例如，加利福尼亚州一直在环境、劳动法、最低工资、土地使用和消费者保护等领域对企业实施新的规定。城市也增加了政治不确定性，例如，2018 年，西雅图市对年收入为 2 000 万美元及以上的企业中的员工征收 275 美元的年税。而一个月后，在企业的施压下，西雅图市政府废除了这项税收政策。对于亚马逊这样在西雅图有 45 万名员工的公司来说，这项税收将使其业务成本增加 1 200 万美元以上。

1.4.6 聚焦顾客

德国电信公司（T-Mobile）首席执行官约翰·莱格尔（John Legere）喜欢倾听顾客的意见，他说："我的经营理念就是倾听员工和顾客的意见，然后闭上嘴按照他们说的做。我们每一次的非运营商行动（Um-carrier）以及我自己管理公司的方式都与这完全一致。"[25]他明白顾客的重要性，而且十分清醒地认识到关注顾客需求才是成功的关键。没有顾客的支持，大部分企业将不复存在。然而在相当长的时间里，关注顾客被认为是市场营销类工作的职责，"让营销部门去担心顾客的事"是很多管理者的想法。这种想法已经过时，开市客（Costco）、诺德斯特龙（Nordstrom）、唐恩都乐（Dunkin' Donuts）、特斯拉（Tesla）和美捷步等企业之所以能脱颖而出，正是因为它们优质的服务和高度的顾客忠诚。

今天，发达国家的大多数工作者都从事诸如教师、护士、技术支持代表、餐饮服务、管家、顾问、理财规划师等服务性质的工作。例如，77.2%的美国劳动力受雇于服务行业[26]，在澳大利亚和加拿大，78%的劳动力在服务行业工作。[27]随着服务业成为主导产业，管理者意识到提供始终如一、质量上乘的顾客服务对组织的生存和成功至关重要。

更为重要的是，证据表明良好的顾客关怀是有回报的。一项研究发现，如果顾客与服务部门第一次接触时问题就得到解决，那么这类顾客（92%）很有可能会继续选用该公司的服务。[28]而对于在第一次接触中问题没有得到解决的顾客，这一数字下降到大约一半（51%）。员工是这个等式的重要组成部分。[29]其实这背后的含义很清楚：管理者必须创建一个响应顾客需求的组织，在这个组织中，员工友好礼貌、平易近人、知识渊博、能及时响应顾客需求，并愿意做必要的事情使顾客满意。我们将在其他章节中关注顾客服务管理这一话题。[30]

1.5 为什么要学习管理学？

如果你并不是管理专业的学生，也不打算从事管理工作，你也许会问：为什么我要学习管理学？我们将给出四点原因：管理的普遍性、工作的现实、作为管理者的奖励以及获得关于工作生活的洞见。

1.5.1 管理的普遍性

我们可以肯定地说，各种类型和规模的组织、所有组织层级、任何组织工作领域、任何地方的组织都需要管理。这就是**管理的普遍性**（universality of management）（见图表 1－8）。在这些组织中，管理者必须进行计划、组织、领导和控制。然而，这并不是说所有管理方式都一模一样。推特（Twitter）应用测试小组的主管做什么与推特的首席执行官做什么相比，差异在于层级和重点而非职能。因为二者都是管理者，都会进行计划、组织、领导

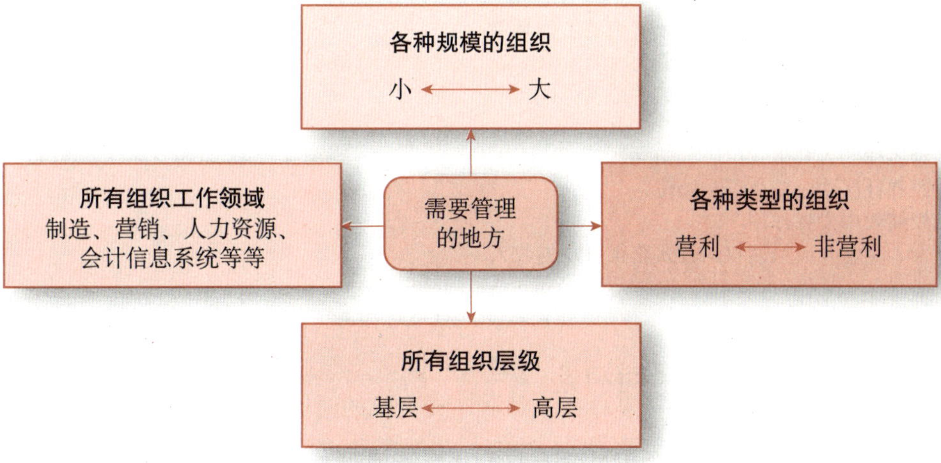

图表 1－8　对管理的普遍需求

和控制。然而，它们的程度和方式不尽相同。

所有组织都需要管理。而管理良好的组织——我们会在本书中分享这些例子——培养了忠诚的顾客基础，能够不断成长，甚至在具有挑战性的时期都能繁荣。那些管理不佳的企业发现它们不断失去顾客和收入。通过学习管理，你将能够识别差的管理，并矫正管理失误。而且，你还能够识别和支持好的管理，不论是在你接触的组织还是工作的组织中。

1.5.2　工作的现实

学习管理学的另一个原因在于，对大多数人来说，一旦从学校毕业开始职业生涯，你要么成为管理者，要么被人管理。对于那些计划成为管理者的人，学习管理学是构筑管理知识和技能的基础。那些不认为自己会成为管理者的人，仍然可能与管理者一起工作。经验告诉我们，通过学习管理学，你可以在很大程度上了解你的上司（和同事）的行为方式，以及组织如何运行。

1.5.3　作为管理者的奖励

管理职位能够带来实实在在的收益（见图表 1－9）。你负责创造一个工作环境，在这个环境中，组织成员可以最大限度地发挥自己的能力，从而帮助组织实现目标。这是件令人感到满足的事。你帮助别人找到工作的意义和成就感。你要支持、指导和培养他人，帮助他们作出好的决策。此外，作为管理者，你常常有机会创造性地思考并使用你的想象力。你将遇见形形色色的人并与他们共事——包括组织内部和外部的人。其他奖励可能包括收获你在组织和社区中的认可和地位，对组织绩效发挥作用，以薪酬、奖金和股票期权的方式获得可观的收入。

图表 1-9 作为管理者的奖励

- 创造一个组织成员可以发挥最大能力的工作环境
- 有机会创造性地思考并使用想象力
- 帮助他人在工作中找到意义和成就感
- 支持、指导和培养他人
- 与各种各样的人共事
- 在组织和社区中收获认可和地位
- 在组织绩效中发挥作用
- 以薪酬、奖金和股票期权的方式获得可观的收入

1.5.4 获得关于工作生活的洞见

许多学生经常提醒作者，他们并没有打算从事管理职业。这些学生的职业目标是成为会计师、金融分析师、市场研究人员或计算机编程师。他们问我们：为什么我需要学习管理课程？我们的答案是：理解管理理念和管理者的思考方式有助于你在工作中获得更好的成果，并改善你的职业生涯。但谁又能知道，某天你会不会成为一名管理者。通常来讲，成功的员工会被提升到管理岗位。例如，你可能在一家大型会计公司开始你的审计职业生涯，几年后，你发现你正在监督一个审计团队，或是成为进驻某个地区办事处管理岗的成员。

在这本书里，你会读到“工作场所的秘密”这一专栏。这部分内容将介绍一些你可能在工作中面临的挑战——如组织政治、缄默的上司或不公平的绩效评估，也将为你提供应对这些挑战的具体建议。

如果你希望和别人一起工作——无论是在《财富》100 强公司还是在只有三个人的创业公司——学习管理可以获得可观的回报。

工作场所的秘密 **处理组织政治**

在一个理想化的世界里，好人总是获胜的一方，每个人都实话实说，工作晋升和丰厚的加薪也都属于最佳人选。不幸的是，我们并不生活在这样一个理想的世界里。我们生活的世界是一个充满政治的世界。

政治是组织生活中的客观事实，忽视这一事实的人将承担风险。但你可能会想，为什么政治必须存在？一个组织有没有不存在政治的可能性？有可能，但很少见。

组织由具有不同价值观、目标和兴趣的个人和团体组成，这也就埋下了潜在的冲突。部门预算问题、办公室分配问题、项目责任问题、晋升问题和工资调整问题只是组织成员不同意其资源分配方案的几种情况。

组织中的资源也是有限的，这就把潜在的冲突变成了真正的冲突。如果资源充足，那么组织内的不同利益群体都可以实现他们的目标。但资源是有限的，不是每个人的利益都能得到满足。此外，不管是真是假，一个人或群体的所得往往被认为是组织内其他人的损失，这些力量促使组织成员之间展开对有限资源的争夺。

但也许导致组织内部政治产生的最重要的事实在于，人们认识到用于分配有限资源的大多数事实依据是可以解释的。例如，什么是好的表现？什么是足够的改进？什么构成了令人不满意的工作？团队中的一个人会是另一个人的“应声虫”。因此，正是在组织生活

中庞大而模糊的中间地带——事实本身无法说明问题——政治才会繁荣。

以上内容解释了为什么一些人在工作场所撒谎、歪曲事实、隐瞒真相、暗中算计、厚此薄彼、搞阴谋诡计、推卸或否认责任、拉帮结伙或从事类似的政治行动。如果你想在工作中提高自己的政治技能，我们提供以下建议：

1. 以组织目标为出发点。那些以牺牲组织利益为代价公然获取自身利益的人几乎普遍受到了谴责，他们很有可能失去影响力。通常他们最终遭受的惩罚是被组织驱逐。因此，确保你的行为符合公司的最大利益。

2. 树立正确的形象。确保你理解你的组织对员工的要求和价值观——包括如何着装、要培养和要避开的人、是否要表现得偏好风险或规避风险、与他人搞好关系的重要性等。因为对你表现的评估很少是一个完全客观的过程，你需要注意自己的风格和涵养。

3. 获得对组织资源的控制。对稀缺而重要的组织资源的控制是影响力的来源。知识和经验是特别有效的控制性资源。这些资源使你对组织更有价值，因此，你将会更有可能获得安全感、进步以及接受你想法的受众。

4. 让自己变得不可或缺。让组织中的关键人物认为你是不可或缺的。如果组织的主要决策者认为你给组织带来的东西没有现成的替代品，你的工作很可能就是安全的，你也很可能会因此得到良好的待遇。

5. 注意引人注目。如果你的工作能让你的成就引起他人的注意，那很好。如果你没能引起他人注意——当然不要制造一个吹牛者的形象——你应当让别人知道你在做什么。例如，给你的老板和其他人做进度报告，让满意的顾客向上级转达他们对你的赞赏，让人们看到你出现在社交活动中，活跃在你所属的专业协会中。

6. 发展强大的同盟。身居高位的朋友往往是有益的。通过发展与你相比处于不同层级、有潜在影响力的人的关系来建立关系网络。这些盟友通常可以为你提供信息，而这些信息往往是不容易获得的，而且他们在你需要的时候可为你提供支持。在组织中有一个受人尊敬的导师通常是一笔宝贵的财富。

7. 避开"污点"成员。几乎在每个组织中，都有身份可疑的边缘成员。他们的表现和（或）忠诚度令人怀疑，或者性格十分古怪。与这样的人要保持距离。鉴于组织中对人的认可有很大的主观性，如果你被认为与"污点"成员有过密联系，你的成效可能会受到质疑。

8. 支持你的老板。你近期的前程掌握在你现在的老板手中。因为他会评估你的表现，所以你通常会希望你的老板站在你这边。因此，你应该尽一切努力帮助你的老板取得成功，让他看起来很好，在他受到围攻的时候支持他，并花时间找出他用来评估你的成效的标准。不要贬低你的老板，也不要对别人说他的坏话。[31]

1.6 就业技能

掌握知识是一回事，能够应用这些知识是另一回事。我们希望通过帮助你学习和实践招聘经理认为在各种组织环境中（小型企业、大型企业、创业型企业、营利性组织和非营利组织）对成功至关重要的关键技能，为你在工作领域的职业生涯做准备。以下是我们将关注的技能和简要的定义：

- 批判性思考技能（critical thinking）是指采用目的性的、目标导向的思考方式来定义和解决问题，作出决定，或者在各种情形下作出判断。
- 沟通技能（communication）被定义为能够有效地使用口语、书写以及一些非语言的技能，并有效地倾听他人观点，通过技术传递信息和认识。
- 合作技能（collaboration）是指个体可以与他人就某项工作一同工作，协商分歧，并产出反映他们共同和相互配合行动的最终成果。
- 知识运用与分析技能（knowledge application and analysis）被定义为学习某项概念，并将其运用到另一环境中以实现更高层次理解的能力。
- 社会责任技能（social responsibility）包括与道德行为和企业义务相关的技能。道德包括为个体和组织的行为设定指导性原则。企业义务是道德的一种形式，主要是指要求企业理解、识别、消除不道德的经济性、社会性及环境性行为。

以下每一章都将从我们称为就业技能矩阵（ESM）的内容开始。正如你在图表 1-10 中所看到的，这个矩阵将五种就业技能与每一章的具体内容联系起来，这些具体内容包括“这是你的职业”“工作场所的秘密”“在失败中学习”“道德困境”“技能练习”“共同工作”“学习成为管理者”“案例应用”等专栏。在这些部分，你将练习批判性思考以及应用你的概念知识。通过分析在这些特定情况下你需要做什么或说什么，你将学习如何改善合作和沟通技能，进而保证你能积极有效地在工作中前行。你也会面临两难的道德困境，在这种情况下，你将考虑工作场所特定问题的道德规范。我们建议在阅读各章之前复习并思考就业技能矩阵，这样就可以更好地了解在每章中开发的技能。

		批判性思考技能	沟通技能	合作技能	知识运用与分析技能	社会责任技能
技能盒子	这是你的职业	✓	✓		✓	✓
	工作场所的秘密			✓	✓	
	在失败中学习	✓			✓	
技能实践	道德困境		✓			✓
	技能练习	✓			✓	
	共同工作			✓		
	学习成为管理者	✓			✓	
案例	案例应用	✓			✓	✓

图表 1-10 就业技能矩阵

为考试做准备

本章小结

1.1　阐释谁是管理者，他们在何处工作。

管理者协调和监管他人的工作，这样组织目标才能实现。非管理雇员直接处理工作或任务，没有人向他们汇报。在传统结构的组织中，管理者包括基层、中层和高层三类。在其他架构较为松散的组织中，管理者可能不容易被识别出来，尽管有人必须扮演该角色。

管理者在组织中工作，这是人为的刻意安排，以实现某个特定的目标。组织有三个特点：有明确的目标、由人组成、有精密的结构。组织范围也从女性联谊会和像亚马逊这样的在线组织到非营利组织和当地零售店。

1.2　解释为什么管理者对组织很重要。

管理者对组织很重要的原因有三个。第一，在不确定、复杂和混乱的时期，组织需要他们的管理技能。第二，管理者是组织完成任务的关键。第三，管理者影响组织绩效。管理者对员工生产率和忠诚度有贡献；员工被管理的方式可以影响组织的财务绩效，事实表明管理能力对于创造组织价值很重要。

1.3　描述管理职能、管理角色和管理技能。

从宽泛的意义上说，管理是管理者做的事，涉及协调和监管他人的工作活动，从而使他们的工作可以有效率且有成效地完成。效率意味着“正确地做事”；成效意味着“做正确的事”。

管理的四种职能包括计划（设定目标、制定战略和开发计划）、组织（安排和建构工作）、领导（与人工作以及通过人工作）和控制（监管、比较和纠正工作绩效）。

明茨伯格提出的管理角色包括：人际关系角色，涉及人与人的关系和其他礼仪性、象征性职责（名义领袖、领导者和联络员）；信息传递角色，涉及收集、接收和传播信息（监管人、宣传人和发言人）；决策制定角色，涉及作出决策（企业家、危机处理者、资源分配者和谈判者）。

卡茨提出的管理技能包括技术技能（工作特定领域的知识与技术）、人际关系技能（与他人及团队良好合作的能力）、概念技能（思考和概念化的能力）。技术技能对于基层管理者最为重要，而概念技能对高层管理者最为重要。

1.4　描述重塑和重新定义管理者工作的因素。

影响管理者工作的变化包括技术、颠覆性创新、社交媒体、道德问题、政治不确定性以及顾客。管理者要关注技术，以及时了解组织中的事情是如何完成的；管理者必须专注于颠覆性创新，因为他们的组织可能与颠覆性创新者竞争，也可能自己就是颠覆性创新者；管理者要关注社交媒体，因为组织和员工都使用这种交流方式来共享信息并与他人建立联系；管理者也要关心道德问题，建立道德文化标准，确保遵守法律法规；管理者也需要关注政治不确定性；最后，管理者必须关注顾客，因为员工的态度和行为对顾客满意度有重要影响。

1.5　说明学习管理学的价值。

学习管理学非常重要的原因有如下几点：（1）管理的普遍性，即各种类型和规模的组织、所有组织层级和工作领域、任何地方的组织都需要管理；（2）工作的现实，你要么成为管理者，要么成为被管理者；(3) 作为管理者的奖励（例如创造工作环境来帮助人们在工作中发挥最佳能力，支持和鼓励他人，帮助他人在工作中找到意义和成就感，帮助组织实现目标等等）；(4) 获得关于工作生活的洞见。

1.6 描述就业技能矩阵的优势。

就业技能矩阵确认了五项重要的就业技能——批判性思考技能、沟通技能、合作技能、知识运用与分析技能、社会责任技能。

复习和讨论问题

1. 谁是管理者？管理者与非管理者有何不同？
2. 为什么管理者对组织而言很重要？
3. 效率和成效有什么区别？
4. 你的课程讲师是管理者吗？讨论管理职能、管理角色和管理技能。
5. 举出一个关于管理者未来可能不得不应对的颠覆性创新的例子。
6. 为什么管理者关注顾客很重要？
7. 解释为什么管理概念的普遍性在今天仍然适用或不适用。
8. 学习管理的原因哪一个对你最重要，为什么？

写作任务

1. 你是否认为存在一种最好的管理“风格”？为什么？

2. 哈佛商学院（Harvard Business School）的研究人员发现，最重要的管理行为涉及两个基本方面：帮助人们在工作中前进以及体面地对待他们。如何看待这两种管理行为？这对像你这样正在学习管理的人有什么启示？

为我的职业做准备

道德困境

● 管理者打算提供的职业发展机会和他们实际为员工提供的机会之间的差距已经增长到了 12%。

● 千禧一代比老一辈更重视职业发展机会和职业培训。

● 40%的管理者从不与员工谈论职业目标以及如何实现这些目标。

● 37%的员工希望更频繁地与他们的管理者进行与职业相关的讨论。[32]晋升到管理职位并不容易。

1. 请解释组织是否有向员工提供职业发展建议的道德责任。

2. 如果一个组织中的职业机会是有限的，那么管理者是否有责任将这些信息传达给员工？

技能练习

开发你作为管理者的技能

关于技能

研究表明，大多数管理者都应该具备一些技能。[33]然而，多达 90%的管理者没有这些技能。拥有这些技能的管理者可以将自己与没有这些技能的管理者区分开来。如果你还不是管理者，发展这些技能正是你获得更高层次工作和向他人展示你有管理潜力所需要的。

练习技能的步骤

- 寻求反馈。管理者经常认为他们需要完全控制，而不需要反馈意见。养成一个习惯，问问自己如何才能做得更好，或者如何才能成为一个更有效率的队友。现在就这样做，一旦你成为管理者，也要继续这样做。
- 从员工的角度看待问题。问问自己工作中的其他人会如何看待出现的情况。问问你的小组之外不同职位或部门的人。掌握这些不同的视角会帮助你作出更好的决定。你也可以通过听取他人的意见获得灵感。
- 总览全局。管理者不仅要考虑自己的部门，还要从公司全局出发考虑问题。多思考如何使你的工作更加契合公司的发展，然后通过研究你公司所在行业的趋势走得更远。
- 管理自己的情绪。如果你是一位管理者，你的沮丧和愤怒的情绪会影响你的员工。如果你觉得需要发泄情绪，就在工作之外发泄。练习像对待顾客一样对待工作中的每一个人，学习管理压力的技巧，这样你就不会把你的情绪发泄在员工身上。
- 赞赏员工的出色工作。欣赏对提高士气大有帮助。让工作中的人知道他们什么时候做得好，或者怎样才能让你的管理工作变得更容易。
- 在人前支持员工。压力之下，管理者有时不得不给老板帮腔，而不能支持员工。当别人没有给予员工应有的信任时，寻找机会为你的同事挺身而出。
- 管理自己的职业生涯。制订一个长期的职业规划，定期重温。每三个月在你的日历上写下提示：是时候检查职业规划并作出必要的调整了。
- 认识到自己也许存在偏见，与不同于自己的人交流。大多数人都有自己没有意识到的偏见。当你要作决定的时候，审视自己是否有任何可能相关的偏见，问问不同性格、年龄、种族或背景的人他们是怎么想的。
- 在工作中建立信任和沟通。去了解工作中的人，而不是仅仅完成工作中必须说或做的那一部分事情。和他们建立关系，表明你关心他们。这样和他们一起工作会容易得多。

技能实践

从管理者通常不太掌握的技能中选择两项，花一周的时间来学习它们。写下一系列简短的笔记来描述你的经历，不论好坏。练习这些技能后，你注意到有什么不同？你能做什么来更有效地练习这些技能？未来你可以采取什么措施来提高这些技能？

共同工作

团队练习

如果你为管理者工作过，被教练指导过，或者是有领导者的团队的一员，你可能已经注意到这些人的管理技能是有待提高的。与 3～4 名同学组成小组，每个人都要描述一个观察到的管理技能有待提高的具体实例。以小组为单位讨论在各种情况下，这些管理者存在哪些共性（如果有的话）。使用明茨伯格的管理角色相关知识，思考这些人有哪些不足。展开头脑风暴，讨论这些人要如何提高他们的技能，并准备好与全班分享你们发现的东西。

学习成为管理者

● 使用最新的《职业展望手册》(*Occupational Outlook Handbook*) 调查三种不同类型的管理者。对每一类管理者准备一份含有下列内容的清单：工作性质、所需训练和其他资格、薪酬、职业前景和预测数据。

● 养成阅读至少一本商业期刊的习惯。将你发现的关于管理者和管理的有趣信息整理成文件保存下来。

● 探索你最喜欢的公司的社交媒体。在社交媒体上给它点赞，并在该公司使用的其他社交媒体上关注它。

● 采访两个不同的管理者，向他们询问下列问题：成为管理者最好的方面和最坏的方面是什么？你曾经收到过的最好的管理建议是什么？写下问题和他们的答案并交给老师。

● 会计师和其他专业人员有资格认证来证明他们的技能、知识和专业性。那么管理者呢？注册经理人 (Certified Manager) (注册职业经理人学会 (ICPM)) 和注册企业经理人 (Certified Business Manager) (企业管理专业协会 (APBM)) 是两个为管理者设立的认证体系。调查这两个体系，列出它们分别涉及什么内容。

● 如果你有工作经历，回想你曾经接触过的管理者。你是否与优秀的管理者共事过？你是否与差劲的管理者共事过？根据你的这些经历，制作一份优秀管理者拥有的特点和技能的清单。

案例应用 1

与人工智能一同工作

对于大多数人而言，人工智能会让他们想到取代人类工作的机器人。然而，著名的管理咨询公司埃森哲 (Accenture) 在研究了 1 500 家企业后发现，人类与机器相互协作的时候，企业的绩效是最高的。[34]

那么人类与机器一同工作是什么样子？在一些服装零售商，购买者和计划者使用人工智能来指导他们的工作。他们依靠数据来计算什么样的款式将被购买，由哪种类型的顾客购买，以及顾客在未来的季节可能需要什么。购买者和计划者随后根据这些数据作出最终决定。

Bombfell 公司的采购者内森·凯茨 (Nathan Cates) 也采用了类似的流程。Bombfell 公司是一家面向男性的在线造型服务公司，它向客户发送可以保留或退回的衣物盒。在购买一件物品之前，凯茨坚持要触摸织物，并测试它的特性，如织物的厚度和合身性。[35]但是这些任务目前没有很好地由机器完成。

如果你打电话让药房重新开方而不与人面对面交谈，药房的员工就可以把时间花在更复杂的顾客问题上。一些公司，如瑞典 SEB 银行，使用人工智能来监控人工处理的客户电话，以了解类似的问题如何解决甚至如何在未来得到预防。

也有可能看到人类和计算机一起工作来提高员工的身体能力。在现代公司 (Hyundai)，一些制造员工佩戴机器人装置，这使他们获得了比正常人更多的力量和耐力。

虽然很难准确地预测人工智能将如何影响未来的工作，但工作的某些方面可能无法有效自动化。正如资产管理公司 EquBot 的首席执行官奇达·卡图亚（Chida Khatua）所说："如果我是一位解释我想要什么的客户，可能需要人类员工的参与才行，因为有时候我也不知道自己到底想要什么。"

◆ **问题讨论**

1. 机器以何种方式融入了管理者和员工的工作？
2. 到 2030 年，人工智能可能会怎样改变管理者的工作？
3. 你认为在未来什么类型的工作最不可能被机器或者是计算机取代？
4. 你觉得你可以通过什么途径使自己更有价值，让公司需要你而不是机器来完成工作？

案例应用 2

耐克：将顾客关注提升到新的高度

让顾客感觉问题很快得到解决是一回事，革新企业接触顾客的方式则是另一回事。这正是耐克（Nike）最近的行动，这种方式已经得到了回报，耐克获得了营收的增长和创纪录的高股价。[36]

首席执行官马克·帕克（Mark Parker）称直销努力是公司的"巨大转变"![37] 直接向客户销售改变了整个公司的业务流程，包括设计、制造、销售等。

耐克公司推出了 Nike SNKRS 应用程序，提醒超级粉丝商品限量发行。同时耐克通过一系列全新体验方式与超级粉丝建立了更密切的关系。它还将 Nike SNKRS 作为更好地与顾客进行数字化联系的实验室。

随着耐克了解到它的顾客想要什么，它正在将这些信息融入其改革流程的第一步：制造新鞋。2018 年夏天，耐克在洛杉矶开设了第一家 Nike Live 商店，专门为该社区制作和销售运动鞋和服装。[38] 耐克根据六个应用程序的数据，计算出了这个地区的居民喜欢什么样的运动装备。

Nike Live 商店是一种关注顾客的新方式。一双鞋子在一个储物柜里等着你，当你到达商店时储物柜就会打开。然后你可以穿着这双鞋子在店内跑步机上跑步。有什么问题吗？没问题！请随时询问准备回答这些问题的耐克运动员。如果你知道你想要什么，你可以通过应用程序安排路边取货。

参观 Nike Live 商店的顾客还将获得特别优惠。在商店的特殊自动售货机上扫描个人资料条形码，可获得 Dri-Fit 袜子这样的免费礼物。耐克希望这些商店能让顾客感到它们是特别的。因为它们提供网上购物无法提供的东西：试穿商品和面对面服务。

与顾客建立一对一的关系会带来额外的好处。耐克不必花几个月的时间与零售商合作来确定顾客。此外，基于其应用程序中的数据，耐克可以在了解顾客需求方面领先一步。

◆ **问题讨论**

1. 是什么让耐克对顾客的关注与大多数公司不同？
2. 如果你负责将耐克对顾客的关注提升到一个新的水平，你会怎么做？
3. Nike Live 商店尝试结合网购和线下购物的哪些优势？你认为它为什么会成功？
4. 你认为 2025 年公司对顾客的关注会是什么样的？

注　释

附加模块　管理史

Management History Module

学习目标

1. 描述早期管理的一些例子。
2. 解释古典方法中的各种理论。
3. 讨论行为方法的使用和发展。
4. 描述定量方法。
5. 解释当代方法中的各种理论。

美国联合包裹运送服务公司（UPS）所依靠的高效管理系统是在大概 100 年前设计的。[1] 在 20 世纪早期，一位名叫弗雷德里克·泰勒（Frederick Taylor）的钢铁行业工程师花了大量时间开展广泛的工时和动作研究，目的在于提升工人的工作效率。今天，美国联合包裹运送服务公司的管理者依然在使用泰勒的研究发现来减少司机的无效动作。例如，他们精确地定义和规定司机的行为，从计算最佳路线，到锁定和解锁卡车门的最佳方式，再到司机行走的速度。

在这一模块，我们将介绍管理作为一门学科是如何演进的。你会发现现在的管理者像美国联合包裹运送服务公司的管理者一样，依然在使用 30 年、50 年乃至 100 年前的管理技术与知识。本模块将从历史的角度审视在未来章节中学习的内容。

公元前3000年到公元1776年	1911—1947年	18世纪后期到20世纪50年代	20世纪40年代到50年代	20世纪60年代到现在
早期的管理	古典方法	行为方法	定量方法	当代方法

早期的管理

管理已经在实践中存在了很久。数千年来，负责计划、组织、领导和控制活动的人指导着其他人进行有条理的工作。我们来看一些有趣的例子。

埃及的金字塔和中国的万里长城证明了人类在古代就可以完成规模巨大、役使数万人的工程。[2]建造一座金字塔需要超过 10 万人耗费大约 20 年时间。谁来告诉每个人要做什么？谁确保现场有足够的石块可以让建造者一直不停工？答案就是管理者。管理者必须计划要做什么，组织好人力和物力，确保那些建造者能够完成工作，施加控制保证一切像计划的那样实现。

1776 年，亚当·斯密（Adam Smith）出版了《国富论》（*The Wealth of Nations*）一书，他认为组织和社会可以从**劳动分工**（division of labor）（或**工作专门化**（job specialization））中获得经济优势，即将工作分解为细小和重复性的任务。以大头针行业为例，斯密认为，10 个人完成各自专门的工作，每天可以生产 4.8 万个大头针。然而，如果每个人单独完成一整套任务，每天做好 10 个大头针就不错了。斯密总结说，劳动分工通过增加每个人的技能和灵巧度，节省改变任务浪费的时间，创造节省劳动力的发明和机器来提高生产力。劳动分工一直受到欢迎，例如，考虑医院手术团队成员执行的任务、餐厅厨房内员工完成的用餐准备或者足球队中球员的位置。

从 18 世纪晚期开始，机器动力开始取代人工动力，开启了历史上的**工业革命**（industrial revolution），在工厂中生产产品比在家庭内生产产品更加经济。这些大型、高效的工厂需要有人来预测需求、确保储存足够的物资来生产产品、向人们分配任务、指导每天的活动等。这个人即管理者。这些管理者需要正式的理论来指导他们运营这些大型组织。然而，直到 20 世纪，人们才迈出了发展这些理论的第一步。

在本模块中，我们将考察管理学历史上的四种主要研究方法：古典方法、行为方法、定量方法和当代方法（见图表 1）。记住，每种方法都试图从当时历史的重点和研究者的背景、兴趣角度去解释管理学。这四种方法让我们对管理学有了更全面的认识，而它们也分别从各自的视角解释了何为管理以及如何实现最佳的管理。

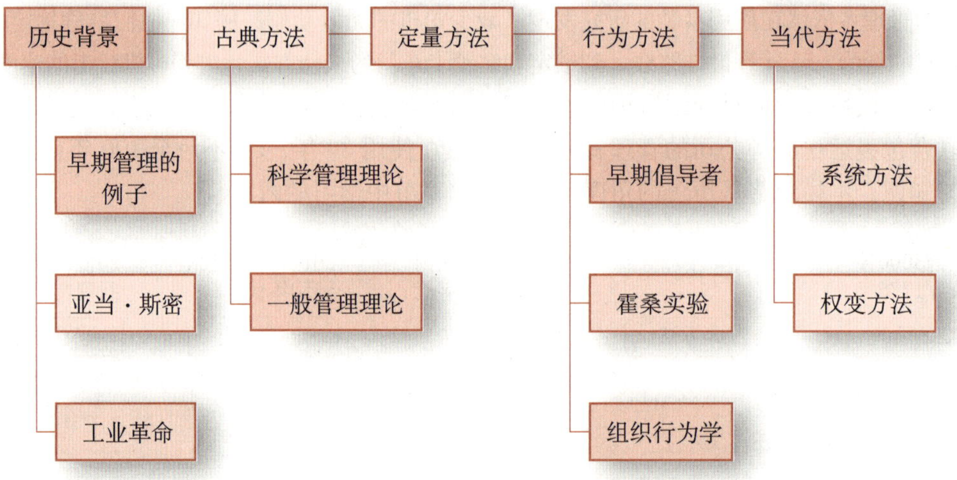

图表 1　管理学的主要研究方法

古典方法

尽管我们已经看到了管理如何在早期历史的组织活动中发挥作用，但是对管理学正式的研究却直到 20 世纪初期才开始。管理学的第一种研究方法即古典方法，强调理性的重要性，使组织和工人尽可能提高工作效率。**古典方法**（classical approach）包含两大学说：科学管理理论和一般管理理论。科学管理理论的重要贡献者是弗雷德里克·泰勒和吉尔布雷斯夫妇（Frank and Lillian Gilbreth）。一般管理理论的两位重要贡献者是亨利·法约尔和马克斯·韦伯（Max Weber）。下面我们来了解一下这些管理学历史中的著名人物。

科学管理理论

如果一定要确定现代管理方法出现的时间，那么 1911 年是一个不错的选择。这一年，弗雷德里克·泰勒的著作《科学管理原理》（*Principles of Scientific Management*）出版，其内容受到了全世界管理者的欢迎。这本书阐释了**科学管理**（scientific management）：用科学的方法确定完成一项工作的最佳方式。

泰勒曾在宾夕法尼亚州的米德维尔钢铁厂（Midvale Steel Works）和伯利恒钢铁公司（Bethlehem Steel）工作。作为一名有教友派和清教徒背景的机械工程师，他一直惊讶于工人的效率之低。从事同样工作的工人采用完全不同的方法。他们经常以非常散漫的态度对待工作，泰勒认为工人的产出只是他们能力的 1/3。当时几乎没有工作标准，也没有人关心工人的能力与他们所在岗位的要求是否匹配。为了改变这种情况，泰勒开始着手在车间实施科学管理方法。他花了 20 多年的时间孜孜不倦地寻求这些工作的最佳完成方法。

在米德维尔钢铁厂的经历使泰勒明确了提高生产效率的指导原理。他认为这些原理（见图表 2）能够同时有益于工人和管理者。[3] 这些科学原理是如何发挥实际作用的？让我们来看一个例子。

图表 2　泰勒的科学管理原理

1. 对每个工人的工作因素进行科学研究，取代传统的经验方法。
2. 科学地选拔工人，并对他们进行训练、指导和培养。
3. 与工人一起工作以确保所有的工作严格按照设计好的科学原理进行。
4. 将工作和责任尽可能平均地委派给管理者和工人，管理者做所有相较于工人而言更适合他们的工作。

资料来源：F. W. Taylor，*Principles of Scientific Management*（New York：Harper，1911）.

最有名的关于泰勒科学管理的例子可能是生铁实验。工人们将生铁（每块 92 磅①）装入火车车皮中，他们平均每天的工作量为 12.5 吨。然而，泰勒相信通过科学地分析工作来确定装载生铁的最佳方法，每天的工作量可以增加至 47 吨或 48 吨。在科学地运用了流程、技术和工具的不同组合后，泰勒成功达到了预计的产出水平。他是怎样做的呢？给岗位配备合适的员工以及正确的工具和设备，让员工严格遵循他的指令，并用明显更高的日工资给予员工经济激励。将类似的方法用在其他工作上，泰勒也能够为该工作找出最佳的

① 1 磅≈0.45 千克。——译者

完成方法。

总体上，泰勒使产量提高了200%或更高并获得了持续改善。鉴于他将科学原理用于人工工作的开创性研究，泰勒被誉为“科学管理之父”。他的思想在美国和其他国家流传，并鼓舞了其他人研究和发展科学管理方法。其最著名的追随者是吉尔布雷斯夫妇。

作为一名建筑承包商，弗兰克·吉尔布雷斯（Frank Gilbreth）聆听了泰勒在专家会议上的一次演讲后放弃了自己原来的事业。弗兰克和他的妻子心理学家莉莲·吉尔布雷斯（Lillian Gilbreth）探究了怎样减少那些无效率的手部和身体动作。吉尔布雷斯夫妇也对合适工具和设备的设计与运用进行了实验，以获得最佳的工作绩效。[4]

弗兰克最著名的可能是他的砌砖实验。通过仔细分析砌砖工人的工作，他将砌外墙砖的动作数量由18个减少到5个，砌内墙砖的动作数量由18个减少到2个。运用吉尔布雷斯的技术，砌墙工人更加高产，工作结束时的疲劳程度也减轻了。

吉尔布雷斯夫妇发明了一种精密的计时装置，可以记录工人的动作以及在每一个动作上花费的时间。肉眼看不到的无效率动作可以被观测到，并予以剔除。吉尔布雷斯夫妇还设计了一种分类方法，归纳了17种基本的手部动作（如伸、抓、握），他们称之为**动素**（therbligs）。这种分类方法使吉尔布雷斯夫妇能够更为精确地分析工人的手部动作。

当今的管理者如何运用科学管理 就像我们在本模块开头提及的美国联合包裹运送服务公司所使用的技术与知识一样，泰勒和吉尔布雷斯夫妇设计的许多用以提高产出效率的指导原理和技术在今天的组织中仍有采用。当管理者分析那些必须完成的基础工作任务，运用时间与动作研究来剔除无意义的动作，招聘资格最符合的员工，或是设计与产出相关的激励系统时，他们就是在运用科学管理原理。

一般管理理论

一般管理理论（general administrative theory）更关注管理者做什么以及是什么造就了好的管理。我们在第1章中介绍了亨利·法约尔，他首次提出了管理活动的五项职能：计划、组织、指挥、协调、控制。[5]

法约尔与泰勒在同一时间著书。泰勒关注一线管理者和科学方法，而法约尔的注意力指向了所有管理者的活动。他从自己担任一家法国大型煤矿公司总经理的经历写起。

法约尔将管理行为描述为与会计、金融、生产、分销及其他典型的企业职能不同的事物。他认为，管理是所有企业、政府甚至家庭共同努力的活动，这促使他总结出14条**管理原则**（principles of management）——可以应用于所有组织并可以在学校中教授给学生的管理的基本规则。图表3展示了这些原则。

马克斯·韦伯是一名研究组织的德国科学家。[6]在20世纪早期的著作中，他提出了权力结构理论以及基于理想组织类型的关系，他称这种理想组织类型为**官僚组织**（bureaucracy）——以劳动分工、清晰界定的等级、详细的规章制度以及非人际关系为特征的组织形式（见图表4）。韦伯认为，这种“理想的官僚组织”在现实中并不存在。实际上，他将其作为探讨在大型群体中如何完成工作的理论基础。他的理论成为当今大型组织的结构设计基础。

图表 3　法约尔的 14 条管理原则

1. 劳动分工。分工通过使员工效率更高而增加产量。
2. 职权。管理者必须能够发出指令，职权给予他们此权力。
3. 纪律。员工必须服从和尊重组织治理的规则。
4. 统一指挥。每位员工应该从同一位上级处接受指令。
5. 统一领导。组织应该只有一份引导管理者和员工的行动计划。
6. 个人利益服从整体利益。任何员工或员工群体的利益不能超越组织整体的利益。
7. 报酬。员工必须得到公平的酬劳。
8. 集中。指下属参与决策的程度。
9. 等级制度。指从管理的最高层级到最低层级的权力链。
10. 秩序。人员和材料必须在正确的时间到达正确的位置。
11. 公平。管理者必须对下属宽容并公平。
12. 人员稳定。管理必须提供有序的人员计划，确保补充职位空缺。
13. 首创精神。被允许首创和施行计划的员工会投入很大努力。
14. 团队精神。提升团队精神会在组织中创建和谐与统一。

资料来源：Based on Henri Fayol's 1916 "Principles of Management," in *Administration Industrielle et Générale*, translated by C. Storrsas *General and Industrial Management* (London: Sir Isaac Pitman & Sons, 1949).

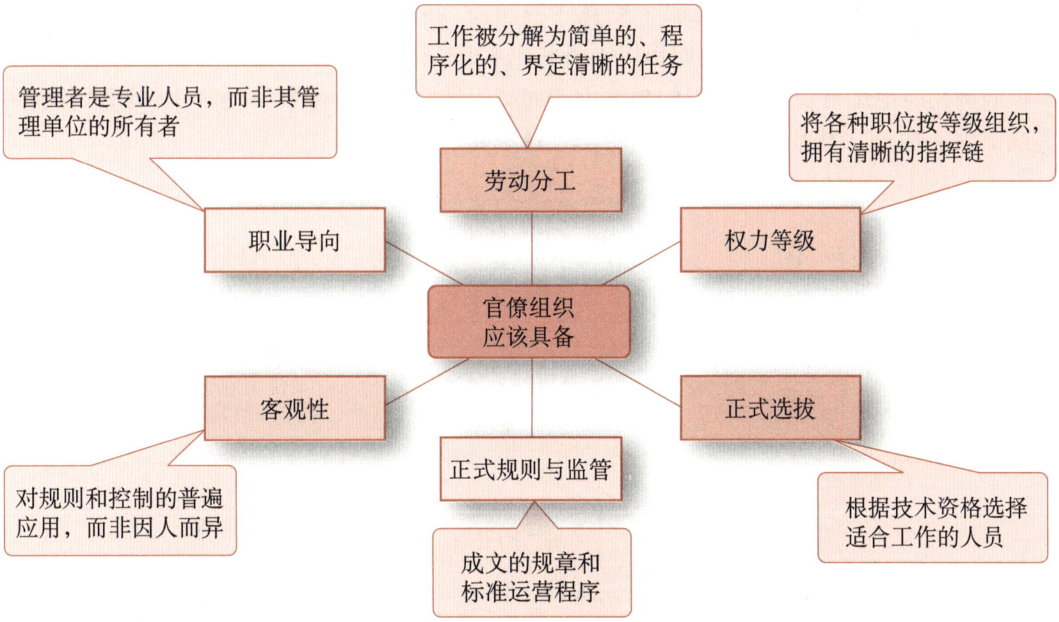

图表 4　韦伯官僚组织的特点

资料来源：Based on *Essays in Sociology* by Max Weber, translated, edited, and introduced by H. H. Gerth and C. Wright Mills (New York: Oxford University Press, 1946).

正如韦伯所描述的，官僚组织在理念上很像科学管理。它们都强调理性、可预见性、非人格化、技术能力以及权力主义。虽然韦伯的想法不如泰勒的想法实际，但是他的“理想类型”仍然描述了很多当代组织，这个事实证明了其理论的重要性。

当今的管理者如何运用一般管理理论　现代的一些管理理念和行为可以直接追溯到一般管理理论的贡献。例如，管理者工作的职能观来自法约尔。同时，他的 14 条管理原则是现在很多管理概念——例如管理权威、集中决策、只向一人报告等——演化的参考框架。

韦伯的官僚组织理论试图阐明组织的理想原型。虽然韦伯的官僚组织的很多特点在大型组织中仍然存在，但是他的模型在今天远不如在 20 世纪那样流行。很多管理者认为，官僚组织的结构阻碍了员工个人的创造性，限制了组织对越来越动态变化的环境的快速响应能力。然而，即使在拥有创造性专业人员的灵活组织（如谷歌、三星（Samsung）或思科系统（Cisco Systems））中，官僚机制对确保高效使用资源仍然必要。[7]

行为方法

正如我们所知，管理者通过与别人一起工作完成任务。这解释了为什么一些学者选择通过关注组织内的人来研究管理。研究工作中人的行为的领域被称为**组织行为学**（organizational behavior，OB）。当今对管理者在管理人时做了什么——如激励、领导、建立信任、团队工作、管理冲突等的研究大多来自组织行为学。

虽然 20 世纪早期很多人认识到了人对于组织成功的重要性，但仅有四位杰出的学者被确认为是组织行为学方法的早期倡导者：罗伯特·欧文（Robert Owen）、雨果·芒斯特伯格（Hugo Münsterberg）、玛丽·帕克·福莱特（Mary Parker Follett）以及切斯特·巴纳德（Chester Barnard）。他们作出了各种独特的贡献，但都相信人是组织最重要的资产，应该相应地进行管理。他们的想法为诸如员工选聘程序、激励计划和工作团队等管理实践提供了基石。图表 5 总结了他们每个人最重要的思想。

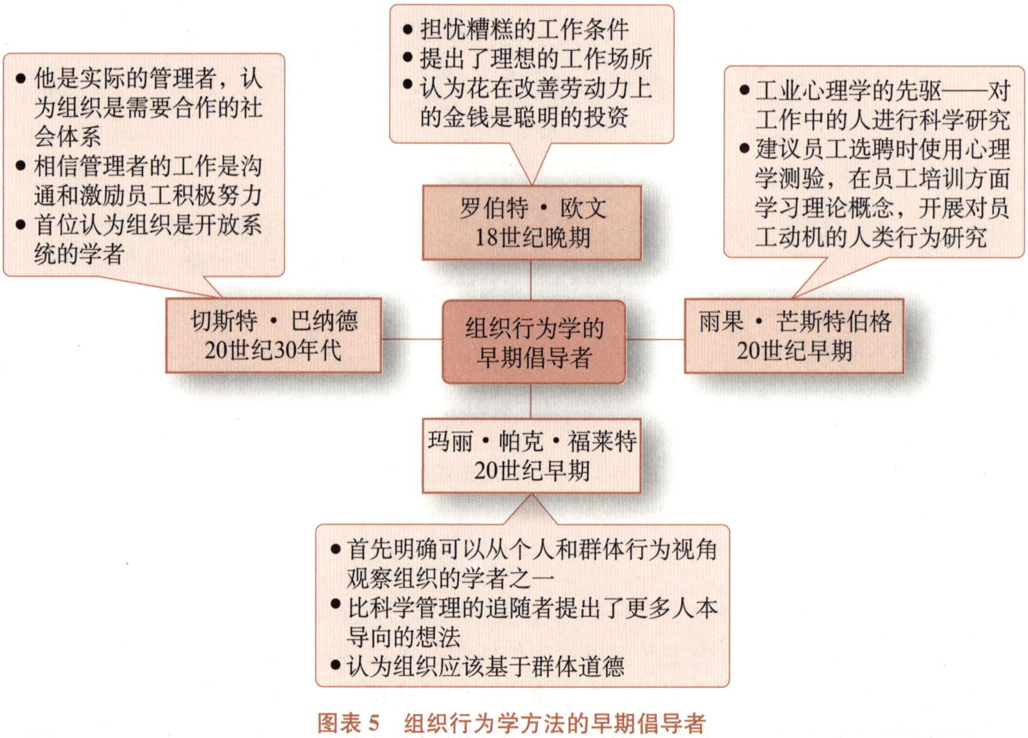

图表 5　组织行为学方法的早期倡导者

毫无疑问，对组织行为学领域的最大贡献来自**霍桑实验**（Hawthorne Studies），即在伊利诺伊州西方电气公司霍桑工厂（Western Electric Company Hawthorne Works）进行的一系列研究。这些研究从 1924 年开始，最初为西方电气公司的工业工程师设计的科学管理实验。他们想要检验各种照明强度对工人生产力的影响。像任何好的科学实验一样，他们设置了控制组和实验组，实验组被暴露在各种照明强度下，控制组则在恒定的照明强度下工作。如果你是负责这次实验的工厂工程师，你期望发生什么？符合逻辑的想法是实验组的个人产出会与照明强度直接关联。然而，他们发现随着实验组的照明强度提高，两个组的产出都增加了。然后，令工程师非常吃惊的是，随着实验组的照明强度减弱，两个组的产出还在增加。事实上，只有当实验组的照明强度被降低至如夜晚月色的程度时，实验组的生产力才降低。如何解释这些超出预料的实验结果？工程师们对此不确定，但是他们认为照明强度与群体生产力没有直接关系，是其他因素导致了这些结果。不过他们无法说明“其他因素”是什么。

1927 年，西方电气公司的工程师请哈佛大学教授埃尔顿·梅奥（Elton Mayo）和他的同事作为咨询师参与研究。这种研究持续到了 1932 年，包括工作的重新设计、每天和每周工作时长的改变、休息时间的引入以及个人与群体薪酬计划的无数实验。[8] 例如，一项实验被设计来评估群体计件工资激励体系对群体生产力的影响。结果表明激励计划对工人生产力的影响小于群体压力、认同度和安全感。研究者总结指出，社会规范或团体标准是个人工作行为的关键决定因素。

学者们普遍认为霍桑实验改变了以往管理学对于人在组织中扮演的角色的认知。梅奥认为，人们的行为和态度有紧密联系，群体因素明显影响个人行为，群体标准确立了每个工人的产出，金钱对产出的影响要弱于群体标准、群体态度和安全感。这些结论第一次强调了组织管理中人的行为因素。

今天的管理者如何运用行为方法 行为方法在很大程度上形成了如今的组织管理。从管理者如何设计岗位，到他们如何与员工团队开展工作，再到他们如何交流与沟通，我们都可以看到行为方法的内容。组织行为学方法的早期倡导者提出的大部分内容以及从霍桑实验中得出的结论，为我们今天的激励、领导力、群体行为和发展以及大量其他的行为方法奠定了基础。

定量方法

尽管飞机上的乘客在找座位时发生的冲突对乘客来说是微小的烦扰，但是对于航空公司来说就是较大的问题了，因为航班会被推迟。基于时空几何的研究，一家航空公司发明了“倒金字塔”式的登机过程，至少节省了两分钟的登机时间。[9] 这就是**定量方法**（quantitative approach）的一个例子，运用定量技术改进决策制定。这种方法也被称为管理科学。

定量方法从用于解决第二次世界大战中军事问题的数学和统计学决策发展而来。第二次世界大战结束后，很多用于军事问题的策略被应用在商业领域。例如，一个被称为“神童”（Whiz Kids）的军官群体，在 20 世纪 40 年代中期加入了福特汽车公司（Ford Motor Company），着手使用统计模型和量化模型来改进决策。

定量方法具体做什么？它涉及运用统计学、最优模型、信息模型、计算机模拟及其他量化方法进行管理活动。例如，管理者可以利用线性规划来改进资源配置的决策。通过使用关键路径排程分析法，工作时间表可以变得更加有效率。经济订货批量模型可以帮助管理者确定最佳的存货水平。每一个例子都是定量方法在改进管理决策中的运用。另一个广泛使用定量方法的领域是全面质量管理。

20 世纪 80 年代和 90 年代，一场质量革命席卷了商业和公共领域。[10]它由少数几位质量管理专家发起，其中最著名的是爱德华兹·戴明（W. Edwards Deming）和约瑟夫·朱兰（Joseph M. Juran）。20 世纪 50 年代，他们倡导的理念在美国几乎没有支持者，却受到了日本企业的广泛欢迎。当日本制造商开始在质量方面击败美国竞争者时，西方管理者终于认真考虑了戴明和朱兰的理念，他们的理念成为今天质量管理的基础。

全面质量管理（total quality management，TQM），是一种致力于持续改进并回应顾客需求和期望的管理理念（见图表 6）。顾客是指与组织的产品或服务有接触的内部和外部的任何人员，包含员工和供应商，也包含购买组织的产品或服务的人。在没有正确措施的情况下，持续改进是不可能实现的，它要求运用统计方法测量组织工作过程中每一个关键变量。将测量结果与标准对比，有助于明确和纠正问题。

图表 6 什么是质量管理

1. 密切关注顾客。顾客包括购买组织的产品和服务的外部顾客，以及在组织中接触并服务其他人的内部顾客。
2. 关心持续改进。质量管理是一种永不满足的承诺。“非常好”并不是足够好。质量永远可以更进一步。
3. 注重流程。在产品和服务质量持续提高的同时，质量管理关注工作的流程。
4. 提高组织所做的一切的质量。涉及最终产品、组织如何处理送货、组织对投诉的反应速度、接听电话是否礼貌以及其他类似的事务。
5. 精确测算。质量管理用统计方法来衡量组织运营中的每个关键变量。这些数据会被与标准相比较，用来识别问题、追查它们的根源并消除它们的成因。
6. 员工授权。质量管理涉及流程改进过程中的人员。在质量管理项目中，团队被广泛用作授权的媒介来发现和解决问题。

今天的管理者如何运用定量方法 定量方法对管理决策的贡献直接作用在计划和控制领域。例如，当管理者进行预算、排序、调度、质量控制以及其他类似的决策时，他们都会依赖于定量方法。一些专门软件可以缓解管理者对这些技术的畏难情绪，然而很多管理者仍然对此非常担忧。

当代方法

正如我们所见，管理学理论的早期方法的很多元素仍在影响着管理者的管理方式。这些早期方法中的大部分聚焦管理者在组织内部的考虑事项。从 20 世纪 60 年代开始，管理学研究者开始考察在组织边界之外的外部环境中发生了什么事情。两个当代管理学视角——系统和权变——就是这种研究方法的一部分。系统理论是物理科学中的基础理论，但是尚未被应用于组织的人力领域。1938 年，担任一家电话公司高管的切斯特·巴纳德首先在他的著作《经理人员的职能》（*The Functions of an Executive*）中写道：“组织像一个合作系统一样运作。”然而，直到 20 世纪 60 年代，管理学研究者才开始更细致地研究系统理论及其与组织的联系。

系统（system）是由相互联系、相互依赖的部分以特定方式组合起来的一个整体。封闭系统和开放系统是两种基本的系统类型。**封闭系统**（closed system）不受环境的影响，也不与环境互动。相反，**开放系统**（open system）受到环境的影响，并与环境产生互动。今天，当我们将组织描述为系统时，是指开放系统。图表 7 展示了作为开放系统的组织。正如你所见，组织从环境中获得投入（资源），将这些资源转化或加工为产出，再将其分配到环境中。组织对环境“开放”并与之互动。

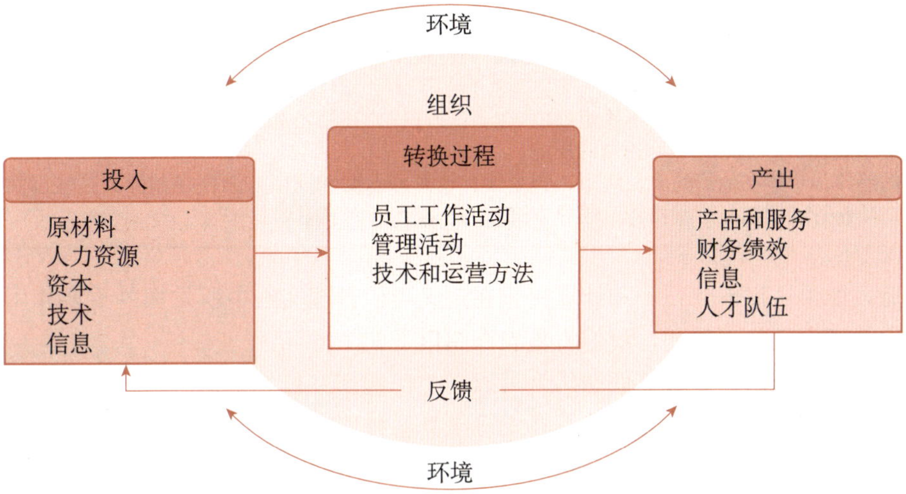

图表 7　作为开放系统的组织

系统方法如何增进我们对管理学的理解？首先，研究者预想，组织由“相互独立的因素，包括个人、群体、态度、动机、正式结构、互动、目标、地位和权威”组成。这意味着，管理者在组织的各个部分协调工作活动，他们确保这些部分都在协作，以实现组织的目标。例如，系统方法指出，不论生产部门效率如何，营销部门都必须预测出顾客偏好的变化，与产品开发部门合作，创造顾客喜欢的产品，否则组织的整体绩效将下滑。

其次，系统方法认为一个组织领域的决策和行动会影响另一个领域。例如，如果采购部门没有获得正确数量和质量的原材料，生产部门就无法完成自己的工作。

最后，系统方法认为组织不是独立的。它们依赖外部环境的基本输入，并提供出口以消化它们的产出。如果一个组织忽视政府管制、供应商关系以及其他变化的外部因素，不可能长久地存续下去。

早期的管理学家认为他们提出的管理原则是通用的。后来的研究却发现了很多例外。例如，劳动分工理论很有价值，而且运用广泛，但是它可能会使工作过分专门化。官僚组织在很多情况下是可取的，但是在某些情况下，其他结构设计可能更有效。管理不是（也不可能是）基于简单原则去适应所有情况。不同的和不断变化的环境要求管理者运用不同的策略。**权变方法**（contingency approach）（有时也叫作情境方法（situational approach））认为组织是不同的，面对不同的情况，需要采用不同的管理方法。

一种很好的对权变方法的描述是“如果……那么……”。如果这是我面对的情况，那么这是我处理这种情况的最好方法。这在直观上符合逻辑，因为组织乃至同一组织下的单元在规模、目标、工作活动和偏好上是不同的，如果能发现用于各种情况的管理原则将非常令人吃惊。当然，根据情境去管理是一回事，面临着什么样的情境又是另一回事。研究者不停地努力识别这些情境变量。图表 8 列出了四种常用的权变变量。虽然这个列表不是综合性的——已有超过 100 种不同变量被确认——但它代表了最广泛使用的变量，让大家能够直观地思考权变变量的含义。权变方法的首要价值就是强调没有简单的或普遍的规则让管理者遵循。

图表 8 常用的权变变量

- 组织的规模。随着组织规模的增加，有关协调的问题也会增加。例如，一种适合有 5 万名员工的组织的结构类型对于只有 50 名员工的组织来说可能是低效率的。
- 任务技术的例行性。组织运用技术达到目标。例行技术需要的组织结构、领导方式和控制系统与定制技术或非例行技术不同。
- 环境的不确定性。环境变化的不确定程度影响管理流程。在稳定和可预测的环境中表现最佳者，也许完全不适合迅速变化和不可预测的环境。
- 个体的差异。个体在他们的成长渴望、自主性、歧义容忍度和期望方面存在差异。这些以及其他的个体差异在管理者选择激励技巧、领导方式和工作设计时尤其重要。

最后，如果认识不到技术和计算机化在定义当前管理实践中所发挥的重要作用，当代管理史将是不完整的。对此，我们将重点介绍以下几个方面。[11]

你的祖父可能用高中或更低学历就可以在工厂找到一份好工作。这些工作不需要什么技能。而今天的工厂高度计算机化，要求员工具备操作复杂设备的技能。技术使计算机化制造成为现代工厂的支柱。因此管理当前的技术人员不同于管理一群赚取最低工资且无技能的工人。

同时技术使组织能够创建虚拟团队——人们一起工作，但在地理上处于分散状态。为应对这种问题，管理者不得不学会如何远距离管理他人。互联网、电子邮件、网络电话、会议软件和其他技术创新使管理者和员工能够即时沟通，同时打破了工作时间和非工作时间之间的障碍。例如，今天的专业人员基本上是全天候“随叫随到”。

越来越多的组织，无论规模大小，都依赖大数据来帮助管理者作出决策。大数据是指大型数据集，对于传统软件来说，这些数据集太过庞大和复杂。但可以通过计算机分析来揭示其中的模式、趋势和行为。当代管理者正在使用大数据等工具来预测客户可能想要购买什么，在潜在问题发生之前未雨绸缪，并依靠其分配稀缺资源。

也许技术对企业最深远的影响在于老牌企业的不断落伍。管理者现在必须不断适应新的竞争对手，它们正在利用技术来破坏长期存在的产品和服务。颠覆性创新正在重塑广告、金融服务和零售等多元化市场。

为考试做准备

小结

1. 描述早期管理的一些例子。

历史非常重要，因为它帮助我们了解当今管理实践的起源，并识别什么因素有用什么因素无用。我们可以在埃及金字塔和中国万里长城的建造中看到早期管理实践的例子。《国富论》的出版是一个重要的历史事件，斯密在其中提出了劳动分工（工作专门化）的益处。还有一个例子是工业革命，它使得在工厂中生产比在家庭中生产更经济。因此，需要管理者来管理这些工厂，而这些管理者则需要正式的管理理论来指导他们。

2. 解释古典方法中的各种理论。

弗雷德里克·泰勒以“科学管理之父”而闻名，他研究了使用科学管理原理（改善生产效率的指南）的人工劳动来找到做工作的最佳方式。吉尔布雷斯夫妇的主要贡献是发现有效的手部与身体动作，并为优化工作绩效设计合理的工具和设备。法约尔认为，管理职能普遍存在，而且与其他企业职能存在差异。他总结出了 14 条管理原则，这是很多现代管理概念的演化来源。韦伯描述了其称为官僚组织的理想组织类型，今天很多大型组织仍然存在这种特点。当今天的管理者分析需要执行的基础工作任务、使用时间与动作研究去除多余的动作、为工作雇用资格最符合的员工以及基于产出设计激励系统时，他们就是在应用科学管理理论。当管理者履行管理职能，构建组织以使得资源被有效利用时，他们就是在应用一般管理理论。

3. 讨论行为方法的使用和发展。

组织行为学方法的早期倡导者（罗伯特·欧文、雨果·芒斯特伯格、玛丽·帕克·福莱特和切斯特·巴纳德）贡献了很多想法，但是他们都相信人是组织最重要的财产，应该得到重视。霍桑实验极大地影响了关于人在组织中作用的管理理念，使得管理学强调了人这一新的因素。行为方法在很大程度上塑造了当今组织的管理方式。现代有关激励、领导力、群体行为和发展以及其他管理学问题的理论，都可以追溯到组织行为学方法的早期倡导者和霍桑实验的结论。

4. 描述定量方法。

定量方法涉及运用统计学、最优模型、信息模型和计算机模拟等量化方法进行管理活动。今天的管理者在作计划和控制工作活动的决策，例如资源配置、提升质量、安排工作时间表或确定最佳存货水平时使用定量方法。全面质量管理——致力于持续改进并回应顾客需求和期望的管理理念——也利用定量方法来实现目标。

5. 解释当代方法中的各种理论。

系统方法认为，组织从环境中获得投入（资源），将这些资源转化或加工为产出，再将其分配到环境中。该方法为管理者理解所有相互依赖的部门如何协同工作来实现组织目标，以及一个组织领域中的决策和行为如何影响其他领域提供了框架。这样，管理者可以认识到，组织并非自给自足，而是依赖环境来获取关键的投入和作为吸收产出的出口。

权变方法认为，组织是不同的，面对不同的情况，需要采用不同的管理方法。它帮助我们理解管理，因为它强调了不存在让管理者遵循的简单的或普遍的规则。相反，管理者必须研究自身所处的情况，确定适合当前情况的最佳管理方式。

技术和计算机化正在戏剧性地改变管理者的工作。管理的每一个要素——计划、组织、领导和控制——都在某种程度上被技术重塑了。

复习和讨论问题

1. 解释为何学习管理史如此重要。
2. 工业革命的意义是什么？
3. 什么是官僚组织？官僚组织今天还存在吗？
4. 组织行为学方法的早期倡导者对我们理解管理作出了哪些贡献？
5. 霍桑实验对管理史为何如此重要？
6. 解释定量方法对管理学的贡献。
7. 描述全面质量管理。
8. 技术如何影响管理者在今天的工作场所使用量化方法？

9. 系统方法和权变方法如何使得管理者更加胜任工作？

10. 社会趋势如何影响管理实践？对学习管理学的人有何启示？

为我的职业做准备

学习成为管理者

● 开展研究并确认某个新的或正在形成的管理理论。你认为新理论会对未来的管理实践产生影响吗？

● 科学管理理论可以帮助你提高效率吗？选择一项你经常做的工作（如洗衣服、做饭、去杂货店、复习等），通过写下完成这项工作的步骤来分析它。看看是否有些活动可以合并或删减。找到做这项工作“最好的方式”。下次你做这项工作时，尝试科学管理的方式，看你是否变得更有效率（记住习惯不是很容易就能改变的）。

● 一些企业是如何存在 100 年以上的？显然，它们经历了各种历史事件。选择其中一家企业——可口可乐、宝洁、雅芳或通用电气，并调查它的历史。该企业这些年发生了怎样的变化？通过你对这家企业的调查，你能学到什么以帮助你成为一名更好的管理者？

● 选出 21 世纪的某个历史事件，并对此做一些调查。写一篇报告描述这一事件可能或已经对工作场所管理带来的影响。

● 承认吧，你已经同时承担多项任务了。如果不是，那你大概知道有些人是。承担多项任务在工作场所很常见，但是它能够使员工更有效率和有成效吗？假设你是一个贷款处理部门的管理者，描述你将如何用以下每种管理理论来研究这一问题：科学管理理论、一般管理理论、定量方法、行为方法、系统方法和权变方法。

注　释

第 2 章 决 策

Making Decisions

学习目标

2.1 描述决策过程的八个步骤。

2.2 解释管理者作出决策的五种观点。

2.3 决策类型和决策风格。

2.4 描述偏见和错误如何影响决策。

2.5 识别有效的决策技术。

就业技能矩阵

		批判性思考技能	沟通技能	合作技能	知识运用与分析技能	社会责任技能
技能盒子	工作场所的秘密	✓			✓	
	在失败中学习	✓			✓	
技能实践	道德困境	✓	✓			✓
	技能练习	✓			✓	
	共同工作		✓	✓		
	学习成为管理者	✓			✓	
案例	案例应用	✓			✓	

如果这世上存在决策殿堂，谷歌在 2006 年收购 YouTube 的决定无疑会位列其中。[1] YouTube 当时仅仅创立一年半，前途未卜。然而谷歌首席执行官埃里克·施密特（Eric Schmidt）认为花 16.5 亿美元收购它是值得的。当时大多数分析师和竞争对手都认为施密特花费过多，按照传统标准，他们可能是对的。但施密特发现了 YouTube 未被他人察觉的发展潜力。今天，YouTube 通过销售展示和视频广告每年赚取 100 多亿美元，目前该公司估值已经超过 1 000 亿美元！

决策是管理的本质。所有的管理者都希望作出好的决策，因为人们会依据这些决策的成效来评价他们。在这一章中，我们将学习决策的概念以及管理者如何作出决策。

2.1 决策过程

管理者总在作出艰难的决定。例如[2]，美国广播公司（ABC）娱乐业务总裁钱宁·邓基（Channing Dungey）在热门电视节目《罗珊娜》（*Roseanne*）开播几小时后就停播了该节目。因为该节目的明星罗珊娜·巴尔（Roseanne Barr）在推特上发表了尖刻的种族主义言论。尽管该节目是 2018 年播出季收视率最高的电视节目，能够创造约 6 500 万美元的利润，但邓基并不为自己当机立断的决定而担心。正如她总结的那样："罗珊娜在推特上的声明令人心生厌恶，这与我们的价值观不符，所以我们决定取消她的节目。"

用数字说话

- 一项针对 500 名管理者的研究发现，98%的人在作决策时没有使用最佳方案。[3]

组织中各个层级和各个领域的管理者都会作**决策**（decisions），即在两个及以上备选方案中进行选择。例如，高层管理者对组织目标、在哪里安放制造设备或进驻哪个新市场作出决策。中层和基层管理者对生产计划、产品质量问题、薪资提升以及员工纪律问题作出决策。本章的焦点是管理者如何作出决策。但是作决策不仅仅是管理者的事情，所有组织成员的决策都在影响着他们的工作以及组织本身。

最好将决策理解为一个过程，而不仅仅是一种行为。甚至就连决定去哪里吃午餐这样简单的事情，你要做的决策也不只是选择汉堡包、比萨或热狗。的确，你可能不会花很多时间思考你的午餐决定，但你仍然经历了决策过程。图表 2-1 展示了决策过程的八个步骤。这个过程与个人决策和公司决策都有关。让我们用一个例子——管理者决定购买什么笔记本电脑——来说明这个过程的步骤。

2.1.1 第一步：明确问题

每个决策开始时都有**问题**（problem），即在现有状况和预期状况之间存在矛盾。[4] 让我们看一个例子。阿曼达（Amanda）是一位销售经理，她的部门需要新的笔记本电脑，因为旧的笔记本电脑过时了，无法完成工作。为了简化这个问题，假设为旧电脑增加内存条并不经济，公司决定购买而非租赁。现在我们需要解决一个问题——销售部门现在的电脑（现有的条件）和他们对更高效电脑的需求（想要的条件）之间的矛盾。阿曼达要作出决策。

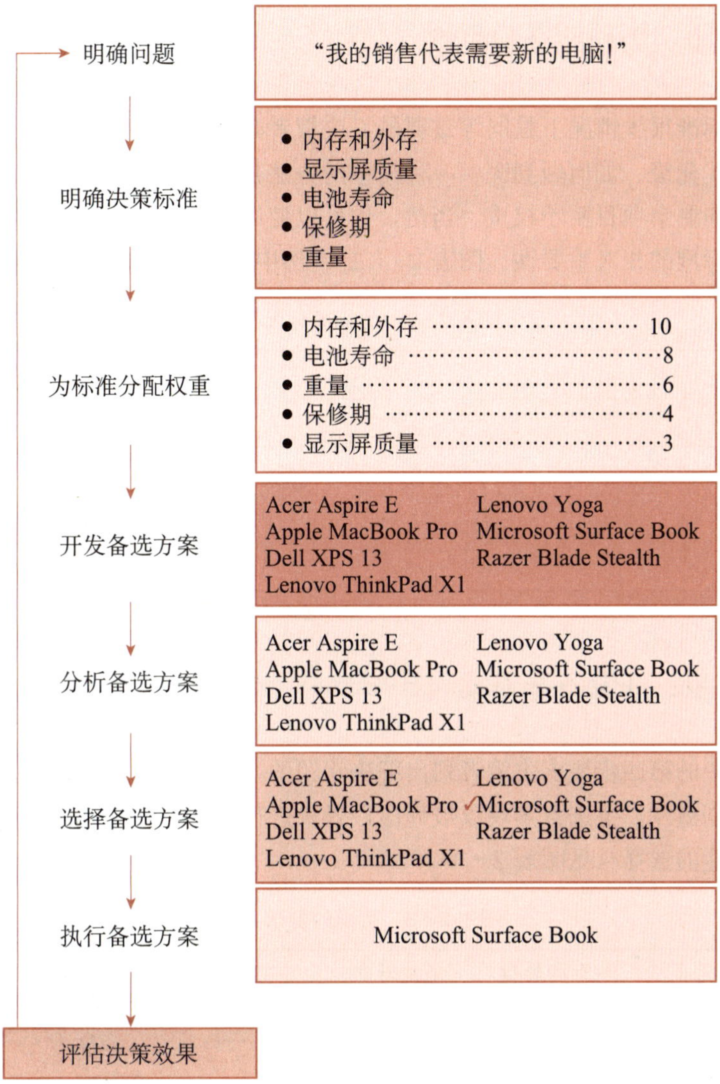

图表 2-1 决策过程

管理者如何明确问题？在现实世界，大多数问题没有写明“问题”二字。当阿曼达的部门员工开始抱怨电脑时，很明显她需要做一些事情，但很少有问题是这么明显的。

管理者也必须注意不要把问题本身和问题的表象混淆。例如，销售下降5%是一个问题吗？或者下降的销售额只是真实问题——质量差、价格高、广告差的产品或是消费者偏好改变的表象？

2.1.2 第二步：明确决策标准

一旦管理者确认了一个问题，他必须明确对解决问题重要或与之相关的**决策标准**（decision criteria）。每位决策者都有指导其决策的一些标准，即使这些标准并未被清晰地述说出来。在我们的例子中，阿曼达在仔细考虑后作出决策，即内存和外存、显示屏质量、电池寿命、保修期和重量是她决策的相关标准。

2.1.3 第三步：为标准分配权重

由于相关标准很少情况下是同等重要的，决策者必须为项目分配权重，使它们在决策中具有正确的优先级。如何做到呢？一种简单的方法是对最重要的标准赋予权重 10，然后根据这个标准向剩余项目赋予权重。当然，你可以使用任何数字作为最高权重。关键是要得到关于各项标准的相对重要性。图表 2－2 是本例中赋予权重的标准。

图表 2－2 为标准分配权重

内存和外存	10
电池寿命	8
重量	6
保修期	4
显示屏质量	3

2.1.4 第四步：开发备选方案

决策过程中的第四步要求决策者列出解决问题的切实可行的方案。在这个步骤中，决策者需要具有创造性，备选方案仅仅被列出，还未进行评估。销售经理阿曼达确认七种笔记本电脑是可能的选择（见图表 2－3）。

图表 2－3 可能的备选方案

	内存和外存	电池寿命	重量	保修期	显示屏质量
Acer Aspire E	10	3	10	8	5
Apple MacBook Pro	8	5	7	10	10
Dell XPS 13	8	7	7	8	7
Lenovo ThinkPad X1	7	8	7	8	7
Lenovo Yoga	8	3	6	10	8
Microsoft Surface Book	10	7	8	6	7
Razer Blade Stealth	4	10	4	8	10

2.1.5 第五步：分析备选方案

一旦备选方案确认下来，决策者必须评估每一个方案。如何做到呢？通过使用第二步中建立的标准。图表 2－3 显示了阿曼达在对每个备选方案做过研究后给予它们的估值。记住，这些数据代表了使用决策标准对七个备选方案的评估，但不包含权重。当你将分配好的权重乘以每个备选方案时，可得到图表 2－4 中显示的包含权重的备选方案，加总后的得分就是权重标准的总和。

图表 2-4 备选方案的评估

	内存和外存	电池寿命	重量	保修期	显示屏质量	总分
Acer Aspire E	100	24	60	32	15	231
Apple MacBook Pro	80	40	42	40	30	232
Dell XPS 13	80	56	42	32	21	231
Lenovo ThinkPad X1	70	64	42	32	21	229
Lenovo Yoga	80	24	36	40	24	204
Microsoft Surface Book	100	56	48	24	21	249
Razer Blade Stealth	40	80	24	32	30	206

有时决策者能够跳过这个步骤。如果一个备选方案在每个标准上得分都最高，你不需要考虑权重，因为该方案已经是得分最高的选择了。或者如果权重是平均分配的，你可以仅通过加总每个方案的估值来评估方案（见图表 2-3）。例如，Acer Aspire E 的得分是 36，Apple MacBook Pro 的得分是 40。

2.1.6 第六步：选择备选方案

决策过程中的第六步是选择最佳方案或者在第五步中得分最高的方案。在我们的例子（见图表 2-4）中，阿曼达会选择 Microsoft Surface Book，因为它比其他所有备选方案的得分都要高（总分 249）。

2.1.7 第七步：执行备选方案

决策过程的第七步是执行决策。你需要将决策传达给受到影响的人并得到他们的承诺，而后以此为基础将决策付诸实施。研究证据表明，让必须执行决策的人参与决策过程，比起仅仅告诉他们需要做什么更可能使他们支持这个决策。[5]

2.1.8 第八步：评估决策效果

决策过程的最后一步是评估决策效果，看看问题是否得到解决。如果评估表明问题仍然存在，那么管理者需要评估哪里出错了。问题被错误定义了？评估备选方案时犯错了？选择了正确的备选方案，但是执行得很糟糕？答案可能指引你重新做之前的某一步，甚至要求你重新开始整个过程。

2.2 管理者决策

虽然组织中的每个人都作决策，但决策对管理者而言尤其重要。如图表 2-5 所示，决策是四种管理职能，即计划、组织、领导和控制的一部分。这就是管理者被称为决策者的原因。

图表 2-5 管理者可能会制定的决策

计划 ● 组织的长期目标是什么？ ● 什么战略会最好地实现这些目标？ ● 组织的短期目标应该是什么？ ● 个人目标应该有多大难度？
组织 ● 我应该让多少员工直接向我汇报？ ● 组织中应该有多大程度的中心化？ ● 工作应该如何设计？ ● 组织应该何时执行不同的结构？
领导 ● 我应该如何处理看上去没有动力的员工？ ● 在既定的环境中，最有效的领导风格是什么样的？ ● 某个特定的变化如何影响员工生产力？ ● 鼓励冲突的正确时刻是什么？
控制 ● 组织中的哪些活动需要被控制？ ● 应该如何控制这些活动？ ● 绩效偏差何时显著？ ● 组织应该具备什么类型的管理信息系统？

管理者在作出决策时虽然涉及方方面面，但这并不表示决策总是消耗时间的、复杂的，或是决策行为在外人看来很明显。大部分决策只是例行公事。例如，一年当中每一天你都要作出晚饭吃什么的决策。这不是什么重要的大事。你已经作过上千次这样的决策。这种决策非常简单，很快就可以作出，你几乎没有意识到它也是一种决策。管理者每天也作出很多这样的日常决策。比如，下周轮到哪一个员工工作，报告中应该包含哪些信息，或者是如何解决客户的投诉。要记住，即使一项决策看起来很简单，或是已经遇到过很多次，它仍然是一项决策。让我们来看一看有关管理者如何作出决策的五种观点。

2.2.1 理性

我们假设管理者会运用**理性决策**（rational decision making）的方法，也就是说他们会作出符合逻辑、前后一致的选择，以实现价值的最大化。[6] 毕竟，如果说管理者代表着什么，那应该就是理性。例如，他们应该避免情绪问题或选用权宜之计来影响他们的选择。

理性假设 一个理性的决策者意味着什么呢？一个理性决策者是绝对客观的和有逻辑的。他面对的问题将会很清晰，决策者有清楚而确切的目标，了解所有可能的备选方案以及结果。最终，运用理性作出的决策将会指向最能够实现目标的选择。这个假设适用于任何决策——个人的或是管理过程中的。然而，对于管理决策的制定，我们需要额外添加一个假设——作出的决策符合组织利益最大化。这些理性的假设并不太符合实际，管理者也不总是理性的，但是下一个概念将帮助解释组织中大部分决策是如何制定的。

2.2.2 有限理性

尽管理性经理人的假设并不现实，人们仍然期望管理者在决策时足够理性。[7]管理者知道好的决策者应该满足一些条件，在他们指出问题、考虑备选方案、收集信息时要展现出好的决策行为，做到既果断又谨慎。当他们这样做时，他们在向别人证明他们胜任这项工作，作出的决策是深思熟虑的结果。然而，描述管理者决策过程的更实际的理论是**有限理性**（bounded rationality）。管理者理性地作出决策，但受到他们处理信息能力的限制。[8]因为他们不可能分析所有备选方案的所有信息，结果往往是让管理者**满足**（satisfice）的策略，而非做到最好的策略。也就是说，他们接受了“足够好”的策略。他们在处理信息的能力范围内是理性的。让我们来看一个例子。

假设你是一个金融专业的毕业生，理想工作是最低薪水 65 000 美元、离家 100 英里以内的个人理财规划师。最终你成了一名企业信用分析师，不是个人理财规划师，但仍属于金融领域，你工作的银行离家 50 英里，起薪 57 500 美元。如果你求职时进行了更全面的搜索，你会找到一份离家 25 英里，起薪 65 000 美元的个人理财规划师工作。你不是一个完全的理性决策者，因为你没有收集所有的备选方案，没有作出能使目标最优化的最佳选择。但是由于你的第一份工作是令你满意的（或者说足够好），你作出了有限理性的决策。

2.2.3 直觉

当优步公司前首席执行官特拉维斯·卡兰尼克（Travis Kalanick）想要大幅上调价格时，许多高管和相当一部分客户认为这是一个愚蠢的想法。[9]在需求最大时或驾驶难度更高时向客户收取更多服务费似乎是愚蠢的，而且此举肯定会疏远客户。当你所有的竞争对手都采用统一的定价时，修改优步的价格以满足需求似乎是不合理的，而且会扼杀业务。但是卡兰尼克坚持己见，最终他的决定被证明是明智的。公司业务蓬勃发展。动态定价现在是优步商业模式中被认可的一方面，而且迪士尼正在其主题公园试验这一概念。

像卡兰尼克一样，管理者经常利用直觉来帮助他们作出决策。什么是**直觉决策**（intuitive decision making）？它是指基于经验、感觉和日积月累的判断作出决策。研究使用直觉决策的管理者的人员已经确定了直觉的五个方面，这些方面在图表 2－6 中有所描述。[10]那么直觉决策有多普遍呢？一项调查显示，几乎半数的受访高管都表示“相比于正式的决策方式，经营中更常用到直觉决策”。[11]

直觉决策既可以补充理性决策方式，也可以补充有限理性决策方式。[12]首先，在有限信息的条件下，遇到过类似问题或情况的管理者通常可以根据过去的经验快速行动。此外，有证据表明，在作出决策时有着强烈感受和情绪的个体实际上获得了更好的决策效果，尤其是当他们作出决策的同时能够理解并深切地感受到自己的想法时。而那些认为管理者在作决策时应该忽略情绪的旧观点也许并不是一个好的建议。[13]

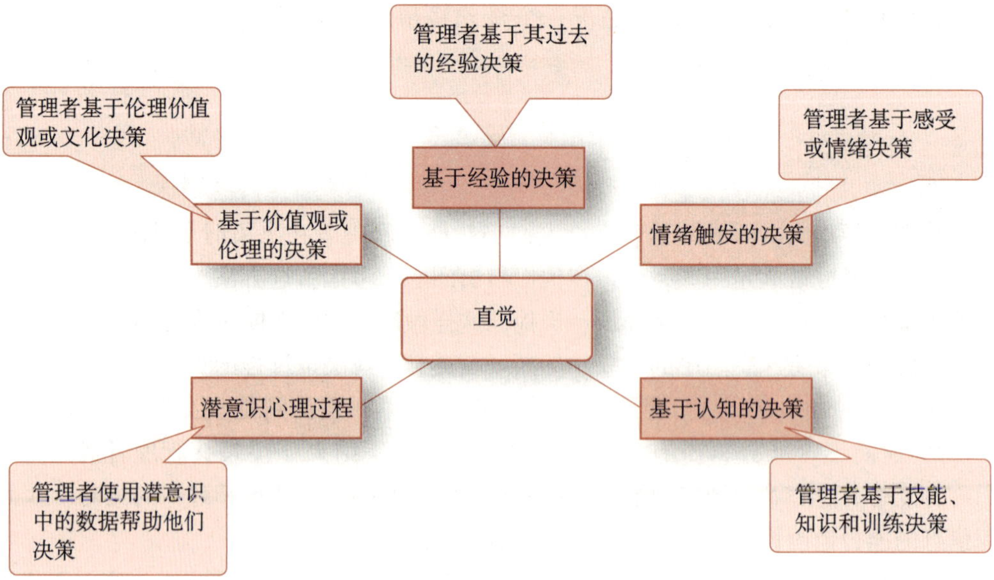

图表 2-6　直觉是什么?

资料来源：Based on L. A. Burke and M. K. Miller, "Taking the Mystery Out of Intuitive Decision Making," *Academy of Management Executive*, October 1999, pp. 91-99.

2.2.4 循证管理

亚马逊的成功在很大程度上可以直接归功于其对数据驱动决策方式的依赖。[14]例如，基于客户过去购买的商品、购物车中的商品、客户购买后对哪些商品进行了排名或评价，并了解客户在访问其网站时查看了哪些产品等信息，亚马逊能够向客户提供相关推荐并提高销售额。

数据驱动管理决策的逻辑在很大程度上归功于医学研究。如果患者表现出异常的身体症状，医生将依据当前的最佳证据进行适当的诊断和治疗。这同样适用于每个决策者。任何决策过程都可以通过使用相关和可靠的证据来改善，无论是购买手机计划还是决定新的办公地点。这就是**循证管理**（evidence-based management，EBMgt）背后的推理，即系统地使用最佳可用证据来改善管理实践。[15]这些证据可能是计算机数据、专家意见或同事的经验。本质上，循证医学是对理性的一种操作化尝试。

场景实践

胡安·赫尔南德斯（Juan Hernandez）是一个成功的企业主。他的园林绿化生意不断扩展，几个月前他决定雇用一个人来管理他的办公室运营，因为他几乎没有时间来关注该项活动。然而，他雇的这个人几乎总是在痛苦挣扎的情况下作出决策。

胡安可以做什么来帮助他成为更好的决策者?

胡安可以给他的办公室助理提供对每天/每周/每月手头任务和每项任务的时间线的更完整的描述。这会迫使他在给定的时间内作出决策，还可以给他关于工作负荷的更广阔视野。这会使他意识到还需要完成很多任务。

普鲁登斯·鲁弗斯（Prudence Rufus），企业主/摄影师

用数字说话

- 81%的高管认为“数据应当作为决策的核心部分”。[16]

循证管理与管理决策有很深的渊源。循证管理的四大基本要素是：(1) 决策者的专业知识和判断；(2) 已被决策者评估过的外部证据；(3) 与决策相关者的意见、偏好和价值观；(4) 相关的组织（内部）因素，例如背景、情境和组织人员。这些因素在不同决策中的影响力是不同的。有时，决策者的直觉（判断）在决策中更重要，有时股东的意见更重要，而有时道德考虑（组织背景）更重要。重点在于管理者应当有意识地选择出最重要的考虑因素，并在决策过程中予以强调。

2.2.5 众包

我们作决策的最后一种方法是**众包**（crowdsourcing）[17]。在决策环境中，该术语指的是借助互联网的方式，向组织的传统决策者以外的人员网络征求意见。

例如，好时公司（Hershey Co.）需要找到在夏季或气温较高时以低温运输巧克力的办法。[18]为了应对这一挑战，好时公司将目光投向大众。管理层没有在公司内部寻求解决方案，而是利用创新竞赛来解决这个供应链管理问题。任何人都可以贡献解决方案，竞赛获胜者将获得 25 000 美元的开发资金，并有机会与好时公司共同制订解决方案。

寻找问题的创新解决方案是组织中众包的几种应用之一。众包可以帮助管理者从消费者、供应商或其他群体中收集好的想法，以帮助他们作出决策。例如开发什么产品，应该在哪里投资，甚至应该提拔哪位员工。众包受到集体经验和想法的推动，通过从传统意义上的管理层级之外的来源获得不同的信息输入，从而帮助管理者作出更明智的决策。

2.3 决策类型

简单来说，根据问题的性质，管理者遇到的问题可以分为常规的、熟悉的，或者全新的、不寻常的。管理者将会使用两种决策类型中的一种。

2.3.1 结构化问题和程序化决策

一些问题是很直接的。决策者的目标很清晰，问题很常见，相关信息也能很容易地确定并且完善。例如，顾客去商店退货，一次重要交货中供应商的延迟，一个新团队对突发事件的回应，或是学院对想要逃课的学生的处理。这些情况叫作**结构化问题**（structured problems），因为它们是直接的、常见的，很容易识别。例如，一名服务员将饮料洒在顾客的外套上。顾客很生气，经理需要做一些事情。因为这不是罕见的情形，所以处理这种问题可能会有一些标准流程。例如，经理主动提出清洗顾客的外套并由餐馆负担费用。这就是我们所说的**程序化决策**（programmed decision），即可以通过某种例行方法来作出的重复性决策。因为问题是结构化的，管理者不需要过多考虑决策过程中可能涉及的问题和花费。决策过程中的“开发备选方案”阶段并不存在或者说不需要留意。为什么？因为结构化问题一旦被确认，策略往往就自我显现出来或者至少能够锁定一些常见的、在过去已经成功的可行方案。洒在顾客外套上的饮料不需要餐馆经理去识别和衡量决策标准，或是构想长长的可行策略清单。相反，经理只需依赖三种程序化决策——程序、规则或政策中的一种。

程序（procedure）是管理者应对结构化问题的一系列连续步骤。唯一的难点是明确问题。一旦问题明晰，程序就完成了。例如，仓库经理向采购经理申请为仓库职员配置 15 台平板电脑。根据已有的采购流程，采购经理知道如何作出决策。

规则（rule）是关于管理者能做什么和不能做什么的明确声明。由于规则很容易遵守，能确保一致性，因此被广泛运用。例如，有关迟到和缺勤的规则使管理者能够快速公正地作出决策。

政策（policy）即决策的指南。与规则相比，政策为决策者建立了综合参考，而不是特别说明什么该做、什么不该做。通常，政策包含模糊的措辞，留给决策者解读的空间。以下是一些政策陈述的例子：

- 顾客始终是第一位的，我们应当始终保证顾客满意。
- 只要有可能，我们就实行内部晋升制。
- 员工薪酬与社区标准相比应该具有竞争力。

注意，“满意”“只要有可能”“竞争力”这些词语要求进一步解读。例如，支付有竞争力的薪酬没有告诉公司的人力资源经理到底应该支付多少工资，但是可以指导他们作出决策。

2.3.2 非结构化问题和非程序化决策

管理者面临的问题不是都可以用程序化决策解决。很多组织情况涉及**非结构化问题**（unstructured problems），即新的、不常见的、信息模糊或不完整的问题。是否在中国建设新的制造基地就是非结构化问题的例子。波特兰市的餐馆经理面对的也是这种问题，他们必须决定如何改善企业以遵守新的法律。当问题是非结构化的，管理者必须依赖非程序化的决策来开发独特的解决方法。**非程序化决策**（nonprogrammed decision）是独特的、非重复的、量身定制的解决方案。

2.3.3 两种决策类型的对比

图表 2-7 描述了程序化决策与非程序化决策的差异。低层级的管理者大多依赖程序化决策（程序、规则和政策），因为他们面对熟悉和重复性的问题。随着管理者在组织层级中的提升，他们面对的问题更加非结构化。为什么？因为低层级的管理者处理日常决策，高层级的管理者应对不寻常或困难的决策。同时，高层级的管理者委派下属处理日常决策，这样他们自己可以处理更加棘手的问题。[19]

图表 2-7 程序化决策与非程序化决策

特征	程序化决策	非程序化决策
问题类型	结构化	非结构化
管理层级	低层级	高层级
频率	重复的、常规的	新的、非寻常的

续表

特征	程序化决策	非程序化决策
信息	现成可用	模糊不足
目标	清晰、具体	模糊
问题解决的时间范围	短暂	相对较长
主要依据	程序、规则、政策	判断力与创造力

2.4 决策风格

把玛丽亚（Maria）和杰西卡（Jessica）放在同一个决策环境中，杰西卡似乎总是需要花更长时间才能找到解决方案。[20]杰西卡的最终选择不一定总是比玛丽亚的好，她只是在处理信息方面慢一些。此外，如果决策中有明显的风险因素，玛丽亚似乎总是比杰西卡更偏好风险更高的选择。这说明，我们所有人都把自己的个人风格带到了决策过程中。

对决策风格的研究已经确定了四种不同的个人决策方式。这一模型的基础是认识到人们在两个维度上有所不同。其中一个维度是个人的思维方式。基于之前对决策方法的讨论，我们认识到决策者有着首选和备用两种决策方式。我们中的一些人在思考或处理信息上更加理性化和逻辑化。理性的人审视信息是为了确保作出决策前，信息是符合逻辑的、一致的。而其他人往往更有创造力，更依赖直觉。直觉型的人不一定要按一定的顺序处理信息，他们倾向于从整体上处理信息。

另一个维度描述了个体对模糊性的容忍度。同样，我们中的一些人对模糊性的容忍度很低，他们更偏好构建信息的有序性和确定性，以便将模糊程度降到最低。相比之下，其他人可以容忍很高程度的模糊性，并且可以同时处理许多想法。以这两个维度形成了四种决策风格（见图表 2－8），即指示式、分析式、概念式和行为式。

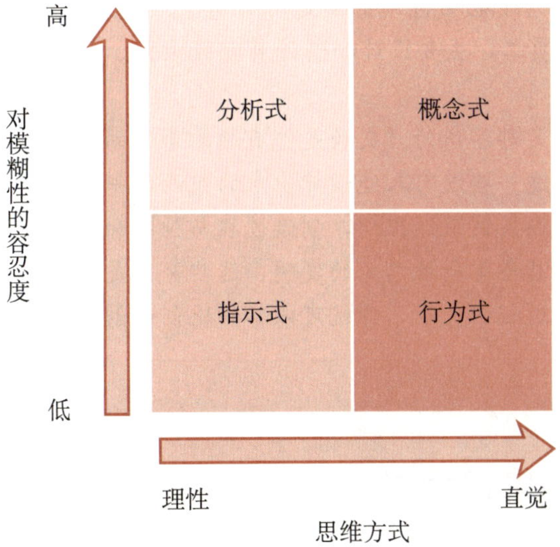

图表 2－8 决策模型

资料来源：A. J. Rowe and J. D. Boulgarides, *Managerial Decision Making* (Upper Saddler River, NJ: Prentice Hall, 1992), p. 29.

使用指示式决策的人对模糊性的容忍度很低，并寻求理性。这类人追求有效性和逻辑性，但他们关注效率，导致决策依靠的信息很少，可选的替代方案也很少。指示式决策速度较快，主要关注短期变动。

分析式决策相比于指示式决策，其对模糊性有更高的容忍度。这意味着当决策中涉及不确定性时，分析式决策比指示式决策更令人舒心。分析式决策的管理者被描述为有能力适应或处理新情况的谨慎的决策者。

使用概念式决策的人往往视野开阔，考虑许多选择方案。他们的关注点十分长远，且非常擅长找到创造性地解决问题的方法。

行为式决策是最后一种决策方式，其特点是决策者与他人进行良好合作。他们关心同事和为他们工作的人获得的成就，并接受他人的建议。他们大多依赖会议进行交流。这种类型的决策者试图避免冲突，并期望能够被他人接受。

虽然这四种决策风格各有不同，但大多数管理者都有不止一个类别的特征。因此最好从管理者的主导风格和他的备选风格来考虑。有些管理者几乎完全依赖他们的主导风格，然而，更灵活的管理者可以根据情况进行调整。

商科学生和位于管理层级的人更容易在分析式风格上获得高分。考虑到正规教育，尤其是商业教育对培养理性思维的重视，这并不奇怪。例如，会计学、统计学、经济学和金融学课程都强调理性分析的重要性。

在失败中学习　詹姆斯·戴森：一个失败了数千次的人

詹姆斯·戴森（James Dyson）坚信失败是成功的重要组成部分。他成功地将托马斯·爱迪生（Thomas Edison）的名言融入自己的人生——“我没有失败，我只是发现一万种行不通的方法罢了”。

戴森革命性的双旋风真空吸尘器于 1993 年问世，整个创新过程历时 15 年。戴森说，在失败 5 126 次后，才最终发现一种方式奏效。

这种对失败的接受态度也渗透到他创建的公司——戴森有限公司（Dyson Ltd.）。他的公司雇用了 5 000 名员工，主要设计和制造真空吸尘器、干手器、无叶风扇、加热器和吹风机。

戴森说，他雇用的是那些认为“失败是件有趣的事”的员工，这是创造力的本质。他认为，创造力意味着创造一些没有人能设计出来的东西，一些以前不存在的东西，或是能解决以前没有解决的问题。戴森认识到，创造过程与挫折和“死胡同”相伴而生。但是他接受这些并认为，为了具备革命性意义的发明，这些努力是值得的。戴森的方法证明，如果你愿意让人们在创新过程中失败，你就可以不断地创造创新产品。[21]

2.5 决策偏见和错误

当管理者制定决策时，他们可能采用捷径，也可能采用经验法则（或称**启发法**（heuristics））来简化或加速决策的制定。经验法则是有用的，可以帮助理解复杂、不确定和模糊的信息。[22]尽管管理者可以使用经验法则，但不表示这些捷径就是可靠的。为什么？因为在处理和评估信息时，它们可能会导致偏见和错误。图表 2-9 列举了 12 种常见的管理者决策错误和他们可能有的偏见。让我们来逐个看一看。[23]

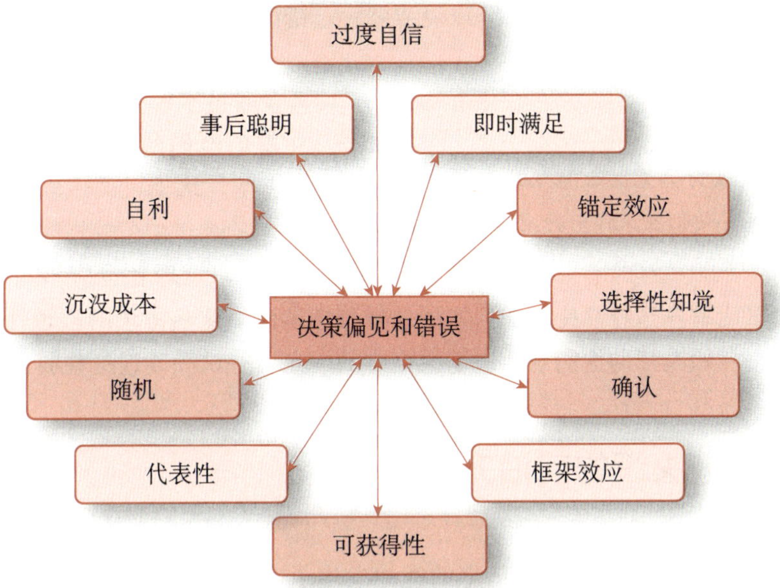

图表 2-9 常见的决策偏见和错误

1. 当决策者倾向于高估自己对情况的了解程度，或者对他们自身和他们的表现持有不切实际的乐观态度，他们就表现出了过度自信偏见。

2. 即时满足偏见是指决策者追求即时的回报，避免即时的损失。对这些人来说，能够提供快速盈利的决策比未来能获得收益的决策更具吸引力。

3. 锚定效应是指决策者依靠最初的信息形成第一个观点，很难根据后续的信息进行充分调整。第一印象、想法、价格和估计相比后续收到的信息而言有着不恰当的权重。

4. 当决策者根据他们有偏见的认知，有选择性地组织和理解事件，他们就有了选择性知觉偏见。这影响到他们注意的信息、识别的问题和构想的可行方案。

5. 当决策者寻求信息以重申他们过去的选择，并且不考虑与过去判断相矛盾的信息，这就是确认偏见。这些人倾向于以能够证实他们预设观点的信息为真，而对挑战他们观点的信息持批判和怀疑的态度。

6. 框架效应偏见是指决策者选择了一些角度而忽视了另一些。由于将注意力集中在特定的几个方面，同时轻视或遗漏其他方面，因此他们扭曲了所见，创造了错误的参考点。

7. 当决策者倾向于记住他们记忆中最近和最鲜活的事件时，可获得性偏见就产生了。结果呢？这扭曲了他们以客观方式回忆事件的能力，导致歪曲的判断和可能性估计。

8. 当决策者基于某一事件与其他事件的相似程度评估该事件的可能性时，这就是代表性偏见。表现出这种偏见的管理者作出了类比，而这种相似情况其实并不存在。

9. 随机偏见描述了决策者试图从随机事件中创造意义的行为。他们这样做是因为，虽然每个人都会遇到随机事件，但他们难以处理偶然性，也无法做什么来预测偶然性。

10. 当决策者忘记现有的选择无法纠正过去的问题时，沉没成本错误就产生了。他们在评估选择时，错误地关注了过去的时间、金钱和精力成本，而不是未来可能的结果。他们无法忽视沉没成本，将其牢牢记在脑中。

11. 迅速地因成功获得好评，并将失败归咎于外部因素的决策者展现了自利偏见。

12. 事后聪明偏见是决策者在已经知晓结果后，错误地认为他们本可以正确预测到结果的倾向。

用数字说话

- 60%的管理者认为偏见（他们当时没有意识到的）影响了他们在工作中的决策。[24]

管理者通过了解并且避免这些决策偏见和错误来避免他们的负面影响。幸运的是，一些研究表明，培训可以成功地帮助员工认识决策时的偏见，并在较长时期内减少决策偏见。[25]此外，管理者也应该关注自己如何作出决策，尝试明确自己经常使用的启发法，批判性地评估这些方法的合理性。最后，管理者可能想让信任的人帮助他们确认决策风格中的弱点，并试图改进这些弱点。

2.6 改进决策的前沿方法

在过去的 20 年里，管理者获取信息的能力发生了巨大的变化。这一变化的主要推动力是技术。很少有组织能比克利夫兰诊所更好地为其高管和其他决策者提供高质量的信息。克利夫兰诊所在使用技术方面处于领先地位，使其在提供高效、安全和物有所值的医疗服务方面具有竞争优势。[26]例如，它与 IBM 合作使用沃森（Watson），这是 IBM 的人工智能系统，可以在分析数据和作出预测的过程中理解口头或书面语言。正如克利夫兰诊所的首席执行官所指出的："数字技术将使我们能够提供更智能、更实惠和更容易获得的护理。"在这一节中，我们看一些改进决策的前沿方法，其中大部分来自技术。

工作场所的秘密

作出好决策

生活往往伴随着艰难的决策。工作也是一样。工作中的艰难决策始于是否要接受一份初始工作，而后我们要继续面对和谁做朋友、工作中的信任问题、是否要加入一个新的工作团队、是否接受调任另一座城市的升迁指令、如何处理可能需要在道德上妥协的情况以及如何告诉老板一则坏消息等决策。

让我们从基本原则开始：你不能以忽视的方式来逃避艰难的决策。决定什么都不做仍然是一次决策，这是一个维持现状的决策。

你可以通过两种方式——主动的或被动的——中的任意一种来维持现状。你可以理性地评估你目前的情况，确定你的选择，仔细考量这些选项的优缺点，并得出结论——没有新的选择比你当前的道路更好。这种积极的方法与理性的决策完全一致。然而，我们在此关切的是被动的做法，即仅仅因为你没有考虑到其他选择而保持现状。例如，你不希望后悔自己花了 20 年的时间在一份不喜欢的、没有前途的工作上，而造成这一切的原因在于你没有去寻找其他的工作机会。

你应该如何面对维持现状的决策？首先是有所意识。你不能因为忽视而不进行决策。

这样做仅仅是选择沿着你正在走的路继续走下去。这条道路可能是你想要的，但精明的决策者明白维持现状或是作出改变都有成本。其次，你还需要直接挑战现状。因为仅仅知道什么都不做也是一种决策是不够的，你还需要偶尔解释为什么不应该选择另一条不同的路，而是选择目前所走的路。你为什么不去找其他工作呢？你的退休投资组合中的股票、债券和共同基金是否与最近的经济变化相适应？最后，考虑一下无所作为的代价。我们常常只关注与变化相关的风险。如果你也能评估保持现状的风险，那么你就不太可能陷入保持现状的决策中。

我们还应该辩证地看待决策时可能会出现的三个最重要的错误：过度自信、即时满足和确认偏差。虽然以上几个方面在本章都已简单讨论过，但我们依旧要仔细探讨一下。

在判断和决策方面，没有比过度自信更普遍、更具有潜在灾难性的问题了。几乎我们所有人都存在这种问题。当我们被问及事实性的问题，并要求判断我们的答案正确的可能性时，我们往往过于乐观。一般来说，我们会高估我们的知识，而低估风险，同时高估我们控制事件发展的能力。

研究发现，当人们说他们有65%～70%的可能性是正确的，他们实际上只有50%的正确概率。而当他们说他们百分之百肯定的时候，他们往往只有70%～85%的概率是正确的。

要减少过度自信，首先要认识到这种倾向，并预期它会在你极度自信或难以作出准确判断的时候出现。随后调整你的自信意识，以反映你在某一问题上的专业水平。因为当你考虑自己专业之外的问题时，你最有可能过度自信。最后，挑战自己。试图找出自己的预测或答案可能犯错的原因，从而直接克服这种偏见。

我们很多人都有这样一种倾向，即追求即时的回报，避免即时的成本。如果某事感觉不错，我们就想现在做；如果它意味着痛苦，我们就想推迟这件事。这种即时满足的偏见解释了为什么节食、戒烟、避免信用卡债务或为退休存钱如此困难。一顿美味的食物、一支畅爽的香烟、一笔即时的购买或额外的可支配收入都会带来即时的奖励。但是这里面的每一项都将其成本推迟到未来的某一刻。

如果你认为自己易受即时满足偏见的影响，你能做什么？第一，设定长期目标并定期回顾。这可以帮助你把注意力放在更长远的事情上，同时这会帮助你证明作出那些可能会在遥远的将来产生回报的决定的合理性。如果你不知道10年或20年后你想做什么，那就忽略未来，活在当下。第二，既考虑回报也考虑成本。我们自然的倾向是夸大眼前的回报，而低估未来的成本。例如，想想如果退休后没有存款，靠每月1 200美元的社保收入生活会是什么样子。或者看看那些没有对未来进行规划的人现在所经历的窘境。

最后，理性决策过程假设我们能够客观地收集信息。但我们没有这样做。我们有选择地收集信息，以确认我们当前的信念，然后排除挑战这些信念的证据。我们也倾向于接受那些表面上有助于证实我们先入为主观点的信息，而对那些挑战我们观点的信息，往往持批判和怀疑的态度。

克服这种确认偏差首先要诚实地说出你的动机。你是真的想通过获取信息来作出明智的决策，还是只是在寻找证据来证实你想做的事情？如果你是在严肃地作出决策，那么你需要有意识地寻找相反或不确定的信息。这意味着你必须准备听到你不想听到的。你还需要训练自己的怀疑主义精神，直到它成为习惯。就像法律案件中被告的辩护律师寻找相互矛盾的证据来反驳原告一样，你必须思考为什么你的信念可能是错误的，然后积极地寻找可能证明它们是错误的证据。[27]

2.6.1 设计思维

管理者运用理性和分析的思维方式识别问题，提出和评估备选方案，并在其中作出选择，这样的决策方式不一定是最好的，在今天的环境下也一定不是唯一的。这就产生了设计思维。**设计思维**（design thinking）曾经被描述为“像设计师解决设计问题一样去解决管理问题”。[28]像一位设计师一样思考意味着你要思考一件物品或者一项流程应该如何被重新设计——有时甚至要达到完全重做的程度。而且越来越多的组织开始意识到设计思维能够带来的好处。[29]例如，百事公司（PepsiCo）的设计师创造了百事 Spire 自助冷饮贩卖机，这是一种具有未来设计感的高科技自动售货机。当时的百事公司首席执行官英德拉·努伊（Indra Nooyi）在评论设计思维时说：“其他拥有自动售货机的公司一直专注于添加更多的按钮和口味组合。但从本质上讲，我们是在讨论消费者和机器之间一种截然不同的、基础的互动方式。”[30]

尽管很多管理者并不专门参与产品或工序的设计决策，但他们仍然要对出现的工作问题作出决策，设计思维可以帮助他们成为更好的决策者。设计思维如何指导管理者作出更好的决策？它从识别问题开始。设计思维认为管理者应当从协作和完整的角度识别问题，以对情况有更深层次的理解。他们不应只依靠理性方面，也应该加入情感的元素。与之前的情况相同，设计思维也会影响管理者识别和评价备选方案。“一个传统的管理者（在商学院接受过教育）会考虑已经展现的选择，用演绎推理的方法分析它们，然后选择净现值最高的那个。”然而，使用设计思维，管理者会问：“什么全新的东西将会是非常好的，但现在并不存在？”[31]设计思维意味着拓宽你的视野，通过观察和调查技巧获得洞察力，而不是简单地依靠理性分析。

2.6.2 大数据与人工智能

克利夫兰诊所发现，IBM 的超级计算机沃森比许多专业人员做事情更快、更准确。例如，它诊断癌症的准确率是医生的 4 倍，可以在几秒钟内提供 90%准确率的法律建议，相比之下，律师的准确率为 70%。[32]沃森如此天赋异禀的秘密是什么？答案是：大数据与人工智能。

大数据（big data）是指庞大而复杂的数据集。[33]这些数据集由大量信息组成，传统的数据处理软件无法处理它们。例如，云计算能力现在可以让巨量的法律意见放到网上。过去律师需要几天甚至几周才能找到相关案件来支持客户的案件，现在可以在几秒钟内完成。同样，足球和篮球教练与球队经理也在使用大数据来指导起草决策。

大数据为**人工智能**（artificial intelligence，AI）的广泛使用打开了大门。正如第 1 章所指出的，人工智能正在利用计算机的能力复制人类的推理功能。[34]它远远超出了计算机软件简单的“如果……那么……”处理方式。人工智能有学习和解决复杂问题的能力。

你已经知道大数据和人工智能是如何通过 Siri、谷歌地图、优步等产品以及自动驾驶汽车的快速发展改变消费者的生活，其实大数据和人工智能，以及机器学习、深度学习和分析也正在迅速改变管理者的决策方式。

人工智能越来越方便**机器学习**（machine learning）和深度学习。[35]前者是一种自动建立分析模型的数据分析方法。它是人工智能的一个分支，基于系统可以从数据中学习，识别模式，并在很少或没有人工帮助的情况下作出决策。微软首席财务官艾米·胡德（Amy Hood）被认为通过使用机器学习工具重塑了公司的支出分配和合同赢得方式。[36]例如，她分析了来自 75 万名客户的历史数据，以预测全球每个产品、客户和城市的销售机会。胡德安装的另一个系统可以预测哪些客户需要更多关注，哪些客户有离开的风险。

深度学习（deep learning）是机器学习的一个子集。[37]它使用算法来创建模拟人类大脑功能的分层人工神经网络。模仿人脑，节点像网络一样连接在一起。这使得机器能够以非线性方式处理数据。例如，一个深度学习系统使计算机能够以顶级专家的水平识别皮肤癌。一个深度学习系统获得了超过 10 万张恶性黑色素瘤和无害痣的图像。人工智能项目随后与 58 名经验丰富的皮肤科医生进行了比赛。人工智能程序发现了 300 个黑色素瘤中的 95%，而医生只发现了 87%。[38]

> **用数字说话**
>
> - 机器学习和深度学习均是 Monster.com 上最受欢迎的三大技能之一。[39]

你应该知道的最后一个术语是**分析**（analytics）。这是指利用数学、统计学、预测建模和机器学习在数据集中找到有意义的模式和知识。[40]2018 年超级碗冠军费城鹰队比美国国家橄榄球联盟（NFL）中的其他球队更多地使用分析。[41]例如，他们更多地依赖第四次进攻而不是踢。教练们使用分析发现，如果球队传球或跑位，常识为“踢”的情况更有可能最终导致球队胜利。

从很多方面来说，未来已来。人工智能正在执行管理者以前执行的职能。例如，200 家俄罗斯公司正在使用人工智能软件“维拉”（Vera），该软件可以招聘和找到新员工。[42]维拉可以在一天内与 1 500 名候选人交谈，并发送定制的电子邮件。它也可以打电话给申请人，利用它通过机器学习获得的对话技巧，进行八分钟的对话，以确定候选人的兴趣和工作匹配性。候选人可以问它问题，它大约 82%的回答是准确的。

目前，大约 24%的企业正在实施或计划实施人工智能。[43]在大公司中，这一数字超过 97%。[44]我们可以毫不含糊地说，在不久的将来，所有企业对人工智能的使用会扩大范围。顺应这种使用技术来访问和解释信息的趋势，管理者将减少对不一致和不完整数据的依赖，不再那么需要靠直觉。也许最令人兴奋的是，因为人工智能软件可以通过经验学习，决策将越来越多地反映管理者的价值观和目标，结果将是更接近理性假设的管理决策。

为考试做准备

本章小结

2.1 描述决策过程的八个步骤。

决策就是选择。决策过程包含八个步骤：（1）明确问题；（2）明确决策标准；（3）为标准分配权重；（4）开发备选方案；（5）分析备选方案；（6）选择备选方案；（7）执行备选方案；（8）评估决策效果。

2.2 解释管理者作出决策的五种观点。

理性假设如下：问题很清晰；需要实现唯一的、清晰界定的目标；所有方案和结果都已知；最终选择会最大化收益。有限理性认为管理者作出理性决策，但是受到其处理信息能力的限制（约束）。当决策者接受做好的解决方案时，就可以得到满意结果。直觉决策意味着基于经验、感觉和日积月累的判断作出决策。在循证管理中，管理者基于可获得的事实作出决策。管理者也可以运用众包的方法通过网络向组织的传统决策者之外的人员网络征求意见。

2.3 决策类型和决策风格。

程序化决策是重复性决策，可以用例行方法处理，当待解决问题直接、常见和容易识别（结构化）时使用。非程序化决策是独特的决策，要求基于非约定俗成的解决方法，当问题是新的、不常见、信息模糊或不完整（非结构化）时使用。个人决策风格可以通过两个维度——思维方式（理性或直觉）和对模糊性的容忍度（低或高）来划分，最终形成四种决策风格：指示式、分析式、概念式以及行为式。

2.4 描述偏见和错误如何影响决策。

12 种常见的决策偏见和错误包括过度自信、即时满足、锚定效应、选择性知觉、确认、框架效应、可获得性、代表性、随机、沉没成本、自利和事后聪明。管理决策模型有助于解释决策过程如何被用来选择最佳备选方案，经过最大化或满意选择后，执行和评估备选方案。减少这些偏见的方法包括：认识偏见、通过训练识别偏见、花精力认识决策如何制定、请求他人找出决策制定中的弱点。

2.5 识别有效的决策技术。

设计思维是“像设计师解决设计问题一样去解决管理问题”，并思考一件物品或一项流程应该如何被重新设计。它可用于提出问题和提出以及评估备选方案。利用大数据，决策者拥有了有力的工具帮助他们作出决策。人工智能借助计算机的力量复制了人类的推理能力，它也促进了机器学习和深度学习的发展。分析师可以使用数学、统计学、模型以及机器学习来寻找数据集中的模式。然而，无论这些方法如何全面综合，它们都要经过缜密的评判。

复习和讨论问题

1. 为什么决策经常被描述为管理者工作的本质？

2. 描述决策过程的八个步骤。

3. 对比管理者作出决策的五种观点。

4. 解释两种问题和决策的两种类型，对比四种决策风格。

5. 在当今世界，利用决策的理性和有限理性模型，管理者可以怎样整合制定有效决策的指南？他们能够做到吗？为什么？

6. 错误的决策和糟糕的决策之间有区别吗？好的管理者为何有时也会作出错误的决策和糟糕的决策？

7. 我们所有人都将偏见带进了决策之中，持有偏见的缺点是什么？而持有偏见对于组织而言是否有好处？为什么？管理决策制定的意义是什么？

为我的职业做准备

道德困境

宜家（IKEA）于2016年精心设计的Sladda自行车一经发售就受到好评，该产品的市场定位是帮助减少人们的驾车行为。车上有插口，可以加装篮子或者货架。由于没有传统自行车的那种需要润滑油的链条，这款自行车不用经常保养。2018年5月，尽管该产品对一些顾客来说十分抢手，但宜家仍然召回了Sladda自行车，由于用于取代链式装置的皮带装置断裂，两位顾客受了轻伤。

宜家报告称，并没有很容易的方法来修复这种皮带传动设置。尽管一些自行车专家认为可以再将链条结构加回去，但每辆自行车如此改装的费用是高昂的。然而一些公司似乎已经修好了自行车。自行车公司Specialized的质量总监乔恩·古莱特（Jon Goulet）在一次采访中说，尽管修理费用很昂贵，但我们仍然会选择做好它，因为以骑行者为中心是我们品牌主张的一部分。不修理自行车似乎并不是宜家在自行车发布会上声称的可持续解决方案的一部分，一些怀疑者认为销售缓慢可能是宜家召回并停产自行车的部分原因。[45]

1. 宜家召回并停产Sladda自行车的决定是否恰当？请解释。
2. 如果你是管理者，你会怎样利用这次事件对员工进行有关道德和决策的教育？

技能练习

培养你的创造技能

关于技能

创造力对决策制定的“开发备选方案”阶段大有裨益。你设想诸多不同选项，尤其是那些位于主流之外的选项的能力，将增加你找到最优选项的可能性。此外，创造力可以帮你识别他人没有发现的问题。

要变得有创造力，你需要开放思维，接受新的想法。我们每个人都有变得有创造力的能力，但是通常情况下我们并没有去开发它。开发创造技能有助于你成为一个解决问题的好手，并为组织作出贡献。[46]

练习技能的步骤

● 认为你自己是有创造力的。尽管这是一个简单的建议，调查显示如果你认为你没有创造力，那么你就不会有。相信自己是更有创造力的第一步。

● 重视你的直觉。有些时候，答案会不期而至。例如，当你快要入睡、意识很放松时，你正面临的问题的解决方法突然就闪现出来。倾听内心的那个声音。事实上，最有创造力的人往往会在枕边准备一个笔记本，用以记录灵感。这样他就不会遗忘它们。

● 离开你的舒适区。每个人都有一个舒适区，在这个区域内他们对事物有确切的把握。但是创造力和常识往往并不兼容。为了拥有创造力，你需要摆脱这种状态并关注新事物。

● 参加让你处于舒适区之外的活动。你不仅要在思维上作出改变，还要做些不同的事情挑战自我。比如学习演奏新乐器或一门外语，开放心态迎接挑战。

● 寻找不一样的风景。人往往是习惯性动物。有创造力的人以改变眼前所见的方式逼迫自己脱离习惯，他们会选择进入可以和自己思想独处的宁静区域。

● 寻求多个正确答案。在有限理性的讨论中，我们说过人们寻找的是已经足够好的策略。富有创造力意味着继续寻找其他答案，即使你觉得已经解决了问题。很有可能你会找到更好更有创造力的答案。

● 与自己唱反调。以挑战自己的方式来捍卫你的策略可以帮助培养你对创造力的自信。对自己进行事后评论也可以帮你发现更有创造力的策略。

● 相信可以找出可行策略。如同相信你自己一样，你也需要相信你的想法。如果你认为自己找不到方法，那么你可能就会找不到。

● 与他人进行头脑风暴。变得有创造力不是独立的活动，与其他人进行思想碰撞可以发挥协同效应。

● 离开一会。离开未解决的问题一会儿，可能会促使你发现你一开始忽视的解决方案。这种“潜伏期效应”通常会产生突然的“啊哈”时刻。所以，遇到困难时，休息一下，散散步，或者睡一觉，都是有帮助的。

技能实践

培养你的创造技能类似于锻炼你的肌肉，这需要时间去努力。每周选择一个新的活动来发展你的创造力。尝试一些新的东西，比如上艺术课，练习头脑风暴，或者花点时间和一群新的人在一起。记下你的创意和见解。

共同工作

团队练习

你的校园存在什么问题？学生们是否厌倦了现在的食堂餐？你在寻找车位的时候有困难吗？由 3～4 人组成一个小组，运用决策制定的流程来找出这些校园问题的解决方案。你们要完成工作的六个步骤：(1) 明确问题；(2) 明确决策标准；(3) 为标准分配权重；(4) 开发备选方案；(5) 分析备选方案；(6) 选择备选方案。准备好向全班分享你们的问题和你们决定的解决方案。如果你们有好主意，请与学校的管理人员分享！

学习成为管理者

● 考虑你作出的一个重大决策。以决策过程为指导描述该决策的制定，在这个过程中你会做什么来改善你的决策？

● 为你的教师编写能用于课堂的程序、规则和政策。确保每一项都清晰易懂，并解释它如何符合程序、规则或政策的特征。

● 从任意一本流行商业期刊中找出三个管理决策的例子。写下对每个决策的描述和其他信息，如什么导致了决策，决策造成的后果等。有关决策制定，你从这些例子中学到了什么？

● 采访两位管理者，并且寻求如何成为一名优秀的决策者的建议。写下他们的建议，并做好课堂展示的准备。

● 上网搜索“历史上最蠢的八个商业错误”。从中选取三个例子并描述它们是如何发生的。你对这些例子的反应如何？管理者可以怎样作出更好的决策？

● 访问 Mindtools 网站（www. mindtools. com）找到决策制定的工具。研究网站上的决策工具，并选择一个以待下次决策时使用。

案例应用 1

利用不良数据作出决策

有了更多的数据，决策水平应该会更高。但是如果不良数据也加入决策制定过程中呢？比如亚马逊就面临着虚假数据的问题。亚马逊网站上的第三方卖家付钱给水军，让他们发布积极的评论，即便他们并没有使用过某个产品。这些虚假评论提高了产品的评级，吸引了更多的客户。亚马逊不得不花费大量的时间和金钱通过验证客户评论的真伪来修正这个问题。[47]

过时的数据是另一种形式的不良数据。美国联合航空公司（United Airlines）根据多年前收集的数据对座位需求进行了预测。事实证明，这些数据是对飞行习惯的假设，但这些假设已经不再成立。由于这个错误，该公司估计自身损失了 10 亿美元的收入。

其他公司可能会将数据从公司的一个部门转移到另一个部门，从而引发问题。例如，由于一家医院药房的数据系统没有考虑到婴儿的情况，新生儿重症监护室送到医院药房的处方没有得到正确的解释，导致给婴儿开了过量的药物。[48]

数据也可以在公司中收集，例如关于客户投诉的数据。但是，如果这些数据不与实际采取行动的人分享，那这些数据本身也并没有太大意义。

一项研究发现，在接受调查的 800 名银行家中，77%的人表示，他们的银行没有做好处理不良数据的准备。[49]在同一项调查中，超过一半的受访者表示，他们的银行没有核实他们用于作出重要决策的数据。诸如此类的结果敲响了警钟：用于决策的数据最好是万无一失的。

◆ **问题讨论**

1. 管理者和公司应该怎么做才能最大限度地减少不良数据的使用？

2. 直觉以及分析式和概念式的决策风格可以怎样帮助解决因使用不良数据而产生的问题？

3. 这个案例说明了大数据和分析的哪些方面？

案例应用 2

将分析融入体育运动中

一段时间以来，美国职业棒球大联盟（Major League Baseball）一直在使用一种分析方法——通过雇用数学天才——来作出决策。但数学天才们似乎都埋头于数据之中，带着他们的电脑和高级学位。他们似乎与棒球队成员完全不同。

在 2017 年赛季，休斯敦太空人队（Houston Astros）尝试用一些新的东西来打破分析人员和棒球队之间的“我们”与“他们”的动态关系。他们聘请了著名的分析专家西格·梅杰达尔（Sig Mejdal）来帮助小联盟球队——三城谷猫队（Tri-City ValleyCats）的教练摩根·恩斯伯格（Morgan Ensberg）。

梅杰达尔可能从少年棒球联盟（Little League）时代开始就没有打过棒球，但现在他被安排在一垒当教练。他和团队一起乘坐长途汽车旅行，住在廉价的酒店里。

那么，此举给三城谷猫队带来了什么？恩斯伯格可以向梅杰达尔寻求即时的竞赛建议，并通过分析得到答案。比赛结束后，恩斯伯格可以问“如果我这样做呢”之类的问题。梅杰达尔随后可以将这些情境添加到他的统计模型中，为下一场比赛的决策提供信息。

此外，共乘长途汽车可以在分析师和棒球运动员之间建立信任。例如，梅杰达尔向一名球员展示了当人们在垒上时，该球员如何将投球速度减慢 1.5 秒，从而使得跑步者可以偷垒。该球员欣然接受了建议。

让分析师投身一线似乎越来越流行。在 2018 年春季表演赛期间，费城人队（Philadelphia Phillies）和坦帕湾光芒队（Tampa Bay Rays）在休息区使用了分析师。恩斯伯格预测：“现实情况是，这将成为棒球比赛的常态。如果其他团队真的考虑未来会是什么样子，那必然是让一名分析师加入团队。”[50]

◆ **问题讨论**

1. 你认为分析师和主教练需要做什么来使这种加入了分析师的战术更加有效？
2. 当分析师加入教练团队时，理性和直觉的决策是如何同时参与的？
3. 有了分析师的帮助，教练可以减少什么类型的决策错误的发生？

注 释

第 I 篇 管理实践

Management Practice

管理者的困境

赛琳娜·罗（Selina Lo）非常热爱她在加利福尼亚州的管理一个玩具商店的工作。她喜欢孩子们在商店里寻找玩具时的吵闹和兴奋。整理被拉出货架的泰迪熊和丢在地板上的玩具火车是管理玩具商店的主要工作。然而，像很多零售商一样，她的商店面临的最大挑战是员工的人事变动。由于日程太满和工作时间长，很多员工只能坚持几个月。赛琳娜一直在寻找能够留住员工的方法。她也要关注顾客的要求和抱怨，尽量使他们满意。这就是赛琳娜作为管理者的生活。然而，零售商发现像赛琳娜这样有能力又有热情的管理者少之又少。对各种零售商来说，吸引并留住有才能的管理者始终是一个挑战。

假如你是一家大型零售连锁企业的招聘者，希望让大学毕业生考虑将商店管理者作为职业选择。运用你在第Ⅰ篇学到的内容，你会怎么做?

全球观

全球范围内谁占据了更多的管理职位? 女性还是男性? 统计学讲述了一个有趣的故事。在美国，女性占据了40%的管理职位，21%的高管职位，但是在《财富》500强首席执行官中只占到4.8%。有趣的是，在新兴经济体中，女性担任高层职位的比例很高。在非洲，89%的企业至少有一名女性担任高级管理人员。在东欧，87%的企业中有女性担任高级管理者的职务。在西欧，79%的法国企业中至少有一名女性担任高级领导职务，而英国的这一比例为75%。德国的情况更糟，国内排名前30位的公司中没有女性首席执行官，而在国内顶级公司的执行董事会中，女性比例只占9%。亚洲女性首席执行官比例较高的两个国家是泰国（40%）和越南（25%）。相比之下，新加坡只有10%的首席执行官是女性。在澳大利亚，16.5%的首席执行官或企业负责人是女性。

正如你所看到的，世界各地的公司在领导职位上有很大的性别差异。担任高级领导职位的男性远多于女性。尽管有促进工作平等的努力和运动，但这一现象依然存在。为此，许多国家要求企业将一定比例的董事席位分配给女性。例如，从 2008 年开始，挪威要求企业中女性董事的数量达到 40%，但实际上挪威的女性首席执行官比例也只有 7%，因此进展并未贯穿所有管理岗位。为了解决董事会之外的领导力的性别差距现象，诸如德国电信公司（Deutsche Telekom）已经制定了招聘目标，增加女性人才的数量。该公司力争让女性实习生的数量占到人数的一半，并至少让女性员工的数量占到管理岗位候选人的 30%。

一些女性首席执行官表示，问题不在于领导层。相反，这在一定程度上是女性所面临的无意识的偏见导致的。比如女性可能会因为表现得行动积极、被轻视而不能承担挑战性的任务、在会议中没有被充分听取意见而处于不利的竞争地位。雪佛龙公司（Chevron）认为，这些问题的部分答案在于让高管们了解这样一个问题：无意识的偏见是如何导致女性候选人选择退出通往最高领导职位的道路的？雪佛龙投资了 500 万美元在“男性倡导的真正变革”（Men Advocating Real Change）培训项目上，并将董事会中的女性比例提高到了 36%。雪佛龙公司首席执行官迈克·沃斯（Mike Wirth）表示，由于在多元化和包容性方面作出的努力，公司已经见证了不断增加的创新。[1]

根据你在第 I 篇学到的内容讨论下列问题：

- 在招募女性实习生时德国电信公司可能面临哪些问题？如何解决这些问题？
- 在解决领导力的性别差距时，雪佛龙公司可能会面临哪些问题？如何解决这些问题？
- 除了增加创新之外，公司的多样性和包容性努力可能还有什么好处？
- 全球其他企业能从雪佛龙公司学到什么？

连续案例

星巴克——引言

社区（community）、联系（connection）、关怀（caring）、忠诚（committed）、咖啡（coffee），这五个 C 描述了星巴克（Starbucks）的实质——它代表着什么以及它想成为怎样的企业。星巴克是世界上最大的专业咖啡零售商，在 77 个国家开设了 30 000 家门店。星巴克还拥有西雅图最佳咖啡（Seattle's Best Coffee）、茶瓦纳（Teavana）、星巴克 VIA、Starbucks Refreshers、Evolution Fresh、拉·布朗格（La Boulange）、写实派（Verismo）和 Torrefazione Italia 等品牌。这家公司真正体现了全球竞争环境下管理者所面临的挑战。为帮助你更好地理解这些挑战，我们将会通过一系列案例深入了解星巴克，这些案例可以在本书每一篇的结尾处看到。这六个连续案例会分别从该篇所学内容角度分析星巴克。尽管每个案例都是独立的，但当你一个一个去完成时，你可以从中感受到管理的进程。

起源

“我们不是在咖啡行业做服务，而是在服务行业做咖啡。”这是已经退休的星巴克首席执行官霍华德·舒尔茨（Howard Schultz）的理念。该理念已经塑造并将持续塑造公司。

第一家星巴克于 1971 年在西雅图著名的派克市场开业，由戈登·鲍克（Gordon Bowker）、杰里·鲍德温（Jerry Baldwin）和杰夫·西格（Zev Siegl）创办。公司以小说《白鲸记》(*Moby Dick*)中爱喝咖啡的大副之名命名，这本书也影响了星巴克独特的双尾人鱼塞壬标志的设计。舒尔茨当时是一名成功的纽约商人，1981 年他作为一名瑞典厨具制造商的销售代表第一次走进星巴克。他立刻就被吸引了。虽然很想为星巴克工作，但过了将近一年的时间他才说服所有者招聘他。毕竟，他来自纽约而且没有和公司的价值观一起成长与发展。所有者认为舒尔茨的风格和充沛的精力会与现有文化冲突。但是舒尔茨相当有说服力，并成功减轻了所有者的忧虑。他们邀请舒尔茨担任负责零售业务和市场营销的董事，这也是舒尔茨所热衷的领域。舒尔茨对咖啡事业的热情是显而易见的。尽管公司的一些职员对他是“外来者”这一事实感到愤愤不平，但是舒尔茨的确找到了称心的工作并且对于公司的发展有很多想法。正如他所说：“我想作出积极的影响。”

加入公司一年后，舒尔茨在出差去米兰的途中走进了一家意式咖啡吧，立刻预见到这种概念在美国会相当成功。他说：“美国没有这样的模式。这是前沿的延伸，是一种情感体验。我直觉上认为我们也可以这样做。我从骨子里这么觉得。”舒尔茨意识到星巴克将咖啡做成能被打包并和杂货一起带回家的东西，而意大利的咖啡吧更像是提供一种体验——一种温暖的、社区性质的体验。这是舒尔茨想要在美国重现的东西。然而，星巴克的所有者对于把星巴克做大不感兴趣，也不愿尝试。所以舒尔茨 1985 年离开了公司，开始在西雅图和温哥华开办自己的小型连锁咖啡吧，取名为 Il Giornale。两年后，当星巴克的所有者想要出售公司时，舒尔茨从当地投资者那里募集了 380 万美元将星巴克买下。这项小小的投资让他后来成为非常富有的人。

公司情况

星巴克的主要产品是咖啡——超过 30 种混合咖啡和单品咖啡。除了现磨咖啡外，公司还提供下列产品：

- 手工饮品：热的或者冰的意式浓咖啡饮品、含咖啡因和不含咖啡因的饮品、冰沙。
- 相关商品：家用咖啡机、咖啡壶和磨豆机、优质巧克力、咖啡杯和咖啡配饰、激光唱片和其他商品。
- 新鲜食品：烘焙糕点、三明治、沙拉、热早餐和酸奶冻糕。
- 全球顾客产品：星冰乐咖啡饮品、星巴克冰咖啡饮品、星巴克甜酒和一系列优质冰激凌。
- 星享卡和我的星巴克奖励计划：可充值卡和顾客奖励计划。
- 品牌组合：星巴克娱乐（Starbucks Entertainment）、气质水（Ethos™ Water）、西雅图最佳咖啡、茶瓦纳和 Fontana 糖浆。

2018 年年末，公司在全球共计有超过 27.7 万名全职和兼职员工。凯文·约翰逊（Kevin Johnson）是星巴克的总裁兼首席执行官。其他一些令人感兴趣的行政职位还包括：全球首席营销总监；首席创意总监；合伙人资源执行副总裁和首席社区总监；全球供应链副总裁；全球咖啡副总裁；学习业务伙伴；国际合伙人资源协调者。

决策

2000 年，46 岁的霍华德·舒尔茨在运营了 15 年星巴克后，辞去了首席执行官职位（仍保留董事长职位），因为他感到“有些厌倦”。从首席执行官的职位下来并且不再打算回归，舒尔茨实际上表达了他对其他人作决策的信任。

起初星巴克继续繁荣发展，但是快速的大众市场扩张开始带来危机，顾客流首次减少。当他看到这些时，有那么几次他认为公司没有作出好的决策。舒尔茨的直觉是星巴克已经迷失了方向。事实上，在一份备忘录中，舒尔茨对高层管理者详细解释了公司为前所未有的扩张所作出的让步如何累积在一起，从而导致“星巴克的体验被冲淡”。他的不满包括：刻板的、千篇一律的门店布置，自动咖啡机取代烘焙和研磨咖啡的“咖啡剧场”，密封的包装使顾客无法嗅到独特的咖啡香气。星巴克失去了“个性化的”要素，舒尔茨对门店作出的批评是直接而大胆的。公司已经不再关注咖啡，而只关注收银机的铃声。在写下备忘录之后的一年内（他辞去首席执行官职位的第八年），舒尔茨重新掌权并努力重现星巴克的体验。它的目标是整改问题门店，重建与顾客的情感联系，并计划作出长期改变，例如更改公司架构和改进供应链。然而，他所做的第一件事是为他带给公司的决策向员工致歉。事实上，他希望改进质量管理的意图导致他决定关闭在美国的 7 100 家门店一晚，来重新培训 135 000 名服务员。这是一个大胆的决策，很多专家认为这将导致一场公关活动和金融灾难。但是舒尔茨认为，为了重振星巴克，这样做是绝对有必要的。另一项有争议的决策是与所有门店管理者（大约 8 000 人）和 2 000 名其他合伙人召开领导大会——在同一时间和同一地点。为什么？目的是在星巴克代表什么和公司需要做什么以生存并繁荣发展的问题上激励员工，并给予他们力量。舒尔茨不确定华尔街对这项共计大约 3 000 万美元（机票、餐饮、住宿等）的开支会做何反应，但他并不在意，因为他认为这样做是绝对必要和重要的。在这期间，星巴克发展壮大。2017 年，舒尔茨再次辞去首席执行官一职，并于 2018 年 6 月彻底切断了与公司管理层的联系，但他仍然是公司最大的股东。[2]

舒尔茨帮助挑选了新任星巴克总裁兼首席执行官凯文·约翰逊。约翰逊必须找到应对激烈竞争的方法，以及同店销售增长缓慢的原因。作为首席执行官，他的第一个行动是关闭全部 379 家茶瓦纳门店，并出售了泰舒茶品牌。有两名非洲裔美国人在费城的星巴克咖啡店等朋友时被捕，约翰逊必须决定如何回应该事件。因为这引起了媒体的大量关注，其中大部分是负面的：暗指该公司是种族主义支持者。于是约翰逊当面向这两名男子道歉，并关闭了近 8 000 家星巴克门店，进行反歧视培训，他也因此赢得了赞誉。约翰逊还为小时工延长了带薪产假和照顾生病家庭成员的带薪假期。

所以我们已经开始看到星巴克如何体现 5C——社区（community）、联系（connection）、关怀（caring）、忠诚（committed）、咖啡（coffee）。在第Ⅱ篇到第Ⅵ篇管理实践的连续案例中，你将找到关于星巴克独特而成功的管理方法。当你完成接下来的案例时，记得有些信息可能需要你回顾本篇介绍的内容。

◆ **讨论题**

1. 你认为霍华德·舒尔茨最重要的管理技能是什么？为什么？你认为对一家星巴克门店的经理来说，最重要的技能是什么？为什么？

2. 科学管理理论、组织行为学理论、定量方法和系统方法等管理理论/方法怎样对星巴克起作用？

3. 选择三种管理者正在面临的趋势和问题，并解释星巴克会如何受到影响。与一线经理有什么关系？中层经理呢？高层经理呢？

4. 用实例说明凯文·约翰逊表现出的人际关系角色、信息传递角色和决策制定角色。

5. 凯文·约翰逊的星巴克理念如何影响了公司的管理方式？

6. 浏览公司网站 www. starbucks. com，找到高层管理者的名单。挑选其中的一个职位并描述你认为这项工作可能涉及什么。尽量设想处于这个职位的人要作出哪种类型的计划、组织、领导和控制。

7. 在公司网站上查看公司的使命和指导原则。你如何评价它们?

8. 描述一下这些使命与原则会如何影响当地星巴克咖啡师的工作，以及这些将如何影响公司高层管理人员的工作。

9. 是什么使星巴克对费城危机的反应成为非程序化决策? 为了确保整个公司的门店管理者使用程序化的决策方式，以一致的方式回应非购买客户，公司需要做什么?

10. 凯文·约翰逊的决策风格是什么? 霍华德·舒尔茨是哪种类型的决策者? 解释一下。

11. 偏见和错误可能会如何影响星巴克管理者、星巴克门店管理者、星巴克合伙人作出的决策?

12. 设计思维对星巴克这样的公司有怎样的重要性? 你发现星巴克使用设计思维的迹象了吗? 解释一下。

注　释

第 II 篇

现代工作场所的管理基础知识

第3章 外部环境和组织文化的影响

Influence of the External Environment and the Organization's Culture

学习目标

3.1 根据管理万能论和管理象征论比较管理者的行为。

3.2 描述在当今的外部环境中，管理者面临的限制与挑战。

3.3 讨论组织文化的特点和重要性。

就业技能矩阵

		批判性思考技能	沟通技能	合作技能	知识运用与分析技能	社会责任技能
技能盒子	这是你的职业	✓	✓		✓	
技能盒子	工作场所的秘密	✓	✓	✓	✓	
技能盒子	在失败中学习	✓			✓	✓
技能实践	道德困境	✓				✓
技能实践	技能练习	✓		✓	✓	
技能实践	共同工作	✓	✓	✓		
技能实践	学习成为管理者	✓			✓	
案例	案例应用	✓			✓	

尼克·格雷西（Nick Gracey）在盐湖城拥有一家壳牌（Shell）加油站。作为一个独立的加油站所有者，他可以自由地为他的汽油收取“市场所能承受的任何价格”。但他的选择受到现实的制约：在同一个十字路口尼克要面对另外两个竞争加油站——埃克森（Exxon）和雪佛龙（Chevron）。正如尼克所说，“我成了我的两个竞争对手的囚徒。如果其中一个把价格降了 5 分钱，我就不得不以同样的方式跟进”。尼克承认，当谈到汽油定价时，他的选择不仅仅取决于他必须支付给壳牌经销商的价格，还会受到竞争对手行为的影响。正如我们将要展示的——竞争对手是组织外部环境中的力量。

在本章中，我们将着眼于外部环境带来的挑战，并讨论组织文化的特征。但是在我们讨论这些话题之前，我们先要通过两种观点来看待这样一个问题——管理者会在多大程度上对一个组织的成功和失败产生影响。

3.1 管理者：万能还是象征？

管理者的行为在多大程度上影响组织表现？管理学理论和社会上的主流观点是管理者对组织的成败负有直接责任。我们称这种观点为**管理万能论**（omnipotent view of management）。相反，另外一些人认为组织的成败很大程度上归因于管理者可控范围之外的因素。这种观点称为**管理象征论**（symbolic view of management）。我们来分析这两种观点，并试图阐明管理者应该为组织表现受到多少赞誉或承担多少责任。

3.1.1 管理万能论

在第 1 章，我们强调了管理者对组织的重要性。组织表现的差异当然是管理者的决策和行为造成的。好的管理者预测变化、利用机会、纠正糟糕的表现并领导他们的组织。当利润上升时，功劳归于管理者，管理者还会获得奖金、期权和其他奖励。当利润下降时，人们认为新鲜血液可以带来更好的成果。例如，推特的首席执行官杰克·多西（Jack Dorsey）解雇了工程主管，并在公司增长放缓时呼吁“勇于反思”。[1]在管理万能论的观点中，当组织表现不佳时，无论原因是什么，都必须有人承担责任，而此人往往是管理者。当然，当情势好转时，管理者也会得到奖励，即使他们与取得积极成果并无关系。

管理万能论与掌权的高管克服种种困难最终实现组织目标的固有印象是一致的。这种观点并不局限于商业组织。它也能用于解释大学教练和专业运动教练的变更，他们同样被认为是团队的“管理者”。赢少输多的教练往往会被解雇，并由被期望可以纠正不佳表现的新教练取代。

3.1.2 管理象征论

莱维兹家具公司（Levitz Furniture）于 1910 年在宾夕法尼亚州的黎巴嫩县成立。它在仓库风格的商店里销售价格适中的名牌家具，并大获成功。但家具市场在 2007 年末经历了一场巨大而迅猛的衰退，当时次贷危机导致美国房地产市场崩溃——几乎没有人预见到会发生这样的事。新住宅施工停止了，人们不搬家是因为他们卖不掉房子。由于家具市场的需求枯竭，莱维兹家具公司销量直线下降。2008 年 10 月，莱维兹家具公司申请破产清算。公司很不走运，因为其管理层在错误的时间（2007—2008 年）出现在了错误的地方（家具行业）。无论它做什么，都不会改变家具需求下降的事实。

管理象征论认为管理者影响组织表现的能力受到外部因素的限制。[2] 根据这个观点，期望管理者能够显著影响组织表现是不合理的。相反，绩效被那些管理者几乎无法控制的因素所影响，例如经济状况、顾客、政府政策、竞争者行为、行业状况和前任管理者决策。

根据象征论的观点，管理对实质性的组织成果最多只能产生有限的影响。因此管理的影响很大程度上是象征性的。管理者的角色被视为在随机、混乱和模糊的环境中创造意义。管理层为了股东、客户、员工和公众的利益制造了控制的假象。当事情进展顺利时，我们需要有人获得赞美，管理层扮演着这个角色。同样，出了问题，我们需要有人来承担责任，管理层也扮演着这个角色。然而，根据管理象征论的观点，管理在成败中发挥的实际作用微乎其微。

3.1.3 综合观点

事实上，管理者在处理问题时既非无所不能，也不会无可奈何，但是他们的决策和行为受到限制和约束。一方面，内部约束源自组织文化；另一方面，外部约束（来源于组织环境）会影响组织并限制管理的自由。

图表 3 - 1 显示管理者在一定约束条件下工作。组织文化和组织环境限制了管理者的选择，尽管有这些限制，管理者并不是无能为力的。管理者仍然拥有自由裁量的余地，他可以对组织的绩效产生很大的影响——也正是在可自由裁量的领域中，好的管理者可以将自己与差的管理者区分开来。

图表 3 - 1　对管理自主权的限制

3.2 外部环境：限制与挑战

系统方法（见管理史模块）使我们认识到没有一个组织是独立运作的。在这一节中，我们想展示环境中的力量在塑造和限制管理者的行为方面的重要作用。

3.2.1 定义环境与环境的不确定性

环境（environment）一词指的是处于组织之外并可能影响组织绩效的机构或力量。环境之所以重要，是因为环境之间并不完全相同。我们用**环境不确定性**（environment uncertainty）的差异程度描述它们之间的不同。

环境不确定性　环境不确定性是指组织环境的变化程度和复杂程度。图表 3－2 中的矩阵展示了这两个方面。

复杂程度	变化程度：稳定	变化程度：动态
简单	单元1 稳定和可预测的环境 环境的构成要素很少 构成要素类似且保持不变 对构成要素基本不需要深入了解	单元2 动态和不可预测的环境 环境的构成要素很少 构成要素类似但持续变化 对构成要素基本不需要深入了解
复杂	单元3 稳定和可预测的环境 环境的构成要素很多 构成要素各不相同但保持不变 对构成要素需要深入了解	单元4 动态和不可预测的环境 环境的构成要素很多 构成要素各不相同且持续变化 对构成要素需要深入了解

图表 3－2　环境不确定性矩阵

不确定性的第一个方面是变化程度。如果组织环境的构成要素变化非常频繁，就是动态环境。如果变化很微小，就是稳定环境。稳定的环境可能没有新的竞争者，现有竞争者很少有技术突破，压力群体影响组织的活动很少等。例如，以芝宝打火机闻名的芝宝制造公司（Zippo Manufacturing）面临着相对稳定的环境，几乎没有竞争者和技术变化。对公司主要的外部担忧可能是吸烟者的减少，虽然公司的打火机还有其他用途，而且全球市场仍有吸引力。相反，音乐唱片市场面临动态环境（高度不确定性和不可预测性）。数码格式和音乐下载网络颠覆了整个行业，带来了高度不确定性。而现在，声田（Spotify）和 Pandora 等音乐流媒体服务也在这个平衡的等式上打了一个问号。

如果变化是可预测的，那还能认为是动态的吗？答案是不能。例如在 11 月和 12 月赚得全年收入 1/4～1/3 的百货商店，12 月到次年 1 月的收入下降是显著的。但因为这个变化是可以预测的，所以环境并不被认为是动态的。当我们谈论变化程度时，是指不可预测的变化。如果变化可以被准确预测，对于管理者来说就不是不确定性。

不确定性的另一个维度描述了**环境复杂性**（environmental complexity）的程度，考察组织环境构成要素的个数，以及组织对这些要素的了解程度。组织面对的竞争者、消费者、供应商、政府机构等越少，面临的复杂程度和不确定性越低。组织用各种方法处理环境复杂性。例如，孩之宝玩具公司（Hasbro）通过收购很多竞争者简化组织环境。

复杂性也可根据组织需要了解的关于环境的知识来衡量。例如，如果品趣志（Pinterest）的管理者要确保他们的网站可以让顾客使用、可靠且安全，就必须深入了解其互联网服务供应商的操作。大学书店的管理者则不太需要对供应商有精密的了解。

环境不确定性的概念如何影响管理者？再看看图表 3－2，每个单元代表复杂程度和变化程度的不同组合。单元 1（稳定和简单的环境）代表最低限度的环境不确定性，单元 4（动态和复杂的环境）则代表最高限度的环境不确定性。管理者在单元 1 中对组织绩效的影响最大，在单元 4 中则最小，这一点并不令人奇怪。因为不确定性对组织的绩效构成了很大威胁，管理者试图最小化不确定性。[3] 如果可以选择，管理者更愿意在不确定性最低的环境中经营。

场景实践

里昂·德内夫（Leon DeNeve）是HBO公司的项目经理，该公司正在经历很多变化。他的部分工作是确定观众想要看的新节目，但当不清楚观众的习惯将如何改变时，他很难作出决定。越来越多的公司开始生产新的流媒体内容——比如亚马逊和网飞（Netflix）——还有一些有线电视和网络电视公司。当没有人真正知道这个行业会发生什么样的变化时，里昂应该如何决定投资什么样的节目或娱乐形式？

里昂如何尽可能多地了解影响他的公司以及所处行业的不确定性和变化？

和许多行业一样，变化是不可避免的，在娱乐/影视行业尤其如此。应对不确定性挑战的部分可行方案是保持机敏灵活，主动迎接未来与新机会。作为美国运营时间最长的付费电视服务商之一，管理者里昂有一个独特的机会帮助将“HBO”这个名字提升到一个新的水平。一个不错的建议是“向观众学习”。对里昂来说，进行观众调研或焦点小组讨论是他与客户保持联系并了解他们将来可能有兴趣从HBO看到什么节目的好方法。里昂还可以利用数据分析来确定收视率的趋势，并了解他的竞争对手的表现如何。

安诺佳·兰格内卡（Annoja Rangnekar，医疗补助业务开发经理）

环境也可以从两个层面来分析。接下来的部分将关注这两个层次：一般环境和具体环境。

3.2.2 监控一般环境

一般环境（general environment）指的是组织外部影响组织绩效的因素和力量。正如图表3-3所示，外部环境分为几个方面。经济环境包含利率、通货膨胀、可支配收入的变化、股市波动和商业周期阶段等因素。人口环境与人口特征的趋势有关，如年龄、种族、性别、教育水平、地理位置、收入和家庭构成。政治/法律环境考察当地法律，以及国家层面和全球层面的法律。它也包括国家的政治情况及其稳定性。社会文化环境与社会和文化因素有关，如价值观、态度、趋势、传统、生活方式、信仰、品位和行为模式等。技术环境与科学或行业创新因素有关。全球化环境包含与全球化和世界经济有关的主题。

图表3-3 外部环境的组成部分

用数字说话

● 莱姆·查兰（Ram Charan）是全球知名的首席执行官和董事会顾问之一，他认为，最好的首席执行官能够适应外部环境，提早发现预警信号和机会。[4]

一般环境包括可能影响到组织但其相关性不明确的条件。例如，对于苹果和波音（Boeing）这样在英国和日本销售产品的公司来说，美元相对英镑和日元的强势可能是一种环境力量。但美元坚挺不太可能对客户和供应商都在美国的公司产生太大影响。

3.2.3 监控具体环境

管理层的大部分注意力通常放在组织的**具体环境**（specific environment）上。这是环境中与实现组织目标直接相关的部分。它由能够对组织的有效性产生积极或消极影响的关键支持者或利益相关者组成。大多数组织的具体环境包括以下一个或多个方面：供应商、顾客、竞争对手、政府和特殊利益集团。我们简要阐述一下每个部分以及它为什么重要。

供应商 供应商包括向组织提供劳动力、材料和设备的实体资源。对于比萨饼店来说，供应商是面粉、西红柿、肉、蔬菜和苏打水的来源。当然，供应商也可能包括银行、保险公司，也许还有工会。相比之下，对于医院来说，供应商包括医疗设备经销商、制药公司、医疗护理学校和保险公司。

供应商为什么重要？管理层力求以尽可能低的价格确保所需投入的稳定流动。因为这些输入代表着不确定性——资源不可用或配置延迟都会显著降低组织的有效性，所以管理人员通常会尽最大努力来确保稳定可靠的资源流动。

顾客 组织的存在就是为了满足顾客的需求。最终接收组织产出的是顾客，即使是政府组织也是如此，它们的存在是为我们提供服务。我们注意到，人们会通过投票的方式表明他们作为（政府的）顾客的满意程度，特别是在选举时。

顾客显然代表了一个组织的潜在不确定性，因为顾客可能是善变的。例如，像金汤宝（Campbell Soup）、卡夫亨氏（Kraft Heinz）、百事和宝洁这样的大牌消费品公司都会受到消费者购买偏好变化的影响。沃尔玛（Walmart）、家庭美元（Family Dollar）、开市客和阿尔迪（Aldi）等零售商通过以较低的价格向大品牌提供类似产品的方式获得了大量的业务。

竞争对手 包括垄断企业在内的几乎所有组织，都面临着一个或多个竞争对手。美国邮政署（US Postal Service）垄断了邮件服务，但它与联邦快递（FedEx）、美国联合包裹运送服务公司（UPS）以及通信行业（如电话、电子邮件和短信）竞争者之间也有竞争；可口可乐与百事和其他软饮料公司以及销售瓶装水和能量饮料的公司竞争；像夏洛特交响乐团（Charlotte Symphony Orchestra）这样的非营利组织也在争夺资金、志愿者和顾客。

管理者不能忽视竞争。如果他们掉以轻心，代价也许十分高昂。到20世纪80年代初，美国广播公司、哥伦比亚广播公司（CBS）和全国广播公司（NBC）三家公司在真正意义上控制了观众的收视内容，且它们几乎没有竞争者，只需要互相关切一下对方的情况就好了。如今，它们的市场份额和利润已经被福克斯（Fox）、有线电视网（Cable Networks）、Hulu和依赖联合节目的地方电视台蚕食殆尽。这表明，竞争对手在定价、提供的服务、可及性、开发的新产品等方面代表着一种重要的环境力量，管理层必须对其进行监控，做好应对准备。

政府 联邦、州和地方政府影响组织的行为边界。一些联邦法规产生了重大影响。例如，1990 年颁布的《美国残疾人法》旨在使残疾人更容易获得工作机会和公共设施服务。这反过来又改变了雇佣方式，也导致了设施布局的改变。2009 年的《莉莉·莱德贝特公平薪酬法》(Lilly Ledbetter Fair Pay Act) 改变了 180 天的薪酬歧视诉讼时效限制，要求以每一次新的薪酬为依据重新设定。而公司应该以重新评估并经常改变它们的薪酬为回应方式。2010 年的《多德-弗兰克华尔街改革和消费者保护法》(Dodd-Frank Wall Street Reform and Consumer Protection Act) 将对银行和其他金融公司的监管置于联邦政府手中，并要求公司制定新的透明原则和问责程序。当然，联邦政府并不是管理组织的法规的唯一来源，州和地方政府法规也扩展和修改了许多联邦政府制定的标准。例如，旧金山市将最低时薪提高到每小时 15 美元，大大高于加利福尼亚州的最低时薪 11 美元。这极大增加了许多在旧金山做生意的公司的成本。

组织花费大量时间和金钱来满足政府法规，但是这些规定的影响超出了时间和金钱。它们也减少了管理层的自由裁量权，限制了管理者的选择。

特殊利益集团 管理者必须认识到试图影响组织行动的特殊利益集团。“黑人的命也是命”的抗议者们攻击了星巴克，并要求公司改变政策。当时的情况是，费城一名门店经理报警后，闻讯而来的警察逮捕了坐在店内的两名没有点单的黑人。

3.2.4 环境管理

正如我们所见，组织不是封闭运作的，它们与环境互动，并受其影响（图表 3-4 总结了该环境）。各组织将其环境作为投入的来源和产出的接受者。组织还必须遵守法规，并对挑战组织行动的团体作出回应。然而，虽然环境限制了管理者，但它肯定不会完全束缚他们的双手。[5]

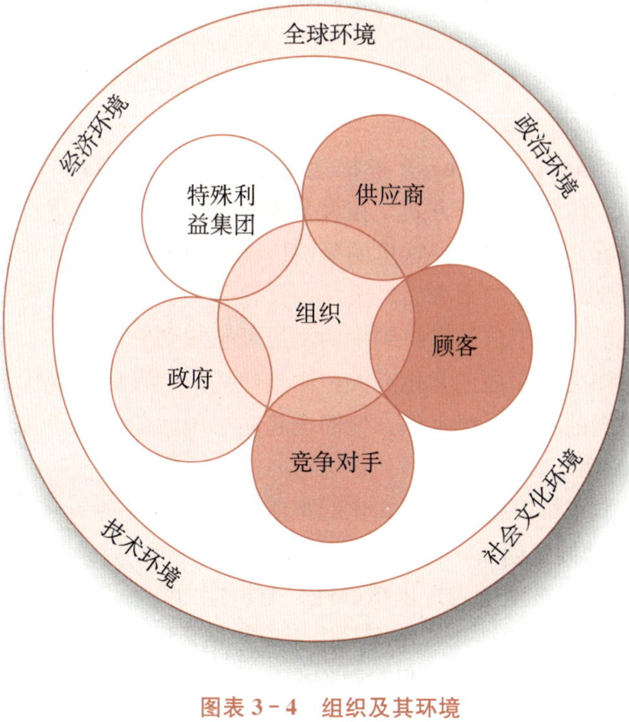

图表 3-4 组织及其环境

管理者可以做什么来减少这些限制并获得对环境的一些控制？他们可以确定关键的外部支持者，并与他们建立关系。例如，洛克希德·马丁公司（Lockheed Martin）雇用前高级军官向五角大楼说明签订国防合同是合理的。卡夫亨氏的管理层可以通过广告来应对低价商店品牌，为其番茄酱和奶酪等产品建立客户忠诚度。苹果通过与多家供应商建立业务关系降低其 iPhone 内存模块出现供应中断的可能性。

3.3 组织文化：限制与挑战

我们每个人都有独特的人格，即那些影响我们行动和与别人互动方式的品质和特点。当我们描述某人很热情、开放、放松、害羞或好斗时，我们就是在描述人格特质。组织也有“人格”，我们称之为文化。文化影响员工的行动和与人互动的方式。

3.3.1 组织文化是什么？

用数字说话

- 成功公司的领导者中，有 92%认为职场文化对公司的财务表现有很大影响。[6]

戈尔公司是一家以创新和高质量户外服装面料闻名的公司，它理解组织文化的重要性。[7]自 1958 年创立以来，该公司以灵活的、非等级制的组织来利用员工团队开发创新产品。该公司的合伙人（员工）承诺遵守公司创立者比尔·戈尔（Bill Gore）的四项主要原则：（1）公平对待他人；（2）自由地鼓励、帮助并允许其他伙伴在知识、技能上和职责范围内成长；（3）作出自己的承诺并遵守承诺；（4）在采取可能影响公司声誉的行动之前咨询其他伙伴。一位分析师在拜访该公司之后说，一个伙伴告诉他：“如果你告诉他们在这里要做什么，他们永远不会再为你工作。”这正是比尔·戈尔想要的独立的、以人为本的文化。这种文化很适合该公司，从 1998 年开始，该公司在《财富》每年评选的“100 家最想为之工作的公司”中都占有一席之地。

组织文化（organizational culture）被描述为影响组织成员行动、将不同组织区分开的共享价值观、原则、传统和行事方式。在大多数组织中，这些共享价值观和惯例经过长时间的演变，在某种程度上决定了“这里的事情应该如何完成”。[8]

我们对文化的定义暗示了三个方面。第一，文化是一种感知。它不是可以被实际触摸或看见的物体，但是员工基于自己在组织中的经历可感知到它。第二，组织文化是描述性的。它与成员如何感知文化和描述文化有关，而与他们是否喜欢文化无关。第三，即使个体有不同背景或在组织的不同层级工作，他们也趋向于用相似的词语描述组织文化，那是文化中共享的方面。

研究表明，可从六个维度把握组织文化的本质。[9]

1. 适应性——鼓励员工创新、灵活、冒险和实验的程度。
2. 关注细节——员工被期望表现出精确性、分析能力和对细节的关注的程度。
3. 结果导向——管理强调结果，而不是用于取得结果的技术和过程的程度。
4. 人本导向——管理决策考虑结果对组织内外人员的影响程度。

5. 团队导向——鼓励协作和围绕团队而不是个人组织工作活动的程度。

6. 诚实守信——人们在工作中表现出诚实和较高道德原则的程度。

这些维度的范围从低到高，意味着非典型的文化（低）和典型的文化（高）。使用这六个维度描述组织，就可以给出一幅描绘组织文化的综合图。图表 3－5 描绘了一些维度如何创造明显不同的文化。

组织 A

这个组织是一家制造公司。管理者被期待充分记录所有决策，“好的管理者”可以提供详细的数据来支持他们的建议。引发显著变化和风险的创造性决策不被鼓励。因为失败项目的管理者会被公开批评和受到处罚，所以管理者尽量不去实施过于偏离常规的想法。一位基层管理者引用了经常在公司中提到的一句话：“如果还没坏就不要修它。”

员工被要求遵守公司中大量的规章和条例。管理者密切监督员工以确保他们没有偏离方向。管理与高绩效有关，如果不考虑对员工士气和离职率的影响。

工作活动围绕个人来设计。公司有不同的部门以及权力链，员工被希望尽量与职能区域或指挥系统外的其他员工减少接触。绩效评估和奖励强调个人努力，虽然年功似乎是决定薪酬提升和晋升的首要因素。

组织 B

这也是一家制造公司。然而，该公司的管理鼓励并奖励冒险和变化。基于直觉的决策和理性决策同样受到重视。管理层以新技术实验和经常推出创新产品所获得的成功为荣。有好想法的管理者或员工被鼓励进行“尝试”，失败被当作“学习经验”对待。公司以成为市场先驱和快速响应顾客的需求为傲。

员工需要遵循的规章和条例很少，监管也很松散，因为管理者相信员工很勤奋，值得信任。管理层关心高绩效，但是认为这来自正确对待其员工。公司以拥有“良好的工作场所”这个声誉为荣。

工作活动围绕工作团队设计，团队成员被鼓励与跨职能和权力层级的人互动。员工积极谈论团队之间的竞争。个人和团队拥有目标，奖励是基于取得的成果。员工在选择实现目标的方法上拥有很大的自主权。

图表 3－5 对比组织文化

3.3.2 强文化

所有组织都有文化，但并非所有文化都同等地影响员工的行为。与弱文化相比，**强文化**（strong cultures）——核心价值观被广泛和深度共享的文化——对员工有更大的影响力。（图表 3－6 比较了强文化和弱文化。）越多员工接受组织的关键价值观，他们对那些价值观的承诺越高，文化就越强。大多数组织都有中等偏强的文化，即对什么重要、什么定义了"好的"员工行为、前进需要什么等都有较高的认同。文化越强，对管理者开展工作的影响越大。[10]

图表 3-6 强文化和弱文化

强文化	弱文化
价值观广泛共享	价值观局限于小部分人——通常是高层管理者
文化传达了关于什么重要的一致的信息	文化传达了关于什么重要的矛盾的信息
大多数员工可以讲述关于公司历史或英雄人物的故事	员工对公司历史或英雄人物知之甚少
员工强烈认同文化	员工对文化的认同程度低
共享价值观和行为之间存在强连接	共享价值观和行为之间不存在什么联系

研究表明，强文化与良好的组织绩效相关。[11]我们很容易理解其中的原因。总之就是，如果价值观清晰明确并且被广泛地接受，员工知道他们应该做什么以及组织对他们有什么期待，员工就可以快速地处理问题。然而，强文化的缺陷是可能阻止员工尝试新的方法，尤其当情况迅速变化时。[12]

3.3.3 文化从哪里来以及如何延续

图表 3-7 说明了组织文化如何建立和延续。文化最初的来源通常反映了创立者的愿景。例如，正如我们前面描述的，戈尔公司的文化反映了创立者比尔·戈尔的价值观。公司创立者不为以前的习俗或方法所限制，可以通过解释他们想要组织成为什么的愿景来建立早期文化。同时，大多数新组织的小规模使其更容易将愿景灌输给所有组织成员。

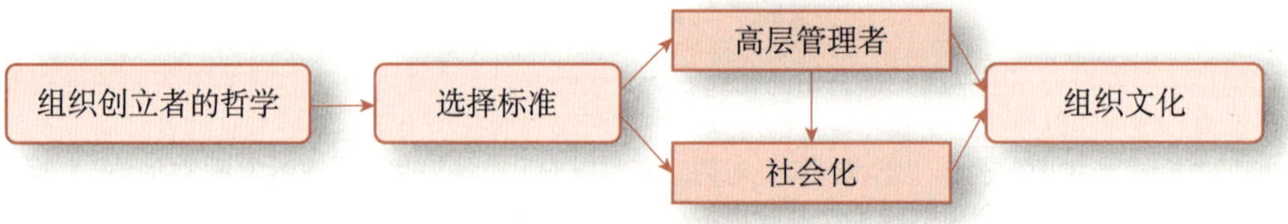

图表 3-7 建立和延续组织文化

然而，文化一经产生，特定的组织实践将有助于延续文化。例如，在选择员工的过程中，选择的目标是十分明确的——要选出具备能够胜任工作的知识、技能和能力的候选人。然而最终决定时还要考虑一个问题：此人与组织的契合度如何？从本质上来讲，组织寻求那些至少在很大程度上与组织的价值观相一致的人。[13]选择过程也会向申请人提供信息，那些认为自己的价值观与组织的价值观之间存在冲突的求职者可以自行选择去留。[14]因此，选择是双向的，组织和求职者能够避免不匹配的情况，并通过淘汰那些可能破坏或攻击组织核心价值观的人，达到维持组织文化的目的。

高层管理者的行为也对组织文化有重要影响。[15]通过语言和行动，高层管理者建立了规范，这些规范对整个组织的员工进行约束。例如，冒险行为是否可取？管理者应给予员工多少自由？什么是合适的着装？哪些行为可以获得加薪、升职和其他奖励？

场景实践

保罗（Paulo）是一家网络沟通机构的管理者，他因为雇用员工问题非常受挫。他最近雇用的3个人都很难和其他12位员工和睦相处。例如，其中一个人——实际上他已经在那里待了6个月——在截止日期快到时，不想加入同事并帮助他们。这个人在团队会议时一言不发，让其他人作出决策。他们的着装方式也不符合规定。“我不要求他们穿西服打领带，但是破洞工装短裤和凉拖也有点太随意了。这些人为什么就不懂？”

在组织文化方面，你可以给保罗什么建议？

在面试环节，人力资源部门需要解释公司的品牌价值观，以及公司如何作为团队工作来实现目标。基于候选人申请的层级或职位，可能与高层管理者再进行一次面试有助于考察候选人是否适合这个群体。在面试过程中，应该向候选人解释着装要求、政策和程序。在工作的前一两周，管理者应该对新员工给予全面反馈。如果存在任何问题，就需要解决。

阿方索·马雷斯（Alfonso Marrese），零售主管

最后，组织通过社会化帮助员工适应这种文化，**社会化**（socialization）是一个帮助新员工学习组织做事方式的过程。[16]当前主流的社会化过程包括做学徒、实习、正式的定向计划、任命导师来指导新员工、培训计划、轮换任务，以及为新员工指派一名表现出色的员工来跟踪和学习。

在失败中学习　富国银行的腐败文化

富国银行集团（Wells Fargo）是美国最大的银行集团之一。但这依旧不能阻止该企业的员工作出令公司难堪的行为，而这些行为也为公司招来了超过10亿美元的罚款。接下来你会发现：实际上，这件事的源头在于销售导向的企业文化促使员工诱导顾客消费并且掩盖违法行径。

时间退回至20世纪90年代，当时富国银行的高层管理者决定提升公司的利润。他们认为最好的方法就是在公司内部建立销售导向的企业文化。从那以后，富国银行的分行变成了交易的商店；顾客变成了待宰的“羔羊”，等着被公司挤出尽可能多的油水；员工也迫于压力向顾客推销关联产品——金融卡、支票账户、信用卡和贷款。高层管理者也制定了目标：要向每位消费者至少售出8份理财产品——行业的平均水平是2～3份。

这种文化导致了大量的非法行为。例如，员工以客户的名义开出百万美元数额的假支票；数以千计进行购车贷款的客户被迫从银行购买一份不必要的保险，每年保费高达1 000美元；同时顾客也被迫支付延长抵押贷款利率锁定期限产生的费用，尽管这是由银行的流程问题造成的。

员工身上压力不断。分行经理每隔一小时就要向直接负责领导汇报一次销售数据，员工也时刻面临排名压力，分行如此，地区和区域内也一样。一个分行经理描述当时的压力状况：“我们不断被告诫，如果完不成销售额度，就等着去麦当劳打工吧！”

当富国银行腐败的组织文化曝光后，巨额罚款纷至沓来。银行董事会随后采取了行动，首席执行官和作出不当行为的组织管理者被开除。更重要的是，富国银行在这次事件

中意识到：要改变其销售导向的薪资体系，基于顾客的满意度和团体目标的实现来定薪。分支机构也从商店变了回来，评估也不再依据销售给顾客的产品数量。[17]

3.3.4 员工如何学习文化

员工学习组织文化有多种方式。最常见的是故事、仪式、物质象征和语言。

故事 组织的故事通常包含对重要事件或人物的叙述，诸如组织创始人、规则破坏者、对以往错误的反应等。[18]在3M公司，有关产品创新的故事非常具有传奇性。其中一个故事是，3M的某个科学家将化学品洒在她的网球鞋上，从而创造了斯可佳牌（Scotchgard）织物保护剂。还有一个关于阿特·弗赖伊（Art Fry）的故事，他希望有一种更好的办法来标记赞美诗，因此发明了便利贴。为了帮助员工了解文化，组织故事以过去作为现在的精神支柱，为如今的所作所为提供解释和合理性，举例说明什么对组织是重要的，并且为组织目标绘制引人入胜的图景。

仪式 仪式是表达和加强组织的关键价值观和目标的重复性活动。[19]一些组织会进行庄严的入会仪式并作出承诺，以此来塑造组织情感和纪律。军事训练营也是出于这样的目的而设计出来的。在企业界，许多公司举行仪式，这是新员工的一种通过仪式。例如，总部位于波士顿的温柔巨人搬家公司（Gentle Giant Moving Company）让新员工在哈佛体育场跑台阶，以此来测试他们的健康程度和决心。

物质象征 当你进入不同类型的企业，你是否会对工作环境有一种感觉——正式的、随意的、有趣的、严肃的等等？这些反应证明了物质象征在创造组织个性方面的作用。[20]组织中设施的陈设、员工的穿着、高级管理者配备的车辆类型、公务机的可用性以及提供的福利都是物质象征的例子。其他还包括办公室的大小、布置的优雅程度，高层津贴（提供给管理者的额外福利，如健康俱乐部会员、公司设施使用权等），员工健身中心或餐饮设施，以及特定员工的预留停车位等。例如，许多公司以向员工提供额外津贴而闻名。谷歌的意大利式地掷球场、研究系统公司（FactSet）的纸杯卡车蛋糕、欧特克公司（Autodesk）的“爱犬随行日”和REI的免费设备租赁都说明了这些公司对于员工工作的感觉和员工满意度的重视。物质象征向员工传达了谁是重要的、什么是重要的以及被期望和赞赏的行为是什么。

语言 很多组织和组织中的单元，将语言作为识别和团结成员的方法。通过学习这种语言，成员可以证明他们对组织文化的接受程度和他们维护组织文化的意愿。[21]随着时间的推移，组织往往会出现一些专用术语来描述设备、主要工作人员、供应商、顾客、流程或与企业有关的产品。新员工往往会对这些缩略语和行话不知所措，但是一段时间后，这些也成了他们语言的一部分。一旦被习得，这种语言就会成为连接成员的共同点。例如，沃尔玛的“活动通道”是指行人流量最多的较宽通道；“十字架”是指瓷砖和水泥的横截面，分隔了所有的服装部门；“保龄球馆”是商店收银台前的部分。任何在沃尔玛工作超过一周的人都知道这些术语。

这是你的职业 理解组织的文化：寻找适合你的那一款

组织文化如同个人文化背景一般各不相同。选择一种让你感到舒适，且看重你为工作带来的价值的公司，往往决定了你是一个行事敏捷的人，还是会让自己和雇主失望的人。了解企业文化会帮助你找到最适合自己的那种。通过将个人喜好与企业文化相匹配，你更有可能在工作中获得满足感，也更不可能离开，同时更有可能得到积极的绩效评估。以下是你了解企业文化可以做的一些事情。

1. 做好背景调查工作。查看该组织的网站。你的印象如何？是否列出了组织的价值观和使命陈述？然后寻找最近的新闻，特别是关于高离职率或最近管理层改组的消息。从年度报告或其他组织文献中寻找线索。如果可以的话，找到前雇员的名字，和他们谈谈。你也可以和该组织员工所属的专业行业协会的成员谈谈。

2. 观察工作环境和企业符号。面试时，要注意标识、标牌、海报、图片、照片、着装风格、头发长度、办公室之间的开放程度，以及办公设施的陈设和安排。员工在哪里停车？建筑物和办公室的实地状况如何？办公室的布局是怎样的？现实的布局鼓励或回避哪些活动？这些事情说明了组织的价值观是什么？你能想象自己在那里工作并乐在其中吗？

3. 你会如何描述你遇到的人？他们是拘谨的还是随意的？是认真的、愉快的还是开放的？在提供信息方面受到什么限制？什么故事在反复传颂？谈话中会使用笑话或轶事吗？如何称呼员工？职位头衔说明了什么？公司的等级制度是严格的还是松散的？这些事情表明组织的价值观是什么？

4. 看看组织的人力资源手册（如果有的话）。是否有正式的政策、规章和制度文件？它们有多详细？它们涵盖了什么内容？你觉得自己能在这些条件下工作吗？

5. 向你遇到的人打听。例如：现在的高级管理者的背景是什么？他们是从内部晋升的还是从外部聘用的？公司是如何让新员工开始工作的？工作成功是如何被定义/决定的？哪些仪式是重要的，哪些事件是值得纪念的？为什么？描述一个不成功的决定，以及对决策者的影响。描述一个最近发生在组织中的危机或关键事件，以及最高管理层是如何应对的。

工作场所的秘密　适应全新的工作团队

几乎所有人的生活都经历过转变。也许是你的父母搬了家，你不得不因此结交新朋友，适应新的学校；或者你加入了新的社交俱乐部或运动队。你会因此认为，我们大多数人在适应新工作时都很自信，并且很成功。但事实往往并非如此，尤其是对年轻员工而言。

在我们的讨论中，我们将关注员工从外部到内部的转变，以及外部（组织之间）和内部（横向部门或纵向提升之间）的调整。

研究表明这一问题的重要性，即一个人在 20 年里一般会换 10.2 次工作，所以你需要做好充分的准备来适应新的工作环境。

在任何新工作环境中，你的目标之一都应该是成功地进行调整。那么需要做什么？如果在新岗位上工作了 6 个月后，你感到舒畅、自信并且被同事接受，那么你就成功地完成了过渡。有证据表明，当你知道你的工作需要什么，有信心并且具备知识和技能来完成它，了解如何处理与他人的关系时，你就更有可能适应工作。此外，成功的调整能使人对工作感到满意和有最低的焦虑和压力。

成功的调整应该从评估新形势开始。假设你已经得出结论，认为这份工作很适合你，你需要确定以下几点：公司或工作单位的历史是什么？哪些人受到很高的尊重，哪些因素导致了他们的影响力？这种文化的价值是什么？学会理解企业文化（参见前面的“这是你的职业”专栏）可以为你提供很多类似问题的答案。

组织有各种各样的社会化选择以塑造员工，帮助他们适应组织。让我们简要回顾一些备选方案，并考虑它们对你的影响：

正式的与非正式的。具体的入职培训和学习项目是正式社会化的例子。非正式培训方式大多让新员工直接进入工作岗位。

个性化的与集体的。当你与他人结组并经历一套相同培训程序时，这种方式就是集体的。而大多数小型组织都是以个性化的方式社会化新成员。

固定的与可变的。一个固定的社会化计划为过渡建立了标准化的时间目标，例如六个月的试用期或轮岗培训计划。而可变社会化计划没有提前告知过渡。比如，你准备好了就会被提拔。

连续的与随机的。在连续社会化活动中，会有一个用以训练和鼓励你的榜样。学徒制和辅导计划就是很好的例子。而在随机社会化中，你需要自己去解决问题。

授予的与剥离的。当公司肯定和支持你的品质与资格时，它们基本上不会干涉你（授予的）。但组织也会试图剥离你的某些特征。

当你开始新工作时，要意识到你所接触到的社会化活动是什么，或者说，缺乏这样的活动将对你的适应过程产生很大影响。例如，如果你认为自己是循规蹈矩的人，想要一份适合你的工作，那就选择一份依赖于制度社会化的工作，即一份正式的、集体的、固定的、连续的、通过剥夺性质的仪式来塑造你的工作。相反，如果你认为自己是一个喜欢开发自己解决问题的方法的“造浪者”，就选择一份专注于个性社会化的工作——一份非正式的、个人的、可变的、随意的，并通过授予的方式来肯定你的独特性的工作。

有证据表明，大多数人在经历了制度社会化后，最终会对自己的工作更加满意，更加投入。这在很大程度上是因为它的结构化学习有助于减少新环境中固有的不确定性，并使你顺利地过渡到新工作。

组织内部人员作为重要的信息资源的价值是关于新工作适应的另一个重要内容。与正式的入职培训计划或组织文字资料相比，同事、主管和导师在提供工作和组织的准确信息方面更加有用。他们会给予你不需要或者需要了解的信息以更好、更准确的引导。

最后，不要忘记第一印象的作用。给你的老板和新同事留下一个积极的第一印象可以加速过渡进程，顺利入职。明确你想要传达的形象，确保你的衣服、姿势、态度和谈吐都符合这个形象。

那么这一切的具体含义是什么呢？你如何利用这些信息来增加你成功适应新工作的可能性呢？答案是关注那些你可以控制的事情。首先，总结一下，选择一份社会化过程与你的个性相匹配的工作。同时，基于一些证据，选择制度社会化工作将减少不确定性，减轻压力，促进适应。其次，利用内部人士提供的背景信息，减少意外。最后，给人留下良好的第一印象，走好第一步。如果同事们喜欢你并尊重你，他们就更有可能和你分享关于公司价值观和文化的关键的理解。[22]

3.3.5 文化如何影响管理者

在美捷步的季度会议上，管理者们被问：“你会做什么来改变美捷步的鞋盒?”他们如果提出创造性的想法，便可以获得现金奖励。相比之下，对于许多其他公司的管理者来说，季度会议意味着听取长篇大论。美捷步也没有着装规定。有可见的文身或身体穿孔是完全可以接受的。[23]

据我们所知，包括管理者在内的所有员工都受到组织文化的影响。组织文化对于如何作出决定、展示什么样的行为以及如何适当着装等方面的决策其实影响是很小的。但是通过选择标准、社会化过程、物质象征、仪式和组织术语等，组织向管理者传达了许多东西。其中之一是正确的决策方式是什么，比如说冒险是否有回报，是成为个人英雄还是团队成员，或者首选的决策方式是什么。

成功的管理者会很快学会在他们的组织中该做什么。例如，你也许还体会不到以下话语中的价值，但这些经验都是从实践中总结而来。

- 看上去忙，即使你真的不忙。
- 如果你在这里冒险失败了，你将为此付出高昂的代价。
- 在你采取决策之前，把它告诉你的老板，以免老板大吃一惊。
- 我们只会将产品做得像竞争对手逼迫我们做的那样好。
- 使我们在过去成功的因素会使我们在未来也获得成功。
- 如果你想要在这里升到顶层，你必须善于团队合作。

像这样的价值观和管理行为之间的联系相当直白。假设组织文化支持通过削减成本来增加利润的观点，公司的最佳利益便是实现缓慢并稳定的季度收入。管理者不可能追求创新、冒险、长期、扩张型的项目。在文化传达出对员工根本不信任的组织中，管理者更可能使用独裁而非民主的领导风格。

正如图表3-8所示，管理者的决策受到其所处文化的影响。组织文化，尤其是强文化，影响和限制了管理者计划、组织、领导和控制的方式。

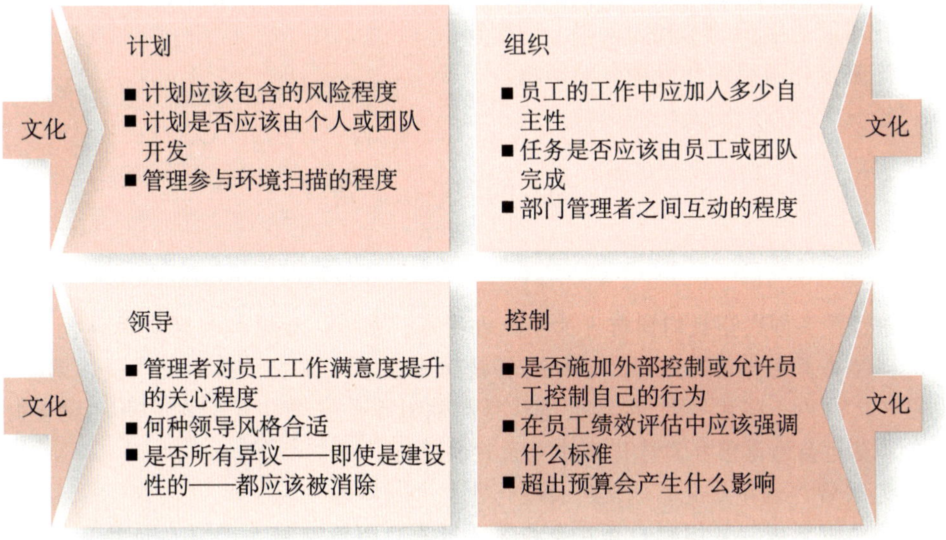

图表3-8 受到文化影响的管理决策类型

为考试做准备

本章小结

3.1 根据管理万能论和管理象征论比较管理者的行为。

根据管理万能论，管理者直接对组织的成败负责。管理象征论则认为组织的成败在很大程度上取决于管理者无法控制的外部力量。组织文化（内部）和组织环境（外部）是限制管理者判断力的两个因素。管理者不完全被这两个因素约束，因为他们也可以影响组织文化和环境。

3.2 描述在当今的外部环境中，管理者面临的限制与挑战。

外部环境是指组织外部影响组织绩效的因素和力量。主要包括经济、人口、政治/法律、社会文化、技术和全球化因素。组织的具体环境是与实现目标直接相关的部分，包括供应商、顾客、竞争对手、政府和特殊利益集团。由于这些部分对工作、就业、环境不确定性和利益相关者关系的影响，管理者面临着来自这些环境组成部分的约束和挑战。

3.3 讨论组织文化的特点和重要性。

把握组织文化本质的六个维度包括适应性、关注细节、结果导向、人本导向、团队导向、诚实守信。组织文化通过员工选择、高层管理者的行为和社会化过程等得以维持和延续。同时，员工通过故事、仪式、物质象征和语言学习组织文化。在强文化的组织中，员工更忠诚，绩效往往更高。一种文化越强大，它对管理者工作方式的影响就越大。

复习和讨论问题

1. 描述有关管理者对组织成败有多大影响的两种观点。
2. “企业建立在关系之上。”你对此有何想法？这对管理外部环境有何启示？
3. 参考图表3-5，基层管理者的工作在这两个组织中有何不同？高层管理者的工作呢？
4. 课堂也有文化。使用组织文化的六个维度描述课堂文化。该文化约束你的导师了吗？约束学生了吗？如何约束？
5. 文化可能是组织的不利因素吗？请解释。
6. 讨论强文化对组织和管理者的影响。
7. 讨论员工学习组织文化的四种方式。

为我的职业做准备

道德困境

科技通过很多方式让我们所有人的生产力更高。然而，如何和何时使用科技却引发了道德问题。以体育竞技领域为例，各种高科技体育装备（泳衣、高尔夫球棍、滑雪服等）被开发出来，使得一些竞争者/运动员能获得超越对手的优势。我们在夏季奥运会的游泳比赛和冬季奥运会的滑雪和滑冰比赛中见过这种情况。

1. 你怎么看？这算是道德地使用科技吗？
2. 如果你的学校（或国家）正在争夺某项冠军，但没有资金给运动员添置这种装备，从而影响到了你们的夺冠能力，你有什么看法？这是否有所不同？

3. 对这种情况你有什么道德建议?

技能练习

发展你的环境扫描技能

关于技能

预测和解释环境中发生的变化是管理者需要具备的重要技能。通过扫描环境获得的信息可以用于制定决策和采取行动。组织中各个层级的管理者都需要了解如何扫描环境以得知重要信息和趋势。

练习技能的步骤

采用以下建议可以使你更有效率地扫描环境:

- 确定何种类型的环境信息对你的工作是重要的。也许你需要知道顾客需求和期望的变化，或者你需要知道竞争者在做什么。一旦知道了你想要的信息类型，你就可以寻找获取信息的最佳手段。
- 定期阅读并监测相关信息。可用于扫描的信息很多，但是你需要做的是阅读相关信息来源。你如何知道信息来源是有用的？如果它们提供了你认为重要的信息，那它们就是有用的。
- 将你从环境扫描中获取的信息用于你的决策和行动。除非你使用了你获得的信息，不然就是在浪费时间。你使用的环境扫描的信息越多，你越可能继续在收集信息方面投入时间和其他资源。你会发现这些信息对提升管理效果和效率是很重要的。
- 定期回顾你的环境扫描活动。如果你花费大量时间获得了一些你用不到的信息，或者如果你没有使用你收集到的相关信息，你需要对此作出调整。
- 鼓励你的下级对重要信息保持敏感。你的员工可以成为你的耳目。向他们强调收集和共享那些可能影响你们工作单元绩效的信息的重要性。

技能实践

确定几个不同的业务信息来源，并开始定期从这些来源收集信息。在社交媒体上订阅一个新闻动态频道或关注一个新闻机构。将外部环境勘察纳入你的日常工作中去。

共同工作

团队练习

在 90 天内离开公司的员工中，有近 1/3 的人表示，他们离开的原因是不适应公司的文化。[24]这表明，在接受一份工作之前了解一下公司文化，可以让你免去相当多的痛苦。为了增加你适应下一份工作公司文化的机会，3～4 人组成小组，并分享每个人都希望(和不希望)在雇主身上看到的组织文化的特点。比较你们列表中的共同之处。现在，选择一个小组成员的名单，并讨论：当你去面试一家公司时，你可以做些什么，以确定它是否符合名单上的特征？面试过程中可能会问什么问题？在了解公司文化时，可以从中寻找什么线索？准备好与全班同学分享你的分析。

学习成为管理者

- 在任意一本流行的商业杂志中找到两个最近的有关管理万能论和管理象征论的例子。在一张纸上写出你找到了什么，以及你找到的这两个例子如何体现了这些观点。
- 考虑一个你经常光顾的企业(例如，一家餐馆或咖啡店)，并回顾书中讨论的外部环境的六个方面。列出外部环境中可能影响你所选择企业的管理的因素。

● 选择一个你熟悉或你想要了解的企业。创建一个表格来识别这个组织的潜在利益相关者。然后，指出这些利益相关者可能有哪些特定利益或关注事项。

● 如果你是某个学生社团组织的成员，通过回答下列问题来评估组织文化：你如何描述该文化？新成员如何学习文化？该文化维持得如何？如果你没有参加学生社团组织，与另一个参加学生社团组织的同学交流并使用相同的问题评估组织文化。

案例应用 1

HBO 面临的环境不确定性

HBO 是广为人知的公司之一。它是美国历史最悠久、规模第二大的付费电视台。自 20 世纪 90 年代初以来，它一直在发展原创剧集。这比网飞和亚马逊的历史要长得多。《权力的游戏》(*Game of Thrones*)、《黑道家族》(*The Sopranos*)和《西部世界》(*Westworld*)等 HBO 剧集都获得了艾美奖或金球奖。公司包括 7 个 24 小时频道以及流媒体服务 HBO Now，在全球约有 1.3 亿用户。[25]

听起来 HBO 发展得不错，是吧？然而如果从更深层次去看，HBO 所处的环境发生了很多变化。

在 2017 年的前 3 个月内，超过 100 万户家庭取消了有线电视订阅。这比专家预测的要快得多。预计到 2030 年，有线与卫星电视市场将缩水 26%，这将会导致订阅付费电视节目的美国家庭下降至现有水平的 60%。[26]

与此同时，智能手机的使用量每年都在全球范围内持续攀升。据估计，2018 年智能手机用户数量为 25.3 亿。到 2020 年，这一数字将攀升至 28.7 亿。[27]

此外，HBO 现在正式成为美国电话电报公司-时代华纳家族（AT&T-Time Warner family）的一部分。[28]媒体和电信行业的其他公司，如康卡斯特（Comcast）和 20 世纪福克斯（20th Century Fox），也在讨论合并。与此同时，苹果已拨出 10 亿美元，参与流媒体原创内容业务的竞争。因此这些行业的竞争内容与过去大不相同。

负责 HBO 的美国电话电报公司高管约翰·斯坦基（John Stankey）明确表示，公司将会有很多变化。斯坦基说："这将是艰难的一年。即使想稍微改变，也需要做很多工作。"[29]在最近一次会议上，斯坦基谈到了 HBO 增加订户数量和提供内容的数量的信息。这与 HBO 注重质量而非数量的做法不符。

该公司对质量的重视支撑公司走过了 20 年，从 1999 年到 2017 年，HBO 获得了最多的艾美奖提名。然后，在 2018 年，网飞以更多的艾美奖提名击败了 HBO。网飞剧集的绝对数量被认为是其登上榜首的原因。[30]另外，HBO 在开发新内容上的花费只有网飞的 1/4～1/3。过去，HBO 的一些作品需要数年时间来开发，每集的花费有数百万美元。

斯坦基希望 HBO 尝试新的方法，并在其流媒体服务 HBO Now 上添加其他类型的内容。他提出了这些对未来的展望，称流媒体公司将会减少。"我们面临的挑战是，如何在这个行业中生存，以及如何蓬勃发展。"

◆ **问题讨论**

1. 图表 3-2 中的哪一栏最能体现 HBO 所面临的环境不确定性？

2. 使用图表 3-4，HBO 的哪些外部环境和具体环境的组成部分对公司有影响？为什么？

3. HBO 能做些什么来管理环境，并减少环境的不确定性？

4. 在这个案例中描述的环境变化会导致 HBO 的组织文化发生怎样的变化？

案例应用 2

Vice 传媒的组织文化

多媒体集团 Vice 传媒围绕一些吸引年轻员工的特征建立了自己的组织文化。它是一家处于数字内容边缘的媒体公司。与同行业其他公司相比，它为 20 多岁的年轻人提供了更多的机会。Vice 传媒的联合创始人谢恩·史密斯（Shane Smith）向员工提出了很有吸引力的建议："与我一起改变世界。"[31] 公司不断发展壮大。它最初仅提供一份免费杂志，但后来成为美国市值排名第十的私人公司。在鼎盛时期，它有 3 000 名员工，一个有线电视网络及许多网站，两个 HBO 节目，一个广告代理部门，一个电影工作室，一个唱片公司，甚至在伦敦有一家酒吧。公司里都是充满活力的年轻员工。

Vice 传媒的文化也有另一面。比如有时公司在发展过程中对客户不够诚实。当与英特尔公司（Intel）的会议安排提上日程，史密斯说服了隔壁的一家公司，让它搬走，这样可以让 Vice 传媒的办公空间看起来更大。在英特尔公司访问的那天，Vice 传媒的员工被要求用笔记本电脑带着朋友工作。每个人都被要求表现得比平时更专业。而公司发展得太快，以至于形成了一种混乱的氛围，有时甚至会越界。公司在一定程度上意识到了这一点，于是要求员工签署一份非传统的工作场所协议。该协议规定，员工不会觉得工作环境令人不快或不安。除了骚扰的指控，公司还广泛存在两情相悦的办公室恋情，并且导致了紧张气氛。

即将离职的员工这样描述 Vice 传媒：为职业发展提供了创造性环境，工作繁重但仅提供低工资。一位高级经理曾经说，该公司有一个"22 标准"的招聘策略：雇用 22 岁的人，付给他们 22 000 美元，每天让他们工作 22 小时。多年来，Vice 传媒的估值为 25 亿美元。史密斯经常告诉员工，他们大多数人都有股票期权，很快就会发财。但股票期权和高薪似乎从未实现过。终于，当史密斯在洛杉矶买了一栋价值 2 300 万美元的房子时，员工决定成立工会。

据报道，Vice 传媒正在改变文化，《纽约时报》（*New York Times*）报道称，该公司与员工就男女薪酬不平等和不当行为达成多项保密和解。公司创始人给员工写了一封信，为公司文化道歉，并承诺进行改革。该公司承诺，到 2018 年年底，男女员工将同工同酬。

Vice 传媒联合创始人苏鲁什·阿尔维（Suroosh Alvi）描述了公司的部分问题，他说，我们从未有过任何具体的计划。除了增长，我们没有走其他道路。除了生存，我们不坚守任何经营理念。

南希·杜布克（Nancy Dubuc）曾是 A+E Networks 的首席执行官，于 2018 年 4 月开始执掌 Vice 传媒。杜布克称担任 Vice 传媒的首席执行官是千载难逢的机会。[32] 史密斯将继续在公司担任执行董事长，专注于创造内容和建立合作关系。

◆ **问题讨论**

1. 在描述组织文化的六个维度中，哪一个最适用于 Vice 传媒？

2. 对于 Vice 传媒的新任首席执行官需要帮助员工了解她对公司文化所作出的改变这一点，你怎么看？

3. 假如你是公司的首席执行官，你将会采取什么行动来改变文化？

4. 一些高科技公司被指责创造了"大学宿舍"文化。这种类型的文化在 30 年前的创业公司中是闻所未闻的。可能发生了什么变化？如何让这样的文化更职业化？

注 释

第4章 全球环境下的管理

Managing in a Global Environment

学习目标

4.1 定义全球化、民族主义、狭隘主义；比较民族中心论、多国中心论和全球中心论对全球化经营的态度。

4.2 描述全球化的历史。

4.3 总结支持与反对全球化的理由。

4.4 解释不同类型的国际组织。

4.5 描述组织迈向国际化时使用的结构和技巧。

4.6 解释政治/法律、经济及文化环境与全球经营的相关性。

就业技能矩阵

		批判性思考技能	沟通技能	合作技能	知识运用与分析技能	社会责任技能
技能盒子	这是你的职业	✓	✓	✓	✓	
	在失败中学习	✓	✓		✓	
技能实践	道德困境	✓				✓
	技能练习	✓	✓	✓	✓	
	共同工作	✓	✓	✓		
	学习成为管理者	✓			✓	
案例	案例应用	✓			✓	✓

我们谁也不能摆脱全球化市场的影响。环顾四周，上百万美国人开着日本汽车——尽管这些汽车可能是在俄亥俄州、肯塔基州或得克萨斯州生产的；中国的建筑公司在迪拜修建酒店和公寓；你最近看的一部电影也许是在新西兰拍摄的；你的手机可能是在中国组装的，你的鞋子可能是意大利生产的；你在超市购买的莴苣很有可能是在墨西哥种植的。尽管人们越来越关注全球化的不利方面——我们将在本章对此详加讨论——企业、大学、慈善组织和大多数非营利组织仍越来越多地开展跨国运营。

观察市场全球化程度的一个方式是考虑一些熟悉产品的原产国。你可能会惊讶地发现很多产品并不是如你想的由美国公司生产！完成下面的测试，然后在本章末对照答案检查一下。

1. 沃尔沃汽车（Volvo Cars）是以下哪个国家的公司的产品？

a. 挪威　b. 瑞典　c. 中国　d. 德国

2. 汉堡王（Burger King）是以下哪个国家的公司？

a. 加拿大　b. 英国　c. 美国　d. 德国

3. 乔氏超市（Trader Joe's）的总部位于哪个国家？

a. 美国　b. 巴西　c. 德国　d. 瑞士

4. 多瑟瑰（Dos Equis）、Tecate 和苏尔（Sol）等啤酒品牌属于下面哪个国家的企业？

a. 荷兰　b. 墨西哥　c. 美国　d. 哥伦比亚

5.《美国达人秀》（*The America's Got Talent show*）是下面哪个国家的电视节目的一部分？

a. 美国　b. 英国　c. 意大利　d. 西班牙

6. 乔巴尼（Chobani）希腊酸奶是下面哪个国家的企业的产品？

a. 日本　b. 法国　c. 美国　d. 印度

7. 斯沃琪（Swatch）手表的制造商位于下面哪个国家？

a. 德国　b. 美国　c. 瑞士　d. 巴西

8. 7－11 便利店（7-Eleven）的总部位于下面哪个国家？

a. 美国　b. 英国　c. 南非　d. 日本

9. 声田被下面哪个国家的企业拥有？

a. 瑞典　b. 英国　c. 美国　d. 加拿大

10. 百威（Budweiser）啤酒由下面哪个国家的企业拥有？

a. 美国　b. 比利时　c. 南非　d. 加拿大

你的测试做得如何？你知道我们每天使用的很多产品都是由国外的企业生产的吗？你可能不知道！我们大多数人并未觉察到当今市场真正的全球化本质。

4.1 术语界定

为了充分理解全球化的历史和我们今天的处境，我们需要对常用词语有相同的理解。让我们来看看与全球化运动相关的一些关键术语。

没有比从**全球化**（globalization）这个词本身出发更好的方式了。这个词到底是什么意思？全球化是指一个组织跨越国家边界发展其影响力或业务的过程。它的显著特点是国家间的开放边界和自由贸易。例如，这意味着一国政府对从另一个国家流入本国的商品征收最低贸易关税。当全面运行后，全球化将允许人员、商品、投资和信息技术自由跨境流动。

全球化的对立面是**民族主义**（nationalism）。民族主义是只注重本国利益的价值理念与政策。它主张一国不依赖于其他国家，并且把本国民众和企业利益放在首要位置。全球化和民族主义代表了两种处理与其他国家关系的截然相反的观点。极端民族主义忽视国家间的有机联系。全球化要求各国政府在相互依存的关系网络中合作，但民族主义却在不同国家之间筑起高墙（壁垒）。民族主义政策通常包括广泛地采用关税政策，以保护国内的企业和工人免受外国竞争的干扰。

奉行民族主义政策的国家往往也奉行**狭隘主义**（parochialism）——仅仅从自己的视角看待世界。奉行狭隘主义政策的人没有意识到，其他人有不同的生活和工作方式。他们忽视了他人的价值观和习俗，并迅速地将"我们的比他们的更好"这种态度应用到外国文化上。狭隘主义严重限制了全球化。

人们发现，管理者基本上持有三种态度中的一种，这三种态度决定了他们是接受还是抵制全球化及其管理风格。他们持有的观点可分为民族中心论、多国中心论和全球中心论。

民族中心论（ethnocentric attitude）是一种狭隘的观点，认为最佳的工作方法和行为是母国（公司总部所在的国家）的做法。支持民族中心论的管理者认为外国人没有必备的技能、专门技术、知识或经验，无法像母国人那样作出好的商业决策。他们不相信外国员工能够作出关键决策或拥有关键技术。

多国中心论（polycentric attitude）是认为东道国（组织在母国之外经营业务的国家）的员工知道运营企业的最佳工作方法和实践的一种观点。持有这种观点的管理者将国外的每处运营都看作不同的和难以理解的。因此，他们很可能让这些地方的员工弄清楚如何最好地做事。

最后，管理者可能持有**全球中心论**（geocentric attitude），这种全球导向的观点强调使用全球范围内的最佳方法和人员。持有这种态度的管理者有全球观，寻求最佳方法和人才，不论他们来自哪里。全球中心论要求人们消除狭隘的态度，培养对跨文化差异的理解。这也通常是跨国公司在选择全球经理人时的标准。

4.2 全球化简史

几个世纪以来，全球化进程时好时坏。例如，全球化在 19 世纪十分盛行。工业化促成了低成本制造方式，规模经济被推向全球市场。英国当时是全球的超级经济大国，在世界各地都有殖民地。同时，法国正在对非洲大部分地区实施殖民统治。然而第一次世界大战后，保护主义政策卷土重来。这些政策一直持续到 20 世纪 40 年代中期和第二次世界大战结束后。

于是，人们又开始了漫长的全球化进程。1944 年的布雷顿森林会议达成了一项协定，在美国、加拿大、西欧、澳大利亚和日本之间建立了一套商业和金融规则。该协定是首个通过谈判达成的货币协定，用以管理国家间的金融关系，并为塑造全球贸易的一系列持续的协议、制度和事件打开了大门。以下是该进程中的一些亮点：

国际货币基金组织（1945 年成立） **国际货币基金组织**（International Monetary Fund，IMF）向成员提供临时贷款，促进国际贸易，力图在世界范围内推动经济增长并减少贫困。成员向一个资金池内注入资金，遭遇收支问题的成员可以从中借款。在希腊、葡萄牙和塞浦路斯等面临金融危机时，该组织成为短期稳定性的资金来源。

世界银行（1945 年） **世界银行**（World Bank）是一个重要的国际金融组织。该组织向发展中国家和地区提供帮助。该组织通过向成员提供技术和金融支持，以求实现发展中国家和地区的长期经济发展和减贫。

《关税与贸易总协定》（1948 年） **《关税与贸易总协定》**（GATT）是致力于大幅减少或消除关税以及其他贸易壁垒的协定。该协定于 1995 年被世界贸易组织取代。

经济合作与发展组织（1961 年） 该组织由 38 个国家组成，**经济合作与发展组织**（Organization for Economic Cooperation and Development，OECD）创建的目的是刺激经济发展，推动国际贸易。主要功能包括为共同问题寻求解决方案、确认最优实践方案、协调国内与国际经济政策。

东南亚国家联盟（1967 年） **东南亚国家联盟**（Association of Southeast Asian Nations，ASEAN）由 10 个东南亚国家组成：印度尼西亚、马来西亚、菲律宾、新加坡、泰国、文莱、柬埔寨、老挝、缅甸和越南。其主要目标包括加快经济增长、维护地区稳定以及为成员提供解决分歧的机制。

世界经济论坛（1971 年） **世界经济论坛**（World Economic Forum）的前身是“欧洲管理论坛”，以其在瑞士达沃斯的年会而闻名。世界经济论坛有时被视为傲慢者和精英主义者的集会，该会议聚集了世界上数千名商业、政府、经济和新闻界的领导人，旨在发现会塑造和破坏世界的经济、社会和政治因素。

用数字说话

- 欧盟参与了世界上 1/3 的贸易活动，成为世界上最大的区域贸易协定。[1]

欧盟（1993 年） **欧盟**（European Union，EU）是由一些欧洲国家组成的经济和政治组织。通过联合力量，这些国家寻求更好地与美国和日本竞争。在这之前，每个欧洲国家都有各自的边境控制方针、税收和补贴计划、民族主义政策以及受保护的产业。这些对旅游、就业、投资和贸易的壁垒降低了欧洲公司发展经济的效率。

《北美自由贸易协定》（1994 年） **《北美自由贸易协定》**（NAFTA）力求消除美国、加拿大和墨西哥之间的自由贸易壁垒，并加强这三个国家的经济实力。

世界贸易组织（1995 年） **世界贸易组织**（World Trade Organization，WTO）是处理国家与地区间贸易规则的唯一全球性组织。它取代了《关税与贸易总协定》。世界贸易组织对成员的商品、服务和知识产权贸易作出了规定。它也为贸易协定谈判和解决贸易争端提供了规则框架。

上海合作组织（2001 年） 上海合作组织（Shanghai Cooperation Organization）是由中国、印度、巴基斯坦、哈萨克斯坦、吉尔吉斯斯坦、俄罗斯、塔吉克斯坦和乌兹别克斯坦组成的合作组织。该组织建立的主要目的是通过捍卫成员国的独立、主权、领土完整和社会稳定来保障该地区的安全。该组织的成员国拥有近一半的世界人口，并承诺在自由贸易上进行合作。

英国投票退出欧盟（2016 年） 英国公民于 2016 年 6 月投票退出欧盟，被称为“英国脱欧”。这场运动是基于以下感受的回应：英国的需求和利益已经被范围更大的欧盟所侵占。英国选民对欧盟的移民、法律和经济政策以及德国在欧盟的主导地位表示极端不满。

NAFTA 2.0 或《美墨加三国协议》（2018 年） 该协议修改了原《北美自由贸易协定》。该协定被称为美国-墨西哥-加拿大协定（美墨加三国协议（USMCA）），其条款包括：给予美国更多进入加拿大乳制品市场的机会，为墨西哥制定新的劳工要求，增加环境法规，对知识产权和数据贸易保护进行升级。谈判这项协定是特朗普政府加强和保护美国就业目标的一部分。

一些事态发展——如英国退出欧盟——是反全球化态度日益增强的迹象。再加上最近重新谈判《北美自由贸易协定》的努力和一些国家间潜在的贸易战，时代的钟摆似乎已经开始从全球化价值的不受约束的信念中摇摆出来（见图表 4－1）。[2]

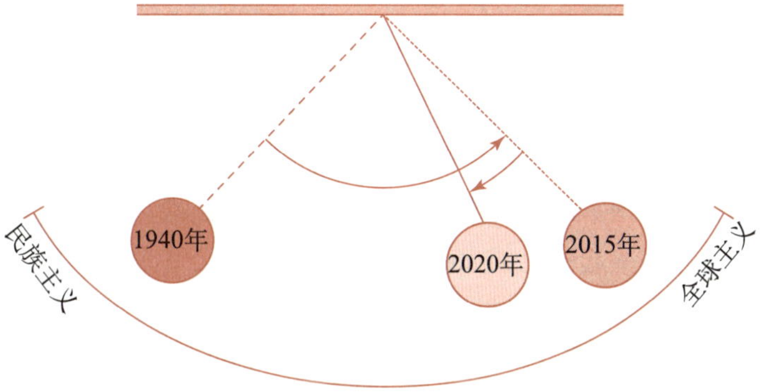

图表 4－1 民族主义与全球主义的钟摆

4.3 支持与反对全球化的理由

正如你所看到的，从 20 世纪 40 年代中期到 21 世纪初这段时期通常被认为是支持全球化的时期。经济学家们也达成共识，开放国家边界和自由贸易将惠及所有国家——无论是富有的、贫穷的、发达的还是发展中的国家。

4.3.1 双赢的争论

“每个国家都获得好处”的论断很大程度上基于比较优势理论（law of comparative advantage）——一个国家应该提供机会成本最小的商品和服务。通过专门提供成本最低的商品和服务，一个国家有能力在国际市场上开展竞争。

经济学家基本上达成共识，认为全球化将会激起经济“浪花”，让所有的国家之舟都浮起来。[3]这将会促进每一个国家的经济发展，增加工资，最终使消费者能够享受最低价格的商品。最重要的是，这将是减少发展中国家贫困的主要力量。

用数字说话

- 在过去 30 年里，从全球化中获得经济利益最多的国家是瑞士、日本和芬兰。[4]

20 世纪 90 年代到 21 世纪初期，经济全球化的好处比比皆是。商品和资本在各国间流动。交流方式与运输技术的改进使得全球化的外购更加容易。发展中国家经济繁荣，数以百万计的人口进入中产阶层，全新的市场向富裕国家打开大门。世界上成千上万的人明显感受到了生活水平的提高。同时，发展中国家的人民也享受到了低价格。

在 21 世纪初期，对于全球化的批评大都被压制了。人们纷纷加入经济学家提倡的支持全球化的浪潮。除了偶发的挑战——例如，1999 年，反对贸易的工会主义者和环保主义者成功阻止了于西雅图召开的世界贸易组织大会——全球化运动似乎势不可当，几乎没有人看到即将到来的反弹。

4.3.2 全球化的坏处

2015 年左右，情况开始发生改变。[5]有批评的声音认为，全球化是北美和欧洲中产阶层遭受收入停滞的罪魁祸首。他们同时声称，全球化企业将产品（和工作岗位）从高劳动力成本的国家转移到了低工资的发展中国家。从更远的视角来看，全球劳动力的自由流动使得像美国和英国这样的国家的工资维持在低水平上。更极端一些来讲，这些事实被用于证明全球化伙同资本主义一起强化了大部分西方国家的不公平现象。

2016 年，英国选民选择退出欧盟——从本质上说这是不利于英国的。几个月后，唐纳德·特朗普靠着"美国第一"的平台赢得了大选。几乎是在同一时期，美国拒绝了《跨太平洋伙伴关系协定》(TPP)；意大利开始清理非洲裔的移民；特朗普则致力于重新协商《北美自由贸易协定》，并对大量的进口商品征收关税。在两年多的时间里，全球化已经失去了它大部分的魅力。如今它被指责为每个国家问题的元凶；民族主义、保护主义政策以及越来越多的边界控制被认为是问题的解决办法。对于很多国家而言，保护主义被当作失业、恐怖主义、经济停滞和贸易不平等问题的解决方案。

全球化的批评者有许多证据支持他们的说法，与"双赢"理论相反，某些国家、社区和就业群体受到自由市场和开放边界的不利影响。发达国家的不平等现象增加了。随着全球化的大部分利益流向大型全球企业和权力精英，中产阶层受到了挤压。正如许多美国政治家宣称的那样，好处很少流向"努力工作的美国人"。诚然，美国的平均工资至少在 12 年里一直保持不变或下降。

与不平等争论相关的是移民问题。反移民情绪在美国、西班牙、意大利、匈牙利、捷克和澳大利亚等国家都有所增长。开放边境的批评者声称，移民正在抢走工作，压低工资，对安全构成威胁，并抵制融入当地社区。

发达国家的选民似乎很沮丧，并在投票中发泄他们的沮丧。主张民粹主义方案（包括民族主义政策）的政治候选人开始赢得选举。在发达国家，越来越多的人对制度失去了信心，尤其是对政府。[6]

资本主义本身也因为创造了赢家和输家而受到攻击。"占领华尔街"运动用"我们是 99%"的口号攻击了 1%的精英阶层。伯尼·桑德斯（Bernie Sanders）在 2016 年竞选总统时提出了民粹主义的不平等议程。最近的调查表明，美国约 44%的千禧一代对社会主义持积极态度。[7]停滞不前的就业、低工资、不稳定的工作等问题让许多年轻人对资本主义和全球经济产生了反感。他们认为作为一个社会目标而言，缓解不平等比经济增长更重要，更多的政府参与和更少的市场力量将减少不平等，改善所有人的生活。

4.3.3 今日的全球化

民族主义和保护主义的呼声已经达到80年来的顶点，时代的钟摆已经远离了全球化不受约束的信念。[8]但全球化距离消亡尚且遥远。与近些年猛烈抵制自由贸易和开放市场的浪潮相反，全球化将继续存在，原因如下：

第一，建设支持当前全球化公司的基础设施和供应链花了数十年的时间，拆毁可不容易。诸如苹果、宜家、荷兰皇家壳牌石油公司（Royal Dutch Shell）和毕马威会计师事务所（KPMG）之类的国际化企业在全球多个地区都有自己的办事处、销售点、制造设备和关键供应商。同时这些企业在世界范围内雇用了上亿名员工。它们几乎没有意图想要毁灭花费数十年建立起来的这一切。

第二，有充分的证据表明，自由贸易并非导致失业的原因。实际上技术才是元凶。例如，研究表明，从2000年到2010年，制造行业只有13%的失业是由贸易造成的，其他的则是由机器提升了生产率导致的。[9]

第三，大多数人仍然相信全球化的收益大于成本。消费者喜欢更低的价格，投资者喜欢更高的利润。发展中国家的工人同发达国家的高技术工人一样喜欢更高的工资。

4.3.4 这些对于管理者而言意味着什么？

显然全球化将会继续，因此管理者和他们的追随者需要确保他们具备全球化管理所需要的态度和技能。

管理者要继续发展全球中心论的态度，增强跨文化敏感性。他们必须习惯和其他文化背景的员工工作。他们也需要灵活多变——要坦然接受语言、人格特质、动机、工作习惯和管理风格的差异。

对有着雄心壮志的管理者而言，需要通过与国际化企业合作并寻求国际外派任务以获取国际工作经历。而对于那些想要跳槽到全球化企业的人来说，在多个外国地区的工作经历必不可少。

尽管欧洲人说三四种语言并不罕见，但大部分美国人只说英语。这就在国际组织中将美国人置于非常明显的不利地位。无论来自哪里，只说一种语言的人可以通过扩展第二种、第三种语言的方式来提升他们成功的可能性。[10]例如，能说俄语、汉语（普通话）、西班牙语或者德语的人，很可能就为未来几十年打开了一扇大门。

最后，对于小企业的管理者和那些对创业抱有兴趣的人来说，获得关于国际市场的理解以及学习如何进行国际化经营至关重要。在接下来的部分，我们将探讨国际组织采用的不同形式以及将一个国内组织转型为一个国际组织的多种选择。

4.4 不同类型的国际组织

企业跨国经营并非什么新鲜事。杜邦于1863年开始在中国做生意。1905年亨氏（H. J. Heinz）在英国生产食品。1908年福特汽车公司在法国设立了第一家海外销售分部。

到20世纪20年代，其他企业，包括菲亚特（Fiat）、联合利华（Unilever）、荷兰皇家壳牌石油等都开始了国际化。但是直到60年代中期，国际化企业才变得非常普遍。今天，很少有企业不做国际化生意。然而，尚未有广为接受的方法来描述这些不同类型的国际化企业；不同的作者用不同的名称称呼它们。我们使用跨国、多国化、全球和无国界这些术语。**跨国企业**（multinational corporation，MNC）是指在多个国家开展业务的任何类型的国际企业。

跨国企业的一种类型是**多国化企业**（multidomestic corporation），它们将管理权和其他决策权交给东道国。这种类型的全球化反映了多国中心论。一个多国化企业不会尝试将母国的国内成功复制到管理国外运营。相反，它通常雇用东道国的员工来管理企业，营销战略则根据国家的特点制定。例如，总部位于瑞士的雀巢（Nestlé）是一家多国化企业。其运营几乎遍布全球的每一个国家，管理者将企业的产品与消费者相匹配。在欧洲的部分地区，雀巢销售美国或拉丁美洲没有的产品。另一个例子是菲多利（Frito-Lay），它是百事的子公司，它在英国销售的多力多滋（Doritos）玉米片，与美国和加拿大市场上卖的产品在口味和口感上都不同。即使是零售之王沃尔玛也知道它必须“思维本土化，行动全球化”，根据当地偏好来调整存货和店铺形式。很多消费品企业使用该方法组织全球业务，因为它们必须调整产品来满足当地市场的需求。

跨国企业的另一种类型是**全球企业**（global company），它们将管理权和其他决策权集中于母国。这种全球化方法反映了民族中心论。全球企业将世界市场看作一个整体，关注全球效率和减少成本的需求。虽然这些企业可能有较大的控股公司，但是影响全公司的管理决策还是由母国的总部作出。全球企业的例子有德意志银行（Deutsche Bank AG）、万豪国际（Marriott International）和美林证券（Merrill Lynch）等。

其他企业使用一种消除了人为的地理障碍的安排。这种跨国企业常常被称为**无国界组织**（transnational or borderless organization），反映了全球中心论。例如，福特汽车公司正在推行其所谓的“一个福特”（One Ford）概念的第二代版本。该公司整合了全球业务，通过将汽车平台的数量从27个减少到9个来提升效率。[11]

4.5 组织如何国际化?

当组织实行国际化时，它们常常采用不同的方法（见图表4-2）。希望利用最少的投资进入国际市场的管理者可能从**全球采购**（global sourcing）（也称为全球外包）开始，即从世界上资源最便宜的地方购买原材料或劳动力。其目标是：利用最低廉的成本增强竞争能力。例如，麻省综合医院（Massachusetts General Hospital）聘用印度的放射科医师来解读CT扫描结果。虽然全球采购可能是很多企业走向国际化的第一步，但它们之后仍常常沿用这个方法，因为这个方法能够提供竞争优势。然而，每个超出全球采购的成功的国际化阶段都要求更多的投资，因此对组织而言需要承担更高的风险。

国际化的第二步可能涉及将组织的产品**出口**（exporting）（在国内生产产品，然后销往国外）。同时，组织可能会**进口**（importing）产品（购买国外生产的产品，然后在国内销售）。进出口都涉及最低限度的投资和风险，因此很多小企业常常使用进出口方式开展全球经营。

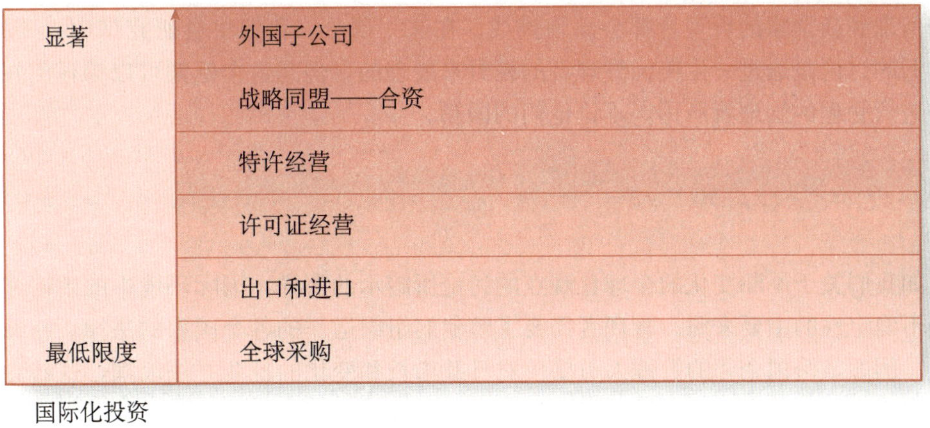

图表 4-2　组织如何国际化

管理者也可能会使用**许可证经营**（licensing）或者**特许经营**（franchising），这是两种相似的方法，涉及一个组织向另一个组织授权使用前者的品牌名称、技术或产品规格，以获得一笔许可资金或基于销售的收入提成。唯一的区别是许可证经营可能最初由生产或销售其他企业产品的制造类企业使用，而特许经营首先由想要使用其他企业名称或运营手段的服务类企业使用。例如，芝加哥消费者可以吃到危地马拉咔贝乐（Pollo Campero）炸鸡，韩国消费者可以喝到唐恩都乐咖啡，中国消费者可以享用喜客比萨（Shakey's Pizza）——都是因为在这些国家的特许经营。安海斯-布希英博（Anheuser-Busch InBev）许可酿造商（如日本的麒麟（Kirin）啤酒和印度的皇冠（Crown）啤酒）酿造和营销百威啤酒。

当组织在全球范围经营了一段时间，在全球市场获得了经验后，管理者可能决定更加充分地利用直接对外投资。增加投资的一种方式是建立**战略同盟**（strategic alliance），即组织与外国企业之间建立的一种伙伴关系，它们在开发新产品或建设生产设施的过程中共享资源和知识。例如，本田汽车（Honda Motor）和通用电气组成团队生产新的喷气发动机。战略同盟的一种特殊形式是各合作方为了某种商业目的组建一个自主经营的、独立的组织，也称为**合资企业**（joint venture）。例如，惠普（Hewlett-Packard）和全球各种供应商组建了很多合资企业，为其计算机设备开发不同的部件。这些合作关系为企业提供了在全球竞争的相对容易的方式。

管理者还可能选择设立**外国子公司**（foreign subsidiary）作为一个自主经营的、独立的生产机构或办事处的方式在海外直接投资。子公司可以作为多国组织（本地控制）或全球组织（集中控制）来管理。你可能猜到了，这种安排涉及最高的资源承诺，构成了最大的风险。例如，伊利诺伊州韦斯特蒙特的联合塑料集团（United Plastic Group）在中国苏州建设了两座注模工厂。该集团企业发展部门的执行副总裁说，这种层面的投资是有必要的，因为“它实现了我们成为全球客户的全球供应商的使命”。

4.6　在全球环境中管理

现在假设你是一位正准备去某全球化组织的外国分支机构赴任的管理者。你知道自己所处的环境可能会与国内不同。但是如何不同呢？你应该考察哪些方面？

任何来到新国家的管理者都会面临挑战。在这一部分，我们将会研究其中一些挑战。虽然我们的讨论是通过一位美国管理者的视野来展现的，但是这个框架可以为任何在外国环境中进行管理的管理者所用，不论他们的国籍。

4.6.1 政治/法律环境

正如我们关于不断变化的全球化观点的讨论所暗示的那样，国际环境中的政治和法律状况是不确定性的主要来源。管理者需要了解他们组织运作的各个国家的法律，并掌握法律变化。例如，跨国企业的管理人员要应对日益增长和变化的就业立法浪潮，这些立法跨越了国家边界。在越南和印度尼西亚，几乎不可能解雇一个人。在欧盟，裁员必须与工人代表协商，并得到相关政府部门的批准。与此同时，2018 年初，法国总统埃马纽埃尔·马克龙（Emmanuel Macron）成功推动了法国严格的劳动法的重大改革，让雇主在雇用和解雇员工时拥有更大的灵活性。

一些国家的法律可能会对寻求跨国转移人员的北美高管构成挑战。例如，沙特阿拉伯就不向单身女性或同性恋发放签证。在不同的国家做生意有不同的规则。在印度，外国公司只有在其中一名董事是印度居民的情况下才能设立子公司。在北美和西欧大部分地区，贿赂政府官员以规避法规或获得合同是非法的，但在有些国家，这是一种常见的做法。

显然，在全球做生意存在政治风险。一份报告表明，这些政治风险正在上升。[12] 例如，在一些拉丁美洲和非洲国家做生意，会面临更多的政治不确定性。这些国家的政府受制于政变、独裁统治和腐败。英国脱欧给那些欧洲总部设在伦敦的全球企业也带来了问题，而在罗马和马德里等地开展主要业务的全球企业也必须密切关注意大利和西班牙可能追随英国退出欧盟的可能性，因为这种可能性在日益增长。

4.6.2 经济环境

一位全球管理者在其他国家经营企业时必须了解经济问题。首先，理解一个国家的经济体系类型非常重要。主要的两种类型是自由市场经济和计划经济。**自由市场经济**（free market economy）中，资源由私人所有并被私营部门控制。**计划经济**（planned economy）中，中央政府对经济决策作出计划。实际上，没有完全的自由市场经济或计划经济。

为何全球化管理者需要了解一国的经济体系？因为经济体系也是潜在的决策约束。管理者需要了解的其他问题有：汇率、通货膨胀以及税收政策。

跨国公司的利润差别巨大，这取决于其母国货币和运营所在国的货币坚挺程度。例如，日元相对于美元升值，当将日元兑换为美元时，会减少诸如肯德基（KFC）等美国公司的利润。

通货膨胀意味着商品和服务的价格上升，但它也影响着收益率、兑换比率、生活成本，以及对于一国的政治、经济体系的一般信心。国家间的通货膨胀率可能会差异巨大。例如，2018 年阿根廷的通货膨胀率为 23%，而以色列的通货膨胀率不到 1%。[13] 管理者需要监测通货膨胀趋势，以便预测一国货币政策的可能变化，并在采购和定价方面作出良好的商业决策。

场景实践

雷娜塔·索尔萨托（Renata Zorzato）是一家全球招聘企业新产品部门的领导者，正准备从圣保罗搬到圣地亚哥去领导一个高管招聘者团队。她新成立的团队将包含来自柏林、伦敦、上海、墨西哥城、吉隆坡、纽约和圣地亚哥的企业高管。团队将设计和发布一项创新的全球高管招聘工具。但是，首先，雷娜塔必须让团队成员共同工作，将自己的独特优势和观点带到项目中来。

雷娜塔将这个多元文化团队带动起来的最佳方式是什么?

我会组织下班后的聚餐；食物是全球通用的语言。在聚餐时，我让团队成员轮流介绍自己，因为成员来自世界各地，我会让每个人介绍一下自己的故乡。在聚餐之后，我会开展一个互动游戏，要求团队慢慢地开始一起工作——想法是让他们有更多乐趣而非工作，并互相了解。

凯蒂·帕甘（Katie Pagan），会计和人力资源经理

4.6.3 文化环境

想象一下，一位西门子（Siemens）的德国高管被调到公司在日本的工厂后将面临怎样的挑战。她可能会有点吃惊。[14]例如，她的沟通风格可能与日本同行有很大的不同。她习惯了直截了当的表达方式，想什么就说什么。相比之下，日本人则比较含蓄。他们可能会觉得德国人的管理风格粗鲁。同样，日本高管也不太可能欣赏德国高管每天下午 5 点下班的做法。但她在德国就是这么做的，因为在德国每个人都会在那个时候回家与家人共进晚餐。日本高管通常会待到晚上八九点，然后和同事出去社交。

> **用数字说话**
>
> - 在不同文化背景下的运营能力被认为是 2020 年工作场所需要的最重要技能。[15]

正如我们在前一章中所描述的，组织有不同的文化。国家也是如此。**国家文化**（national culture）包括特定国家的个体所共有的价值观和态度，这些价值观和态度塑造了他们的行为和对重要事物的观念。[16]国家文化植根于一个国家的历史中，并建立在社会传统、政治经济哲学和法律制度的基础上。

什么对管理者来说更加重要——国家文化还是组织文化？例如，IBM 在德国的工厂更可能反映德国文化还是 IBM 的企业文化？研究表明，国家文化比组织文化对员工的影响更大。[17]在 IBM 慕尼黑工厂的德国员工受到德国文化而非 IBM 文化的影响更大。

国家之间的法律、政治和经济差异相当明显。在美国工作的日本管理者或者在日本工作的美国管理者不用花费太多力气就可以得到关于法律或税收政策的信息。但是，获得关于文化差异的信息就不那么容易了！主要的原因是什么？其实当地人向外国人解释他们国家独特的文化是非常困难的。例如，如果你在美国出生长大，你会如何描述美国文化？换句话说，美国人是什么样的？思考一下，看看你能识别出图表 4-3 中的哪些特点。

图表 4-3 美国人是什么样的？

- 美国人非常随意。他们倾向于以同样的方式对待别人，即使存在年龄或社会地位的明显差异。
- 美国人非常直率。他们不会绕来绕去。对于一些外国人来说，这可能显得唐突甚至粗鲁。
- 美国人喜欢竞争。一些外国人可能觉得美国人过分自信或傲慢。
- 美国人是成就型的人。无论在工作还是游戏中，他们都喜欢记录分数。他们强调成就。
- 美国人是个人主义者。他们对自由赋予很高的价值，相信个人可以塑造自身和控制自己的命运。
- 美国人是提问者。他们会问很多问题，甚至对刚刚见面的人也会提问。很多问题可能显得没有意义（“你觉得怎么样?”）或比较隐私（“你做什么工作?”）。
- 美国人不喜欢沉默。他们宁愿谈论天气也不愿在交谈中沉默。
- 美国人看重准时。他们携带会面的日程表，根据日程表来安排生活。
- 美国人重视整洁。他们常常显得痴迷于洗澡，消除身体的异味，穿干净的衣服。

资料来源：Based on M. Ernest, ed., *Predeparture Orientation Handbook: For Foreign Students and Scholars Planning to Study in the United States* (Washington, DC: US Information Agency, Bureau of Cultural Affairs, 1984), pp. 103 - 105; and "Basic Characteristics of Americans and American Culture," March 20, 2014, https://www.globalimmersions.com/go-global-blog/basics-of-americans-and-american-culture.

这是你的职业 开发全球视角——与其他文化背景的人工作

适应管理和工作中的文化差异是成功的关键。这需要时间，并且你也会犯错误。但这是你需要开发的技能。

- 将近70%的高管和管理专家表示，发展全球竞争力对企业未来的成功是十分乃至极其重要的。[18]
- 最重要的五种有效的全球领导力的态度、知识、技能以及能力包括：跨文化敏感性（意识）；有效沟通；战略性思考；领导力、影响他人；尊重差异。[19]

可以肯定的是，在职业生涯中你将会和来自不同国家的个体工作。他们的母语很可能与你不同。他们展现出的风俗习惯也很有可能与你所熟知的大相径庭。你会发现理解其中一些人的行为并不容易，而你们之间的差异使得交流和工作很困难。但这就是今天的现实。所以开发你的全球视角——尤其是你的文化智力很重要。

那么你如何提升与其他文化背景的人共事的能力?[20]

1. 了解自己对跨文化经历的开放与自信程度，一些人并不能像其他人一样以开放的姿态适应全新的、不同的经历。例如，你会品尝用不熟悉的或外来的食材做的食物吗？你是否能与包含外国成员的课堂小组融洽相处？你是否害怕与非母语使用者交流？如果你不能适应全新的、不同的环境，试着从点滴做起，克服恐惧与抗拒心理。试着练习仔细倾听正在努力学习你所使用的语言的人。也许可以尝试一种新颖少见的菜单，或者结识你班上来自其他文化背景的人。你的目标是扩大你的舒适区。

2. 在找到共性前，假设存在差异。我们中的大多数人都倾向于假设其他人和我们很像，直到事实证明并不是这样。试着从反方向思考，假设来自不同文化背景的人的交流方式与行为都不一样。细心观察来自其他文化背景的个体是如何与他人相处的，以及这些互动与你的文化背景有何差异。

3. 强调描述差异而不是解释或者评价差异。在你完成从所有的文化视角观察并解释情况之前，不要作出评价。描述强调的是观察而非判断，一些风俗习惯可能与你所熟悉的存在差异，但差异并不意味着错误或者低劣。

4. 换位思考。试着把自己摆到他人的位置上。当评价其他文化背景的人的语言、动机、行为时，试着从他们原本的文化背景出发进行解释。如果这段关系很重要，而且可能是持久的，那就要好好了解对方的文化来学习他的风俗习惯和行为。

5. 把你最初的解释当作工作假设。把你的第一种解释当作工作假设而不是事实，并仔细关注反馈，以避免严重的沟通错误。如果你有疑问，不要害怕去问别人你对某个行为的评价是否准确。

6. 自学跨文化问题和方法。这里有三种方法可以提高你的文化智力：第一，通过旅游获得国际经验；进行短期出国考察；考虑在国外度过一个学期，让自己沉浸在一种不同的文化中。第二，主动认识本校的留学生，了解他们的国家；考虑参加一种或多种文化，或者多元文化的活动，这些活动通常是由一种单一的文化或多元文化学生组织主办的。第三，利用网络工具了解更多的跨文化差异。阅读全球新闻是一个很好的开始。

霍夫斯泰德评估文化的框架 吉尔特·霍夫斯泰德（Geert Hofstede）开发出了最广泛使用的方法之一，来帮助管理者更好地理解国家文化之间的差异。他的研究发现国家在五个文化维度上存在差异。[21]图表 4-4 描述了这些维度，并展示了具有这些维度特征的国家。

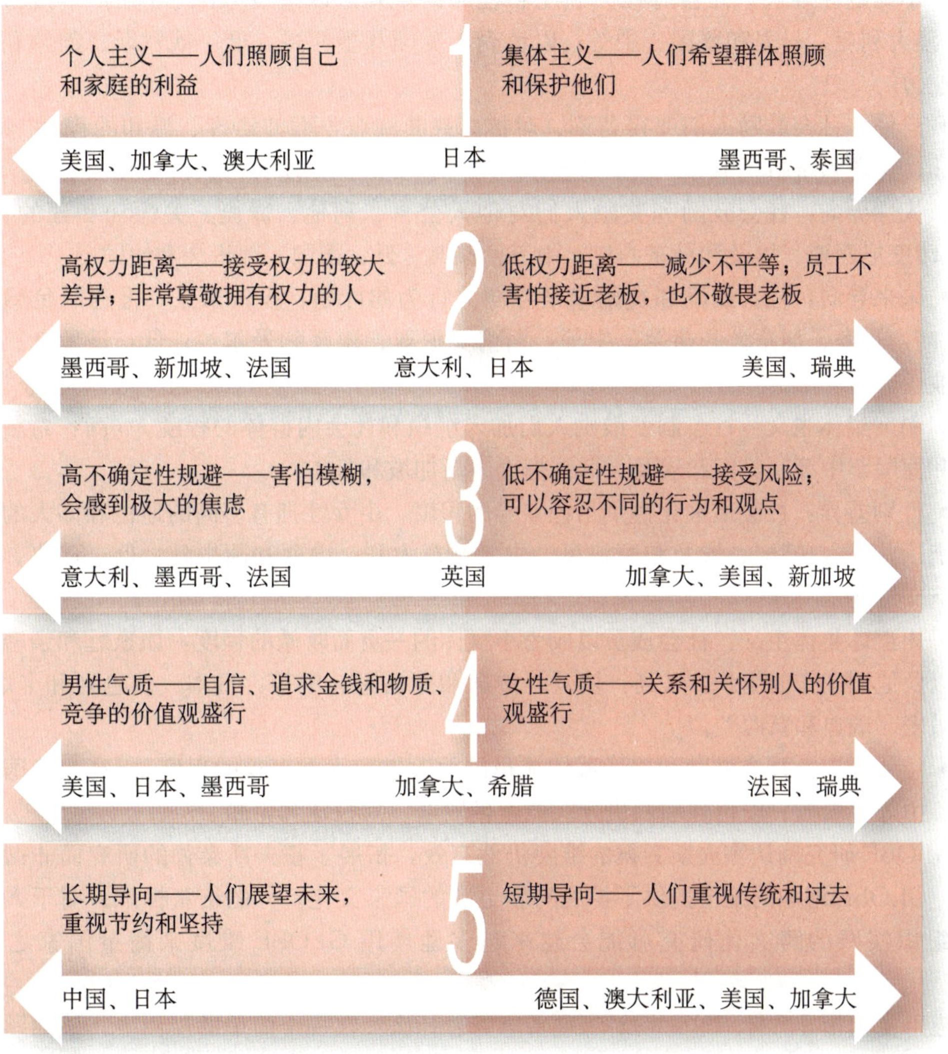

图表 4-4 霍夫斯泰德国家文化的五个维度

资料来源：Based on Geert Hofstede，*Culture's Consequences*：*International Differences in Work-Related Values*，© Geert Hofstede，1980（Newbury Park：SAGE Publications，Inc.，1980）.

评估文化的全球框架　全球领导力和组织行为有效性（Global Leadership and Organizational Behavior Effectiveness，GLOBE）项目是一项持续的研究，它通过调查跨文化领导行为、给予管理者额外的信息帮助他们明确和管理文化差异。利用从 62 个国家/地区获取的超过 18 000 位管理者的数据，GLOBE 研究团队确认了国家/地区文化差异的九个维度。[22]两个维度（权力距离和不确定性规避）与霍夫斯泰德的研究相同。四个维度与霍夫斯泰德的相似（自信，与男性气质和女性气质类似；人性导向，与女性气质类似；未来导向，与长期导向和短期导向类似；制度集体主义，与个人主义和集体主义类似）。剩下的三个维度（性别差异、内群体集体主义、绩效导向）提供了了解国家/地区文化的其他洞察力。以下是对这九个维度的描述。每个维度我们都指出了哪些国家/地区得分高、哪些国家/地区得分居中、哪些国家/地区得分较低。

- 权力距离：社会对制度和组织中的权力分配不公平程度的接受水平。（高：俄罗斯、西班牙和泰国。中等：英国、法国和巴西。低：丹麦、荷兰和南非。）
- 不确定性规避：社会对社会制度和程序的依赖，以减少未来事件的不可预知性。（高：澳大利亚、丹麦和德国。中等：以色列、美国和墨西哥。低：俄罗斯、匈牙利和玻利维亚。）
- 自信：社会鼓励人们变得苛刻、对抗、武断和竞争而非谦虚、温和的程度。（高：西班牙、美国和希腊。中等：埃及、爱尔兰和菲律宾。低：瑞典、新西兰和瑞士。）
- 人性导向：社会鼓励和奖励人们对他人公平、利他、慷慨、关怀和和蔼的程度。（高：印度尼西亚、埃及和马来西亚。中等：瑞典。低：德国、西班牙和法国。）
- 未来导向：社会鼓励和奖励未来导向的行为如计划、投资未来、推迟满足感的程度。（高：丹麦、加拿大和荷兰。中等：斯洛文尼亚、埃及和爱尔兰。低：俄罗斯、阿根廷和波兰。）
- 制度集体主义：社会制度鼓励人们加入组织和社会内群体的程度。（高：希腊、匈牙利和德国。中等：美国和埃及。低：丹麦、新加坡和日本。）
- 性别差异：社会最大化性别角色差异的程度，由女性拥有多高的地位和多大的决策责任衡量。（高：韩国、埃及和摩洛哥。中等：意大利、巴西和阿根廷。低：瑞典、丹麦和斯洛文尼亚。）
- 内群体集体主义：社会成员以成为小群体的一员而骄傲的程度，如家庭和亲密朋友圈，以及他们工作的组织。（高：埃及、中国和摩洛哥。中等：日本、以色列和卡塔尔。低：丹麦、瑞典和新西兰。）
- 绩效导向：社会鼓励和奖励群体成员绩效改进和优秀表现的程度。（高：美国和新西兰。中等：瑞典、以色列和西班牙。低：俄罗斯、阿根廷和希腊。）

GLOBE 研究确认霍夫斯泰德的维度仍然有效，拓展了霍夫斯泰德的研究而非彻底取代它。GLOBE 增加的维度提供了扩展的和更新的国家文化差异的衡量标准。对于人类行为和组织实践的跨文化研究可能会越来越多地使用 GLOBE 维度来衡量国家之间的差异。[23]

应用文化指导方针　这一切对管理者意味着什么？在一个简单的层面上，该问题说明应该入乡随俗（在罗马就像罗马人一样做事）。在分析层面上，霍夫斯泰德和 GLOBE 研究为管理者们确定“罗马人做什么”提供了指导。如果管理者被分配到国外工作，或者仅仅是与来自不同文化的人合作，这些框架可以提醒他们潜在的问题可能出现在哪里。

在失败中学习　迪士尼的教训：法国不是佛罗里达州

迪士尼在南加利福尼亚州和佛罗里达州的奥兰多建造和运营主题公园方面取得了成功。那么，将这种成功转移到巴黎会有多难呢？在佛罗里达州有效的方法在法国也应该有效，是不是？不幸的是，1992 年开办欧洲迪士尼乐园（现在叫作巴黎迪士尼乐园）时，迪士尼发现成功并不一定会一同转移。

法国人在很多方面与美国人都不同。例如，美国人通常开车去主题公园。法国人倾向于乘坐公共汽车。结果就出现了巨大的、空无一人的停车场，而供公交司机停泊和休息的设施却不够。

美国的迪士尼乐园不提供酒。但是法国人认为葡萄酒是他们日常生活的一部分，午餐喝一杯葡萄酒是必不可少的。游客们对公园里没有酒感到惊讶，于是怨声载道。

巴黎迪士尼乐园不仅在午餐时没有葡萄酒，在用餐时间上也有问题。美国人没有固定的午餐时间。美国人很乐意随便抓点东西在公园里闲逛的时候吃。相比之下，大多数欧洲游客会在中午 12：30 聚集在餐馆，希望能坐下，并把用餐当作一件悠闲的事情。但巴黎迪士尼乐园的管理人员没有妥善安排餐厅这一两个小时的“高峰时间”。

迪士尼的高管们也不明白，美国游客在迪士尼乐园的平均停留时间是四天，而法国游客通常一大早就到，在迪士尼乐园度过一天，晚上很晚才入住酒店，第二天一大早就退房。这种差异很大程度上是因为佛罗里达州和加利福尼亚州的迪士尼乐园靠近其他主题公园——海洋世界（SeaWorld）、诺特浆果农场（Knott's Berry Farm）、环球影城（Universal Studios）。在巴黎没有这样的选择。结果就是酒店大堂里排起长队，不得不同时办理入住和退房手续。

为了改正这些错误，迪士尼高管在巴黎开启了一系列改革。公交区域扩大，公司政策修改，提供葡萄酒和啤酒，餐厅人员配备调整，公园酒店安装了额外的计算机服务点，以减少排队等候。

迪士尼在失败的欧洲迪士尼项目中学到了什么？文化很重要![24]

为考试做准备

本章小结

4.1　定义全球化、民族主义、狭隘主义；比较民族中心论、多国中心论和全球中心论对全球化经营的态度。

全球化是指组织跨越国家边界发展其影响力或业务的过程。它的对立面是民族主义，指的是用于美化一国价值观的爱国主义性质的价值理念或政策。狭隘主义是仅仅从自己的视角看待世界，没有意识到其他人有不同的生活和工作方式。民族中心论是认为最佳的工作方法和行为来自母国的狭隘观点。多国中心论是认为东道国的员工知道运营企业的最佳工作方法和实践的观点。全球中心论是强调使用全球范围内的最佳方法和人员的全球导向观点。

4.2　描述全球化的历史。

从第二次世界大战后一直到 2015 年左右，全球化一直是占据主导地位的政治、经济视角。人们普遍认为全球化会给所有国家带来好处。然而，近年来全球化受到了民族主义的攻击。民族主义关注的是增加某个特定国家的自身利益。与全球化强调国家间合作不同，民族主义把国内民众和商业放在首位。对全球化的攻击强调了工作岗位向低劳动力成本国家的流动，以及用于保护国内就业的关税和贸易协定的重要意义。

4.3 总结支持与反对全球化的理由。

支持全球化的观点在很大程度上是基于比较优势理论。一个国家通过专门提供其生产成本最低的产品或服务，就能在全球市场上竞争。全球化通过促进经济发展、提高工资、向所有消费者提供成本更低的商品而使所有国家受益。全球化被认为提高了全世界数亿人的生活水平而受到赞扬。相反，反对全球化的观点认为，它应该为北美和欧洲的工资停滞负责；它将工作机会转移到了低劳动力成本国家；它伤害了西方国家中产阶层的利益；它造成了日益加剧的经济不平等。它也在很大程度上刺激了英国脱欧公投、《北美自由贸易协定》的重新谈判，以及“我们是 99%”的抗议运动。

4.4 解释不同类型的国际组织。

跨国企业是指在多个国家开展业务的国际企业。多国化企业将管理和其他决策交给东道国。全球企业将管理权和其他决策权集中于母国。无国界组织消除了人为的地理障碍，体现了一种全球中心论的态度。

4.5 描述组织迈向国际化时使用的结构和技巧。

全球采购是从世界上资源最便宜的地方购买原材料或劳动力。出口是在国内生产产品然后销往国外。进口是购买国外生产的产品然后在国内销售。许可证经营是制造企业生产或销售其他企业的产品，并使用该企业的品牌名称、技术或产品规格。特许经营与许可证经营相似，但是通常由服务企业使用，利用其他企业的名称和运营手段。战略同盟是组织与外国企业之间建立的一种伙伴关系，它们在开发新产品或建设生产设施的过程中共享资源和知识。合资企业是战略同盟的特殊类型，是为了某种商业目的组建的自主经营的、独立的组织。外国子公司是在海外的直接投资，企业通过建立自主经营的、独立的生产机构或办事处设立外国子公司。

4.6 解释政治/法律、经济及文化环境与全球经营的相关性。

国家的法律和政治稳定性是管理者必须熟悉的全球政治/法律环境问题。同样，管理者必须了解国家的经济问题，如汇率、通货膨胀以及税收政策。霍夫斯泰德指出了评估国家文化差异的五个维度，包括个人主义/集体主义、权力距离、不确定性规避、男性/女性气质和长期/短期导向。GLOBE 研究确认了评估国家/地区文化的九个维度：权力距离、不确定性规避、自信、人性导向、未来导向、制度集体主义、性别差异、内群体集体主义和绩效导向。当今世界全球化经营面临的主要挑战包括：(1) 与全球化相关的开放性；(2) 管理全球劳动力，这要求具备文化智力和全球心智。

复习和讨论问题

1. 比较全球化经营的民族中心论、多国中心论和全球中心论。
2. 过去一个世纪，对于全球化的态度发生了怎样的变化？
3. 比较跨国企业、多国化企业、全球企业和无国界组织。
4. 无国界组织的管理意义是什么？
5. 描述组织走向国际化的不同方式。

6. 本章中的GLOBE框架可以用来指导俄罗斯医院或埃及政府机构的管理者吗？

7. 到美国管理亚利桑那州图森市制造工厂的墨西哥管理者可能遭遇什么挑战？这些问题对于到墨西哥瓜达拉哈拉市的美国管理者来说一样吗？

8. GLOBE维度中的文化差异如何影响管理者：（a）使用工作群体；（b）发展目标/计划；（c）奖励杰出的员工绩效；（d）处理员工冲突？

为我的职业做准备

道德困境

人脸识别技术正在兴起。亚马逊正在向执法部门和私营企业推广其人脸识别技术。[25] 中国两家初创公司商汤科技（SenseTime）和旷视科技（Megvii）正在开发由人工智能驱动的人脸识别技术。[26] 它们的目标是能够识别任何地点的任何人。它们还没有实现这一目标，但它们已经获得了数十亿美元的资金，尝试让这一目标成为现实。目前，人脸识别技术需要连接到人脸和姓名数据库才能发挥作用。而驾照照片为执法部门提供了这样的信息。但是一些亚马逊的投资者和美国公民自由联盟（American Civil Liberties Union）的成员正在试图说服亚马逊不要将其人脸识别技术卖给执法部门，尽管没有任何现行的州或者联邦法律禁止执法部门使用面部数据追踪嫌疑人。美国联邦最高法院已经将没有理由的照片追踪列为违宪，但当前依旧没有限制面部追踪的法律。

1. 你认为在哪些行业或哪些情况下使用人脸识别技术是可以接受的？它什么时候侵犯了人们的隐私？

2. 如果你在一个隐私问题不那么引人关注的国家做生意，使用人脸识别技术是否合乎道德？为什么？

技能练习

培养你的合作技能

关于技能

合作是当人们寻求共同目标时所采用的团队工作、协同效应和配合。在很多跨文化场景下，合作能力至关重要。当所有的伙伴必须共同工作以达成目标时，合作是这一过程的关键。然而，文化差异往往会给合作带来挑战。

练习技能的步骤

- 寻找共同的兴趣点。为开始新的工作培养合作氛围的最好方法是寻找伙伴们的共同点。共同的兴趣能够使沟通更有效果。
- 倾听别人。合作是一个团队的努力结果。每个人都有想要提供的有效观点，每个人都应该有机会表达自己的想法。
- 确认理解程度。确保你理解别人所说的话，必要的时候做出反馈。
- 接受多元化。并不是合作中的每件事都会按照你的想法来，要乐于接受不同想法和不同的做事方式，接受其中的创造力。
- 寻求更多的信息。请求个人提供额外的信息，鼓励其他人谈论并更全面地解释建议。这样的头脑风暴可以协助找到有创造力的策略。

● 不要怀有戒心。合作需要开放的沟通。讨论可能是针对一些你和其他人不应该做或需要做得更好的事情，不要把这些建设性的反馈看作个人批评；关注所讨论的问题，而不是个人传递的信息；认识到你并不总是对的。

技能实践

采访来自三个不同国家的人，了解与来自不同文化的人合作所面临的挑战。不同的文化会带来什么样的挑战？他们是如何应对这些挑战的？对于促进跨文化合作，他们有什么建议？根据你的访谈结果，你学到了哪些可以提高你的合作能力的一般观点？

共同工作

团队练习

在今天的很多工作中，即使你的工作地点在美国，你也会和来自其他国家的人一起工作。为了更好地为应对文化差异做准备，看看本章的 GLOBE 维度，找出你所知道的你的国家与其他国家不同的案例。3～4 名学生为一组，讨论如何根据 GLOBE 维度的差异来解释你与其他国家的人已经（或可能）进行的互动。尽管文化存在差异，请列出几种方法，让来自不同国家的人在交往时感到更舒畅。准备好分享你们对文化差异互动的解释，以及提升这些互动的方法。

学习成为管理者

● 为组织全球化的每种途径寻找两个现在的例子。简单描述这些公司正在做什么。

● 采访 2～3 个你所在学校的来自其他国家的老师或学生。请他们描述他们国家的商业世界是怎样的。简要写出你的发现。

● 利用你去其他国家旅行的机会，个人旅行或是学校组织的旅行都可以。

● 报名参加一门外语课程。

● 假设你被外派到其他国家（自己决定是哪一个）工作。调查这个国家的经济、政治/法律和文化环境。写出报告概括你的发现。

● 如果你现在还没有护照，去办一个。

● 在国际商务旅行时，了解基本的礼仪是很重要的（例如如何与陌生人打招呼，握手是否合适）。确定三个你想去的国家，并进行调查来学习这些国家的商务礼仪。总结你的发现。

● 确定一家国际化运营并在两个以上国家设有办事处的公司。浏览公司网站的“职业”专栏。写一份简短的报告，介绍公司提供的职业机会和所要求的申请人资格。

案例应用 1

在别人不愿做生意的地方生财

国际商务听起来很有趣。你可以体验异国文化、旅行，体验不同的生活和工作方式。但如果国际商务让你直面腐败呢？这是完全可能的，因为贿赂和其他形式的腐败在一些国家是可接受的商业行为。[27]在从事国际业务时，美国人要警惕的一点是：你不能参与贿赂或腐败，不能违反《反海外腐败法》。《反海外腐败法》规定，任何与美国有联系的人都不能从事腐败行为。[28]

在发展中国家做生意往往伴随着腐败的风险。嘉能可集团（Glencore）是最强大的商品、矿业和贸易集团之一。2018年7月，该集团因违反《反海外腐败法》洗钱条款而受到调查。[29]嘉能可集团在诸如刚果民主共和国、尼日利亚和委内瑞拉等矿产资源丰富的国家做生意，而一些企业不愿在这些国家做生意。这些国家提供钴等矿物，这些是制造智能手机、电动汽车电池和其他电子设备的重要金属。美国称钴对美国国家安全至关重要。而嘉能可集团的钴产量占全球的1/4。[30]

对嘉能可集团来说，在资源丰富的国家开展业务意味着与国际市场上的企业打交道。在刚果民主共和国，嘉能可集团与以色列矿业亿万富翁丹·格特勒（Dan Gertler）建立了联系，以获得矿产开采权。2017年12月，美国财政部对格特勒实施了制裁，原因是他对购买的矿产定价过低，导致刚果民主共和国政府损失了13.6亿美元收入。嘉能可集团曾试图用欧元偿还格特勒的债务，以逃避美国的处罚。但在其他人看来，对于美国而言，这是一种不道德的做法。[31]

◆ **问题讨论**

1. 嘉能可集团总部设在瑞士，怎么可能受到美国法律的约束？美国有正当理由展开调查吗？

2. 一些人认为，由于此次腐败调查，嘉能可集团应该改变其商业行为。但如果不行贿就没有获得资源的途径怎么办？

3. 目的（提供钴等急需的矿物）能否证明手段（腐败行为）的正当性？如果可以，是在什么条件下？

4. 还有哪些与腐败有关的跨国公司的例子？它们用什么来证明它们的行为是正当的？

案例应用2

关税：让通用汽车公司欢喜还是忧愁？

这听起来简单明了。由于钢铁和铝材受到低进口成本的影响，提高进口钢铁和铝材的价格就能保住美国的就业机会。如果真的有关于这个主题的课程，你甚至可以称其为“关税101”。支持加征关税的人认为，美国2018年对进口钢铁和铝材征收25%的关税，将提高美国许多产业的竞争力。[32]

通用汽车公司的管理者赞赏使产品更具竞争力的努力。但作为一家全球性公司，关税问题更加复杂。通用汽车的供应链依赖全球2万家企业。2017年，通用汽车约30%的汽车是在美国之外生产的。[33]通用汽车购买进口钢铁和铝材，其规模之大，美国可能无法自行生产。通用汽车的市场也是全球性的。然而，关税有两种作用。当美国实施关税时，受影响的国家会以报复性关税予以反击。由于美国对钢铁和铝材征收关税，加拿大、墨西哥、土耳其和欧盟等对价值285亿美元的美国出口产品征收了报复性关税。[34]

当欧洲或亚洲国家对美国公司征收关税时，它们的产品在这些市场的成本就会上升，销售额就会下降。美国每年有数百万辆汽车销往美国以外的地区。有了关税，销往国外的每一辆美国汽车的成本将增加5 800美元，而美国汽车公司的年销售总量将减少100万～200万辆。[35]如果没有良好的海外销售，通用汽车将遭受损失。

美国向世界贸易组织提出申诉，称其他国家的报复性关税是非法的。美国辩称，出于国家安全考虑，对钢铁和铝材征收关税是必要的，因为汽车、航空航天和电子等许多重要行业都依赖这些金属。

通用汽车还面临着与全球贸易相关的其他领域的不确定性。如果美国退出《北美自由贸易协定》，通用汽车的跨国供应链可能会陷入混乱。通用汽车的业务遍及美国、加拿大和墨西哥。通用汽车北美区总裁阿兰·贝蒂（Alan Batey）说，通用汽车的供应链就像一个魔方。[36]供应链的某一部分一旦发生变化，就会产生连锁反应，影响到汽车生产的全过程。

通用汽车不会坐视全球贸易舞台上发生的一切。通用汽车首席执行官玛丽·巴拉（Mary Barra）敦促美国政府不要退出《北美自由贸易协定》。[37]通用汽车向美国商务部提交了 2 500 多条有关钢铁和铝材关税的评论，并指出关税将提高汽车的价格，而消费者无法承受价格上涨。通用汽车作为一家公司也可能会因为价格上涨和市场份额下降而变得更小。[38]

◆ **问题讨论**

1. 作为国际贸易的一部分，关税的好处和缺点分别是什么？

2. 在本案例所指出的影响通用汽车的事件中，区域贸易联盟和全球贸易机制扮演了什么角色？

3. 面对这么多影响通用汽车的外部环境因素，通用汽车的高管们该如何应对这种不确定性？

4. 你认为通用汽车需要在哪些方面做得更好，才能应对全球市场发生的变化（包括从全球主义转向民族主义的钟摆）？

“谁是所有者？”的答案

1. c. 中国。沃尔沃汽车是中国吉利（Geely）的子公司，尽管它的产地是瑞典。

2. a. 加拿大。汉堡王是餐厅品牌国际公司（Restaurant Brands International）下的快餐品牌。

3. c. 德国。乔氏超市的所有者是北阿尔迪（Aldi Nord）——一家德国连锁超市。

4. a. 荷兰。墨西哥的第二大啤酒生产商于 2010 年 1 月被喜力（Heineken N. V.）收购。

5. b. 英国。电视节目《美国达人秀》于 2006 年 6 月首播，是 SYCOtv 公司旗下《英国达人秀》系列节目的一部分。

6. c. 美国。乔巴尼希腊酸奶是一家美国公司，主要生产和分销希腊酸奶。在 2012 年之前，它被命名为 Agro-Farma 公司。

7. c. 瑞士。斯沃琪集团有限公司（Swatch Group Ltd.）于 1983 年由瑞士钟表工业公司（ASUAG）和瑞士钟表总公司（SSIH）合并而成。

8. d. 日本。7-11 便利店是日本 Seven&I 控股公司的一部分。

9. a. 瑞典。声田是成立于 2008 年的 Spotify AB 旗下的一项服务。

10. b. 比利时。安海斯-布希于 2008 年被百威英博（AB InBev）收购。

注 释

第 5 章 管理多样性

Managing Diversity

学习目标

5.1 定义员工多样性，解释为何管理员工多样性如此重要。

5.2 描述美国及全球工作场所的变化。

5.3 解释工作场所发现的不同类型的员工多样性。

5.4 讨论管理者在管理多样性时面临的挑战。

5.5 描述各种员工多样性管理的创新措施。

就业技能矩阵

		批判性思考技能	沟通技能	合作技能	知识运用与分析技能	社会责任技能
技能盒子	工作场所的秘密	✓		✓	✓	
	在失败中学习	✓			✓	✓
技能实践	道德困境	✓				✓
	技能练习	✓	✓		✓	✓
	共同工作		✓	✓		
	学习成为管理者	✓			✓	
案例	案例应用	✓			✓	

长期以来，汽车生产企业都是由白人男性领导主持的。而在通用汽车公司，情况已不再如此。2018 年 9 月，通用汽车任命迪维娅·苏里亚德瓦拉（Dhivya Suryadevara）为第一位女性首席财务官。[1]她加入了一个以女性为代表的高管团队。通用汽车的首席执行官玛丽·巴拉是第一位领导大型汽车公司的女性。此外，通用汽车有五名董事是女性，目前生产主管和人力资源主管职位也由女性担任。

5.1 多样性基础

在拉斯维加斯的米高梅梦幻酒店（MGM Mirage hotel）的大厅里，你会听到各种不同的语言。由于客人来自世界各地，该酒店致力于反映其员工多样性。该酒店的母公司米高梅国际酒店集团（MGM Resorts International）20 年来一直在实施一项全面的多元化举措。[2]它旨在确保从董事会、高级管理人员到一线人员各个层次的多样性。在其组成部分中，包括研讨会、网络小组和一个正式的指导计划。这一举措甚至包括确保公司供应商的多样性。所有这些努力不仅仅是针对公共关系的。米高梅度假村（MGM Resorts）也得到了回报。例如，研究表明，员工性别多样化程度高的酒店的季度平均利润比员工性别多样化程度较低的酒店高出 19%。[3]

5.1.1 什么是员工多样性？

基于民权法和社会正义，多样性这个词经常引起人们的各种各样的态度和情感回应。多样性历来被认为是人力资源部门使用的一个术语，与公平招聘、歧视和不平等有关。但今天的多样性被认为远不止于此。[4]图表 5-1 阐述了员工多样性的概念和意义演变的历史概况。

图表 5-1 员工多样性演变的时间线

20 世纪 60—70 年代	关注遵守法律和规定： 《民权法案》第七章（Title Ⅶ of Civil Rights Act）；公平就业机会委员会（Equal Employment Opportunity Commission）；积极行动政策和项目
20 世纪 80 年代初期	关注将少数群体和女性吸收进公司环境： 公司项目被开发出来帮助提升不同个体的自信和资质，以使他们能够融入公司
20 世纪 80 年代后期	从企业生存问题衍生而来的员工多样性概念： 《劳动力 2000》（*Workforce 2000*）的出版使得企业领导者开始关注未来员工的构成——更加多元化；员工多样性这个术语被第一次使用
20 世纪 80 年代后期到 90 年代后期	关注培养敏感性： 从承诺和只关注女性和少数族裔转变为涵盖所有人；让员工对其他人的需求和差异更加了解和敏感
21 世纪	为商业成功而关注多样性和包容性： 员工多样性被看作核心的企业问题；员工多样性对于实现企业成功、盈利和成长非常重要

资料来源：Based on "The New Global Mindset: Driving Innovation Through Diversity," by Ernst & Young, January 27, 2010.

我们对**员工多样性**（workforce diversity）的定义是，使得组织中的人不同或相似的方式。我们的定义不仅关注员工之间的差异，也关注员工的相似性。这强化了我们的认知，即管理者和组织应该将员工看作拥有共同特质和个体差异的人群。这并不意味着这些差异不那么重要，但是我们作为管理者的关注点是找到方法与整个员工队伍培养出深厚的关系，并利用我们的整个员工队伍。

我们想要指出关于我们对“什么”是员工多样性的描述的最后一点：当我们思考多样性时，常常想到的那些人口统计学特征——年龄、种族、性别、国籍等——只是冰山一角。这些人口统计学差异反映了**表层多样性**（surface-level diversity），它包括可以触发特定的刻板印象，但不一定会反映出人们思考和感受方式的易于识别的差异。人们特点中的这种表层差异可以影响人们感知他人的方式，尤其当遇到假设或刻板印象时。然而，随着人们互相了解，这些表层差异变得没那么重要，**深层多样性**（deep-level diversity）——价值观、个性和工作偏好的差异——变得更加重要。这种深层差异可以影响人们看待组织工作回报、沟通、对领导者作出反应、协商和一般工作行为的方式。当组织寻求提高工作场所的多样性时，重点是在更深层次上发展赞赏和接受。

5.1.2 员工多样性的好处

为组织发展和引入多元化项目找一个理由并不难。其好处主要包括三个方面：人员管理、组织绩效和战略（见图表 5-2）。

图表 5-2 员工多样性的好处

人员管理
- 对员工才能的更好利用
- 团队问题解决的质量有所提高
- 具有吸引和留住多元化背景的员工的能力

组织绩效
- 与高离职率、缺勤和法律诉讼相关的成本降低
- 问题解决能力提升
- 系统灵活性提升

战略
- 对市场的理解加深，提升了针对不同顾客更好营销的能力
- 具有提升销售额和市场份额的潜力
- 更好的创新努力带来潜在竞争优势
- 被视为高尚和有道德；这是正确的事情

资料来源：Based on G. Robinson and K. Dechant, “Building a Business Case for Diversity,” *Academy of Management Executive*, August 1997, pp. 21-31; O. C. Richard, “Racial Diversity, Business Strategy, and Firm Performance: A Resource-Based View,” *Academy of Management Journal* (April 2000), pp. 164-177; J. A. Gonzalez and A. S. DeNisi, “Cross-Level Effects of Demography and Diversity Climate on Organizational Attachment and Firm Effectiveness,” *Journal of Organizational Behavior* (January 2009), pp. 21-40; and M.-E. Roberge and R. van Dick, “Recognizing the Benefits of Diversity: When and How Does Diversity Increase Group Performance,” *Human Resource Management Review* (December 2010), pp. 295-308.

人员管理 说到底，多样性毕竟是与组织内部和外部的人有关。组织因为员工多样性的努力而得到的人员管理优势主要表现为吸引和保留住有才能的员工队伍。组织依赖有能力的员工——他们的技巧、能力和经历——以实现组织目标。

在员工多样性方面的积极而显著的努力可以帮助组织吸引和留住有才能的多元化人才，从而最大限度地利用员工可应用于工作岗位的才能。此外，由于组织越来越依赖于员工团队，那些有着不同背景的工作团队常常会带来不同和独特的观点来讨论，从而产生更有创意的想法和解决方案。

组织绩效 组织从员工多样性中获得的绩效优势包括成本节约和组织运行改进。当培养多元化员工的组织降低离职率、缺勤率和诉讼的可能性时，节约的成本非常显著。例如，塔吉特公司因多年来歧视女性和不同种族的求职者而被罚款 280 万美元。[5] 福克斯新闻（Fox News）以 1 000 万美元的赔偿了结了最近的种族和性别歧视诉讼。[6] 在因歧视残疾人被起诉后，UPS 支付了 200 万美元的罚款。[7] 最近，达顿餐厅（Darden Restaurants）支付了近 300 万美元，了结了一桩指控该公司歧视年长求职者的诉讼。美国公平就业机会委员会称，2017 年共有 84 254 起职场歧视索赔诉讼。[8] 受害者得到的抚恤金创造了新纪录——超过 3.72 亿美元。[9] 而员工多样性的努力可以减少这种诉讼的风险。

用数字说话

- 管理团队的种族/文化最多元的公司在盈利能力方面比同行高出 33%。
- 高管团队性别多样性排名前 1/4 的公司，其业绩超过全国行业中值的可能性要高出 21%。[10]

同时，招聘公司光辉国际（Korn Ferry International）最近的报告指出，由于损失和取代“仅因为失败的多样性管理”而离职的员工，美国公司每年会浪费 640 亿美元。[11] 这份报告也指出，由于与多样性相关的问题而离职的员工中，有 34% 的人表示，如果管理者认可他们的能力，他们会留下。另一项研究表明，在对待那些具有差异的个体时，如果组织表现出无理的偏见，组织绩效就会受到损害。[12] 然而，从积极的角度看，组织绩效可以通过员工多样性来提高，因为问题解决能力和系统灵活性提高了。拥有多元化员工队伍的组织可以充分利用员工所展现出来的多种技巧和能力，而且仅仅是员工多样性这个事实就要求组织的流程和程序具有更强的适应性和包容性。[13]

场景实践

作为一个服装零售折扣商店的区域经理，亨利·班克斯（Henry Banks）正在准备同他所在地区的所有商店经理召开季度会议。在一次关于公司招聘活动的演讲中，他准备强调多元化的重要性。他知道公司需要多样化的员工队伍来满足公司多样化的客户群的需求，然而，他不确定如何将这一点传达给商店经理们。

你认为亨利在演讲中应该说什么？

亨利应该借此机会回顾公司的价值观，并将多元化的程度看作具有活力的组织文化的关键方面。他可以用数据表明，总体而言，多元化程度高的公司的绩效要好于多元化程度较低的公司。对于多样化的客户基础，亨利应该提供真实的例子，即在哪些情况下，多样性会提升客户的购物体验或增加销售，以及缺乏多样性会对业务产生的负面影响。最后，亨利应该解释商店经理的激励措施是如何与商店的整体业绩挂钩的；商店的业绩越好，他们获得奖励的机会就越大。

莱亚·睿米（Leya Ramey），人力资源业务合作伙伴

战略 组织在战略上也从多元化的员工中受益。我们必须将管理员工多样性看作从多元化的国家和世界获得最好的人才、绩效、市场份额和供应商的关键。一项重要的战略优势是，有多元化员工的组织可以更好地预测和响应变化的消费者需求。多元化的员工带来多样化的观点和获得机会的方法，这可以提高组织对多元化消费者的营销方式。例如，拉丁裔目前占美国人口的18%，占美国人口增长的近一半。[14]因为拉丁裔人口逐渐壮大，所以组织对该群体营销产品和服务的努力必须增强。组织发现自己的拉丁裔员工拥有丰富的见解，没有这些员工就没有这些见解。食品服务企业、零售商、金融服务企业和汽车制造商是见证销量和市场份额增长的几类企业，它们通过从员工那里获得的信息注意到了多元化消费者的需求。

多元化的员工也可以成为竞争优势的有力来源，主要是因为创新在这种环境中不断发展。安永会计师事务所（Ernst & Young）的一份报告指出："文化多样性提供了我们为21世纪重塑全球经济所需的灵活性和创造力。"[15]创新从不容易，在全球化的世界中，创新更具挑战性。充分挖掘不同的声音和观点可能是引导创新的有力因素。希望领导行业的企业需要找到"发动"的方法——以产生可以创造那些新想法的生动讨论。研究表明，多元化的观点可以实现这个目的。"多样性驱动了创新，有助于企业提供新的产品和服务。"[16]

最后，从道德的角度来看，员工多样性和有效管理多样性是正确的事情。企业在道德上有必要建立珍惜所有员工、让所有员工都能够成功的关系。管理者需要将员工多样性看作将不同声音带进来并创建基于信任关系的环境的方式。

5.2 不断变化的工作场所

在本章开头，我们描述了当今女性如何执掌通用汽车数量众多的关键岗位。女性当前也领导着诸如IBM、通用动力（General Dynamics）、好时、西方石油（Occidental Petroleum）等企业。非洲裔美国人当前领导着默克（Merck）、美国教师退休基金会（TIAA）、彭尼（JCPenny）等组织；亚裔美国人如今领导着微软、谷歌以及Adobe等企业。但这些情况只是特例。我们发现组织中出现了更多的女性和少数族裔的身影，但他们很少出现在高层。尽管变化正在发生，但速度一直是缓慢的。过去的40年见证了由白人男性管理人员占主导向性别均衡、多族裔管理者的转变。但我们仍有一段路要走——尤其是在高管阶层——让员工构成反映总体人口的变化。在本节中，我们想关注其中的一些变化。让我们先看看美国人口变化的特点，然后再看看全球多样性的趋势。

5.2.1 美国人口的特点

自2014年以来，少数族裔婴儿成为美国婴儿的主体。到2044年，这一趋势预计将使非拉丁裔白人成为美国的少数群体。[17]到2060年，仅拉丁裔就将从占美国人口的11%上升到28%以上。[18]

工作场所的秘密　应对多样性

本章从管理的角度来探讨多样性，具体来说就是：管理人员能做些什么来创造一个欢迎和欣赏差异的工作场所？但是本章并没有提供如何处理同事多样性的直接指导。虽然管理层和组织在很大程度上要负责培养一种重视多样性的包容性文化，但我们在其中扮演着至关重要的角色。

我们首先认识到，许多人很难接受与自己不同的人。人性就是这样，我们倾向于被与自己相似的人吸引，和他们在一起感觉更舒服。例如，新移民被吸引到有相当数量的相同原国籍人口的社区并不是偶然的。但毋庸置疑的是，“包容差异”已成为大多数发达经济体的目标，也成为企业内部的口头禅。如果你不能接纳差异，并在多元化的员工队伍中高效工作，那么在当今的职场中生存就会越来越困难。

如本章所述，员工多样性有着强有力的论据支持。从你的角度来看，论据应该包括：通过更广阔的（多样化）决策视角，成为更有效的工作小组的一员；更好地了解不同的市场和客户偏好；提高在工作场所与他人轻松共事的能力；促进对弱势群体的公平进程。此外，如果我们认为忽视了对于多样性的支持，那我们就太幼稚了。因为多样性是“政治正确的”。如今的工作场所对于偏见和不公平的表现非常敏感。如果你希望成为今天的劳动力大军中有价值的一员并成功被接纳，你需要认识到支持多样性是合乎伦理和道德的事情。

研究告诉我们，每个人都有偏见。人口统计数据主要反映了表层多样性，而且可以引导你通过刻板印象和假设来认识他人。相反，当你了解别人时，如果你能看到自己拥有更重要、更深层的特征，你就不会那么在意人口统计学差异。下面让我们来看一下表层多样性和深层多样性的区别。

我们大多数人通常用表层多样性来定义多样性。如本章所述，表层多样性与那些容易被注意到的特征有关。因此，当一个 20 岁的年轻人看到一个 70 岁的人，并很快把他归类为“老”时，他只是在表面上进行归纳。相比之下，深层多样性指的是不容易被注意到的特征。深层差异的例子包括个性、情绪、态度、价值观和信仰。当你逐渐了解一个人，尤其是你喜欢和与你有关的人，你往往会忘记表面的差异而专注于更深层次的共同点。

关于这两种多样性差异的一个有趣而典型的例证是大学校园。40 多年来，大多数高校招生人员都是通过在其决策标准中考虑种族或族裔因素的方式积极寻求扩大表面多样性。此外，性别、性取向、社会经济地位或地理背景等其他因素也可以用于延展多样性。当这些因素可以显而易见地通过一个人的外表、穿着或说话方式来评估时，那么它们也是表层变量。但这里有一个有趣的观察结果：当大学管理者试图通过入学选拔来增加多样性时，学生却倾向于向和自己一样的人靠拢而破坏表层多样性。比如，兄弟会和姐妹会选择和他们一样的成员。因为他们的朋友往往是专业相近、住在同一宿舍的人或者属于同一个校园社团的人。所以我们发现，通过录取选拔，校园在促进表层多样性方面做得很好，但一旦学生进入校园，这种多样性就不复存在了。自然形成的学生群体倾向于通过更深层次的特征来定义他们。

那么，怎样才能更有效地应对多样化？在表层，从直面你对他人的偏见和假设开始。除非你认识到你的偏见，否则你无法去除它们。然后考虑一下多样性的好处。正如我们在本章中所指出的，员工多样性有许多好处。你需要认识、接受和重视那些在外表、文化、技能、经历和能力方面与你不同的人所作的独特贡献。

从深层次来说，好消息是，随着我们逐渐了解别人，大多数人会透过表面去寻找共同点。具体而言，有证据表明个体合作的时间越长，表层多样性的影响就越小。所以你的第一反应可能是假设你和比你年长30岁的，或者与你在不同的国家长大的，或者母语和你不一样的同事之间并无共同点。但从基点开始，你们为同一个雇主工作。仅这一点就表明了一种共同的关系——你们都看到了自己所在的公司吸引你们的地方。然后，如果你在处理与别人的差异方面有困难，那就透过表面，试着去了解这个人的个性、兴趣和信仰。你可能会感到惊喜。一开始你可能会认为某个人不像你或者不理解你，但是当你深入了解，花更多的时间和这个人在一起时，你会发现你们之间的共同点。

除了与各种各样的同事进行一对一的工作交流，你可能还需要处理工作团队中的各种情况。偶尔，团队内部的多样性会产生所谓的“断层线”问题。断层线是团队中自然形成的子群体，通常沿着不同的人口统计学线发展。团队领导者的行为和他构建领导角色的方式有利于促进子群体之间的沟通，帮助构建凝聚力，并且号召成员为共同的目标而努力。[19]

以前的统计数字只是冰山一角。美国是一个日益多元化的社会，这种多元化将继续重塑劳动力的构成。让我们来看看其中一些最引人注目的变化。

● 美国人口总数。到2050年，总人口预期从2018年的3.27亿人增加到4.38亿人；82%的增加来自移民及其在美国出生的后代。与2018年的1/8相比，到2050年，几乎1/5的美国人是移民。

● 种族/民族群体。除了总人口的变化，预期人口的组成也会发生改变。图表5-3提供了预测的人口变化。正如预测所显示的，主要的变化是拉丁裔和白人的比例。但是数据也表明，由于人口净迁移，亚裔人口会翻番。

● 老龄化问题。作为一个国家，美国的人口正在老龄化。在过去十年中，随着出生率的稳步下降，“婴儿潮”一代人口的年龄继续增长，他们的数量正在慢慢超过儿童。[20]在20世纪前半叶，一对夫妇可能会选择要三个或更多孩子，现在他们选择生一个或不生孩子。然而，到2050年，1/5的人会达到65岁及以上。这个群体中“最老”的人——那些80岁及以上的人——会成为最常见的年龄群体，占美国总人口的8%。“老龄化会继续成为定义美国人口的最重要特征之一。”[21]

这种人口趋势很可能对美国的劳动力队伍造成很大的冲击。我们可能会看到劳动力队伍的哪些变化？

图表5-3 美国人口构成的变化

	2018年	2050年
在国外出生	14%	19%
种族/民族群体		
白人*	72%	47%
拉丁裔	12%	29%
非洲裔*	12%	13%
亚裔*	4%	9%

*为非拉丁裔（不包括美洲印第安人/阿拉斯加原住民）。

资料来源：www.census.gov.

根据美国劳工统计局（US Bureau of Labor Statistics）的数据，到 2024 年，47%的劳动力是女性，23%将是黑人、亚裔/太平洋岛民。[22]在所有族群中，拉丁裔人口增长最快，预计占比 28%。2018—2024 年，16～24 岁的工人数量将减少 24%，而 55 岁及以上的工人数量将增加 19.8%。移民问题也可能是职场变化的一个因素。根据美国人口普查局（US Census Bureau）的一项分析，近 1/7 的美国工人是在外国出生的，这是自 20 世纪 20 年代以来的最高比例。在 2018 年，他们占美国劳动力的 17.1%。[23]

企业需要适应并接受这些劳动力变化。有趣的是，尽管美国历来被称为一个"大熔炉"，在这里，不同国籍、宗教、种族和民族的人融合在一起成为一个整体，但当前社会仍然强调对于差异的承认与关注。企业需要认识到，它们不能指望员工通过采取统一的态度和价值观来融入组织。相反，要承认和欣赏人们为工作环境带来的差异。在本章的随后部分，我们将讨论组织可以实施的计划，以促进对差异性的欣赏。

5.2.2 全球劳动力变化如何？

一些显著的世界性人口趋势也可能影响全球劳动力。根据联合国的预测，"世界正处在新时代的人口变化中，这会在接下来的一个世纪内重塑社会、经济和市场"。[24]让我们看看其中两种趋势。[25]

- 世界总人口。到 2030 年，世界人口总数预计达到 98 亿。联合国估计总人口加速增长一个世纪后，要么会稳定，要么会达到峰值。这个转变的主要原因是国家在经济上发展后出生率会下降。然而，在非洲、亚洲、拉丁美洲、加勒比海地区和大洋洲的发展中国家，出生率仍然很高。一个好处是其中很多国家可能有"人口红利"，即进入劳动力队伍的年轻人比重增加，使生产力和经济得到发展。
- 老龄化人口。世界老年人口继续以前所未有的速度增长。[26]今天，全世界有 8.5%的人年龄在 65 岁以上。预计到 2050 年，这一比例将跃升至近 17%。

世界人口老龄化会带来很多变化。年轻劳动力将会短缺，发达国家将依赖来自发展中国家的移民填补工作空缺。雇主可能会被迫雇用七八十岁的工人，因为老龄人口数量太多了，到 2040 年，世界上 80 岁及以上人口会增加 23%。这些趋势对社会和企业的影响是深远的——从改变家庭结构到转换工作和退休方式，再到基于对社会津贴项目的要求越来越高而出现的经济挑战、缩减的劳动力供给以及不断降低的全球总储蓄率。这种人口学的转变会重塑全球劳动力市场和组织的工作场所。

5.3 员工多样性的类型

我们在工作场所中发现了何种类型的差异性（多样性）呢？图表 5－4 中是几种类型的员工多样性。让我们逐一查看这些类型。

5.3.1 年龄

对年长员工的负面刻板印象——无精打采、智力低下、工作表现不佳、抗拒改变——

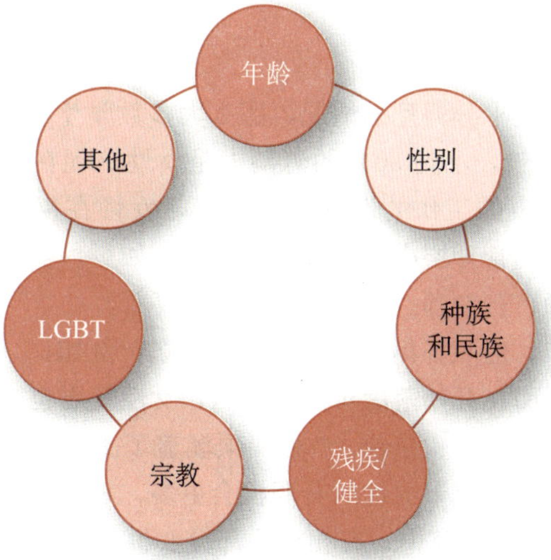

图表 5-4 在工作场所发现的员工多样性类型

无疑使许多雇主不愿雇用和留住 50 岁以上的员工。这些刻板印象可说是许多就业歧视现象的根源。虽然 1964 年的《民权法案》第七章和 1967 年的《反就业年龄歧视法》都明令禁止年龄歧视，但雇主的就业年龄歧视索赔在过去 15 年中有增无减。[27]

与刻板印象相反，有证据表明，通过雇用和留住年长员工来提升多样性，在商业上是明智的选择。[28]他们为工作场所带来经验、技能和工作的连续性。留住年长员工也为其他员工提供了获取关键制度知识和历史的途径。此外，正如我们之前关于出生率下降和潜在的劳动力短缺的讨论所暗示的那样，如果企业想要保证关键职位不出现空缺，留住“婴儿潮”一代可能是至关重要的。

一些细节可以阐明年长员工的价值，并证明许多关于年龄的刻板印象的谬误。例如，年纪大的员工更稳定[29]，他们很少流动。所以管理层可以在招聘新员工上花费更少的时间和金钱。而且年长的员工比年轻的员工有更低的缺勤率。[30]也许最重要的是，研究表明，年龄和工作绩效之间几乎没有关系。[31]也就是说，随着年龄的增长，绩效没有显著的下降。任何身体或精神敏锐度的下降似乎都能被经验抵消。因此这些因素都有力地证明了企业应该雇用年龄较大的员工，并实施多元化的举措，比如灵活的工作时间和技能更新计划，以吸引并留住他们。作为一个恰当的例子，全球化银行巴克莱（Barclays）的高管们认为，聘用年长员工在商业上是明智的。为了帮助寻找和挑选年长的员工，他们为 50 岁或 50 岁以上的人启动了一个实习项目。[32]

与对年长员工的刻板印象相对，是对年轻员工也有负面刻板印象。尤其是千禧一代（生于 1980—1996 年的员工），人们认为他们急躁、懒惰、自以为是。[33]到 2025 年，千禧一代员工将占全球劳动力的 75%。[34]虽然与年长的同行相比，他们可能生长在一个受到更周全保护的环境中，但他们在技术知识、沟通和好奇心方面具有优势，而且他们也是优秀的团队成员。[35]

管理者需要确保他们考虑到不同代际的员工的不同观念。有效地管理一个组织的不同年龄层的员工可以使他们很好地工作，互相学习，提供不同的观点和经验。

5.3.2 性别

看看大学校园。如果是十分典型的情况，那么大多数学生应该是女性。[36]这一事实已经影响到了劳动力。1950 年，不到 30%的劳动力是女性。现在是 47%。[37]这些统计数字并没有反映出女性现在从事的工作的性质。1950 年，女性在秘书、护士和教师等职业中占主导地位，在商业公司的管理层中几乎找不到女性。如今，女性在专业人员中所占比例越来越大，如医生、律师、药剂师、大学教授和公司高管。

尽管已经取得了进步，但职场仍远未实现性别中立。例如，一项研究发现，男性在职业生涯的起点比女性高。而在开始落后于男性之后，女性就再也追不上了。男性在职业的阶梯上要比女性走得更远，晋升也更快。[38]另一项涵盖了 132 家全球公司的 3.4 万名男性和女性的研究发现，与女性相比，男性的升职机会更多，承担的任务更具挑战性，也更容易接触到高层领导。[39]在这项研究中，有相当一部分女性表示，她们没有因为自己的贡献而得到赞扬，而她们的性别是错过加薪和晋升的一个因素。

最近的“我也是”运动引起了全球范围内对职场性别不平等的关注。[40]这项运动始于 2017 年，当时有十多名女性指控电影制片人哈维·韦恩斯坦（Harvey Weinstein）对其实施性骚扰、性侵犯以及强奸。开始时，该运动只是涓涓细流，但很快就变成了指责洪流。这场运动结束了韦恩斯坦在他的电影公司的统治，同时也揭露了数十名杰出人士滥用权力的行径。

“我也是”运动还揭露了对女性怀有敌意的组织文化，比如福克斯新闻。[41]对优步、特斯拉、Squarespace 和 Tinder 等硅谷科技公司的调查发现，“男孩俱乐部”的环境更适合兄弟会，而不是商业组织。在这些公司里，女性员工的数量远不及男性，而且她们抱怨被排除在重要会议之外，受到下流语言的冒犯，遭受性骚扰，在升职的机会上被忽略。[42]

显然，职场中仍然存在性别不平等。但最近情况已经发生了变化。前十年还尚可接受的语言和行为，现在不能接受。[43]而那些使工作环境变得满怀敌意——无论是对于何种性别而言——的男性或者女性更不可能被容忍。我们可以预见，组织文化在未来依旧充满敌意，尤其是对女性而言。这将会吸引负面的媒体关注，并带来严重的法律后果。

5.3.3 种族和民族

在社会和组织中，种族是一个有争议的问题。我们把**种族**（race）定义为身体特征，如骨骼结构、皮肤或眼睛的颜色。**民族**（ethnicity）则是一种社会和文化概念，涉及国家、地区文化和族系。这些因素定义了一个人所属的种族和民族。通常，我们把种族和生物学特征联系在一起，而把民族和文化特征联系在一起，但这两种分类都有自认同的历史。许多国家都实施了反对种族和民族歧视的法律。[44]

正如我们在图表 5-3 中看到的，美国人口的种族和民族多样性正在呈指数增长。在劳动力的构成中，我们也可以看到相同的影响。大部分与员工有关的种族和民族研究都调查了雇用决策、绩效评估、薪金和工作场所歧视。这些研究很多都关注对待白人和非洲裔美国人的态度的不同之处，以及二者薪酬的差异。

处于工作场所的个人在绩效评估、晋升决定和加薪方面都倾向于与自己种族相同的同事。虽然这些影响很小，但他们是一致的。[45]少数族裔报告称，他们在工作场所受到的歧视程度更高。[46]在就业决策方面，非洲裔美国人的表现通常不如白人（这一发现在美国以外可能并不适用）。他们在就业面试中得到的评价较低，工作表现评价较低，薪水较低，晋升机会也较少。[47]虽然这并不一定证明存在明显的种族歧视，但非洲裔美国人经常受到歧视。例如，一项关于低工资工作的研究发现，没有犯罪历史的非洲裔美国人求职者比有犯罪记录的白人求职者获得的工作机会还要少。[48]同时研究显示，对于平权行动的态度存在种族上的巨大差异，非洲裔美国人比白人更喜欢这类运动。[49]

有些行业在种族构成方面差别很大。例如，美国广告和媒体机构的管理层缺乏种族多样性，尽管它们的客户基础越来越种族多元化。[50]相比之下，在硅谷的科技公司中，亚洲人的比例远远高于他们在美国人口中的比例。[51]

5.3.4 残疾/健全

根据美国人口普查局的调查，残疾人是美国最大的少数群体。大约12.6%的美国人有残疾。[52]

1990年对残疾人来说是一个分水岭。这一年通过了《美国残疾人法》（Americans with Disability Act）。该法禁止歧视“被视为”有残疾的个体，并要求雇主创造合理的条件以便有生理或心理残疾的人进入，并让他们能够有效率地工作。该法颁布后，残疾人成为美国劳动力队伍中有代表性的不可或缺的一部分。

场景实践

凯特琳·莫里斯（Katelyn Morris）是一家大型保险理赔公司的分公司经理。她刚刚雇用了患有自闭症的新员工布莱恩（Brian）来帮助处理保险理赔事务。布莱恩将在两周后开始他在分公司的新工作。凯特琳的其他工作人员没有与自闭症患者或其他任何残疾人一起工作的经验。

凯特琳应该怎么做来保证布莱恩加入她的分公司后可以拥有快乐的工作体验？

在这种情况下，很重要的一点是，凯特琳帮助她的团队形成对布莱恩的期待，以便让所有人能在一起成功地工作。除了她对团队合作方式的期望之外，凯特琳还应该将她的团队成员召集到一起，公开分享关于布莱恩的优势所在以及有机会的领域的信息。凯特琳还应该考虑请一位专家来与团队交流，回答他们关于如何最好地与布莱恩合作的问题。

艾丽西亚·凯瑟（Alicia Kiser），人力资源主任

残疾的定义是什么？美国公平就业机会委员会将拥有严重限制一项或多项主要生活活动的身体或智力缺陷的人归类为残疾人。耳聋、慢性背痛、艾滋病、四肢不健全、癫痫、精神分裂、糖尿病和酗酒都符合这个定义。

美国人力资源管理协会（Society for Human Resource Management）的调查发现，61%的人力资源专家回复说，他们的组织现在将残疾人包含在多样性和包容性计划中。然而，只有47%的人说他们的组织主动招聘残疾人。40%的人说他们的高级管理者强烈表达了这样做的承诺。[53]即使在《美国残疾人法》通过之后的30多年里，组织和管理者仍然害

怕雇用残疾员工。美国劳工部（US Department of Labor）的调查研究了这些没有理由的担心。[54]图表 5－5 描述了这些担心中的一部分，以及这些担心在现实中是怎样的。这些担心毫无疑问导致一些雇主在雇用过程中对残疾人的歧视。

担心：雇用残疾人会导致人力成本更高、边际利润更低	现实：健全员工和残疾员工的病假缺勤率实际上是一样的；在计算报酬时，员工的残疾不在计算保险成本的公式内
担心：残疾员工缺少必要的工作技能和经验，无法像健全的同事做得那样好	现实：像互联网和语音识别软件这些常见的技术已经消除了很多对残疾人的阻碍；许多残疾人能通过寻找执行普通任务的创造性方法来很好地解决问题
担心：对于如何对残疾员工采取纪律惩罚措施的不确定性	现实：如果工作场所提供了条件，那么残疾员工在工作绩效上拥有同样的义务和权利
担心：为残疾员工提供便利需要高成本	现实：大多数残疾员工不需要便利设施，而对于那些需要的人，改造工作场所只需要不到500美元

图表 5－5　雇主对残疾人的担心

资料来源：Based on R. Braum，"Disabled Workers：Employer Fears Are Groundless，" *Bloomberg Business Week*，October 2，2009；and "Survey of Employer Perspectives on the Employment of People with Disabilities，" US Department of Labor/Office of Disability Employment Policy，November 2008.

总的来说，残疾人在可靠和责任心等品质上得到了雇主的高度评价。[55]但不可忽视的是，在一些工作中，身体上的残疾实际上给他们带来了优势。例如，在需要高度集中注意力的工作中，环境噪声会让人分心。这表明，在其他条件相同的情况下，听力受损的人在从事需要高度集中注意力的工作时会有优势，比如计算机程序员或放射科医生。同样，摩根大通（JPMorgan Chase）、微软、IBM 和 SAP 等公司也在寻找自闭症工作者来进行软件测试和从事网络安全工作。摩根大通在过去的三年里雇用了 70 多名自闭症员工，一位高管评论道："我们的自闭症员工比他们的普通同事平均多完成 48%～140%的工作……他们注意力高度集中，很少被社交活动分散注意力。"[56]

5.3.5　宗教

《民权法案》第七章禁止基于宗教（还有种族/民族、国籍和性别）的歧视。今天，似乎美国关乎宗教多样性的最大话题是围绕伊斯兰教的，尤其是在"9·11"事件以后。[57]

伊斯兰教是世界上主要的宗教之一。在美国，穆斯林是一个少数群体，但数量正在增长。有近 300 万穆斯林生活在美国，到 2030 年，该数量预计会翻倍。[58]到那时，美国的穆斯林人数将与犹太人人数一样多。[59]而除了这些数字，也有证据表明，人们在工作场所歧视信仰伊斯兰教的人。例如，近四成的美国成年人承认他们对穆斯林怀有负面的感觉或偏见。[60]这种偏见形成的部分原因可能是一些穆斯林在工作中寻求通融。[61]自2002年以来，穆斯林在公平就业机会委员会提出的基于宗教歧视的诉讼中占据了很高的比例，为20%左右。[62]

当然，除了接纳穆斯林雇员之外，雇主还面临着宗教方面的其他挑战。例如，许多犹太人认为他们不应该在周六工作；一些基督徒不想在星期天工作。而且像CVS和沃尔格林（Walgreens）这样的连锁药店不得不和那些以宗教信仰为由拒绝提供某些避孕药的药剂师协商。[63]

5.3.6 LGBT：性取向与性别认同

LGBT指女同性恋、男同性恋、双性恋和跨性别者（lesbian，gay，bisexual，and transgender people）——被越来越多地使用并与性取向和性别认同的多样性相关。大约4.1%的美国成年人认为自己是LGBT。而在1980—1998年出生的美国人中，这个数字是7.3%。[64]据估计，在美国私营部门有540万LGBT员工。[65]

LGBT员工在工作场所的地位一直在变化。直到2015年，美国联邦法律都没有禁止针对雇员的性取向歧视的条款，尽管许多州和市政当局已经禁止了这种行为。在两个独立的美国最高法院审判的案件中，法官们认为变性者（性别身份），以及女同性恋、双性恋和男同性恋者（性取向）理应受到《民权法案》第七章禁止性别歧视的保护。[66]2017年，特朗普政府辩称，《美国宪法第七修正案》的目的并不是为同性恋员工提供保护。然而，这在2018年被美国上诉法院推翻。法院表示，员工的性别必然是性取向歧视的一个因素。[67]在欧洲，《平等就业指令》（Employment Equality Directive）要求所有欧盟成员颁布法案，将针对性取向的歧视列为违法。[68]

现在让我们看看研究。一项研究发现，超过40%的男同性恋和女同性恋员工表示，他们曾因为自己的性取向而受到不公正对待、被拒绝升职或被迫辞职。[69]另一项研究发现，19%的女同性恋、男同性恋和双性恋员工曾因为他们的性取向而在工作中遭受过言语攻击。[70]超过1/3的LGBT员工认为他们必须在工作时隐瞒自己的私生活情况，而大约相同比例的人表示他们因为花费时间和精力隐藏自己的性别身份而感到疲惫。[71]

一份报告显示，91%的美国大型公司现在禁止基于性取向的就业歧视行为，61%则禁止基于性别身份标识的偏见。[72]越来越多的大公司正在制定政策和采取行动来保护同性恋雇员在工作场所的权利。例如，安永会计师事务所和庄臣公司（S. C. Johnson & Sons，Inc.）等向管理人员提供如何防止基于性取向的歧视的培训。

5.4 管理多样性的挑战

尽管我们知道员工多样性为组织带来好处，但是管理者仍然面临着为多元化的员工创造具有包容性和安全的工作环境的挑战。在这个部分，我们将考察其中三种挑战：个人偏向、玻璃天花板和薪酬不平等。

5.4.1 个人偏向

职场母亲、足球运动员、金发、保守派、自由主义者、移民。当你读到这些词时，脑海中出现了什么印象？基于你的背景和经验，你可能有很多特殊想法和想表达的内容，甚至包括你认为的所有职业运动员或移民共有的特点。我们每个人都有偏向——通常不为人所知。[73]当员工进入工作场所时，他们可能且确实带入了对不同人群的这些想法。这些想法可能导致偏见、歧视和刻板印象——所有这些塑造和影响了我们的个人偏向。研究指出了一个麻烦的事实：消除偏向比以前想的更为困难。[74]

偏向（bias）是指对特定观点和观念的趋向性或偏好。它通常被看作“一边倒”的观点。我们的个人偏向导致我们对人或事有先入为主的观点。这种先入为主的观点可能导致所有不正确的判断和态度。让我们看看个人偏向如何影响我们看待和应对多样性的方式。

个人偏向的结果之一可能是对于一个人或一群人的**偏见**（prejudice），即预先持有的观念、看法或判断。偏见可能基于我们之前讨论的所有类型的多样性：种族、性别、民族、年龄、残疾、宗教、性取向，甚至其他人格特质。

偏见的主要原因是**刻板印象**（stereotyping），即基于自己对某人所属群体的看法来判断这个人。例如，“相比未婚者，已婚者是更稳定的员工”。然而，记住并非所有的刻板印象都是错误的。例如，向会计专业的人询问你遇到的预算问题是合适的想法和行为。然而，很多刻板印象——红头发的人脾气不好，老年司机最危险，职场母亲不像男人一样努力工作，等等——都不符合事实而且扭曲了我们的判断。

偏见和刻板印象都可以导致某人以不公平的方式对待特定群体的成员。我们称之为**歧视**（discrimination），即某人将自己的偏见通过行为施加给偏见对象。你可以在图表 5-6 中找到不同歧视类型的定义和例子。很多这种行为被法律禁止，所以你不会在员工手册或组织政策语句中发现对这些内容的讨论。然而，你仍然可以在工作场所看到这些行为。“随着歧视日益受到法律监督和社会谴责，大多数公然的歧视行为已经逐渐消失，但是可能导致更多像粗鲁或排外这种更为隐蔽的形式。”

图表 5-6 歧视的形式

歧视的类型	定义	组织的例子
歧视政策或行为	组织代表采取否认公平就业机会或执行对绩效的不平等回报的行为	年长的员工可能是临时解雇的目标，因为他们的薪水和福利都很高
性骚扰	导致敌意和无礼工作环境的多余的性挑逗和其他含有性意味的言语或肢体动作	公司的销售人员花公款去脱衣舞会，将脱衣舞娘带进办公室庆祝晋升，造成了令人深信的性丑闻
恐吓	针对特定员工群体中的成员进行的公开威胁和欺凌	一些公司的非洲裔员工在工作场所发现了悬挂的绞索
愚弄和侮辱	玩笑或负面的刻板印象；有时玩笑的影响被扩大	阿拉伯裔员工在工作时会被问到是否带了炸弹或是不是恐怖组织成员
排斥	排斥特定人群，不让他们获得工作机会，参加活动、讨论或正式指导；可能无意中出现	金融行业的很多女性声称被分配到边缘化的工作岗位，或者被指定了无法带来晋升的较轻的工作职责

续表

歧视的类型	定义	组织的例子
粗鲁	不尊重人的待遇，包括进攻性的行为、打断别人或忽视别人的意见	女性律师注意到，男性律师常常打断她们，或者不恰当地对待她们的意见

资料来源：S. Robbins and T. Judge，*Organizational Behavior*，18th ed.（New York：Pearson，2019），p. 49.

用数字说话

- 名字听起来像白人的求职者接到的面试电话比名字听起来像黑人的求职者多50%。
- 尽管男性和女性的简历完全一样，但使用男性名字的求职者中，79%被认为值得聘用，而只有49%的使用女性名字的求职者被认为值得聘用。[75]

不论有意还是无意的歧视，都可能对员工造成严重的负面结果。但是组织和管理者不仅仅面对着歧视行为可能遭到的金钱惩罚，还有降低的员工生产力、负面和破坏性的人际冲突、升高的员工离职率以及可能对管理者造成严重问题的整体负面氛围。即使组织从未被提起过员工歧视诉讼，管理者还是需要强有力地开展工作以消除不平等的歧视。

5.4.2 玻璃天花板

事实：在美国，30多年来，每年获得学士学位的女性都比男性多。[76]和她们的男性同学一样，女性进入商业世界的目的是在公司的晋升阶梯上往上走。然而，在她们工作的公司里，能够晋升到最高层的女性却明显较少。例如，2018年，《财富》杂志500强首席执行官排行榜中女性只占4.8%。[77]重要的是，有证据清楚地表明，女性在工作和管理岗位上的表现与男性一样卓有成效。[78]如果女性能像男性一样胜任高级管理工作，是不是还有别的原因在阻止她们？有一个强有力的理由可以证明“别的原因”是“玻璃天花板”。

玻璃天花板（glass ceiling）是一种隐喻，指在组织等级制度中阻碍女性或少数族裔成员的一种无形的障碍，这种障碍限制了他们的晋升空间。“天花板”是指某个阻挡了向上运动的事物，“玻璃”则是指那些障碍物并不是立即可以看出来的。虽然这个词通常用来形容女性面临的限制，但男同性恋者和非洲裔美国人也报告了他们在职业生涯中遇到的类似障碍。[79]

关于玻璃天花板的研究已经开始识别阻碍女性发展的组织行为和人际偏见。这些研究结果包括未能建立人际网络、缺乏有效的指导、性别刻板印象、构建男性特征与领导效率的联系以及将家庭生活置于事业之上。[80]

用数字说话

- 《财富》500强公司中女性首席执行官的数量要比名叫詹姆斯的男性首席执行官少。[81]

不管人们认为何种原因造成了极少的女性在管理层任职，企业的决策者——尤其是高级管理人员和董事会——需要打破玻璃天花板。而动机不应该只是因为这是正确的事情。这种行为在商业上很有意义。根据瑞士信贷（Credit Suisse）的研究，女性在高级运营职位中所占比例为50%的公司，其股本回报率平均要高出19%。一家大型咨询公司的研究发现，相比于其他公司，高管团队中性别多元化的公司，盈利能力高于平均水平21%。[82]

5.4.3 薪酬不平等

如果不解决男女薪酬不平等的问题，那么当代关于多样性的讨论就不可能是完整的。这个话题引起了很多关注。[83]这是事实还是故事？如果这是真的，是因为歧视还是其他原因？

首先，美国法律明确规定工资不平等是非法的。1963年的《公平薪酬法》（Equal Pay Act）规定，无论从事同一工作的员工是男性还是女性，其工资标准都必须相同。然而，几乎所有的研究都表明，从事同样工作的男性和女性之间的薪酬存在差异。

回溯到1980年。有研究表明，在类似的工作中，女性的收入仅为男性的64%。到2017年，达到82%。[84]对于年轻女性来说，随着时间的推移，差距缩小得更多。1980年，25～34岁的女性比男性时薪收入少33美分，而2017年为11美分。[85]于是对这一差距存在的原因的分析集中在了这82%上。

试图解释这一差距的分析层出不穷。多数关注集中在教育程度、职业选择、工作经验、家庭责任和对灵活性的偏好上。[86]然而，更详细的检验证明，教育水平和工作经历是首要因素。这两个因素似乎可以解释大部分差异，例如，它们可以解释工作类型和女性对灵活性的偏好。[87]一项研究将54%的性别工资差距归因于不同行业的不同工作。然而，这种结论仍基于工作类型、教育和工作经历，研究人员发现，33%的薪酬差距仍然无法解释。[88]虽然灵活性很难衡量，但研究表明，女性更喜欢那些能增加灵活性的工作，比如远程办公、弹性工作制和公休假。[89]但这种灵活性可能伴随着罚款。

总之，即使考虑到职业和行业选择以及对灵活性的渴望，男性和女性的薪酬仍然有3%～5%的差距。这可能是由歧视导致的。

消除这种差距的挑战可以从拥有3万名员工的科技公司Salesforce的经历中看到。[90]公司首席执行官马克·贝尼奥夫（Marc Benioff）为公司被《财富》杂志评为“最佳工作场所”以及公司对薪酬平等的承诺而感到自豪。因此，当人力资源主管告诉他公司存在薪酬差距问题时，他感到震惊。尽管他不相信，但他同意进行审计调查。审计发现，由于Salesforce在前一年收购了十几家公司，不平等现象已经渗透进来。公司立即作出了改变，超过10%的女性得到了加薪。贝尼奥夫得到的教训是：尽管我们坚定地承诺要实现薪酬平等，但这是一个永无止境的过程。Salesforce现在正在对其性别薪酬问题进行评估。

关于性别薪酬平等的目标的好消息是它正在改善，但仍有很长的路要走。此外，正如Salesforce的案例所揭示的，成功需要组织的最高管理层的承诺和持续的评估。

5.5 员工多样性管理的创新措施

万豪国际非常重视多元化。公司一位发言人表示，我们利用公司的核心价值观，将多样性和包容性深深嵌入其中，这是我们在全球开展业务不可或缺的一部分。[91]公司总裁兼首席执行官阿恩·索伦森（Arne Sorenson）是提倡公司内外多元化的重要力量。例如，他公开反对印第安纳州《反LGBT者宗教自由恢复法》（Anti-LGBT Religious Freedom Restoration Act），他说：“这是完全错误的……我们是不会容忍的……告诉企业‘它们在某种程度上有歧视的自由'，这种想法是不对的。"[92]公司每个月都有强制性的多元化培训，还有一些提供意见和建议的员工资源组。他们在多元化管理方面的努力，使该公司在 2018 年多元化企业 50 强榜单上名列第二。

正如万豪国际的案例所显示的，一些公司正在有效地进行多样性管理。在这一节，我们将看到各种各样的员工多样性举措。

5.5.1 高管对多样性的承诺

正如我们在 Salesforce 的例子中所指出的，尽管可能不是最重要的因素，但高层管理者的承诺是影响实现员工多元化的重要因素之一。一切都从顶层开始。如果管理层没有全力以赴，这个目标很可能只是口头上的。但当最高管理层将其作为优先事项，并设计奖励系统来彰显其意义所在，整个组织的员工就都会注意到。

首先要做的就是确保多样性和包容性是组织目的、目标和战略的一部分。多样性需要被整合进企业的各个层面——从员工、顾客、供应商到服务的社区。政策和程序必须到位，以确保能立马消除不满和担忧。最后，组织文化必须重视多样性和包容性，甚至达到像万豪国际一样根据多样性成果衡量和奖励个人绩效的程度。

在失败中学习　**丹尼餐厅对多样化的回应**

一场意外将种族问题推到风口浪尖。1993 年 4 月，派给比尔·克林顿（Bill Clinton）的六名特勤处黑人特工走进了马里兰州安纳波利斯的一家丹尼餐厅用餐，结果等了将近一个小时。然而就在他们被晾在一边时，坐在他们旁边的一桌白人同事得到了热情的服务——点单迅速，而且紧接着就开始享用食物了。于是这些黑人工作人员在诉讼中公开了自己的遭遇，这对于丹尼餐厅的名声是毁灭性的打击。而且很不幸，这并不是偶发事件，这是本年内针对该公司的第三起种族歧视诉讼。显而易见的是，丹尼餐厅已经在少数族裔中臭名昭著。然而，安纳波利斯的这次事件将是一个转折点。丹尼餐厅的文化必须改变——它也确实做到了。

主要的人事变动出现在公司高层，新人进入高管团队，而且在三年内，关键岗位上的少数族裔比例从 0 增长到了 11%。在同一时期，非洲裔美国人的加盟者人数从 0 增长到了 65 位。此外，大量的政策和实践都得到了改变，公司组建了一个团队来监督多元化项目的执行。所有的员工都要参与关于种族敏感性的工作坊。多样性也被确定为餐厅和地区经理的一项绩效标准。同时对餐馆进行随机抽查，确保顾客和雇员被以恰当的方式对待。

丹尼餐厅证明，组织文化可以改善。在安纳波利斯事件发生后的七年内，丹尼餐厅开始名列前茅——就算不是，也被认为是为美国少数族裔服务的餐厅。[93]

5.5.2 指导

企业高层领导职位中的女性和少数族裔较少的后果之一是，低层级的员工缺少寻求支

> **用数字说话**
>
> ● 有一位导师会让你更有可能获得晋升，也会提高你人际网络的质量。[94]

持和建议的人选。这就是指导项目的有益之处。**指导**（mentoring）是有经验的组织成员（导师）向经验不足的成员（徒弟）提供建议等的过程。导师通常有两种提供指导职能的独特形式：职业发展和社会支持（见图表 5－7）。[95]

图表 5－7 指导的作用

职业发展职能

1. 鼓励徒弟接受那些具有显著挑战性的任务。
2. 训练徒弟提升技能，实现工作目标。
3. 让徒弟有机会接触组织中的权威人士。
4. 就如何在组织权力体系中行事，向徒弟提出建议。
5. 帮助徒弟免于遭受名誉损失。
6. 举荐徒弟获得潜在机会。
7. 听取徒弟不愿意向其直接上司汇报的想法。

社会支持职能

1. 对徒弟提出忠告，培养他的自信心。
2. 与徒弟分享个人发展经历。
3. 提供友谊与支持。
4. 以身作则，树立榜样。

一个好的导师项目应该旨在帮助所有具有较高潜力的员工，使其在组织职业阶梯中进步。但是就提升多样性而言，女性和少数族裔导师通常会更适合向那些与他们相似的人提出建议。徒弟倾向于与他们相似的人建立联系；而且导师通常可以预见徒弟将要遭遇的挑战，而这些困难也是他们曾经经历过的。

5.5.3 多元化培训

毫不夸张地说，美国的组织每年在多元化培训上花费数十亿美元。这是一笔巨款，同时带来三个问题：这种培训由什么组成？培训有效吗？如果成功了，哪些条件有助于实现这种成功？

理想情况下，多元化培训应该注重知识、态度和行为。项目通常首先包括对多样性问题以及多样性的价值的审视，其次是帮助个人意识到自己的文化价值观和无意识的偏见，体验什么是被歧视的感觉，并练习与不同群体的互动，作出恰当得体的回应。当然，多元化项目之间有很大的不同，没有放之四海而皆准的方案可以保证成功。[96]

什么能带来成功？40 多年来对多元化培训的研究为我们提供了一些答案。[97]我们发现多元化培训以不同方式对知识、态度和行动产生积极影响。经过培训，人们记住了新知识。但随着时间的推移，他们的信念和行为倾向于恢复到训练前的状态。也就是说，如果再加上其他与多元化相关的举措，比如高层管理承诺、多样化的招聘目标和正式的辅导计划，培训带来的变化更有可能持续下去。另外的研究表明，如果多元化培训是强制性的而不是自愿的，是法律制度要求的，是针对管理者而不是所有员工的，那么它很可能会失败。[98]遗憾的是，大约 75％的拥有多元化培训项目的组织属于这些类别。[99]

5.5.4 员工资源组

20 世纪 60 年代，施乐公司（Xerox）在纽约州罗切斯特市的总部成立了一个黑人团体。这是一个早期的员工资源组的例子。大约 90%的《财富》500 强公司现在都有员工资源组，它们已经成为支持多样性的重要组织之一。[100]例如，金融服务和保险巨头保诚集团（Prudential）就为退伍军人、同性恋者、双性恋者、黑人、拉丁裔和亚裔/太平洋岛民设立了就业小组。[101]最受欢迎的就业小组可能依旧是妇女和非洲裔美国人组织。

员工资源组（employee resource group）（也经常被称为密切团体）是组织内自愿的、由员工领导的小组，小组成员拥有共同的特质、兴趣或目标。虽然小组由员工发起，员工完全是自愿加入的，但员工资源组通常由与小组问题有关的高级主管发起，并确保员工资源组的目标和关注问题可以被高层知晓。

员工资源组有多种用途。它们是员工普遍关心问题的发声媒介，它们也有助于吸引和招聘多样化的人才，提高员工的敬业度，甚至可以承担导师项目。以美国电话电报公司的非洲裔美国人员工资源组为例，该公司拥有超过 1.2 万名员工，黑人留任比例达到了 85.6%。[102]

一个关于员工资源组的有趣发现是，并不是所有的员工都觉得这个概念有吸引力。对于员工资源组的兴趣似乎与年龄有关。[103]最近的一项研究发现，34 岁以下的员工几乎有一半对员工资源组感兴趣。这可能是由他们普遍强烈的群体意识导致的。相比之下，55～64 岁年龄段的员工中只有不到 20%的人有类似的兴趣。

5.5.5 最后的一些想法和问题

我们通过提出有关劳动力多样性的问题来结束本章，但这些问题没有标准答案。我们建议围绕多样性展开讨论，对这些问题进行思考和反思，并挑战你的批判性思考能力。

“身份政治”是否导致了人们沉迷于对差异的关注？ 一些批评人士认为，我们已经失去了对统一目标和共同认可的优点的关注。我们是不是过于关注促进不同种族、肤色、性别、性取向的员工间的平等，而忽略了要围绕创造共同价值观和构建共同的组织文化这一目标？这些亚文化是否强调以牺牲团结的纽带为代价来安抚特殊群体的特殊需求？难道成功的组织不应该是让人们围绕共同的目标，而不是依靠独特的差异团结起来吗？

长久以来形成的惯例是否破坏了多样性？ 工作中有着十分流行的惯例，但它会伤害多样性。有两个例子，一个是员工推荐机制，一个是企业团队建设活动。

最流行且有效的招聘方式之一便是在职员工推荐制度。组织愈发依赖员工推荐，因为有证据表明优秀的员工往往会认识和他们一样优秀的人，而且员工不会推荐给自己带来负面影响的人。但该制度强化了既有格局。如果一个组织中白人占据绝大多数，那么推荐来的是不是也会是白人？

支持多元化是否伤害了对优秀者的奖励？ 如果你认为组织中的招聘、发展和薪酬决策应该基于绩效，那么在这些决策中使用多样性作为标准是否与追求绩效相矛盾呢？我们相信公司的政策是公平的，不偏袒任何特殊群体。但在很大程度上，多样性背后的逻辑正是纠正长期以来的决策形成的结果。这些决策导致了不公平的现象，比如组织高层缺乏女性和少数族裔。但是，增加组织多样性的努力是否会威胁到对现存优秀者的奖励呢？

为考试做准备

本章小结

5.1 定义员工多样性，解释为何管理员工多样性如此重要。

员工多样性是指使得组织中的人不同或相似的方式。管理员工多样性是非常重要的，好处有以下三点：(1) 人员管理——对员工才能的更好利用，团队问题解决的质量有所提高，具有吸引和留住多元化背景的员工的能力；(2) 组织绩效——成本降低，问题解决能力提升，系统灵活性提升；(3) 战略——对多元化市场的理解加深，具有提升销售额和市场份额的潜力，更好的创新努力带来潜在竞争优势，以及被视为高尚和有道德。

5.2 描述美国及全球劳动力的变化。

美国劳动力的主要变化包括：人口的增长；人口组成的变化，尤其是与种族/民族群体相关的变化；老龄化问题。全球人口最重要的变化包括世界总人口增加及人口的老龄化问题。

5.3 解释工作场所发现的各种员工多样性。

工作场所发现的员工多样性包括年龄（年长的员工和年轻的员工）、性别（男性和女性）、种族和民族（种族和民族类别）、残疾/健全（主要生活活动受限制的残疾人）、宗教（宗教信仰和宗教行为）、LGBT（女同性恋、男同性恋、双性恋、跨性别者群体）和其他（如社会经济背景、不同职能区域或组织部门的团队成员、外表吸引力、肥胖/苗条、工作资历等）。

5.4 讨论管理者在管理多样性时面临的挑战。

管理者面临的三个主要挑战是个人偏向、玻璃天花板和薪酬不平等。偏向是对特定观点和观念的趋向性或偏好。我们的偏向可能导致偏见，即针对某人或某群人预先持有的观念、看法或判断；刻板印象，即基于自己对某人所属群体的看法来判断这个人；歧视，即某人将自己的偏见通过行为施加给偏见对象。玻璃天花板是指阻碍女性和少数群体获得高级管理职位的无形障碍。薪酬不平等是指基于性别或者种族的不平等薪酬差异。基于性别的薪酬差异已被发现是建立在歧视、工作类型以及对灵活性的要求上。

5.5 描述各种员工多样性管理的创新措施。

员工多样性管理措施包括：高管对多样性的承诺；指导——有经验的组织成员（导师）向经验不足的成员（徒弟）提供建议等的过程；多元化培训；员工资源组——由员工组成，这些员工通过一些共同的多样性维度联系在一起。

复习和讨论问题

1. 组织对多样性有一个清晰的定义为什么重要？
2. 区别表层多样性和深层多样性。理解二者之间的差异为什么重要？
3. 美国及全世界人口变化的主要趋势是什么？
4. 区别种族和民族。
5. 员工拥有哪些法律保护手段来防范基于性别的歧视行为？
6. 解释偏向、偏见、刻板印象和歧视之间的关系。
7. 还有什么企业实践（除了员工推荐机制和企业团队建设）可能会伤害企业的多元化努力？
8. 为什么玻璃天花板对女性和少数群体是一种障碍？

为我的职业做准备

道德困境

残疾人——一个已被多次记录和讨论的群体，特别是当涉及工作场所时。《美国残疾人法》禁止对残疾人实施就业歧视。然而，为残疾人再设计许多工作既困难又昂贵。例如，在一辆校车上增加电梯和手动控制装置，以便让坐轮椅的人成为司机，这将使一辆校车的成本增加1.5万美元以上。

1. 学校是否有道德责任为残疾人驾驶申请者重新设计校车？

2. 存在残疾员工的工作环境可能会出现什么道德问题？作为管理者，你要如何解决这些问题？

技能练习

培养你重视多样性的能力

关于技能

理解并管理和我们相似的人是一项挑战——但是理解并管理和我们不同以及各不相同的人可能要更加棘手。[104]一个管理者要面对的多样性问题有很多。这些问题可能包括：与语言熟练程度有限的员工沟通；创造适合特定群体的技能、需求和价值观的职业发展项目；帮助一个多元化团队应对在目标或工作任务方面的冲突；或者了解不同群体看重什么奖励。

练习技能的步骤

- 充分接受多样性。对多样性的成功重视始于每个人都接受多样性的原则。接受多样性本身的价值，而不仅仅因为这是正确的事情。重要的是在你的言行中体现出你对多样性的接受。
- 广泛招募。当你有职位空缺时，努力构造一个多元化的申请者群体。尽管现职员工的推荐也是好的申请者来源，但这种来源往往会带来与现有员工相似的候选者。
- 公平选拔。确保选拔过程中没有歧视现象。建议使用基于特定职位的测验，而不是综合能力或知识测验。这样的测验衡量特定的技能，而不是主观的性格特点。
- 为多元化员工提供定位和培训。从外到内的改变对多元化员工来说是很困难的，需要通过团队或导师安排提供支持。
- 提高非多元化员工的敏感度。不仅你个人要接受和保护多样性，作为一个管理者，你还需要鼓励你所有的员工这样做。很多组织通过多元化培训项目来做到这一点。此外，员工也可以加入持续的讨论小组，成员每月都会见面讨论刻板印象和提升多样性关系的方法。管理者可以做的最重要的事情是通过自身的行动显示多样性的可贵。
- 努力做到灵活。重视多样性的一部分是认识到不同群体有不同的需要和价值观，要灵活地满足员工需要。
- 激励个人。对任何管理者来说，激励员工都是一项重要的技能；激励一支多元化队伍有着独特的挑战。管理者必须尽力协调员工的背景、文化和价值观。
- 强化员工差异。鼓励个人信奉和重视多样性观点。创建促进多样性的传统和仪式。通过强调多样性积极的方面来宣扬它。然而，也要准备好处理多样性的挑战，例如不信任、误解、缺乏凝聚力、态度差异和压力。

技能实践

通读以下场景。写下你会如何处理所描述的情况，确保参考以上评估多样性的八种行为。

场景：

你最近接管了一个团队，这个团队负责在你们公司安装一个新的信息技术系统。考虑你可以采取的步骤，以确保团队成员能共同工作。作为团队管理者，你可能会面临哪些类型的员工问题？如何确保你的团队成员成功地合作，并从团队的多样性中获益？将你管理新团队的计划做一些记录。

莱斯特 莱斯特（Lester）今年 64 岁，大学学历，在一家公司供职超过 30 年。他的两个孩子已婚，育有三个漂亮的小孩。他和妻子一起住在公寓，妻子从事志愿者工作，在教会非常活跃。莱斯特非常健康，喜欢在身体和心理上都保持活跃。

三洋 三洋（Sanjyot）是一个 30 岁的文书工作者，10 年前从印度尼西亚来到美国。在美国完成了高中学业，开始在当地的一所社区大学上夜校。三洋是一位有两个 8 岁以下孩子的单亲妈妈。尽管她的健康状况良好，但她的一个孩子有严重的学习障碍。

尤里 尤里（Yuri）是来自前苏联地区的新移民。他今年 42 岁，英语沟通技能非常有限。他未婚没有孩子，他认为自己有义务将大部分薪水寄给家乡的亲人。因此，他愿意加班以获得更多薪酬。

贝丝 贝丝（Beth）两年前大学毕业后加入公司。近期她步入了婚姻的殿堂，并积极融入社区。不忙的时候，她就作为一名志愿者在几个当地的非营利组织工作。她是在附近的一个社区长大的，需要照料她年迈的父母（最近他们出现了一些健康问题）。

共同工作

团队练习

更好地理解和改善与自己不同的人的互动，最好的方法之一是换位思考。花几分钟时间写几句话，描述一下少数族裔或 LGBT 群体在工作中可能面临的挑战。然后，3～4 名学生组成一组，轮流分享各自写的内容，集思而行，讨论管理者和员工可以做什么来改善与每个挑战有关的情况。如果需要培训，应具体培训哪些内容？除了培训还能做什么呢？

学习成为管理者

- 描述你与其他背景的人之间的经历。你要面对哪些挑战？你学到了哪些可以帮助你理解多元化工作场所的独特需求和挑战的内容？
- 登录多元化公司（Diversity Inc.）网站（www. diversityinc. com）并找到最新的多元化公司 50 强名录。从名录中选出三家公司，描述并评价它们为员工多样性所做的努力。
- 想想你由于刻板印象思维而被不公正对待的经历。人们用了什么样的刻板印象？你如何回应这种对待？
- 就业与住宿网（Job Accommodation Network）是为雇主提供服务的免费资源，该网站为残疾工人提供工作住宿的方案，使这些员工可以拥有生产力，并有机会参与更广泛的工作。访问 www. askjan. org 并搜索住宿信息数据库来寻找具体的残疾人住宿情况的案例。

● 假设你正在为一个组织设计一个导师计划。研究一下目前存在于不同组织中的导师计划，并确定有效的导师计划的特征。

● 作为一名管理者，你能做什么来清楚地表明促进多样性和奖励优秀员工之间不存在冲突？

案例应用 1

在性别平等中取得突破

如果你是旧金山某家初创企业中唯一的女性员工，你可以勤奋工作并希望更多的女性被雇用。或者你可以做些朱莉·李（Julie Lee）在 2015 年做过的事情。她要求会见爱德华·吉姆（Edward Kim）——高士特（Gusto）的创立者和首席技术官。吉姆“很大程度上接受了”李的抱怨：她热爱工作，但她是 18 名工程师中唯一的女性。[105] 吉姆意识到这是解决这个问题的契机，一个增强竞争优势的来源。

高士特制订了一个计划来吸引女性工程师。该计划明显的一部分就是让更多女性工程师来申请空缺职位。但公司不仅仅注重显而易见的部分，还改变了诸如“忍者摇滚明星程序员”等颇具男子气息的工作说明。最近的一项研究发现，在科技公司的招聘活动中，男性化措辞、带有性别歧视意味的笑话以及只针对男性的幻灯片十分常见，而该公司已经走在前列。[106]

高士特还招募了一些女性应聘者，发送给她们一封来自李的电子邮件，邀请她们和她进行初次交谈。李还写了一篇博客文章，宣传高士特雇用更多女工程师的目标。由于 85% 的职位都是通过网络和员工推荐来填补的，李的参与是向其他女性表明，高士特是一个适合女性做工程师的地方。[107] 在公司的其他部门，高士特也将性别多样性作为优先事项，包括招聘管理团队，以及增加职场父母的福利。

在 6 个月的时间里，高士特实现了性别多样性的招聘目标。然而，工作还没有结束。高士特在增加种族多样性方面仍需要很大的进步。他们的工程师团队中没有拉丁裔或非洲裔美国人。正如吉姆所说的：“我们取得进展的方式是专注于一个问题，然后转向下一个问题。”

◆ 问题讨论

1. 在增加性别多样性方面，高士特采取的最重要举措是什么？

2. 尽管朱莉·李对高士特的性别多样性努力起到了很大的帮助，但作为高士特唯一的女性，这一案例说明了女性的什么要求？

3. 现在，高士特已经雇用了更多的女性工程师，公司应该做什么来确保她们不会离职？

4. 高士特能做什么来改善它的种族多样性？

案例应用 2

带来多样性，然后呢？

在许多大学，学生之间有着大量的差异。不同种族、文化、性别以及国家的学生都就读同一所学校。如果你环顾其他许多大学，你会发现学生们大多与自己相似的人在一起，而且有针对特定专业、兴趣以及人口统计特征的宿舍。学生组织也倾向于接纳与成员相似的人。

大学付出了许多努力来增加校园的多样性，然而大多数学生“花费大量时间在众多同质小岛中的一个上”。[108] 多样性的好处没有自然而然地显现，因为大学只是将多样性带进了校园。

的确，公司和大学校园在很多方面都不一样。但是，就像大学校园一样，公司不能仅仅通过让员工具有多样性就获得多样性的好处。公司在吸引了各种各样的人才来为它们工作之后，需要做的事情太多了。

多元化的员工希望感觉自己属于一家公司，并在那里拥有未来。[109]但在许多公司的高层职位中，女性和少数族裔往往没有很好的代表。在标准普尔 500 指数成功公司中，女性占高管或高层职位的 26.5%，而有色人种女性只占 5%。[110]

公司可以采取的一项行动是确保员工能够公开谈论多样性。埃森哲北美区首席执行官朱莉·斯威特（Julie Sweet）说："你（公司）可以是多元化的，雇很多人，但如果人们觉得他们不能谈论工作中影响他们生活的种族问题等棘手的事情，你（公司）就不具有包容性。"在 2016 年发生几起警察枪杀非洲裔美国人事件后，全球管理咨询公司埃森哲意识到公开讨论种族问题的必要性。它通过网络广播召开全体员工会议，在美国 8 个城市进行面对面的讨论。这些对话涉及所有种族的员工，"比典型的偏见培训或敏感性项目更真实地讨论了种族问题"。

许多公司都优先考虑多样性和包容性。他们希望确保公司里的每个人——不论种族、性别、个性或其他不同之处——都能感到自己是公司的一员。然而，当公司似乎只关注某些员工时，其他员工可能会感到被排斥。研究表明，包容性努力越是被定义为对所有员工都有利，对这种努力的抵制就越小。[111]

埃森哲于 2017 年 5 月针对所有员工实施了一项包容性倡议[112]，最初是一段名为《包容性从我开始》的内部视频，在一个领导力发展项目中向"下一代领导者"展示。视频中，不同的员工举着标语，举例说明偏见——以及缺乏包容性——是如何以意想不到的方式出现的。这些员工包括无子女的员工、变性者、非洲裔美国女性、残疾员工和带孩子的男性。视频说明一个人就可以在工作中创造包容性。那些观看了视频的人往往会有情绪反应。由于这段视频，很多关于包容性的讨论随后在整个公司展开。最终，这段视频在公司内外得到了更广泛的分享。

◆ **问题讨论**

1. 大学要做什么才能让学生花更多的时间与自己不同的学生互动？

2. 公司有哪些方法提升多样化的员工继续为它们工作的机会？

3. 公司提供"多元化和包容性"项目，并雇用"首席多元化和包容官"（chief diversity and inclusion officers）。把"多元化"和"包容"放在同一个短语里有意义吗？包容是一种多元化的方式，还是一种不同的东西？

4. 将包容的努力定义为"让每个人都参与进来"，会让多元化的工作场所变得更好吗？还是说把每个人都包括进来会削弱吸引和留住多样化员工的努力？解释你的观点。

注 释

第6章 管理社会责任和道德

Managing Social Responsibility and Ethics

学习目标

6.1 讨论什么是社会责任，什么因素会影响社会责任决策。
6.2 解释绿色管理以及组织如何绿色化。
6.3 讨论决定道德与不道德行为的因素。
6.4 描述管理者在鼓励道德行为中的作用。
6.5 讨论当代的社会责任与道德问题。

就业技能矩阵

		批判性思考技能	沟通技能	合作技能	知识运用与分析技能	社会责任技能
技能盒子	工作场所的秘密	✓			✓	✓
	在失败中学习	✓			✓	✓
技能实践	道德困境	✓	✓			✓
	技能练习	✓	✓	✓	✓	✓
	共同工作		✓	✓		✓
	学习成为管理者	✓			✓	✓
案例	案例应用	✓			✓	✓

很多组织中都存在道德危机。例如，主要的制药公司哄抬药价；德国最大的汽车公司的工程师操纵废气排放检测流程；韩国最大的公司的首席执行官因犯挪用公款和受贿罪被判刑；学校管理人员对学生举报受到学校员工性侵一事视而不见。

在本章中，我们将关注决定道德与非道德行为的因素以及组织可以做什么来创造具备道德感的组织文化。然而首先我们应当考虑的问题是，一个组织应该为它所活动的社区负责。

6.1 什么是社会责任？

你是如何理解以下行为的？某组织公开宣称它对可持续性的承诺，但仍使用不可回收材料包装产品。一家公司向其首席执行官支付的薪酬是其员工平均薪酬的800倍。这些组织具有社会责任吗？

管理者常常面临涉及社会责任维度的决策，例如在员工关系、慈善活动、定价、资源保护以及产品质量与安全等领域。对社会负责意味着什么？

6.1.1 两种相反的观点

很少有术语像社会责任一般被以这么多方式定义。比较流行的含义包括“超越利润创造本身”“志愿活动”“关注更广泛的社会系统”“社会响应”。大多数争辩都集中在两极。一方面，古典的或者纯粹经济学的观点认为，管理唯一的责任就是实现利润最大化。另一方面，社会经济学的观点认为，管理的责任不仅仅是创造利润，还包括保护和改善社会福利。

古典视角 经济学家、诺贝尔奖得主米尔顿·弗里德曼（Milton Friedman）是**古典视角**（classical view）最直言不讳的拥护者。[1] 他认为，现在的大多数经理人都是职业经理人，这意味着他们并不拥有所经营的企业。他们是员工，对股东负责。因此，他们的主要任务是为了股东的利益经营企业。而这些利益是什么？弗里德曼认为，股东只关注一件事：财务回报。

依照弗里德曼的说法，当管理者把组织的资源用于“社会公益”时，他们就破坏了市场机制，必须有人为这种资产再分配付出代价。如果社会责任行为减少了利润和红利，那么股东就是输家；如果为了支付社会行动成本而不得不降低工资和福利，那么雇员就会蒙受损失；如果为了社会行为而提高物价，那么消费者就会蒙受损失；如果更高的价格被市场拒绝，导致销售减少，企业就可能无法生存——在这种情况下，组织的所有支持者都将受到损失。此外，弗里德曼认为，当职业经理人追求利润以外的任何东西时，他们就间接把自己当成了一位非选举产生的政策制定者。他质疑商业公司的经理们是否具备决定社会应该如何发展的专业知识。他认为，这就是我们要选举政治代表来决定的事情。

社会经济学视角 社会经济学视角的阵营反驳说，社会对企业有更高的期望。这是公司的法律构成中与生俱来的。公司由政府特许经营。政府同样可以出台法律将其剥夺。所以公司并不是只对股东负责的独立实体，它们也对创造和支持它们的社会负有责任。

一位持**社会经济学视角**（socioeconomic view）的作者指出："利润最大化是公司的第二要务，而不是第一要务。企业首先要确保其生存。"[2]

在社会经济学视角的支持者看来，古典视角者的主要缺陷在于他们的时间框架。社会经济学视角的支持者认为，管理者应该关注长期财务回报的最大化。要做到这一点，他们就必须承担一些社会责任和相应的代价。他们必须不污染环境，不歧视员工，不发布欺骗性广告等以保护社会福祉。他们还必须在改善社会方面发挥积极的作用，同时参与社区活动并向慈善组织作出贡献。

图表 6－1 总结了支持和反对企业承担社会责任的主要观点。

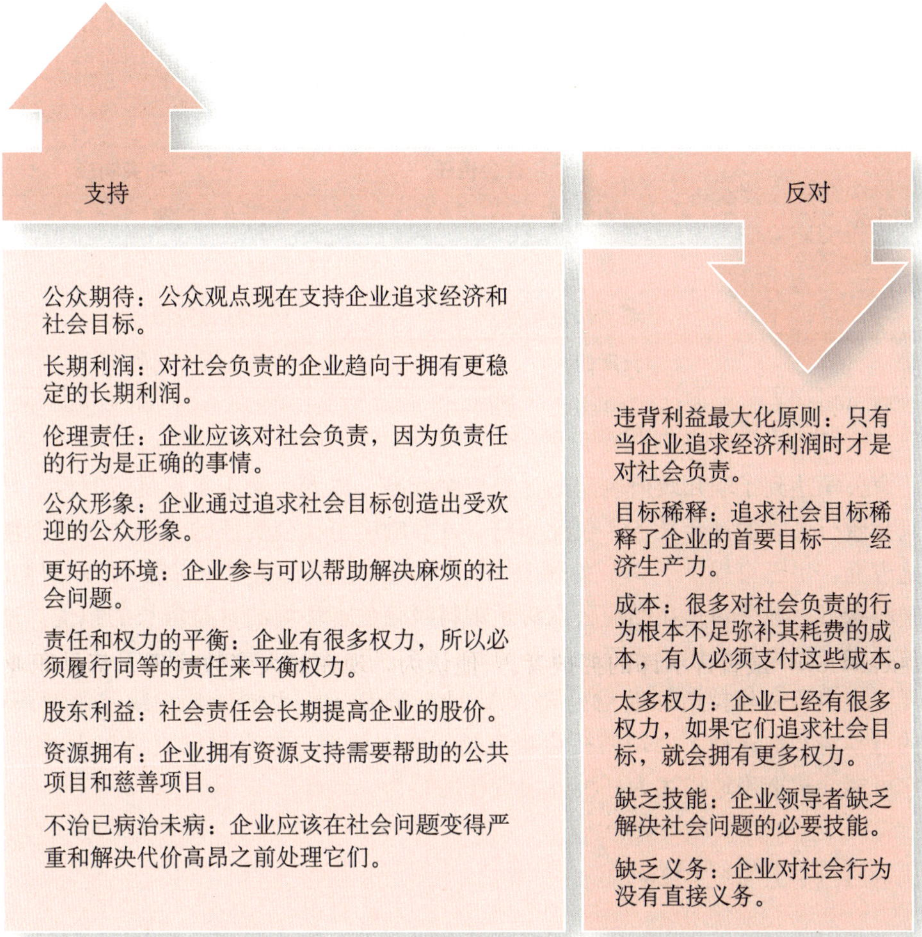

图表 6－1　有关支持和反对承担社会责任的观点

6.1.2　从义务到响应再到责任

现在是时候把我们谈论的**社会责任**（social responsibility）的确切含义缩小一下了。它指的是企业的义务，要求企业在法律和经济要求之外追求对社会有益的长期目标。[3]注意，这一定义假设企业遵守法律，并且是追求经济利益的。我们认为所有的企业都要遵守社会施加于其上的所有法律。还需要注意的是，这个定义将企业界定为具备道德的主体。

在努力造福社会的同时，企业必须明辨是非。

如果我们将社会责任与社会义务和社会响应这两个相似的概念进行比较，就能更好地理解社会责任。当企业履行了经济和法律责任——并不比这做得更多时，也就履行了**社会义务**（social obligation）。它只完成法律要求的最低限度。企业追求社会目标的程度取决于其对经济目标的贡献。与社会义务相比，社会责任和社会响应不应当只是遵守基本的经济和法律标准。

社会责任增加了道德约束——做有益于社会的事，而不做那些可能使社会更糟的事情。**社会响应**（social responsiveness）是指企业适应不断变化的社会环境的能力。

如图表 6－2 所示，社会责任要求企业决定什么是对的，什么是错的，从而寻求基本的道德真理。社会响应是由社会规范所引导的，而社会规范的价值在于可以为管理者提供更有意义的决策指导。

图表 6－2　社会责任与社会响应

	社会责任	社会响应
主要考量问题	道德问题	实用主义问题
关注点	结果	手段
重点	遵从社会规范	回应社会关切
决策框架	长期的	短期或者中期的

资料来源：Adapted from Steven L. Wartick and Philip L. Cochran, "The Evolution of the Corporate Social Performance Model," *Academy of Management Review* (October 1985), p. 766.

当一家公司达到了联邦政府制定的污染控制标准，或者在雇用年长员工时没有歧视行为，它只是履行了它的社会义务，仅此而已。社会响应与社会责任的对比并不那么清晰明了。在这方面，星巴克提供了一个案例。[4]2018 年 7 月，星巴克宣布将在 2020 年停止使用一次性塑料吸管。该公司是在回应公众对于塑料吸管危害环境的日益增长的担忧。这些吸管最终被扔进了垃圾填埋场，而且污染了海洋。在星巴克发表声明的同时，其他组织，如海洋世界、麦当劳和阿拉斯加航空公司（Alaska Airlines）也同样禁止或限制使用吸管。星巴克的行动清楚地诠释了公司的社会响应是什么。然而，如果星巴克早在 10 年前就这么做，它可能会被准确地描述为一种社会责任的行为。

6.1.3　社会责任与经济绩效

在此部分，我们寻求回答一个问题：企业社会责任行为是否降低了企业的经济绩效？

大量的研究已经检验了企业社会参与和经济绩效之间的关系。[5]尽管评论家在因果关系方面提出了质疑，但大多数研究发现了二者之间微小的正向关系。[6]如果研究表明社会参与和经济绩效之间呈现正相关关系，这种相关性并不一定意味着是社会参与导致了更高的经济绩效——它仅简单意味着，高利润使得企业能够“奢侈”一把参与社会活动。

支持经理人有社会责任感的最有力论据是一份涵盖 16 000 多家公司实践的 53 项研究的总结。[7]这份总结表明，社会责任与财务表现相关的观点得到了压倒性的支持。在 53 项研究中，71.7%的研究结果为正相关，只有 3.1%的研究结果为负相关。

用数字说话

● 美林证券的一项调查发现，约 20%的投资者和 50%的投资期限为 5 年或更长时间的投资者在决策选择时考虑了环境、社会和治理因素。[8]

所以我们能不能对社会参与和经济绩效的关系下结论？实际上只有很少的证据表明企业的社会参与行为会有损经济绩效。而且即使有益影响很微小，企业变得富有社会责任感也是有意义的。考虑到目前迫使企业追求社会责任的社会和政治压力，也许对管理决策的制定而言，社会责任是最有意义的。所以，对于我们最开始的问题：企业社会责任行为是否降低了企业的经济绩效？回答明显是："不会"。

6.2 绿色管理与可持续性

有一款名为 Making 的应用程序，通过它，设计工程师可以查看材料选择对水、能源的消耗以及对环境的影响。[9]你知道设计一条右转比左转更多的行驶路线能够为你节省燃料吗？UPS 知道。这只是它使用的众多数据之一，这些数据表明改变快递路线设计的研究对全球可持续发展有何贡献。[10]保持绿色，永不过时！

直到 20 世纪 60 年代后期，人们（和组织）才开始关注决策和行为的环境后果。虽然一些群体关心保护自然资源，但是关于保护环境的唯一参考是无所不在的书面请求"请不要随地乱扔垃圾"。然而，一些环境灾难将环境主义的新精神带给了个人、群体和组织。管理者越来越多地开始考虑他们的组织对自然环境的影响，我们称之为**绿色管理**（green management）。

6.2.1 组织如何变得绿色

很多企业彻底改变了自己的产品及其生产过程。[11]例如，斐泉（Fiji Water）使用可再生能源、保护森林并涵养水源。地毯制造商默霍克工业公司（Mohawk Industries）使用回收的塑料容器来生产地毯中的纤维。尽管很有趣，但这些例子没有告诉我们组织如何变得绿色的很多内容。图表 6－3 中的模型使用"绿色明度"来描述组织可以采取的不同环境措施。[12]

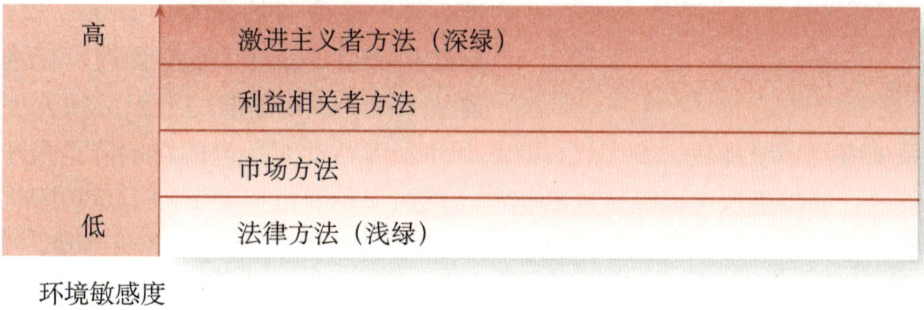

图表 6－3 绿色的方法

资料来源：Based on R. E. Freeman, J. Pierce, and R. Dodd, *Shades of Green: Business Ethics and the Environment* (New York: Oxford University Press, 1995).

第一个方法，法律方法（浅绿）只做法律要求的事。在这种阐明社会义务的方式中，组织几乎没有表现出环境敏感度。它们遵守基本的法律、规则和监管，这就是它们变得环保的程度。

随着组织对环境问题越来越敏感，它们可能采取市场方法响应消费者的环境偏好。组织将满足顾客对环境友好产品的任何需求。例如，庄臣公司与一家欧洲公司合作开发一种与原来的保鲜膜配方——因为含有聚氯乙烯而受到批评——相比更加环保的替代品。尽管新产品不能像从前一样将气味完全包在保鲜膜内[13]，但庄臣公司并没有打算重新采用原来的配方。这是一种好的社会回应方式，也是下一种绿色经营的方法。

在利益相关者方法中，组织努力满足各种利益相关者，如员工、供应商或社区的环境要求。例如，欧莱雅公司（L'Oreal）不仅在业务的各个方面都致力于可持续发展——缩短运输路线、使用可生物降解包装、将生产设施转变为使用可再生能源，还对其全球数千家供应商提出了严格的要求。这些要求为供应商的碳足迹、水源使用、水质、生物多样性、酸化程度、资源消耗、空气质量和臭氧消耗制定了标准。[14]

如果组织追求激进主义者方法（深绿），就是寻找办法保护地球的自然资源。激进主义者方法反映了最高的环境敏感度，阐明了社会责任。例如，瑞士的 Climeworks 公司在冰岛建造了一座地热发电厂，可以直接从空气中捕获二氧化碳。这是第一个通过将排放物转化为石头来实现负碳排放的供热系统。[15]

6.2.2 评估绿色管理行动

随着企业变得“更加绿色”，它们常常发布详细的环保表现报告。目前，全球有超过 7 500 家公司自愿披露它们在促进环境可持续性方面所做的努力，这些努力是由全球报告倡议组织（GRI）制定的。报告描述了这些组织无数的绿色行为。例如，最近的一项研究显示，全球 250 家最大的公司中有 67%制定了具体的减排目标。[16]2015 年，154 家美国企业自愿签署了《美国商企气候承诺行动》，展现了它们促进环境可持续发展的承诺。[17]其中美铝公司（Alcoa）承诺，到 2025 年将减少温室气体绝对排放 50%。谷歌也承诺到 2025 年将可再生能源的购买量增加两倍。

> **用数字说话**
>
> - 超过 90%的全球大型企业使用全球报告倡议组织标准来报告其可持续发展绩效。[18]

组织展示其承诺变得绿色的另一种方式是采用国际标准化组织（ISO）开发的标准。国际标准化组织开发了超过 18 000 条国际标准，其中最著名的是 ISO 9000（质量管理）标准和 ISO 14000（环境管理）标准。希望遵从 ISO 14000 标准的组织必须开发一个全面的管理体系来应对环境挑战。换言之，它必须将经营活动对环境的影响降至最小，并持续改善环境绩效。如果组织可以满足这些标准，就可以称自己遵守 ISO 14000 标准。

评估企业绿色行动的一个终极方式是使用全球可持续发展 100 强企业名录。[19]为了在该名单上出现，企业需要展现有效管理环境和社会因素的超强能力。2018 年，欧洲 59 家来自不同行业的公司名列其中。[20]名录中还有 22 家北美公司。剩下的 19 家企业来自亚洲、非洲和澳大利亚。排名前三的分别是法国的达索系统公司（Dassault Systèmes）、瑞士的雀巢公司和法国的法雷奥公司（Valeo）。其他上榜的公司还包括德国的宝马公司（BMW）和美国的思科系统公司。

场景实践

卡罗尔·博格（Carol Borg），一家咖啡馆副经理，她很忧心店里的浪费情况。她向咖啡馆经理提出了诸如鼓励顾客回收纸杯，或者为不外带咖啡的顾客提供陶瓷杯等建议，以减少对环境的负面影响。然而经理坚持认为这些想法成本高昂，并拒绝投资新的回收箱或陶瓷杯。

卡罗尔怎样才能使经理相信这些投资是值得的呢？

改变向来不易，但一份经过仔细研究的成本利润分析可以详细说明可实现的成本节约和风险管理策略，进而将“走向绿色”的挑战转变为有利的机遇。因此知道一些具体数据是很重要的：提供公司将具体节省多少资金的数据以及有关竞争对手的统计数据（你是领军人物还是已经落后于时代?）；可获得的政府支持有多少；改变将如何为企业在社区中的声誉和营销机会带来积极影响。提出一个试点项目来测试环保方案，这将允许对两种做法进行实际的比较分析，进而证明布丁或咖啡的绿色方案是有证可循的。

凯伦·海格（Karen Heger），组织发展与培训经理

6.3 管理者与道德行为

在本章开头，我们提到许多组织中都存在道德危机。那么让我们将关于社会责任的讨论转移到对具体的道德问题的观察上来（见图表6-4中的道德指引）。

图表6-4　帮你作出更道德的决策

当面临道德困境时，考虑使用以下一种或多种测试：

1. 黄金法则测试：我希望别人这样对我吗?
2. 换位思考测试：我会希望每个人都这么做吗？我愿意生活在那样的世界里吗?
3. 家庭测试：如果我的父母/配偶/其他重要的人/孩子发现我这样做，他们会作何感想?
4. 良心测试：这种行为违背我的良心吗？这么做之后我会感到内疚吗?
5. 首页/社交媒体测试：如果我的行为被报道在我家乡报纸的头版，或在社交媒体上被所有人看到，我会有什么感觉?

资料来源：Based on T. Lickona, *Character Matters: How to Help Our Children Develop Good Judgment Integrity, and Other Essential Virtues* (New York: Touchstone Publishing, 2004); A. Goodman, “The Dilemma: Addicted and Conflicted About Laughing at the Afflicted,” Institute for Global Ethics, June 3, 2013, globalethics.org; and G. Enck, “Six-Step Framework for Ethical Decision Making,” *Journal of Health Services Research and Policy* (January 2014), pp. 62-64.

这里有一些道德困境的例子，你将如何处理它们？比如，药品销售代表以奢侈的礼物作为引诱条件吸引医生购买药物是不是道德的行为？如果贿赂的资金来自销售委员会，那么这一切是否有所差异？使用公司电子邮箱发送个人信件或者出于私人通信目的使用公司电话是不是道德的行为？你将一份利润丰厚的合同给予一家公司，而你在这家公司拥有大量经济利益，这样做是不是道德？为了在协商洽谈中取得优势而向某人说谎是否道德？或者说，你已经遇到或者将要遇到这样一个问题：如果在面试中被问及上一份工作的收入，

给出一个更高的数字是不是不道德?

道德(ethics)的含义是什么?我们将其定义为明确正确和错误行为的伦理准则。[21]管理者做的很多决策要求他们考虑过程和受到结果影响的人。为了更好地理解这种情况涉及的道德问题,让我们看看决定一个人的行为是否符合道德的因素。

6.3.1 决定道德与不道德行为的因素

一位管理者表现为道德或者不道德是管理者的道德发展阶段与个人特点、结构变量、组织文化和问题强度等调节变量之间复杂的交互作用的结果(见图表 6-5)。如果道德感不强的人受到规则、政策、工作描述或反对某些行为的强文化标准制约,那么他们作出错误行为的可能性就小得多。相反,道德感很强的人可能被允许或鼓励不道德行为的组织结构和文化腐蚀。让我们更仔细地研究这些因素。

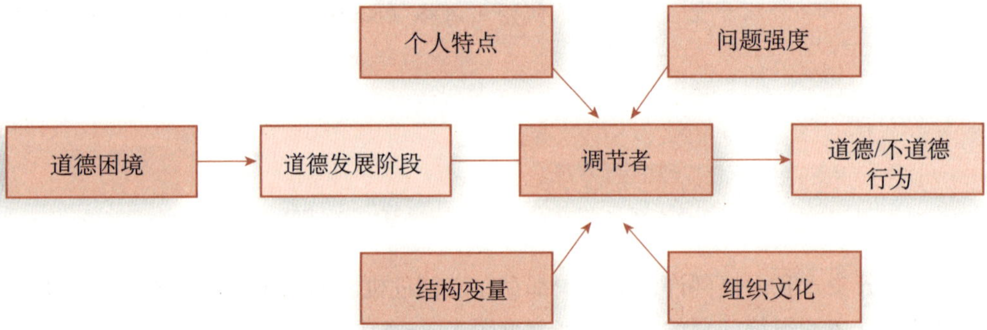

图表 6-5 决定道德与不道德行为的因素

道德发展阶段 大量的研究证实了道德发展存在三个层次,每个层次都由两个阶段组成。[22]在连续的阶段中,个人的道德判断对外界影响的依赖减少。这三个层次和六个阶段在图表 6-6 中有所描述。

层次	阶段描述
原则时期	6. 遵循自己选择的道德原则,即使它们违背法律。 5. 重视别人的权利,支持绝对的价值观和权利,不顾大多数人的看法。
惯例时期	4. 通过履行义务维持惯例秩序。 3. 符合周围人的期望。
道德成规前期	2. 只在符合直接利益时遵守规则。 1. 遵守规则以规避身体惩罚。

图表 6-6 道德发展的阶段

资料来源:L. Kohlberg, "Moral Stages and Moralization: The Cognitive-Development Approach," in T. Lickona (ed.), *Moral Development and Behavior: Theory, Research, and Social Issues* (New York: Holt, Rinehart & Winston, 1976), pp. 34-35.

在第一个层次道德成规前期,人们在对与错之间的选择是基于外界环境带来的个人结果,例如身体惩罚、奖励或交换的实惠。在第二个层次惯例时期,道德决策依赖于维持预期标准和满足别人的期望。在第三个层次原则时期，个人在其属于的权力群体或社会之外定义道德价值观。

用数字说话

- 近一半的千禧一代认为，首席执行官需要对社会重要问题表明立场。相比之下，只有 28% 的 X 世代和“婴儿潮”一代认同这一观点。[24]

关于道德的发展阶段的研究，我们可以得到如下结论[23]：第一，人们步调一致地经过这六个阶段，他们一步步爬上阶梯，一个一个阶段地移动，不会跳过某个阶段。第二，道德发展不一定会持续，发展过程可能会在任一阶段终结。第三，大多数成年人处在第四阶段：由于各种原因，他们止步于遵守社会规则和法律。第四，一个管理者所处的职位越高，他就越倾向于表现得富有道德感。例如，第三阶段的管理者可能基于同行的认可作出决策；第四阶段的管理者试图通过作出尊重组织规则和程序的决策成为“良好的企业公民”；第五阶段的管理者可能挑战其认为错误的组织行为。

个人特点　每个人都带着一套根深蒂固的个人**价值观**（values）来到组织，价值观代表着关于对与错的基本信念。我们的价值观在幼年时期基于我们从父母、老师、朋友和其他人那里看到和听到的事物发展而来。因此，在同一个组织中的员工常常拥有非常不同的价值观。[25]虽然价值观和道德发展阶段看似相似，但它们是不同的。价值观很宽泛，包含很多内容；而道德发展阶段是对独立于外界影响程度的衡量。

根据个人的是非观念，可发现影响其行动的两个人格变量：自我强度和控制点。

自我强度（ego strength）衡量一个人信念的力量。自我强度高的人可能遵从自己的信念，克服作出不道德行为的冲动。也就是说，自我强度高的人更可能去做他们认为正确的事情，我们认为自我强度高的管理者与自我强度低的管理者相比，前者的道德判断和行为更加具有一致性。

控制点（locus of control）是指人们相信可以掌控自身命运的程度。内部控制点者相信他们的命运由自己掌控。他们更可能为后果承担责任，并依靠自己内心的是非标准来指导自己的行动。他们也更可能在自身的道德判断和行为中保持一致性。外部控制点者相信发生在他们身上的事情是由于运气或机遇。他们不太可能为自己的行为后果负责，更可能依靠外部的力量。[26]

结构变量　组织的结构设计可以影响员工是否遵守道德。有一些结构能提供更强的指导，而其他的却只创造出模糊性。结构设计可以最小化模糊性和不确定性，时刻提醒员工什么样的合乎道德的结构更可能鼓励符合道德的行为。

正式的规则和规范可以减少模糊性。关于道德的工作说明书和书面材料是用于鼓励引导道德行为的范例。然而，研究不断显示出，监管者的行为对个体的道德与不道德行为有着显著影响。[27]人们会关注当权者在做什么，并以此作为可接受的做法和对他们的期望的标准。在组织中，有些绩效评估系统只关注结果，另一些则评价手段和目的。当人们只根据结果来评估绩效时，就会增加人们做“必要的事情”的压力，而让结果看起来很好。与评估系统紧密相关的是奖励分配方式。如果奖励或惩罚越依赖于特定的目标结果，人们就越有压力去达到这些目标，并且在道德标准上妥协。公司结构在时间、竞争、成本以及对在职人员施加的类似压力方面也有所不同。压力越大，人们就越有可能在道德标准上妥协。

组织文化 组织文化的内容和强度也会影响道德行为。[28]

适应性强、以人为本和正直的文化，更有可能是高道德标准的文化。这种文化鼓励员工创新，为他人着想，并自由地公开挑战他们认为不现实或令人反感的要求或期望。

> **用数字说话**
>
> - 大约 20%的员工表示他们的公司有很强的道德文化，40%的员工认为他们公司的道德文化弱小或近乎薄弱。[29]

强大的文化会比弱小的文化对人们产生更大的影响。如果企业文化是强大的，并且支持较高的道德标准，那么它会对员工的道德行为产生非常强大和积极的影响。然而，在弱势文化中，人们更可能依赖亚文化规范作为行为指南。在整体文化较弱的组织中，团体和部门的标准会对道德行为产生强烈的影响。

问题强度 一位从不曾想过闯入老师办公室窃取会计考试试题的学生，对于向上个学期选修同一位老师课程的朋友询问测验里有哪些问题这件事不会考虑两次。同样，一位管理者可能认为把一些办公用品拿回家没什么，但高度关心挪用公司资金的可能性。这些例子诠释了影响道德行为的最终因素：道德问题本身的强度。[30]

正如图表 6－7 所示，有六个特点决定了问题强度或道德问题对个人的重要性：

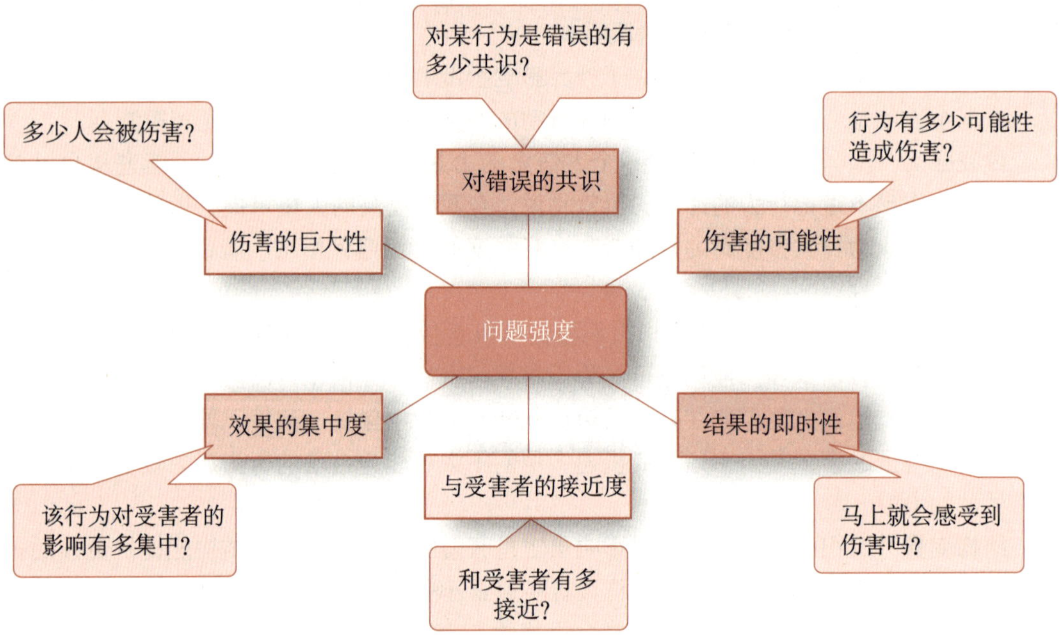

图表 6－7 问题强度

1. 道德行为对受害者（或受益者）带来了多大的伤害（或好处）? 例如，使 1 000 人失业的行为比影响 10 个人的行为更有害。

2. 有多少人一致认为这种行为是错误的（或正确的）? 例如，更多的美国人认为贿赂得克萨斯州的海关官员是错误的，而不认为贿赂墨西哥的海关官员是错误的。

3. 行为发生并造成预期的伤害（或好处）的可能性是多少?

4. 所讨论的行为与其预期后果之间的时间间隔是多少? 例如，减少现有退休人员的退休福利比减少 45 岁以下现有雇员的退休福利有更大的直接后果。

5. 你觉得（在社会上、心理上或身体上）与邪恶（或有益）行为的受害者（或受益者）有多接近？例如，在自己的工作单位裁员比在偏远城市裁员更容易影响到自己的家庭。

6. 道德行为对当事人的集中影响有多大？例如，更改保修政策使得承保人数减少 10 人、单人索赔金额为 1 万美元，比减少承保人 1 万人、单人索赔金额为 10 美元的效果更集中。

遵从这些指导方针，如果被伤害的人越多，关于行为是错误的认识越一致，行为发生和造成实际伤害的可能性越高，行为的后果浮现的时间越短，观察者和行为的受害者之间的感受越一致，事件效果的集中度越高，那么该问题的强度就越高。总而言之，这六个部分决定了某个道德事件的重要性。因此我们希望当某个道德事件对管理者而言更加重要时，管理者能够表现得更具道德感——相比于那些不太重要的道德事件。

6.3.2 国际情境中的道德

道德标准是全球通用的吗？一些普遍认同的道德信念是存在的，但是国家之间社会和文化的差异仍是决定道德与不道德行为的重要因素。[31]

沙特阿拉伯的可口可乐员工应该遵循美国道德标准，还是应该遵守当地对于合适行为的标准？如果空中客车公司（Airbus）付给中介机构一笔“经纪费用”，以和某航空公司达成重要合约，那么应该因为这种行为在美国被认为不合适而禁止波音公司做同样的事吗？

为了防止用酬劳影响国外官员或政客，美国的管理者接受《反海外腐败法》的指导，法律规定故意向海外官员行贿属于违法行为。然而，这项法律也并不是总能将道德问题简化为黑与白。在一些国家，政府官员的薪水很低，因为当地习俗决定了他们可以从被服务的人那里获得小额报酬。给这些官员的酬劳可以确保事情顺利完成。当这种报酬在从事商业活动的国家是可接受的时候，《反海外腐败法》没有明文规定禁止对那些从事主要管理或文书工作的海外政府职员的小额报酬。除此之外的任何行为都是非法的。2017 年，美国司法部依照《反海外腐败法》提起 13 项公司执法行动，共罚款 11.3 亿美元。[32]

在外国文化中工作的管理者必须了解社会、文化和政治法律因素对那些合适的和可接受的行为的影响。[33]跨国公司必须明确其道德指导，以使员工知道当他们在国外工作时应该怎么做。

另一项对跨国公司的道德指导是《联合国全球契约》（United Nations Global Compact），该契约最初由联合国起草，在人权、劳动标准、环境和反腐败等方面为全球商业活动确立了原则（见图表 6－8）。来自超过 160 个国家和地区的 9 700 多名参与者和利益相关者承诺了《联合国全球契约》，使其成为世界上最大的自愿企业公民倡议者。[34]《联合国全球契约》的目标是建立一个更加可持续和具有包容性的全球经济。那些作出承诺的组织认为世界商业社区在提升经济和社会条件方面扮演了非常重要的角色。

图表 6－8 《联合国全球契约》的十项原则

《联合国全球契约》要求企业在其影响范围内，在人权、劳动标准、环境和反腐败领域信奉、支持和制定一整套核心价值观：

人权

原则 1：企业应该在自身的影响范围内支持和尊重国际公认的人权。

原则 2：保证不与践踏人权者同流合污。

续表

劳动标准
原则 3：企业应该鼓励结社自由以及承认集体谈判权。
原则 4：消除一切形式的强迫和强制劳动。
原则 5：切实废除童工制。
原则 6：消除职业和就业方面的歧视。
环境
原则 7：企业应该支持应对环境挑战的预处理方法。
原则 8：对促进更大的环境责任采取主动态度。
原则 9：鼓励环境友好技术的开发和推广。
反腐败
原则 10：企业应该反对一切形式的腐败，包括敲诈和贿赂。

资料来源：United Nations Global Compact（www.unglobalcompact.org）. Copyright © 2012 United Nations Global Compact.

在失败中学习　西门子的救赎

2002—2006 年，德国工程巨头西门子的一名高级会计师每年监督的行贿预算在 4 000 万～5 000 万美元之间。公司经理和销售人员用行贿资金贿赂世界各地的政府官员。为了赢得合同，数百名员工参与创建虚假顾问合同、虚假账单和空壳公司的活动。

这些行为被发现后，该公司的声誉受到严重损害。此外，该公司还在德国和美国支付了超过 26 亿美元的罚款和相关费用。

西门子对行贿丑闻的回应得到了许多独立反腐和道德专家的广泛称赞。该公司花费了超过 10 亿美元进行调查和改革，而调查的目的在于揭露导致这起丑闻的一些系统性因素。具体来说，这些因素包括：积极的增长战略激励经理们采取一切必要措施来实现苛刻的业绩目标；组织结构本质上允许部门各自为战；糟糕的会计控制机制；企业文化容忍并暗中鼓励贿赂的特质。

紧随其后的是公司高层的人事变动。该公司的首席执行官和董事长已经离职，新的管理团队授权进行了四项外部调查，聘请了一家新成立的大型律所进行严格的内部调查，任命一位知名反腐专家担任顾问。根据调查结果，管理层作出了一些改变，制定了严格的新规定和反腐败程序。聘用超过 500 名全职合规专员，而此前只有 86 名。公司开通了合规热线，并开展反腐败教育和宣传活动。在最初的两年里，20 多万名公司员工接受了反腐培训。同时西门子不再在因腐败和不道德行为而闻名的国家做生意。公司建立了严格控制的新组织结构。最后，该公司发起了包括解雇在内的 900 多项内部纪律处分。最终西门子的企业文化发生了转变，发展为一种以道德标准驱动的企业文化。[35]

此外，经济合作与发展组织已经将反对国际商业活动中的行贿和腐败作为首要任务。这项努力的中心是《反贿赂公约》(Anti-Bribery Convention)（或一套规则和准则），该公约是打击跨境商业交易腐败的首个全球文件。迄今为止，40 个成员在反腐败方面取得了重要成就。[36]

6.4 鼓励道德行为

如果管理者很重视鼓励道德行为，那么他们可以做很多事情——雇用道德标准高的员工、建立道德准则、以身作则等等。这些行为本身并没有很大影响力，但是如果组织有综合的道德项目，就可能改善组织的道德环境。然而，关键词是"可能"。精心设计的道德项目也不能保证取得想要的结果。有时企业的道德项目只是公共关系上的表示，对管理者和员工没有多大影响。例如，作为企业过失的"典型代表"的安然公司（Enron）也在年终财报中列出了大多数人认为符合道德的价值观——沟通、尊重、正直和优秀。然而，高层管理者的行为方式完全没有反映出这些价值观。[37]让我们看看管理者可以鼓励道德行为、创造综合道德项目的一些特殊方式。

场景实践

上大学时，芬利·罗伯茨（Finlay Roberts）不确定他真的想做什么。但是现在他已经找到了他想做的优秀工作，可以让他和电话销售安全系统的员工团队一起在竞争环境中提高领导技能。然而，他很快发现，通过竞争来实现销售目标常常导致不道德的行为。在参加的几乎每一门管理学课程中了解了道德后，他想要对他的员工表明他对有道德的工作场所的承诺。

你会给芬利什么建议？

职业成功的基石之一是保持和阐明强烈的道德观——常常超越组织设立的标准。芬利可以采取的潜在路线之一是，记住损害企业的品牌会有危及职业生涯的风险，但是没有实现销售/绩效目标只会阻碍其职业发展。从长期来看，名声好的专业人员会超越其他有问题的人。

贾斯汀·基德韦尔（Justin Kidwell），管理咨询师

6.4.1 员工甄选

酒店管理公司（Hospitality Management Corp.）希望降低员工的索赔要求，所以在一家酒店进行了入职前诚信测试，看看测试能否"筛除可能不诚实、采取风险行为或参与某些背离预期行为的候选人"。6个月以后，新招聘员工的索赔要求果然降低了。[38]诚信测试可以评估候选者的诚实和可信度，包括对待有风险的工作环境的态度、偷盗行为、撒谎、滥用公司资源（电子邮件和网络）、吸毒和酗酒、保守机密信息等。[39]

除了诚信测试，整个甄选过程也应被看作一次了解一个人的可信度的机会。从招聘启事开始，管理层需要考虑进行背景调查，比如将道德困境问题作为面试的一部分。[40]

你应在招聘公告中说明，公司将进行背景与履历调查，这很可能会让那些有道德问题的申请者望而却步。

过去的行为是预测未来行为的最好方法。这就要求继续收集候选人的背景信息。与以

前的雇主核实一下候选人过去的出勤和纪律记录，以及其他相关的表明工作历史问题的数据。此外，也可以通过公共犯罪记录数据库和谷歌搜索引擎搜索候选人。如今，大多数求职者都会在互联网上留下足迹。

利用面试挖掘候选人在道德选择方面的经验。例如，要求应聘者描述他们在上一份工作中是如何应对道德困境的；或者提出一个现实生活中当前员工可能面临的道德困境，问他们会如何回应。

6.4.2 道德准则

不确定什么是道德和不道德的事情对员工来说可能是个问题。**道德准则**（code of ethics）是组织价值观及其希望员工遵守的道德规则的正式陈述。向员工提供指导性原则和帮助定义模糊环境下的恰当行为是一种广受好评的机制。研究表明，90%的美国企业都有书面的道德准则。[41]当前，道德准则在全球已经越来越流行。《财富》全球 200 强企业中的 85%以上都有其道德准则。[42]

道德准则应该是什么样的?《财富》全球 200 强企业提供了一些洞见。[43]最普遍提及的道德价值观包括正直、团队合作、尊重他人、创新精神和关注顾客。当被问及为何公司需要道德准则时，前三名的公司做了如下回复：为了遵守法律法规；为了创造一种共享的公司文化；为了保护/改进公司的声誉。

遗憾的是，道德准则可能不会像我们所想的一样发挥作用。针对美国企业员工的一项调查发现，41%的被调查者在过去的 12 个月里观察到了违背道德或法律的行为，包括利益冲突、辱骂或威胁的行为以及对员工撒谎等。其中 37%的人没有报告他们所看到的不道德行为。[44]

这些统计数据是否意味着不应该发展道德准则呢？并不是。它们只是表明，在孤立条件下，道德准则可能并不比法律保护和公共关系声明更加有效。道德准则的有效性很大程度上取决于管理层是否支持它以及怎么处理违反准则的员工。当管理层认为准则是重要的，并定期重申其内容，公开谴责违反准则的员工，那么道德准则就可以为有效的道德规范纲领提供坚实的基础。

6.4.3 高层领导力

道德准则需要高层管理者的承诺。为什么？因为他们是支持共享价值观和设定文化基调的人。他们是语言和行为的楷模，虽然他们的所作所为比他们的言语更加重要。例如，如果高层管理者将公司资源挪为己用，虚报支出，或者将好处给朋友，那么他们在暗示所有员工作出这些行为都可接受。

得州仪器公司（Texas Instrument）董事会迫使首席执行官布莱恩·克拉切尔（Brian Crutcher）辞职，使这一准则非常明确。[45]担任首席执行官还不到两个月，布莱恩就因个人行为不符合得州仪器公司的道德准则和核心价值观而被解雇。董事会主席说，公司“绝不容忍违反我们行为准则的行为”。

高层管理者也通过奖惩措施确定基调。对于谁和什么行为能够获得加薪和晋升的选择对员工而言是很强的信号。正如我们之前所说的，当员工通过有道德问题的方式取得显著成果而获得奖励时，这就向其他人暗示这些方式是可接受的。当员工作出不道德行为时，管理者必须惩罚员工，将事实和惩罚结果在组织中公之于众。这个行为传递了信号，即错误的行为必须付出代价，作出不道德的行为不符合员工的利益！

6.4.4 工作目标与绩效评估

员工的目标应该切实可行。如果员工认为与职业相关的目标不现实，就会产生道德问题。因为在不切实际的目标的压力下，有道德的员工可能会觉得他们只能以不择手段的方式来实现这些目标，除此之外别无选择。此外，目标的实现通常是绩效评估中的一个关键问题。如果业绩评估只注重经济目标，目标将决定手段。所以在鼓励合乎道德的行为时，应评估目标和手段。例如，一位经理对员工的年度评估可能包括：逐个评估他们的决策是否符合公司的道德准则，以及目标实现的情况。

6.4.5 道德培训

越来越多的企业设立研讨会、讲习班和类似的道德培训项目来鼓励道德行为。例如，一项针对 71 家总部位于美国、至少拥有 5 000 名员工的全球组织的研究发现，其中 70 家接受了员工道德培训。[46]这些培训项目一般不超过两小时，通常作为新员工培训或年度进修的一部分。

但是道德培训有用吗？很遗憾，失败的情况得到的关注最多。[47]安达信（Arthur Andersen）通过向客户提供道德咨询服务赚取了数百万美元，之后却被揭露帮助其客户安然公司掩盖其损失。安达信在发布有关道德重要性的视频时再次陷入尴尬境地，其中一段视频中，超市企业家斯图·伦纳德（Stew Leonard）真诚探讨了诚信问题，而不久后，他就因大规模骗税而入狱。

尽管有一些广为流传的失败案例，但如果将培训与道德准则、最高管理层榜样、问责政策和定期道德审计结合起来，总体效果一般是比较积极的。[48]然而，当伦理训练依赖于抽象的困境和故事时，似乎并没有对参与者表现出显著的影响。原因如下：第一，它们与真实情况没有什么关联；第二，采用多项选择的形式，而不需要实际的考虑和判断；第三，训练是偶尔进行的；第四，与强调结果而非手段的奖励系统冲突。[49]当这些问题被解决时，我们应该期待伦理培训来减少不道德行为。

迪士尼近期荣登《福布斯》全球最受尊敬公司榜单的第三名。[50]该排名的两大影响因素就是道德准则与道德培训。[51]迪士尼的道德准则几乎涵盖了所有领域和有关员工应该如何行为举止的所有问题，被称为他们的“商业行为标准”。该准则长达 43 页，详细说明了他们在道德和遵守法律方面的期望。在新员工入职后，公司会以视频和行为准则内政策的口头解释的方式对其进行培训。所有的员工都要接受关于公司对员工、顾客、社区和其他利益相关者的内部责任部分的培训。

6.4.6 独立社会审计

害怕被抓住可能是不道德行为的重要威慑因素。独立社会审计会评估道德准则方面的决策和管理行为，这增加了上述威慑的可能性。[52]这种审计可能是常规评估，也可能在没有任何征兆的前提下随机出现。有效的道德项目可能同时需要这两种审计方式。为了保持诚信，审计者必须对公司的董事会负责，直接向董事会报告结果。这种安排赋予了审计者权力，并且减少了受到被审计者报复的可能性。

6.5 当代的社会责任与道德问题

当今的管理者仍然面临着对社会负责和遵守道德的挑战。我们研究了四个当代的问题：保护告密者；促进社会企业家精神；社交媒体与社会责任；企业慈善事业。

6.5.1 保护告密者

用数字说话

- 53%举报在公司内部存在不当行为的美国员工会在工作中遭到报复。[53]

如果你看到其他员工在做非法、邪恶或不道德的事情，你会怎么做？你会走上前去阻止吗？很多人不会这么做，因为我们感知到了风险。这就是为什么管理者必须确保提出道德担忧或问题的员工不会面临人身或职业风险。

告密（whistle-blowing）被定义为组织内人员为报告和纠正腐败行为而披露信息的行为。[54]在美国，联邦法律向员工提供一些保护，有 22 条相关法律条款用于保护提出或者报告各种各样的行为，包括工作场所安全隐患、环境破坏以及金融操作。[55]这些条款的规定由职业安全与健康管理局（OSHA）执行。例如，《萨班斯-奥克斯利法案》提供了一些法律保护。任何因为员工报告不当行为而采取报复措施的管理者面临着严厉的惩罚：长达十年的牢狱之灾。

职业安全与健康管理局建议雇主设立一个反报复项目，该项目应包括五个关键要素[56]：

1. 管理承诺。高级管理层需要证明，它致力于解决员工对潜在违法行为的担忧，并致力于防止报复。

2. 合规问题响应系统。管理层需要建立程序使员工能够秘密报告问题，提供对问题的公平和透明的评估，提供及时的反应，并确保问题公平和有效地解决。

3. 反报复系统。需要有明确指定的、独立的渠道来报告报复行为，从而绕过被认为实施了报复的管理者。如果对结果不满意，报告的员工应该能够把问题递交更高层次的机构。

4. 反报复培训。包括管理层在内的所有员工都需要接受培训，以确保他们了解法律、权力和适用的组织程序。

5. 项目监督。需要以监督程序和独立审计的形式实施严格的监督，以确保方案按照预期的方式运行。

6.5.2 促进社会企业家精神

世界上的社会问题很多，可行的解决方法却很少。但是无数的人和组织正在尝试有所作为。以 Profile Product 公司的前首席执行官约翰·肖赫（John Schoch）为例，该公司是一家利润丰厚的土壤与水体管理产品的制造与经销商。作为首席执行官，他决定投入一部分公司资源来帮助解决一个全球性的危机——缺少清洁的水源。他建立了一家 Profile Product 的非营利子公司，并投入数百万美元用以研究开发一款名为超级净化者（Pro-Cleanse）的产品——一款水体过滤设备。[57]肖赫在追求社会目标的同时也在追求利润，他是**社会企业家精神**（social entrepreneurship）的代表——将社会目标纳入企业活动之中。[58]

社会企业家精神有可能影响经济体系，因为它为社会问题提供解决方案，并使受益者过上更好的生活。一些最引人注目的例子来自发展中国家。例如，孟加拉国的小额信贷机构为妇女提供小额贷款，使她们可以做些小本生意。据报道，这些贷款是减少农村贫困的重要因素。[59]在美国，TOMS Shoes 以一对一的商业模式展示了社会企业家精神。[60]该公司每卖出一双鞋，就会把一件物品送给需要的人。位于西雅图的适宜卫生科技组织（Program for Appropriate Technology in Health，PATH）是一家非营利国际组织，使用低成本的技术为贫穷的发展中国家提供健康解决方案。通过与公众群体和营利性组织合作，PATH 开发出了简单的拯救生命的方案，例如清洁女性生产用工具包、信用卡大小的实验室测试工具包、可丢弃的一次性疫苗注射器。PATH 率先使用创造性的方法来解决全球医疗问题。[61]

6.5.3 社交媒体与社会责任

社交媒体已经影响了我们所有人的生活。不足为奇的是，越来越多的证据表明，它可以成为管理层沟通、促进管理者社会责任行为并提高组织声誉的可行工具。

例如，在一项针对 20 家排名靠前的全球航空航天和国防公司的研究中，研究人员查看了它们的社交媒体平台，以寻找一个或多个社会方案——环境、社区关系、多样性、员工关系和客户评论的依据。20 家公司都至少发布了其中的 4 项方案，这使得研究人员得出结论——社交媒体可以提高公司的声誉。[62]

当前纸媒和广播媒体对私人和公共组织的不法行为给予越来越多的关注，管理人员应该寻找提升透明度的方法。[63]透明度构筑信任，信任提高组织的声誉。而社交媒体现在是提升透明度的最佳手段之一。它是分享组织使命陈述、价值观、道德准则、人力资源政策、多样性方案、社区参与等内容的理想载体。它还为顾客、供应商、员工、潜在员工与组织之间进行沟通以及组织与利益相关者之间进行沟通提供了极好的手段。

同时，社交媒体为管理者提供了塑造形象和声誉的手段。正如两位公共关系专家所说的："此时此刻，很有可能某人正在某地使用社交媒体谈论你的组织，这对于组织而言是一个好机会。"[64]因此，管理层应该积极使用社交媒体并传颂组织的故事传奇。

6.5.4 企业慈善事业

沃尔玛、谷歌和埃克森美孚（ExxonMobil）有什么共同之处？除了是大型的公共组织外，它们还都跻身《财富》慈善公司 500 强榜单的前 10 名。[65]

企业慈善事业是企业解决社会问题的有效途径。[66]例如，谷歌的基金会每年捐赠 1 亿美元。它最近向一个为穷人直接提供现金的组织捐赠了 240 万美元，同时用 75 万美元帮助一所盲人学校开发一款导航应用，并向一个倡导刑事司法改革的组织提供了100万美元的捐助。[67]

有人可能会说，按照传统的社会责任观点，以盈利为目的的企业不应该用股东的钱来支持企业慈善事业。但慈善可以与盈利动机相一致。例如，尼尔森公司（Nielsen）的一项研究发现，55%的在线消费者表示，他们愿意向那些致力于对社会和环境产生积极影响的公司所提供的产品和服务支付更多。[68]此外，有证据表明，慈善事业有利于提高员工的士气。它可以成为员工骄傲的源泉，进而提高公司吸引和招聘员工的能力。因此，企业慈善事业可以造就一个双赢的局面。商业公司“能够通过积极的公共关系，在满足客户需求的同时增加长期利润”。[69]当前企业慈善事业如此广泛，这表明，无论企业动机在于销售增长、良好的市场营销、对社区和社会的关心、长期的利润、组织形象和声誉，还是在于员工的士气，企业高管似乎都应致力于慈善事业。

工作场所的秘密　平衡工作与个人生活

一些商业评论家指出，企业具有帮助员工平衡他们的工作需求与家庭、个人义务的社会责任。许多公司（通常是高科技行业的大公司）已将平衡工作与生活作为一项重要的公司目标。它们引进了灵活的工作时间制度，为初为人父母的员工提供带薪假期，建立现场托儿设施，出台类似的政策使员工更易于平衡个人生活和工作。但这样的工作福利可能更多的是例外事件而不是惯例式的规章制度。很不幸，更准确地说，我们大多数人面临的情况是工作与生活之间的不平衡。

如果你想要实现一种平衡，那么大部分责任可能会落在你一个人肩上，你能做些什么？

在一个理想化的世界里，你会寻找一个开明的雇主，它明白为员工提供平衡工作和个人责任的灵活性的好处。正如我们所注意到的，的确有这样的公司。《财富》杂志每年都会公布最适宜工作的100家公司榜单。公司之所以有幸登上这个榜单，很大程度上是因为它们推行了开明的人力资源政策，其中就包括促进工作与生活平衡。

我们的下一个建议要求你评估优先事项。你准备在工作和个人生活之间如何取舍？请记住，这个问题的答案往往会随着时间的推移而改变。在25岁时，职业可能是你最优先考虑的事情，为了在职业阶梯中晋升，你甚至愿意付出每周工作70小时的代价。而35岁的你可能就不会有同样的感觉。你觉得在工作中全力以赴并没有什么错，意识到这只是一种权衡取舍罢了。如果你有高远的职业抱负，那么要意识到你需要作出个人牺牲。考虑一下你在5年、10年、20年甚至30年后的目标是什么。如果你认为在工作之外追求丰富的个人生活对你而言很重要，那么在找工作时就要考虑这个因素。根据第3章的内容，你要选择一家企业文化与你的价值观相匹配的公司工作。如果你的非工作活动是你最优先考虑的，就要选择能尊重你喜好的组织与工作。

回顾一下第1章中“这是你的职业”专栏。它简要总结了时间管理技术。在成功处理工作和非工作生活之间可能产生的冲突的问题上，没有什么比有效利用时间更有意义了。正如第1章中提到的，时间是一种独特的资源，如果它被浪费了，就永远无法挽回。重要的是，我们每个人每天的24小时、每周的7天都是一样的。有些人只是比其他人更好地使用他们的配额。也就是说，他们能更好地管理自己的时间。例如，你可以通过优先安排工作和个人活动的重要性和紧迫性来减少工作和生活之间的冲突。除了优先安排活动，这里还有三个时间管理建议：

- 遵循“二八定律”原则。我们大多数人只用20%的时间就能完成80%的工作。人们很容易陷入行动陷阱，把行动和成就混淆起来。而那些善于利用时间的人会确保最重要的20%得到最高的优先级。
- 了解你的生产力周期。我们每个人都有一个日常的能量循环，它会影响我们觉得什么时候最有效率或最无效率。我们中的一些人是喜欢早起的人，一些人喜欢傍晚或晚上。不要反抗你的自然循环。理解它并利用它，让它为你所用。在你精力周期的高峰期——也就是你最敏锐和最有效率的时候，处理最棘手的问题。把日常的和简单的任务放到低潮的时候去做。
- 把不太重要的活动放在一起。每天留出一段固定的时间来打电话、回邮件，做后续工作，以及其他“繁忙的工作”。理想情况下，这应该是在你低潮期做的工作。这避免了时间利用的重复行为、浪费行为和冗余现象；它还可以防止琐碎的事情挤占高级优先的任务。

以下是一些额外的做法，可以帮助你平衡工作和生活事项。

- 为下班设定明确的时间目标。养成每天在规定时间下班的习惯。随着这种模式的建立，同事们会越来越了解你的日程安排，并学会在你特定的工作时间与你互动。
- 将工作手机和个人手机分开。使用两个独立的手机或双卡手机。在工作时间回复工作号码，在其他时间回复个人号码。在非工作时间关掉工作手机。

避免在工作时间之外查看电子邮件或回复与工作相关的信息。不要让你的工作时间变成一天24小时，一周7天。在数字世界里，人们越来越普遍地认为我们随时都有空，要让别人明白你把个人生活和工作分开了。事实上，大多数“紧急”信息都不紧急，而大多数回复延迟10～12小时也没什么。

- 为他人工作总是需要放弃一定的控制权。无论你的雇主多么开明，雇用协议都意味着一种权衡：你放弃了一些自由以换取补偿。你有可能通过成为自己的老板来最大限度地控制工作与生活间的冲突。虽然这基本上不会降低你对时间的需求，但它可以让你决定如何度过你的时间。你也许会比你为别人工作的时候工作更长时间，但这个决定是你作出的而非他人。[70]

为考试做准备

本章小结

6.1 讨论什么是社会责任，什么因素会影响社会责任决策。

社会责任是企业的义务，要求企业在法律和经济要求之外追求对社会有益的长期目标。社会责任的古典视角认为经理人的主要责任是保证企业的财务回报。而企业社会责任的追求也是为了实现经济目标。社会经济学关于社会责任的观点指出组织对社会负有责任。这两种观点都表明，企业有道德责任让社会变得更好，不参与使社会变得更糟的活动。一家社会响应型企业可能会因为社会规范的要求而决定做一些事情；而社会责任型企业是由它们自己认为正确的或道德的决策指导的。可以通过研究支持和反对的观点来决定组织是否应该参与社会事务。我们的结论是企业的社会责任行为并未伤害到企业的经济绩效。

6.2　解释绿色管理以及组织如何绿色化。

当管理者考虑组织对自然环境的影响时，就是绿色管理。组织可以通过不同的方法绿色化。浅绿方法是只做法律要求的事，即履行社会义务。市场方法是组织响应消费者的环境偏好。利益相关者方法是组织努力满足各种利益相关者的环境要求。市场方法和利益相关者方法都可以视作社会响应。深绿方法是组织寻找方法保护地球的自然资源，这可以视作社会责任。

通过审视企业的环保表现报告，寻找企业对全球环境管理标准（ISO 14000）的遵守，以及使用全球可持续发展 100 强企业名录，可以评估绿色行动。

6.3　讨论决定道德与不道德行为的因素。

道德涉及明确决策和行为对错的原则、价值观和信念。决定道德与不道德行为的因素包括人们的道德发展阶段（道德成规前期、惯例时期或者原则时期）、个人特点（价值观和人格变量——自我强度和控制点）、结构变量（结构设计、目标使用、绩效评价系统和奖励分配方式）、组织文化以及问题强度（伤害的巨大性、对错误的共识、伤害的可能性、结果的即时性、与受害者的接近程度以及效果的集中度）。

因为道德标准不是普遍的，所以管理者应该了解《反海外腐败法》规定在法律上他们可以做什么和不可以做什么。识别任何文化差异、为在全球不同地点工作的员工阐释道德指南也是很重要的。最后，管理者应该了解《联合国全球契约》和《反贿赂公约》的原则。

6.4　描述管理者在鼓励道德行为中的作用。

管理者的行为是影响人们作出道德或不道德决策的唯一最重要因素。管理者可以鼓励道德行为的一些特定方式包括关注员工甄选，制定并应用道德准则，认识到高层管理者发挥的重要道德领导力以及以身作则比言语更有力量，确保工作目标与绩效评估的过程建立在考虑目标实现方式的基础上，使用道德培训，进行独立社会审计。

6.5　讨论当代的社会责任与道德问题。

管理者可以通过鼓励员工站出来，设立免费的道德热线，建设员工可以投诉和被倾听而且不用害怕被报复的文化，以保护告密者（提出道德担忧或问题的员工）。管理者还可以促进社会企业家精神，即通过企业家活动为社会问题提供解决方案。社会企业家期望让世界变得更好，并对此充满热情。社交媒体是管理层用来沟通和促进社会责任行动的一种很好的工具。企业可以通过慈善事业和员工自愿努力来推动积极的社会变革。

复习和讨论问题

1. 区别社会响应、社会责任和社会义务。

2. 社会责任对你个人意味着什么？你认为企业组织应该对社会负责吗？解释之。

3. 比较绿色管理中的利益相关者方法和激进主义者方法。为什么一家公司会选择其中一种方法而不是另一种？

4. 什么因素影响着人们表现得道德或者不道德？解释所有相关的因素。

5. 什么是《反海外腐败法》？

6. 对于告密者和组织而言，什么问题可能与告密的员工相关联？

7. 描述你认为的遵守道德者的特点和行为。其决策和行为类型如何在工作场所中得到鼓励？

8. 你认为通过社交媒体宣传社会责任是否表明一个公司最关心的是提高自己的声誉，而不是真正的道德行为？为什么？

为我的职业做准备

道德困境

同事把你出色的工作成果据为己有。多么令人沮丧！它可能发生在你或你认识的人身上。这是怎么发生的？也许你与一位同事分享了一个想法，然后在一次会议上听到她把自己的想法说出来。又或者你周末加班是为了确保项目报告按时完成，同事却把你的主动工作归功于他。或者也许你解决了与客户的冲突，但你的部门主管把解决方案报告据为己有。

1. 别人抢你功劳的原因可能是什么？有任何合理的理由吗？为什么？
2. 你认为那些为你的工作邀功的人知道他们所做的是错误的吗？
3. 你如何回应你的同事或老板？解释之。

技能练习

培养你构建信任的技能

关于技能

信任在管理者和员工关系之中发挥着重要作用。[71]考虑到信任在为员工设立道德榜样时的重要性，现在的管理者应该积极寻求在团队内部发展信任。

练习技能的步骤

● 实践开放性。不信任来自人们所做的事情，也同样来自人们所不知道的事情。对员工保持开放可以促进自信和信任；与人们共享相关信息；明确你决策的标准；解释你决策的基本原因；坦诚和直率地面对问题；充分披露所有相关信息。

● 做到公平。在作出决策或采取行动之前，从客观和公正的角度考虑其他人会如何看待它们。在应该给予信任的时候提供信任。在绩效评价方面做到客观和不偏不倚。在进行奖励时关注人们对平等的看法。

● 说出你的感受。只传达铁的事实的管理者给人的印象是冷酷的、有距离感的和无情的。当你分享你的感受，其他人会觉得你是真实的和通人情的。他们会了解你是谁，对你的尊重也很有可能增加。

● 说出真相。做到值得信任意味着可靠。如果诚实对可靠性至关重要，那么你必须被看成是讲真话的人。相比于发现他们的管理者对他们说谎，员工更能忍受听到一些“他们不想听的话”。

● 始终如一。人们希望有可预见性。不信任来源于不知道该期待什么。花时间思考你的价值观和信念，让它们持续地指导你做决策。当你知道什么对你重要，你的行为就会遵循它，你表现出的一致性会帮你赢得信任。

● 兑现你的承诺。信任要求人们相信你是可靠的。你要确保你遵守诺言，说到做到。

● 保守秘密。你信任那些你认为慎重的和可以倚重的人。如果人们对你敞开心扉并告诉你一些秘密而使自己免受伤害，他们需要确定你不会和别人谈论或公开秘密。如果人们把你看作会泄露秘密或不可靠的人，你会失去他们的信任。

● 展现能力。通过展现技术和职业能力，培养别人对你的崇拜和尊重。尤其注意培养和展示你的沟通、协商和其他人际能力。

技能实践

在班级项目中与团队建立信任是练习建立信任技巧的好方法。要使项目成功，在团队成员之间迅速建立信任是很重要的。使用上面的步骤，创建一个计划，你可以用它来更快地建立和维护团队项目中的信任。在项目开始时，列出你可以采取的步骤，以建立信任。接下来，列出你愿意在团队项目中承诺的行为，以便继续建立和维护信任。例如，你可能想要承诺在一定的时间内对你的队友的沟通作出响应。用你的下一个团队项目执行你的计划。

共同工作

团队练习

找到一家你长期供职或有频繁生意往来的公司（例如，一家餐馆或零售店）。考虑你所选公司的社会责任行为。公司是否为当地社区提供支持，例如为筹款活动捐赠物品或参加当地活动？公司是否从事绿色管理实践，例如回收或使用替代能源？制作一张公司社会责任行为的清单。接下来，3～4人为一组，分享你们的清单。比较和讨论你们小组考虑的每个公司的社会责任行为。这些行动如何使每个公司都受益？每家公司是否还可以采取其他措施来增强对社会的责任感？

学习成为管理者

● 访问全球报告倡议组织网站（www.globalreporting.org），从已提交报告的列表中选择三家公司。阅读这些报告，描述或评价报告的内容。另外，识别可能受到影响的利益相关者和它们可能如何受到公司行为的影响。

● 确定三家因具有社会责任感而闻名的公司。列出并比较每家公司的社会责任行为类型。

● 研究职业的可持续性。访问相关职业信息网，搜索使用“可持续发展”或“绿色管理”关键词的职业。列出你可以追求的工作或职业类型。确定可持续发展职业生涯所需要的技能和能力。

● 找出五个不同的组织道德准则的案例，并对它们进行比较。

● 运用你找到的道德准则的案例，创建一个你认为合适且有效的组织道德准则。此外，创建你自己的个人道德准则——你可以用它来指导你面对的道德困境。

● 在两周的时间里，看看你观察到了哪些道德困境。这些可能是你亲身经历的，也可能是其他人（朋友、同事、其他在走廊或课前交谈的学生等）面对的。把这些困境写下来，想想如果遇到这种困境你会怎么做？

● 采访两位不同的管理者，了解他们如何鼓励员工坚守道德。写下他们的观点，讨论这些想法如何帮助你成为一个更好的管理者。

案例应用 1

与众不同的酸奶公司乔巴尼

如果你在美国的一个小镇上成立了一家企业，但是由于你的企业成长得十分迅速，以至于尽管你在地区范围内招募员工，依然面临人手不足的问题。你会怎么做呢？2010年，乔巴尼公司（美国希腊式酸奶销售的龙头）的创始人哈姆迪·乌鲁卡亚（Hamdi Ulukaya）决定联系一家位于纽约州，距离公司30英里的难民营。[72]他认为他可以解决员工短缺的问题，同时帮助那些有需要的人。

这次用工试验开始时只有几名员工，但有一些挑战需要解决：文化差异、语言障碍以及交通需求。8年后，这家公司的2 000名员工中有30%是外来移民，而在纽约州和艾奥瓦州的工厂中则使用超过20门语言进行沟通。[73]作为一名土耳其移民，乌鲁卡亚解释了他的招聘战略："这一切与政治无关，我们只是从社区中招聘而已。"

他的招聘方法带来了意想不到的好处。首先，乔巴尼员工的工作动机促进了业务增长。"我们拥有最具上进心、爱国精神和诚信精神的员工，他们会为我们奉献一切。"乌鲁卡亚这样说道。[74]公司的集体主义精神与高昂的斗志似乎并不只是带来了利润的增长。

雇用外来移民并不是乔巴尼唯一的非凡商业手段，乔巴尼一直将税后收入的10%用于慈善。[75]其员工工资水平是联邦最低工资标准的两倍。2016年，乔巴尼依据员工在公司的任期给予股份。现在，员工基本上持有10%的公司股份，平均为每位员工带来15 000美元的收入。针对股份，乌鲁卡亚说："员工一直是充满自豪感的，主人翁意识却正在流失。这也许是你能为公司做的最明智而富有策略的事情。如果你能发展更迅速，更富有激情，你的员工就会更开心。"[76]2017年，乔巴尼规定公司将为新生儿的父母提供6个星期的产假，无论是收养还是亲生[77]，而且公司的小时工和正式员工享受相同的产假。这与网飞等其他公司不同，后者为小时工提供更短的产假。

◆ **问题讨论**

1. 乔巴尼是一个更好的社会责任或社会响应的例子吗？为什么？

2. 乔巴尼采取了哪些行动来阐明社会经济学视角的社会责任？乔巴尼在哪些方面（如果有的话）可以被视为社会责任的古典视角的范例？

3. 哪些支持和反对承担社会责任的论点适用于乔巴尼（见图表6-1）？

4. 你认为乔巴尼的商业模式能吸引顾客吗？为什么？

案例应用 2

通过社会创业解决儿童饥饿问题

在读研究生期间，莎娜·汤普森（Shanay Thompson）自愿与处于困境的高中生一起工作。莎娜注意到，学生越来越多地向她索要食物，他们中的一些人说当他们吃学校提供的免费午餐时会被欺凌，一些则说家里没有吃的。莎娜意识到食物短缺会导致学生根本无法学习，但是原因却又各不相同。莎娜发现，只是提供给他们一份零食而后回到自己的生活中，也是很难做到的。

于是莎娜想出了食品储藏室的办法——学生们（或者是他们家中的某个成员）可以得到需要的食物而不会感到尴尬，无论是在上学前、放学后还是在午餐时间。莎娜主动向校长提出了自己的想法。不久，莎娜意识到她不能止步于这一所学校，于是她以低收入学校为目标创办了一个名为“幼有所养”（Every Kid Fed）的组织。

为了开办第一家食品储藏室，莎娜把自己的钱拿了出来。然而她需要更多的食物，因此她开始在周末向 10～15 家食品杂货店的经理索要礼品卡。这样的方式持续了三个月，但是食物消耗得很快。

莎娜认为下一步应该是写拨款申请书，但她也注意到拨款申请竞争激烈且拨款过程缓慢。就像她说的，她正在通过同样的标准程序，和一大堆优秀的非营利组织竞争拨款。“所以我说，管他呢，我要开始给这些大公司的首席执行官发邮件了。令我惊讶的是，它竟然奏效了。”[78]莎娜说道。亚马逊和 Salesforce 等公司的首席执行官让她与社区拓展部门取得联系。莎娜很快就获得了资金。

在管理“幼有所养”一年后，莎娜自学了编程，这样学生们就可以在暑假期间使用应用程序获得盒饭。[79]莎娜做到了一切——在医学院就读的同时创建并运营“幼有所养”。她最近还被“黑人摇滚女孩”（Black Girls Rock）团体授予了与众不同的奖项。[80]

◆ 问题讨论

1. TOMS Shoes 也是一个社会企业家精神的例子。为什么“幼有所养”与 TOMS Shoes 体现了不同的社会企业家精神？
2. 莎娜在创办“幼有所养”过程中遇到了什么障碍？她是如何克服的？
3. 以莎娜为例，要成为一名社会企业家，需要具备哪些个人品质和行为？
4. 还有哪些社会企业家的例子？查一查。

注　释

第 7 章 管理变革和颠覆性创新

Managing Change and Disruptive Innovation

学习目标

7.1 描述变革的原因。

7.2 比较关于变革过程的不同观点。

7.3 识别组织变革的领域。

7.4 解释如何管理变革。

7.5 讨论当代的变革管理问题。

7.6 描述激发创新的变量。

7.7 解释为什么管理颠覆性创新十分重要。

就业技能矩阵

		批判性思考技能	沟通技能	合作技能	知识运用与分析技能	社会责任技能
技能盒子	工作场所的秘密				✓	
技能实践	道德困境	✓				✓
技能实践	技能练习	✓			✓	
技能实践	共同工作		✓	✓		
技能实践	学习成为管理者	✓			✓	
案例	案例应用	✓			✓	

有人说："只要变革之铃还未在人们的口袋里叮咚作响，大部分人就都是抗拒变革的。"这样说不无道理，毕竟我们中的大多数并不是变革的狂热追随者。我们喜欢具备可预测性的工作惯例。而当涉及组织的时候，管理者面临着这样一项挑战：引入变革时容易遭遇很大一部分员工的抵制。但不因时而变的组织又往往面临着灭顶之灾。去询问一下玩具反斗城（Toys "R" Us）、百视达（Blockbuster Video）和鲍德斯书店（Borders Books）先前的高管和投资人，你就会明白。

本章关注组织变革的过程，为什么人们会抗拒它，以及管理者该如何做才能克服这些阻碍。而后我们将关注点转移到创新上来，具体来说，就是如何在组织中激发创新。最后，我们关注颠覆性创新主题，我们将证明颠覆性创新是当今管理者面临的最大挑战。

7.1 变革的原因

当我们使用**组织变革**（organizational change）一词时，意味着任何人员、结构或者技术上的变革。[1]组织变革需要某人——**变革推动者**（change agent）充当催化剂并负责管理变革过程。就内部而言，变革推动者可以多种形式出现——高层管理者、中层领导者、项目经理、团队领导或者人力资源部门的专家。就主要的变革过程而言，组织常常聘请提供意见和帮助的外部顾问。作为外部人员，他们能提供内部人员不具备的客观的观点。但外部顾问通常对于组织的历史、文化、工作流程和人员有着相对有限的了解，所以他们很可能发起十分剧烈的变革，因为在变革实施后他们并不需要承受变革带来的影响。相反，内部变革推动者可能会更加深思熟虑，但也可能过于谨慎，因为他们必须承担决策的后果，并与之共存。

福特汽车公司的高管扮演了变革推动者的角色。当人们对于旅行的需求和喜好发生变化时，变革就十分必要。该公司开展了一系列实验来更好地了解顾客及潜在顾客的需求和喜好。[2]实验结果显示出了新生代和老一代顾客之间在出行方式上的差异。因此福特将其经营领域从售卖轿车和卡车扩展到提供汽车共享服务，提供可在车内充电的可折叠电动自行车以及一款可以确定到达目的地的最佳出行方式的应用程序等业务层面上来（例如，一段路程开车，剩下的路程骑自行车）。

7.1.1 与 VUCA 共存

福特高管意识到了当今世界的不可预测性与动态性的事实。这就是"VUCA"——一种不断波动、不确定、复杂和模糊的环境。[3]而对于这个世界而言，变化才是不变的事情。

如果管理者能够选择，他们一定会选一个静态的、可预测的世界。因为如果不发生变化，管理者的工作就相对简单。做计划也很容易，因为明天和今天没什么区别。有效组织设计的问题也迎刃而解，因为环境是静态的，没有必要对结构进行再设计。类似地，决策制定将会极大简化，因为每个选择的结果几乎都可以准确地预测出来。但事情并不是这样的，由于内部和外部的压力，组织需要变革（见图表 7-1）。

图表 7-1 变革的内部和外部力量

外部	内部
● 顾客需求和期望 ● 新的政府法规 ● 技术 ● 经济	● 新的组织战略 ● 劳动力构成 ● 新设备 ● 员工态度

7.1.2 变革的外部力量

顾客需求和期望 福特深知对顾客负责的重要性，该公司的实验也促使其吸引全新类型的顾客，以帮助确保公司未来的安全。但有时有的公司作出变革却未能迎合顾客的喜好。汉堡王在快速扩增菜单上顾客不喜欢的菜品选项的过程中好好上了一课。它不得不放弃低卡路里油炸食品——“低能量薯条”，苹果蔓越莓沙拉一年后也由于销量不佳而被放弃。汉堡王的总裁约瑟·希尔（Jose Cil）不得不承认：“这不是我们的顾客想要的。”[4]

新的政府法规 政府法律要求管理者必须改变经营方式。五个宽泛的政府法规门类包括：广告真实性、就业与劳动公平、环境保护、隐私权、安全与健康。例如，美国环境保护署（EPA）颁行了包括《空气净化法》（Clean Air Act）在内的几部法律——旨在保护环境和公共福利。管理人员要确保排放到大气中的有害物质不超过美国环境保护署制定的安全标准。《美国职业安全与健康法》也极大改善了工作安全与健康，该法要求企业提供安全健康的工作环境。

用数字说话

● 80%的首席执行官认为，到 2024 年，人工智能会极大改变人们做生意的方式。[5]

技术 雪佛兰 Volt 和特斯拉 Model S 的共同点是什么？答案是二者都是电动汽车的典范。相比于燃油车，电动汽车的可行驶里程更短。当前电池性能提升领域的研究开发最首要的任务就是延长电动汽车的行驶里程。虽然大部分电动汽车都由铝壳锂离子电池驱动，但丰田（Toyota）和大众（Volkswagen）正在考虑包括固态电池在内的替代方案以延长电动汽车的行驶里程。[6]

经济 管理者必须回应经济领域的变革，思考经济衰退带来的冲击。根据美国劳工部的统计数据，经济衰退的特征包括：经济活动普遍放缓；经济周期性低迷；商品服务的生产销售数量减少。[7] 2007—2009 年的经济萧条被认为是自 20 世纪 30 年代的大萧条后最为严重的一次，在美国，失业率从 5%跃至 10.8%，作为回应，企业高管以减少成本——通常包括大规模裁员——的方式来保护利润不受损失。而颇具讽刺意味的是，十年前，美国经济蓬勃发展时，这些高管中的很多人都以提供诱人的激励的方式来阻止员工跳槽，积极寻找候选人填补空缺职位。

7.1.3 变革的内部力量

新的组织战略 高层管理者对组织战略的改变能够影响企业的方方面面。例如，沃尔玛需要积极应对愈发激烈的线上竞争，比如来自亚马逊和塔吉特的竞争。[8]沃尔玛电子商务业务的首席执行官将他的战略集中在并购、重组以及利用沃尔玛集团的优势上。他以收购 Bonobos、Moosejaw、ShoeBuy 以及 ModCloth 等公司的方式实现增长。他还让负责顾客关怀和顾客消费体验报告的高管直接向他汇报，以此提升顾客服务的重要性。他还利用了沃尔玛在美国的 4 600 家实体店，将它们作为仓库使用，使沃尔玛能够更快地将产品送至顾客手中。

劳动力构成 经过几十年的发展，美国的劳动力市场已经变得十分多样。在第 5 章，我们看到了管理者在面对员工表层多样性指标如年龄、种族，以及深层多样性（包括价值观、个性和工作偏好）差异时所面临的挑战。其中关键的挑战在于协调这些差异，进而保持一种专注于生产力的包容性的文化。

新设备 1983 年，美国工程师查尔斯·赫尔（Charles Hull）发明了第一台三维（3D）打印机，这是一种基于将液体聚合物转化为固体物体原理的技术[9]，但直到最近这项技术才得到高度的改进。现在，越来越多的公司使用 3D 打印机来创造产品原型。[10]例如，医疗行业制造定制的假肢和植入物会更加容易。苹果公司也使用 3D 打印技术为其笔记本电脑设计外壳。

技术变革在医疗保健领域的影响尤为显著。这些技术包括在基因学、生物技术、机器人技术、联合护理和人工智能方面的进步。例如，机器人技术的进步正在改变外科医生实施某些外科手术的方式。克利夫兰诊所提供机器人辅助心脏手术就是一个很好的例子。这项技术使心胸外科医生能够使用计算机控制台控制手术器械，并将某些手术的侵入性降至最低。

员工态度 最近的一项调查显示，在经历重大变革的组织中，员工的态度往往不如在更稳定的公司那么好。[11]在发生变革的地方，最大的差异体现在对公司领导和公司形象的态度上。但并不是所有正在变化的组织中的员工态度都不那么好。那些喜欢稳定的员工不太可能尝试新技术或接受改变，而那些对改变持开放态度的员工则更偏好革新。因此不断变化的员工态度为管理者带来了挑战，要求他们在组织变革过程中采用各种方法来支持员工，实现变革。

7.2 变革过程

为了描述变革的过程，可以采用两种截然不同的比喻。[12]一种比喻将组织视为在平静海面上航行的一艘大船。船长和船员都清楚地知道他们要去往何处，因为此前他们在这片海域航行过很多次。而变革正如旅程中一次偶然的暴风雨，只不过是对一向平静、可预测的旅程的短暂干扰。在这一比喻中，变革被认为是正常事态发展过程中一个偶然的干扰。而另一种比喻将组织视为一艘穿越湍急河流的小救生艇，不时遭遇惊涛骇浪。救生艇上有六个从未一起工作过的人，他们完全不熟悉这条河流，不清楚他们最终的目的地，而可能更糟糕的是，这艘救生艇是在夜晚航行。在后一个比喻中，变革是一种常态，而且是可预见的，可以通过一个持续不断的过程对它进行管理。这两种观点展现了理解和应对变革的两种截然不同的方式。让我们进一步了解每一种观点。

7.2.1 平静水域观点

平静水域观点一度被认为是管理者所面临境况的真实描述。通过库尔特·勒温（Kurt Lewin）的**三阶段变革过程**（three-step change process），我们可以很好地理解这一观点（见图表7-2）。[13]

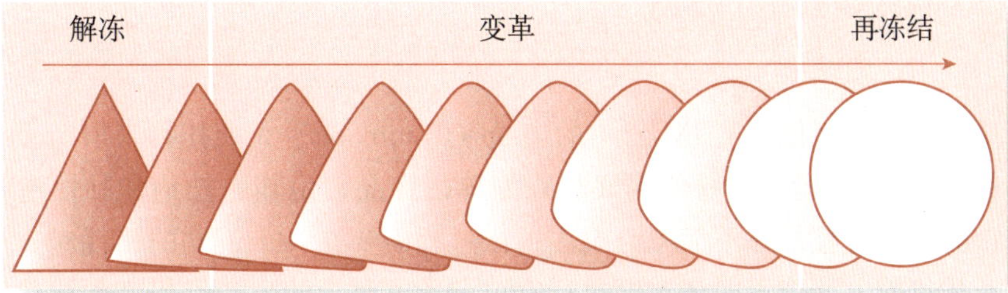

图表7-2 三阶段变革过程

根据勒温的三阶段变革过程理论，成功的变革是一个可计划的过程，通过对现状的解冻，变革达到一个新的阶段，通过再冻结使变革成果持久化。现状被视为一个平衡状态，为了打破这种平衡，解冻是必不可少的。可以认为，解冻是变革的必要准备阶段，可以通过增强促进变革的驱动力，减弱抵制变革的抑制力，或两者并行进行解冻。

一旦完成了解冻阶段，变革就可以自发实施了。然而，仅仅引入变革并不能确保变革持续进行下去。这种新状态需要再冻结，以便变革成果能够持久。除非最后这个阶段也完成了，否则员工还是很有可能回到原来的平衡状态，也就是原有的工作模式。再冻结的目的在于：通过强化新的行为模式，巩固新的状态。

勒温的三阶段变革过程理论认为，变革是对现有平衡状态的打破。在平静水域观点中，一次偶然干扰（一场“暴风雨”）意味着需要计划和实施变革来予以解决。然而，一旦解决了这一干扰，所有事情都将在新的状态下继续运行。但这种环境并不是当前大多数管理者所面临的境况。

7.2.2 急流险滩观点

一位天气预报专家曾言：“有时候你可以很好地预测未来15天的天气状况，但有时候，你确实也只能预测最近两天的天气，而有时你甚至连未来两个小时的天气都无法预测。”实际上，商业环境与这种未来两个小时都无法预测的情形非常类似。“我们所处的经济和文化环境的变革步伐正在加快，而我们对于未来的预见性也在下降。”[14]

在急流险滩观点中，管理变革也许是这样的：你所在的大学遵循以下的规则——每门课的课时各不相同。当你报名参加一门课程时，你并不知道这一课程会持续多长时间。也许是2个星期，也许是15个星期。而且，在没有提前告知的情况下，授课老师可以随时结束一门课程。如果这还不够，那它每节课的时长都在发生变化就有足够的挑战性，有时候一节课只有20分钟，有时可能是3小时。此外，下一节课的上课时间也是由授课老师在上一节课中当堂确定的。还有一件事情，所有的考试都不会提前通知，所以你必须时刻准备好考试。要想在这种情境中取得成功，你必须对不断变化的环境作出快速反应。那些过度循规蹈矩和对变化感到无所适从的学生很难取得成功。

管理者逐渐意识到，自己的工作很像在这样的大学里学生所面临的情况。平静水域观点中所认为的稳定性和可预测性并不存在。对现状的干扰不是偶然的，也不是暂时性的，也并非解决了干扰就能恢复原本平静的水域。很多管理者从未走出过湍急的河流。

7.3 组织变革的领域

你是否见到过（或使用过）3M 公司的高曼（Command）无痕挂钩（事实上，这种挂钩可悬挂各种东西）？这是一种易使用又相对简单的产品，由塑料挂钩和黏性泡沫胶条组成。然而，它的制造过程却并不简单。过去这一过程需要在 4 个不同的州耗时 100 天才能完成。然而，几年前，该公司时任首席执行官决定通过复杂的生产流程流水线化“解开这团乱麻”。毋庸置疑，这不得不实施大量的变革。如今，这些高曼产品都在一个中心枢纽统一生产，时间较之前缩短了 1/3。[15] 3M 公司已经准备好了面对“一团乱麻”的挑战，并专注于人员和流程的变革。

管理者主要关注四个变化领域：战略、结构、技术和人员（见图表 7－3）。

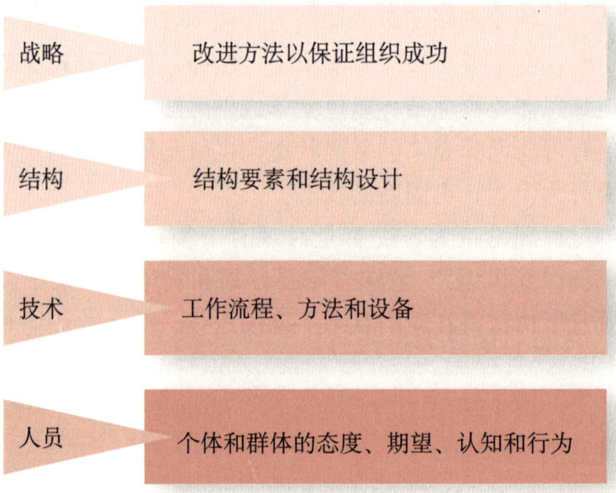

图表 7－3 四种变革类型

7.3.1 战略

如果在环境呼唤战略革新时没有作为，就有可能破坏企业的成功。思考瑞安航空公司（Ryanair）——一家欧洲的区域性航空公司的例子。尽管只有 30 多年的历史，该公司却从一开始就制定了一项战略：通过提供廉价机票，使公司在激烈的市场竞争中实现差异化。低票价中包含了简单的机舱装饰、较高的行李处理费用、飞机餐以及在飞机上使用的厕所设施。但该航空公司却由于较差的顾客服务形成了糟糕的名声。经过这些年的发展，由于竞争对手并不在乎在设施上的投入，该战略被证明伤害了航空公司的声誉和财务绩效。因此新战略的核心在于提升服务质量，包括削减多余的费用。公司的首席执行官麦克尔・奥莱利（Michael O'Leary）承认："如果我知道对顾客好一些对业务大有裨益，我在很多年前就会这么做。"[16] 如果瑞安航空公司还是抱着旧有的战略不放，可能公司早就不复存在了。

7.3.2 结构

任何组织变革都与风险相伴而来，但是组织结构的变革往往是重振一家苦苦挣扎的公司最可靠的方法。当变革起效时，它可以将组织置于通向未来成功的道路上；但如果战略并没有效果，企业就会发生混乱。微软公司的重组就是一个真正的成功故事。[17]

除了 Windows 操作系统和 Office 办公软件的现象级成功，在 2014 年萨蒂亚・纳德拉（Satya Nadella）担任微软首席执行官时，该公司的前进势头已丧失大半。公司停滞不前，部门间充斥着地盘割据行为。公司创新微弱，只是靠着 Windows 系统和 Office 软件周期性的更新苟活。纳德拉作为首席执行官上任的首批行动之一就是发起重大的重组，包括产品和平台部门。他的目标是：消除破坏性的内部竞争，让各企业部门相互协作。两年后，纳德拉再一次重组微软——将微软研发部门与必应（Bing）、小娜（Cortana）以及信息平台部门合并。这次他的目标是：创造一个由工程师和计算机科学家组成的 5 000 人的强大团队，在微软的产品线上实现人工智能创新。纳德拉的结构变革似乎奏效了。他以刺激创新的方式再次赋能微软，提振了公司士气，提高了员工敬业度。从 2014 年到 2018 年，公司营业额增长了 27%，股价暴涨 208 个百分点。

外部环境或者组织战略的变化通常会导致组织结构的变革。因为一个组织的结构是由工作怎么做以及谁来做所定义的，管理者可以改变其中一个或者同时改变两个结构变量。例如，合并部门职责，减少组织层级，增加管理者的管理幅度。组织也可以执行更多的规则和程序提升组织的标准化程度，或者通过员工授权提高决策速度。

另一个方案是在实际结构设计中进行重大变革。例如，当陶氏化学（Dow Chemical）和杜邦（DuPont）合并成立陶氏杜邦（DowDuPont）时，其目标是削减 30 亿美元的经营成本，合并一般产品线，并重组为三家独立的、更专注的公司。[18] 此次重组将陶氏化学分离出来，陶氏化学主要经营包装、基础设施和消费者护理产品；杜邦将专注于电子、食品添加剂、生物化学、军事防护和安全咨询；而科迪华（Corteva）的业务涉及农业科技产品和服务。

7.3.3 技术

管理者也可以改变将输入转换为产出的技术。大多数早期的管理学研究都涉及技术变革。例如，科学管理方法就包括实施那些有利于提高生产效率的变革。今天，技术变革通常包括新的设备、工具或者方法的引进，自动化，以及计算机化。

例如，软件公司 Visia Solutions 为福特汽车公司开发了一个质量保障程序。福特在西班牙瓦伦西亚制造工厂的装配工人手腕上都戴着一个小装置，这使他们能够确保车辆生产规格无误。福特欧洲制造副总裁表示，员工只需要查看智能手机的屏幕，就可以评估有关汽车质量的任何方面的情况。

对于许多组织来说，未来机器人将取代人类。成千上万的公司已经使用机器人技术来削减成本，提高效率和生产力。劳氏（Lowe's）旗下的 Orchard Supply Hardware 正在测试使用人脸识别技术识别人类顾客的机器人。这些机器人会提问："你在找什么?"顾客在机器人的触摸屏上选择他们想要的商品后，机器人就会开动并让顾客跟随他们。类似地，新概念旅馆（Yotel）——一家在伦敦、阿姆斯特丹和纽约均有业务的连锁酒店——的机器人"员工"也可以帮客人拿行李、送衣服、打扫房间以及煮咖啡。[19]

7.3.4 人员

人员变革包括态度、期望、认知和行为的改变，而这些改变并非易事。**组织发展**（organizational development，OD）是一个专业术语，用来描述那些聚焦于组织的成员及工作中人际关系的性质和质量的变革方式。[20]具体地说，组织发展是一组试图提高组织效率和员工福利的变革方法。组织发展技巧重视人与组织的成长、协作与参与的过程以及探究精神。常用的组织发展技巧如图表 7-4 所示。

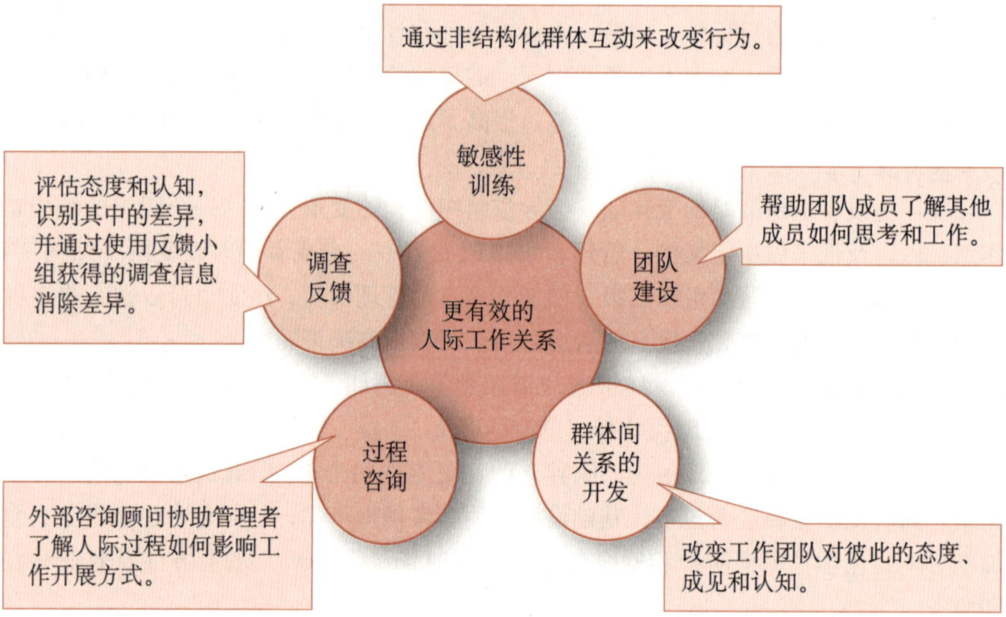

图表 7-4 常用的组织发展技巧

组织发展干预通常由内部人力资源专家或外部顾问主导。这些干预措施是什么样的呢？与优步、脸书和 Salesforce 等公司合作的咨询顾问已经将许多游戏和活动用于团队建设。[21]其重点是通过使员工置身于低风险环境中，让员工在无须担心批评或拒绝的情况下尝试新想法，从而构建信任。这些咨询师主要通过开展趣味性强的活动，使团队建设练习具有激励性，并与日常工作相关。举办的活动包括卡拉 OK、音乐视频比赛，甚至是包下一个岛屿，把它变成团队建设的欢乐堡垒。

7.4 管理变革

对于组织中的成员而言，变革可能是一个威胁。组织制作工作说明书，制定规则、标准工作程序，以及构建权力结构的事实都加强了对现状的维持。因此组织倾向于创造一种惯性，使人们抵制变革，增强人们对于惯例和可预测性的偏好。因此你也就具有了抵制变革的成分。让我们来看一看为什么人们会抵制变革，如何做才能使抵制最小化。

7.4.1 人们为什么抵制变革?

人们为什么抵制变革？主要的原因包括：不确定性、习惯、对个人损失的关注以及认为变革不符合组织最佳利益。[22]

变革让不确定性取代了确定性。无论你多么不喜欢上大学，至少你知道人们对你的期望是什么。当你离开校园步入职场时，不确定性将取代确定性。组织中的员工面临着类似的不确定性。例如，当制造厂引进基于统计模型的质量控制方法时，许多质量控制人员不得不学习这些新方法。有些人可能担心自己做不到，因此对变革抱有消极的态度，如果要求他们使用这些新方法，他们可能会表现得很糟糕。

抵制变革的第二个原因是我们出于习惯做事情。如果你像大多数人一样，那么你每天去上学或上班时很可能会走相同的路。我们都是习惯性动物。生活已经足够复杂，面对每天必须作出的成百上千的决策，我们不想思考所有可能的选择。为了解决这种复杂性，我们依赖于习惯或者程序化反应。但当我们面临变革时，我们沿袭以往方式的习惯性反应倾向就成为抵制变革的原因之一。

抵制变革的第三个原因是害怕失去某些已经拥有的东西。变革威胁到了现阶段人们已经付出的投入。在现有体系中，人们投入越多，就越抵制变革。为什么？他们害怕失去地位、金钱、权力、友谊、个人便利以及他们所看重的其他经济利益。例如，位于明尼苏达州罗切斯特市的梅奥诊所使用无线射频识别技术（RFID）来追踪病人、设备、医护人员（包括急诊科医生和护士）的位置。[23]此举目标在于改善对患者的照料。然而，医院管理层了解到一些医护人员表达了他们对于 RFID 使用的担忧，其担忧主要在于这些数据将如何用于绩效评估。

抵制变革的最后一个原因是人们认为变革与组织的目标及利益不相容。例如，可以预料到，如果员工认为所提出的新工作流程会降低产品质量，他就可能抵制变革。这种类型的抵制如果以积极的方式表现出来，实际上是对组织有益的。

用数字说话

- 70%发生员工抵制变革情况的企业往往都是因为变革计划并未达成他们的既定目标。[24]

场景实践

一家保健品公司决定改革其产品线，移除一些产品并增加一些新产品。泰勒·鲁索

(Tyler Russo) 管理着公司的销售部门，他发现销售人员在变革中遇到了困难。有些员工真的很喜欢一些已经卖不出去的产品，对新产品并不感兴趣。

泰勒怎样才能说服他的员工给新的产品组合一个机会呢?

在组织内部推行变革时，最重要的就是解释"为何如此行事"。泰勒应该确保他已经清楚地向团队传达了公司为什么要进行变革，即变革对业务、客户和团队的价值是什么。这将确保团队以共同语言和理解为基础开启变革。如果员工表现出对变革的抵制，泰勒应该设法去弄清原因。为什么他们抵制变革？为什么他们如此热衷于之前的产品？通常情况下，抵制变革往往是由于缺乏变革意识或变革教育。理解他们抵制变革的原因可以促使泰勒制订他下一步的行动计划。在此基础上，泰勒应该以身作则，积极主动地支持新产品。而后，他可以突出销售新产品的团队，并看到成功的代表，同时宣传客户成功的故事，以持续强化变革的好处。

瑞贝卡·罗斯 (Rebecca Ross)，客户服务经理

7.4.2 减少变革阻力的技巧

当管理者将抵制变革看作组织失灵的表现时，他们能做什么？有几种技巧可以用来应对抵制变革这一问题。[25]这些技巧包括教育与沟通、参与、促进与支持、谈判、操纵与拉拢、威逼。图表7-5对这些技巧进行了简要描述。管理者应该将其视为解决问题的工具，并根据抵制变革的类型和原因采取恰当的方法。

图表7-5 减少变革阻力的技巧

技巧	使用情境	优点	缺点
教育与沟通	当变革阻力是由错误信息导致时	消除误解	当缺乏相互信任时可能会不奏效
参与	当变革抵制者拥有为组织做贡献的专业技能时	提高参与度和接受度	耗时；可能导致糟糕的解决方案
促进与支持	当变革抵制者出现恐惧和焦虑情绪时	能够促进必要的调整	代价高；不能保证成功
谈判	当抵制来自某个强势群体时	能够获得承诺	可能成本比较高；也给予了其他人对组织施加压力的机会
操纵与拉拢	当有必要获得某个强势群体的支持时	成本不高且易于获得支持	可能出现事与愿违的结果，导致变革推动者失去可信度
威逼	当有必要获得某个强势群体的支持时	成本不高且易于获得支持	可能不合法；可能会削弱变革推动者的可信度

教育与沟通通过帮助员工看清变革努力的逻辑，从而减少变革阻力。当然，这种技巧假设大部分阻力是由错误信息和沟通不足导致的。而作为总体沟通计划的一部分，社交媒体的使用可能是有帮助的。一项研究发现，有55%在工作场所经历过变革的受访者表示，他们的员工表现出更强的社交媒体参与度。[26]此外，42%的人表示更偏好面对面的交流方式。这些发现表明，在沟通变革过程中，技术的使用和传统的方法都应该成为传递变革信

息计划的一部分。

参与指的是使那些直接受变革影响的个体参与决策过程。参与源自一种认知——人们不大可能抗拒他们帮助推动的变革。参与允许个体提供投入、提升变革过程的质量以及提升员工对最终决策的承诺。

促进与支持指的是帮助员工应对伴随变革而来的恐惧和焦虑。这种帮助可能包括员工咨询、治疗、新技能培训和短暂的带薪休假。

谈判指的是通过进行价值交换以达成协议，从而减少变革阻力。当这种阻力来自某个强势群体时，这种减少阻力的技巧可能会十分有效。

操纵与拉拢指的是企图通过各种隐蔽性的手段影响他人对变革的看法。这可能包括歪曲事实，从而使变革看起来更有吸引力。

最后，威逼也可以用于应付变革阻力。威逼包括直接对变革抵制者进行威胁或强迫。

7.5 当代的变革管理问题

在这一部分，我们将讨论两个当代的变革管理问题：关于组织文化变革的挑战以及帮助员工处理与变革相伴的压力。

7.5.1 组织文化变革

让我们从一个坏消息开始：组织的文化是极难改变的。[27]事实上，一个组织的文化是由相对稳定而持久的特性构成的，这往往使得文化变革难以推行。此外，现有的公司倾向于聘用那些与当前文化相适应的人，这意味着员工与公司文化相适应，因而安于现状，抵制改变。这也帮助解释了为什么美国政府在破除了美国电话电报公司在通信行业的垄断后，仍花了数十年时间来改变它的文化。而美国电话电报公司的员工早已习惯了没有竞争且放松的工作环境。[28]

承认组织文化难以改变并不意味着它们不能改变。它们可以被改变，但成功变革一个组织的文化是一个持续数年的过程。而且相比于其他文化，特定的文化可能更容易改变。让我们来看一些相关的因素。

情境因素 什么是促进文化变革的“最有利条件”？首先是一次重大危机的出现，比如一次意想不到的财务亏损、一个重大客户的损失，或者是由某个竞争对手引领的一次重大科技创新。这样的冲击能够弱化现状，从而使人们开始思考现有文化的适用性。其次是变更领导者。新的高层领导者会提倡另一套核心价值观，并且很可能被认为相对于之前的领导者而言更有能力应对危机。再次是组织比较年轻且规模比较小。组织越年轻，文化就越容易改变。对于管理者而言，在一个小型组织中比在一个大型组织中更容易传播新的价值观。最后，弱文化也是有利条件之一。比起强文化，弱文化的变革更容易获得认可和接受。[29]

文化变革 如果各种条件都是有利的，管理者应该怎样实施文化变革？任何单一的行动策略都不可能产生足够的影响来改变某些受到人们高度重视的根深蒂固的东西。正如图表 7-6 所描述的，管理者需要为文化变革的管理制定战略。这些建议聚焦于管理者可采取的一系列具体行动。[30]然而，遵循这些建议也无法保证文化变革能够取得成功。组织成员不会轻易放弃那些他们在过去所认可的且很好地发挥了效用的价值观。就像我们曾经提到的那样，文化变革即使真的发生了，也会十分缓慢。管理者必须保持警惕，以防止人们回到原有传统的情况发生。

图表 7-6　文化变革

- 通过管理者的行为奠定基调；尤其是高层管理者，应该成为积极的榜样。
- 创造新的故事、符号和仪式以替代当前的故事、符号和仪式。
- 选拔、提升和支持接受了新价值观的员工。
- 重新设计社会化过程以匹配新的价值观。
- 为促进员工接受新的价值观体系，改变奖励制度。
- 用明文规定的期望取代不成文的规定。
- 通过转岗、轮岗以及/或者终止工作来重塑现有的亚文化。
- 通过员工参与和创造高度信任的环境来努力达成共识。

7.5.2　员工压力

作为一名学生，你很可能也体验过压力——课程、考试，甚至是在兼职工作与学业之间寻求平衡。紧接着，毕业之后找到一份体面工作的压力随之而来。但是，即使你获得了这样的工作，压力也不会就此停止。对于很多员工来说，组织变革带来了压力。一个以时间压力、工作量日益增长、公司合并和组织再造为特征的不确定环境给大多数员工造成了压力和过度的工作负担。[31]美国职业压力协会（American Institute of Stress）的一项调查发现，40%的美国工作者表示，他们的工作压力很大或非常大，25%的人说工作是他们生活中最大的压力来源。[32]

当然，工作压力不仅仅是美国的问题，这是一种全球性现象。[33]全球性的研究表明，在对 16 个欧洲国家的员工进行调查的过程中，50%的受访者表示压力和工作责任都显著增加了；在对加拿大员工的调查中，35%的人称他们处于高强度的工作压力下；在过去的一年里，澳大利亚由职业压力而导致的病例猛增了 21%；超过 57%的日本员工承受着与工作相关的压力；印度大约 83%的客户服务中心员工遭受着失眠的折磨。在日本，每周工作 100 小时并不少见。政府报道称，2016 年有 2 000 多名日本人因为工作压力自杀。

用数字说话

- 76%的员工说工作压力对他们的人际关系有负面影响。
- 66%的员工因工作压力而失眠。
- 16%的员工因为巨大的工作压力而辞职。[35]

什么是压力？　**压力**（stress）是人们对特别的要求、约束或机会施加的过度压迫感所产生的一种不良反应。[34]压力并不总是坏事。尽管人们通常是从负面角度讨论它，但压力也可以是正面的，特别是在它提供了某种潜在收益的情况下。例如，在某些至关重要的时刻，压力能发挥作用，促使一位运动员、演员或员工发挥出他们的最高水平。

然而，压力更多的时候与约束和要求联系在一起。约束会限制你做一些想做的事情；而要求涉及失去你想要拥有的东西。当你在学校参加一门考试或者在工作中进行年度绩效考核时，你会感觉到压力，因为你面临着机会、约束和要求。一个好的绩效考核结果可能会带来职位的晋升、更大的职责和更高的薪酬，但是，一个糟糕的绩效考核结果可能会使你得不到晋升，而一个糟糕透顶的绩效考核结果更可能导致你被解雇。

什么导致压力的产生？ 压力可能是由个人因素和与工作相关的因素所导致的，我们称这些因素为**应激源**（stressors）。[36]显然，无论是个人的还是与工作相关的任何一种因素的改变都有可能导致压力，因为这些改变包含了某些要求、约束和机会。组织中并不缺乏导致压力的因素。避免犯错误或者在有限时间内完成任务的压迫感、报告方式的改变、过于苛求的上司以及不讨人喜欢的同事都是例子。让我们一起来看看组织的五种应激源：任务要求、角色要求、人际要求、组织结构和组织领导。

任务要求指的是与员工工作相关的因素，包括工作设计（自主性、任务多样性、自动化程度）、工作条件和具体的工作布局。在他们的"工作成果"被认为是过量的情况下，定额工作会给员工带来压力。各员工工作任务之间的相互依赖程度越高，压力产生的可能性就越大。此外，自主性往往有助于压力的减轻。在一个高温、充满噪声及其他条件都很危险或不适宜的环境下工作会增加人的焦虑感。同样，在一个过度拥挤的房间或者在一个干扰因素持续不断的地方工作也会增加人的焦虑感。

角色要求涉及组织对员工在特定职位上充当某种角色的要求，以及与此相关的压力。**角色冲突**（role conflicts）指的是难以满足的工作期望。当员工被期待在规定的时间内做更多事情时，就出现了**角色过载**（role overload）。而**角色模糊**（role ambiguity）指的是员工没有清晰地理解组织对自己角色的期望并且无法确定自己应当做什么。

人际要求指的是由其他员工所造成的压力。缺乏来自同事的社会支持和糟糕的人际关系会导致相当大的压力，特别是对于那些具有高度社会需求的员工而言。

组织结构也会增加压力。过多的规章制度，以及员工缺乏机会参与那些对其自身有影响的决策，这些都是结构变量可能造成压力的实例。

组织领导指的是组织管理者的管理风格。有一些管理者创立了一种以高强度、恐惧和焦虑为特征的文化。他们提出了短期内不切实际的绩效要求，过度地施加了严格的控制，并且通常会解雇达不到要求的员工。这种领导风格会通过组织逐渐渗入并影响到所有员工。

导致压力产生的个人因素包括家庭问题、个人经济问题和内在人格特质。由于员工会将个人问题带到工作中，所以对于员工压力的全面认识要求管理者了解这些个人因素。也有证据表明，员工的人格特质会影响他们承受压力的能力。最常用于这些人格特质的标签就是A型和B型。[37]

A型人格（type A personality）的人长期有时间紧迫感和感受到竞争驱动力，并且难以接受和享受空闲时间。与A型人格相反的是**B型人格**（type B personality）。B型人格的人是放松而随和的，很容易接受变革。直到最近，人们仍然相信无论在工作中还是工作之外，A型人格的人都更有可能感觉到压力。然而，相关证据的进一步分析得出了新的结论。研究表明，实际上，只有与A型行为相关的敌意和愤怒才与压力的消极影响相关联，而B型人格的人同样会受到那些容易导致焦虑的因素影响。对于管理者而言，重要的是意识到具备A型人格的员工更有可能表现出压力的症状，即使是在组织和个人应激源都微弱的情况下。

压力的症状有哪些？ 我们可以通过几种方式来发现压力。例如，一个承受着高压力的员工可能会变得沮丧失落、事故频发或者易于发生口舌之争；也可能做一些日常决策时会有困难；也可能容易心烦意乱，注意力不集中；等等。在裁员的组织中，员工生病的概率是工作稳定组织的员工的两倍。[38] 如图表 7－7 所示，压力的症状一般可以划分为三个方面：生理上的、心理上的和行为上的。这些都会显著地影响员工的工作。

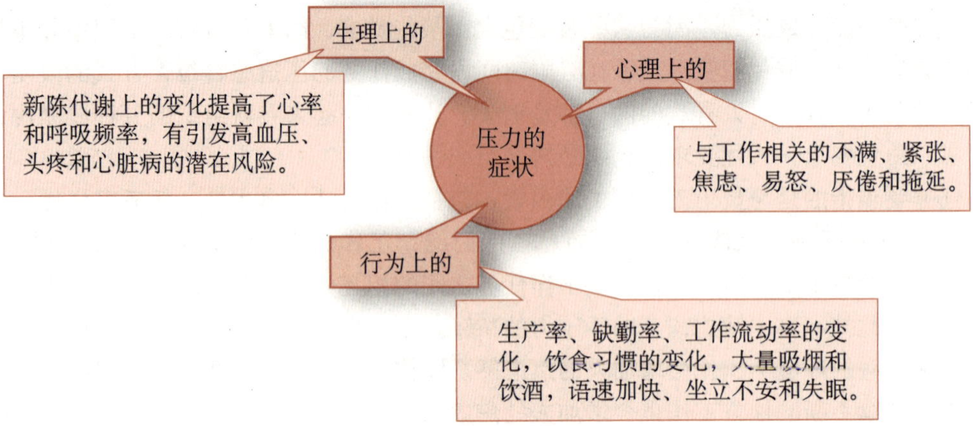

图表 7－7　压力的症状

如何减轻压力？　如前所述，并不是所有的压力都会使人异常。由于压力不可能完全从人们的生活中消失，因此管理者想要减轻导致工作行为紊乱的压力。如何减轻压力？通过控制某些特定的组织因素，可以减轻与工作相关的压力，并在更有限的范围内帮助员工减轻个人压力。[39]

在与工作相关的因素方面，管理者所能做的首先是员工甄选。管理者需要确保员工能力与职位要求相匹配。当员工面对无法应付的状况时，他们通常会有很大的压力。在选拔过程中，一次符合实际情况的真实工作预览可以通过降低工作期望的模糊性，实现压力的最小化。组织沟通的改善能够将模糊性诱发的压力维持在最低水平。与此类似，比如目标管理（management by objectives，MBO）这样的绩效规划，能够清晰阐述工作职责，提供明确的绩效目标，并通过反馈降低模糊性。工作再设计也是减轻压力的一种方式。如果压力来自工作厌倦或者工作超载，那么应该进行工作再设计以提高挑战性或者减少工作量。能够为员工提供机会使其得以参与决策和获得社会支持的工作再设计有助于减轻压力。

包括爱彼迎（Airbnb）、谷歌、易集（Etsy）、Dropdox 和 Salesforce 等在内的一些企业已经开发出了一些独特的方法来帮助减轻员工的压力。[40] 这些方法包括：在线瑜伽课程、礼宾服务、托儿所、爱犬随行政策、志愿者休假日以及诸如乒乓球桌、篮球场、室内攀岩等“分心”设施。

工作场所的秘密

应对工作压力

我们询问了几十位刚毕业的大学生是否有工作压力，如果有的话，压力的来源是什么。几乎所有人都说有。这里有一些他们的回答：“我需要在一个十分荒谬的截止日期之前完成工作”“他们让我们部门的几个人离开，但我们两个必须分摊他们的工作”“业务进展缓慢，公司有裁员的传闻”“我希望下个月休假两个星期，但是我要做的事太多了，我不能休假”。

这些刚毕业的学生并没有什么特别之处。许多研究表明，工作压力无疑是美国成年人压力的主要来源。例如，最近的一项调查发现，83%的受访美国员工认为他们在工作中感受到压力。是什么让他们如此“压力山大”？原因包括不合理的工作负荷、很少的工作补偿、同事相处不睦、通勤问题、当前工作并非其首选、工作与生活不平衡、相对缺乏的晋升机会以及对于解雇或停职的恐惧。有趣的是，出于对工作和工作稳定性的担忧，年龄在18～29岁的年轻人表现出最高水平的工作压力。

所以，如果你是感受到工作压力人群中的一员，你能做什么来减轻这种压力？以下是专家的建议：

1. 时间管理。从时间管理开始。正如在第1章中提到的，有效的时间管理可以让你更有效率，完成更多的事情，并帮助减少工作负荷造成的压力。我们知道很多人不善于管理时间。如果你安排得很好，你完成的任务量往往是那些不善于规划的人的两倍。所以，理解和运用基本的时间管理原则可以帮助你更好地应对工作需求造成的紧张。

2. 工作中的休息。越来越多的研究表明，在工作间隙进行短暂的休息可以促进心理恢复，显著减少压力。如果你在办公桌前或固定工作站工作，为了减轻工作压力，保障身体健康，至少每半个小时起身走动几分钟。

3. 深度放松技巧。你可以通过深呼吸等深度放松技巧来减少紧张感。这些技巧的目标是达到一种身体深度放松的状态，在这种状态中，你将所有的精力集中在放松紧张的肌肉上。

深呼吸是应对压力最简单的方法之一。这项技术要求你避免浅呼吸，并学习腹式呼吸。这项技巧主要作用于神经肌肉功能，可放松神经肌肉系统。

深呼吸的延展是一种逐步的肌肉放松技巧。你可以设想自己处于很舒服的状态，并开始深呼吸。每次深呼吸都放松一组肌肉，从脚开始，逐渐向上。

每天15～20分钟的深度放松可以缓解压力，给人以一种深远的平静感，还能显著改变心率、血压和其他生理指标。

4. 冥想。虽然冥想是另一种放松方式，但我们将其区分开来，这是因为它是一种普及且历史悠久的减压行为。冥想已有几千年的历史，一直是一种得到广泛认可的压力排解方法。这是一组自我调节的技巧，通过冥想来重新集中你的注意力，以获得一种主观的，甚至是“幸福的”状态。其支持者将这种感受描述为平静、澄明和精神集中。冥想有很多种形式，但一种流行的冥想方式是让人清空大脑，停止有意识的思考。这通常与集中注意力于某物结合在一起。冥想的倡导者指出，冥想能使人平静和身体放松，促进心理平衡，改善整体健康水平，增强幸福感。

5. 瑜伽。美国瑜伽协会（American Yoga Association）指出，每天进行一些瑜伽练习有助于调节呼吸和放松身体。拜日式系列的瑜伽动作已经被证明是特别有用的，因为它们鼓励你有节奏地深呼吸。

6. 想象。当生活和工作压力似乎已经将你淹没时，试着把你的心放在一个更祥和的地方。思考你能想到的最宁静隐秘的地方——比如安静的加勒比海海滩、静谧的森林或者停泊在平静湖面的帆船。然后闭上眼睛，想象自己在那里。以海滩为例，想象海浪轻轻地冲上岸的图景，耳边传来有节奏的海浪声，你仿佛嗅到了带着咸味的空气，感觉到了照在皮肤上的温暖阳光。也可以应用前面介绍的一些放松技巧。

7. 体育锻炼。医生建议进行一些非竞技性的体育锻炼作为应对过度压力的一种方式，如有氧运动、普拉提、步行、慢跑、游泳和骑行。这些活动可以增加肺活量，降低静止心率，从工作压力中转移注意力，有效地降低工作压力水平。

8. 社会支持网络。最后，朋友、家人或同事可以在你压力过大时提供一条排解通路。扩大你的社会支持网络可以让别人倾听你的问题，并提供一个相比于自身更为客观的看待压力情况的视角。[41]

来自员工个人生活方面的压力引发了两个问题。第一，管理者很难直接进行控制。第二，存在一些道德上的考虑，包括管理者是否有权介入员工的个人生活，即使是以巧妙的方式。如果管理者认为这是符合道德标准的，而且员工也欣然接受，那么管理者可以考虑以下几种方式：(1) 员工咨询有助于释放员工压力。员工通常会想要向他人倾诉自己的问题，而组织通过管理者、组织内部人力资源顾问、免费或者低成本的外部专业援助，可以满足这一需求。(2) 时间管理计划也可以帮助那些个人生活缺乏规划的员工分清任务的轻重缓急。(3) 组织赞助的健康项目。例如，Phillips 66 公司作为健康合作伙伴与 WebMD 公司合作，并提供 WebMD 健康培训等服务。这项服务使雇员能够与健康专家私密地进行电话交谈。[42]

7.6 激发创新

托马斯·爱迪生曾言："当我发现这个世界需要什么之后，我便努力去发明它们。"[43] 今天，创新是成功组织的基础。在最近关于全球公司的调查中，79%的受访企业都将创新列为它们的最优先事项或者是排名前三的事项。[44] 而哪一家企业领导了创新的方式呢？位列前五的企业有：苹果、网飞、Square、腾讯以及亚马逊。[45]

这些以及其他创新冠军成功的秘诀是什么？其他管理者要做什么才能让组织更具创新性？在接下来的章节中，我们将讨论创新背后的因素，并试图回答这些问题。

7.6.1 创造力与创新

创新的定义大不相同，因人而异。例如，韦氏词典将创新定义为"新事物的引进"和"一个新的想法、方法或者设备；新奇的事物"。一家气泡膜制造公司的首席执行官说："创新意味着发明一种前所未有的产品。"对美国优鲜沛公司（Ocean Spray Cranberries）的首席执行官来说，创新意味着"将一种被忽视的商品变废为宝，例如将剩下的蔓越莓皮变成一种消费者喜欢的零食，如蔓越莓干"。[46] 在定义创新之前，我们首先来看看创造力的含义。**创造力**（creativity）指的是以某种独特的方式综合各种思想或者在思想之间建立独特联系的能力。[47] 一个有创造力的组织能够开发独特的工作方式或者新颖的问题解决方案。但仅有创造力是不够的。创意过程产生的成果需要转化为有用的产品或工作方法，这被定义为**创新**（innovation）。因此，创新型组织的特征在于拥有产生创意，并将其转化为新的有用的产品、过程或程序的能力——也就是，引导创造力转化为有用的成果。当管理者谈及实施组织变革以使组织更具创造力时，通常意味着他们想要激发和促进创新。

7.6.2 激发和促进创新

目前发现的可以激发创新的变量有三个。它们与组织结构、文化以及人力资源实践有关（见图表7-8）。

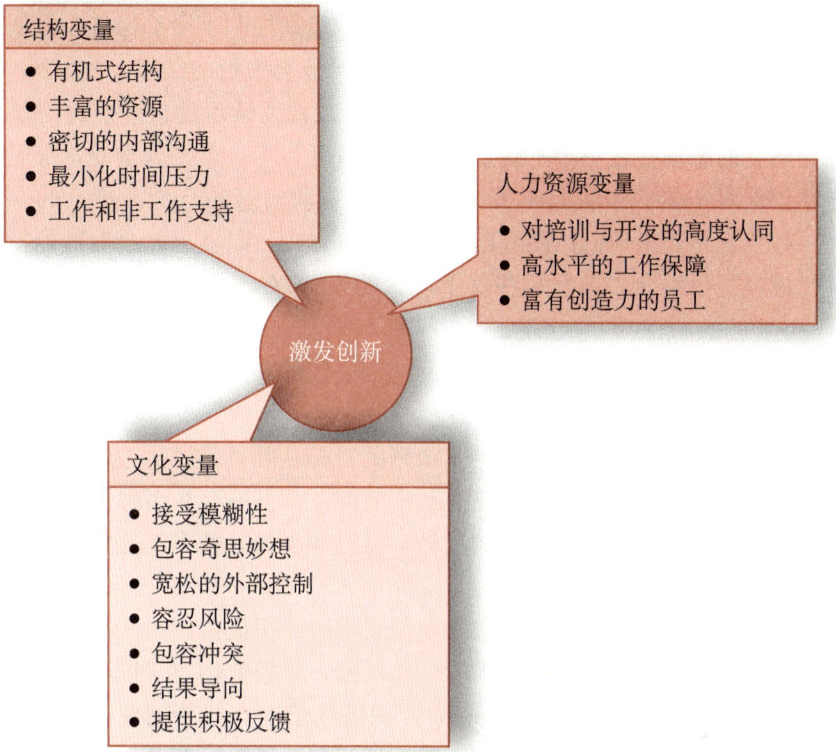

图表7-8 创新变量

结构变量 一个组织的结构会给创新造成重大影响。研究表明，结构变量从五个方面对创新造成了影响。[48]第一，有机式结构会对创新产生积极影响。因为这种结构的规范化程度、集权化程度和工作标准化程度比较低，因此它促进了组织的灵活性以及创意的共享，这对于创新而言至关重要。第二，丰富资源的可获得性为创新提供了关键的组成部分。拥有丰富的资源使得管理者有能力购买创新成果，承担追求创新的成本并从失败的创新中吸取教训。第三，组织各部门间的密切沟通有助于打破创新的障碍。跨职能团队、特别工作小组和其他类似的团体促进了部门间相互交流，跨越了部门边界，在创新型组织中得到了广泛应用。第四，创新型组织会尽量最小化创造性活动的时间压力，虽然急流险滩型环境总是带来这样的压力。尽管时间压力可能会激发人们更努力地工作，也可能使他们感觉自己更有创造力，但研究发现，时间压力实际上会导致员工创造力的下降。事实上，谷歌、3M和惠普这些公司提倡研究人员花一部分工作时间在自创项目上，即使这些项目是在他们个人的工作专长领域之外。第五，研究表明，当一个组织的结构明确表示支持创造力时，员工的创造力会得到加强。组织提供的有益支持包括鼓励、开放式交流、善于倾听和有效反馈。

文化变量 创新型组织通常拥有相似的文化。[49]它们鼓励试验，设定创造性目标，奖励成功也奖励失败，并且赞赏失败。一个创新型组织很可能拥有以下特征：

- 接受模糊性。过分强调客观性和具体性会限制创造力。
- 包容奇思妙想。组织不会限制员工对一些假设性问题作出不切实际的回答，甚至是愚蠢的回答。那些一开始看起来似乎不切实际的想法很可能会带来创新的解决方案。要鼓励创业者思维。
- 宽松的外部控制。规章制度、政策以及类似的组织控制手段都保持在最低限度。
- 容忍风险。鼓励员工多进行试验而不必担心可能会失败的结果。“失败，以及公司如何对待失败，是创新重要的组成部分之一。”将失败视为学习的机会。你应该不希望你的员工害怕提出新的想法。在一个不确定的经济环境下，有一点尤其重要，那就是员工不会感觉到主动创新对于他们来说是不安全的，从而采取逃避的行为。最近的一项研究发现，员工的一种忧虑是如果他们试图提出更好的做事方式，同事可能会对他们持有负面看法。另一种忧虑就是他们会“激怒那些安于现状的人”。在一个创新型文化中，这种忧虑不值一提。
- 包容冲突。鼓励观点的多样性。个人和部门之间的和谐与意见一致并不被认为是高绩效表现的依据。
- 结果导向而非过程导向。组织应制定清晰的目标，并且鼓励员工考虑各种可能的路径来实现目标。注重结果也意味着对于任何给定的问题都可能存在多种正确答案。
- 提供积极反馈。管理者提供积极的反馈、鼓励和支持，使员工感觉到他们的创意获得了关注。

人力资源变量 在这一范畴中，我们发现创新型组织积极推崇员工的培训与开发，使他们的知识与时俱进；为员工提供高水平的工作保障，减轻他们对于因犯错而被解雇的担忧；鼓励员工成为**创意领袖**（idea champion），积极热情地支持新创意，提供支持并克服抵制，而且确保创新得到贯彻执行。研究表明，创意领袖具有一些共同的个性特征：高度自信、坚持不懈、精力充沛、勇于冒险。他们也展现出一些与动态领导相关的特性。他们通过对创新的潜在愿景以及对其使命的矢志不渝的精神来激励和鼓舞人。他们也很擅长获得他人的认可，以支持他们的使命。[50]

场景实践

解决寻找新候选人的问题是凯蒂·富兰克林（Katie Franklin）的首要任务。作为一个全国性临时雇员代理机构的分部经理，凯蒂必须带领她的团队保证他们的数据库被高质量的候选人填满，以确保代理机构能够在短时间内为客户提供临时雇员。在上一次员工会议上，凯蒂的团队对于如何招聘新的候选人有很多创造性的想法。然而，几周后，这些想法都没有得到发展和实施。有创意的想法很好，但如果没有实施，它们对业务就没有帮助。

凯蒂如何帮助员工将他们的创意转化为创新实践？

听起来问题在于想法太多而责任太少。将团队重新聚在一起，将创造性想法的清单缩小到一个更易于管理的水平，并让整个团队参与对话。实际上只需要落实几个想法就可以了，这需要委派一个领导并讨论每个想法接下来的最佳行动方案，之后记下行动项目的大纲、所需资源和截止日期。注意要定期与团队确认情况，消除障碍并讨论应对挑战。但如果员工的时间和资源都已经岌岌可危，而你的想法并没有产生预期效果，那么你就要尽早了解情况并将这些资源用于更加成功的想法上。

克里斯蒂娜·莫泽（Christina Moser），战略客户经理

7.7 颠覆性创新

1988年，柯达公司（Kodak）拥有170 000名员工并销售了世界上85%的相机胶卷。而仅在几年后，该公司的业务模式消亡，公司也濒临破产。相机胶卷也走上骏马和马车的老路。大约25年前，美国的每条主干道和每家购物中心都有一家书店。鲍德斯书店和巴诺书店（Barnes & Noble）都有几百家分店，除此以外还有上万家小型书店分散在全美各处。之后亚马逊出现了，它以极低的价格为购书者提供超过100万种书目的选择空间，而且送达便利，不需要购书者离家购买。亚马逊以一己之力颠覆了实体书店行业。展望未来，十年内，你将会乘坐的自动驾驶汽车可能不是通用汽车、福特汽车或者丰田生产的。当汽车“轮子都带有计算机”时，传统的汽车制造商可能会被苹果、谷歌以及英特尔（Intel）之类的公司取代。是的，欢迎来到颠覆性创新时代！

7.7.1 颠覆性创新的定义

颠覆性创新（disruptive innovation）描述了在产品、服务或者流程领域内彻底改变行业游戏规则的创新。[51]通常的情形是，一家资源稀少的小企业成功战胜了行业老牌巨头。[52]那些小企业用较低价格的产品和服务来服务那些被忽视的可能的细分顾客，进而证明了自身的颠覆性创新。尽管“颠覆性创新”一词相对新颖，但这个概念本身并不新颖。例如，经济学家约瑟夫·熊彼特（Joseph Schumpeter）早在75年前就使用“破坏性创造”一词来描述资本主义如何在破坏旧技术并代之以新的更好的技术基础之上建立。[53]而这正是颠覆性创新的本质。

在实践领域，颠覆性创新已经持续了一个世纪之久。范德比尔特（Vanderbilt）的铁路中断了帆船生意。亚历山大·贝尔（Alexander Bell）的电话敲响了西部联盟（Western Union）电报的丧钟。福特汽车和其他汽车制造商直接摧毁了马车制造商。如图表7-9所示，很多企业都遭受了颠覆性创新带来的损失。

图表7-9 曾经的一些颠覆性创新案例

被颠覆的行业	颠覆者
激光唱片	苹果 iTunes
复写纸	施乐复印机
便携式收音机	随身听
随身听	苹果 iPod
打字机	IBM的便携式个人电脑

续表

被颠覆的行业	颠覆者
新闻周刊	美国有线电视新闻网（CNN）
电视网络	有线电视与网飞
当地旅游代理商	亿客行
股票经纪人	eTrade
旅行支票	自助取款机与 Visa
报纸分类广告	Craigslist
AM/FM 调频	Sirius XM
报税服务	电子报税
生活黄页	谷歌
纸质地图	GPS 导航系统
纸质图书	Kindle
律师	LegalZoom
出租车	优步
酒店	爱彼迎

区分颠覆性创新和持续性创新是有帮助的，当我们中的大多数人想到创新的时候，很容易想到高清电视、汽车的倒车镜、智能手机的触摸屏或者双层奥利奥。这些都是**持续性创新**（sustaining innovation）的例子，因为它们都在维持现状。这些创新代表了在现有产品领域小型和渐进的创新，并非动态的突破。尽管电视机的出现颠覆了收音机行业，但高清电视也只是改进了电视的画质而已。

7.7.2 为何颠覆性创新如此重要?

用数字说话

- 65%的公司通过对过去与未来的整合实现创新。[54]

我们常说“成功孕育着下一个成功”，但是成功有时也会孕育失败。这是怎么回事？成功的企业会成长，而成长往往伴随着规模的增长。正如我们描述的那样，巨大的体量常常让企业在面临颠覆性创新者时变得十分脆弱。

大型组织为标准化运营制定了规则和条例。它们创造出大量的有着明确责任范围的部门，它们也创造了社会化的流程——例如新员工入职培训和企业员工手册——来向员工传达“我们在这里的行事方式”。其结果就是这些成功的企业形成了根深蒂固的文化和价值观。一方面，价值观和文化指导着员工的工作；另一方面，价值观和文化也是变革的阻碍。像百事达、宝丽来（Polaroid）和沃尔沃斯（Woolworths）这样的公司在它们的时代都是标志性的公司，但它们受限于曾经的辉煌历史，这最终导致了它们的衰落。

与现状有显著差异的产品或服务的新想法是对大公司内部现存权力结构的威胁。我们稍后会详细说明，根深蒂固的文化往往会受到颠覆性思想的威胁。例如，当罗斯·佩罗（Ross Perot）在 IBM 工作时，他建议公司进驻计算机服务行业。但他被告知 IBM 只出售计算机硬件，不提供计算机服务。于是佩罗辞职后创立了 EDS 公司，提供计算机支持服务，并成为亿万富翁。相似地，当施乐公司的工程师发明了电脑鼠标和图形用户界面（它们将最终成为个人电脑的标准）时，施乐公司的高管们却以“我们是做复印业务的”为由弃之不顾，然后又把这些发明交给了史蒂夫·乔布斯（Steve Jobs）和苹果公司。随后，乔布斯将这些创新产品应用到苹果的 Mac 电脑上。

事实上，颠覆性创新对许多成熟企业而言都是一种威胁，仅靠持续性创新来应对是不够的。例如，不断改进黑莓（BlackBerry）智能手机无助于其制造商与苹果和三星的设备竞争，因为后者配备了先进得多的 iOS 和 Android 操作系统。当然，所有的“激进性”创新也都不会成功。它们发起的变革的激进性本质意味着高风险。赛格威公司（Segway）在介绍个人代步车时大张旗鼓，宣传其在短途旅行时可以替代汽车，但这并没有实现。同样，穿戴式计算机——谷歌眼镜曾被宣传为智能手机的非手持颠覆性替代品，它也在进入市场时失败了。

7.7.3 谁更脆弱?

什么企业在颠覆性创新面前更加不堪一击？就像之前提及的一样，答案是规模更大、历史更悠久以及利润较高的企业。为什么？因为它们遭受的损失最大，而且它们是当前市场和技术领域的最大既得利益者。

成功的企业关注它们做得最好的是什么。它们重复着过去的成功，将资源投入最有可能创造最大利润的项目中。而那些适合进行早期颠覆性创新的小型市场并不符合大企业的成长需要。更为重要的是，大型组织有着颇具差异性的文化和价值观，这些定义了组织的能力，但也限制了它们开发新产品和新市场的能力。例如，西尔斯（Sears）的管理层在 20 世纪 70 年代可能就意识到有必要开设打折百货商店，但它没有进入这个市场所需的人员、购货渠道、组织结构或低成本的开店地点。位于初创期的沃尔玛就没有这些限制，所以它能够从根本上颠覆市场。同样，特斯拉能够在一定的时间和质量水平条件之下构思、设计并生产出一款电动汽车，这是菲亚特·克莱斯勒（Fiat Chrysler）无法企及的。

颠覆性创新，尤其是在起始阶段，通常适用于新兴或小型市场，且利润往往低于公司的主流产品。而且它们的新颖性对于创造公司主要利润的客户几乎没有吸引力。数字设备公司（Digital Equipment Corporation）的创始人肯·奥尔森（Ken Olsen）在 1977 年说：“我们没有理由让任何人在家里安一台电脑。”他承认，当他的公司通过销售更大的系统获得巨额利润时，他并不理解为什么要把公司的资源投到微型计算机上。他的客户对更大的系统非常满意。因此，大而成功的公司有动力重复过去成功的做法，投资那些最有可能产生最大利润的想法，而这些想法不是颠覆性创新。这就是大众、本田和丰田能够通过推出小排量汽车颠覆美国汽车市场的原因。而通用汽车、福特和克莱斯勒最初根本不愿进军这一市场，它们靠制造大排量汽车赚钱。

那么，哪些企业或职业目前正在遭受颠覆性创新的阵痛？这里有一些案例：银行出纳员（对自动取款机）、相机制造商（对智能手机）、金融服务（对在线供应商）和旅行代理商（对在线旅游服务）。在不久的将来，还有哪些职业可能会受到冲击？精算师（计算机算法）、维护人员（机器人）、卡车司机（自动驾驶汽车）、建模师（3D 打印机）、管道工人和石油钻机（可再生能源）都是易受颠覆的对象。

7.7.4 颠覆性创新的启发

颠覆性创新有可能颠覆企业家、管理者甚至是你的职业规划。让我们具体看看它们的未来。

企业家 思考机遇！企业家因变革和创新而成长。主要的颠覆性创新为新产品和新服务打开了一扇门——来取代那些历史悠久且成熟的企业与业务。如果你正在寻找有着巨大增长潜力的业务，就要去寻找可以被更加低廉、简单、小型以及方便的替代品颠覆的传统业务。

“尽管成熟企业在技术、品牌、制造能力、管理经验、分销能力和现金流方面颇具禀赋，但在由优秀经理人组成的成功公司确实很难做那些不符合他们盈利模式的事情。”[55]因此，尽管资源的缺乏对进入成熟市场造成了很高的壁垒，但这并不是企业家的关键不利因素。小型创业型企业通常具有较低的管理费用和最低的成本结构，这可以转化为巨大的竞争优势。大公司管理费用高昂，其官僚化的组织规章制度、组织层级限制了组织灵活性与响应速度，大公司还拥有擅长扼杀与组织当前商业模式相左的创意灵感的根深蒂固的组织文化。

管理者 对于成功的大型企业的管理者来说，颠覆性创新带来的挑战是如何恰当应对它。与普遍的看法相反，这些组织的管理者并非无能为力，因为他们可能成为颠覆性创新者本身。但有充足的证据表明，他们的“颠覆性回应”必须由一个单独的组织来实现，该组织在实体和结构上都与原有企业的主要业务不相关。“除了少数例外，主流公司成功地在颠覆性技术中及时确立地位的唯一方式是：公司管理者建立一个自治组织，负责围绕颠覆性技术建立新的独立业务。”[56]这种方式通过从零开始创建一个新企业或收购一个小公司并保持其独立性来实现。

这些独立的小组经常被称为“臭鼬工厂”（skunk works），它们被定义为大组织中的小群体，通常被授予高度的自主权，不受公司官僚主义的影响。其任务是开发一个主要目的在于纯粹创新的项目。实际上，这些“臭鼬工厂”在一家大公司内部以企业方式运作。较小的规模让员工对自己的使命充满热情，并看到自己努力的效果。然而，要想成功，它们不能承载原有组织的文化价值观或成本结构。它们只需要足够的自主权，而不必与原有组织中的其他项目争夺资源。

IBM成立了一个产品团队，并将其安置在距纽约州阿蒙克市IBM总部1 200英里的佛罗里达州，从而成功地开发出一款个人电脑。史蒂夫·乔布斯在苹果公司创建了一个独立自主的部门来开发Mac电脑。谷歌/Alphabet创建了谷歌X，这是一个较为神秘的设施，距离公司总部半英里，其团队被分配了一项开发自动驾驶汽车的任务。相比之下，强生公司（Johnson & Johnson）大举收购了许多小公司，保持它们的独立性，并给予它们很大程度的自治权。

职业规划 在一个颠覆性的世界里，我们能为你提供什么职业建议呢？这里有一些建议：

永远不要对一个雇主感到满意。你不能把希望寄托在整个职业生涯都在一家公司工作。现如今几乎没有稳定的工作，企业为员工提供终身雇佣制的日子一去不复返了。所以，你首先应该对自己忠诚，让自己更有竞争力。

保持技能与时俱进。颠覆性技术将持续使现有的工作和职业过时。为了让自己更有市场，你需要让你的技能与时俱进。完成学业不是学习本身的休止符。你需要不断学习新事物。

寻找那些重视并奖励经验、人际关系和创造力的工作。这一类工作最不可能被机器人、人工智能、虚拟现实或其他数字技术的创新所颠覆。

你要对你的未来负责。不要认为你的雇主会关注你的长期利益。你的个人技能发展、职业发展和退休计划都需要你来决定。不要把你的未来交给别人，要积极管理你的职业生涯。

趁着年轻，去冒险。很少有人不冒险就能取得伟大的成就。那些成功的人可能辞掉一份稳定的工作，或者回到学校继续深造，或者搬到一个新的城市开始新生活，或者开始创业。尽管风险并不总能带来回报，但与55岁相比，人在25岁时遇到挫折和失败更容易振作起来。

为考试做准备

本章小结

7.1 描述变革的原因。

组织变革意味着任何人员、结构或者技术上的变革。变革推动者作为变革的催化剂，对变革的整体过程负责。创造变革需求的外部力量包括变化的顾客需求和期望、新的政府法规、技术和经济。创造变革需求的内部力量包括新的组织战略、劳动力构成、新设备以及员工态度。

7.2 比较关于变革过程的不同观点。

平静水域观点认为变革是在正常的事件过程中出现的暂时的扰动，当变革发生时，变革是可以计划和管理的。勒温的三阶段变革过程理论提出变革可以通过在旧有状态下解冻，然后达到新的阶段，而后重新冻结新的行为模式的方式来管理。而在急流险滩观点中，变革时刻都在发生，管理也是一个持续不断的过程。

7.3 识别组织变革的领域。

组织变革关注战略、结构、技术和人员。战略变革意味着管理者确保组织成功方面的变革。结构变革包括改变结构要素和结构设计。技术变革包括：引进新的设备、工具或方法；自动化或计算机化。人员变革包括改变态度、期望、认知和行为。组织发展是一个专业术语，用来描述以人、人际关系的性质和质量为中心的变革方式。

7.4 解释如何管理变革。

由于不确定性、习惯、对个人损失的关注以及认为变革不符合组织最佳利益等，人们通常会抵制变革。

减少变革阻力的技巧包括教育与沟通（对员工进行教育，与员工进行沟通，使其认识到变革的必要性）、参与（允许员工参与变革过程）、促进与支持（给予员工投身变革过程所需的支持）、谈判（进行价值交换以减少阻力）、操纵与拉拢（利用各种隐蔽手段产生影响）以及威逼（直接进行威胁或强迫）。

7.5 讨论当代的变革管理问题。

一个组织的文化是由相对稳定和持久的特征组成的，这使得它难以改变。管理者可以通过了解促进变革的情境因素，采取措施变革文化。管理人员必须有管理文化变革的战略，其中包括：成为积极的榜样；创造新的故事、符号和仪式；选拔、提升和支持接受了新价值观的员工；重新设计社会化过程；改变奖励制度；明文规定期望；重塑现有的亚文化；让员工参与变革。

组织变革会让员工感受到压力。压力是人们对特殊的要求、约束或机会施加的过度压迫感所产生的一种不良反应。为了帮助员工应对压力，管理者可以通过确保员工的能力符合工作要求、改进组织沟通、使用绩效计划或重新设计工作来解决与工作相关的因素。解决个人的压力因素比较棘手，但管理者可以为员工提供咨询、时间管理计划和健康项目。

7.6 描述激发创新的变量。

创造力指的是以某种独特的方式综合各种思想或者在思想之间建立独特联系的能力。创新则是指将创意转化为有用的产品或者工作方法等。影响创新的重要结构变量包括有机式结构、丰富的资源、密切的内部沟通、最小化时间压力以及支持。重要的文化变量包括接受模糊性、包容奇思妙想、宽松的外部控制、容忍风险、包容冲突、结果导向以及提供积极反馈。重要的人力资源变量包括对培训与开发的高度认同、高水平的工作保障以及富有创造力的员工。

7.7 解释为什么管理颠覆性创新十分重要。

当产品、服务或者流程完全颠覆了产业的游戏规则时，颠覆性创新就产生了。这种情况经常发生，比如一家资源较少的小企业能够成功地挑战现存的在位企业。颠覆性创新对于那些认识到该技术的市场潜力的组织是一种资产。而如果企业选择照原有方式经营，它们可能会成为颠覆性创新的受害者。

复习和讨论问题

1. 为什么组织变革需要推动者？基层员工能够成为变革推动者吗？
2. 比较平静水域观点和急流险滩观点。
3. 什么是组织发展？组织发展技巧如何支持组织变革？
4. 为什么组织中的人抵制变革？提供组织可以采用的减少变革阻力的技巧。
5. 讨论组织文化在变革过程中的作用。一个组织可以采取哪些步骤来创建一种支持变革的文化？
6. 为什么组织管理者要关心降低员工的压力水平？
7. 创新要求组织容许员工犯错误。然而，太多的错误会对你的职业生涯产生极其恶劣的影响，你同意吗？为什么？促进创新有什么意义？
8. 提供一个颠覆性创新的例子。这一创新对行业有什么影响？

为我的职业做准备

道德困境

工作压力降低了很多员工的生活质量。2/3 的员工说他们因为工作压力而失眠，76% 的人说他们的人际关系因为工作压力而受到影响。[57]为了减轻压力的负面影响，许多雇主提供各种形式的健康项目。事实上，根据行业不同，39%～63%的员工在工作时都能享受到健康项目。虽然美国半数以上的员工都可以参加援助计划（EAP），但很多员工选择不参加。为什么？许多员工不愿意寻求帮助，尤其是当压力的主要来源是工作负担过重或工作上的不安全感时。毕竟，压力仍然是一种耻辱。员工不希望给人留下无法完成工作任务的印象。尽管现在的员工比以往任何时候都更需要压力管理，但很少有员工愿意承认自己有压力。

1. 对于这种需要压力管理帮助却又不愿承认的矛盾，我们能做些什么呢？
2. 组织是否有帮助员工应对压力的道德责任？

技能练习

开发你管理变革的能力

关于技能

管理者在组织变革中发挥着重要作用。他们往往是变革过程的催化剂——变革推动者。然而，管理者可能会发现变革遭到员工的抵制。毕竟，变革意味着模糊性和不确定性，对现状造成了威胁。如何才能实现对这些变革阻力的有效管理？以下提供了一些相关建议。[58]

练习技能的步骤

● 评估变革的环境。为什么有些变革成功了而有些失败了，这主要取决于组织对变革的准备情况。评估变革的环境需要考虑几个问题。你所获得的答案越肯定，变革成功的可能性就越大。以下是一些引导性问题：

a. 变革发起者在组织中的地位是否足够高，从而拥有足够的权力得以有效应对阻力？

b. 高层管理者是否认同和支持变革？

c. 高层管理者是否表达了变革的必要性，并且这种必要性是否被组织中的其他人所认同？

d. 管理者对变革之后的未来境况是否有一个清晰明确的愿景？

e. 是否使用了客观的衡量标准恰当地评估变革努力？是否设计了明确的奖励机制以强化这些标准？

f. 这一特定的变革是否与组织中正在开展的其他变革相一致？

g. 管理者是否愿意为了组织的整体利益而牺牲他们的个人利益？

h. 管理者是否为他们严密地监控竞争者的变革和行动而感到自豪？

i. 勇于冒险、创新或寻求更好的新解决方案的管理者和员工，是否能受到奖励？

j. 组织结构是否具有弹性？

k. 组织中的交流是否能贯穿组织上下？

l. 过去组织是否成功地实施过变革？

m. 员工对管理层是否感到满意和信任？

n. 组织部门之间是否有高度的互动与合作？

o. 决策是否快速？是否考虑了各种建议？

● 选择一种恰当的方式管理变革阻力。在本章，我们介绍了六种减少变革阻力的技巧——教育与沟通、参与、促进与支持、谈判、操纵与拉拢、威逼。回顾图表7-5中提及的优缺点，以及每一种技巧的最佳使用情境。

● 变革实施期间以及变革结束之后，与员工交流你所能提供的支持。员工需要知道，在变革期间你会为他们提供支持。你要做好准备，提供必要的援助以帮助员工实施变革。

技能实践

阅读以下场景，写下你将如何解决以下状况。请参考上述管理变革阻力的三条建议。

你是社区医院的护理部主管，你所在的这家医院既有急诊室，也有普通病房。这两个团队中的每一位护士都倾向于与从事相同工作的护士一起工作。你在阅读专业书籍时，偶然间发现了这样一个理念，对护士团队进行跨职能培训并赋予她们更多样化的责任。已有实践表明，这种方式在降低成本的同时提高了护士对病人的护理水平。你把这两个团队的负责人苏（Sue）和斯科特（Scott）叫到办公室，讨论以这种方式发展护士团队的计划。出乎你的意料，她们都反对这一想法。苏说，她和其他急诊室的护士认为，急诊室需要她们，在那里她们担任整个医院最为重要的角色。必要时，她们会在特殊时间点工作，按照要求完成任何工作任务，并且经常在困难重重且充满压力的情况下工作。她们还认为，普通病房的护士做着相当简单的工作并得到相应报酬。普通病房护士团队的负责人斯科特告诉你，她的团队认为急诊室的护士缺乏普通病房的护士给医院带来的特殊培训和额外经验。普通病房的护士声称她们承担着最重大的责任，从事着最严苛的工作。因为她们需要与病人及其家属时刻保持联系，所以她们认为她们不能放下自己的重要职责去帮助急诊室的护士完成她们的工作任务。现在，你会怎么做？

共同工作

团队练习

许多科技公司以支持创新的组织文化而闻名。你可能读过关于谷歌宽敞的园区和便利设施的描述，在这样的环境中，有创造力的谷歌员工推动着创新。以 3～4 名学生为一组，假设有人要担任一家科技创业公司的创始人。你们的工作就是在新公司里创造一个激励创新的工作环境。确定将采取哪些步骤来支持创建此工作环境，包括你们对新公司的结构、文化和人力资源实践的见解。准备好与同学们分享你们的想法。

学习成为管理者

● 选择两个你熟悉的组织，评估这些组织是面对平静水域还是急流险滩的环境。写一份简短的报告，描述这些组织以及你对它们所面临的变化环境的评估。一定要解释你对变更环境的选择。

● 反思你在生活中经历的重大变化（例如，搬到一所新学校、上大学或者离婚这样的家庭问题）。你抗拒这种变化吗？为什么？你使用各种策略来适应这种变化了吗？你有什么与众不同的做法吗？写下你的反思，并记录你如何有效地管理未来生活中的变化。

● 选择一个你熟悉的组织（雇主、学生组织、家族企业等）。描述它的文化（共同的价值观和信念）。选择其中的两个价值观/信念，描述你将如何改变它们。把这些信息放在报告中。

● 当你发现自己正在遭受功能失调的压力时，写下是什么导致了压力，你表现出了什么压力症状，以及你是如何应对压力的。把这些信息记在日记里，评估减压措施的工作效果，以及如何更好地应对压力。你的目标是意识到你有压力，并能采取积极的行动应对压力。

- 访问 www. testmycreativity. com 来评估你的创造力。与他人相比，你的创造力水平如何？你的强项是什么？你的缺点呢？你同意这个评估结果吗？
- 研究关于如何成为一个更有创造力的人的信息。以表格形式写下建议，并准备在课堂上展示你的信息。
- 如果所有的车辆都能自动驾驶，并且汽车共享服务（如优步和 Lift）普遍流行，这会给企业和就业带来怎样的冲击？

案例应用 1

从内部变革的谷歌

2018 年 10 月，媒体报道称，科技巨头谷歌对一名确信进行了性侵的高管的指控作出回应，公司向他支付了 9 000 万美元，并在他离开公司时表扬了他。[59]

多年来，谷歌员工通过工作委员会、道德委员会以及与首席执行官的员工会议等渠道，推动公司内部有关歧视、骚扰和平等方面的变革。但谷歌开放研究（Google's Open Research）的创始人梅雷迪思·惠特克（Meredith Whittaker）表示，这些努力没有带来真正的改变。[60]

这并不是说谷歌从来没有对员工的要求作出回应。例如，在继 4 000 名谷歌员工签署请愿书，数十名员工以辞职抗议后，谷歌在 2018 年春季放弃了为名为 Project Maven 的战争无人机项目提供人工智能支持。[61]因为谷歌的员工是被“开发能够明显改善尽可能多的人的生活的服务”的使命感召而来，所以员工判断公司在做什么（或不做什么）的时候，都将这一使命牢记于心。

2018 年 10 月，有关性侵的报道发表后，谷歌的员工通过电子邮件发来了一系列论述内容，克莱尔·斯特普尔顿（Claire Stapleton）读了这些论述内容后，表示他受够了。YouTube（Alphabet/谷歌子公司）的市场经理克莱尔（Claire）给一大群员工发了一封电子邮件，指出他们必须做点什么。员工回复了这封邮件，对公司的要求提出了自己的看法。这些要求被转移到一份谷歌文档中，数百名员工参与了文档的创建。他们精简了文件，保留了与性骚扰、歧视、全职员工、承包商的薪酬问题以及机会不平等五项主题有关的要求。为了保证管理层倾听他们的要求，他们计划在某一天，让员工一起走出办公室，表达他们的诉求。2018 年 10 月 30 日，星期二，两个城市的谷歌员工计划参加罢工。两天后，参加的城市增加到 30 个。每个城市都有一个实地组织者。[62]超过两万名谷歌员工和承包商参与了罢工。另外有几个办事处没有报告参加抗议的人数，情况表明超过 20%的谷歌员工参与了罢工。[63]

那么谷歌公司的领导者作出了哪些回应？在与员工举行会议后，他们采取行动，放弃了对性骚扰（但不包括歧视）的强制仲裁。他们还提供反性骚扰培训，尽管这并不在要求清单中。根据一位罢工组织者的说法，谷歌的领导者试图获得某种程度的信任。抗议者说：“这是一次伟大的罢工，更是一次警醒，我们很高兴现在能在这方面领导这个行业。”[64]罢工组织者希望更多的员工要求得到满足，但他们意识到，与公司领导进行对话的人选可能必须是员工本身。

谷歌并不是唯一一家让员工引领变革的科技公司。亚马逊的员工一直在敦促公司停止向政府出售人脸识别技术，Salesforce 的员工也一直在努力终止与海关和边境保护局（Customs and Border Protection）的一份公司合同。此外，微软和亚马逊的员工要求他们的公司中止与美国移民和海关执法局（US Immigration and Customs Enforcement）的联系。[65]

◆ **问题讨论**

1. 谷歌的变革推动者是谁，他们做了什么让他们成为变革推动者？
2. 在这种情况下，变革的内部和/或外部力量是什么？
3. 在这种情况下，员工是如何增加驱动力的？
4. 员工可以使用哪些减少变革阻力的技巧来帮助他们朝着变革的方向更进一步？

案例应用 2

在内曼·马库斯建立创新实验室

斯科特·埃蒙斯（Scott Emmons）在奢侈品零售商内曼·马库斯（Neiman Marcus）担任企业架构师时意识到，他们的门店在处理技术方面存在巨大差距。埃蒙斯说："顾客开始使用智能手机，在获取相关信息方面，他们的能力超过了我们的同事，而这些信息对他们的购物之旅有帮助。"[66]

埃蒙斯需要更好的技术解决方案，他获得了支持并在 2012 年成立了内曼·马库斯创新实验室（iLab）。经营创新实验室几年之后，埃蒙斯意识到他需要一种新的思维方式，即以一种新的方式为未来的顾客服务，并满足顾客的需求。[67]

创新实验室为顾客服务的创新之一是数字记忆镜，它可以 360 度记录顾客穿衣服时的样子。顾客可以把记录了这些着装的视频发给朋友，请他们帮忙看一下。顾客还可以运用镜子技术，通过视频来比较不同服装的样子。最近，一项新的增强现实（AR）功能被添加到记忆镜中：顾客可以在虚拟环境中试戴太阳镜和化妆。[68] 内曼·马库斯在全美 44 个店安装了 69 面记忆镜。

一个相关的创新案例是改造镜子。这些镜子记录了化妆师是如何在店里化妆的。顾客会收到录音，以确保他们不会回到家后忘记接下来的步骤是什么。试衣间里的顾客服务按钮连接在销售助理的智能手机上，还有一个名为"Snap Find Shop"的应用程序，顾客可以给一件商品拍照，然后在店里找到类似的款式。这些是创新实验室截至 2018 年底的成果。[69]

这些创新帮助内曼·马库斯实现了连续四个季度的收入增长。与其他公司不同的是，内曼·马库斯的创新实验室帮助公司中的其他团队借鉴它的成果。该实验室还能获得项目所需的资源（包括借鉴内曼·马库斯公司其他员工的工作成果或从顾问那里获得帮助）。通过向公司的不同部门提供服务，他们建立了一个创新和实验的模式。"他们由此建立了一种文化，可以尽情尝试，也包容失败。"分析师布莱恩·索利斯（Brian Solis）如此说道。索利斯在 Altimeter 公司工作，这是一家专注于创新的咨询公司。[70]

◆ **问题讨论**

1. 为什么用"创新"这个词来形容内曼·马库斯的实验室比"创造力"更准确呢？
2. 在内曼·马库斯看来，哪些结构、文化和/或人力资源要素有助于鼓励成功的创新？

3. 内曼·马库斯通过创新实验室的成果实现颠覆性创新了吗？为什么？
4. 在本案例中，持续性创新的例子是什么？

注释

第 Ⅱ 篇 管理实践

Management Practice

管理者的困境

餐饮服务公司的管理者最担心的事情之一是甲肝病毒，这是一种高传染性的病毒，通过与感染者共用食物、器皿、香烟或药物等传播。餐饮服务业的工作者并不会比其他人更容易感染到这种病毒，但是一个受感染的工作者却可以很容易地通过处理食物，尤其是冷藏食品传播病毒。这种病毒致命的情况比较罕见，感染几个星期之后会出现流感症状。有一种疫苗可用于预防甲肝。吉姆·布拉迪（Jim Brady）是一家餐厅的管理者，他正面临一个困境。最近他得知，他的一名厨师在工作的 5 天时间里，很可能将其所携带的甲肝病毒传播开来，受影响人数多达 350 人。他们认为，这名厨师可能是被他所在公寓大楼里的婴儿感染的。因为儿童感染甲肝病毒后通常不会表现出任何症状，很容易传播给成年人。吉姆必须做一个决策。他应该将这些信息公之于众，还是应该按照法律规定只将此事报备给当地卫生部门?

运用你在第Ⅱ篇（特别是第 6 章）所学的内容，谈一谈在这种情况下你会怎么做。

全球观

如果老板说可以试试，在日本的话，这就意味着提议被否决了，但在德国意味着这个想法得到了完全支持。在美国开展业务的墨西哥管理者发现，美国管理者不像他们那样以关系导向为主。在墨西哥，与某人做生意意味着要亲自了解他们，而美国的经理往往想先谈生意，而不是先建立关系。一家集成芯片生产商的一位主要负责工程的副总裁发现，他的一个项目已经延期运行了一个多月，他认为很可能是公司的印度工程师在项目完成上并“没有意识到紧迫感”。一个由来自世界各地的员工组成的团队的管理者没有意识到，有些成员为了让别人听到自己的声音，必须以某种方式说话，但在他们的文化中这种方式并不让人感觉舒服。

成为一个成功的全球管理者并不容易，尤其是应对不同文化的差异。这些文化差异被描述为一座“冰山”，我们看到的仅仅是冰山顶部的 15%，主要是食物、外表和语言。尽管这些因素十分复杂，但是“冰山”并不明显的其余部分是管理者尤其需要关注的，这部分包含什么？工作上的问题包括沟通方式、优先等级、角色期望、操作速度、谈判方式、非语言沟通、对计划的态度等。对于这些问题的理解要求开发一种全球化思维方式和技能组合。很多组织正依赖文化意识的培养来帮助它们解决这些问题。

根据你在第Ⅱ篇学到的知识，讨论以下问题。

- 你认为什么样的全球观最能鼓励、支持和推进文化意识的培养？请解释。
- 当公司为员工设计合适的文化意识培训时，法律、政治和经济差异是如何发挥作用的？
- 多样性管理是否与文化意识有关？
- 从上面提及的国家中挑选一个国家，针对其文化进行一些相关调查。你从该国的文化中发现了什么？这些信息可能会如何影响该国管理者进行计划、组织、领导和控制？
- 对于一位几乎没有全球化经验的管理者，你会提出什么建议？[1]

连续案例

星巴克——当今工作场所的基础管理

当今的管理者在工作场所中实施管理时必须对某些特定的综合问题有一定的认识，这些问题会影响他们的工作。这些综合性的管理问题都有哪些？在当今的工作场所中，星巴克的管理者是如何调解和回应这些问题的？在连续案例这一部分，我们将一同了解星巴克的外部环境/组织文化、全球业务、多样性和社会责任/道德挑战。

星巴克——界定处境：文化和环境

当管理者实施管理时，他们必须对进行计划、组织、领导和控制的处境或者大环境有一定的了解。这一“处境”的特点和性质会影响到管理者和其他员工做什么以及如何做。更重要的是，还将影响管理者如何高效且有成效地协调和监督他人的工作，以使目标——组织的、工作层面的或工作部门的——得以实现。星巴克的“处境”如何？公司该如何适应这一处境？

一个组织的文化是由书面和非书面的价值观、信念，以及影响工作完成方式和组织成员行为方式的行为准则组合而成的集合体。星巴克文化的独特风格可追溯到星巴克最初的创始人所具备的哲学理念，以及霍华德·舒尔茨关于应该如何运作一个公司的独特理念。1971 年，三位好朋友（杰里·鲍德温、戈登·鲍克、杰夫·西格）在西雅图历史悠久的派克市场开了第一家星巴克咖啡店，他们这么做只是因为他们喜爱咖啡，希望在西雅图能够享用到最好的咖啡。他们并没有打算建立一个商业帝国。尽管从未记录，但他们的商业理念十分简单：“每一家公司都必须有所秉持；不要只给予顾客所要求的或是他们认为自己想要的；顾客是聪明人，他们是知识的探索者。”最开始的星巴克是这样一家公司，满怀热情地致力于提供世界一流的咖啡，并投身于一对一地培养顾客对极品咖啡的认知。正是这些品质点燃了霍华德·舒尔茨对咖啡事业的激情，并激发了他对星巴克未来的展望。

公司的使命和指导原则（你可以在星巴克网站上找到）用于指导整个公司所有员工的

决策和行动。它们也对公司的文化产生了显著影响。例如，星巴克的文化强调保持员工的积极性和满足感。霍华德·舒尔茨关心他与员工之间的关系，凯文·约翰逊一直在延续这种关心的态度，他称员工为“伙伴”。正如他所说的：“作为首席执行官，我为星巴克全球33万名自豪地穿着绿围裙的伙伴服务，这个目标给我带来了快乐。”他明白星巴克如何依赖与员工和顾客的关系。正如他所说的：“我相信我们的成功取决于我们如何提升人们的体验，不仅是我们自己的，还有他人的。”

世界各地的星巴克员工每周都要为数百万顾客服务，导致顾客满意或失望的机会太多了。顾客在商店中的体验最终会影响公司与顾客的关系。这就是为什么星巴克与员工建立了一种独特的关系。星巴克为每周工作超过20小时的员工提供一系列优厚的员工福利，包括医疗福利、带薪病假和包括股票期权在内的补偿计划。星巴克员工还可以自费从亚利桑那州立大学在线课程中获得学士学位。2018年，星巴克分享了一些减税节省下来的资金，为员工增加薪酬、股票以及福利。约翰逊在解释这种以员工为中心的方式时说：“投资我们的伙伴一直是我们的战略。”星巴克因为给员工提供比许多餐馆和零售公司更高的工资和福利而闻名。舒尔茨将这种方式描述为：“让我们与众不同，让我们拥有更高质量的、更关心他人的员工。”

很明显，星巴克很关心员工。例如，2017年飓风哈维和艾尔玛袭来时，星巴克关闭了波多黎各的700家门店和得克萨斯州的400家门店，但公司还是给员工发了工资。飓风艾玛影响了1万多名星巴克员工。另一个例子是，星巴克已经开始在一些门店的洗手间安装安全针头处理盒，因为员工对被吸毒者扔掉的针头戳到表示担忧。星巴克还承诺到2020年累计雇用1万名退伍军人，并为员工报销“梦想者”移民计划的相关费用。

作为一家营业收入达到247亿美元的全球企业，星巴克的高层管理者意识到他们必须了解环境对他们的决策和行动的影响。星巴克开始在华盛顿进行立法游说，所涉及的问题包括降低贸易壁垒、医疗保健费用和税收减免。有些事情并不是舒尔茨真正想做的，但他认为这样的努力可能对公司未来的发展至关重要。

全球挑战

你可以这样说，星巴克自成立第一天起就已经是一家全球企业了。1983年，霍华德·舒尔茨（曾经为星巴克最初的创始人开展市场工作，后来成为该公司的首席执行官）在一次去往米兰的商业旅途中，亲身体验了意大利的咖啡文化，回到美国家中的舒尔茨有了一番关于这样一种方式可以如何开展的顿悟。如今，差不多40年时间过去了，星巴克咖啡店覆盖了几十个国家，其中也包括中国、澳大利亚、荷兰、瑞士等。正如第4章指出的，在全球范围内开展业务是很有挑战性的。由于公司的门店似乎已经遍布美国的各个角落，因此公司瞄准了包括中国、乌拉圭和越南在内的目标市场，进一步进行全球扩张。其他公司一直在中国与星巴克竞争，包括许多中国本土品牌。星巴克计划在2022年之前每15个小时在中国开一家店。但本土品牌了解中国人的偏好，比如对外卖咖啡的重视程度，因而在许多门店提供送餐上门和自取服务。不仅是因为外卖会减少星巴克的利润率，还因为其面临其他的挑战，比如说更持久耐用的盖子，这种盖子用于保证饮品在经历运输颠簸后，依然能够完好无损地送达顾客手中。唐恩都乐和麦当劳等全球竞争对手都计划在中国大规模扩张，星巴克有很多工作要做。

在中国以及全球市场中，星巴克必须认识到界定了这些市场的经济、法律、政治和文化特征。例如，在咖啡和咖啡馆文化的发源地欧洲，星巴克经历了多年的销售缓慢增长。2018 年，星巴克将其在四个欧洲国家（法国、荷兰、比利时和卢森堡）的门店出售给了合作伙伴公司 Alesea。同年，星巴克在意大利开了第一家店。位于意大利米兰的星巴克是该公司臻选咖啡烘焙工坊门店之一 —— 一家高端体验式咖啡店。米兰的这家店有加热大理石柜台，一个用来存放咖啡的挂在空中 21 英尺高的青铜桶，还有一个提供星巴克的招牌鸡尾酒的吧台。具有讽刺意味的是，著名的霍华德・舒尔茨就是在米兰喝下第一杯卡布奇诺——这激发了他关于如何发展公司的想法。如果星巴克能不只在米兰、上海和东京等地的臻选咖啡烘焙工坊运用星巴克的经验，一些人或许会认为这些经验将是成功的秘诀。上海的精品烘焙工坊已经成为咖啡旅游胜地，就像咖啡界的威利・旺卡（Willy Wonka）一样。上海的顾客还可以使用增强现实工具，实时参与体验咖啡烘焙，以及在店里用手机参加线上/线下的寻宝活动。这家位于上海的门店同时也用 1 000 枚手工雕刻的邮票进行装饰，邮票讲述了星巴克和咖啡制作的故事，同时店内有三家餐厅，包括一家比萨店。星巴克希望弄清楚如何才能吸引世界各地有着各种口味和偏好的顾客。因此，星巴克在继续全球扩张的同时，也必须密切关注和尊重文化差异。

管理多样性和包容性

星巴克不仅努力做到尊重全球文化的差异性，它还承诺成为一个在发展事业过程中信奉和重视多样性的组织。整个公司的多样性战略涵盖四个领域：顾客、供应商、伙伴（员工）和社区。

星巴克努力使每一位顾客都能获得星巴克体验，并试图对每一位顾客的独特偏好和需求作出回应。星巴克的供应商多样性项目致力于为女性供应商和少数群体供应商提供与星巴克发展业务关系的机会。至于伙伴，该公司承诺为其提供一个尊重和重视不同文化背景的工作场所。关于该公司的多样性，最新数据显示 33% 的员工是少数群体，而 64% 是女性。而且，星巴克致力于使它的伙伴尽力在工作上发挥最佳表现，同时能在星巴克所营造的环境下取得成功。该公司也确确实实地支持员工网络（也就是我们在第 5 章中提及的员工资源组）。现有的一些团体包括 Starbucks Access Alliance，这是一个面向残疾员工的公开论坛；Starbucks Armed Forces Support Network，致力于为退伍军人和现役军人及其家人提供支持；Starbucks Black Partner Network，有助于加强与非洲裔员工之间的关系和联系。2018 年，星巴克提前两年实现了将女性高管人数增加 50% 的目标。该公司设定了下一个目标，到 2020 年底，女性高管人数将占到所有高管人数的一半。当然，星巴克也在朝它的另一目标迈进，即到 2020 年，少数族裔在高层领导职位上的比例增加 50%。最后，星巴克通过项目和投资为当地社区和国际社区的多样性提供支持，加深与这些地区的联系。为了创造就业机会，塑造社区形象，星巴克兑现承诺，在 2018 年底前在服务不足的社区开设了 15 家咖啡店。作为机会青年计划（Opportunity Youth）的一部分，星巴克还有意雇用 16～24 岁没有工作也不上学的青年。从 2015 年至 2019 年 1 月，星巴克共雇用了 16.5 万名“机会青年”。

星巴克在尝试迎接多元化的同时，也会遇到挑战。在星巴克宣布将雇用 1 万名难民后，星巴克面临抵制的威胁，公司的 Buzz 得分（消费者认知的衡量指标）下降了 2/3。在另一起事件中，星巴克因 2016 年关闭了洛杉矶三家靠近无家可归者的咖啡馆的洗手间而受到批评。星巴克发表声明称，它们的洗手间被用作淋浴室，这让其他客人很难使用。但随后，星巴克在 2018 年实施了一项全公司范围内的政策——欢迎不付费的顾客进入其门店——引发了新的批评。客人政策更新后，批评人士表达了他们的担忧，他们担心一些星巴克门店会变成无家可归者和吸毒者的目的地。

社会责任和道德

星巴克非常认真地对待自己的社会责任和道德承诺。2001 年，星巴克开始发布年度社会责任报告，提出了星巴克所做的决定和行为与它的产品、社会、环境和工作场所相联系。这些报告不只是星巴克标榜社会责任行为的一种方式，也是为了强调以一种负责的方式做企业的重要性，同时还为了促使员工和管理者对自己的行为负责。

对于星巴克而言，环境保护是一项更具挑战性的任务，特别是当你考虑到每年超过 30 亿顾客消费所产生的一次性容器的数量时。门店产生的垃圾仅仅是其中的一半。服务后台也产生了不少垃圾，包括纸盒、牛奶罐、糖浆瓶以及咖啡渣。尽管提供了回收箱，但是对于搬运工来说，将一种不可回收的垃圾错误地扔在回收箱里就会使整箱东西变得不可循环再利用。此外，该公司在废物循环再生方面确实取得了显著进展。星巴克在行业中拥有最多的“绿色商店”(包括可持续材料的节能设备)，并且是第一个在其杯子中加入再利用纤维的公司。2017 年，星巴克推出了可回收性更强的杯盖，并计划到 2020 年在全球范围内停止使用塑料吸管。即便如此，星巴克每年仍有 60 亿个一次性杯子被扔进垃圾填埋场。星巴克承诺到 2022 年将纸杯的可回收性提高一倍，并在伦敦对纸杯管理进行了试点。最后，星巴克一直致力于成为一位好邻居，包括为人们提供一个相聚的地方，以及承诺以经济或其他各种形式支持星巴克门店所在的社区。鼓励员工（以及顾客）投入他们所在社区的志愿者工作中。此外，星巴克基金会（Starbucks Foundation）于 1997 年开始在美国和加拿大资助扫盲计划，如今也开始对各种各样的社区项目和服务项目进行资助。

星巴克也十分认真地对待商业道德。实际上，星巴克被评为 2018 年世界最具商业道德的公司，并且在过去的 12 年里星巴克连续荣获这一称号。从高层管理者到星巴克门店的员工，公司对每一个个体都充满了期待并赋予其权利，并通过他们开展业务以及对待他人的方式来维护星巴克的声望。《商业行为准则》(*Standards of Business Conduct*) 为每一个个体提供指导，是为了使员工有道德、正直、诚信地开展工作而制定的准则。这些商业行为准则涉及工作环境、商业实践、知识产权和产权信息，以及共有财产。尽管这些准则提供了完整的信息，但如果员工面临着一种他们不知道该如何回应或者希望表达其忧虑的状况，星巴克鼓励他们向管理者、员工资源组代表，甚至是公司商业道德与法律合规部门寻求指导。该公司也强烈声明，不容忍任何人对提出担忧和疑问的员工进行报复。[2]

创新，创新

一直以来，星巴克都以“创造性思维”来思考问题。从一开始，它便提出了街角咖啡店的概念，并最终使咖啡体验焕然一新。该公司一直都具备以相当快的速度推出大量新产品的能力，星巴克在研发上投入甚多。该公司曾获得杰出企业创新者奖（OCI)，该奖项是为表彰其致力于将创新作为发展业务的策略。星巴克的“星”（System to Accelerate Results，STAR）过程使公司能够测试新产品并估量顾客的兴趣。《快公司》杂志将星巴克评为 2018 年最具创新力的公司，该公司将其每日 100% 的剩余物捐赠给社区组织以对抗饥饿。此外，星巴克还被《福布斯》杂志评为 2015 年全球最具创新力的 100 家公司之一。

你可以看到星巴克的创新领域包括产品、技术和新的烘焙工坊。能量饮料的流行使该公司创造了一系列被称为“唤醒者”(Refreshers)的天然能量饮料。这些果味碳酸饮料富含抗氧化剂，可以从未烘焙的绿咖啡提取物中获得能量。2018 年，带有鲜亮颜色的芒果－火龙果味的唤醒者饮料出现在 Instagram 上。2017 年 4 月，星巴克短暂推出了独角兽星冰乐，为公司带来了不小的热度。这款搅拌后会变颜色的亮蓝色和紫色饮料增加了店内的客流量，也引起了预期中的社交媒体关注。自从独角兽饮品面市以来，星巴克的传统星冰乐销量下降，与上年相比，星冰乐占公司收入的比例减少了 3%。一些行业专家表示，消费者想要更健康的饮料，也有一些人表示，星巴克需要在饮品选择上表现出更多的创新。

与此同时，星巴克一直在技术领域加大创新力度，比如简化移动点餐，以及让顾客更容易连接到店内 Wi-Fi。星巴克也一直尝试在门店中使用智能终端（自我监控）设备。例如，在星巴克西雅图的 SODO 门店，正在测试一种名为 Clover X 的饮料制造机，它可以研磨咖啡豆，并在 30 秒内按需煮出一杯咖啡。星巴克还在改进数字订单管理器，让顾客可以跟踪订单的进度，并通知他们的订单准备好了。星巴克与微软建立了合作关系，在技术领域深度推进，以改善顾客体验。最后，星巴克的臻选咖啡烘焙工坊在西雅图、纽约、米兰、上海和东京营业，芝加哥门店也在建设中。这是该公司对于创新的承诺，因为它改变了咖啡之外的顾客体验。[3]

◆ **讨论题**

1. 霍华德·舒尔茨和凯文·约翰逊看待其自身的角色更多的是基于管理万能论还是管理象征论？请解释。

2. 是什么造就了星巴克这样的文化？这种文化是如何维持的？

3. 星巴克是否鼓励顾客响应文化？道德文化呢？请解释。

4. 描述哪些具体的和一般的环境要素可能会对星巴克造成影响。

5. 你如何对星巴克所在环境的不确定性进行分类？请解释。

6. 你认为星巴克可能最关注哪些利益相关者？为什么？每一类利益相关者希望星巴克解决什么问题？

7. 面对激烈的竞争，如果想要提高其组织文化的适应性，星巴克要如何鼓励员工进行更多的创新和试验？例子有哪些？

8. 随着星巴克国际业务的开展，它可能会面临国际经济和法律政策上的什么问题？

9. 选择一个被提及的国家作为星巴克的重要目标市场。列出这个国家的经济、政治、法律和文化特征，以及它可能如何影响星巴克的运营。

10. 星巴克在全球拥有超过 33 万名员工，在确保其多样性价值观得到践行和遵守方面，星巴克可能面临哪些挑战？

11. 星巴克网站援引凯文·约翰逊的话：“我们渴望成为一个包容、多样、公平和可达的地方。”解释一下这意味着什么。这四个概念有什么不同？

12. 星巴克的高层管理者在多样性承诺方面有哪些具体的表现？星巴克如何才能在多元化方面变得更加强大？

13. 进入公司网站 www. starbucks. com，可以找到最新的企业社会责任报告。在报告中选择一个关键领域（或者你的老师会给你分配其中一个领域），描述并评估公司在这一关键领域所做的工作。

14. 你如何看待星巴克计划到 2020 年在全球范围内停止使用塑料吸管？在实现这一目标的过程中，它可能面临哪些挑战？这仅仅是一次对公共关系的推动吗？

15. 星巴克使用的是哪一种绿色的方法（见图表 6－3)？解释你的选择。

16. 你认为公司使用“伙伴”而不是“员工”这一词语意味着什么？你对此有何反应？你认为公司怎么称呼员工重要吗？（例如，沃尔玛称其员工为“合作者”（associate)。）为什么？

17. 你会把星巴克的环境归类为平静水域还是急流险滩？解释一下。在这种环境下，公司如何应对变化？

18. 使用图表 7－8，描述哪种创新变量已经成为星巴克的一部分？为刺激更多创新，星巴克可以增加哪种创新变量的投入？

注　释

第 III 篇

计　划

第8章 计划的基础

Foundations of Planning

学习目标

8.1 定义计划的本质和目的。

8.2 划分组织可能采用的计划类型。

8.3 识别影响计划制订的关键权变因素。

8.4 比较目标设定的方法。

8.5 讨论当代的计划问题。

就业技能矩阵

		批判性思考技能	沟通技能	合作技能	知识运用与分析技能	社会责任技能
技能盒子	工作场所的秘密	✓		✓	✓	
	在失败中学习	✓			✓	
技能实践	道德困境	✓				✓
	技能练习				✓	
	共同工作	✓	✓	✓	✓	
	学习成为管理者	✓			✓	
案例	案例应用	✓			✓	✓

1944年6月6日，第二次世界大战期间，盟军发起诺曼底登陆解放了法国。[1]也许没有比这更加令人印象深刻的计划了。它是有史以来规模最大的海岸登陆作战。试想一下，执行这样的行动要付出怎样的努力？数年的计划、大量的枪支与火箭武器以及隐蔽起来的两栖登陆车辆。当然，盟军的计划者们在登陆前还要监督士兵训练，进行照片拍摄侦察、测绘地图，注意配合气候、土质等条件，同时还要保证登陆部队的给养和运输。当然，这一切都是在没有现代成像、绘图与通信工具的前提下完成的。登陆当日，4 000艘运兵船满载盟军士兵在战舰和空军火力掩护下横渡英吉利海峡。这次行动充分证明：盟军对诺曼底登陆的周密计划是击败德国的重要因素。

8.1 计划的含义和原因

当代组织计划可能并不会比诺曼底登陆更加复杂，更加富有戏剧性。但是管理者一定要理解计划的重要性。让我们从了解计划基础内容开始：计划是什么？为什么计划很重要？

8.1.1 计划是什么？

计划是什么意思？正如我们在第1章中阐述的，计划设定组织目标，确定实现这些目标的总体战略，并且形成全面的计划层级以整合和协调各种活动。计划既关注结果（是什么），也关注手段（怎么做）。

计划也可以进一步定义为非正式计划与正式计划。所有的管理者都会投身于计划制订中，但大部分都是非正式计划。在非正式计划中，没有任何东西被记录下来，人们也很少或不会与他人交流目标。这描述了许多小型企业中的计划情况。企业的管理-所有者具有接下来去向何方以及如何实现的大致设想，但计划本身却是宽泛的，缺乏连续性的。当然，非正式计划在许多大型企业中也存在，而一些小型企业中也有十分成熟的正式计划机制。

当我们使用计划一词时，指的是正式计划。正式计划规定了在确切时段内的具体目标。这些目标以书面形式记录下来供组织成员共享，从而降低模糊性并对所需完成的工作任务达成共识。最后，为实现这些目标制订具体的计划方案，即管理层明确定义其从当前位置到达目标位置所采用的方法。

8.1.2 管理者为什么要制订计划？

计划似乎会耗费大量的精力。那么，为什么管理者还要制订计划呢？至少有四个理由。

1. 计划为管理者和非管理者提供了指导。只有当员工了解他们的组织或者工作单位正在努力实现的目标是什么以及他们必须作出什么贡献以实现目标时，他们才能够协调自身工作，相互合作，并从事一些实现目标的必要工作。如果没有计划，部门和个人可能会在不同的目的下背道而驰地工作，阻碍组织高效地实现目标。

2. 计划通过迫使管理者展望未来、预测变化、考虑变化的影响以及制定恰当的应对措施，降低不确定性。尽管计划并不能消除不确定性，但管理者通过计划可以作出有效应对。

3. 计划有助于最小化浪费和冗余。若工作活动处在计划的协调下，低效率的活动就会一览无余，从而得以更正或取消。

4. 计划确定了控制所采用的目标或标准。当管理者实施计划时，他们会制定目标和方案。当他们实施控制时，会考察计划是否已经执行以及目标是否已经实现。如果没有计划，就没有目标来衡量工作努力或者偏差的程度。

8.1.3 计划与绩效

计划值得吗？在近 30 年间有大量研究考察了计划与绩效之间的关系。[2] 尽管大多数研究表明二者大体上呈正相关关系，但我们并不能说有正式计划的组织总是比没有的组织表现得更好。那么，我们到底从中可以得出什么结论？

首先，正式的计划总是与正面的财务绩效联系在一起——更高的利润、更高的资产回报等。其次，与制订了多少计划相比，制订一项好的工作计划在获得高绩效中发挥了更大的作用。再次，计划制订过程的质量与恰当执行计划的程度可能比制订计划的程度更有助于获得高绩效。最后，在那些正式计划不能带来更高绩效的研究中，外部环境通常是罪魁祸首。当政府法规和类似的环境力量限制管理层的选择时，会削弱计划对组织绩效的影响。为什么？因为在提出替代方案方面，管理层将有更少的选择。例如，一家制造企业计划在亚洲生产许多关键零部件，以便有效地与低成本的外国竞争者竞争。但如果企业与其工会签订的合同中明确禁止将工作转移到海外，则企业为该项计划付出的努力的价值就会显著降低。来自环境的巨大冲击也可能破坏最周密的计划。2017 年 9 月一场飓风侵袭了佛罗里达大部分地区的同时，也带走了大量正式计划的价值。佛罗里达的酒店管理计划是为 2017—2018 年的冬季制订的。但在此种不确定的环境条件之下，我们没有理由要求计划者比非计划者做得更好。

场景实践

利蒂西娅·雷耶斯（Leticia Reyes）是一家信息技术企业新近提拔的中层管理者。该公司的高层管理者为公司制订了未来两年的战略计划，其他的中层管理者都认为高层的计划已经足够完备，员工可以在这些计划中找出实现目标的办法。但雷耶斯在思考，她是不是可以适当地提出一些具有操作性的方案为员工提供更加具体的指导，从而以不到两年的时间来完成任务呢？

就为什么以及如何提出适当的操作性方案的问题，你会对雷耶斯提出怎样的建议？

作为一名中层管理者，在计划开展的早期阶段，雷耶斯有着独特的优势，尤其是在解决方案执行操作过程中出现的问题方面。这有助于她从下属那里收集意见，认识到还未预料到的挑战，进而修正公司原初的计划。于其团队而言，这不仅仅会让计划得到更好的执行，也会让公司更加高效，更加有生产力，甚至可能不用两年就完成任务。要记住，变革是一个过程，而不仅仅是一次事件。

埃里克·布朗（Eric Brown），物理疗法临床主任

8.2 计划的类型

描述组织计划最常用的是广度（战略的与业务的）、时间跨度（短期的与长期的）、具体程度（指导性的与具体的）和使用频率（一次性的与持续性的）。如图表 8-1 所示，这些计划类型并非相互独立，例如，短期与长期计划之间，战略与业务计划之间都有着较为密切的联系。

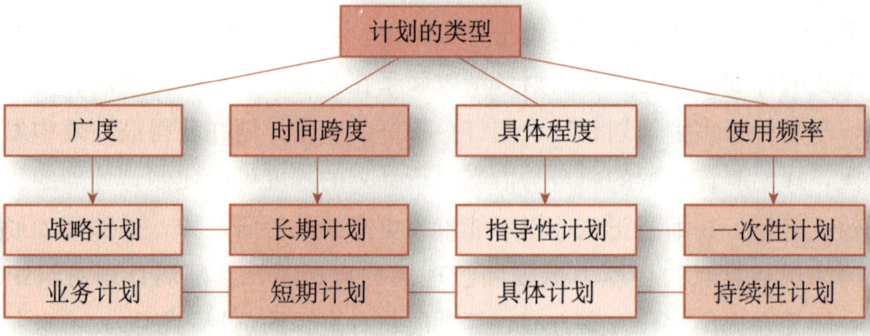

图表 8-1 计划的类型

8.2.1 战略计划与业务计划

战略计划（strategic plans）是应用于整个组织并确定该组织总体目标，在环境中定位组织的计划。战略计划一般发端于组织使命，而**使命**（mission）是对于组织意图较为宽泛的陈述，为组织成员认为什么是重要的提供了一个总体指南。计划应该反映该组织的使命。例如，沃尔玛的使命是“为顾客节省每一分钱，让他们过得更好”。[3]

详细陈述总体目标如何实现的计划称为**业务计划**（operational plans）。战略计划与业务计划在时间框架上、视角上以及是否包含一组已知的组织目标等方面具有差异。业务计划倾向于涵盖较短的时间范畴，例如，一个组织每月、每周乃至每天的计划都属于业务计划；而战略计划则倾向于涵盖更广的时间维度——通常是五年甚至更久。战略计划包含的领域很广泛，但不深究细节。最后，战略计划包含目标的制定，然而业务计划假定目标已经存在，并提供实现目标的方法。

8.2.2 短期计划与长期计划

金融分析师通常将投资回报分为短期、中期和长期。**短期计划**（short-term plans）少

于一年。任何超过五年的时间框架都被归类为**长期计划**（long-term plans）。中期指的是介于两者之间的时期。管理者采用同样的术语来描述计划。为了保证清晰明了，我们将在以后的讨论中强调短期计划和长期计划。

8.2.3 具体计划与指导性计划

从直觉上看来，具体计划总是比指导性计划或粗略的计划更好。**具体计划**（specific plans）有明确的目标。没有歧义，也没有误解。例如，一个经理想要在 12 个月的时间内把公司的销售额提高 20%，他可能会建立具体的程序、预算分配、活动安排来达到这个目标。这些是具体计划。

然而，具体计划也不是没有缺点。它们需要清晰性和可预见性，而这些通常并不存在。当不确定性很高时，需要管理层保持灵活性以应对意外的变化，那么最好使用指导性计划。

用数字说话

- 只有 22% 的员工强烈赞同他们组织的领导者拥有明确的方向。[4]

指导性计划（directional plans）确定了一般的指导方针。它们提供了焦点，但不能将管理锁定在特定的目标或具体的行动过程中。以图表 8-2 为例，具体计划将规定从 A 点到 B 点的确切路线。相反，指导性计划将指出大致的方向，但实际上留出具体的街道。B 点可能是一个一般的区域，而不是一个特定的目的地。

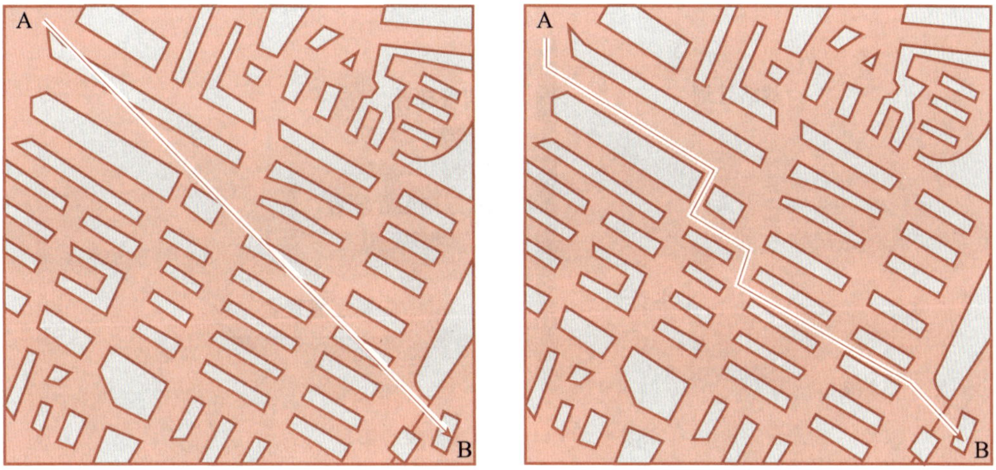

指导性计划　　具体计划

图表 8-2　具体计划与指导性计划

一个指导性计划可能旨在在未来的六个月里将利润提高 5%～10%，而不是让管理者遵循一个具体计划，比如在未来的六个月里削减 4%的成本，增加 6%的收入。指导性计划的灵活性是显而易见的。必须权衡这一优势与明显的损失（由具体计划带来）。

8.2.4 一次性计划与持续性计划

管理者制订的计划中，有的是长期运行的，有的则只使用一次。**一次性计划**（single-use plans）是专门为满足特殊情况的需要而设计的。例如，当沃尔玛想要扩大其在中国的门店数量时，高管们制订了一份一次性计划作为指导。相反，**持续性计划**（standing plans）是为反复进行的活动提供指导的长期计划。持续性计划包括我们在第 2 章中定义的政策、规则和程序。一个持续性计划的例子是由微软开发的反歧视、反骚扰政策。它为微软高管和员工制订招聘计划和提供工作指导。

8.3 制订计划过程中的权变因素

在一些情况下，长期计划会奏效；而在其他情况下可能就没有效果。相似地，在某些情形下，指导性计划要远胜于具体计划。那么这些情形是什么？在这一部分，我们将定义影响计划的三种因素。

8.3.1 组织层级

图表 8－3 说明了组织中的管理层级和所做的计划类型之间的一般关系。在大多数情况下，业务计划主导着基层管理者的计划活动。随着管理者层级的上升，他们的计划变得更加以战略为导向。大型组织的高层管理者所做的计划基本上是战略性的。当然，在小型企业中，企业主兼管理者需要两者兼顾。

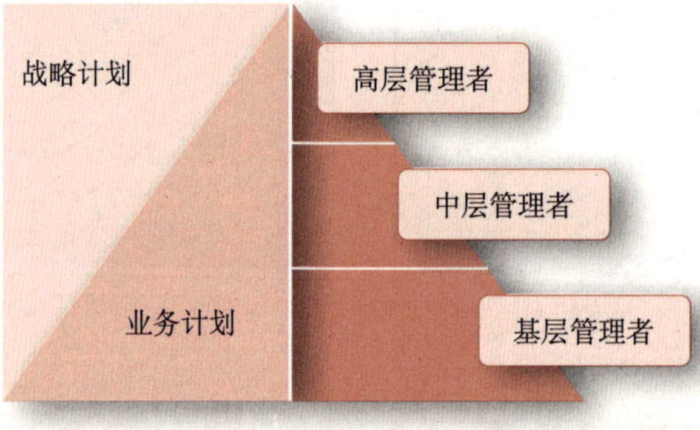

图表 8－3 计划与组织层级

8.3.2 环境的不确定性程度

环境的不确定性越高，计划的方向性就会越强，同时也会越强调关注短期情况。

如果发生了快速的或重要的技术、社会、经济、法律或其他变革，明确定义和准确刻画的路线反而更有可能阻碍而不是助推组织的绩效。当环境的不确定性很高时，具体计划必须注意适应变化——常常是以高成本和降低效率的方式。在当今高度竞争的环境中，颠覆者正在进攻大多数行业，这个权变因素意味着计划将更加灵活、更不具体，覆盖的时间范围更短。

8.3.3 未来承诺的期限

我们最后的权变因素是**承诺概念**（commitment concept）。目前的计划对未来承诺的影响越大，管理部门应该规划的时间范围就越长。这一概念意味着，计划应该足够长远，以兑现当下作出的承诺。计划的时间太长或太短是没有效率的。

管理者并不是在为未来的决策作计划。相反，他们计划的是他们目前所作的决定对未来的影响。今天作出的决定会成为对未来行动或支出的承诺。例如，2014 年，特斯拉承诺在内华达州斯帕克斯之外建造一座占地 580 万平方英尺的工厂，为其电动汽车提供动力的电池。[5]这种规模的投资可使特斯拉在未来几十年内平稳生产电动汽车。因此，特斯拉管理层应该制订与这一承诺相呼应的计划。

在失败中学习　美国陆军工程兵团与卡特里娜飓风

卡特里娜飓风是美国有史以来最为严重的一次毁灭性自然灾害，2005 年 8 月，飓风以每小时 127 英里的风速席卷了新奥尔良市，共造成 1 800 人死亡和超过 81 亿美元的损失。飓风摧毁了新奥尔良市，大部分灾害来源于洪水。而随后的研究将矛头指向了美国陆军工程兵团（US Army Corps of Engineers），因为它负责维护保护城市的堤坝系统。

新奥尔良市大部分地区都位于海平面以下，当暴雨和台风来袭时，城市需要依靠堤坝系统来保障城市不受洪水侵袭。不幸的是，该兵团没能维护好大坝以及城市周围的航道。随着时间的推移，侵蚀作用加剧，用来保护堤坝的河岸也在退化。当卡特里娜飓风来临时，堤坝坍塌，导致了灾难性的洪水。

联邦法院最终裁定，美国陆军工程兵团未能妥善维护连接奥尔良到墨西哥湾的航道。法官宣判：40 多年来，该兵团意识到，（新奥尔良的）堤坝的保护将会受到损害……被持续侵蚀……该兵团本有机会采取无数的行动来缓解或恢复这种侵蚀，但它没有做到。

卡特里娜飓风给该兵团上了一课，使它认识到，不能把自己的责任缩减到新奥尔良市本身。在卡特里娜飓风之后的十年里，该兵团花费 145 亿美元完成了世界上最先进的飓风防护系统之一——将新奥尔良围起来。目前，已经建成超过 350 英里的飓风屏障、巨大的新水闸，泵站也已更新过。例如，现在可以在洪水暴发时关闭一道几乎和足球场一样长的水闸。11 台巨大的柴油发动机启动后，将有足够的动力把水从洪水区域抽出来。[6]

8.4 目标：计划的基础

目标（objectives）就是最终要实现的目的（goal）。这些术语是可以互换的。这些术语是什么意思？它们指的是个人、团体或整个组织所期望的结果。它们为所有管理决策提供方向，并形成衡量实际成就的标准。正是由于这些原因，它们才成为计划的基础。

8.4.1 陈述目标与真实目标

陈述目标（stated objectives）是一个组织的官方声明，它想让大众相信什么是它的目标。然而，我们可以发现存在于组织章程、年度报告、公共关系公告中的目标或在管理者的公开声明中的目标往往是相互矛盾的，并受到社会认为组织应该做什么的过度影响。

陈述目标中的冲突之所以存在，是因为组织要回应大量的支持者。遗憾的是，这些支持者经常用不同的标准来评估组织。因此，管理层被迫对不同的受众说不同的话。例如，几年前，美国一家主要的航空公司就与其空乘工会就工资让步事宜进行谈判。[7]那时工会不想放弃任何东西，威胁要罢工。管理层对工会代表说："如果你们罢工，我们就遣散这家航空公司。通过出售飞机和航线赚一笔，反正这家公司死了比活着更值钱。"同时，管理层试图安抚潜在乘客的神经，称公司决心继续运作并生存下来，即使其空乘人员举行了罢工。为了支持这一计划，航空公司管理层表示，他们正在培训 1 500 名员工，以防止先前的空乘人员离职。管理层旗帜鲜明地以一种面孔对待工会，但以另一种面孔对待公众。难道其中一个是真的，另一个是假的吗？不。这两种面孔都是真的，但它们就是矛盾的。

你是否读过一个组织在其宣传手册或网站上所陈述的目标？[8]美国运通公司（American Express）说："我们每天都在努力使美国运通成为世界上最受尊敬的服务品牌。"诺德斯特龙表示，它"力求给顾客提供最吸引人的购物体验"。捷蓝航空（JetBlue）的使命是"激发人类潜能——无论在空中还是陆地！"Chipotle 说它"代表着最原汁原味的食物"。充其量来讲，这些类型的陈述是模糊的，更有可能代表了管理者的公关技巧，而不是有意义的指导。它们只是说明组织实际上正在力求实现什么目标。在 Chipotle 的案例中，"最原汁原味的食物"在其餐馆 2015—2017 年接连曝出食物致人生病后，成为一条极其尴尬的标语。[9]

也许你不应该对这件事感到奇怪：你会发现一个组织所制定的目标通常与这个组织的实际工作没有关联。例如，在一家公司里，一份目标陈述是发给股东的，另一份目标陈述是发给顾客的，还有一些是发给员工和公众的。

高层管理者所陈述的总体目标应该按照其陈述本身来看待，即那只是一个组织为特定受众解释或合理化某事件而创造的情节，而不是作为有效和可靠的目的指示。[10]目标的内容在很大程度上取决于这些听众想要听到什么。而且，对管理层来说，陈述一组一致而可理解的目标比解释目标的多样性要简单得多。

如果你想知道一个组织的**真实目标**（real objectives）是什么，仔细观察组织成员的实际行动。行为本身定义了事件的优先级。比如有些大学宣称要限制班级规模，促进师生关系，并积极让学生参与学习过程，然后却把学生安排在 300 人以上的课堂里，这种做法并不少见。汽车服务中心也是如此，说着要推进快速、低成本的维修方案，却以高昂的价格提供平庸的服务。认识到陈述目标和真实目标可能会不一致是很重要的，它可以帮助你解释什么是管理上的不一致。

8.4.2 传统目标设定

目标的传统作用是由组织的最高管理者施加的控制。比如制造公司的总裁告诉生产副总裁他预计明年的制造成本是多少；总裁告诉市场副总裁他希望来年的销售达到什么水平。然后，在稍后的某个点上进行绩效评估，以确定所分配的目标是否已经实现。

传统目标设定（traditional objective setting）的中心主题是，目标在顶层设定，然后分解为组织每个层级的子目标。这是一个单向的过程。上级把自己的标准强加给下级。这种传统的观点认为，最高管理层对目标了解得最清楚，因为只有他们才能统揽全局。

除了上面强加给下面的控制，传统目标设定在很大程度上是不具有操作空间的。如果高层管理人员用宽泛的词语来定义组织的目标，如获得足够的利润或市场领导地位，这些模糊的概念就必须转化为具体的目标。在每一个管理层级上，管理者为目标赋予操作性含义。而具体目标是由每个管理者应用他自己的一套解释和偏好来实现的。其结果是，随着目标从高层向下推进，它们失去了清晰性和一致性（见图表 8-4）。

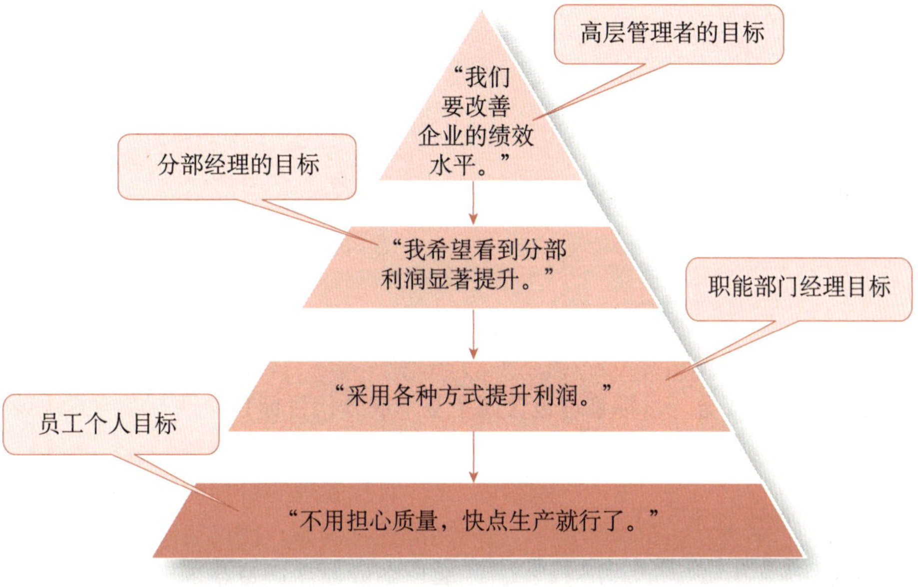

图表 8-4　传统目标设定

8.4.3　目标管理

与传统目标设定不同，Adobe、通用电气和微软等公司已经实施**目标管理**（management by objective，MBO）。目标管理是一种由下级和上级共同确定具体绩效目标，定期审查目标实现情况，并根据进展情况分配奖励的系统。目标管理不是用目标来控制，而是依据目标来激励。

Adobe 公司将其目标管理程序称为"登记"（check in）。每年，员工与管理者都要开会制定目标。然后，至少每两个月，员工会与管理者讨论进展。每年年底，管理者要开会讨论员工实现目标的绩效情况，并根据目标的完成情况给予加薪和奖励。[11]

什么是目标管理？　目标管理并不新鲜。[12]它的吸引力在于它强调将总体目标转化为组织单元和个人成员的具体目标。

目标管理通过设计一个流程使目标在整个组织中逐级下沉，从而使目标变得具有可操作性。如图表 8-5 所示，组织总体目标转化为组织下一个层次的具体目标——分部、职能部门、员工个人。由于下一层级管理者参与制定自己的目标，因此目标管理既是自上而下的，也是自下而上的。目标管理的最终成果是一个层次结构，将一个层次的目标与下一个层次的目标联系起来。对于员工个人来说，目标管理提供了具体的个人绩效目标。因此，每个人对他的单位业绩都有特定的贡献。如果所有员工都实现了自己的目标，那么他们所在单元的目标就会实现，组织的整体目标就会成为现实。

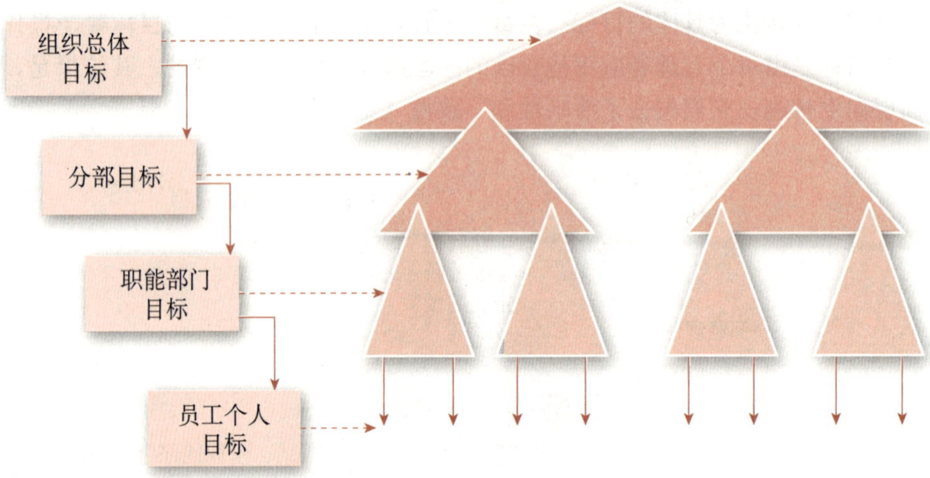

图表 8-5　在组织的各层级制订计划

目标管理的基本成分　目标管理包含四个基本成分：目标具体性、参与式决策、明确的时间和绩效反馈。

> **用数字说话**
>
> ● 那些依季度开展目标管理的企业比依年开展目标管理的企业在收益上要高 31%。[13]

目标管理的目标应该是对预期成果的简明陈述。例如，仅仅表示想要削减成本、改善服务或提高质量是不够的。这种期望必须转化为可以衡量和评价的有形目标。例如，削减 7%的部门成本；通过确保所有电话订单在收到后 24 小时内处理来改善服务，这些都是具体目标的示例。

在目标管理中，目标不是由老板单方面设定并分配给下属的，这是传统目标设定的特点。目标管理用参与者共同决定的目标取代了强加的目标。员工和他的老板共同选择目标，并就如何实现目标达成一致。

每个目标都有一个具体的完成时间。通常，时间段为三个月、六个月或一年。

目标管理程序的最后一个组成部分是对绩效的反馈。目标管理寻求对目标的进展给予持续的反馈。理想情况下，这可以通过不断向个人提供反馈来实现，这样他们就可以监视和纠正自己的行为。定期召开正式的评估会议作为补充，员工和上级可以在会议上回顾实现目标的进展，并提供进一步的反馈。

目标管理奏效吗？　评估目标管理的有效性是一项复杂的任务。我们先简要回顾一下关于目标和绩效之间关系的与日俱增的文献。[14]

有证据表明，如果一个人的能力和对目标的接受度等因素保持不变，那么更困难的目标会造就更高的绩效。尽管与那些面对简单目标的人相比，背负非常困难的目标的人实现目标的次数较少，但他们的表现始终保持在更高的水平上。当然，目标可能太难实现了。如果个人认为一个目标是不可能实现的，而不是具有挑战性的，那么他们实现目标的愿望就会降低，放弃目标的可能性就会增加。

此外，研究一直支持这一发现，即特定的困难目标比没有目标或像"尽最大努力"这样的一般性目标有着更高水平的产出。反馈也会影响工作绩效。反馈让一个人知道他的努力水平是否足够或需要加把劲。它可以引导一个人在达到前一个目标后提高他的目标难度，并可以告诉他改进绩效的方法。

上述结果都与目标管理强调的目标具体性和绩效反馈一致。目标管理暗示而非明示人们，目标必须是可行的。关于目标设定的研究表明，如果目标的困难程度尚可，而且需要人们做一些延伸挑战的话，这样的目标是最有效的。

工作场所的秘密　当你置身于模糊性之中

当今工作场所可说是瞬息万变，新的竞争者不知道会从哪里冒出来。创新的想法颠覆了原有的产业，产品与服务的生命周期不断缩短。员工也发现他们不得不应对随之而来的变革与模糊性。

尽管一些人偏爱模糊性，但我们中的大多数都认为模糊性是令人沮丧且备感压力的。尤其是在工作场所中。老板究竟要我做什么？什么是优先事项，什么可以稍微滞后？出现问题时我该如何寻求帮助？要做到什么程度才算是没有越权？

对于缺乏明确方向的问题，基本上有两种解决方案。一种是提供明晰而准确的指导方针的老板会毫不含糊地告诉你，你的工作需要做什么。此时，你的工作职责的起点和终点都很清楚。另一种解决方案是正式的职位说明书。

职位说明书可以极大减少模糊性。这是对你工作的基本组成部分的陈述——你需要做什么工作、主要的职责和责任、用于评价绩效的各项标准等。大多数大型组织都会有工作说明书。

在理想状态下，你的雇主有一份你的职位说明书。可能会有这么一份文件，但你也许在工作中一直没有收到。如果是这样，去找你的老板或者人力资源部门要一份复本。

强有力的证据表明，职位说明书提供了清晰的角色界定，促使员工更有可能积极投身于他们的工作中。当然，职位说明书需要定期更新，以反映工作性质和具体工作的变化。你可以在进行年度绩效评估后，和你的老板坐下来聊聊，评估一下过去一年发生的变化，然后更新一下你的职位说明书，看看这些变化是否改变了你的工作职责，或者是如何改变的。

但是，假设你的工作没有职位说明书，你的老板也不善于给你提供明确的指示，那该怎么办？考虑和你的老板一起创建一份职位说明书，向老板解释详细的职位说明书可以帮助你更好地工作，减少你对他的依赖。重要的是，如果这个文档真正有效，它需要包含共同的期望。也就是说，它必须是你和你的老板合作创建，这样他才能与你一起"拥有"最终的职位说明书。

实际上，即使有一个提供明确方向或详细职位说明书的好老板，你也会有感觉缺乏明确方向的时候。这里有三条建议可以帮助你渡过难关：

1. 抑制你想要控制事情的冲动。无论我们多么想控制身边的事物，都必须接受生活中有些我们无法控制的因素。对于工作来说，这无可厚非。就我们所关心的问题而言，我们很少有机会选择老板。你可能也会发现，在一个从不存在结构的文化中，用职位说明书来强加某种结构是不现实的。另外一个事实是，在许多公司，变化发生得如此之快，以至于一份职位说明书的有效期限可能只有几个月甚至几周。但最终，你需要学会接受这样一个现实：你不可能控制与工作相关的一切。

2. 学会在没有完整蓝图的情况下行动。理性决策假设问题是清晰明确的，并且你知道所有可能的选择和结果，但这不是真实的工作世界。所以在做决定时，你几乎不可能拥有你需要的所有信息。你需要接受这样一个事实：你将经常面临模棱两可的情况，你不得不在没有老板、同事或操作手册明确指示的情况下采取行动。

3. 你可以根据你所拥有的信息作出决定，即使这些信息并不完整。不要害怕犯错误。通常，错误的决定总比没有决定好。不要总是胆战心惊，就像一位高管曾经对一位同事所描述的那样："他总是随时'准备，瞄准，瞄准，再瞄准'。但他不敢扣动扳机！"你一定不想被描述成一个没有老板指示或未经他同意就不敢做事的人。如果你想在公司里步步高升，并被视为领导者，你就必须在模棱两可的情况下采取果断的行动。这意味着你的决定并不总是正确的。学会与模糊性共存！击球失败率有 60％的棒球运动员最终也会进入名人堂。[15]

但是参与性呢？目标管理提倡以参与的方式设定目标。研究是否表明以参与的方式设定的目标比由上级分配的目标能带来更高的绩效？当目标难度保持不变时，分配的目标经常和参与设定的目标一样有效，这与目标管理的观念是相反的。[16]因此，我们不可能像目标管理的支持者所提倡的那样去争论参与的优越性。然而，参与的一个主要好处是，它似乎会促使个人追求更困难的目标。因此，参与可以通过提高一个人对目标的渴望程度而对绩效产生积极的影响。

8.5 当代的计划问题

我们通过两个当代的计划问题来结束本章：第一，监测环境中正在发生的事以识别潜在的威胁或机会；第二，利用虚拟现实来改进计划过程。

8.5.1 环境扫描

法规的哪些潜在变化会影响我们的业务？哪些技术突破可能产生新的竞争对手？我们的竞争对手正在开发什么新产品或服务？我们的哪一个竞争对手正在讨论可能的企业合并？什么样的文化趋势可能预示着顾客或客户偏好的改变？这些问题都能通过环境扫描得到答案。

环境扫描（environmental scanning）是指通过筛选大量的信息，以检测新出现的趋势，并创建一组场景。[17]在一般环境中，管理者会去寻找政治、经济、社会和技术数据。而一个组织更具体的数据也包括一个公司所处的行业、竞争者、供应商和顾客。图表 8－6 列出了这些环境要素以及你可以在什么地方找到这些信息。

图表 8-6 环境扫描

要素信息	来源
一般环境	
政治 经济 社会 技术	游说者；政治代表 美联储会议记录；财经新闻 社交媒体 专利报告
具体环境	
行业 竞争者 供应商 顾客	商业媒体；行业协会 相关网站；产业中的其他企业 供应商信息 调查数据；焦点小组

环境扫描最快速的和重要的形式之一是**竞争情报**（competitive intelligence），它指的是收集关于竞争对手的信息，使管理者能够预测竞争对手的行动，而不仅仅是对它们的行为作出反应。[18]我们的竞争对手是谁？他们在干什么？他们的所作所为会对我们产生什么影响？这可以像监视竞争对手的网站一样简单。看看他们正在开发哪些新产品，或者像追踪企业合并传闻一样积极主动，比如通过监控美国联邦航空管理局（FAA）的公司飞机飞行计划来确定竞争对手高管的飞行目的地。

竞争情报并非企业间谍活动。广告、宣传材料、新闻、向政府机构提交的报告、年度报告、在线职位招聘信息、媒体报道、互联网搜索结果和行业研究都是容易获得的信息来源。人们越来越多地通过电子数据库获得关于某一行业和相关组织的具体信息。管理人员可以通过购买数据库的访问权，真正切实地利用这些丰富的竞争信息。参加贸易展览和听取你的销售人员的报告也可以是获取竞争对手信息的良好来源。

航空公司提供了竞争情报的现成例子，专业运动队也是如此。[19]每天，航空公司都会根据它们监控的竞争对手航线和价格的数据来改变机票价格。几乎所有的职业棒球队、足球队和篮球队现在都吸纳了球探和分析人员，以帮助教练和球队经理更好地定位他们的球队，对抗对手，形成草案和交易决策，并指导赛事抉择。

最近，非常重要的竞争情报来源之一是社交媒体。[20]就像高中生和家长利用社交媒体交流关于备选学院的信息和意见一样，管理者可以利用领英（LinkedIn）、脸书和推特等网站来收集意见、模式并获取智慧。但事实上，问题在于可用的信息太多。真正的挑战是分析丰富的可用数据，以提取能够帮助管理者作出规划决策的信息。有了正确的分析，管理层可以获得关于竞争对手的有价值的信息。例如，领英上的职位列表可能是一个很好的提示，比如竞争对手正在计划增加一个新的职位或扩展到一个新的产品线。

用数字说话

- 77%的企业认为竞争情报对它们的成功至关重要。[21]

8.5.2 虚拟现实

虚拟现实这一概念最初在科幻小说中出现，随后在电子游戏中找到了巨大的市场。现在，它已开始被视为管理者的计划工具。我们所说的**虚拟现实**（virtual reality，VR）是一种在模拟环境中发生的三维、交互式、计算机生成的体验。[22]

虚拟现实在组织中的未来不可限量。我们可以想象，这是一个广泛使用的工具，可以用于面试求职者，举行虚拟会议，进行复杂的工作培训，以及预览新的办公室布局。虚拟现实有可能在计划过程中帮助管理者。[23]

作为一名生产经理，你发现你需要负责建造一个新工厂或重新设计一个现有的设施。最佳设计方案是什么？计划 A 和计划 B 哪一个看起来更好？虚拟现实不会建立模型或在工程结束后发现缺陷所在，而是可以让你“感受”一个模拟的工厂地板。它还可以让你尝试不同的替代设计方案，看看哪种效果最好。例如，虚拟现实可以让飞机制造商，如波音公司，可视化各种设计方案，而不必建造昂贵完整的原型。[24]

虚拟现实在财务上也有应用。它可以用 3D 的方式将数据可视化。例如，数据分析公司 Virtualitics 在自己的虚拟现实空间里创造了一个可使管理者和财务经理查看、分析、共同合作的可视化数据平台。[25]

为考试做准备

本章小结

8.1 定义计划的本质和目的。

计划设定组织目标，确定实现这些目标的总体战略，并且制订组织工作活动方案。计划可以是非正式的，也可以是正式的。计划的四个目的包括提供方向，减少不确定性，尽量减少浪费和冗余，以及建立用于控制的目标或标准。对计划和绩效关系的研究表明，正式计划在很大程度上与积极的财务绩效有关；做好计划和实施比做更广泛的计划更重要；外部环境通常是作计划的公司没有达到高绩效的原因。

8.2 划分组织可能采用的计划类型。

组织计划在广度（战略的或业务的）、时间跨度（短期的或长期的）、具体程度（指导性的或具体的）和使用频率（一次性的与持续性的）方面各不相同。战略计划适用于整个组织，并力求从其环境的角度定位组织；业务计划则详细说明如何实现目标，并涵盖较短的时间。长期计划是指时限超过五年的计划；短期计划少于一年。具体计划有明确的目标；指导性计划确定一般的指导方针。一次性计划只使用一次，旨在满足独特情况的需要；持续性计划是为反复开展的活动提供指导的现行计划。

8.3 识别影响计划制订的关键权变因素。

计划中的关键权变因素是组织层级、环境的不确定性程度和未来承诺的期限。

8.4 比较目标设定的方法。

目标是一个组织所说的目的的官方声明。一个组织的真正目标是组织成员实际做的事情。在传统目标设定中，目标被设置在组织的顶部，然后成为每个组织领域的子目标。目标管理是一个确定共同商定的目标并使用这些目标来评估员工绩效的过程。

8.5 讨论当代的计划问题。

第一个当代的计划问题涉及使用环境扫描来检测公司外部环境中的新趋势。环境扫描中的竞争情报特别有助于找出竞争对手正在做什么。另一个当代的计划问题是虚拟现实，这是一种三维、交互式、计算机生成的体验。虚拟现实允许管理者模拟在计划过程中考虑的不同选项。

复习和讨论问题

1. 研究表明计划与绩效之间有什么关系？请解释。

2. 请讨论对计划有影响的权变因素。

3. 对于管理者而言，未来工作中计划会变得越来越重要还是越来越不重要？为什么？

4. 如果计划如此重要，为什么有些管理者选择不进行计划？你将给这些管理者提出什么建议？

5. 请解释计划如何体现“今天所做的决策会对以后产生影响”。

6. 非营利组织（比如美国癌症协会（ACS））的计划与营利性组织（比如可口可乐公司）的计划有何不同？

7. 在你个人生活中，你会制订什么类型的计划？从以下角度描述这些计划：(a) 战略计划还是业务计划；(b) 短期计划还是长期计划；(c) 具体计划还是指导性计划。

8. 举例说明果汁饮料公司在进行环境扫描时可能收集到的数据来源。图表 8-6 在回答这个问题时可能会有帮助。

为我的职业做准备

道德困境

伊丽莎白·约翰逊（Elizabeth Johnson）医生会见了她的病人鲍勃·艾伯纳西（Bob Abernathy），在他抱怨视力模糊后，医生查看了病人的医疗检测结果。约翰逊向艾伯纳西解释说，他患有一种罕见的致盲疾病。艾伯纳西很沮丧，他问是否有治疗方法。不幸的是，传统疗法几乎无效，但约翰逊告之有一种相对较新的药物，该药物在服用三个月后有望预防失明。她接着告诉艾伯纳西，他的健康保险公司不会支付治疗费用，而治疗费用为1万美元。艾伯纳西走访了几家药店，询问是否能以大幅打折的价格买到这种药。他解释说，他已经失业好几个月了，几乎没有积蓄。但没有一家药店愿意帮助艾伯纳西。为了得到药物，艾伯纳西只好在药店关门后闯入，偷取药物。

1. 你在这一事件中看出了什么道德困境？

2. 如果你是药店经理，你会降低药价吗？

技能练习

制定一份有效的任务清单并完成它

关于技能

你是否有许多事情要做，而且只能在有限的时间里完成？这听起来非常熟悉，不是吗？许多成功人士所采用的一种手段是制定一份任务清单。清单十分实用，有助于组织了解需要完成的事情，也有助于克服拖延心理。制定一份有效的任务清单并使用它，是每一位管理者都需要开发的技能。

练习技能的步骤

- 将项目拆分为更细化的任务，并为这些任务设定优先级。当你需要完成一个重大项目时，先花一些时间来确定该项目有哪些必须完成的任务，尽可能详细。而且，设定优先级，设定优先级，设定优先级！这是使重中之重的任务得以完成的唯一方式。

● 实事求是地对待你的任务清单。无论你的任务清单是每天的、每周的，还是每个月的——或者是所有形式的——你都应该意识到将会并且一定会出现干扰。不要高估你能够完成的事情，不然你将面临相互矛盾的优先级。如果出现了这种状况，请重新设定优先级。

● 了解和关注你自己的时间和精力。关注你个人的日常生活惯例，你将了解你什么时候效率最高。在这个时间段里，你应该完成最重要的任务。或者你可能需要先完成你最不喜欢的工作。你希望更快地完成它，这样你才能转向你喜欢的任务。

● 了解什么最使你浪费时间以及什么最使你注意力分散。对于我们来说，这些东西可能来自网络，也可能来自电视或者其他地方。（很可能你已经知道这些东西是什么！）此外，你要清楚你很可能不能（并且你也不想）根除这些东西。但一定要提防它们，尤其是当你正在努力完成某些事情，或者你必须完成某些事情的时候。

● 让技术成为你的一种工具，而不是分散你的注意力。找到一款适合你的 App（或者一种书面方式）。现在已经有许多可用的 App 了。不要不断去尝试新的 App 或方式——这本身就是在浪费你的宝贵时间。找到一个满足你的需求以及适应个人状况的方式并使用它。

● 战胜电子邮件/即时信息的挑战。虽然组织中同事之间的交流有很多种方式，而且电子邮件和即时信息都很受欢迎，但是当你正在努力完成工作任务时，这些信息也可能变得难以应付。你需要再次寻找什么样的工作方式最适合你。有一些可用于解决这些分散你注意力的事情的建议，包括：

□ 每天只在固定的时间查收邮件或信息。

□ 也许你应该避免查收邮件成为你一天中的第一件事情，因为这很容易使你分心。

□ 考虑一种回应制度——如果可以在 3 分钟内完成回复（或者你也可以选择其他时长），立刻进行回复；如果不能，把电子邮件/信息先放一边，等你有了更多时间再处理。还有一条很好的经验：你的回复时间越快速，你的电子邮件越简短。

□ 删除你并没有阅读/使用的任何订阅邮件。即使你认为这些邮件确实挺有意思，但最终你还是会立刻删掉。所以，就不要它们——不订阅。

□ 利用你的电子邮箱系统工具——例如，将邮件移动到文件夹的过滤器、预设回复、自动回复等——管理你的电子邮件信息。

技能实践

练习这一技能最好的方式就是选择一个你面临的项目（学校、工作、个人），并努力利用以上建议。为了更好地应用任务清单，你需要有所投入，并且创造任务清单，而最重要的是使用任务清单来引导你应该完成什么以及什么时候该完成。随着你学习到越来越多帮助你更有效率和有成效地完成任务的方法，你需要找到最适合你的方法，并逐渐改善和调整。

共同工作

团队练习

在 3～4 人组成的小组中，选择你的小组成员熟悉的当地面包店或餐馆。现在，浏览这个链接——clearpointstrategy.com/56-strategic-objective-examples-for-your-company-to-copy 上的战略目标列表，并选择三个你的团队认为对这个企业而言很重要的战略目标。为什么你们选择的战略目标对公司很重要？讨论该企业可以实施何种运营计划，以帮助实现所选择的每一个战略目标。准备好与全班同学讨论你们的观点。

学习成为管理者

● 练习为你个人生活的各个方面设定目标，比如学业、职业准备、家庭、爱好等。每个方面至少设定两个短期目标和两个长期目标。

● 针对你所设定的目标，制订计划以实现这些目标。从你应该如何实现每一个目标的角度进行思考。例如，如果你的学业目标之一是提高平均学分绩点，你如何做才能实现这一目标？

● 撰写一份个人使命宣言。尽管这听起来十分简单，但事实并非如此。我们希望这会成为你想要保持、应用并在必要时予以修正的重要内容，也希望这有助于你成为你想要成为的人以及过你想要过的生活。可以从针对个人使命宣言的调查开始。互联网上有一些很好的网站可以为你提供指导。祝你好运！

● 采访三位管理者，讨论他们所制订的计划的类型。向他们征询一些关于如何成为一名更好的计划者的建议。撰写一份报告，描述并比较你的发现。

● 选择两家公司，最好处于不同的行业。搜索公司的网站并找出它们所陈述的目标。（提示：公司的年报通常会是一个开始的好地方。）评价这些目标。

● 有效的管理者总是在筛选信息，以寻找可能影响他们所在行业的新趋势。通过订阅各种与该行业相关的社交媒体资源，寻找你感兴趣的行业的趋势。

案例应用 1

捕捉反潮流时尚的新百伦公司

纽约时装周是时尚界的一件大事！该活动每年举办两次，据估计，其为纽约市创造了8.87亿美元的经济收益。[26]时尚达人来欣赏最新的时尚，摄影师则试图捕捉当下最流行的时尚潮流。

相比于其他企业，新百伦——一家鞋业公司——决定利用2018年9月的时装周来进行不一样的潮流观察。在时装周开始前几周，新百伦公司在纽约市周围架设照相机来收集关于路人的衣着款式、颜色、图案以及配饰的数据。这些数据用于建立一种“审美均值”，是证明时尚潮流呈现规律性更替的另一种方式。[27]

在纽约时装周期间，在纽约苏荷区附近一个展台上的相机使用机器学习来寻找穿着与这个平均值不同的时装的人。新百伦与全球营销公司VML合作，提出了一种算法，可以识别出哪些人能从人群中脱颖而出。VML创意技术执行总监克雷格·埃利米利亚（Craig Elimeliah）评论道：“我们希望电脑能完成它们的工作。谁知道它们会把什么定义为趋势的例外？我们迫不及待地想知道答案。”[28]

当电脑识别出一个穿着与众不同服装的人时，新百伦和VML的员工就从摄影间走出来和这个人交谈。这种方法是市场营销活动的一部分，目的是向那些“自信地展示自己独特风格的人”表示认可。[29]相机识别出的每一位时尚前卫人士都将获得一双新百伦 Fresh

Foam Cruz Nubuck 鞋，这是该公司开发的一款新鞋。

在通过多伦多、斯德哥尔摩和马德里的照相机收集时尚数据之后，新百伦希望利用趋势例外的数据来指导新产品的开发。这些电脑不会使用人脸识别技术或个人数据。相反，它将关注总体趋势的例外情况。

◆ **问题讨论**

1. 新百伦的环境扫描方法与公司通常收集顾客信息的方法有何不同？

2. 与使用传统的竞争情报作为时尚趋势信息来源相比，新百伦的方法有哪些优势和劣势？

3. 对于新百伦监测流行趋势的方法，它需要考虑哪些法律或道德方面的问题？

4. 新百伦如何才能将虚拟现实应用到它在纽约、多伦多、斯德哥尔摩和马德里收集的数据中？

案例应用 2

实现特斯拉的目标

特斯拉公司生产的电动汽车 Model 3 让人们兴奋不已。Model 3 起价 3.5 万美元，而特斯拉生产的其他豪华车型售价在 8 万美元以上。特斯拉在 2017 年年中才开始生产 Model 3，但到 2018 年 2 月，已经有 50 万辆订单。[30]特斯拉面临的挑战是要以比以往更大的规模生产汽车。

为实现这一目标，特斯拉制订了每周生产 5 000 辆 Model 3 的计划。[31]2017 年底，由于在自动化和电池组组装方面遇到困难，特斯拉没有实现这一目标。而且在加州弗里蒙特的工厂安装 1 000 多个机器人的时间比预期的要长。特斯拉还花费了 8 000 万美元用于自动化仓库系统，但最初运行并不顺利。

2018 年 1 月，特斯拉第二次将每周生产 5 000 辆 Model 3 的目标推迟到 2018 年第二季度末。有报道认为特斯拉进入了其历史上最关键的阶段之一——一个成败攸关的阶段。[32]公司必须想出增加产量以达到目标的办法。如果这一目标不能在 2018 年 6 月底之前实现，公司可能就没有足够的现金维持其运营。如果投资者对这家一再未能实现生产目标的公司失去信心，筹集额外资金可能会很困难。

随着 2018 年 6 月底目标截止日期的临近，埃隆·马斯克（Elon Mask，特斯拉创始人兼首席执行官）已经三天没有离开特斯拉工厂了。他睡在桌子下面的地板上。为了帮助达到生产目标，他在户外的一个帐篷里建立了一条临时装配线。[33]

功夫不负有心人！2018 年第二季度最后一周，特斯拉生产了 5 031 辆 Model 3。第二季度生产的 28 500 辆 Model 3 中，近 18%是在最后一周生产的。但一些人质疑特斯拉能否在未来几个季度继续朝着生产目标前进。[34]2018 年第三季度，特斯拉实现了目标，证明它能够应对这一挑战。此外，Model 3 也位列美国销售前 10 名汽车榜单，并且是该榜单上唯一的电动汽车。[35]

◆ **问题讨论**

1. 是什么因素使特斯拉难以实现其宣称的每周生产 5 000 辆 Model 3 的目标？解释为什么你认为特斯拉所陈述的目标应该（或者不应该）与之前有所不同。

2. 像特斯拉为 Model 3 所做的那样，设定一个雄心勃勃的生产目标有什么不利之处？

3. 你认为特斯拉的生产人员对5 000辆Model 3的目标有什么看法？它对士气有积极还是消极的影响？请解释。

注　释

第9章 战略管理

Managing Strategy

学习目标

9.1 定义战略管理并解释其重要性。

9.2 解释管理者在战略管理过程的六个步骤中需要做什么。

9.3 描述公司层战略的三种类型。

9.4 描述竞争优势以及组织为获取竞争优势所采取的竞争战略。

就业技能矩阵

		批判性思考技能	沟通技能	合作技能	知识运用与分析技能	社会责任技能
技能盒子	这是你的职业	✓			✓	
技能盒子	工作场所的秘密	✓			✓	
技能盒子	在失败中学习	✓			✓	
技能实践	道德困境	✓				✓
技能实践	技能练习	✓			✓	
技能实践	共同工作		✓	✓	✓	
技能实践	学习成为管理者	✓			✓	
案例	案例应用	✓			✓	✓

成立于 2011 年的 MoviePass 公司有着相当有趣但又不乏瑕疵的商业战略。[1]只要支付每月 10 美元的平台订阅费用，用户就可以每天得到一张电影票来看场电影。该商业模式在招揽顾客方面无懈可击。在 2018 年夏天，它收获了 300 万用户。但不幸的消息是，该公司要以全价向影院支付每张电影票的费用。按平均 10 美元一张票的价格来计算，MoviePass 每月要为每位用户向影院支付 300 美元。

MoviePass 的管理层认为，该模式的潜在收益在于可以从用户的观影习惯中赚钱。但是当前市场中暂未出现此种服务。因此该公司作出了调整，将用户可以观看的电影数量削减到了每月 4 次，排除了某些影片和影院，并且涨了价。但这些工作似乎没有一项起效。2018 年末，公司每月损失 4 000 万美元。2019 年 9 月，MoviePass 的管理层宣布公司倒闭，其商业模式与总体战略宣告失败。

成功的管理者能认识到要去开发市场机遇，一步步改正公司缺点，或者构建全新的、富有希望的、更有效的战略，以成为更强大的竞争者。他们如何管理这些战略将会是决定组织成败的重要因素。本章将介绍战略管理的过程并对大量组织可追求的战略进行评述。

9.1 战略管理的定义及重要性

如果想了解战略管理究竟是什么，手机产业是一个非常好的领域。黑莓手机于 20 世纪 90 年代成为成功吸引市场的手机产品。2007 年，苹果推出 iPhone 手机对黑莓造成了巨大的威胁。iPhone 的产品质量要远远优于黑莓智能手机，同时苹果允许开发者设计形形色色的手机 App，使得苹果手机能够吸引更加广泛的受众。然而，黑莓手机却故步自封，只关注企业业务，而没有致力于为用户开发操作系统 App。最后，苹果手机销量一路飙升，黑莓手机却一落千丈。截至 2017 年，苹果占据了世界智能手机市场 17.9%的份额，黑莓只占 0.2%。[2]如今，商业人士很少使用黑莓手机，苹果手机却随处可见。

9.1.1 定义战略管理

战略管理（strategic management）是指最高管理者为促进组织目标实现，在充分考虑资源与环境机会后制订并执行的方案。什么是一个组织的**战略**（strategy）？战略是关于组织将如何经营、如何在竞争中获得成功以及如何吸引和满足顾客以实现组织目标的各种方案。

在战略管理中我们经常用到的一个词就是**商业模式**（business model），它可以简单地理解为公司如何赚钱的逻辑。它聚焦于两件事情：（1）顾客是否认为公司提供的产品或服务有价值；（2）公司是否可以从中获利。[3]很明显，MoviePass 的商业模式失败了，但杰夫·贝佐斯开创的一种新的商业模式——通过互联网直接将书籍销售给顾客——奏效了。顾客认为这种方式为他们带来了价值。亚马逊通过这种方式获利了吗？一开始并没有，但现在绝对获利！这个一开始作为全球最大的网上书店发展起来的平台，如今已经成为全球最大的电商平台——也是全球最有价值的企业之一。这些案例证明，当管理者开发组织战略时，需要考虑公司商业模式的经济可行性。

9.1.2 为什么战略管理如此重要?

漫威娱乐公司（Marvel Entertainment）是蜘蛛侠以及众多其他漫画角色的家园，曾是漫画书行业最大的经营者。而在 20 世纪 90 年代中期，漫画行业市场受到冲击，漫威娱乐公司破产。在那时，没有哪个企业实力能强悍到免于破产。但是在重组后，漫威娱乐公司改变了经营模式，将注意力从纸张与墨水转移到电影上来，如今，钢铁侠、复仇者、蜘蛛侠以及 X 战警等 IP 的经营使用权都价值数百万美元。漫威娱乐公司的战略计划是将众多漫画角色连接到漫威宇宙之中，并将其打造为当前最有价值的流行文化品牌之一。漫威娱乐公司的经营者深谙战略管理的重要性。[4]

为什么战略管理如此重要？主要有三个方面的原因。第一个也是最重要的原因是它在组织取得卓越的绩效表现上发挥了重要作用。为什么一些企业成功了，一些企业却失败了，即使它们面临着同样的环境条件？研究发现，战略计划和绩效之间大体上存在一种正相关关系。[5]换句话说，看起来似乎是运用战略管理的组织取得了更高的绩效水平。第二个原因与这样一个事实有关，即任何类型和规模的组织的管理者都面临着不断变化的局面。他们通过运用战略管理过程来考察相关的因素并决定所采取的措施，从而应对这种不确定性。第三个原因是组织具有复杂性和多元性，组织的各个部分都应该齐心协力以达成组织目标，而战略管理有助于实现这一局面。

今天，营利性组织和非营利组织都运用了战略管理。例如，美国邮政署陷入了与包裹隔夜送达公司、提供电子邮件和文本信息服务的通信公司以及一些私营邮政机构的激烈竞争。2006 年，通过美国邮政署处理的邮件有 2 130 亿件，而到了 2017 年，锐减到 1 490 亿件，大约下降了 30%。[6]数量的下降导致了财务损失，2017 年是连续第 11 年亏损，有些年度的亏损甚至高达 159 亿美元。[7]该公司的高管团队正在运用战略管理予以回应。一个可能的行动方案是修订服务时间表：一周 6 天的包裹递送和一周 5 天的邮件递送。其他方案包括邮件处理设施流水线化并加以巩固，以及提高邮局自我服务的普及性以及使用率。最近，美国邮政署开始提供当日达服务，从瓶装水到鲜鱼，与联邦快递、美国联合包裹运送服务公司和亚马逊展开竞争。[8]战略管理对美国邮政署的运营仍然很重要。尽管对于非营利组织的战略管理研究比不上对营利性组织那么透彻，但我们知道对于非营利组织而言，战略管理同样重要。

9.2 战略管理过程

用数字说话

- 61%的高管承认，在被任命为高管时，他们并没有为他们所面临的战略挑战做好准备。[9]

战略管理过程（strategic management process）（见图表 9-1）是一个包含六个步骤的过程，涵盖了战略的计划、实施和评估。尽管前四个步骤描述的是必须进行的计划工作，但是实施和评估工作同样重要！如果管理层没有对战略进行实施和正确评估，

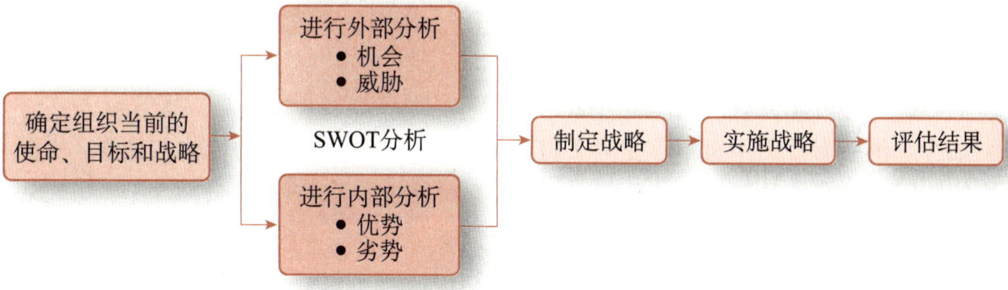

图表 9-1 战略管理过程

即使是最好的战略也可能失败。

9.2.1 步骤 1：确定组织当前的使命、目标和战略

如前一章所述，每个组织都需要使命——对组织目的的一种陈述。使命的定义迫使管理者对企业的业务进行界定。有一些使命宣言的案例，比如，巴塔哥尼亚公司（Patagonia）的“生产最好的产品，不造成不必要的伤害，利用商业方式解决环境危机”和特斯拉公司的“加快世界过渡到可持续能源时代的进程”。[10]但这些说法并不是一成不变的。有时管理人员意识到他们需要修改。例如，脸书最初的使命是“让世界变得开放和互联”。然而，脸书在传播虚假信息方面的问题促使它重新思考自己到底该做什么。由于对日益分裂的社会感到失望，该公司的使命重新聚焦于不仅要连接世界，而且要使世界更紧密地联系在一起。它修订后的使命是：赋予人们建立社区的力量，让世界更紧密地联系在一起。[11]

一份组织的使命宣言中应该包含什么？图表 9-2 描述了通常包含的一些部分。

客户：	公司的客户是谁？
市场：	公司在哪些地区开展竞争？
对生存、成长和盈利能力的关注：	公司是否致力于发展和财务稳定？
理念：	公司具有怎样的基本信念、价值观和道德准则？
对公众形象的关注：	公司如何回应社会问题和环境问题？
产品或服务：	公司主要提供什么产品或服务？
技术：	公司技术上是否领先？
自我定位：	公司的主要竞争优势和核心竞争力是什么？
对员工的关注：	对于公司来说，员工是不是有价值的资产？

图表 9-2 使命宣言的组成要素

资料来源：Based on R. R. Davic，*Strategic Management*，13th ed.（Upper Saddle River，NJ：Pearson Education，Inc.，2011）.

9.2.2 步骤 2：进行外部分析

以下一些趋势可能会对公司产生什么影响？

- 如今，消费者使用手机不仅是为了打电话，更多是为了数据的传输和检索，并且智能手机的使用量仍在上升。
- 失业率一直在下降。
- 利率在不断攀升。

在第 3 章中，我们将外部环境描述为管理者行动的一种重要约束。对外部环境的分析是战略管理过程中至关重要的一个步骤。管理者通过进行外部环境分析了解竞争对手正在做什么，即将通过的法案可能会对组织造成什么影响，以及在公司经营区域内劳动力供应情况如何，等等。在外部环境分析中，管理者应该考察经济、人口、政治/法律、社会文化、技术以及全球化等因素以发现某些趋势和变化。例如，安泰保险公司（Aetna）现在提供定制的健康保险，因为消费者希望对投保的设计和成本有更多的控制权。该公司的外部分析显示，像 WebMD 这样的网站可以帮助许多人成为更明智的医疗保健消费者，而且国家医疗保健立法也承诺降低保险费用。[12]

一旦进行了外部环境分析，管理者应该准确地找出组织可能利用的机会以及组织必须抵制或阻止的威胁。**机会**（opportunities）是外部环境中的积极趋势；**威胁**（threats）则是消极趋势。[13]

让我们来看看制药行业现存的战略机会和威胁。专利保护法使美国制药公司有机会回收研发成本，并从产品销售中获得利润。美国政府授予制药公司长达 20 年的排他性的专利保护。如果没有排他性条款，像惠氏制药（Wyeth Pharmaceuticals）这样的制药公司将处于竞争劣势地位，因为其他制药公司将以更低的成本生产和分销具有同等治疗效果的产品。例如，惠氏制药开发了泮托拉唑（Protonix），一种治疗胃食管反流的产品。该公司一直享有排他性保护，直到 2011 年。排他性条款的到期对惠氏制药构成了威胁，但对其他制药公司来说，这是一个争夺市场份额的机会。例如，梯瓦制药公司（Teva Pharmaceuticals）一直在以更低的价格销售 Pantoprazole，这是一种与泮托拉唑类似的非专利治疗药品。这些仿制药之所以便宜，是因为制造和分销它们的公司不需要平摊研发成本。许多健康保险公司拒绝为名牌产品提供保险，因为这样的产品往往有更便宜的非专利产品可供选择，这给了梯瓦制药这样的公司更为长远的竞争优势。

9.2.3 步骤 3：进行内部分析

现在我们将转向内部环境分析，它提供了组织所具备的资源与能力这一重要信息。一方面，一个组织的**资源**（resources）就是组织用来开发、制造以及向顾客提供产品的各种资产——金融资产、有形资产、人力资本和无形资产，也就是组织拥有“什么”。另一方面，组织的**能力**（capabilities）是指用来从事一切必要活动的技能和才智——组织是“如何”开展工作的。组织最主要的价值创造能力被称为**核心竞争力**（core competencies）。[14]资源和核心竞争力两者决定了一个组织的竞争武器。例如，美国运输巨头诺福克南方公司（Norfolk Southern）的首席执行官表示：“我们相信我们有权力规划优化运营、加速业务增长和增加股东价值的战略计划。”[15]领导力计划利用公司的两个核心竞争力——卓越的客户服务和可靠性——来满足公司的战略目标。

在完成内部分析之后，管理者应该能够确定组织的优势和劣势。**优势**（strengths）是组织擅长的行动或者拥有的独特资源。**劣势**（weaknesses）则是组织不擅长的行动或者需要但缺乏的资源。

外部和内部环境的综合分析称为 **SWOT 分析**（SWOT analysis），这是对组织的优势、劣势、机会和威胁的分析。[16]在完成 SWOT 分析之后，管理者应该准备制定合适的战略：(1) 利用组织的优势和外部机会；(2) 阻止或避免组织的外部威胁；(3) 弥补关键劣势。

场景实践

艾米丽·史密斯（Emily Smith）的面包店很快就获得了成功。艾米丽对这家三年前才开业的面包店如此之快就开始盈利感到惊讶。增长主要归功于时间和地点。她只是碰巧在一个繁忙的街区开店，与此同时，一家与她竞争的面包店因为老板想搬到一个新的城市关门了。然而，在过去的几个月里，面包店的销售有所放缓，艾米丽有了一些时间来考虑未来。她需要弄清楚下一步该怎么做，也许她需要为她的企业制订一个战略计划，但她不确定从哪里开始。

艾米丽应当如何开展她的战略计划流程？

战略计划将是公司未来决策所依据的路线图，而在一开始就有效地规划战略是至关重要的一步。该流程的起点是分析业务的当前状态。这包括概述当前的优势和劣势，识别机会以及可能对增长构成威胁的外部因素。有了这些信息，业务领导就可以通过制定短期和长期目标，并将这些目标与公司文化、可用资源和现实的时间框架相结合规划期望的未来状态，从而制订一个可行的计划。

凯莉·尼尔森（Kelly Nelson），组织发展与培训主管

9.2.4 步骤 4：制定战略

当管理者制定战略时，他们应该考虑外部环境的实际情况以及他们可获得的资源和能力，以设计出有助于组织实现目标的战略。管理者制定的战略包括三种主要类型：公司层战略、竞争战略和职能战略。我们将在后文进行简单的描述。

9.2.5 步骤 5：实施战略

一旦制定了战略，就必须实施战略。无论一个组织如何有效地进行了战略计划，只要战略没有正确地实施，绩效表现就将受到严重影响。

9.2.6 步骤 6：评估结果

战略管理过程的最后一步是评估结果。在帮助组织实现目标的过程中，战略发挥了怎

样的作用？需要什么调整？例如，在 20 世纪 90 年代初，拉斯维加斯制定了一项战略，将拉斯维加斯推广为一个家庭旅游目的地，而不只是一个成人娱乐场所。新的战略重点将放在游泳池、游乐园和购物上。几年后，一项对这一战略的评估显示，很多家庭不认为这座城市是一个带孩子游玩的地方。回归到最初的成人娱乐战略已被证明是更加成功的战略。[17]

这是你的职业　认识自己的优势与劣势

你是否了解自己的优势与劣势？有两个原因表明，你有必要了解一下自己的优势与劣势。第一，招聘面试通常会问及你如何看待自己的优势与劣势，因此你要为这些问题做些准备。第二，了解自己的优势与劣势，你可以估计一下在职业生涯中自己所处的位置，并为保持进步作出好的决策。

以下是一些帮助你了解自己的优势与劣势的建议：

1. 确认自己的优势所在。你的优势往往是你积极的个人特质和性格特点。当你审视自己的优势时，评估以下方面：技能（你擅长什么）、兴趣（你喜欢什么）、教育背景（你获得了什么资格证书）、价值观（对你来说什么是重要的）、个人特质（你是什么类型的人）。当你评估这些的时候，想想是什么令你与众不同？你喜欢做什么？你什么做得比较好？与别人相比，你更擅长什么？当然，你也可以询问你信任的人，让他们指出你的优势所在。

2. 评估你的劣势所在。尽管有时我们很难承认，但是毋庸置疑，我们都有劣势。你可以改进自己的哪些方面？你有哪些消极的个人/工作习惯？你不喜欢做什么事？你缺少哪些技能、培训或资格证书，而拥有这些技能、培训或资格证书会使你成为更有价值的员工？你是否缺乏职业方向或关注点？什么事情别人比你做得好？再说一次，向你信任的人询问你的劣势是有帮助的。

3. 正如本章后面的专栏“工作场所的秘密”所讨论的，制定一个策略来处理好你的优势和劣势。为了得到你想要的工作，或者为了最好地满足你目前工作的要求，或者你正在寻求晋升，你会采取什么行动？当然是突出你的优势！你应当借助、突出并利用你的优势。有一个很多年轻人没有意识到的关键点：你可以凭借一些优势走得很远。在学校里，要想成为一名优秀的学生，你必须是个多面手。你必须擅长每一门课程：数学、科学、历史、地理、语言、艺术等等。但现实世界会为专业人才支付报酬。你只需要在一两个领域表现出色，就能拥有令人惊叹的职业生涯。所以，找到你的利基市场，并利用好这个优势。

4. 定期更新你的优势和劣势清单。随着你不断累积新的经验以及生活环境的改变，你会想要修改你的优势和劣势清单。提高你的自我意识，这样你就可以在职业和个人方面打造你想要的生活。

工作场所的秘密　开发职业战略

战略的概念并不是要限制管理者与企业，而是需要你对自己的职业进行“战略性思考”。

我们应承认这样一件事，如果你正在阅读本书，那么你有很大概率处于自己职业生涯的初期阶段，又或者正在考虑全新的职业方向。以下有一些帮助你进行职业规划的案例。

首先，创建你自己的SWOT分析。你的优势是什么？你有什么才能使你比别人更具优势？你是否精于数字、擅长写作、口才出众、能言善辩，或是拥有独特的创造力？哪些品质能让你脱颖而出？考虑你的工作经验、教育背景、技术知识水平、人际关系和个人特质，比如你的职业道德或自律水平。仔细想想你和别人的不同之处以及你的优势所在。随后，考虑你的劣势。试着与自己坦诚相待，找出那些别人做得比你好或者你不想做的事情。比如缺乏工作经验、平均成绩比较低、缺乏具体的工作知识或者沟通能力差。好的，现在考虑一下你在就业市场上看到的机会和威胁。增长型产业在哪里？例如，医疗保健、太阳能、人工智能、反恐或互联网产业。这些产业似乎都有着强劲的增长机会，你可以关注这些行业内可能从这种增长中受益的企业。之后，寻找地理上的机会。哪些城镇能提供高于平均水平的职业成长机会？当然，你也要看另一面。哪些行业是衰退的，哪些企业是规模缩小或停滞不前的，以及哪些就业市场是萎缩的？综合这些分析可以为你提供一张蓝图，即你可能会在哪里找到最好的职业机会。

现在，让我们来谈谈适合的问题。在这里，我们指的是你与特定工作相匹配以及你与特定组织文化相匹配。前者我们称之为“人岗相适”，后者为“人-组织相适”。这个问题看似显而易见，但常常遭到忽视。并不是每个人都适合某一份工作，或者某一个组织。无论机会如何，单一维度不能代表一切。

我们将在第15章探讨霍兰德（Holland）的人格-工作匹配理论。从本质上讲，该理论提出了六种人格类型，并提出从事与自己人格特质相符的工作的人对工作更满意，也更不可能辞职。我们建议你关注一下这六种人格，看看哪一种能更好地表述你的特点，然后利用这些信息来指导你选择最适合你的工作。

“人-组织相适”本质上是说，人们会被与其价值观相匹配的组织所吸引和选择，而会离开与他们的特质不相容的组织。所以，举例来说，如果你的外向程度较高，那么你就很可能适应积极进取和以团队为导向的文化。如果你的亲和性很高，那么与进取型的组织文化相比，你与支持性的组织文化更加匹配。如果对全新的经历持十分开放的态度，你会更好地融入那些注重创新而不是标准化的组织。

最后一个建议：不要把你的未来托付给别人。你要对自己的职业规划、职业发展和最终退休负责。在20世纪50年代和60年代，大多数人要么没太想过怎么塑造自己的职业生涯，来充分开发自己的潜能；要么认为这是雇主的责任。退休计划基本上都是由雇主设计控制的，并且你也不能在雇主之间转移。虽然此举的确提供了可预见性，但它们也把雇员未来的控制权交给了雇主。在当今这个颠覆性的世界里，你的事业应掌握在自己手中。永远不要满足于和一个雇主共事。保持你的技能不断更新，并从长远考虑。要不断地问你自己：我接受的每一份工作对实现一种有所成就的模式有什么帮助？这份工作和我的下一份工作将如何让我达到最终目标？[18]

9.3 公司层战略

正如我们前面所说的，组织使用三种战略：公司层战略、竞争战略和职能战略（见图

表 9-3)。高层管理者通常负责公司层战略,中层管理者负责竞争战略,而基层管理者负责职能战略。在本节中,我们将研究公司层战略。

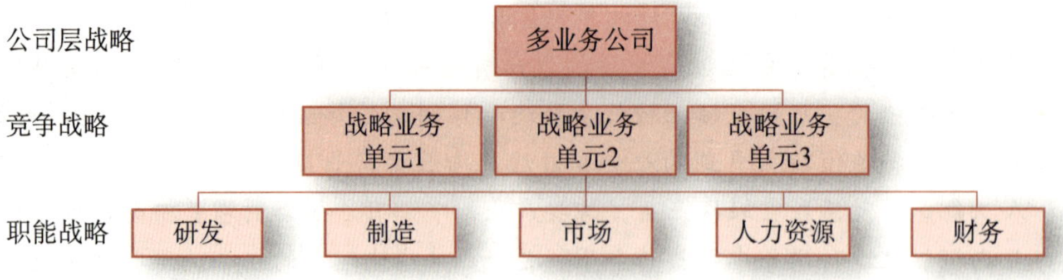

图表 9-3 组织战略类型

9.3.1 什么是公司层战略?

公司层战略(corporate strategy)就是决定公司从事或想从事什么业务以及它想用这些业务做什么的战略。它基于组织的使命和目标,以及组织中每一个业务单元所充当的角色。例如,我们可以从百事公司看到这些方面。百事的使命是:成为世界上首屈一指、主营方便食品和饮料的消费品公司。为了实现这一使命,百事采取的公司层战略是把公司划分为不同的事业部,包括百事美洲饮料(饮料业务)、百事美洲食品(零食和方便食品,包括菲多利品牌和桂格品牌),以及其他一些国际业务——百事欧洲和百事亚洲/中东/非洲。而公司层战略的另一方面是高层管理者决定如何开展这些业务:促进它们成长、保持稳定或是实施更新。[19]

9.3.2 公司层战略有哪些类型?

公司层战略的三种主要类型是成长战略、稳定战略和更新战略。让我们来逐一了解每种类型。

成长战略 尽管英伟达(Nvidia)的年销售额接近 100 亿美元,但你可能从未听说过它。这家几十年来一直在硬件图形技术领域处于领先地位的公司,最近将业务扩展到了人工智能、深度学习和汽车技术领域。这种扩张帮助公司的销售额在 2017—2018 年期间惊人地增长了 45.6%。[20]

成长战略(growth strategy)是指组织通过现有业务或新业务来增加市场数量或提供的产品数量。随着成长战略的实施,组织可能会实现收入、员工数量或者市场份额的增长。组织通过集中化、纵向一体化、横向一体化或者多元化来实现成长。

一个通过集中化来实现成长的组织聚焦于自身的主营业务,提高产品数量或者主营业务所服务的市场数量。例如,别克(Buick)将集中化作为一种战略,努力跻身豪华汽车品牌行列。在美国,该品牌的销量增长近 25%,超过了奥迪(Audi),并缩小了与宝马的销售差距。[21]另一个使用集中化战略的公司是马萨诸塞州弗雷明汉的博士公司(Bose),该公司专注于开发创新的音频产品。它已成为世界领先的家庭娱乐、汽车和专业音响市场扬声器制造商之一,年销售额达 38 亿美元。

公司也可以选择通过纵向一体化来实现成长，包括后向一体化、前向一体化，或者两者兼具。在后向一体化中，组织将成为自己的供应商，从而控制自己的投入。例如，沃尔玛在印第安纳州建立了一家乳制品加工厂，与外部供应商相比，此举能够以更低的价格向数百家门店供应自有品牌牛奶。[22]在前向一体化中，组织成为它自己的分销商，并能够控制它的输出。例如，苹果在全球有500多家零售店来销售其产品。

在横向一体化中，公司通过与竞争者结合来实现成长。例如，美国银行（Bank of America）收购了美信银行（MBNA）、Summit Bancorp、国民银行（NationsBank）、美国信托（U. S. Trust）和福力特金融集团（Fleet Financial）。另一个例子是美国最大的演出公司之一莱恩（Live Nation），它与竞争对手布鲁斯俱乐部（House of Blues Clubs）的经营者HOB娱乐公司（HOB Entertainment）联合运营。在过去几年中，横向整合已经在金融服务、消费产品、航空公司、百货商店和软件等多个行业得到了应用。

最后，组织还可以通过多元化来实现成长，可以是相关多元化，也可以是非相关多元化。相关多元化，通常是指一家公司与处于不同但相关行业中的其他公司结合。例如，谷歌公司收购了很多业务（合计150多种），包括YouTube、DoubleClick、Nest和Motorola Mobility等。尽管这些业务的组合看起来很奇怪，但满足了公司信息搜索能力和效率之间的战略协调性。而当一个公司结合了处于不同且不相关行业中的其他公司时，就出现了非相关多元化。例如，印度塔塔集团（Tata Group）的业务遍布化工产品、通信和信息技术、消费品、能源、工程、材料以及服务等领域。这又是一种奇怪的组合。在这种情况下，业务之间并不存在战略协调性。

稳定战略 波音公司抱负众多。其中一份报告阐述了一项稳定战略：继续加强建设，以实现其现有的计划和承诺。[23]**稳定战略**（stability strategy）指的是使组织继续从事当前各种业务的公司层战略。这种战略的实例包括通过继续提供同样的产品或服务来满足同样的顾客，维持市场份额，以及维持组织当前的业务运营。这些组织并不会成长，但也不会衰退。

更新战略 通用电气曾是美国最大、最负盛名的公司之一。它涉足数十个不同的行业，从制造灯泡和冰箱，到医疗保健和飞机租赁。公司的销售额在10年时间里从1 850亿美元下降到1 250亿美元，管理层在2018年对公司进行了重组，将重点放在航空、电力和可再生能源业务上。[24]

当一个组织陷入困境时，应该采取行动。管理者需要制定战略，用来解决绩效下降问题，称之为**更新战略**（renewal strategy）。更新战略的两种主要类型是紧缩战略和转向战略。紧缩战略是一种用以解决轻微绩效问题的短期更新战略。这种战略有助于组织稳定业务经营，使组织资源和能力得以恢复，并为再次竞争做好准备。例如，百健公司（Biogen）为了降低成本，裁员11%。[25]利用这些节省下来的资金，该公司增加了对富马酸二甲酯（Tecfidera）的研发和营销的支出，该产品是一种针对多发性硬化症的潜在高利润药物。而当一个组织的问题变得更严重时，就需要采取更激进的行动来扭转局面。管理者在这两种更新战略中都要做两件事：削减成本和重构组织运营。然而，在转向战略中，这些措施比在紧缩战略中更广泛。例如，CIT集团利润的下降促使管理层削减了1.25亿美元的成本，并出售了公司的飞机融资业务部门，以便更有效地专注于商业贷款和租赁。[26]

9.3.3 如何管理公司层战略?

当一个组织的公司层战略涵盖了许多业务时，管理者可以通过一种被称为公司业务组合矩阵的工具来管理这些业务集合或组合。这一矩阵提供了一种理解多元化业务以及帮助管理者确定资源配置优先等级的框架。[27]**波士顿矩阵**（BCG matrix）是由波士顿咨询集团（BCG）开发的应用广泛的业务组合矩阵。该矩阵引进了这样一种理念，通过对组织中的各种业务进行评估，并采用一个 2×2 的矩阵对业务进行划分，以确定哪一项业务具备高潜能，哪一项业务是对组织资源的浪费。[28]横轴代表市场份额（低或高），纵轴表示预期市场增长率（低或高）。通过 SWOT 分析方法评估某种业务，并将其放入四个象限中的某一象限。四类业务如下所示：

- 明星业务：高市场份额/高预期市场增长率。
- 现金牛业务：高市场份额/低预期市场增长率。
- 问号业务：低市场份额/高预期市场增长率。
- 瘦狗业务：低市场份额/低预期市场增长率。

波士顿矩阵的战略含义是什么？瘦狗业务应该被出售或清算，因为它们不仅市场份额低，增长潜力也低。管理者应该尽其所能从现金牛业务中“挤奶”，限制在现金牛业务上的新投资，并将大量资金投资于明星业务和具有强劲潜力的问号业务以提高市场份额。在明星业务上的大量投资将有助于利用市场的增长维持高市场份额。当然，随着市场的成熟和市场增长率的下降，明星业务最终将发展成为现金牛业务。对于管理者来说，最困难的决策在于问号业务。在经过仔细的分析之后，一些问号业务将被出售，也有一些经过战略性的培养成为明星业务。

在失败中学习　陷入恐慌的可口可乐：百事挑战之后的世界

你听说过“堪萨斯计划”吗？可能没听过。这个名字是可口可乐公司为了对抗百事公司的竞争而取的。

这个故事始于“百事挑战”（Pepsi Challenge）营销活动，该活动让人们蒙上眼睛品尝两种碳酸饮料，然后问他们哪一种味道更好。两种饮料一种是百事可乐，一种是可口可乐。大街小巷里播放的电视广告显示，人们大都喜欢百事可乐。

该广告活动取得了巨大的成功。百事可乐销售激增，可口可乐大惊失色！

参与口味测试的消费者表示，他们更喜欢百事可乐的甜味。尽管可口可乐的配方已经保持了 99 年，但可口可乐的高管认为，他们需要调整配方。因此，公司执行“堪萨斯计划”来调整可口可乐的配方。1985 年，可口可乐大张旗鼓地推出了口味更甜且口感更清爽的新可乐，以取代其标志性的旧可乐。但几乎立刻发生的是，可口可乐的忠实消费者震怒，要求按照原配方生产可乐。

市场已经发声，可口可乐的高管们也只得听从。在新可乐推出不到三个月后，公司重新推出了原来的配方，并贴上了“经典可口可乐”的标签。“经典可口可乐”很快成为公司的主要销售产品，而“新可乐”最终在 2002 年被淘汰。

可口可乐的管理层从中学到了什么？有人说，如果东西没坏，就不要修理它。另一些人则建议，对于一款在市场上处于领导者地位，存在了一个世纪之久，并受到数亿人喜爱的产品，作出改变要三思。还有人建议，保持冷静，不要慌！[29]

9.4 竞争战略

竞争战略（competitive strategy）是决定组织如何在每种业务上展开竞争的战略。[30]对于一个仅有某种业务的小型组织或者一个没有多元化产品或市场的大型组织来说，它的竞争战略描述的是如何在其主营业务或主要市场上展开竞争。然而，对于拥有多元化业务的组织来说，每一种业务都将有其自身的竞争战略，该竞争战略明确了它的竞争优势、所提供的产品或服务、目标顾客等。例如，强生公司的业务有不同的竞争战略，包括药品、医疗设备和消费品。当一个组织有几种不同的业务时，那些形成自身竞争战略的单一的、独立的业务就称为**战略业务单元**（strategic business unit，SBU）。

9.4.1 竞争优势的作用

米其林公司（Michelin）掌握了一种制作高品质子午线轮胎的复杂技术流程。苹果公司利用自身的创新设计和销售能力，创造了世界上最好、最强大的品牌之一。丽思卡尔顿酒店（Ritz-Carlton Hotel）具备了为顾客提供定制化服务的能力。上述每一家公司都创造了某种竞争优势。

制定有效的竞争战略要求管理者对竞争优势有一种深刻了解。**竞争优势**（competitive advantage）是使本组织区别于其他组织的特征，即与众不同的优势。[31]这种与众不同的优势可以来自组织的核心竞争力，即做一些其他组织无法做的事情，或者在某些事情上比其他组织做得更好。例如，保时捷（Porsche）的竞争优势在于其工程和设计能力，以及其制造高质量、高性能汽车的良好声誉。竞争优势也可以来自组织资源，因为组织可能拥有竞争对手所没有的东西。例如，沃尔玛最先进的信息系统使其能够比竞争对手更有效地监测和控制库存和供应商关系，这使沃尔玛降低了产品和库存持有成本，并以极具竞争力的价格为顾客提供产品。

9.4.2 保持竞争优势

每一个组织都拥有资源（资产）和能力（如何完成工作）。所以，是什么使得一些组织比其他组织更成功？为什么有些棒球队能够一直赢得冠军并且吸引大量的观众？为什么一些组织能够实现收入和利润的持续增长？为什么一些学院、大学拥有持续增长的入学率？为什么一些公司能够一直在“最佳”、“最受尊敬”或者“最盈利”排行榜上名列前茅？答案是并非每个组织都能够有效利用自身资源以及开发为组织提供某种竞争优势的核心竞争力。然而，仅仅创造竞争优势是不够的，该组织必须能够维持这种优势。也就是说，在竞争对手采取行动或行业发展变化的情况下，能够保持优势。[32]

沃伦·巴菲特（Warren Buffett）推广了“经济护城河”（economic moat）一词，指一种保持相对于竞争对手而言的竞争优势，一种保护长期利润和市场份额的手段。[33]正如护城河卫护中世纪的城堡一样，一条经济护城河保护着企业的利润空间。护城河越宽，竞争优势就越稳固。随着时间的推移，许多竞争优势可以被复制。例如，许多成本优势容易受到模仿复制的影响。相比之下，一项专利或高昂的转换成本会带来更难跨越的护城河。苹果通过为消费者创造高转换成本，打造了一条宽阔的护城河。一旦消费者拥有了 iPhone、iMac、iPad 和 Apple Watch，苹果的竞争对手就很难抢走这些消费者的业务了。

建造一条可持续的“护城河”并不容易。不稳定的市场、新技术和其他变化都可能对管理者构建长期、可持续的竞争优势的努力造成挑战。然而，通过使用战略管理，管理者可以更好地定位他们的组织，以获得可持续的竞争优势。

战略管理的很多重要观点来自迈克尔·波特（Michael Porter）。[34]波特主要的贡献之一是解释了管理者应如何创造持续性竞争优势。为了做到这一点，管理者需要完成的一项重要工作是行业分析，通常可以采用五力模型进行分析。

五力模型 在任何一个行业里，都存在五种竞争力量影响着竞争规则。这五种力量共同决定着一个行业的吸引力和盈利能力，管理者可以通过这五种因素进行评估：

1. 新进入者的威胁。新竞争者进入该行业的可能性有多大？
2. 替代者的威胁。其他行业的产品替代该行业产品的可能性有多大？
3. 购买者的议价能力。购买者（顾客）拥有多大的议价能力？
4. 供应商的议价能力。供应商拥有多大的议价能力？
5. 现有的竞争者。该行业当前的竞争有多激烈？

选择一种竞争战略 一旦管理者完成了对五种力量的评估和 SWOT 分析，就应该准备选择一种恰当的竞争战略，即匹配组织及其所在行业的竞争力量（资源和能力）的竞争战略。根据波特的观点，没有一家企图为所有人做所有事的企业能够获得成功。他提出，管理者应该选择一种能够给组织带来某种竞争优势的战略，而这通常来自拥有比行业中其他竞争者更低的成本，或者来自相对于竞争者的明显的差异性。

当一个企业基于在所处行业中拥有最低成本（成本或者支出，不是价格）进行竞争时，它就是遵循一种成本领先战略。一个成本领先企业是非常高效的。为了使成本控制在最低水平，这样的企业总是尽己所能地削减一切成本。在成本领先者中，你不会在办公室里找到昂贵的艺术品，没有华丽的内部装潢。例如，你在罗斯商店（Ross Store）里找不到太多的装饰。“我们相信在我们的商店里没有装饰——没有陈列橱窗，没有人体模型，没有花哨的装置或装潢，这样我们可以为顾客节省更多的钱。”[35]由于管理费用低，罗斯商店可以以比大多数百货公司低 20%～60%的价格销售高质量的服装和家居用品，而公司是盈利的。[36]

当一个企业通过提供受到顾客广泛认可和重视的独特产品来展开竞争时，它就在遵循一种差异化战略。产品的差异性可能来自极高品质、特别服务、创新设计、技术能力，或者是一种非同一般的正面品牌形象。实际上，任何一种成功的消费品或服务都可以被认为是差异化战略的示例，例如，诺德斯特龙百货（消费者服务）、3M 公司（产品质量和创新设计）、蔻驰公司（Coach，设计和品牌形象）、苹果公司（产品设计）、里昂比恩（L. L. Bean，顾客服务）。

上述两种竞争战略瞄准的都是广泛的市场，而最后一种竞争战略——集中化战略指的是在某个狭窄的细分市场或小市场获得低成本优势（强调成本）或差异化优势（强调差异化）。细分市场可基于产品类别、顾客类型、分销渠道或地理区域进行划分。例如，收入超过 4.9 亿美元的丹麦的 Bang & Olufsen 公司，聚焦于高端音响设备市场。集中化战略是否可行取决于所聚焦的细分市场规模，以及组织能否通过服务该细分市场获利。

如果一个组织不能培养某种成本优势或某种差异化优势，将会发生什么？波特称它会“陷入两难”，并警告这并非一个理想的立足之地。当组织成本太高无法与成本领先者竞争，或者所提供的产品和服务差异化程度不足以与差异化领先者竞争时，组织就会夹在其中陷入两难境地。摆脱这一两难困境意味着要选择追求一种竞争优势，然后通过协调整合资源、能力和核心竞争力以形成这种竞争优势。

波特认为，企业必须追求低成本或差异化两者之中的一种竞争优势，以避免陷入两难境地，但近年来更多的研究表明，组织可以同时成功地追求低成本和差异化优势并实现高绩效。[37]毋庸置疑，努力实现两者兼具并不容易。你必须在保持低成本的同时实现真正的差异化。西南航空（Southwest Airlines）之类的公司确实成功地做到了这一点。

在结束本节之前，我们还想指出最后一种组织战略，即职能战略（functional strategy），它指组织的各个职能部门用来支持其竞争战略的战略。这包括市场、财务、人力资源、研发等方面的配合。在本书中，我们不详细介绍具体的职能战略，你们会在其他商务课程中学习这些内容。

9.4.3 差异化战略的案例

我们已经讨论过米其林、沃尔玛、苹果、3M 和其他公司是如何通过与竞争对手区别开来而取得成功的。在本节中，我们将介绍五种差异化战略以及它们如何被用于获得竞争优势。

质量作为竞争优势 许多知名品牌的成功是建立在它们的质量声誉之上的。这些品牌包括雷克萨斯（Lexus）、劳力士（Rolex）、维京（Viking）电器、哈雷-戴维森（Harley-Davidson）和诺德斯特龙。如果实施得当，质量可以成为一个组织创造可持续竞争优势的途径。[38]这就是为什么许多组织应用质量管理概念，试图使自己与竞争对手区分开来。如果一个企业能够不断提高其产品的质量和可靠性，它就可能拥有一种无法被夺走的竞争优势。

> **用数字说话**
>
> - 54%的高管认为，将创新战略与整体业务战略相结合具有挑战性。[39]

创新作为竞争优势 宝洁公司收购爱慕斯（Iams）宠物食品业务之后，继续了它始终在做的事情——利用它知名的调查研究部门寻找各种方式将公司其他部门的技术与之结合在一起，以创造新的产品。[40]这种跨部门结合的一个成果是：从牙膏中发现的一种新的防牙垢成分被加入它所有的成年宠物干燥食品中。

正如该例子所示，创新战略并非一定要聚焦于突破性产品创新。创新战略也可以包含将已有技术应用于新的途径。而且，有些组织可以同时成功地应用这两种方式。在当前环境下，组织应该具备什么类型的创新战略？这些战略应该能够体现它们的创新理念，而这种理念的形成依靠两种战略决策：创新重点和创新时机。

管理者首先必须决定的是创新重点。组织打算聚焦于基础科学研究、产品开发还是流程改进？基础科学研究要求的资源投入最多，因为它涉及科学研究基本原理方面的工作。在许多行业（例如，基因工程、医药、信息技术和化妆品等）中，一个组织在基础研究上的专长是获得一种持续竞争优势的关键所在。然而，并不是每一个组织都要在科学研究上投入海量的资源。有很多组织依赖产品开发战略。尽管这种战略也要求大量的资源投入，但并不是投入与科学研究相关的领域，而是组织对应用现有技术进行改进或者以新的方式应用技术，正如宝洁应用防牙垢知识于宠物食品的做法一样。前面这两种创新的战略方式（基础科学研究和产品开发）都有助于组织实现高度的差异化，这也成为获取竞争优势的一种重要来源。

最后一种有关创新重点的战略方法是聚焦于流程开发。采用这一战略的组织会寻求各种方式以改善和强化工作流程。组织为员工改进和创造新的方式方便员工在组织中的各个领域开展工作。这种创新战略也会带来更低的成本，正如我们所知，这也成为获得竞争优势的一种重要来源。

一旦管理者确定了创新重点，接下来就必须决定他们的创新时机。有一些组织希望成为创新的引领者，也有一些组织愿意追随或者模仿创新成果。率先把某项创新推向市场或使用某种流程创新的组织，我们称之为**市场先入者**（first mover）。成为市场先入者必然有某些战略优势和劣势，如图表 9-4 所示。一些组织采用这样的路径，希望借此获得一种持续竞争优势。例如，百胜餐饮集团（Yum! Brands）是第一家进入中国的大型外贸快餐公司，它在北京开设了第一家肯德基餐厅（KFC）。现在，肯德基在中国 1 100 多个城市拥有 5 000 多家分店。其他人则通过成为行业的跟随者，成功地发展了持续竞争优势。它们让先行者率先创新，然后模仿它们的产品或流程。例如，微软很少是先行者。它让别人承担引入新产品的风险，然后对其进行改进。Visicorp 开发了第一个桌面电子表格程序，但微软为其 Windows 平台开发了一个更出色的产品 Excel，它具有图形界面和更强大的功能。

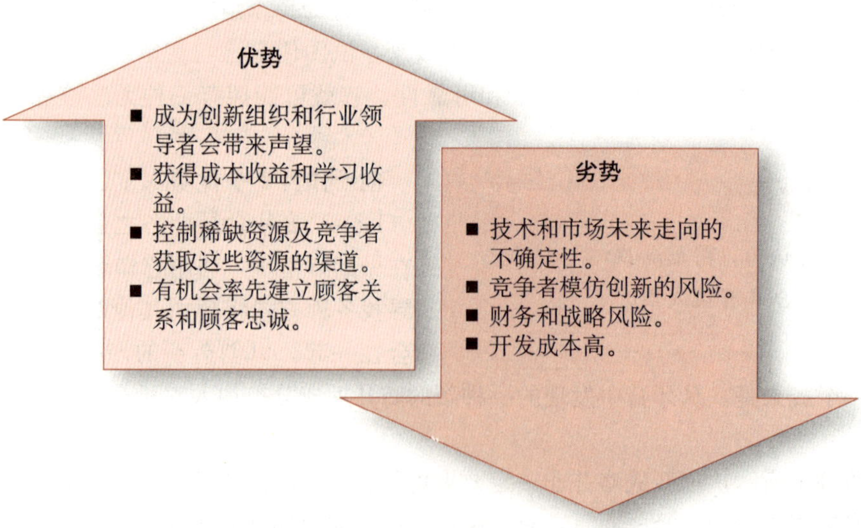

图表 9-4　市场先入者的优势和劣势

顾客服务作为竞争优势 强调优质顾客服务的公司需要能够在整个公司培养这种氛围的战略。这种战略包括给予顾客所需的产品或服务、与顾客进行有效沟通，并且为员工提供顾客服务培训。

给予顾客所需的产品或服务是重要的顾客服务战略之一，这一点并不会出乎你的意料，这是组织总体营销战略的一个主要方面。例如，新百伦给予顾客一种真正独特的产品：不同宽度的鞋子。此前没有任何一家运动鞋制造商会在任何一种尺码上为窄脚和宽脚准备不同的鞋子。[41]

拥有有效的顾客沟通系统也是一种重要的顾客服务战略。管理者应该了解顾客的想法和状况。他们需要找出顾客购买过程——从他们与员工的互动到他们购买产品和服务的真实体验中喜欢的以及不喜欢的方面。让顾客了解到企业正在发生哪些事情可能会影响到他们未来的购买决策也是很重要的一点。

最后，需要对员工进行相关培训以提供优质的顾客服务。例如，新加坡航空（Singapore Airlines）因为它的顾客服务而闻名。员工被大量培训以“把服务做好”，很显然这奏效了。新加坡航空连续 22 年被评为世界上最好的航空公司之一。[42]

大规模定制作为竞争优势 20 世纪因大规模生产而颇具时代意义。亨利·福特（Henry Ford）和他的工厂可以在 93 分钟内生产出你想要的“任何颜色的汽车——只要它是黑色的”。管理层通过大量生产标准化产品来追求效率。标准化和规模经济鼓励了大规模、大批量的生产方式。然而，当代消费者越来越多地寻求定制的产品和服务，以满足他们的需要。由于生产方法、信息技术和供应链管理上的改进，企业现在有能力以大批量生产的价格提供定制化的产品。[43]非常重要的是，这些改进已经破坏了规模大的比较优势。因为任何规模的企业都能以大批量生产的价格提供定制化的产品和服务。

戴尔是大规模定制的早期支持者之一。迈克尔·戴尔（Michael Dell）相信，许多电脑购买者会想要定制化的购买方案，以满足他们的具体需求。他利用库存零部件定制兼容的个人便携式电脑，直接卖给顾客，并以低于竞争对手的成本完成所有这些工作。今天，服装制造商可以提供定制西装，且价格仅为 20 年前西装价格的一小部分。你也可以订购印有个人信息的 M&M 巧克力豆。家具公司允许你用通用部件组装你独特的沙发。模块化房屋建筑商可以为买家定制本质上仍是标准化，但各具特色的房屋。宝马甚至声称没有两款新车是一模一样的。[44]

社交媒体作为竞争优势 最后，许多组织在社交媒体上进行了大量投资，以获得竞争优势。例如，Bleacher Report 采用了一种独特的方式来选择新闻内容。该网站依赖社交媒体——包括脸书、Instagram 和推特——来确定体育迷想要阅读的话题和体育赛事。然后，一组体育记者使用社交媒体来传播信息。广告购买公司 AboveNation Media 的史蒂夫·米尼基尼（Steve Minichini）说：“特纳（Turner）很聪明地利用了新一代的体育爱好者，在这个选秀和数据狂热的时代，他们不断地寻找体育新闻和社区聊天话题，而不仅仅是从传统媒体上寻找。”[45]Bleacher Report 的报道在社交媒体上已经有超过 1 000 万粉丝，一个月就有 4 500 万独立浏览量。[46]特纳将花费 1 亿美元提高产品质量。显然，特纳明白，战略性地使用社交媒体可以建立竞争优势。

> **用数字说话**
>
> - 92%的小企业计划在 2018 年增加对社交媒体平台的投资。[47]

成功的社交媒体战略应该帮助组织内外的人建立联系，降低成本或提高收入，或两者兼而有之。更具体地说，社交媒体可以在招聘、市场营销、顾客关系和竞争情报方面提供竞争优势。社交媒体增加了你找到才华横溢、精通网络、人脉广泛的求职者的机会。它可以帮你展示和推广你的组织，并把你的信息传达给现有顾客和潜在顾客。它允许你与顾客互动，了解他们的偏好，并跟踪他们对你的组织的看法。当然，正如我们在前一章关于竞争情报的讨论中提到的，它可以提醒你竞争对手的行动，并使你及时作出反应!

为考试做准备

本章小结

9.1　定义战略管理并解释其重要性。

战略管理是管理者为制定本组织的战略而做的工作。战略是关于组织将如何经营、如何在竞争中获得成功以及如何吸引和满足顾客以实现组织目标的各种方案。商业模式是指公司如何赚钱的逻辑。战略管理之所以重要，有三个方面的原因。第一，它在组织取得卓越的绩效表现上发挥了重要作用。第二，战略管理有助于管理者应对不断变化的局面。第三，战略管理有助于工作的协调，以及促使员工努力聚焦于组织的重要事项。这是有益的，因为组织是复杂和多样化的。

9.2　解释管理者在战略管理过程的六个步骤中需要做什么。

战略管理过程的六个步骤涵盖了战略的计划、实施和评估。这些步骤包括：(1) 确定组织当前的使命、目标和战略；(2) 进行外部分析；(3) 进行内部分析（步骤 (2) 和 (3) 结合起来称为 SWOT 分析)；(4) 制定战略；(5) 实施战略；(6) 评估结果。优势是组织擅长的行动或者拥有的独特资源；劣势则是组织不擅长的行动或者需要但缺乏的资源；机会是外部环境中的积极趋势；威胁则是消极趋势。

9.3　描述公司层战略的三种类型。

公司层战略决定了一个公司从事（或想从事）什么业务，以及它想用这些业务做什么。成长战略是指组织通过现有业务或新业务来增加市场数量或提供的产品数量。成长战略的类型包括集中化、纵向一体化（后向一体化和前向一体化）、横向一体化和多元化（相关多元化和非相关多元化)。稳定战略指的是使组织继续从事当前各种业务的公司层战略。两种更新战略——紧缩战略和转向战略——都可用来解决绩效下降的问题。波士顿矩阵是通过考察一项业务的市场份额和它的预期市场增长率来分析公司业务组合的一种分析方法。波士顿矩阵的四个象限分别代表了明星业务、现金牛业务、问号业务和瘦狗业务。

9.4　描述竞争优势以及组织为获取竞争优势所采取的竞争战略。

竞争优势是使本组织区别于其他组织的特征，即与众不同的优势。一个公司的竞争优势是它选择合适的竞争战略的基础。波特五力模型评估了影响行业竞争规则的五种竞争力量：新进入者的威胁、替代者的威胁、购买者的议价能力、供应商的议价能力和现有的竞争者。波特的三种竞争战略为：成本领先战略（竞争是基于在所在行业中拥有最低成本)；差异化战略（竞争是基于提供顾客广泛认可和重视的独特产品)；集中化战略（通过成本优势或差异化优势在某个细分市场开展竞争)。五种被用于获取竞争优势的差异化战略包括质量作为竞争优势、创新作为竞争优势、顾客服务作为竞争优势、大规模定制作为竞争优势和社交媒体作为竞争优势。

复习和讨论问题

1. 对于企业来说，为什么战略管理很重要？一个没有战略计划的组织能成功吗？为什么？

2. 描述战略管理过程的六个步骤。

3. 对于大型企业、小型企业、非营利组织和国际公司而言，战略的计划、实施和评估这几个环节可能有什么不同？

4. 在分析组织的外部环境和内部环境时，是否应该将道德纳入考虑范围？为什么？

5. 描述竞争战略的主要类型，以及如何运用波士顿矩阵管理这些企业。

6. 描述竞争优势的作用，以及波特的竞争战略如何帮助一个企业获得竞争优势。

7. “竞争优势的概念在非营利组织与营利性组织中同等重要。”你是否同意这一观点？请解释，并举出例子支持你的观点。

8. 描述质量、创新、顾客服务、大规模定制和社交媒体这几项差异化战略。

为我的职业做准备

道德困境

假如你是世界上最大的在线零售商之一 We-Sell-It-All 的市场经理。在一次会议上，一家新兴在线零售商 BuyIt 的首席执行官给了你一份公司首席营销副总裁的工作。同事们鼓励你把这份工作作为职业发展的一步。你欣然接受了这份工作。在你上班的第一天，首席执行官便要求你做任何必要的事情，以从 We-Sell-It-All 手中攫取市场份额。她多次强调是“任何必要的事情”。你很快意识到首席执行官希望你分享竞争信息。

1. 你如何看待这一情况？你应该听从首席执行官的指示吗？

2. 分享竞争情报会涉及哪些道德困境？

3. 你有哪些告知前雇主你被问及的问题的责任（如果有的话）？

技能练习

开发你的商业计划技能

关于技能

创建一家公司或者确定一个新的战略方向，很重要的一步是准备一份商业计划书。[48] 商业计划书不仅帮助你更好地思考将要做什么以及如何做，而且可以成为获得投资和资源的可靠基础。

练习技能的步骤

1. 描述你公司的背景和目的。提供该公司的历史。简要介绍公司的历史以及该公司所开展的独特事项。描述你将会提供什么产品或服务，你打算如何营销，以及你需要什么以帮助你将产品或服务打进市场。

2. 定义你的短期目标和长期目标。你对于这个组织的预期目标是什么？很显然，对于一家新的公司，有三种宽泛的目标是意义比较重大的：创新能力、生存能力、盈利能力。具体的目标可能包括销售额、市场份额、产品质量、员工士气和社会责任以及诸如此类的目标。确定你如何实现每一个目标，是否已经达成了目标，以及你预期这些目标什么时候得以实现（如短期还是长期）。

3. 进行一次全面的市场分析。你需要说服你的读者，你非常清楚地知道你所从事的业务是什么，你的目标市场是什么，以及你将面临什么竞争压力。在这一分析中，你需要描述总体的市场趋势，你计划展开竞争的具体市场，以及你拥有哪些竞争对手。在这一步骤你将进行 SWOT 分析。

4. 描述你的开发和生产重点。解释你将如何生产产品或者提供服务，包括从开始到结束的时间框架。描述在这一阶段你可能遇到的困难，以及你认为这一阶段的这些活动将耗费多少成本。关于你将面临什么决策（如生产还是采购）以及你打算如何应对，你需要提供解释。

5. 描述你将如何营销你的产品或服务。你的销售战略是什么？你打算如何接触你的客户？在这一部分，从你所具备的竞争优势这一角度出发，描述你的产品或服务，并说明你将如何利用竞争者的劣势。除了市场分析以外，你还需要从市场规模、所能占据的市场份额、产品或服务的定价这些角度出发，进行销售预测。

6. 拟定你的财务报表。你的财务报表底线是什么？投资者希望了解这一信息。在财务这一步，你需要提供未来 3～5 年的预期利润表、现金流分析以及公司的预期资产负债表。你还要考虑需要多少启动成本，制定一项财务战略——你将如何使用从金融机构获得的投资，以及将如何控制和监管公司的财务状况。

7. 提供关于该公司及其管理的概述。确定公司的核心高管，简要概述他们的教育背景、经历和任何相关的资质证书。确定他们在组织中的职位及工作角色。解释他们在最开始的预期薪酬。确定协助组织进行管理的其他人员（例如，律师、会计、董事会成员）。如果合适的话，还应该包括你打算如何对待员工。例如，员工将获得多少薪酬和福利，以及员工绩效将如何评估。

8. 描述该公司的法定形式。例如，公司是独资企业、合资企业还是股份制公司？根据公司的法定形式，你可能还需要提供关于股权、股票发行数量以及诸如此类的信息。

9. 识别公司所面临的关键风险和权变因素。在这一步，需要明确的是如果出现了问题，你该如何应对。例如，如果没能达到销售预期，接下来该怎么办？与此类似，你还应该强调遇到与供应商之间出现问题、无法招聘到合格的员工、产品质量差等情况时所采取的应对措施。读者希望了解你是否预料到了一些潜在问题，以及你是否准备了权变方案。这一步充满了“假设分析”的情境。

10. 拟定完整的商业计划书。利用你在前面 9 个步骤中收集到的信息，把它们组合在一起形成一份结构清晰的商业计划书。一份商业计划书应该包含一个封面，写上公司的名称、地址、联系人和联系电话。封面还应该包括公司的成立日期和公司徽标（如果有的话）。商业计划书的第二页应该是目录，你要列出商业计划书中每一个主要部分和子部分的页码。请注意采用恰当的编排技巧。接下来是执行摘要部分，这是读者真正阅读的第一部分，也是商业计划书至关重要的内容之一，因为如果执行摘要很糟糕，读者很可能不会继续读下去。在 2～3 页的概述中，应该强调关于公司、公司管理、目标市场和竞争、所需资金、资金运作、财务记录（如果有的话）以及投资者何时可收回投资（也称为退出）的信息。接下来是商业计划书的主体部分，即你在步骤 1 到步骤 9 的调查中获得并撰写的资料。最后，如果有表格、图片等材料，你可以将其放在商业计划书最后的附录里。但请注意这些材料要与计划书中的相关部分相互对应。

技能实践

你有一个好主意很合适创建一家企业，于是你需要撰写一份商业计划书提交给一家银行。选择以下产品或服务中的一项撰写商业计划书，描述你将如何定价和营销（见步骤5）。

1. 在家理发服务（提供上门服务）。
2. 只提供健康产品的自动售货机。
3. 出租宠物（只享受拥有宠物的乐趣而不用负起相应责任）。
4. 声控式家庭警报系统。

现在，从列表中选择一种产品或服务，确定其关键风险和权变因素（见步骤9）。

共同工作

团队练习

3～4人一组，查找虚拟现实、绿色能源或太阳能、无人机等行业中的一家公司。谈谈你们认为这家公司的竞争优势是什么。然后，将五力模型应用到该公司所在的行业。头脑风暴一下，公司该怎么做才能把你们发现的威胁降到最低。公司能做什么来提高它在行业内的议价能力？准备好与全班同学分享你们的分析。

学习成为管理者

- 使用当前的商业杂志，分别找出公司层战略和竞争战略的两个实例。撰写一份报告描述这些公司正在做什么以及这些举措如何体现了该战略。
- 从《财富》杂志最新的“最受尊敬的公司”排行榜中找出5家公司。调查这些公司并确定它们的使命宣言、战略目标、所采用的战略。
- 考虑几个你定期购买产品或服务的企业。确定每个业务的业务模型。
- 顾客服务战略、电子商务战略和创新战略对于当下的管理者而言尤其重要。我们在本章描述了公司实施这些战略的具体方法。你的任务是从顾客服务战略、电子商务战略和创新战略中挑选一种战略，并为这种战略的每一种具体方法找到一个例子。例如，如果你选择了顾客服务战略，为下面的每一种方法找到一个例子：(a) 给予顾客所需的产品或服务；(b) 与顾客进行有效沟通；(c) 为员工提供顾客服务培训。撰写一份报告来描述你找到的例子。

案例应用1

Chipotle的转向战略

对Chipotle（这家快餐公司专营墨西哥风味卷饼和玉米饼）来说，2015年是糟糕的一年。2015年7月、10月和11月，美国的不同地区都爆发了大肠杆菌疫情；2015年8月和12月又爆发了诺瓦克病毒事件；2015年8月，明尼苏达州17家Chipotle餐厅出现沙门氏菌安全问题。[49] 于是该公司尝试实施新的食品安全措施，并更换了首席执行官。但是Chipotle的绩效并没有得到足够的改善。2018年，Chipotle宣布布莱恩·尼科尔（Brian Niccol）成为新的首席执行官。尼科尔曾是将塔可钟（Taco Bell）扭亏为盈的首席执行官。公司希望他同样能拯救 Chipotle。[50]

2018 年 2 月，当新任首席执行官宣布就职时，Chipotle 的股价上涨了 12%以上。尼科尔表示，该公司的转向战略将集中于基本事项和创新。他关闭了一些表现不佳的餐馆，并且重启了 Chipotle 的市场营销活动。尼科尔还增加了“欢乐时光”项目，在不增加过多运营负担的情况下扩大顾客的用餐规模。[51]

Chipotle 转向战略的创新之处在于数字化转型。公司想让手机订餐体验尽可能接近真人服务。他们是怎么做到的？答案是他们使用了一个基于图形的系统。顾客很容易使用这套系统，还可以减少员工的错误。他们也为数字订单设置单独的线路，无论顾客是到店下单还是在线下单，此举可提高所有顾客响应速度。这些改进也意在帮助增加 Chipotle 的外卖销售额。[52]

2018 年第二季度，数字化销售额增长了 33%，外卖销售额增长了 300%。自从尼科尔掌舵以来，Chipotle 的股价总体上涨了近 80%。[53]

但 2018 年 8 月，俄亥俄州 700 名 Chipotle 顾客由于食品保温时间过长而遭遇了食品安全问题。2018 年 10 月，Chipotle 的股价下跌了 2%，分析师表示，该公司到 2020 年实现盈利的预期可能不太乐观。

◆ **问题讨论**

1. Chipotle 在哪些方面遵循（或没有遵循）更新战略的两个组成部分？

2. 如果 Chipotle 只需要一个紧缩战略（而不是转向战略），他们会怎么做？

3. Chipotle 的转向战略如何表明他们注意到（或没有注意到）战略管理过程中的外部和内部分析？

4. 自 2018 年 10 月以来，Chipotle 是否在转向战略上取得了进展？如果有的话，公司面临着怎样的新挑战？

案例应用 2

通过快速求救公司救死扶伤

迈克尔·马丁（Michael Martin）的父亲在清理积雪时从屋顶上摔了下来。他的父亲试图用手机拨打 911，但联系不上他们。他手腕、臀部已经骨折，躺在车道上两个小时后，他的妻子才发现，最后用座机拨打了 911 求救。[54]

迈克尔发现了一个十分明显的机会，能让手机用户更顺利地连接 911。其实 911 报警系统是在 20 世纪 60 年代末为固定电话开发的，并没有更新到移动通信上。

迈克尔创建了一家新公司——快速求救公司（RapidSOS），并与联合创始人尼克·霍利克（Nick Horelik）推出了自己的 911 应用程序“Haven”。应用程序推出后，在与公共安全官员交谈时，迈克尔了解到 911 应用程序可能会遇到问题。因为 6 500 个呼叫中心响应 911 电话使用的是不同的技术，可能很难接到来自应用程序的求救电话。[55]

快速求救公司调整了工作重点。公司没有过多注重应用程序，而是专注于开发一种技术，使手机的位置可以在通话过程中传输到 911 呼叫中心。一旦技术成熟，快速求救公司面临的下一个问题是如何将它的技术推向市场。公司是否应该致力于替换现有的应急响应系统？这将涉及改变 911 呼叫中心，以及如何动员救护车、警察和消防人员应对紧急情况。或者应该瞄准特定的群体开展工作，然后再进一步扩展到其他群体？[56]

为了决定使用哪一种战略，快速求救公司考虑了其主要使命所在：让紧急风险等级高的人更好地获得紧急救助。公司首先获得了特定患者群体的支持，比如癫痫患者和家庭暴力受害群体。公司还进一步获得其他群体的支持，比如糖尿病患者。这引起了谷歌和苹果的注意。[57]谷歌和苹果与快速求救公司建立了合作关系，使拯救生命的 911 定位信息可以通过手机传输。这些合作使快速求救公司成为第一家能够将数据直接传输到现有 911 系统的公司。而它的竞争对手则依靠其他方式，比如连接到第三方呼叫中心。

◆ **问题讨论**

1. 作为市场先入者，快速求救公司显示出的优点和缺陷是什么？

2. 快速求救公司使用的成长战略是什么（集中化、纵向一体化、横向一体化还是多元化）？证明你的观点。

3. 快速求救公司还能做些什么，来解决使用应用程序连接 911 接线员的相关问题？

4. 快速求救公司的行为是不是减少了新进入者和替代者对其造成的威胁？

注　释

第10章 创业型企业

Entrepreneurial Ventures

学习目标

10.1 定义创业并解释为什么它很重要。
10.2 解释企业家在创业型企业的计划阶段做什么。
10.3 描述组织的六种法律形式并选择合适的组织形式。
10.4 描述企业家如何领导组织。
10.5 解释管理者如何控制和退出组织。

就业技能矩阵

		批判性思考技能	沟通技能	合作技能	知识运用与分析技能	社会责任技能
技能盒子	工作场所的秘密	✓			✓	
	在失败中学习	✓			✓	
技能实践	道德困境	✓				✓
	技能练习	✓			✓	
	共同工作		✓	✓		
	学习成为管理者	✓	✓		✓	
案例	案例应用	✓			✓	

鲜有人比埃隆·马斯克更配得上“连续创业者”的称号。他的创业生涯始于创建网络软件公司 Zip2，并于 1999 年以 3.4 亿美元的价格将其出售。随后，他成立了在线支付公司 X. com，即后来的 PayPal，后于 2002 年被 eBay 以 15 亿美元的价格收购。马斯克还创立了太空运输公司 SpaceX、能源服务公司 Solar City、脑-机接口开发公司 Neuralink 以及基础设施和隧道建筑公司 Boring Company。

10.1 创业的内容

对于那些想成为企业家的人来说，有很多东西需要了解。在本章中，我们将对这些知识进行概述。就让我们从定义创业开始本章的学习。

10.1.1 什么是创业?

创业（entrepreneurship）是为抓住机会而创办新企业的过程。[1]企业家通过改变、彻底变革、转型或推出新产品与新服务来抓住机会。

企业家和小企业主是一回事吗？我们的回答是否定的。[2]两者有一些关键的区别。企业家想要改变世界。他们胸怀大志，想法新颖，通常拥有一种能超越利润的激情。相比之下，小企业主主要想谋生。他们的生意通常是做别人已经在做的事情。小企业主看到的是风险，而企业家看到的是机会。例如，一个小企业主可能会开一家自行车租赁商店。但一个企业家可能会开发一个让人们共享一组自行车的应用程序，他们会投资一个自行车车队，与社区协商放置自行车停放架和他的自行车的地点，然后推广他的共享自行车应用程序和租赁业务。

10.1.2 为什么创业很重要?

企业家为定义我们当前的生活方式贡献巨大：芯片（杰克·基尔比（Jack Kilby）和罗伯特·诺伊斯（Robert Noyce）），个人电脑（史蒂夫·沃兹尼亚克（Steve Wozniak）），24 小时新闻（泰德·特纳（Ted Turner）），拼车服务（特拉维斯·卡兰尼克（Travis Kalanick）和加勒特·坎普（Garrett Camp）），看房及房屋中介服务（安吉·希克斯（Angie Hicks）和比尔·厄斯特勒（Bill Oesterle）），在线个人购物服务（卡特里娜·莱克（Katrina Lake）），以及无处不在的社交网络（马克·扎克伯格（Mark Zuckerberg）），等等。显然，创业精神很重要。你可以从它对创新、经济增长和提供就业机会的影响中看出来。[3]

创新 创新是一个改变、试验、改造，进而彻底变革的过程，创新是创业活动中非常关键的一个环节。以“破坏性创新”过程为特征的创新将导致技术变革和就业增长。创业型企业充当着“变革推动者”，它们往往为独特的新想法提供某种至关重要的资源，而如果没有这些创业型企业，这些想法可能不会得到开发。

企业家在新产品的商业化中扮演着意义非凡的角色。现代最先进的创新——飞机、汽车、电话、冷冻食品、空调都源自企业家的聪明头脑。

经济增长 随着时间的推移，一个国家能否提高民众的生活水平，很大程度上取决于它能否提高每个工人的产出。也就是说，提高生产效率。创业有助于市场竞争，从而提高效率，实现该目标。新晋企业使传统企业保持警觉，并淘汰低效企业。而新的、改进的产品、流程和生产方法则会刺激经济增长。

增长对发达国家而言意义重大，因为新兴经济体有很大一部分人口生活在贫困之中。例如，快速的经济增长一直是数千万印度人迈进中产阶层的主要动力。经济发展对提高肯尼亚、加纳、埃塞俄比亚、柬埔寨和塞内加尔等地的生活水平影响深远。生活水平提高的核心是创业型企业的激增。[4]例如，印度马哈拉施特拉邦的巴瓦拉尔·贾殷（Bhavarlal Jain）从一辆手推车开始创业。如今，他的滴灌系统公司拥有数千名员工，并为小农户提供产品和服务。内罗毕的企业家彼得·切格（Peter Chege）正在为肯尼亚、乌干达和卢旺达的农民建造和安装水培种植系统，使他们能够在大幅提高作物产量的同时减少用水量。

提供就业机会 我们都知道就业机会对各个社区、地区和国家经济的长期健康发展非常重要。而新就业机会的最大来源并不是大公司，而是小企业。[5]美国小企业雇用了47.5%的劳动力。2017 年，美国新增的 210 万个就业岗位中，190 万个是小企业创造的。最能说明问题的是，创造就业机会的是新兴的年轻企业，而非小体量的企业本身。

10.1.3 创业过程

企业家在创办和管理创业型企业时，有四个关键步骤。

第一个步骤是探究创业的环境。这种环境包括当前经济、政治/法律、社会和工作环境的真实情况。考察创业环境的这些方面非常重要，因为它们决定了游戏的“规则”，以及什么样的决策和行动更有可能取得成功。此外，通过探究创业环境才能进行创业过程中至关重要的第二个步骤——识别机会和可能的竞争优势。从创业的定义中，我们知道抓住机遇是创业的一个重要方面。

一旦企业家探究了创业的环境，并且识别了其中的机会和可能的竞争优势，他们就必须考虑并落实与创业型企业相关的一系列事项。因此，创业过程的第三个步骤就是创办企业。这个阶段包括研究企业的可行性、对企业进行规划和组织，并且正式成立企业。

一旦创业型企业正式启动并开始运营，创业过程的第四个步骤就是管理企业，即企业家对企业的流程、人员和成长进行管理。我们可以通过了解企业家所做的事情来解释创业过程中的这些重要步骤。

10.1.4 企业家做什么?

描述企业家在做什么并不是一件简单或容易的事！没有哪两位企业家的工作活动是完全一样的。总的来说，企业家创造了一些新的东西，一些不一样的东西。他们寻找变化，作出回应并加以利用。

最初，企业家投入于对创业型企业潜力的评估，然后着手解决启动阶段的一些事项。在探究创业环境时，企业家会收集相关信息，识别潜在的机会，并精确定位可能的竞争优势。在具备这些信息之后，企业家将着手研究企业的可行性——挖掘商业构思、考察竞争对手并探究融资方案。

在考察了拟成立企业的潜能和评估该企业获得成功的可能性之后，企业家将推进企业的计划事项。计划包括这样一些活动：制定切实可行的组织使命，探究组织的文化事项，以及制订一份经过深思熟虑的业务方案。一旦这些计划事项得以解决，企业家就必须着手考察企业的组织事项，这就涉及选择企业的法律形式、解决诸如专利或版权检索等其他法律事项，以及构建一种恰当的组织设计来组织工作的开展。

只有这些启动阶段的活动顺利完成之后，企业家才能真正着手成立企业。企业的成立涉及设置目标和战略，以及确定技术-运营方式、营销方案、信息系统、财务会计系统和现金流管理系统。

一旦创业型企业正式成立并开始运营，企业家的关注点就转移到了如何管理企业上。管理创业型企业实际上涉及什么？重要的活动之一是管理每一家企业的各种流程：决策、制订行动方案、分析外部和内部环境、测量和评价绩效以及实施必要的变革。此外，企业家还必须开展一些与人事管理相关的活动，包括甄选和招聘、评估和培训、激励、冲突管理、工作任务授权以及成为一名有效的领导者。最后，企业家还必须管理企业的成长，例如制定和设计成长战略、应对危机、为实现财务增长寻找各种可能途径、对企业进行估价，甚至可能最终会选择退出企业等。

10.1.5　一条混合创业路径

创业不一定是一个全面的命题。一条混合创业路径可以让你在追求新的创业机会的同时，无须受制于创业活动相关的全部风险和不确定性。

我们不能忽视创业失败的数据，尽管它们可能令人感到沮丧。50%多一点的新创公司在前四年就失败了。[6]为了提高成功概率，你可以考虑混合的方法。

混合创业路径指的是一边留在现有机构中进行日常工作，一边创业。把有偿工作和自主创业结合起来，会比全职创业更有优势。[7]首先，此举降低了风险，它显然对那些风险规避者更具吸引力。因此，它为许多原本可能放弃创业的人打开了创业之门。其次，混合创业路径让创业者能有机会检验自己的想法，并在压力较小的环境中成长。全职工作可以继续提供一份稳定和持续的收入。再次，获得建立新企业所需的资金往往是创业的主要障碍。这种混合方式可以让个人利用他们的全职工作产生的收入来启动和持续资助他们的新企业。最后，研究表明，当混合路径被用作全职自主创业的过渡步骤时，企业存活率要高得多。

10.2　启动与计划事项

萨拉·布莱克利（Sara Blakely）是一名传真机上门销售员，她面临一个两难的问题：在白色长裤下面穿什么和系带凉鞋比较搭配。于是她把连裤袜的足部部分剪掉了。但裤袜卷上去了。从这个问题中，她找到了解决方案：斯潘克斯塑身衣。在 5 000 美元初期投资的支持下，她创造了一系列极为成功的塑形衣，包括内衣、紧身裤和孕妇装，目前在 65 个国家销售。[8]

工作场所的秘密　应对风险

前曲棍球名将韦恩·格雷茨基（Wayne Gretzky）捕捉到了冒险的重要性，他说："如果你没有出手，那么你就会百分之百地失球。"他传达的信息是：你必须冒失败的风险才能获得成功。

生活中最舒适的日常是过着一成不变的生活，不去制造风浪。这通常意味着你要作出能够提供可预测结果的，并对你已知的世界威胁最小的选择：待在你长大的城镇，在整个职业生涯中做着相同的工作，每年都去固定的度假地点，保持不变的兴趣爱好，等等。你可能认为通过最小化变化，你就最小化了风险。但你会发现，如果认为那是真的，那么你很有可能是错的。

风险有积极的结果，也有消极的结果。风险规避者倾向于强调它的消极方面。而冒险者只关注积极的一面。你需要知道什么时候承担风险，什么时候规避风险，以及如何将风险转化为你的优势。

我们先简要分析一下风险感知。是什么塑造了你对风险的感知？你需要考虑四个因素：不确定性、收益、损失和你的风险承受情况。第一，不确定性反映了怀疑或对于未知的承认。随着不确定性的上升，决策变得更有风险。因此，我们尽量避免不确定性或将其影响降到最低。我们通过积累尽可能多合适的信息来做到这一点。第二，一个暗含潜在风险的结果来源于收益和损失之间的比较。较大的预期收益比较小的更受欢迎，较小的潜在损失比较大的更受欢迎。当可能的回报变小或潜在的损失变大时，风险就会增加。你想要承担潜在收益超过潜在损失的风险，而且收益越多越好。所以你必须回答一个问题：冒这个险值得吗？第三，你需要考虑你的风险承受情况。你的风险承受能力如何？人们冒险的意愿各不相同。低风险寻求者可能会识别、评估并选择失败概率较低的决策选项。无论对错，这通常意味着选择对现状改变最小的方案。另外，高风险接受者更有可能识别、珍视并选择独特的、失败概率更高的方案。

现在让我们把注意力转向风险的积极方面。日常生活中有一些真理，其中一条是，这世上除了那些幸运的生而富贵者，不可能有人不冒险就获得成功。奥普拉·温弗瑞（Oprah Winfrey）、杰夫·贝佐斯、安格拉·默克尔（Angela Merkel）、雷·克拉克（Ray Kroc）、蕾哈娜（Rihanna）、史蒂夫·乔布斯、贝聿铭（I. M. Pei），这些人都承担了风险。他们或者辞掉了工作，或者搬到一个新的城市，或者创业打拼，或者竞选政治职位。他们做的事让自己变得脆弱，而且把自己暴露在拒绝和失败面前。我们并不是说冒险就一定会成功，我们想说的是：如果不放弃一些生活中的安逸，努力尝试，我们就很难成功。

正如我们所指出的，每个人对风险的容忍程度并不相同。如果你认为自己是一个风险偏好者，你应该关注的是如何控制你的冒险行为。你想要承担可计算的风险，并且避免把谨慎之心抛到九霄云外。而对于那些倾向于规避风险的人来说，以下内容应该是与其密切相关的。

如果你倾向于规避风险，要提醒自己：年轻时冒险更容易。25 岁时比 55 岁时更容易从挫折和失败中振作起来。事实上，在比较 22 岁到 58 岁之间的人的冒险倾向时，我们发现冒险行为和冒险的价值都与年龄负相关。也就是说，随着年龄的增长，我们在承担风险方面会变得更加保守。这可能是因为老年人觉得自己失去的会更多。所以利用好年轻和没什么经验的年岁。如果你打算辞职或创业，尽早考虑。年轻时更容易接受挫折，而随着年龄的增长，你可能会变得厌恶风险。

对于那些害怕失败的人，我们需要提醒的是，挫折并不是致命的。世界上到处都有经历挫折的人，他们经历了早些年的失败，但又重新取得了非凡的成功。华特·迪士尼（Walt Disney）被《堪萨斯城星报》（*Kansas City Star*）解雇，因为该报的编辑觉得他缺乏想象力，没有好创意。在做巴尔的摩电视台的第一份工作时，奥普拉·温弗瑞被解雇了，原因是她在报道中太过情绪化。山姆·沃尔顿（Sam Walton）在早期的零售业尝试中失败了，但最终在沃尔玛大获成功。一位电影制片人在看弗雷德·阿斯泰尔（Fred Astaire）的第一次试镜时作出以下评价：不会唱，不会演，会点舞蹈还有点谢顶。西奥多·盖泽尔（Theodor Geisel）又被称为苏斯博士（Dr. Seuss），他的第一本书被 27 家出版社拒绝。史蒂芬·斯皮尔伯格也多次被南加州大学电影艺术学院拒绝。

请注意，我们讨论中的任何内容都不应被解释为鼓励无限制的冒险行为。冒险需要经过深思熟虑，要聪明而有选择性地推进，并仔细考虑各种可能性。无论结果如何，成功概率最小的选择都是一种赌博，应该拒绝这种事。然而，你也不要因为有可能失败而错过一些成功的好机会。[9]

企业家必须做的第一件事就是像萨拉·布莱克利一样识别其中的机会和可能的竞争优势。一旦他们识别出机会，就可以通过研究企业的可行性以及规划企业来准备企业的创办。这些启动阶段与计划事项正是我们在本部分将要了解的内容。

10.2.1 识别环境中的机会和竞争优势

马云是一名英语老师。1998 年访问西雅图时，他第一次看到一台连接到网络的电脑。一时兴起的他在网上搜索了关键词“啤酒”。该搜索引擎显示了世界各地的网站，但没有显示中国的网站。他继续搜索“中国啤酒”，结果还是什么都没有。马云认识到，中小企业在网络上是找不到的。他发现了一个机会：创造一个网站让中国的企业可以在上面相互连接。这就是后来的电子商务网站阿里巴巴（Alibaba）出现的原始动力。如今，阿里巴巴的年销售额超过 400 亿美元。[10]

毫无疑问，也有其他人看到中国的中小企业没有得到互联网服务的支持。但是只有马云行动了起来。正如我们在前一章所指出的，机会是外部环境因素显示出的积极趋势。这些趋势为创新和创造价值提供了独特的可能性。企业家要能发现变化的环境所提供的这些机会。[11]毕竟组织看不见机会，但人可以。而且他们需要在这些机会消失或被其他人利用之前快速做到这一点，尤其是在动态环境中。

用数字说话

- 86%的新创业者是为了机会而创业，而不是为了失业和找工作。[12]

著名管理学者彼得·德鲁克（Peter Drucker）确定了企业家在外部环境中发现机会的七种潜在来源。这些来源包括意外、不协调之事、流程需要、行业和市场结构、人口趋势、认知变化和新知识。[13]

1. 意外。当意料之外的情况或事件出现时，可能会带来一些机会。这种事件也许是一种意外的成功（好消息），也可能是一种意外的失败（坏消息）。无论是哪一种，都可能为企业家提供可以追求的机会。例如，2018 年 5 月，美国联邦最高法院否决了除内华达州以外的各州对体育博彩的禁令，这让人感到意外。但水牛城野翅公司（Buffalo Wild Wings）的管理层认为这是一个潜在的机会。作为美国最大的体育酒吧，该公司认为自己处于独特的地位，可以利用体彩来强化其业务。随着千禧一代对连锁餐饮体验兴趣的下降，贝瑞德（BWW）的管理层也认为，体彩业可能是吸引顾客回来的一种方式。[14]

2. 不协调之事。当事情与人们设想的不协调时，它所表现出来的方式就出现了一些不一致和不兼容。事情“应当”按照某种特定的方式发展，但事实上却并非如此。当关于事情该如何发展的传统智慧已经不再适用时，无论是出于什么原因，这都代表着机会的出现。那些倾向于“超常规思考”的企业家——他们超出传统的常规方式思考问题——也许会发现大把的潜在盈利机会。西南航空公司创始人赫伯・凯莱赫（Herb Kelleher）认识到，商业航空公司在迎合旅客需求的方式上存在不妥之处。大多数航空公司都专注于为往返于大型商业中心的商务旅客提供包括餐饮在内的全套服务。尽管机票价格很高，但商务旅行者可以负担得起出行费用。这种方式虽然有利可图，但它忽视了为希望在较小城市（而非商业中心）之间旅行的休闲旅行者提供服务的机会。凯莱赫知道有更好的办法解决这一问题，于是他的公司以更低的票价提供更简单的服务。自那以后，西南航空一直盈利。

3. 流程需要。当科技不能够立即产生那些即将彻底改变某些产品或服务性质的“大发明”时，会出现什么状况？在研究者和技术人员持续不断地为重大突破而努力的过程中，各个阶段都会出现大量创业机会，又会出现怎样的状况？由于不可能一次性实现重大突破，因此在各个小阶段都充满了机会。以医药产品行业为例，尽管目前研究人员还未发现治愈癌症的药物，但是随着关于治疗癌症的知识的持续发展，出现了很多成功的生物科技创业型企业。有一些流程需要是很容易满足的，几十年前，许多发明家开发了技术，最终在 20 世纪 60 年代成功创造了自动柜员机（ATM）。随着消费者变得更加满足于使用自助银行服务，自动柜员机变得十分普及。[15]而随后，网络为全方位服务开辟了道路，在线银行业务大行其道。

4. 行业和市场结构。当技术上的变化改变了某一行业和市场的结构时，如果现有的企业不适应这种变化或者不愿意改变，那么这些企业可能会被淘汰。甚至是社会价值观和消费者偏好的变化也可能会改变行业和市场的结构。这些市场和行业就成为反应灵敏、精明的企业家公开追逐的目标。例如，eBay 作为买方和卖方之间的在线中介平台而发展起来。其首席执行官声称，该公司的工作就是联系买方与卖方，而不是向他们销售产品。把人们联系起来，它确实做到了这一点！这家在线拍卖公司的活跃用户数量已经达到 1.75 亿。[16]

5. 人口趋势。世界人口的特征正在改变。这些变化改变了顾客的购买力以及他们希望获得的产品和服务的类型和数量，从而影响了各个行业和市场。如果你保持对人口趋势的敏感度，这些趋势导致的变化很大部分是能够预测的，但还是有一些变化并没有那么显而易见。无论如何，通过预测和满足人口变化的需求，可以实现其中很多重要的创业机会。例如，WebMD 公司成功的部分原因是它预测了老龄化人口的需求。WebMD 为卫生保健提供者和消费者提供关于人类健康和幸福感相关的新闻和信息。制药公司也认识到人口趋势的重要性，这使它们在 WebMD 中投放了大量的广告。[17]

6. 认知变化。认知是某一个体对现实的看法。当认知发生改变时，尽管事实并没有改变，但它们的意义已经发生了改变。认知变化会直接造成人们心理状况——看重什么、相信什么以及关注什么的变化。这些态度和价值观的变化为敏锐的企业家创造了潜在的市场机遇。例如，考虑一下你对健康食物的认知。我们对某些特定食物是否健康的认知变化为企业家带来了许多产品和服务机遇，企业家可以从中发现并加以利用。例如，爱彼迎的联合创始人布莱恩·切斯基（Brian Chesky）、内森·布莱查奇克（Nathan Blecharczyk）和乔·杰比亚（Joe Gebbia）改变了旧有观念——把住房和公寓短期租给陌生人不是一个好主意。布莱恩·切斯基说："这和人以及经历有关，终有一日，我们要做的是把世界团结起来。你得到的不是一个住处，而是一份归属感。"[18] 在短短的几年里，这家公司开始产生数十亿美元的收入。

7. 新知识。新知识是一种至关重要的创业机会来源。尽管不是所有基于知识的创新都有重要意义，但新知识确实在创业机会来源列表中排名十分靠前！然而，这种机会来源要求的不仅仅是拥有新知识。企业家还必须能够利用这些新知识做些什么，并且保护这些重要的专有信息不会泄露给竞争对手。例如，英特尔追求的是一种创业文化，它紧跟最新的学术研究，在研发上投入甚多。该公司的成果是不断开发出更强大的微处理器，保持其作为行业领先技术公司的地位。

保持对创业机会的敏锐性仅仅是一位创业家最初努力的一部分，他还需要了解竞争优势。正如我们在第 9 章中讨论的，当一个组织拥有某种竞争优势时，它就拥有了其他竞争对手所不具备的某些东西；能够在某些方面做得比其他组织更好；或者做一些其他组织不能做的事情。竞争优势是一家创业型企业取得长期成功和发展不可或缺的必要因素。获得并保持某种竞争优势是非常困难的。然而，这也是企业家在研究企业可行性时必须考虑的方面。

10.2.2 研究企业的可行性——想法

每年都有成千上万的医护人员进入职场，其中 90%的人自己购买工作服——风格平平无奇而且不合身的外科手术服。该产品一个世纪以来并没有太大的变化。特瑞娜·斯皮尔（Trina Spear）（金融专家）和希瑟·哈森（Heather Hasson）（时装设计师）想到了一个主意：设计引人注目且剪裁合身的手术服，衣服面料使用高强度纤维，在网上直接卖给顾客。这些女性创业者将想法落地为一家名为"FIGS Scrubs"的公司。[19] 通过利用医护人员的经验，加上与时尚行业的联络沟通，她们设计并生产了一系列手术服，很快受到了护士、医生以及其他医疗工作者的追捧。短短几年后，她们的企业就创造了 1 亿美元的年收入。

用数字说话

为何美国人要追求创业梦想[20]：

- 55%的人称想自己当老板。
- 55%的人称希望赚更多钱。
- 51%的人称热情使然。
- 47%的人称为了支持家庭。
- 46%的人称为了更高的工作满意度。

对于企业家来说，通过产生商业想法并予以评估，进而研究企业的可行性非常重要。只有拥有这些商业想法的创业型企业才可能实现茁壮成长。产生各种各样的商业想法是一个创新并发挥创造力的过程。这一过程也需要耗费很长的时间，不是仅在创业型企业开始的阶段，而是贯穿企业整个生命周期。那么这些想法从哪里来？

产生想法 企业家想法的来源都非常独特，并且各不相同。例如，一项调查显示，关于想法来源，最多的回答是“突发奇想”、“天赐良机”以及“激情驱动”。[21]

当企业家探索这些想法来源时，他们应该考察什么？他们应该考察当前各种条件限制、与众不同的新方法、发展与突破、空白领域，以及趋势和变化。使用设计思维来寻找好的点子是很好的案例。[22]这可能包括诸如在不同情况之间找到联系；把在某种情况下有效的东西转移到完全不同的情境下；重新思考产品或服务的用途等。这基本上就是拼车公司 Zipcar 的创始人所采用的方法，他们将汽车重新定义为一种交通工具，而不是一种财产。类似地，直到游戏厂商发现自己是在娱乐业而不是玩具业打拼后，电子游戏行业才开始腾飞。

场景实践

尼克·罗西（Nick Rossi）的梦想是开一家音乐用品店，他对于能开始实施他的商业计划很兴奋。他计划主要售卖吉他，但他也认为应该卖一些打击乐器和各种各样的配件。然而，对于他的想法的可行性，他还需要做一些研究，因为他需要对所面临的竞争环境做更深层次的探索。

尼克应该从他的竞争对手身上学习什么？

了解你的竞争对手是你商业计划成功的关键因素。首先，从研究直接竞争对手开始，然后扩展到间接竞争对手，无论是在附近区域还是在网上。它们经营多久了？它们一开始卖什么，后来又如何扩张？它们成功和失败的最大原因是什么？既然先前你可以从人们那里学到很多东西，那么，你也应该考虑未来的竞争对手：是否有任何即将出现的创新会威胁到你的商业计划？你如何防范它们？你的目标是确定在市场中有哪些未被满足的需求。有什么东西是顾客需要，但当前环境并未提供的？一旦你能回答这个问题，你就找到了机会。

惠特尼·波特曼（Whitney Portman），高级营销沟通经理

评估想法 评估创业想法包括个人方面和市场方面的一些考虑。每一项评估都为企业家了解这个想法的潜力提供了关键信息。图表 10－1 描述了企业家在评估潜在的想法时可能会考虑的一些问题。

图表 10－1 评估潜在的想法

个人方面的考虑	市场方面的考虑
• 你是否有能力从事你所选择的事业？ • 你是否准备好成为一名企业家？ • 你是否准备好应对成为一名企业家带来的压力和挑战？ • 你是否准备好应对挫折和失败？ • 你是否准备好努力奋斗？ • 对于拟创办企业的潜力，你是否有切合实际的认识？ • 你是否学习了一些财务方面的事项？ • 你是否愿意并且准备好进行持续的财务分析和其他类型的分析？	• 对于你的商业想法，谁是你的潜在顾客：他们是谁，在哪里，有多大规模？ • 你提出的想法与市场上现有的产品相比，具有哪些相似的或独特的产品特征？ • 潜在顾客将会如何以及在哪里购买你的产品？ • 你是否考虑过定价方面的问题？你能够获得的价格足以使你的企业存活下来并繁荣发展吗？ • 你是否考虑过如何宣传和推广你的创业型企业？

企业家可能会采用的另一种更为结构化的评估方式是**可行性研究**（feasibility study）——为判断拟创办企业的可行性而对该企业的各个方面进行分析。一项准备充分的可行性研究不仅是判断某一创业想法是否能够获得成功的有效评估工具，还为极为重要的商业计划书奠定了基础。

可行性研究应该对拟创办企业最为重要的各个因素进行描述，并对这些要素的可行性进行分析。它应该包括对于环境和竞争的分析以及会计预测、资金来源、人员需求、设备需求、目标市场和法律因素的考量。

10.2.3 研究企业的可行性——竞争对手

研究企业可行性的其中一个部分就是考察其竞争对手。对于他们潜在的竞争对手，企业家想要了解哪些信息？以下是可能会考虑的一些问题：

竞争对手提供什么类型的产品或服务？

这些产品或服务有哪些主要特征？

竞争对手提供的产品或服务具备怎样的优势和劣势？

竞争对手是如何处理市场、定价和物流的？

竞争对手通过什么措施使自己与其他竞争对手区分开来？

竞争对手是否在这些方面取得了成功？为什么？

竞争对手擅长什么？

竞争对手拥有哪些竞争优势？

竞争对手不擅长什么？

竞争对手的规模和盈利能力如何？

例如，绮童堡（The Children's Place）的首席执行官在将公司的儿童服装连锁店推向全国时，谨慎地考察了竞争环境。尽管面临着来自彭尼以及金宝贝（Gymboree）等的激烈竞争，但是他认为公司的生产和营销方式能够带来一种竞争优势。

用数字说话

- 当企业家在自己创业的行业有相关经验时，他们的成功概率会增加 125%。
- 创业失败的企业家下次创业成功的机会增加 20%。[23]

一旦企业家获得了这些信息，他们就应该评估自己拟创办的企业将如何"适应"这种竞争局势。企业是否能够在竞争中取得成功？这种类型的竞争分析成为可行性分析和商业计划书的重要组成部分。在进行了这些分析之后，如果情况看起来仍然很有前景，那么研究企业是否有可行性的最后一部分就是考察各种融资方案。这一步并不能最终确定该企业的成立需要多少资金或这些资金将来源于哪里，这只是对各种可选择的融资方案信息的收集。[24]

10.2.4 研究企业的可行性——融资

从历史上看，获得融资是新企业难以逾越的一条鸿沟。而令人惊讶的是，该领域近年来发生了很大变化。这种变化对企业家来说是积极的。

企业家的传统资金来源包括个人储蓄、房屋财产、个人贷款、信用卡以及支持他们的家人和朋友。如今，有许多风险投资家竞相投资新业务。在短短两周内，在线分类广告公司 Letgo 就筹集了 5 亿美元；数据存储公司 Actifio 则入账了 1 亿美元；联合办公空间初创企业 MyDreamPlus 获得 1.2 亿美元的投资；旅游预订网站 Klook 获得了 2 亿美元。[25] 正如这些例子所表明的，如果一个想法有价值，就有现成的资金涌进来。

10.2.5 拟订一份商业计划书

一旦对企业的可行性进行了透彻的研究，企业家就必须考察企业的计划事项。企业家在企业计划阶段需要做的最重要的事情就是拟订一份**商业计划书**（business plan）——概述某个商业机会并阐述企业如何抓住和利用该机会的书面文件。[26]

一份好的商业计划书是很有价值的。它把所有关于企业家愿景的因素都融合到一份清晰明了的文件中。它充当着企业运营的蓝图和路线图。而且，商业计划书是一份“有生命力的”文件，在企业的整个生命周期中指导着组织的决策和行动，而不仅仅是在启动阶段。

如果企业家完成了可行性分析，其中包含的大部分信息可以为商业计划书的撰写奠定基础。一份好的商业计划书覆盖了六个主要方面：执行摘要、机会分析、环境分析、企业描述、财务数据与预测、辅助材料。

执行摘要 执行摘要概括了企业家拟创办企业的一些关键点。这些关键点可能包括：简要的使命宣言；主要目标；企业的历史简介（也许可以以时间轴的形式展示）；企业中的关键人物；企业性质；主要产品或服务的描述；对市场定位、竞争对手和竞争优势的简要解释；拟定的战略；选定的关键财务信息。

机会分析 在商业计划书的这一部分，企业家要展示所发现的机会以及其中的细节。从本质上来说，这些细节包括：（1）通过描述目标市场的人口特征来估计市场的规模；（2）描述并评估行业趋势；（3）识别和评估竞争对手。

环境分析 机遇分析聚焦于某一特定行业和市场中的机遇，环境分析则站在一个更为广泛的视角进行。在这一部分，企业家需要描述的是经济环境、政治法律环境、技术环境和全球环境中正在发生的更为广泛的外部变化和趋势。

企业描述 在这一部分中，企业家要描述将如何组建、启动和管理企业。它包括：企业使命宣言的详尽描述；希望形成的组织文化；市场计划（包括总体市场战略、定价策略、销售策略、广告和宣传策略）；产品开发计划（例如对风险和成本的描述）；运营计划（包括对企业拟进驻的地理区域、所需的设施和改进、设备以及工作流程的描述）；人力资源计划（包括对人员、薪酬、培训的描述）；所有相关事项的总体进程规划表和时间表。

财务数据与预测 每一份有效的商业计划书都包含了财务数据与预测。尽管对财务数据的计算和解读可能会比较困难，但这绝对非常重要。如果缺乏财务信息，这份商业计划书就不是一份完整的商业计划书。财务计划至少应该覆盖未来三年的时间，并包含预计利润表、预计现金流分析、预计资产负债表、盈亏平衡分析以及成本控制。如果预计需要购置一些重大设备或其他资产项目，那么应该列出它们的名称、费用以及可用的抵押品。

辅助材料 对于一份有效的商业计划书来说，辅助材料也是重要的组成部分之一，企业家应该利用表格、图形、图片或其他一些可视工具来支持前面几个部分的描述。此外，包含拟创办企业关键参与者的信息（个人信息和与工作相关的信息）可能也非常重要。

场景实践

珍妮卡·李（Jenyka Lee）多年来一直对时尚感兴趣，她正在考虑一个可能的新商业理念，并利用这种兴趣赚钱。她想创办一家公司，来销售可以带着去上班或参加社交活动的背包——这种背包不像大多数背包那样笨重、过于随意。她产生这个想法的原因在于，她听到一些朋友谈论现有的包无法满足他们的需求。珍妮卡认为这个想法可能行得通，但她不确定自己是不是只看到了光明的一面，因而不够现实。

珍妮卡应该做什么来评估她的想法的可行性？

新颖的想法和对工作的热情固然是成功推出新产品的关键因素，但全面的可行性分析将增加珍妮卡长期成功的机会。珍妮卡首先应该对她的技能进行分析，确定她可以为发布新产品做什么贡献，但也要了解她没有和需要补充的技能和资源。同时，珍妮卡对于潜在竞争对手、供应商可得性、市场细分和许多其他因素的外部分析也将是决定她的想法的可行性的关键。

艾丽西亚·凯瑟（Alicia Kiser），人力资源主管

10.3 组织事项

加州旧金山的Twilio公司前首席运营官罗伊·吴（Roy Ng）重新设计了公司结构，将其转变为一个员工授权型公司。他想把权力下放，使员工对自己的努力负责。他的方法之一是创建员工团队来处理具体项目。他说："小团队允许自主自治、快速试验和创新。小团队促进了Twilio公司的成长和规模的扩大，同时使我们的创始团队从第一天起就保持不变的激情、渴望、智慧和生产力。"[27]

一旦企业家解决了拟创办企业的启动和计划事项，就应该开始准备组建该企业。接下来，企业家必须解决三个组织事项：组织的法律形式、组织设计与结构、人力资源管理。

10.3.1 组织的法律形式

企业家必须制定的第一项也是至关重要的一项组织方面的决策就是组织所有权的法律形式。影响该项决策的两个主要因素是税收和法律责任。而企业家希望的是最小化这两个因素的影响。无论是从长期角度还是从短期角度来看，正确的决策不仅能够节省税费，而且能够保护企业家免于承担不合理的法律责任。

有哪些组织法律形式可供企业家选择？组织一家创业型企业的三种基本方式是个人独资、合伙制和公司制。然而，如果把这些基本方案的其他变体形式也包括在内，你将会发现有六种可能的选择，每一种选择都有其独特的税收政策、法律责任问题和优缺点。这六种可能的选择分别是个人独资、普通合伙制、有限责任合伙制、C型公司、S型公司以及有限责任公司。我们对每一种形式的优缺点进行简单的介绍。图表10-2概括了每一种组织法律形式的基本信息。

图表 10-2 商业组织的法律形式

形式	所有权要求	税收待遇	责任	优点	缺点
个人独资	一个所有者	收入和亏损"传递"给所有者，并按照个人所得税税率纳税	个人无限连带责任	启动成本低；免受大多数规章制度的制约；所有者拥有直接控制权；所有利润归属于所有者；容易退出企业	个人无限连带责任；个人资产承受高风险；无法享受多种企业税收减免政策；对企业负全责；融资可能会更加困难
普通合伙制	两个或更多所有者	收入和亏损"传递"给合伙人，并按照个人所得税税率纳税；向合伙人分配利润或亏损时灵活性较大	个人无限连带责任	公司组建简单；人才、资源汇聚；某种程度上更容易获得融资；享受某些税收福利待遇	个人无限连带责任；分散化职权和决策；可能会造成冲突；所有权不断被转让
有限责任合伙制	两个或更多所有者	收入和亏损"传递"给合伙人，并按照个人所得税税率纳税；向合伙人分配利润或亏损时灵活性较大	有限责任，其中一位合伙人必须保留无限责任	从有限的合伙人中获得资金的好方法	公司成立成本和复杂性可能比较高；有限合伙人在不放弃有限责任保护的情况下不得参与公司管理
C型公司	股东数量无限制；股票类型或投票事宜无限制	股息收入按照公司和股东个人两个层面纳税；亏损和税收减免归属于公司层面	有限责任	有限责任；所有权可转让；执照长期有效；更容易获得资源	公司成立成本高昂；监管严密；双重征税；广泛的记录保存；规章制度限制
S型公司	最多75名股东；股票类型或投票事宜无限制	收入和亏损"传递"给合伙人，并按照个人所得税税率纳税；向合伙人分配利润或亏损时灵活性较大	有限责任	易于成立；享受有限责任保护和合伙制的税收待遇；可以使免税实体成为股东	必须满足某些特定要求；可能会限制未来的融资选择
有限责任公司	"成员"数量无限制；在投票权和收益方面可以灵活安排	收入和亏损"传递"给合伙人，并按照个人所得税税率纳税；向合伙人分配利润或亏损时灵活性较大	有限责任	更大的灵活性；不受C型和S型公司规章制度的限制；按照合伙制而非公司制纳税	从其他法律形式转换成这种形式的成本很高；在制定经营合同时需要法律和财务咨询建议

个人独资 **个人独资**（sole proprietorship）是由唯一的所有者单独持有和完全掌控整个企业，并且对企业债务承担个人无限连带责任的企业法律形式。建立一家个人独资企业的法律要求包括获得必需的当地营业执照和许可证。在个人独资企业中，收入和亏损将直接"传递"给企业所有者，并且按照企业所有者的个人所得税税率缴税。这种法律形式最大的弊端在于企业所有者个人对企业的所有债务负无限连带责任。

普通合伙制 **普通合伙制**（general partnership）是两个或更多所有者共同管理企业和承担风险的企业法律形式。尽管普通合伙制在缺乏书面协议的情况下也是可行的，但是在这种情况下不可避免地会出现一些潜在问题，因此强烈推荐在实施普通合伙制时由法律顾问起草一份书面合伙协议。

有限责任合伙制 **有限责任合伙制**（limited liability partnership，LLP）是企业由普通合伙人和有限责任合伙人共同组成的企业法律形式。实际上由普通合伙人运营和管理企业，并且他们承担着个人无限连带责任。在有限责任合伙制中，在至少有一名有限责任合伙人的情况下，允许拥有任何数量的有限责任合伙人。这些合伙人通常是被动的投资者，尽管他们也可以向普通合伙人提出建议。他们同样拥有监督企业和获取企业各种资料副本的权利。根据合伙协议，有限责任合伙人有权分享企业利润，而且根据他们在有限责任合伙制企业中的投资额度界定他们所承担的风险。

C 型公司 在三种基本的所有制类型中，公司（也称为 C 型公司）是组建和运营都最为复杂的方式。**公司**（corporation）是一种商业法人实体，其所有者和管理者是分离的。许多创业型企业都是以**内部持股公司**（closely held corporation）的形式组织起来的，简单而言，内部持股公司是由数量有限的人员持有并且不能公开交易股份的公司。个人独资和合伙制组织都不存在企业与企业家彼此分离的情况，而公司确实如此。公司是作为独立法人发挥职能的，例如，订立合同、从事各项商业活动、拥有财产、有资格起诉和成为被起诉的对象，当然还要纳税。公司必须在其业务开展所在州的相关章程和法律法规约束下运营。

S 型公司 **S 型公司**（S corporation）（指的是《美国税法典》第 S 分章中所规定的公司）具有公司的常规特征，其独特之处是只要满足一些特定标准就可以作为合伙制企业来纳税的一种特殊的公司类型。只需承担公司的有限责任而不需要承担公司制所带来的公司税，S 型公司是一种典型的组织方式。然而，这种企业形式必须满足一些严格标准。违背了其中任何一项标准，S 型公司的身份就会自动终止。

有限责任公司 **有限责任公司**（limited liability company，LLC）是融合了合伙制与公司制特征的一种相对较新的商业组织形式。有限责任公司不仅提供了公司制的有限责任保护，还有合伙制的税收待遇以及比 S 型公司更少的限制条件。然而，这种方式最主要的缺点在于成立成本高且程序复杂。在制定有限责任公司的经营合同时，法律和财务方面的咨询建议是绝对有必要的。**经营合同**（operating agreement）就是对有限责任公司如何经营作出相关规定的文件。

组织法律形式的总结 关于组织法律形式的决策至关重要，因为这会对税收待遇和责任承担的结果产生关键影响。尽管组织的法律形式是可以改变的，但这并非易事。在选择组织的最佳法律形式时，企业家需要谨慎考虑什么事项是重要的，尤其是在灵活性、税收待遇和个人责任等领域。

10.3.2 组织设计与结构

在某些情况下，成功的企业家会发现自己不可能单独完成所有事情。他们需要更多的人员来协同工作。因此，为了高效且有成效地实施组织活动，企业家必须选择最合适的组织结构安排。缺乏某种合适的组织结构，创业型企业可能会很快陷入混乱。

在很多小型企业中，企业家往往不会对组织结构的演变进行有计划的精心设计。绝大多数情况下，组织结构可能会非常简单——一个人完成任何必要的事情。随着创业型企业的成长以及企业家发现越来越难以独自应付所有工作，他们就会招聘新员工来从事某些自己无法应付的特定职能或任务。随着企业的发展，这些员工往往执行同样的职能。然后，随着创业型企业的继续发展，每一项职能领域可能会需要增加一些管理者和员工。

随着企业向更加精心规划的组织结构演变，企业家将面临一系列全新的挑战。突然之间，企业家必须与他人共享决策和运营职责。这种转变——下放权力并允许他人决策——

对于企业家而言往往是最困难的挑战之一。毕竟他们会质疑："其他人怎么可能像我一样了解这家企业?" 此外，那种适用于企业很小规模时相当非正式、宽松和灵活的氛围可能不再行之有效。即使随着企业发展并演变为更加结构化的组织安排，仍然有很多企业家非常希望保持这种"小企业"氛围。但是，形成结构化的组织并不一定意味着放弃灵活性、适应能力和自由空间。实际上，结构设计可以实现企业家所偏好的灵活性，同时也可以提供高效运营所需的刚性。我们将在第 11 章讨论各种各样的结构，并考虑每一种组织结构的优势与劣势。其中许多都是为创业者的使用需求精心设计的。

10.3.3 人力资源管理

随着创业型企业的成长，企业家需要招募额外的员工来从事日益增多的工作。随着员工的加入，企业家将面临一些特定的人力资源管理事项。对于企业家来说，尤为重要的两项人力资源管理事项是招聘员工和留住员工。

招聘员工 小企业能够成功招聘到合适员工的能力一直都被认为是小企业获得成功最为重要的因素之一。[28]

企业家特别希望找到能够在企业不同成长阶段充当多元化角色的高潜力人员。他们希望找到认同企业文化的人员——那些对企业充满激情的人。与通常聚焦于通过匹配人员与工作要求来填补岗位空缺的大中型公司管理者不同，企业家希望填补关键的技能空缺。他们设法寻找能力出众、自我激励、有灵活性、具备多项技能并且有助于企业成长的人员。大中型企业的管理者往往非常重视对传统人力资源管理实践和技巧的应用，而企业家则更加关注员工个性特质与组织价值观和文化的匹配。[29]也就是说，他们聚焦于人员与企业之间的匹配。

留住员工 位于马萨诸塞州纽伯里波特的公共关系机构 Matter Communications 的创始人兼首席执行官斯科特·西尼奥雷（Scott Signore）明白留住优秀人才的重要性。西尼奥雷说："我们团队中有很多值得分享的东西，因为我们接受健康、充满活力、有趣的文化，这让我们成为与众不同的公共机构。"[30]例如，夏季周五（Summer Fridays）就是该公司的优势之一，在这一天厨房里有一个啤酒桶，而且可以提早打道回府。其有趣的文化帮助该公司登上了《波士顿环球报》（*Boston Globe*）的最佳工作场所榜单。《波士顿环球报》记者凯蒂·约翰斯顿（Katie Johnston）说："（那些）位列榜单的公司都开发出了吸引和激励员工的创新方法，这通常是创新的关键因素，也能带来更好的专业表现。"[31]

关于留住员工，企业家必须解决的一个独特而重要的问题是薪酬。传统组织更多地是从金钱奖励（基本工资、福利和奖金）的角度来看待薪酬，而规模更小的创业型企业可能更多地是从总体奖励的角度来考虑薪酬。对于这些公司，薪酬除了金钱奖励之外，还包括精神奖励、学习机会和对员工的认可。[32]然而，正如我们在许多新成立的高科技企业所看到的，获得并最终兑现股票期权的潜在可能性或许是留住员工的强大力量。

10.4 领导事项

软件公司 ClearCompany 的员工一定要灵活多变。每个人都被期望出谋划策。首席执行官兼联合创始人安德烈·拉沃伊（Andre Lavoie）表示：为了让员工在工作方式上更具创造性，应该将关注点从待办事项清单、截止日期设置以及目标设置的数量转到质量上来。作为回报，拉沃伊作为一名辅助性的领导者，给予员工极大的自主权。[33]

随着创业型企业的成长和越来越多员工的加入，企业家将承担一种新的角色，那就是担任领导者。在这一节中，我们将考察领导职能涵盖的内容。首先，我们将考察企业家独特的人格特质。随后，我们将探讨企业家在员工激励中（通过授权）以及领导企业和员工团队中充当的重要角色。

10.4.1 企业家人格特质

想想你知道的某位企业家。可以是你认识的某个人，也可以是某个知名的企业家。你会如何描述这位企业家的人格特质？在创业领域中，最广泛的研究之一就是研究企业家具有哪些共同的心理特征（如果确实有的话）、哪些类型的人格特质使企业家与非企业家区分开来，以及企业家拥有的哪些人格特质可以用来预测其能否成为一位成功的企业家。[34]

是否存在典型的"企业家人格特质"？回答是否定的。但这一挑战并没有阻止创业研究者列出这些共同特质。例如，企业家人格特质的一份列表包括了以下内容：高水平的动机、极为自信、为长期愿景而投入努力的能力、精力充沛、善于解决问题、非常主动、具备设定目标的能力以及适度承担风险。另一份成功企业家特质列表包括精力充沛、坚持不懈、足智多谋、有自我指导的愿望和能力以及对自主权有较高的需求。盖洛普（Gallup）对近 200 名非常成功的企业家进行的一项调查发现，他们在一定程度上具有 10 种特质（见图表 10-3）。

图表 10-3 企业家的优势

风险：能够管理高风险情况；转移而不是寻求风险
知识：努力获得关于产业的深层信息
独立性：能够管理他的企业中的方方面面
自信：坚信自己拥有取得成功的能力
授权：无惧向他人分派任务
决心：强烈的职业道德感；不被失败打倒
关系：能够构建双赢的关系
推销：勇敢地代表组织发言；能够影响他人
获利性：设置清晰的目标；管理进程；良好的机会判断能力
颠覆性：总是拥有对于产品和服务的好点子

虽然没有一般的创业类型，但创业意向的一个更有力的预测因素在于是否拥有**主动型人格**（proactive personality）。拥有这一人格的人倾向于主动采取行动来影响他们的处境或环境。[35]从企业家的角度来看，他们坚信自己控制着企业的命运。就具体特征而言，主动型人格的人不仅看到机会，还会主动采取行动；将障碍视为需要克服的个人挑战；坚信自己是命运的主人；坚持不懈，直到实现目标；接受并推动变化。[36]

10.4.2 企业家充当领导者

我们将在第 17 章更加详细地探讨领导话题，但是企业家在创业初期需要面临一些特别的挑战，对于他们而言这是十分独特的。比如，我们从开创企业的动力以及拥有好的想法并不会自动转化成领导力这两点开始。[37]通常来讲，创业型企业失败的一个最重要的原因在于无法提供所需的企业领导力。无论想法如何美妙，资金基础如何雄厚、产品和服务的需求如何紧俏，如果企业家不能显示出相关的领导技能，企业可能会倒闭。不幸的是，领导一家初创企业所需要的人格特征、技能和动机，很少与经营一家大型、成熟的企业所需的一样。

如果你认识到一个新企业要经历三个阶段——启动阶段、过渡阶段和扩张阶段，这可能会有所帮助。每个阶段都有特定的挑战和领导要求。

在启动阶段，企业家的任务是定义业务。制订一个总体的商业计划，并招聘第一批员工。企业家是企业的核心和灵魂。此时还没有新员工要遵守的政策或程序。企业家/领导者的愿景在他的脑海里，他们的领导风格应是亲力亲为的。员工会向企业家寻求指导，这将增加员工对他的依赖。与此同时，企业家几乎总是倾向于行动为主。他知道正在发生的一切，并希望作出大部分决定。由于没有先例，员工倾向于期望创始人作出大部分决策。此时的组织是非正式的、灵活的和模糊的。

过渡阶段是指企业从一个非正式的、结构松散的初创企业，转变为一个有纪律的、能够适应快速扩张的企业。此时工作专业化和标准化政策出台，企业家也必须学会授权。许多企业家很难从一个人包揽一切的工作风格转变为作为职能组织的专业管理团队的一员。这是因为它要求企业家放松一些控制，而这对于主动型人格的人来说是非常困难的，有时甚至是不可能的。

一旦企业发展到规模扩张阶段，创业的许多“独特性”就消失了。至此，管理的概念变得具有概括性。

在失败中学习　第三次的魅力属于王薇薇

如果你知道王薇薇这个名字，那可能是因为她是世界上首屈一指的时装设计师之一。但在她成为一名成功的设计师之前，作为一名花样滑冰运动员和杂志编辑，她经历了失望与沮丧。

小时候，王薇薇是个滑冰奇才。她严格训练，希望有一天成为美国国家队的一员。作为一名高中生，她在 1968 年的美国花样滑冰锦标赛中获得了名次。而在她随后的青少年时代，她却不得不接受她的能力已经开发至尽头，没有再提升的可能性了。有比她还要年轻的选手正在赶上来并超过她。她退出了。

随后王薇薇在《时尚》杂志工作 15 年，并成为一名资深时装编辑。当她与主编之位失之交臂时，她选择了离职。

1989 年，王薇薇订婚，随后步入婚姻殿堂。但她对现有可选的婚纱并不满意。她自己设计了一套。随后的几年，她在纽约开设了自己的婚纱店。之后的岁月，便是你我已知的历史了。

如今，这位成功的企业家是自己品牌的首席设计师，公司业务涵盖了婚纱、成衣、出版物、香水、美容饰品和家庭装饰。她说：“不要害怕失败，我认为不尝试比失败更糟糕。”那么，她在她早期的逆境中学到了什么？她首先明白了她的强项是设计，同时习得了创立并运营自己公司的技能。[38]

10.5 控制事项

虽然所有企业都需要有效控制，但这对初创企业和小型企业而言更为重要。为什么？因为于外部冲击和衰退形势而言，它们更加脆弱。它们没有足够的财力、人力和顾客基础来抵御大型成熟企业所能承受的问题。一个延迟付款的客户，一位关键员工的流失，或者供应链的断裂，都可能让一个年轻的企业陷入困境，甚至倒闭。

10.5.1 潜在的控制问题与行动

小企业失败的常见原因显示出需要密切监控的几个方面的问题：现金储备不足；新的竞争者；主要客户群体流失；扩张过快；惨淡的招聘情况；不愿放权。

上述情况提醒企业家应特别注意制定处理这些潜在问题的控制措施：

密切关注这些数字。缺乏会计和财务专业知识的企业家需要确保有内部人员或外部人员负责管理费用、现金流、库存成本、销售订单、应收账款和应付账款等。

监控竞争和潜在竞争。竞争情报对小企业和大公司同样重要。对竞争的快速反应能力对于维持新企业的生存至关重要。

与顾客保持定期联系。顾客对你的产品和服务满意吗？他们在抱怨或担忧什么？你的市场营销策略是否吸引了新顾客？

监督员工表现。员工的表现是否符合预期？他们可能缺乏什么技能？他们还需要什么额外的培训？

监控员工的工作负荷。重要的任务是否被忽视或执行不力？创始人或其他关键人物是否想做的太多？

10.5.2 退出组织

对于企业家而言，从一个创业型企业退出似乎是一件奇怪的事情。然而，企业家确实可能在某个时间点作出退出企业的决定。

退出的选项有哪些？[39]基本上有五种：(1) 合并或收购。企业家把他在企业的控制权卖给收购公司。(2) 出售给友好的买家。这可能是对一个家庭成员、朋友或熟人进行销售。(3) 发起首次公开募股（IPO）。如果公司已经发展壮大并证明了自身的成功，那么首次公开募股可以让企业家向公众出售公司的股份。(4) 把企业当作摇钱树。利用企业利润拿一大笔工资和奖金，尽可能长时间地榨取财富。(5) 清算。变卖资产，关闭业务。

如果企业家要出售企业，那么评估价格是否公允的方法是什么？评估方法一般有三种：(1) 资产评估；(2) 收益评估；(3) 现金流评估。对于后两者，价格通常是按收益或现金流的倍数计算的。很多时候，企业家为企业牺牲了太多，并将其视为自己的“宝贝”。根据各种客观标准（如现金流或净利润）来计算“宝贝”的价值有时候会令人感到震惊（被低估了）。因此，对于希望退出企业的企业家而言，由专业人员做好充分准备来对企业进行全面的综合评估非常重要。

为考试做准备

本章小结

10.1　定义创业并解释为什么它很重要。

创业是创办新企业的过程，通常是对于机会的回应。创业型企业与小型企业并非一种概念，创业型企业的特征是具备创新性的概念，且由超越利润本身的激情驱动。然而小型企业往往从事他人已经在做的业务，是出于谋生的目的创建的。企业家必须对创业环境进行探索，确认机会与可能的竞争优势，开办并管理创业型企业。企业家对于创新、经济增长和提供就业机会影响甚大，因而有着十分重要的地位。

10.2　解释企业家在创业型企业的计划阶段做什么。

企业家必须识别环境机会与竞争优势，必须对创业型企业的可行性进行调查，对想法进行评估。设计思维可以用于寻找好的点子，而评估想法的结构化方法是可行性研究。可行性研究是对某个拟创办企业的各个方面进行评估的过程，目的在于评价此举的可行性。该分析包括关注竞争态势、决定如何融资以及拟订商业计划书。商业计划书应当包括执行摘要、机会分析、环境分析、企业描述、财务数据与预测、辅助材料六个方面。

10.3　描述组织的六种法律形式并选择合适的组织形式。

影响组织决策的两个主要因素是税收和法律责任。在个人独资企业中，企业主单独持有企业，并保持对企业的完全控制，以个人名义对企业债务负责。在普通合伙企业中，两个或两个以上的所有者共同管理企业和承担风险。有限责任合伙企业由普通合伙人和有限责任合伙人组成。C 型公司是独立于其所有者和管理者的合法商业实体。它是一个由数量有限的人员持股的公司，且不公开交易股份。S 型公司是一种独特的公司，只要满足一定的标准就可以作为合伙制企业纳税。有限责任公司是合伙制与公司制的混合体。随着组织的发展，企业家必须为组织选择最佳的法律形式。企业家还必须面对人力资源管理问题，如招聘员工和留住员工。

10.4　描述企业家如何领导组织。

虽然并不是所有企业家都具有特定的人格特质，但研究人员指出，有几种人格特质在企业家中更为普遍。这些人格特质包括高水平的动机、极为自信、为长远愿景而投入努力的能力、精力充沛等。企业家往往是坚持不懈的问题解决者，有高度的主动性，有设定目标的能力，中等水平的冒险者，具有很强的毅力和应变能力，有自我指导的愿望和能力，并且对自主权有较高的要求。企业家也可能具有主动型人格特征，这意味着他们更倾向于采取行动来影响他们的环境。在启动阶段，企业家的领导力是非正式的，而且是亲力亲为的，但在过渡阶段需要更多授权。一旦创业进入规模扩张阶段，创业者的领导力就会变得与其他类型组织中的领导力相似。

10.5　解释管理者如何控制和退出组织。

企业家应该构建解决以下方面问题的控制方案：会计/财务问题、竞争问题、顾客问题、员工绩效问题和员工工作负荷问题。当企业家决定是时候退出一家企业时，他们可能会考虑以下五种退出方式：合并或收购、出售给友好的买家、发起首次公开募股、把企业当作摇钱树和清算。要为企业计算一个公允的价格，最好由专业人士进行全面的商业评估。

复习和讨论问题

1. 你认为成为一名企业家最困难的事情是什么？最有趣的事情是什么？
2. 为什么企业家对社会很重要？
3. 一名好的管理者能成为一名优秀的企业家吗？请讨论。
4. 为什么许多企业家难以放手让其他人来管理他们的企业？
5. 一个人能否通过指导成为一名企业家？为什么？

为我的职业做准备

道德困境

你已经开办了一家名为 Let “US” Help 的企业。Let “US” Help 是帮助人们完成日常工作的服务提供商。你向消费者承诺，所有的服务提供商必须首先通过背景审查，并保证提供更快的推荐或退款服务。最近，对服务的需求比以往任何时候都要大得多，而你正在热火朝天地工作以满足顾客的要求。为了兑现退款承诺，你在没有进行背景调查的情况下就推荐了一些供应商。

1. 不进行背景调查会导致什么样的道德困境？
2. 你是否应当及时进行补救或者额外花时间做好背景审查？请给出你的解释。

技能练习

锻炼毅力

关于技能

那些成功的企业家至少有一个共同点：他们都有毅力。[40]有毅力意味着对长期目标持之以恒，且富有激情。当你有毅力，你会努力工作，即使面对失败或逆境也能保持努力和兴趣。有人说，毅力意味着你有坚强的精神。它是一种集乐观、自律和自我激励等其他品质于一身的特质。你需要有能力完成你的目标，但你也必须能专注并持续地使用你的才能来克服困难。毅力能帮助企业家，因为他们在创业过程中经常面临挑战和挫折。而一位富有毅力的企业家将会不懈努力，即使前路充满坎坷。

练习技能的步骤

1. 锻炼你的抗逆力。抗逆力是恢复的能力。当你面对困难时，注意你的反应。你准备好辞职了吗？如果是这样，是时候开发你的抗逆力了。从错误中学习，让自己再试一次而不是放弃。

2. 追寻你的激情。找到生活中你所热爱的事物，并去追求它。激情在激励着我们，并给予我们不断前进的内在动力。认清我们所热爱的并追求我们的激情所在有助于培养毅力。

3. 练习积极的自我对话。毅力意味着你对自己有强烈的信心。通过积极的自我对话，即使面对艰难困苦，你也能培育内在动力使你不断前行。提醒自己你的能力是什么，做自己的拉拉队长。要确保面对每一个挑战时，都鼓励自己以积极的态度继续前进。

4. 在实践中成长。要明白，你想在生活中完成的任何有意义的事情都需要时间和努力。当你朝一个目标努力的时候，你必须考虑如何去实现你想要实现的目标。例如，如果你的梦想是开一家餐馆，在你自己动手之前，花一些时间在其他餐馆工作，以真正了解业务。

5. 组建一个支持团队。找一些值得信赖的朋友，让他们知道你正在努力培育毅力。主动和他们分享你未来的目标和你想为之努力的方向。让他们鼓励你，尤其是当你想要放弃的时候，一定要打电话给他们寻求支持。

技能实践

确定一个你想要达到的具有挑战性的目标。你可以从小事做起，但要确保这能考验你的能力。例如，你考虑过参加 5 000 米赛跑吗？下次统计学课要拿 A 吗？你想要完成的有意义的事情是什么？一旦你设定了目标，就按照上面的步骤努力吧。一旦你完成了目标，就开始一个新的目标。随着你一路克服困难，你会发现自己在成长。这样你就可以完成任何事情。

共同工作

团队练习

你考虑过创业吗？花几分钟来头脑风暴一下你可以在校园里启动的商业想法。有哪些问题可以解决？考虑到共享经济的理念，学生们可以分享什么东西，或者你可以提供什么收费服务？学生愿意购买什么样的产品或服务？3～4 个人组成一组，分享你们的商业想法。选择一个想法进行进一步的探索。你们的竞争优势是什么？这个想法是否可行？谁是你们的竞争对手？它需要资金启动吗？在商业计划书的执行摘要中做一些笔记。准备好与全班同学分享。

学习成为管理者

- 要成为一名企业家，你必须首先有一个构想。尽管企业家的创意来源很多，但当企业家走出自己的舒适区时，往往会产生新的构想。从接触新的思想和信息开始，确保你关注的社交媒体涉及广泛的学科领域，比如科学、技术、体育和艺术等。尽可能多参加本专业以外的课程。参加各种各样的活动，与各种背景的人建立联系，并把你每天遇到的有趣的想法或信息记录下来。
- 采访一个企业家。询问他是如何发现他的商业创意的。他在创业时遇到了哪些挑战？你认为是什么使他的生意成功的？
- 在网上寻找当地支持企业家的资源或组织。列出你所在地区的企业家可以获得的资源。
- 创业公司面临的最大挑战之一便是融资。虽然只有极少数的企业能够通过热门电视节目《创智赢家》(*Shark Tank*) 获得资金，但通过观看节目中的创智赢家或风险投资家决定投资哪些创意，你可以学到很多东西。看一期这类节目。请注意为什么风险投资家决定投资某个特定的行业，而让一些参赛者空手而归。

案例应用 1

与 Brainz Power 一起，成为一名大学生创业者

许多大学生为了应付期中考试和期末考试而通宵达旦地学习。安德鲁·科兹洛夫斯基

（Andrew Kozlovski）在南加利福尼亚大学（University of Southern California）读大一时注意到，有很多学生通过服用阿得拉（Adderall）来保持清醒和注意力集中。安德鲁解释道："我周围的学生都把它当作货币来交换。"[41] 患有注意力缺陷多动障碍（ADHD）的患者可能需要服用阿得拉来提升他们的注意力。但安德鲁发现了一个潜在的全国性问题：38.5%的大学生承认，他们使用 ADHD 药物是出于非医学原因。换句话说，他们并不真正需要阿得拉，而只是用它来提升注意力。

安德鲁对阿得拉做了一些研究，发现它很容易成瘾。此外，学生们只把它作为学习辅助物品，却不知道阿得拉有各种各样的副作用。安德鲁自己也有注意力不集中的问题，但他想知道是否有比阿得拉更安全的选择。于是他在天然补充剂上倾注了大量精力，这些补充剂有助于集中注意力，减轻压力，改善整体心理健康水平。随后安德鲁找到了一家获得美国食品和药品管理局（FDA）许可的实验室，他们愿意使用安德鲁清单上的天然补充剂的不同配方制造小批量的药丸。[42] 经过一些试验和错误，安德鲁想出了一个配方，并获得了美国食品和药品管理局的批准。他创立了自己的公司 Brainz Power，销售这种"不含咖啡因的认知增强型补充剂"。[43]

为了让公司运转起来，安德鲁专注于通过 Instagram 与潜在客户建立联系。"这是对接客户方面，销售紧随其后。"安德鲁说。而后销售确实出现了，Brainz Power 每月的平均销售额为 1 万美元，几年后上升到近 3 万美元。[44]

安德鲁在大学的大部分时间都在为自己的公司操劳。正如他所说的："工作时间很长。我没法再睡那么多觉了。周末我在工作，在其他同学聚会的时候我也在工作……如果仔细想想，我总是很忙，但我做这件事的时候嘴角总是伴随着笑意。"[45] 安德鲁 2018 年 5 月从南加利福尼亚大学毕业时并不需要找工作。因为他在大学一年级时就创建了自己的工作和公司。

◆ **问题讨论**

1. 在安德鲁创业的不同阶段，他哪些事情做得很好？
2. 安德鲁是以什么方式践行混合创业路径的？
3. 你认为安德鲁具备创业者的哪些特质？哪些特质与成功息息相关？
4. 安德鲁应该警惕哪些潜在的控制问题？为最小化这些问题的影响，他应该做什么？

案例应用 2

找到问题的解决方式是何其美妙的事情！

新创企业 Qordoba（一家内容管理平台公司）的创始人意识到很多公司都存在一个问题。公司要让它们的公司名称、口号和品牌信息在互联网上以完全相同的方式出现数千次。试想一下，当一家公司要改变它们的信息时，在难以捕捉位置的网络空间中使信息保持一致相当困难。"这在过去完全是通过手工完成的事情，一次修改一个字符串。整个过程非常缓慢、乏味，且容易出错。但我们将这个过程自动化了。" Qordoba 的首席执行官兼联合创始人梅·哈比卜（May Habib）解释道。[46] 工程师不喜欢那份工作……不但很无聊，而且不能很好地发挥他们的才能。

Qordoba 的软件会检查语言的一致性、表达方式以及语法使用情况。该软件使用机器学习来确保新创建的内容符合公司的风格。该软件甚至可以通过检查来确保新创建的文本的语气和情感与公司的营销想要传达的信息的方式一致。[47] 因此文本更新可以在没有工程师帮助的情况下进行。

最初，Qordoba 计划帮助企业将其数字内容翻译成不同的语言，但他们很快发现，企业面临的一个更大的问题是一致性。这个问题太重要了，以至于 Qordoba 的创始人能够从硅谷的风险投资家那里获得融资，尽管他们的业务最初是在迪拜。正如帮助组织投资于 Qordoba 的风险投资家詹妮弗·冯斯塔德（Jennifer Fonstad）所说的："我们访问过的每个人都面临这个问题。这个挑战出现了太多次，以至于我们觉得他们一定会有所收获。"[48]

Qordoba 公司从迪拜搬到了旧金山。仅仅几个月后，公司就获得了另一轮风险投资：1 150 万美元。Qordoba 将利用这些资金进行大量招聘。公司计划在产品开发、数据科学和销售等领域招聘员工。

美国职业篮球联赛（NBA）、万豪、丝芙兰（Sephora）和维萨（Visa）等客户都使用 Qordoba 的软件。2018 年 9 月，Qordoba 被《福布斯》杂志评为云计算 100 家后起之秀之一，这意味着它被认为是世界上排名前 100 的私营云计算公司之一。

◆ **问题讨论**

1. Qordoba 是如何对体现创业精神重要性的领域（创新、经济增长和提供就业机会）产生影响的？请解释。

2. Qordoba 的创始人在创立公司时就从外部环境中发现了机会，那么企业家在外部环境中寻找潜在机会的七种来源中，哪一种适用于 Qordoba 的情况？

3. 描述融资（风险投资）在 Qordoba 不断增长的成功中所扮演的角色。

4. 你认为 Qordoba 现在可能面临什么样的领导力需求和挑战？这些需求和挑战在未来会发生什么变化？

注　释

第 III 篇 管理实践

Management Practice

管理者的困境

艾伦·内曼（Alan Naiman）是一名节俭的社会工作者，他用胶皮修补鞋子，在超市里寻找特价商品，当轮到他请朋友吃午餐时，他会选择快餐店。但在 2018 年去世时，内曼给儿童相关慈善机构留下了 1 100 万美元的捐款。他对帮助贫穷、生病、残疾或被遗弃的儿童特别感兴趣。有人说，因为他有个患有发育障碍的哥哥，他才会热衷于帮助孩子。内曼曾经是一名银行家，经常同时做几份工作。他也是一位成功的投资者，比人们所知道的要成功得多，但他对自己非常吝啬。

内曼选择向总部设在华盛顿的儿科临时护理中心（Pediatric Interim Care Center）捐赠 250 万美元，该中心是美国第一个为滥用药物的母亲所生的婴儿提供医疗护理的组织。当婴儿离开医院（对那些比较虚弱的婴儿来说，是在他们准备回家之前），该中心会提供 24 小时监控和护理。为护理人员提供培训以及追踪离开中心的婴儿是他们的核心任务。他们还致力于提高社区对怀孕期间滥用药物的危害的认识。

社会慈善组织经常在资金问题上纠结，因为这些资金远不能满足如此多的需求。内曼给予儿科临时护理中心的礼物将使它在未来的新生婴儿和他们的家庭生活中发挥作用。但是管理团队希望能够更明智地使用这笔捐款——一个更明确的计划、策略和管理方式。

假如你是这个管理团队的一分子，利用第Ⅲ篇中关于计划和战略管理章节的内容，你会建议团队关注哪五件事?

全球观

生产商花费数年时间建立了低成本的全球供应链。然而，当一些商业活动全部依赖全球供应链时，任何预料之外的干扰（政治、经济、气候、自然灾害等）都可能对之前的计划、时间表和预算产生巨大的破坏性影响。对于 2018 年的印度尼西亚海啸和加州大火，世界各地的物流经理、交通运输经理以及运营经理如今依然牢记于心。

虽然供应链中的问题一直存在，但是如今那些发生在数千英里之外而不只是你身边的一些事情，其深远的影响也会对管理者和组织带来额外的波动性和风险。举例而言，2018 年，当台风袭击日本大阪附近地区时，关西国际机场关闭了两周多的时间，这影响了整个亚洲的航空运输和供应。小企业受非计划中断的打击尤其严重，40% 的小企业在灾后不会重新开业。同样在 2018 年，北卡罗来纳州的佛罗伦斯飓风带来的洪水使水路货运活动减少了 60%。同月，可口可乐和玛氏（Mars）成为第一批加入气候适应性价值链领导者平台（Climate-Resilient Value Chain Leaders Platform）的跨国公司。这个平台帮助企业采取一种基于科学的方法来防范气候冲击，这种冲击会对正常的商业活动造成破坏。

根据你在第Ⅲ篇所学的内容，讨论以下问题：

- 了解与全球供应链相关的一些挑战；全球供应链具备什么好处？管理者应该如何做以使这种干扰的影响程度降到最低？
- 对于这种意料之外的事件，什么类型的计划是最适合的？
- 在动态变化的环境中，管理者要怎样有效行事？
- 在这种情况下，SWOT 分析是否有效？请解释。
- 管理者可能会如何使用环境扫描和虚拟现实的手段来做好灾难的防范工作？[1]

连续案例

星巴克——计划

基于星巴克数不清的成就，不可否认星巴克管理者实施了计划职能。让我们来看看他们是如何进行计划的。

公司计划

2019 年，星巴克在 77 个国家拥有近 3 万家门店。尽管星巴克在 2018 年第四季度销售额提升，而且几乎在运营的所有指标上都得到了改善，但美国星巴克门店的客流量在 2018 年最后两个季度出现下降，自 2016 年以来销售增长目标似乎一直难以实现。作为回应，凯文·约翰逊带领公司采取了一种比以往更谨慎的成长方式。2019 年，星巴克计划关闭 150 家表现不佳的门店，这是它通常一年关闭门店数量的 3 倍。约翰逊认为改善现有门店的顾客服务是促使公司健康发展的一种方式。星巴克想要实现这一目标的方式之一是在 2019 年初扩大其在美国近 1/4 门店的咖啡外卖服务。此外，该公司的财务计划也比过去有所收敛。2019 年初，星巴克的全球同店销售目标增幅为 3%～4%（而不是 5% 或更高）。星巴克的每股收益增长目标设定在 10%（而不是 15%～20%）。中国是星巴克增长计划的一个重要市场。凯文·约翰逊制定了将在华收入增加 2 倍的五年目标。除了量化（财政）计划外，星巴克还专注于增加其在咖啡之外的产品销售（例如在超市），并忠实履行其全球社会责任。星巴克的目标是跻身世界最受尊敬的品牌之列，并保持星巴克作为世界上最受认可的品牌之一的地位。

公司战略

星巴克被认为是过去 20 年里最具活力的零售品牌。它不断提升自己产品的商品属性并且通过不断改进咖啡的口感成为世界领导品牌。每周有超过 8 500 万消费者从星巴克伙伴手中接过星巴克产品（如热饮、冷饮、食品等）。这反映了霍华德·舒尔茨的成功，他创造了一种之前从未真正出现在美国的东西——咖啡生活。通过这样做，霍华德·舒尔茨创造了一种新的文化现象。星巴克正在改变我们吃什么喝什么，同时它也在塑造着我们消费时间和金钱的方式。

虽然星巴克的顾客年龄跨度很大，但是星巴克找到了吸引各个年龄段消费者的方式，经常光顾星巴克的不仅是富裕阶层和精英阶层，家庭主妇、建筑工人、银行出纳员和办公室职员也会光顾星巴克。尽管星巴克的产品价格不低，但是消费者愿意支付这个价格，因为他们觉得星巴克的产品值这个价格。他们从价格中得到的是最好的咖啡、私人定制和星巴克的氛围——舒适的座椅、优美的音乐、芳香的气味、咖啡机产生的蒸汽——这些能唤起人们的温暖的社区感受和联想。舒尔茨第一次到意大利出差时体验到了这种感觉，并发自内心地认为这种感觉在其他地方也可以起作用。

星巴克衡量增长战略标准的组成部分之一是它的忠诚计划——星巴克奖励。2019 年第一季度，星巴克的奖励计划注册人数增加了 14%，这是三年来的最大增幅。会员数量的增加使公司拥有总计 1 630 万奖励会员。除了这一令人印象深刻的成就，增加奖励会员的数量也是星巴克能够提高同店销售额的方式之一，星巴克试图在 2019 年第一季度以超预期的方式改善这一指标。

除了奖励计划，星巴克还把技术作为战略重点。星巴克对其移动应用程序进行了改进，顾客更容易使用。现在任何人都可以使用该程序，甚至那些不是其奖励计划的成员。星巴克可以夸耀说，自己拥有美国最受欢迎的数字支付应用程序——拥有 2 340 万用户。这比苹果支付（Apple Pay）用户的数量还多！该公司还计划在数字领域进一步发展。例如，星巴克计划在纽约开 20 家只支持电子支付系统的门店。

星巴克在中国的增长战略包括咖啡外卖。星巴克现在的计划是扩大在美国的配送服务。正如凯文·约翰逊所说："我们在（中国的）配送方面学到了很多东西，现在我们正在把这些经验应用到美国。"星巴克与优步合作，计划将配送服务扩展到约 1/4 的美国门店。这同星巴克与阿里巴巴合作扩大在中国的配送时采用的模式如出一辙。

如果你认为在星巴克以外卖它的咖啡是另一种扩张的方式，那么你说对了！雀巢支付了 71.5 亿美元通过它全球的分销渠道售卖星巴克的产品。这种伙伴交易也包括雀巢与星巴克未来一起开发新的咖啡产品。[2]

◆ **讨论题**

1. 请列举星巴克的一些目标，描述每一个目标属于什么类型。接着，请描述陈述目标将如何影响以下员工的工作：(a) 奥马哈市星巴克门店的兼职咖啡师；(b) 阿姆斯特丹的星巴克烘焙工厂的质量保证技术员；(c) 地区销售经理；(d) 全球供应链运营执行副总裁；(e) 首席执行官。

2. 请具体讨论星巴克所采用的成长战略类型。

3. 近年来，稳定战略和/或更新战略在哪些方面适用于星巴克？

4. 星巴克采取了什么措施来保持其相对于竞争对手的竞争优势？它还能做什么来保持自己在业内的竞争力？

5. 星巴克的咖啡价格高于其中国竞争对手。当然，星巴克也效仿中国竞争对手，提供咖啡外卖服务。与麦当劳等竞争对手相比，星巴克目前在中国采取了什么样的差异化战略？星巴克未来还有可能考虑采用哪些差异化战略？

6. 凯文·约翰逊领导星巴克的方式与作为企业家创始人的霍华德·舒尔茨有何不同？

注　释

第 IV 篇

组　织

第 11 章 组织结构设计

Designing Organizational Structure

学习目标

11.1 描述组织设计的六项要素。

11.2 比较机械式结构和有机式结构。

11.3 讨论组织设计倾向于机械式结构或有机式结构的权变因素。

11.4 描述传统的组织设计。

11.5 讨论 21 世纪为灵活性而进行的组织设计。

就业技能矩阵

		批判性思考技能	沟通技能	合作技能	知识运用与分析技能	社会责任技能
技能盒子	工作场所的秘密	✓	✓		✓	
技能盒子	在失败中学习	✓			✓	
技能实践	道德困境	✓				✓
技能实践	技能练习	✓			✓	
技能实践	共同工作		✓	✓		
技能实践	学习成为管理者	✓	✓		✓	
案例	案例应用	✓			✓	✓

当你想到组织结构问题的时候，你很有可能会想到诸如规章制度、如何定义工作、权力指挥链等内容。一个运作良好的组织往往被认为应该具备完善的正式规则、设计合理的组织部门以及清晰的权力层级。但事实可能并非如此。荷兰银行 ING 近期将企业转型为一种扁平化的自由形态组织。它缩减了管理层的规模，依靠小型团队来完成工作任务。特别值得注意的是，ING 用 350 个九人自治团队替换了原有的职能部门，这些团队将对客户需求全权负责。该公司认为这种全新的组织结构将会极大改善响应速度，提升员工的工作投入度，获得更高的生产力。[1]

在本章中，我们将介绍有关组织的基础知识。我们将定义组织的概念及其组成部分，介绍管理者如何运用这些部分来创造各式各样的组织结构。我们也将展示什么时候像 ING 这种自由的结构更受欢迎，什么时候层级结构的组织是更好的选择。

11.1 组织设计的六项要素

近年来，管理学中很少有像组织与组织结构这样经历了如此之多的变化的议题。管理者正在重新评估传统的方法，试图找寻支持和帮助员工做好组织工作的全新结构设计——一种既能满足效率的需要，也能实现柔性化的结构设计。[2]

我们将**组织**（organizing）定义为安排和设计员工的工作以实现组织目标。管理者设计组织结构的过程是一个非常重要的过程。**组织结构**（organizational structure）是组织内正式的工作安排。这种结构可以以**组织结构图**（organizational chart）的形式直观展示，同时也服务于很多目的（见图表 11-1）。当管理者创造或改变组织结构时，他们就在进行**组织设计**（organizational design），即一个涉及六项要素——工作专门化、部门化、指挥链、管理跨度、集权和分权、正规化——的决策过程。

图表 11-1 组织的目的

- 将需要完成的工作分配给具体的工作岗位和部门。
- 将工作与责任分配给相关的各个工作岗位。
- 协调多种多样的工作任务。
- 组合各项工作以形成工作部门。
- 建立个体、群体和部门之间的关系。
- 建立正式的指挥链。
- 分配与配置组织资源。

11.1.1 工作专门化

20 世纪早期，亨利·福特通过独一无二的生产方式成为富豪：用装配线的方法生产汽车。每一个工人的工作都是特定和重复的，例如装配汽车右前轮或者左前门。通过将工作细化为可重复的小型标准化任务，福特在员工的技术相对有限的情况下依然可以完成十秒生产一辆汽车的任务。[3]

工作专门化（work specialization），或者劳动分工，指的是把工作活动划分为各项单独的工作任务的程度。工作专门化的本质是将工作划分为几个步骤，每一步都由单独的个体完成。工作专门化意味着要以最高效率利用员工的技术，甚至要通过重复来提升其技术水平。花在调换任务、归置上一工序的工具与装备以及为另一任务做准备上的时间越来越少。

工作专门化高效地利用了员工所拥有的各项技能。在大多数组织中，一些任务要求高水平技能，其他一些任务可以由技能水平较低的员工来完成。如果所有员工都完成某一生产流程中的所有步骤，那么他们都需要具备所有必要技能以完成最需要高水平技能和最不需要高水平技能的工作。因此，除了完成要求高技能或高度复杂的任务，员工还将从事低于他们技能水平的工作。因为技能型工人通常拥有比非技能型工人更高的工资，而且，由于工资往往反映的是技能的最高水平，所以所有工人都将获得高技能水平的工资，而事实上他们却做着简单的工作，这是一种组织资源的低效利用。

工作专门化的早期支持者相信它可以导致生产率的大幅度提高。在 20 世纪早期，工作专门化的普及使得这一论断十分可信。由于此前专门化并没有被广泛应用，因此它的引入带来了更高的生产率。但是，正如图表 11－2 所示，一件过于美好的事情可能会脱离实际，即所谓物极必反。在达到某种程度之后，劳动分工所造成的人的非经济性——厌倦、疲劳、压力、低生产率、糟糕的质量、频繁旷工和高离职率——就会超过原有的经济优势。

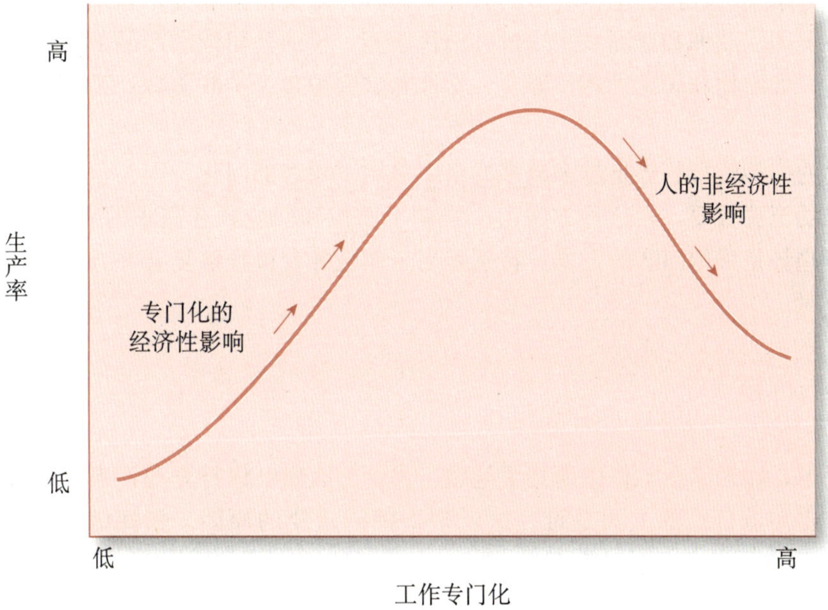

图表 11－2　工作专门化的经济性和非经济性

当今的观点　今天大多数管理者仍然认为工作专门化很重要，因为它有助于使员工变得更加高效。例如，麦当劳利用高程度的工作专门化使其产品能够更快速、更高效地制作并提供给消费者——这也是其产品称为“快餐”的原因。一名员工在免下车窗口为顾客下订单，一名员工负责烹调和制作汉堡包，一名员工炸薯条，一名员工制作饮料，还有一名员工打包食品，等等。如此一心一意地专注于效率的最大化为日益提高的生产率作出了贡献。实际上，在很多麦当劳门店，你会看到有一个时钟专门测量员工花多长时间完成一份订单；如果你再仔细观察，你很有可能会看到某处张贴着一个订单完成的时间目标。然而，超过了某种程度，工作专门化将不再带来生产率的提高。这也是艾利丹尼森公司（Avery Dennison）、福特澳大利亚分公司（Ford Australia）、贺曼贺卡（Hallmark）和美国运通公司等尽量采用最低限度的工作专门化，并赋予员工一系列广泛的工作任务的原因。

11.1.2 部门化

你所在的大学是否设有学生服务部门，或者助学金部门？你是否通过管理系来修这门课程？在决定工作任务由谁来完成之后，共同的一些工作活动需要组合在一起，使得工作可以以一种协调一体化的方式完成。工作岗位组合到一起的方式称为**部门化**（departmentalization）。通常有五种部门化的形式可供使用，但是一个组织也可以开发自己独特的划分标准和形式。（例如，一家酒店可以有前台运营部、销售与餐饮服务部、客房清洁服务与洗衣部、维修部等部门。）图表 11-3 展示了部门化的五种常用类型及其优缺点。

当今的观点 绝大多数大型企业继续采用大多数或所有这些部门化类型的结合形式。例如，通用电气按照职能线组织其员工，包括公共关系、法律、全球研究、人力资源和财务。培生教育（Pearson Education）按照教育市场细分（学前教育、高等教育和专业教育）和顾客（学生、教授和工作场所的教育工作者）来安排其业务，并围绕顾客和地理区域（例如，美国、欧洲和亚洲）来安排其销售职能。宝洁公司依靠产品部门化，将产品分为几个大类，如织物和居家护理；婴儿、女性和家庭护理；护肤美容；秀发护理；个人健康护理。

部门化的一种流行趋势是越来越多的组织采用了顾客部门化。因为争取和留住顾客对于企业的成功至关重要，而这种方法由于强调了监控和回应顾客需求的变化而行之有效。另一种流行趋势是采用团队的方式，特别是当工作任务变得日益复杂并且需要各种技能才能得以完成时。

11.1.3 指挥链

设想一下，如果你在工作中遇到了问题，你会怎么做？你打算找谁来帮你解决这个问题？人们需要知道自己的上司是谁。这就是指挥链重要的原因。**指挥链**（chain of command）是从组织的最高层延伸到最底层，用以界定汇报工作渠道的职权链。在组织工作时，管理者应该考虑到指挥链，因为这有助于员工处理“我应该向谁汇报”，或者“如果遇到了问题我应该向谁求助”这样的问题。为了更深入地了解指挥链，你必须了解其他三个重要概念：职权、职责和统一指挥。让我们先来看看职权。

职权（authority）指的是某个管理职位本身所具有的发布命令和让命令得到执行的权力。[4]早期的管理学者也区分了职权的两种形式：直线职权和幕僚职权。**直线职权**（line authority）是向管理者授予直接指挥下属工作的职权。直线职权是沿着指挥链从组织最高层依次延伸到组织最底层的雇主-员工职权关系。作为指挥链中的连接环节，一位被赋予直线职权的管理者有权指挥下属员工的工作，在无须与任何人商议的情况下作出某些特定决策。

职能部门化——根据职能组合工作岗位

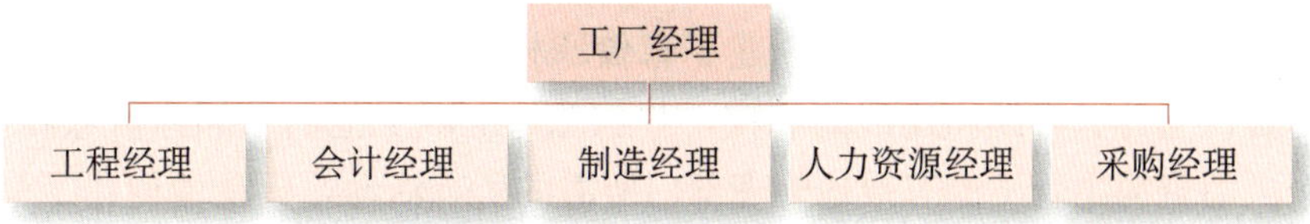

优势：把相拟的专业和具有相同技能、知识和定位的人员组合在一起可带来高效
使职能范围内具有协调性
提高专门化水平
劣势：跨职能领域沟通不畅
对组织目标的认识受限

地区部门化——根据地区组合工作岗位

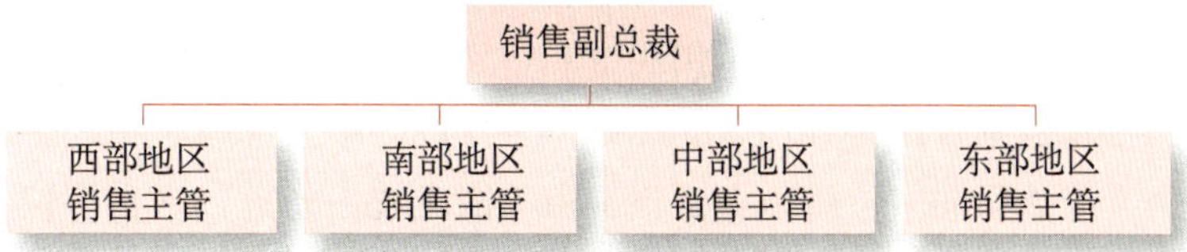

优势：更有效、更高效地处理特定区域的事情
更好地服务各地区独特的市场需求
劣势：职能部门的重复配置
可能会觉得与其他组织领域彼此隔离

产品部门化——根据产品线组合工作岗位

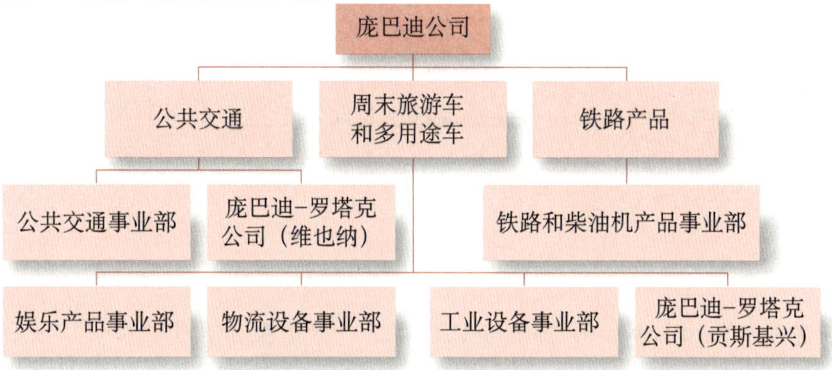

优势：提高某些特定产品和服务的专门化程度
管理者可能成为所在行业的专家
更贴近顾客
劣势：职能部门的重复配置
对组织目标的认识受限

资料来源：Bombardier Annual Report.

流程部门化——根据产品或顾客的流动组合工作岗位

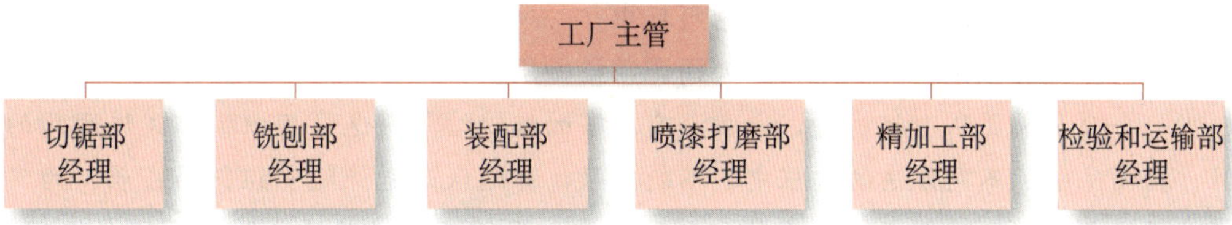

优势：促进工作流程运行的高效性
劣势：只适用于某些特定类型的产品

顾客部门化——根据特定的、独特的顾客组合工作岗位

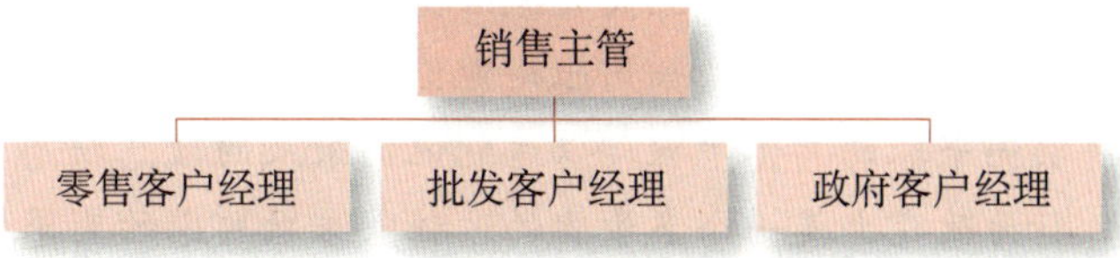

优势：可由专业人士来满足顾客需求和解决问题
劣势：职能部门的重复配置
对组织目标的认识受限

图表 11－3　部门化的五种常用类型

随着组织日益庞大和复杂，直线管理者发现他们没有足够的时间、能力或资源使工作顺利运行。为了回应这一问题，他们创建了**幕僚职权**（staff authority），即向拥有直线职权的管理者提供支持、帮助和建议的职权，并从总体上减少他们一部分信息和情报负担。例如，一个人力资源主管不能有效地管理部门所需的所有活动，于是他创建了一个招聘部门、一个绩效管理部门以及一个薪酬和奖励部门，这些都是幕僚职权。

当管理者利用他们的职权向员工分配工作时，这些员工就要履行完成这些指派任务的义务。这种完成任务的义务或期望就是**职责**（responsibility）。员工应该为他们的绩效负责！只授予工作职权而不授予职责和责任可能会导致职权的滥用。同理，没有人需要为他没有被授予职权的工作任务的履行而承担职责和责任。

最后，**统一指挥原则**（unity of command）（法约尔 14 条管理原则之一，参见管理史模块）主张一个人应该只向一位管理者汇报。由于缺乏统一指挥，来自多位上司的相互矛盾的指挥可能会带来很多问题。

当今的观点 尽管早期的管理理论家认为指挥链、职权（直线职权和幕僚职权）、职责和统一指挥至关重要，但是时代已经变了。今天，这些因素远非那么重要。信息技术使得这些概念的相关性大大降低。员工可以在几秒钟之内得到过去只有老板能得到的信息。这也就意味着员工可以与组织中的其他任何人交流而不需要经由指挥链。此外，许多员工，尤其是围绕项目工作的员工，可能发现自己要向不止一位上司汇报工作，这也就破坏了统一指挥原则。[5]

场景实践

里德·劳森（Reid Lawson）与人合伙创办了一家小型体育营销公司，该公司已经运营两年了。里德和他的联合创始人在创建这家公司时故意没有设立太多的结构。该公司的20 名员工组成项目团队灵活地满足客户需求，没有标准的操作程序，也没有员工培训。但里德目前开始考虑：引入一些结构是不是会对企业有所帮助？一方面，处理一个项目中出现的问题与同一个客户其他项目中出现的问题的方式非常不同；另一方面，从一个客户项目中学到的经验并没有被带到未来的项目中。

你认为里德应该做些什么来帮助公司调整结构层次？

当一个公司或团队刚起步时，通常没有太多的组织结构。这样可以极大促进团队的灵活性，在团队尝试不同方法的过程中，不断学习，并迭代改进。随着组织的成长，为实现规模效益，创建组织结构变得越来越重要。首先，里德应该清楚地阐明要解决什么问题。客户体验是否因为缺乏知识共享而受到影响？是否由于内部效率低下而导致盈利能力下降？是否存在因缺乏培训而导致的人才流失的风险？其次，里德应该确保团队意识到组织的长期目标，并清楚地传达这个问题是如何阻碍他们实现目标的。最后，里德可以制订一个计划，包括团队将共同采取的具体步骤，以达到他们未来的理想状态。他要明白，即使是在一个小组织里，行为改变也是一个多步骤的过程。深思熟虑的变革管理计划是实现持久性成果的最好方法。

丽贝卡·罗斯（Rebecca Ross），客户成功经理

工作场所的秘密

应付多个上司

苏·李（Sue Lee）正在抱怨她在一家大型房地产公司的工作：“我原本在市场部为泰德（Ted）工作，但我被派去协助公司在派克大街的豪华公寓项目。这个项目的经理徐香（Xu Xiang）认为她现在是我的顶头上司，所以她不断给我任务，一会儿是优先事项，一会儿是截止日期。与此同时，我也在不断收到泰德带着相反要求的短信、邮件、电话。我真希望他俩能坐下来聊聊。我每天就那么多时间，不可能同时完成两份工作。我该怎么做？应该先做谁的工作？我把大部分时间都花在徐香的项目上了，但是泰德负责对我的年度绩效进行评估。”

苏·李的抱怨并不是独立的偶发情况。越来越多的人发现他们需要应付不止一个上司。首先，在一些情形下，问题在于一个设计糟糕的组织没有明确定义的权力路线，并打破了统一指挥原则。其次，在其他情形下，尤其是小型或家族经营的企业，权力界限可能会变得模糊，角色出现重叠。最后，在某些情形下，团队是临时组建的，员工需要向多个上司汇报工作。但如今，罪魁祸首往往是矩阵式的组织结构。正如本章后面将提到的，组织越来越多地将项目结构强加于职能部门之上，以更好地管理特定的业务、区域或产品线。这样做的后果是产生重叠的责任。如果你发现自己处于这些情况之下，你很可能需要应付展现不同管理风格的上司，或施加相互冲突的指令的上司，或是沟通模糊的上司，或是要求不切实际工作量的上司。

多个上司会创造出多个层级，这时你会有这样三个挑战：第一，处理过量的工作任务。多个上司往往会导致领导并不能意识到别人也在叫你做事，无论是否有意，他们中的每一个都会当你是专门为他工作而没有其他责任的员工。所以两个上司有可能会让你的任务量翻倍。如果你有三个及以上的上司，当然了，问题会只增不减。第二，冲突信息的挑战。不同的上司有不同的期望和不同的领导风格。当你有多个上司希望你在截止日期前完成任务时，你会怎么做？第三，忠诚的问题。你会优先考虑谁？向不止一个人汇报可能需要你在时间、目标和优先事项的竞争需求之间进行权衡。

所以当你不得不应付多个上司的时候，你该怎么做？这里有一些建议：

1. 优先考虑你的上司。不管你喜不喜欢，你都得选择效忠于谁。谁更强大？谁对你的伤害最小？确保你知道你的最终上司是谁，并确保他对你的工作满意。那个负责考核你并决定你的报酬的人通常是不应该被忽视的人。与我们在第 1 章中讨论的组织政治一致——你要支持你的上司，当你有不止一个上司时，优先考虑权力最大的那个。

2. 积极对待你的工作量。确保你的多个上司了解你的最新工作进展是你的责任，这包括告诉每个人其他人对你的要求。当工作量超过你的能力时，你应该与每个上司分享这些信息，并征求他们对事件优先级的建议。

3. 把你的工作按优先级别列出来。给你正在进行的任务和项目列一个清单，按先后顺序排列，然后和你的上司分享这个清单。这个列表需要定期更新，并在每周签到会议上进行沟通。这些会议是你预测和调和潜在冲突的最佳机会。

4. 设定限制。不要害怕设定限制。确定你能为每个上司的项目投入多少时间，以及你是如何分配优先级的。如果你的上司提前知道你的投入边界是什么，你就可以消除很多潜在的冲突。

5. 让你的上司相互沟通。让你的上司相互交流，尽量避免成为他们的传声筒。你的工作不是把一个上司的工作日程反映给另一个。当有直接影响到你的冲突时，把你的上司召集在一起，解释冲突，让他们找到解决办法。

6. 往好的方面想。有多个上司也有积极的一面。首先，两个或两个以上的上司希望你为他们工作，这表明你有宝贵的技能，他们信任你。其次，不存在只有一个上司所造成的复杂性和模糊性可以让你扩大自己的自主权和影响力。当你设定限制和确定优先事项时，你就掌控了通常由上司掌控的变数。最后，你也有机会利用一个上司对抗另一个：就像孩子对父母所做的一样，问问你身边的人，你会得到你想要的答案。[6]

11.1.4 管理跨度

管理者能够有效率且有成效地管理多少员工？这就是**管理跨度**（span of control）的相关内容。传统的观念认为管理者不能——也不应该——监管超过 5 个或 6 个直接下属，因为再多的话，管理者可能就会不知所措。

用数字说话

- 中层管理者的平均控制范围是 12 名员工；而高层管理者的平均控制范围是 7 名员工。[7]

假设两个组织都拥有大约 4 100 名员工。如图表 11 - 4 所示，如果一个组织的管理跨度是 4 人，而另外一个组织的管理跨度是 8 人，那么管理跨度更大的组织比另一个组织少了两个管理层级，并且少了大约 800 名管理人员。按照管理人员一年大约 8.5 万美元的年薪计算，管理跨度更大的那个组织一年将节省约 6 800 万美元！显而易见，从成本角度而言，更大的管理跨度更加高效。然而，在某种情况下，如果管理者不再拥有足够的时间使组织有效运行而导致员工绩效下降，那么更大的管理跨度也可能会降低组织运行的有效性。

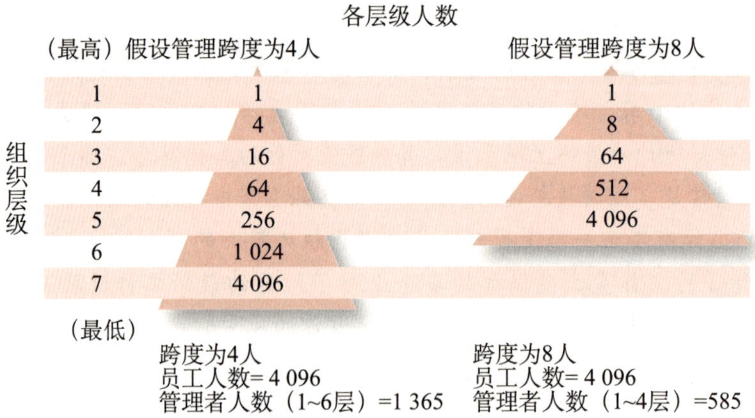

图表 11 - 4 管理跨度的对比

当今的观点 当今的管理跨度观点认为并没有所谓的“神奇”数字。管理者能够有效率、有效果地管理的员工数量受很多因素的影响。这些因素包括管理者和员工所具备的技能和能力，以及所从事工作的特征。例如，如果管理者管理的是训练有素且富有经验的员工，则可以有更大的管理跨度并使之运行良好。苹果首席执行官蒂姆·库克（Tim Cook）有 17 名直属下级。乍一看，这似乎太多了。但库克表示：“如果你拥有聪明的员工，强大的组织文化，清晰准确、定义良好且易于理解的组织战略，你就可以拥有大量的直接下属。因为你不必告诉人们该做什么。”[8]其他决定合适跨度的权变因素包括：员工任务的相似性和复杂性；下属的空间距离；实施标准化程序的程度；组织信息系统的复杂性；企业文化的力量（正如库克所指出的）；管理者偏好的管理风格。[9]

近几年的趋势是朝扩大管理跨度的方向发展，这与管理者提高决策速度、增强灵活性、更贴近顾客、向员工授权和降低成本的努力相一致。管理者逐渐开始意识到，当员工充分了解他们各自的工作和组织的各种流程，并且有同事帮助他们处理问题和麻烦时，管理者可以应付更大的管理跨度。新技术还允许管理者与更多的员工互动和监督，从而拓宽企业的业务范围。

11.1.5 集权和分权

关于组织还有一个问题需要回答，那就是“决策集中在组织的什么层级”。**集权**（centralization）是决策集中在组织高层的程度。如果高层管理者在制定关键决策时几乎不考虑更低层级的意见，那么这个组织就是更加集权化的。低层组织成员可以提供输入或作出实际决策的程度越高，该组织就越**分权**（decentralization）。要记住，集权和分权并非一个两者择一的概念。这个划分是相对的，并不是绝对的，即一个组织不可能是完全集权或完全分权的。

早期的管理学者提出组织集权程度取决于该组织所处的情境。但他们更倾向于集权，因为这会保证高层的控制权。传统组织通常采用金字塔式的组织形式，权力和职权集中于组织的高层及其附近层级。在这种组织结构下，一直以集权式决策效果最为显著，但是，今天的组织日益复杂化，同时还需要快速应对所处环境中发生的动态变化。由于这样的原因，很多管理者认为决策应该由最接近问题的那些个体制定，而无论他们处于哪一组织层级。图表 11-5 列举了影响一个组织集权或分权程度的一些因素。[10]

图表 11-5 集权或分权

更加集权	更加分权
• 环境是稳定的。 • 低层管理者制定决策的能力和经验不如高层管理者。 • 低层管理者并不想要决策发言权。 • 低层管理者的决策对于整个组织来说是不重要的。 • 组织面临着危机或者有倒闭的风险。 • 组织规模比较大。 • 公司战略的有效实施取决于对所有事情保有发言权的管理者。	• 环境是复杂的、不确定的。 • 低层管理者具有决策的能力和经验。 • 低层管理者想拥有决策发言权。 • 低层管理者的决策对于整个组织来说是相对重要的。 • 公司文化是开放的，允许各层管理者对所发生的一切拥有发言权。 • 公司的分部分散在各地。 • 公司战略的有效实施取决于参与决策的管理者以及制定决策的灵活性。

当今的观点 今天，管理者通常会选择能够促使他们最好地实施决策和实现组织目标的集权或分权程度。然而，在一个组织中发挥作用并不意味着一定会在另一个组织中发挥作用，所以管理者必须为各自的组织及其中的每一个工作单位确定最合适的分权程度。

随着组织越来越灵活，越来越快速地应对环境的变化，出现了一种决策制定分权化的明显趋势。[11]这种趋势也被称为**员工授权**（employee empowerment），即给予员工更多的决策权。(我们将在第 17 章对于领导的讨论中更为全面地介绍这一概念。)尤其是在大公司中，低层管理者比高层管理者“更接近行动”，通常对于问题有更详尽的认识，也知道如何更好地解决问题。例如，分权管理是强生公司的商业模式。强生公司董事长兼首席执行官亚历克斯·高斯基（Alex Gorsky）表示：“我们的分散管理方法承认这样一种理念：那些最接近患者和客户的人最能理解和满足他们的需求。”[12]强生的做法得到了回报。目前，强生在全球 60 个国家设有 3 个业务部，有 265 家运营公司，每天为超过 10 亿人服务。[13]

11.1.6 正规化

正规化（formalization）指的是组织中各项工作的标准化程度以及员工行为受规则和程序指导的程度。高度正规化的组织拥有清晰明确的组织描述、大量的组织规章制度以及涵盖各项工作流程的明确程序。员工对于所从事的工作、何时完成工作以及如何完成工作几乎没有什么自主权。在正规化程度较低的组织中，员工在如何开展自己的工作上拥有更多的自主权。传统的管理理论家偏爱高度正规化。因为他们相信员工在大量的规则与程序的指挥下可以更高效地完成工作。

当今的观点 尽管一定程度的正规化对于组织的一致性和控制是必不可少的，但今天的许多组织越来越少地依赖严格的规章制度和标准化来指导和规范员工的行为。当工作场所是稳定和一致的时候，高度的正规化工作效果很好。例如，此种环境允许规则以公平和一致的方式运行。但是在快速变化的时代，高度的正规化并不是很有效。因为今天的工作场所越来越需要应对动态变化的环境。

11.2 机械式结构和有机式结构

基本组织结构设计围绕两种组织形态，如图表 11－6 所示。[14]

机械式	有机式
• 高度的专门化	• 跨职能团队
• 严格的部门化	• 跨层级团队
• 清晰的指挥链	• 信息的自由流动
• 较窄的管理跨度	• 较宽的管理跨度
• 集权化	• 分权化
• 较高程度的正规化	• 较低程度的正规化

图表 11－6 机械式组织和有机式组织

机械式组织（mechanistic organization）（或者科层组织）是结构的六种要素相互结合的自然结果，是一种僵化和严密控制的组织设计。坚持指挥链原则确保了一种正式的职权等级，每一个成员都有一位上司控制和监管。保持较窄的管理跨度使得组织层级逐渐增多，从而创造了高耸型的机械式结构。随着组织最高层和最低层之间的距离不断扩大，高层管理者会采用更多的规章制度来施加影响。因为高层管理者不能通过直接观察控制低层级的组织活动并确保其遵守标准的行为规范，因此他们只能采用规章制度予以替代。早期的管理学者认为高度的工作专门化使工作日益简单化、常规化和标准化。通过采用部门化的方式进一步实现专门化会提高组织的机械化程度，从而需要更多管理层级的参与以协调各个专门化部门。[15]

有机式组织（organic organization）是一种具有高度适应性的组织形式，其松散和灵活的程度等同于机械式组织僵化和稳定的程度。有机式组织不具有标准化的工作和条例，这种松散型结构使其得以根据需求快速改变。[16]有机式组织也存在劳动分工，但组织人员所从事的工作并不是标准化的。员工往往是技术高超的专业人员，通常接受过培训，能够处理各种问题。由于他们所接受的培训已经逐渐转变成专业行为标准，所以他们只需要很少的正式规则和直接监管。例如，一位石油工程师并不需要遵循关于如何确定石油资源与海岸线之间距离的特定程序。工程师可以单独或者在与同事协商后解决大部分的问题。职业准则会指导他的行为。有机式组织集权化程度很低，高层管理者很可能缺乏制定某些必要决策所需的专业知识，因此这些专业人士可以对这些问题作出快速应对。

就像没有纯粹的机械式组织一样，也没有纯粹的有机式组织。但一种趋势表明，如今许多公司都在大力朝有机式组织方向发展。包括巴塔哥尼亚、美捷步、谷歌、网飞和声田。[17]

11.3 影响组织结构选择的权变因素

什么时候机械式结构更可取，什么时候有机式结构更合适？让我们看看影响该决定的主要权变因素。

11.3.1 战略与结构

一个组织的结构应该能够促进组织目标的实现。因为目标是组织战略的一个重要组成部分，所以战略与结构密切相关十分符合逻辑。阿尔弗雷德·钱德勒（Alfred Chandler）最早对这种关系进行研究。[18]他研究了几家美国的大型公司并得出结论，公司战略的变化会导致组织结构的变化以支持该战略。

研究表明，某些结构设计最适合某些特定的组织战略。[19]例如，当一个组织追求有意义的独特创新时，有机式组织的灵活性和信息的自由流动性非常有效。而当公司希望严格控制成本时，机械式组织的高效性、稳定性和严格控制十分有效。

11.3.2 规模与结构

相当多的证据表明，一个组织的规模会影响它的结构。[20]大型组织——一般认为是那些拥有超过 2 000 名员工的组织——通常比小型组织更加专门化、部门化、集权化和拥有更多的规章制度。然而，一旦一个组织成长到超过某一规模之后，规模对于结构的影响将会减小。这是为什么？从本质上说，一旦拥有 2 000 名左右的员工，组织就已经相当机械化了。再增加 500 名员工也不会对组织有太大影响。而一个只有 300 名员工的组织，再增加 500 名员工很可能使它变得更机械化。

11.3.3 技术与结构

每个组织都使用某种形式的技术将其输入转化为输出。例如，CloudDDM 公司使用 3D 打印机为企业客户制造原型产品和产品部件。这项技术使得用很少的工人完成这项工作成为可能。据 CloudDDM 的创始人介绍，他们将拥有 100 台每周 7 天、每天 24 小时运转的高科技 3D 打印机。它只需要三名员工：每八小时一班，一班只要一个人。[21]

关于技术影响结构的研究最早可追溯到琼·伍德沃德（Joan Woodward），她对英国南部的一些小型生产商进行了研究，以确定哪些结构设计要素与组织成功相关联及其关联程度。[22]她一直无法找出一种统一的模式，直到她将这些公司按照生产的复杂程度和高级程度分为三种不同的技术类型。第一种类型是**单件生产**（unit production），描述的是单件或小批量的生产。第二种类型是**批量生产**（mass production），描述的是大量的生产。第三种类型是**连续生产**（process production），也是技术最复杂、体现了连续的流程制造的生产方式。图表 11－7 简要概述了伍德沃德的研究发现。

图表 11－7　伍德沃德关于技术与结构的研究发现

	单件生产	批量生产	连续生产
结构特征	低度的纵向差异	中等程度的纵向差异	高度的纵向差异
	低度的横向差异	高度的横向差异	低度的横向差异
	低度的正规化	高度的正规化	低度的正规化
最有效的结构	有机式	机械式	有机式

其他一些研究也表明了组织会调整其结构以适应采用的技术，这取决于它们将投入转换为产出所采用的技术的常规化程度。[23]一般来说，组织采用的技术越常规化，组织结构就越机械化，而采用了更加非常规化技术的组织则更有可能使用有机式结构。

11.3.4 环境不确定性与结构

一些组织面临着不确定性程度很低的简单稳定环境；也有一些组织面临着不确定性程度很高的动态复杂环境。管理者试图通过调整组织结构来降低环境不确定性对组织的影响。[24]在简单稳定的环境中，机械式组织可能更加有效。不确定性程度越高，组织越是需要有机式设计所具备的灵活性。例如，商业航空公司的不确定性意味着其需要灵活性。几次合并使美国主要航空公司的数量从 9 家减少到 4 家。例如，联合航空和大陆航空（Continental Airlines）于 2010 年合并，美国航空（American Airlines）于 2015 年收购全美航空（US Airways）。合并后的航空公司减少了竞争对手的数量，也减少了持续降低机票价格的压力。[25]同时，合并后的公司还能够精简公司结构和业务。

环境与组织结构关系的证据有助于解释为什么今天如此多的管理者正在重组他们的组织，使其简单、敏捷和灵活。全球竞争、竞争对手加速的产品创新以及客户对高质量和更快交货速度的日益增长的需求，都是动态环境力量的例子。机械式组织不具备应对环境快速变化和环境不确定性的能力。因此，我们看到组织变得更加有机。

11.4 传统组织设计

设计结构时，管理者可以选择一种传统的组织结构。这些结构在本质上更倾向于机械式结构。相关优缺点可以在图表 11－8 中找到。

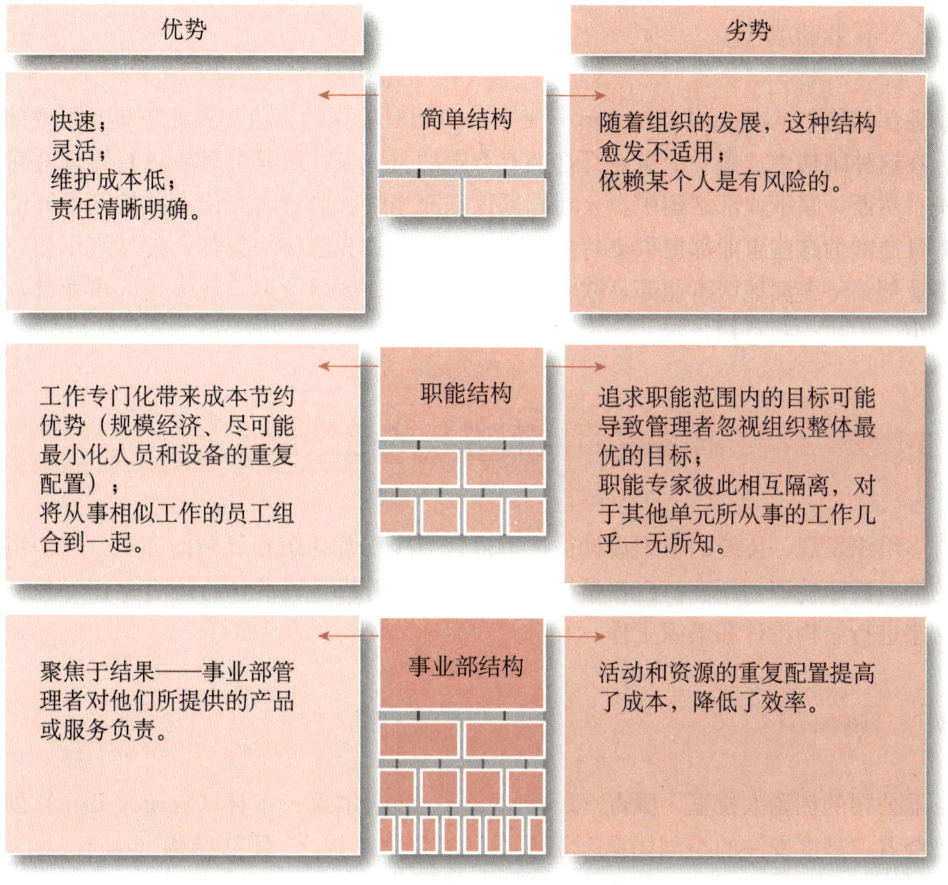

图表 11－8　传统组织设计

11.4.1 简单结构

大多数公司在成立之初都采用简单结构。**简单结构**（simple structure）是一种部门化程度低、管理跨度大、权力主要集中于一个人、正规化程度极低的组织设计。[26]然而，随着员工数量的逐渐增加，大多数组织不会停留在这种简单结构上。组织结构倾向于更加专门化和正规化。为此，组织设立了规章制度，工作变得日益专门化，创建了部门，增加了管理层次，而整个组织也日益官僚化。在这种情况下，管理者很可能会选择职能结构或者事业部结构。

一个简单结构的例子是迈克先生的冲浪商店（Mr. Mike's Surf Shop）。它是单一运营的商店，业务由四个人完成：迈克（店主和经理）和三名销售人员。该组织缺乏规则、层次结构、专业化或部门，但业务高度灵活有机。

11.4.2 职能结构

职能结构（functional structure）是把从事相似或相关职业的专业人员组合在一起的一种组织设计。这种结构是职能部门化在整个组织的应用。

11.4.3 事业部结构

事业部结构（divisional structure）是一种由相对独立的事业部或业务单元组成的组织结构。在这种结构中，每一个事业部都拥有有限的自主权，由其管理者进行管理并对其绩效负责。然而，在事业部结构中，公司总部往往充当外部监管者，协调并控制不同的事业部，并且通常为这些事业部提供支持性服务，比如财务和法律。例如，福特汽车公司分为三个事业部——美洲地区事业部，欧洲、中东和非洲地区事业部，亚太地区事业部，每个事业部由一位执行副总裁负责。

11.5 21 世纪为灵活性而进行的组织设计

许多组织发现，传统的组织设计往往不适合当今日益动态和复杂的环境。这些组织寻求简约性、灵活性和创新性。也就是说，组织要更加有机。因此，管理者正在寻找创造性的方法来进行结构设计和组织工作。[27]

11.5.1 团队结构

谷歌公司的创始人拉里·佩奇（Larry Page）和谢尔盖·布林（Sergey Brin）创造了一种围绕着“高度专注的小型团队”组织项目的公司结构。[28] **团队结构**（team structure）是由工作团队构成并完成工作任务的一种组织结构。[29] 在这种组织结构中，员工授权至关重要，因为并不存在从组织最高层延伸到最底层的管理职权链。员工团队以他们认为最佳的方式来设计和完成工作，但这些团队也应该承担他们在各自领域中所有工作绩效的责任。[30]

在大型组织中，团队结构通常是职能结构或事业部结构的一种补充，组织在拥有科层结构高效性的同时，具备团队结构的灵活性。亚马逊、波音、惠普、路易威登（Louis Vuitton）、摩托罗拉（Motorola）和施乐等公司就广泛应用了员工团队来提高生产率。

11.5.2 矩阵结构和项目结构

当代比较流行的组织设计还包括矩阵结构和项目结构。**矩阵结构**（matrix structure）分派不同职能部门的专业人员从事各种工作项目，每个工作项目由一名项目经理领导（见图表 11－9）。这种组织设计的独特之处是创造了一种双重指挥链，因为矩阵组织中的员工

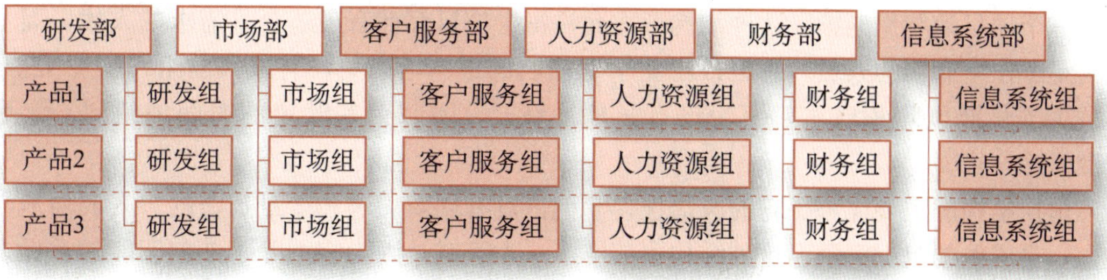

图表 11－9 矩阵结构的示例

拥有两位经理：职能经理和产品/项目经理，而这两位经理共享管理职权。项目经理在项目目标的相关领域内管理项目团队的职能人员。有关员工晋升、薪酬管理、年度考核的决定通常是职能经理的责任。

这种矩阵设计“违背”了统一指挥原则，该原则认为每一位员工都应该只向一位上司汇报工作；然而，如果两位经理能够定期进行沟通，协调员工的工作要求进而共同解决矛盾，这种结构能够并且确实行之有效。[31]例如，矩阵结构在医疗保健行业很常见。理疗师可以被分配到不同的项目中，一些人帮助老年患者从髋关节置换手术中恢复，其他人帮助治疗失去一条手臂的创伤患者。所有的理疗师同时向身体康复项目主管和他们的专业部门主管报告。

也有很多组织采用了**项目结构**（project structure），这种组织结构中的员工持续地在各个项目中工作。与矩阵结构有所不同，项目结构没有员工在完成一个工作项目后可返回的正式部门。相反，员工将他们所具备的特殊技能、能力和经验应用于其他项目。还有，项目结构中所有工作都是由员工团队来完成的。例如，设计公司 IDEO 根据工作的需要，不断地成立、解散项目团队，在需要的时候再成立。员工加入项目团队是因为他们带来了该项目所必需的技能和能力。一旦完成了这个项目，他们就转换到另一个工作项目。[32]

用数字说话

- 在美国，84%的员工在某种程度上都被“矩阵化”了，而 49%的员工则不定期在多个团队中工作。[33]

项目结构由于不具有导致决策和行动迟缓的部门化或者僵化的组织等级，往往表现得更具灵活性。在这种结构中，管理者充当协助者、指导者和教练的角色。他们消除或尽量最小化组织中的障碍，并确保团队拥有所需的资源以有效并高效地完成工作任务。

11.5.3 虚拟组织

既然可以租房，为什么还要买房？这个问题抓住了**虚拟组织**（virtual organization）（有时也称为网络或模块化组织）的本质。对于核心的全职员工而言，将其主要业务职能外包出去的往往只是一小部分而已。[34]但在虚拟组织中，权力高度集中，很少或者基本没有部门分工。

虚拟结构的原型是当今的电影制作公司。在好莱坞的黄金时代，电影是由垂直整合的大型公司制作的。米高梅、华纳兄弟（Warner Bros）和 20 世纪福克斯等电影公司拥有大量的电影场地，并雇用了数千名全职专业布景设计师、摄影师、电影剪辑师、服装师、导演和演员。今天，大多数电影是由一群人和很多小公司制作的，他们聚在一起，一个项目接着一个项目地制作电影。这种结构形式允许每个项目都拥有最适合其需求的人才，而不仅仅是工作室雇用的人员。它也最小化了官僚制的成本，因为没有长久的组织需要维护。它减少了长期风险和成本，因为没有长期团队——团队都在既定的时间内组建，然后解散。

虚拟结构的主要优势是它的灵活性，它允许具有创新想法和少量资金的个人成功地与更大、更成熟的组织竞争。这种结构也节省了一大笔钱，因为它消除了外包职能的常设办公室和等级角色。但随着受欢迎程度的提高，它的缺点也越来越明显。虚拟组织处于一种不断变化和重组的状态，这意味着角色、目标和责任不明确，为增加的政治行为埋下了伏笔。

11.5.4 远程办公

> **用数字说话**
>
> - 在美国，80%～90%的员工更偏爱远程办公，起码兼职是如此。
> - 在 2005—2019 年，远程办公增长了 140%。[35]

这种工作安排最初是为了让雇主和雇员双赢而提出的。**远程办公**（telecommuting）是允许员工在家办公并通过电脑与公司办公场所互联的工作安排。[36]对于员工来说，这意味着无须通勤，不用被同事打断，有机会更好地平衡工作和个人生活。对雇主来说，远程办公不仅减少了办公费用，还可能吸引那些因为家庭责任或身体残疾而无法腾出时间的员工。虽然并不是每一个工作都适合远程办公，但实际上，几乎任何需要在电脑上完成的工作都有可能由远程办公者来完成。

2014 年，59%的美国雇主为员工提供远程办公[37]，包括施乐、戴尔、美国运通和苹果等公司。然而最近，许多大公司，如 IBM、雅虎（Yahoo）、百思买（Best Buy）、美国银行（Bank of America）、安泰保险和惠普，已经结束或大量减少了远程办公计划。[38]为什么？主要的原因应该在于提高员工协作的愿望。人们认为，让员工在同一个办公空间工作可以加快工作速度，建立同事关系，激发创新。对许多员工来说，有同事在身边满足了一种重要的社交需求。此外，许多远程办公者承认，在没有办公环境的情况下，很难保持注意力集中，经常分心。

员工高度评价弹性工作计划的事实表明远程办公不会消失。这可能是一种流行的工作安排，但适用于更有选择性的工作和个人。

11.5.5 压缩工作周

该制度对员工有一种直观的吸引力：每周少工作一天，但工资不变。从本质上讲，这就是**压缩工作周**（compressed workweek），即员工每天工作更长时间，但每周工作天数更少。最常见的安排是每天工作 10 小时，一周工作四天，休息日通常是周五开始，因此该制度提供了一个三天的周末。[39]

压缩工作周的拥护者认为，它让员工有额外的时间从事休闲活动和处理个人事务；在减少通勤时间和成本的同时，员工往往在非高峰时间上下班，每周通勤次数减少。对于雇主来说，它可以带来更高的员工满意度，更少的缺勤和离职。

亚马逊、谷歌、德勤（Deloitte）等许多大型公司都尝试过四天工作周，但结果喜忧参半。[40]每天工作 10 小时会让人身心俱疲，所以最初员工的积极性经常会因为工作时间长而下降。工作时间越长，员工就会发现越难安排家属护理或是交通通勤。当朋友和家人都要工作时，在工作日参加社交活动可能会很困难。对管理来说，压缩工作周的主要缺点是如何协调日程安排和监督工作。

场景实践

伊莎贝拉·卡斯蒂洛（Isabella Castillo）是一家咨询公司负责提供专业服务的副总裁，该公司旨在帮助 IT 行业的组织为顾客提供更好的服务，为此，伊莎贝拉需要在家办公的 16 名专业咨询师的协助。她的问题是：如何应对远程办公的实际情况——缺乏直接交流、缺乏同事情感、产生隔离感或处于决策圈之外等？对于咨询这种业务，远程办工确实意义重大，但是她应该如何保持与员工的联系并使他们参与其中？

你会为伊莎贝拉带来什么建议？

我将会聚焦于以下事情：

1. 将员工发展纳入战略目标。
2. 半年一次的务虚会。
3. 充分利用科技。

将员工发展纳入绩效考核体系，以确保交流与合作。半年一次的务虚会为获得对管理优先级的认同提供了支持性的环境和机会。越来越多的协作工具使单纯的电话会议早已过时。

贾斯汀·基德韦尔（Justin Kidwell），管理咨询师

在失败中学习　远程办公不再适用于 IBM

尽管远程办公得到了极大的普及，但是很明显，并不是每份工作、每个组织都适合这样做。IBM 实行远程办公政策已经几十年了，但是在 2017 年，公司认为该项政策弊大于利。

2017 年 2 月，大约 2 600 名市场部员工以及一些技术和采购部门的员工被告知他们不能再继续远程办公了。他们可以选择进入亚特兰大、奥斯汀、波士顿、纽约、罗利和旧金山六处 IBM 办公地中的任何一处办公，或者另谋高就。

最开始实行远程办公政策时，公司管理层渲染了远程办公的好处：削减公司用于办公场所的日常支出的同时，可以让员工工作更加灵活。然而，公司管理层意识到时代已经变了，起码在公司的营销小组之间是这样。因为有效的市场营销项目不再是一个独立的过程，需要实时沟通。将人们聚到一起鼓励团队协作很有可能会促进工作速度、创造力和生产力的改变。虽然许多受影响的员工感到沮丧，但管理层了解到，远程办公——至少在营销人员中是这样——已不再是完成组织工作任务的最佳选择。[41]

11.5.6 弹性工作时间

与压缩的工作周相比，弹性工作时间是一种另类的工作安排，似乎具有持久的生命力。

弹性工作时间（flextime）（弹性工作制）是一种要求员工每周工作一定时间但允许他们在一定范围内改变工作时间的制度安排。[42] 在典型的弹性工作制中，每天都有共同的核心工作时间，通常是6小时，外加一个弹性带。核心办公时间可以是上午9点至下午3点，而办公室上午6点开门，下午6点关门。在“共同核心计划”期间，员工必须在工作，但他们可以在这段时间前后积累另外两个小时的工作时间。有些弹性工作制还允许员工累积额外的时间，把它们变成休息日。

弹性工作时间非常受欢迎。调查显示，大多数美国公司（54%～56%）提供某种形式的弹性工作时间，雇主和雇员似乎都很欢迎。[43] 实行弹性工作时间的机构中，有23%称生产率有所提高[44]，许多组织还表示雇员迟到和旷工现象减少。在实行弹性工作时间的员工中，53%的人认为灵活的工作安排是他们工作满意度来源的一个重要方面，55%的人认为在一年内不太可能寻找其他工作机会，34%的人表示由于灵活的工作安排，他们将继续为现在的雇主效力。[45]

弹性工作制明显的缺点是它并不适合所有的工作。对于普通员工来说，那些需要密切协调任务的工作，比如流水线工作以及员工必须在工作日上午8点到下午5点随时待命的服务工作，不太适合弹性工作时间。而对于经理和主管来说，他们在工作上已经有了高度的自主权，所以弹性工作时间的好处不那么有吸引力。

11.5.7 工作分享

琳达·托马斯（Lynda Thomas）和希拉里·克罗斯（Hilary Cross）都是英国癌症慈善机构麦克米伦（Macmillan）的首席执行官。[46] 但一个组织怎么可能有两个首席执行官？答案是，这两个人的工作是一样的。托马斯从星期一工作到周三中午；克罗斯从周三中午工作到周五。事实证明，这种方法对她们两个人都很有效——她们在公司里步步高升，分享工作岗位超过15年。二人都已成家，因此只想要一份兼职工作。但她们也渴望在自己的事业上有所进步。于是她们在2001年结成伙伴，一路工作分担，并成功登顶。

> **用数字说话**
>
> ● 86%的员工指出，他们很重视弹性工作时间，但这些员工中只有50%的雇主提供此类制度。[47]

工作分享（job sharing）是两个或更多的人分担一份全职工作的做法。[48] 对雇主来说，它的吸引力在于它提供了“买一送一”的机会，因为他获得了比一个人更广泛的技能和经验。它还允许企业吸引技术工人，例如退休人员和带小孩的父母，这些人可能无法全职工作。对于员工来说，如果他们可以在平时不能工作的时候工作，那么工作分享可以增加员工的积极性和满意度。

就像压缩工作周一样，工作分享并没有受到普遍的欢迎。一项调查发现，只有18%的美国机构提供这项服务。[49] 工作分享没有被广泛运用的原因在于：很难找到适合分担工作的伙伴，以及长久以来形成了人们对工作和雇主不会完全投入的负面看法。然而，应该注意的是，在 2007—2009 年的经济危机期间，许多公司都引入了工作分享制度，以避免裁员。[50]

11.5.8 灵活就业员工

优步在全球有 100 万～150 万员工。但其中只有 1 万人是全职员工。其余的都是灵活就业员工——按自己的时间表工作的司机。

优步就是一个依赖**灵活就业员工**（contingent workers）的公司，这些员工包括自由职业者、劳务派遣人员、顾问或其他临时雇用的外包和非永久员工。这种以灵活就业员工为基础的组织被认为是未来劳动力的主要形式。[51]

为了增加组织的灵活性和降低成本，全职工作被削减了。管理者越来越依赖于根据需要雇用临时员工来填补空缺。最近一项对高管的调查显示，来自不同行业的大多数公司都在聘用灵活就业员工。例如，81%的医疗保健行业组织都会使用灵活就业员工。[52]

企业面对灵活就业员工的时候——特别是那些独立承包商或自由职业者时——面临的主要问题之一，是对那些真正有资格成为灵活就业员工的人进行分类。例如，优步将其司机视为承包商，这引起了法律上的争论。优步司机认为，他们应该被当作正式员工对待，因为公司控制他们的工作，设定薪酬并强制执行车辆标准。

虽然灵活就业员工的法律地位可能在一段时间内仍然存疑，但趋势是明显的：今后几年对灵活就业员工的依赖将增加。这在很大程度上是由于各组织的运作环境日益多变，因此需要保持最大限度的灵活性。当技术和新的竞争对手开始扰乱几乎所有行业时，管理者已然无法为所有员工提供长期的工作保障和丰富的福利。但传统工作岗位消失的说法可能有些夸张了。[53]2017 年，只有 10%的美国员工从事临时或自由职业。[54]因此，虽然灵活就业员工可能是未来的主导，但这可能至少还需要 10 年或更长时间才会到来。

为考试做准备

本章小结

11.1　描述组织设计的六项要素。

组织设计的六项要素是工作专门化、部门化、指挥链、管理跨度、集权和分权以及正规化。工作专门化被认为是把工作活动划分为各项单独的工作任务的一种方式，它可以帮助员工更有效率。部门化是指工作岗位组合在一起的方式。如今，大多数大型组织都在运用不同部门化方式的组合来完成工作。指挥链以及与之相伴出现的概念——职权、职责和统一指挥——被认为是在组织中维持控制的重要方式。当今的观点是这些概念已经不再那么重要。传统的观点认为，管理者不能监管超过 5 个或 6 个直接下属。而当今的观点是管理跨度取决于管理者和员工的技能和能力，以及具体情境的特征。集权和分权是关于谁来制定决策的一种结构设计——是高层的管理者还是基层的员工？正规化注重组织对于标准和严格规则的运用，以保证组织一致性与可控性。但今天的组织已经不再那么依赖标准和严格的规则来规范员工的行为。

11.2　比较机械式结构和有机式结构。

机械式组织是一种僵化和严密控制的组织设计。有机式组织是一种具有高度适应性的组织形式。

11.3　讨论组织设计倾向于机械式结构或有机式结构的权变因素。

一个组织的结构应该支持战略。如果战略改变了，组织结构也应该随之改变。在某种范围内，组织规模会对组织结构产生影响。而一旦组织达到一定的规模（通常是大约 2 000 名员工），它就会变得相当机械化。一个组织的技术水平也可能会影响它的结构。对于单件生产和连续生产技术，有机式结构最为有效。而对于批量生产技术，机械式结构最为有效。所处环境不确定性程度越高，组织越需要有机式结构所具备的灵活性。

11.4　描述传统的组织设计。

简单结构是一种部门化程度低、管理跨度大、权力主要集中于某一人、正规化程度极低的组织设计。职能结构是把从事相似或相关职业的专业人员组合在一起的一种组织设计。事业部结构是一种由相对独立的事业部或业务单元组成的组织结构。

11.5　讨论 21 世纪为灵活性而进行的组织设计。

在团队结构中，整个组织都是由工作团队组成的。矩阵结构将不同职能部门的专业人员分配到由项目经理领导的一个或者多个项目中开展工作。项目结构是一种员工持续地在各个项目中工作的结构。虚拟组织由一小部分核心的全职员工以及在某些项目上需要临时雇用的外部专家组成。

远程办公是允许员工在家办公并通过电脑与公司办公场所互联的工作安排。压缩工作周是指员工通过每天工作更长时间，但每周工作天数更少的制度。弹性工作时间指员工每周工作一定时间，但在一定范围内可以自由调整工作时间的制度安排。工作分享是指两个或更多的人分担一份全职工作。

灵活就业员工是临时雇用的，他们也可能是自由职业者或合同工。他们的就业取决于对其服务的需求。组织面临的问题包括：区分出真正有资格成为独立承包商的人；建立招聘、筛选和安置临时员工的程序；找到一种设置目标、时间表和截止日期来监督工作表现的方法。

复习和讨论问题

1. 逐项讨论组织设计的六项要素的传统观点以及当今的观点。
2. 你更愿意在一个机械式组织还是有机式组织中工作？为什么？
3. 比较三种传统的组织设计。
4. 在先进的信息技术下，组织工作可以在任何时间、任何地点完成，那么，组织职能仍然是一项重要的管理职能吗？为什么？
5. 区分矩阵结构和项目结构。
6. 在管理员工灵活工作安排时，可能会出现什么问题？你在组织设计中学到了什么？信息对于管理者解决问题有何帮助？
7. 如何使工作分享的设计有效率？一名工作分享者需要做什么来让设计生效？
8. 为什么今天越来越多的公司使用灵活就业员工？

为我的职业做准备

道德困境

托马斯·洛佩斯（Thomas Lopez）是迈阿密地区的一名警卫人员，由于擅离职守营救一名溺水人员而被解雇。他的雇主杰夫·埃利斯（Jeff Ellis）及其所在公司（该公司与佛罗里达州哈兰代尔市签订了协议）声称，洛佩斯擅自离开指定的巡逻区域，使得公司置身于可能的法律诉讼中。洛佩斯说他别无选择，只是做了他该做的。面对一位亟须帮助的人，他不可能将工作原则放在第一位。“我只是做我认为是正确的事情，而我也确实这样做了。”该事件经媒体曝光之后，该公司为洛佩斯恢复了工作，但是洛佩斯拒绝了。

1. 你如何看待这一问题？从这一事件中你发现了什么道德问题？
2. 该事件的哪些教训可以应用于组织设计中？

技能练习

开发你的授权技能

关于技能

权力在任何团体或组织中都是一个自然形成的过程，如果管理者想要有效地完成自己的工作，就需要知道如何获取和使用权力。[55]为什么拥有权力很重要？因为权力会减少你对他人的依赖。当一个管理者拥有权力时，他就不会像以前那样依赖他人获取关键资源。如果管理者控制的资源是重要、稀缺且不可替代的，那么他的权力就会增加，因为其他人会更加依赖他来获得这些资源。（参见第 17 章了解更多关于领导权力的信息。）

练习技能的步骤

如果你使用以下八种行为，你可以更有效地获取和使用权力。

- 根据组织目标来构建论点。要想有效地获得权力，就意味着要掩饰自己的私利。关于谁控制何种资源的讨论应以本组织将获得的利益为框架重点，但不要指出你个人将如何受益。
- 树立正确的形象。如果你知晓组织文化，且已经能够从组织成员的衣着、同事人际关系、是风险规避的还是风险偏好的、主要的领导风格是什么以及是否注重与他人很好相处等方面判断组织的需求和价值观，那么在这些知识帮助之下，你就有能力去塑造合适的形象。因为对你的表现的评估并不总是一个完全客观的过程，你需要注意你的风格和内涵。
- 获得组织资源的控制权。控制组织中稀缺和重要的资源是权力的重要来源。而对于控制而言，知识和经验是特别有效的资源。它们可以使你对于组织而言更有价值，你也因此会获得更为安稳的地位、晋升的机会以及你的想法的受众。
- 让自己成为独立的人。由于我们所处理的往往是主观印象而非客观事实，你可以通过表现得独立来增强自己的权力。
- 让自己变得出众。如果你找到一份工作能使他人意识到你的成就，那就太好了。然而如果你没有这么一份工作，你会在日常汇报中想方设法让组织中的其他人了解到你正在做的事，比如强调自己获得的成功，让心满意足的顾客将他们的感谢传达给你的上级，在社交活动中被发现，在专业协会中积极主动以及发展坚实的盟友，为你的成果进行积极传播。当然，你也要留意那些可以提升你知名度的项目。
- 发展坚实的同盟。为了得到权力，让有权力的人站在你这一边将会有所帮助。与可能有影响力的人建立联系，无论他是与你相同的级别，还是在组织中的级别较低。这些盟友通常可以为你提供不容易得到的信息。此外，盟友可以在你需要的时候为你提供支持。

● 避开“污点”成员。几乎在所有组织中，都存在地位受到质疑的边缘人物。他们的绩效或（和）忠诚受到怀疑。要远离这些人。

● 支持你的老板。你可见的未来掌握在你的老板手中。因为他负责评估你的绩效，通常来说，你会做任何必要的事来让老板支持你，你要竭尽所能助你老板成功，使他看起来很不错，在他身陷重围时支持他，并花时间来找到他评价你工作有效性的标准是什么。不要给老板制造麻烦，更不要对别人说他的坏话。

技能实践

你可以依据接下来的意见来练习与获取权力相关的行为。

1. 用一周的时间记录你的行为，描述你试图影响周围其他人时发生的事件。评估每一个事件时，可以这样问自己：你的这些影响到他们的尝试是否奏效？为什么？你本可以做什么不同的事情来达成目的？

2. 查阅最近一期的商业期刊。寻找关于重组、晋升或脱离管理岗位的文章。找到至少两篇你认为涉及权力问题的文章。将文章的内容与本技能模块中介绍的概念联系起来。

共同工作

团队练习

现在许多公司为员工提供远程办公的选择。然而，管理远程工作者在很多方面存在挑战。对于组织来说，制定远程办公指导方针有助于解决诸如何时以及如何与办公室保持沟通等问题。假设你是一家小型科技公司的经理，你决定允许员工远程办公。考虑在管理远程工作者时可能面临的一些挑战。接下来，3～4 个学生一组起草办公室远程办公的指导方针。准备好与全班同学分享你的指导方针。

学习成为管理者

● 找出组织结构图的三个例子。（公司年报是一个不错的来源。）撰写一份报告以描述每一个组织结构图。试着针对该组织对组织设计要素，尤其是部门化、指挥链、集权和分权以及正规化的应用进行解释。

● 至少向 10 名管理者调查他们所监督的员工数量。同时询问他们是否认为自己还可以监督更多的员工，或者他们是否认为自己监督的员工数量太多。以图表的形式展示你的调查结果，并撰写一份报告描述你的发现。针对管理跨度这一话题，给出一些结论。

● 阅读当前的商业期刊，研究企业使用的矩阵结构。选择三个使用这种结构的企业，描述和评估每个企业正在做什么。

● 访问 When Work Works 网站（www.whenworkworks.org）。该组织致力于将工作场所灵活性的研究付诸实践。访问网站的“寻找解决方案”页面，查看为雇主提供的指导。有哪些资源可供管理者使用，以创造更灵活的工作安排？

案例应用 1

Punchkick Interactive：让扁平化组织卓有成效

如果你在 Punchkick Interactive（一家位于芝加哥的设计和开发软件的数字公司）找到一份工作，你就不会有老板。你也不会看到一幅组织结构图，上面写着谁向谁汇报工作，因为这样的结构图根本不存在。你也会被要求选择你自己的职衔。

正如联合创始人扎克·达巴斯（Zak Dabbas）解释的那样，在没有宵禁环境下的成长经历教给他："你可以绝对地尊重你的同事，并相信他们会作出非常明智的决定，试着从同理心的角度出发，而不是从组织结构图上。"[56]

当公司只有 8 个人的时候，没有经理或等级制度也能运转得很好。然而，当公司发展到超过 20 名员工时，Punchkick Interactive 的创始人意识到，他们需要找种方法来改善员工的合作方式。

Punchkick Interactive 推出了一个建议板块，允许员工分享专业知识。所以，如果员工在一个客户项目中遇到挑战，他们可以通过建议板块向整个公司寻求帮助，问问谁遇到过类似的问题。该公司还要求员工务必与任何可能受到他们所做决定影响的人保持联系。这和获得许可是不一样的，它更多的是确保在任何挑战出现之前员工就已经进行了沟通。而且，员工也通过反馈板块被其他员工评估，而不是仅仅由经理评估。

有时候，职衔的出现是使用建议渠道的一部分。例如，艾比·高德纳（Abby Gartner）是处理客户关系的关键人物。她是第一个就如何满足客户需求问题而被员工咨询的人。根据达巴斯的说法，"最终，我们说，'艾比，事实就是这样，你就是我们客户体验部的主管'"。

到目前为止，Punchkick Interactive 很成功。它已经连续 5 年入选增长最快的 5 000 家私营企业榜单。达巴斯认为，扁平化的组织结构是他们成功的关键因素。他们以透明度来补充这个结构。达巴斯解释说："每个人都知道我们每个月的目标是什么，以及我们如何实现这些目标。"

其他没有正式老板的公司也遇到过问题。维尔福公司（Valve）是一家位于西雅图的电脑游戏开发公司，虽然没有正式的老板，但正如一名前员工所言，公司内部其实存在一层强大的管理结构。这让我感觉很像高中生活。[57] 另外一名维尔福公司的雇员解释道："为了在维尔福公司取得成功，你需要加入拥有更多决策权的团队，即使你取得了成功，也要明白这只是暂时的。"

◆ 问题讨论

1. 你将如何描述 Punchkick Interactive 公司的交互式组织设计元素？
2. Punchkick Interactive 的例子说明了哪些优点和值得关注的潜在领域？
3. 你认为像 Punchkick Interactive 这样扁平的、"没有老板"的结构是如何有效运作的？在什么情况下（例如行业、组织规模、员工特征）这种结构不会发挥同样的作用？
4. 你对 Punchkick Interactive 有何建议，以确保它不会遭遇维尔福公司遇到的问题？

案例应用 2

谷歌的隐形员工

想象一下，在全公司的会议上，满载点心和饮料的托盘被端过来，而你和其他没有佩戴白色徽章的人却被要求回到办公桌上。这就是谷歌的一些劳务派遣人员的经历。如今谷歌的劳务派遣人员有很多。2018 年初，谷歌的灵活就业员工人数超过正式员工（正式员工超过 89 000 人）。[58]

谷歌的发言人表示，当公司因工作量增加或陪产假等事件需要填补临时职位时，他们会雇用劳务派遣人员。当公司内部需要某个专业人士时，也可以雇用劳务派遣人员。谷歌的前招聘经理解释说，在人工智能等领域招聘昂贵的工程师，有时每年的成本高达 100 万美元，所以劳务派遣人员提供了一种让预算回归正常的方法。在谷歌，劳务派遣人员可以在几天内被雇用，而雇用正式员工则需要几个月的时间。

做谷歌的劳务派遣人员有很多好处。尽管他们被要求在领英上列出他们与谷歌的关系是委托-劳务派遣，但提到谷歌有时候可以打开一扇大门。克里斯·希姆恰克（Chris Szymczak）是谷歌的前劳务派遣人员，他让谷歌的几位同事做了推荐人。“他们只是非常支持……那份工作对我来说真的是一个跳板。”

劳务派遣人员的生活也有消极的一面。“即使做的是同样的工作，人们也会看不起你。”谷歌的一位前劳务派遣人员说。你在那里，你却不属于那里。你的工作任务可以在不通知你的情况下结束。要求劳务派遣人员在第二天交出他们的笔记本电脑这样的事情可能真的会发生。而且谷歌认为劳务派遣人员的工资、福利以及不满是雇用机构的问题。这意味着，例如，在工作中遭遇言语挑逗、骚扰是招聘公司而不是谷歌关心的问题。谷歌有大量灵活就业员工，他们挣的钱只是谷歌总部所在地所谓“低收入”工资的一半多一点。谷歌支付的福利也往往缺乏竞争力，例如，谷歌为一个前劳务派遣人员每月仅支付 600 美元的健康保险费用。

谷歌的一群正式员工最近会见了公司的高层领导，抱怨了几个问题，包括对劳务派遣人员的担忧。工作者组织（Coworker. org）的组织者亚娜·卡卢（Yana Calou）说，很多谷歌员工认为劳务派遣人员的工作体验可以更好。卡卢说，劳务派遣人员“感到孤立、不稳定，像二等公民一样”。

◆ 问题讨论

1. 劳务派遣人员对于谷歌公司和谷歌公司员工自身有什么好处？

2. 作为劳务派遣人员，你认为最重要的问题是什么？

3. 你认为如何改善劳务派遣人员的聘用安排，以使劳务派遣人员和谷歌都能取得有效的工作成果？

4. 你认为在机械式或有机式组织结构中，劳务派遣人员和正式员工会有使彼此的经历更相似的好机会吗？给出答案，并解释之。

注 释

第12章 人力资源管理

Managing Human Resources

学习目标

12.1 解释人力资源管理的重要性以及人力资源管理过程。
12.2 描述影响人力资源管理过程的外部因素。
12.3 讨论与识别和甄选合格员工相关的工作任务。
12.4 解释企业如何向员工提供技能和知识。
12.5 描述留住胜任的高绩效员工的策略。
12.6 识别组织中职业生涯发展的两种重要趋势。
12.7 讨论当代的人力资源管理问题。

就业技能矩阵

		批判性思考技能	沟通技能	合作技能	知识运用与分析技能	社会责任技能
技能盒子	工作场所的秘密	✓			✓	
	在失败中学习	✓			✓	✓
技能实践	道德困境	✓				✓
	技能练习	✓	✓		✓	
	共同工作			✓	✓	
	学习成为管理者	✓			✓	✓
案例	案例应用	✓			✓	

沃尔玛想要确保其 140 万员工为解决他们可能会在工作中遇到的麻烦已经做好了准备。为了实现这一目标，所有的员工在开始一份初级工作或接受一个全新身份前，都要经过为期两周的培训。

当前沃尔玛使用 VR 完成部分培训内容。[1]通过运用最先进的技术，员工可以佩戴 VR 头盔体验真实场景。该项 VR 培训包括三个主要方面：新技术、软技能（共情能力、顾客服务）以及合规培训。培训模块包含现实部分，可以让员工比通过讲座或培训手册更快地学习。而 VR 头盔被连接到一块屏幕上，可以向教室中的其他人展示出受训者的视角，由此，指导者和学员可以对受训者的表现作出评价。

沃尔玛对于员工培训的重视体现出组织中人力资源实践的重要性。管理要保证组织在正确的时间、正确的地点，拥有合适数量、恰当技能的员工。我们在本章将会学习管理者实现这一目标的过程，同时我们也会关注一些当代管理者面临的人力资源管理问题。

12.1 人力资源管理的重要性以及人力资源管理过程

管理专家经常论述高效人力资源管理政策与实践对于组织绩效的重要意义。[2]那么人力资源管理为何重要？我们认为至少有三个原因：

第一，人力资源管理是竞争优势的一个重要来源。[3]这一结论不仅适用于美国，也适用于世界其他地区的组织。调查了超过 2 000 家全球企业“人力资本指数”（Human Capital Index）的一项综合研究表明，以人为本的人力资源管理通过创造超额的股东价值为组织带来了一种优势。[4]另一项研究发现，71%的首席执行官声称“人力资本”是他们获取可持续经济价值的关键来源。[5]

第二，人力资源管理是组织战略的重要组成部分。[6]依靠员工使公司在竞争中获得成功意味着管理者必须改变他们对员工以及对工作关系的看法。他们必须与员工共进退，并将员工视为合作伙伴，而不只是考虑支出最小化甚至避免支出。这就是以人为本的组织所做的事情，如美国西南航空公司和戈尔公司。

第三，组织对待员工的方式会对组织绩效产生显著的影响。[7]例如，一项研究表明，改善人力资源管理实践能提高 30%的公司市场价值。一项针对《财富》杂志“最佳工作场所”排行榜前 100 名公司的股东平均投资回报率的研究发现，这些公司 10 年、5 年、3 年和 1 年的股东回报率都显著高于标准普尔 500 指数的公司。[8]

记住，了解人力资源管理绝不意味着只是了解在组织人力资源部门工作的员工。人力资源部门在大多数企业——小企业和没有固定的人力资源专业人员的企业中并不存在。因此人力资源部门可能只在大企业中存在。结果就是，在小企业中，人力资源职能往往是由直线经理来完成的。此外，即使是在大型企业和政府机构中，大部分管理者也需要掌握基础的人力资源技能，比如说掌握相关的人力资源知识，理解劳动法，开展员工甄选以及绩效评估。

为保证公司中需要完成的任务由合适的人选完成，公司需要执行一些特定的人力资源管理行为。而这些行为构成了人力资源管理过程。图表 12-1 展示了在此过程中的八项活动。前三项活动保证组织识别并甄选出有能力的员工，随后的两项活动为员工提供前沿的知识与技能，最后三项活动保证组织能够留住有能力的高绩效员工。在讨论具体活动之

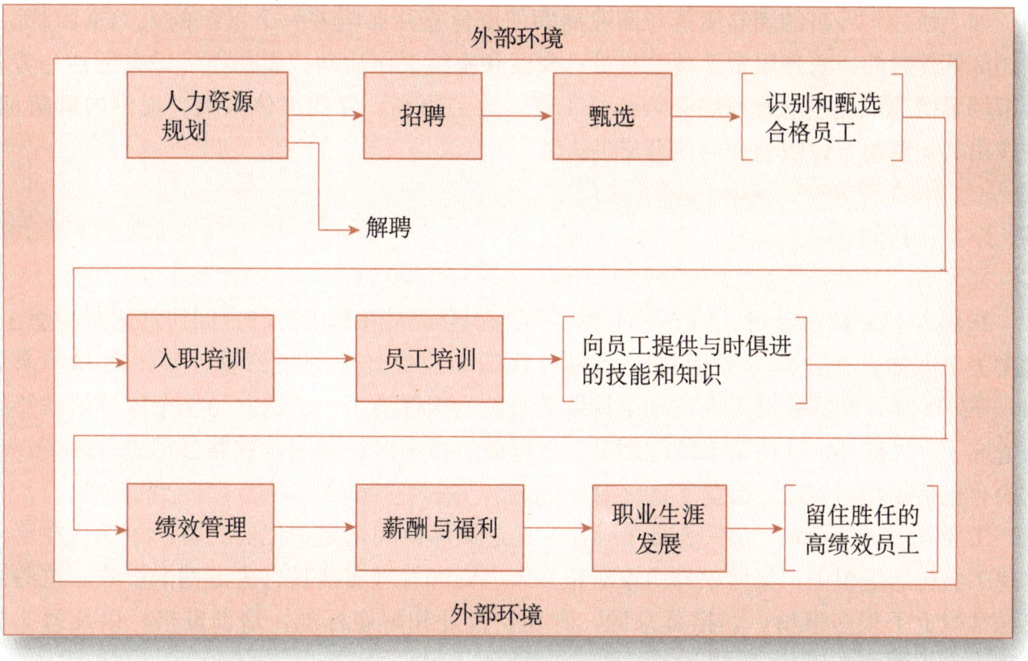

图表 12-1 人力资源管理过程

前，我们需要看一下影响人力资源管理过程的外部因素。

12.2 影响人力资源管理过程的外部因素

经济的繁荣发展使得雇主 X 难以寻找到拥有他所需技能的员工，而公司 Y 则面临着合同纠纷导致的工会工人罢工。尽管联邦政府要求的最低时薪是 7.25 美元，旧金山的快餐店主 Z 在城市全新的法案通过后不得不将时薪提高到 15 美元。这些都是外部因素影响到组织人力资源管理过程的例子。在这一部分，我们将更加密切地探讨这些影响。

12.2.1 经济

2008 年的经济衰退迫使很多雇主采用裁员的方式来降低成本。在很多情况下，有着 20 年工龄甚至更多年工作经验的员工发现他们的工作消失了。但如果快进十年，那便是另一个故事了。经济繁荣发展，企业努力寻找并留住有技能的员工。[9] 2018 年夏天，美国的失业率降到了 3.9%，是 18 年来的最低点。基本上只要他们想，任何人都能找到一份工作。而雇主发现他们不得不放弃一些业务，因为招不到员工。比如说，艾奥瓦州埃姆斯市的雇主在这方面尤其艰难，因为该市的失业率只有 1.5%。[10] 克里斯·纳尔逊（Chris Nelson）在埃姆斯经营一家有百年历史的电气公司，但他找不到电工。他提高了工资，雇用了半退休的工人，以填补他拥有 70 名员工的公司的空缺。罗恩·桑德林（Ron Sandlin）的爱国者运输公司（Patriot Transportation）在埃姆斯经营油车，该公司提高了工资，增加了假期，并提供招聘和长寿奖金来维持其 600 名员工。

如上所述，经济的潮起潮落与商业周期的变化直接影响着一个组织的人力资源状况。在经济低迷时期，管理层常常被迫裁员、减薪和重组工作活动。而在经济势头迅猛、劳动力市场紧俏的情况下，管理层必须提高工资、改善福利、寻找退休人员、提供内部培训，并作出其他调整，以吸引和留住合格的人才。

12.2.2 工会

2016 年，威瑞森公司（Verizon）的 4 万名工会成员在新的劳动合同协商未果后罢工。这次罢工突如其来，部分原因在于公司将数千个岗位外包到墨西哥、菲律宾和多米尼加。[11] 2018 年，法国铁路工人发动了持续数月的全国性罢工，给地方乃至全国性的铁路服务造成了巨大破坏。这些罢工的起因是：法国政府试图对法国国营铁路公司进行改革，改革内容包括停止对铁路工会员工的终身雇佣制。[12] 这两个案例都阐述了工会的影响。

工会（labor union）是代表员工利益并通过集体谈判来保护他们利益的组织。在已经实现工会化的组织中，集体谈判协议对很多人力资源管理实践具有决定性的影响，这些协议通常规定了很多事情，如招募来源，聘用、晋升和解雇标准，培训资格，以及惩戒措施等。

美国工会参与率在 20 世纪 50 年代达到顶峰，那时候，35%的员工是工会成员。今天，这个数字下降到了 11%以下。[13] 但是，不要将少数员工加入工会这一事实解读为他们已经失去了影响力——他们在公共服务、运输和仓储等行业仍占主导地位——他们仍然占公共部门所有员工（包括教师、警察、消防员和政府工作人员）的 1/3。[14] 此外，这对非工会工人也有间接影响。当工会为其成员协商提高工资、扩大福利或提高工作保障时，他们会影响非工会组织的劳动实践，这些企业必须与存在工会组织的企业竞争。例如，一项布法罗地区工会卡车司机每小时增加 4 美元工资的新合同可能会导致布法罗地区所有卡车司机工资的提升。最后，我们需要认识到，很多国家的工会成员往往要多得多。在德国，17%的劳动力属于工会。在加拿大，这个比例是 26%。而在冰岛，这个数值超过了 90%![15]

12.2.3 法律

2 800 万美元，这是俄亥俄州陪审团判给一位前克利夫兰诊所医生的赔偿金。这位医生起诉了该诊所的歧视和报复行为。[16] 罗伯特·卡茨（Robert Katz）是一名耳鼻喉科医生，在这家诊所工作了 20 年，他声称自己在 77 岁时因年龄过大而被迫离职。据卡茨说，头颈中心的新主任强迫他退休，因为他“不再适合”这家诊所。

正如上面的例子所说明的，一个组织的人力资源管理实践是由一个国家的法律管理的，而不遵守法律的代价是高昂的（一些影响人力资源管理过程的重要的美国法律见图表 12-2）。关于雇用谁、选择哪些员工参加培训项目或员工薪酬的决定不得因以下因素而区别对待：种族、性别、宗教、年龄、肤色、国籍、是否怀孕或残疾。只有在特殊情况下才会出现例外，例如，社区消防部门可以拒绝雇用使用轮椅的消防员申请人。但如果同一个人申请的是办公室工作，比如调度员，那么残疾就不能作为拒绝他参与的理由。

图表 12-2　与人力资源管理相关的一些重要法律

法律	年份	描述
平等就业机会和反歧视		
《公平薪酬法》(Equal Pay Act)	1963	禁止不同性别间的同工不同酬
《民权法案》第七章（Civil Rights Act, Title Ⅶ）	1964（1972 年修正）	禁止基于种族、肤色、宗教、国籍或性别的歧视
《反就业年龄歧视法》（Age Discrimination in Employment Act）	1967（1978 年修正）	禁止歧视 40 岁及以上年龄的员工
《职业康复法》(Vocational Rehabilitation Act)	1973	禁止歧视身体或心理残疾的人员
《美国残疾人法》（Americans with Disabilities Act）	1990	禁止歧视残疾或有慢性疾病的员工；要为这些员工提供合理的配套措施
薪酬/福利		
《工人调整和再培训通知法》(Worker Adjustment and Retraining Notification Act)	1990	要求拥有超过 100 名员工的雇主在大量裁员或关闭工厂时提前 60 天发出公告
《家庭与医疗休假法》(Family and Medical Leave Act)	1993	拥有 50 名或 50 名以上员工的组织允许员工以家庭或医疗为由最多享有 12 周的无薪休假
《健康保险携带和责任法》(Health Insurance Portability and Accountability Act)	1996	允许将员工的健康保险从一个雇主转移到另一个雇主
《莉莉·莱德贝特公平薪酬法》(Lilly Ledbetter Fair Pay Act)	2009	针对薪酬歧视的 180 天法令限制时效进行了更改
《患者保护与平价医疗法》（Patient Protection and Affordable Care Act）	2010	落实全面医疗保险改革的立法
健康/安全		
《职业安全与健康法》(Occupational Safety and Health Act)	1970	制定强制性的安全与健康标准
《隐私权法》(Privacy Act)	1974	向员工授予检查人事资料和推荐信的法定权利
《综合预算协调法》（Consolidated Omnibus Reconciliation Act）	1985	允许员工在离开公司后仍然可以继续购买雇主提供的健康保险（由员工支付）

资料来源：United States Equal Employment Opportunity Commission，www. eeoc. gov；United States Department of Labor，www. dol. gov；United States Occupational Safety and Health Administration，www. osha. gov.

人力资源管理法律会显著影响组织实践，限制管理的自由裁量权限。由于职场诉讼越来越多地针对管理者及其所在组织，所有管理者都需要知道，根据法律，他们能做什么，不能做什么。试图平衡许多法律中“应该”和“不应该”的问题往往属于**平权行动**（affirmative action）的范畴。[17]许多美国企业都执行平权行动，以此来保证相关决策与行为来促进雇用、升职以及保留少数群体的成员（少数族裔、女性、残疾人）。也就是说，平权行动既推动组织摆脱歧视，也促进受保护群体成员地位的提升。

那么，全球范围内的人力资源管理法律是怎样的？让我们来看一看加拿大、墨西哥以及德国等的立法情况。

加拿大关于人力资源管理实践的法律与美国的法律有相似之处。《加拿大人权法》（The Canadian Human Rights Act）禁止基于种族、国籍、肤色、宗教、年龄、性别、性取向、婚姻状况、家庭状况、残疾或已获赦免的罪行的歧视。该法案在全国范围内都有效。然而，加拿大的人力资源管理环境与美国有所不同，它涉及更多的立法权下放到省一级的现象。例如，除魁北克省外，在加拿大的任何地方都不禁止基于语言的歧视。

相比于美国，在墨西哥的雇员更有可能加入工会，墨西哥的雇员问题由《墨西哥联邦劳动法》（Mexican Federal Labor Law）作出规定。一项雇用法条规定雇主有 28 天的时间来评估新员工的工作表现。在这段时间之后，员工会得到工作保障，而此时解雇员工是非常困难且代价高昂的。那些违反《墨西哥联邦劳动法》的人会受到包括刑事诉讼在内的严厉惩罚。而如果雇主未能支付工资，比如最低工资，可能会被处以高额罚款，甚至会坐牢。

最后一个例子是德国，它在人力资源管理实践方面与大多数西欧国家非常相似。德国法律要求公司实行员工代表参与制，目的在于对组织内部进行权力再分配，维护劳动者的平等地位，使之与管理层和股东的利益同等重要。最为普遍的员工代表参与形式是工作委员会和董事会代表。**工作委员会**（work councils）是员工和管理层互相联系的纽带。该委员会是经由员工提名或推选而形成的团体，管理层在制定有关人事方面的决策时必须参考他们的意见。**董事会代表**（board representatives）是成为公司董事会成员并代表公司员工利益的职员。

12.2.4 人口趋势

回到几年前，宝马公司位于德国下巴伐利亚行政区丁格芬的传动工厂拥有 2 500 多名员工，该工厂的负责人非常担心员工队伍的老龄化可能导致未来生产率出现不可避免的下滑。[18]这时候，公司高层管理者也决定为日益年老的员工重新进行工厂设计。根据员工的建议，他们开始对工作场所做一些改造。例如，采用新型木质地板以缓解员工的关节磨损问题，提供一些特殊的椅子供员工短暂休息，以减少员工的身体劳损。随着“婴儿潮”员工的退休，全球范围内的其他组织也在为即将到来的变革做准备。公司都制订了继任计划，回聘那些退休人员作为咨询师，并增加对年轻员工的交叉培训投入以填补空缺职位。正如这些案例所展示的，人口趋势也影响着全世界的人力资源管理实践。

在过去 50 年里，美国劳动力队伍的大部分改变可以归因于 20 世纪 60 年代开始生效的禁止就业歧视的联邦法律。这些法律的约束为少数族裔和女性开放了就业申请的途径。这两类群体显著改变了 20 世纪后半期劳动力队伍的状况。尤其是女性群体，从 30%上升到现在的 46.9%。[19]

在 21 世纪的前半叶，劳动力队伍的趋势非常值得注意，有以下四方面原因：（1）劳动力队伍中种族构成的变化；（2）“婴儿潮”一代的老龄化；（3）“Y 世代”成为不断扩大的群体；（4）技能不均衡。到 2024 年，劳动力队伍中，拉丁裔将会从当前的 13%上升到 19.8%，黑人将维持在 13%左右，而亚裔将从 5.6%微弱增加到 6.6%。同时就像刚才提到的，劳动力队伍也在逐渐老龄化。55 岁及以上的群体如今占据了劳动力队伍 16.3%的比例，并将在 2024 年提高到 24.8%。[20]另一个对当今劳动力队伍造成显著影响的群体是

"Y 世代"，这一人群指的是在 1978—1994 年出生的个体。Y 世代是劳动力队伍中增长最为迅猛的部分——从 14%上升到超过 24%。最后，雇主们面临着这样的现实：技术的变化和工作复杂性的增加导致企业所需技能和就业市场上现有技能之间的不平衡。[21] 有两项技能需求很高，但求职者往往缺乏，那就是数字化素养，以及沟通、批判性思维和团队合作等软技能。

以上及其他一些人口趋势之所以非常重要，是由于它们对当前以及未来的人力资源管理实践都有重要影响。

12.3 识别和甄选合格员工

人力资源管理过程从评估所需的人力资源类型开始，然后是找到符合需求的潜在候选者，并在候选人池中选择最佳候选人。这包含三项任务：人力资源规划、招聘、甄选（见图表 12-1）。

12.3.1 人力资源规划

人力资源规划（human resource planning）是管理者确保他们在正确的时间、正确的地点拥有正确数量和类型的有能力的员工的过程。通过规划，组织能够避免突如其来的人员短缺和人员过剩。人力资源规划包含两个步骤：（1）评估当前的人力资源；（2）满足未来的人力资源需求。

当前评估 管理者在开始人力资源规划之前，会对当前员工的情况进行统一整理。这种整理通常包括员工各方面的信息，比如姓名、受教育程度、所接受的培训、工作经历、所掌握的语言、特殊能力以及专业技能等。先进的数据库使获取和保存这些信息变得十分简单。

当前评估的一个重要组成部分就是**工作分析**（job analysis），这是对工作及从事该工作所需行为的评估。例如，在通用汽车公司工作的三级会计师需要承担什么职责？为了充分执行这份工作，必须具备的最基本的知识、技能和能力是什么？这些要求与对二级会计师或会计经理的要求有什么区别？工作分析的信息收集可以通过直接观察从事该工作的员工，单独或以小组形式与员工进行面谈，让员工完成一份调查问卷或在记事本上记录一些日常活动，或者让工作"专家"（通常是管理者）识别该项工作具体特征的方式来完成。

利用这些从工作分析中得到的信息，管理者可以制定或修订工作说明书和工作规范。**工作说明书**（job description）（或职位说明书（position description））一般是描述工作内容、工作环境和工作条件的书面声明。**工作规范**（job specification）描述的是任职者成功开展某项工作所必须拥有的最低任职资格。它确定了有效开展工作所必须具备的知识、技能和态度。在管理者开始招聘和甄选时，工作说明书和工作规范都是非常重要的文件。

满足未来的人力资源需求 未来人力资源需求的确定依赖于组织的使命、目标和战略。组织对员工的需求来源于产品或服务的需求。在对当前的能力和未来的需求进行评估之后，管理者能够估计组织中人员匹配不足或过剩的领域。随后，他们准备好进入人力资源管理过程的下一个步骤。

12.3.2 招聘和解聘

如果存在职位空缺，那么管理者应该利用工作分析收集的信息来指导员工的**招聘**（recruitment）——发现、识别和吸引合格的求职者。[22] 如果人力资源规划表明存在人员冗余，管理者可能会采用**解聘**（decruitment），即减少组织的员工数量。[23]

招聘 有一些组织通过非常有趣的方法来招聘员工。例如，加拿大麦当劳在 2018 年 4 月举办了一个全国招聘日，计划在这一活动中招聘 8 500 名员工，且鼓励有意应聘者在线上申请或者当面申请。[24] 宜家在澳大利亚开展了一次卓有成效的招聘活动。公司通过将“职业生涯指导”表格放到产品包装盒内向顾客发布工作机会。这一举动旨在指导顾客来申请工作。此举十分成功地吸引了 4 300 名合格的申请人，并雇用了 280 名员工。[25]

图表 12－3 展示了管理者可用于寻找潜在工作候选人的不同方法，其中有两个是值得详细介绍的：员工推荐——因其有效性；社交媒体——因其日益增长的重要性。[26]

图表 12－3 招聘途径

途径	优势	劣势
互联网	能够扩散给大量人员；也可以获得即时反馈	产生很多不合格的候选人
员工推荐	公司现有员工可以提供本公司的信息；能够产生优秀的候选人，因为好的推荐会提升推荐者的声望	在提高员工多样性上可能有所欠缺
公司网站	辐射范围广；能够瞄准某些特定群体	产生很多不合格的候选人
校园招聘	大规模的候选人集中在一起	限于初级职位
专业招聘机构	对行业挑战和要求具备深入认知	对特定组织承诺较少
社交媒体	运用当前员工的关系网络，特别是在联系较为年轻的候选人的时候	在联系年长或高级候选人方面效果不佳

员工推荐是寻找优秀应聘者的最佳途径。一项针对 1 000 家公司的研究发现，超过 30％的总体招聘和 45％的内部招聘是通过员工推荐进行的。[27] 其他研究发现，员工推荐有最高的应聘者转换率，尽管只有 7％的人通过该渠道申请，但他们占所有被雇用者的 40％。[28] 此外，人们发现，推荐员工比其他渠道招聘的员工工作满意度更高，任期更长。[29] 为什么推荐是如此有效的来源？因为组织中的员工既了解这份工作，也了解被推荐的人，他们倾向于推荐那些完全合格的申请人。而且，现在的员工通常觉得自己的声誉会受到威胁，因此只有确信这个人不会让他们难堪时，才会推荐这个人。

推荐招聘方式有缺点吗？当然有。由于人们倾向于交朋友，并因此推荐与自己相似的人，所以推荐招聘不太可能增强多样性。比如，就硅谷公司严重依赖现有员工的推荐程度而言，新员工很可能与现有员工相似——年轻的白人男性。

工作场所的秘密

找工作

找到一份合适的工作不是件容易事，选择一种合适的搜寻方法可以大大提升成功的概率。我们首先简要概述一些搜寻工作的可选手段，然后讨论选择一家合适的就业组织的重要性。

你的祖父可能通过相对传统的方式找工作，诸如报纸广告、前往就业机构或者听从朋友与亲戚的推荐。这三种方式中，报纸广告几乎消失了，取而代之的是在线网站；就业机构在很大程度上被专注于高管和高级专业职位的猎头公司所取代；而工作推荐仍然是发现空缺岗位的好方法。

组织在职员工的推荐更容易提供准确真实的信息，这种信息在公司招聘部门或许是无法得到的。因此，工作推荐更容易打消不切实际的期望。如果一家连锁汽车旅馆的广告——“最大的惊喜莫过于没有惊喜”——是对的，你也许应该赋予在职员工提供的信息更高的价值。

如果你临近毕业或者刚刚毕业不久，考虑运用你们学院的就业安置服务。对于高校毕业生而言，高校就业安置是保证就业的很好的途径。

实际上，你在哪里找到工作取决于雇主选择的搜寻途径，那么雇主更喜欢哪些途径呢？对就业渠道的研究表明，雇主通常倾向于通过非正式途径——如联系人和网络——雇用大多数员工，但对雇用专业人员、管理者和大学毕业生来说，雇主更喜欢正式的渠道。我们来看看这些正式渠道中的一部分。

1. 招聘会为组织提供创建就业品牌的好机会。组织喜欢依靠招聘会签约优秀的员工，并收集信息与简历。比如说，克利夫兰诊所最近在俄亥俄州东北部开了三场招聘会，以填补500名护士的空缺岗位。要注意，在招聘会上有多名雇主并不是什么稀奇事。通常来说他们都是公司的员工，因此这样的招聘会给你和一些公司员工以及多名雇主面对面交流的机会。

2. 许多专业组织也会为它们的成员提供安置服务。专业组织提供不同的就业岗位，当公布人力资源管理、产业工程师、心理顾问、会计、法律顾问等岗位的空缺名单时，专业组织会将列表发给成员。这种组织常见的行为还有在地区内或者在全国会议上提供就业洽谈机会，这样求职者和招聘方可以找到对方。

3. 今天，许多工作搜寻过程是在网络上实现的。或大或小的组织如今都在官网上设置一个“职业生涯”的模块，依靠其来招聘员工。最近一项研究表明，60%的雇主在线上招聘员工。当然除了雇主的网站，你可能也会在求职网站、社交媒体网站、找工作的应用程序上检索。求职网站允许通过位置、关键词、行业、受教育水平、薪酬以及这些标准的组合来进行检索。比较火热的求职网站有CareerBuilder.com和Monster.com。还有社交媒体，像是脸书和领英都包含“职业生涯”这一部分。你可能想要了解的另外两个应用程序是Switch和Jobmaster。Switch之于求职就如同Tinder（一款手机交友App）之于约会。求职者在Switch浏览工作简介时是匿名的，向右滑动表示自己对内容感兴趣。如果用户的资质背景与招聘需求相互匹配，双方可以在应用内交流。Jobmaster则从全世界大约1 000个求职网站汇总了职位列表。它包含全国性的求职网站以及专注于特定职业的求职网站。

现在我们来谈谈另一个关于求职的问题：确保一个空缺的职位是适合你的。具体来说，即使这份工作看起来很棒，雇主也提供了工作机会，但这个组织于你而言是否合适？

我们已经在以前的几个“工作场所的秘密”专栏讨论了组织文化。与这些讨论一致的是，如果你最终找到了一份很好的工作，但在一个你不适合的组织里，那么你找工作的结果也不算是成功的。那么，在你真正开始在那里工作之前，你如何发现一个组织究竟是什么样的呢？首先，在面试中要体会言外之意。要倾听人们讲述管理者如何处理挫折、规则破坏者、不墨守成规者，或创造性类型的故事。例如，公司是否奖励风险承担行为，抑或惩罚该行为？其次，倾听并观察那些体现员工认为什么是重要的仪式行为，并寻找可以为你提供线索的人为现象和符号——关于什么样的员工行为被认为是适当的。正如尤吉·贝拉（Yogi Berra）所说的，“仅通过看，你就能够察觉到很多事情”。在你对组织进行评估后，扪心自问：我的个性是否符合这个组织的价值观？在求职过程中，我们经常关注头衔、职位和薪水。显然这些因素很重要，但找到一种适合你的组织文化会提升你在组织中收获快乐与成功的机会。[30]

社交媒体现在是求职者增长最快的来源。[31]例如，领英就是为招聘和建立社交网络而建立的。如果雇主试图联系到青少年和年轻人，可以利用 Snapchat 或脸书，75%以上的青少年和年轻人使用它们。[32]社交媒体的吸引力在于其扩大申请人池的能力、容易找到潜在申请者的丰富资料和网络连接的力量。通过社交媒体，员工可以利用他们的个人网络发现组织中可能的职位空缺。

解聘 控制员工供给的另一种方法是解聘，对于任何一位管理者而言，这都不是一项愉快的任务。图表 12-4 展示了一些解聘方案。尽管可以直接辞退员工，但也许有更好的选择。然而，无论你怎么做，减少一个组织的员工数量从来都不是一项简单的任务。

图表 12-4 解聘方案

方案	描述
解雇	永久的、非自愿的工作终止
临时解雇	临时的、非自愿的工作终止；可能只持续几天，也可能延续几年
自然减员	对自愿辞职或正常退休所腾出的岗位不予填补
调职	员工的平调或下调；通常不会降低成本，但可以缓解组织内的供求不平衡
压缩工作周	员工每周工作更少的时间、分享工作岗位或以兼职的身份工作
提前退休	为年龄大、资历深的员工提供激励，使他们在正常退休年龄之前退休
工作分享	几个员工共享一份全职工作

12.3.3 甄选

在拥有一大批求职者之后，人力资源管理过程的下一个步骤就是**甄选**（selection），即对求职者进行筛选以确定某项工作的最佳人选。管理者需要谨慎地进行甄选，因为招聘失误可能会造成严重影响。[33]例如，美捷步公司的首席执行官谢家华（Tony Hsieh）曾估计，糟糕的招聘让他的公司损失了“1 亿多美元”。[34]这些成本包括运作良好的团队遭到破坏、有才华的同事被怂恿离开以及雇用替代者的成本。

什么是甄选？ 甄选包括预测哪些应聘者会在雇用后取得成功。[35]例如，如果是在为一个销售岗位进行招聘，那么甄选过程应该预测哪些应聘者会带来更高的销售额。正如图表 12-5 所示，任何一项甄选决策都会导致四种可能的结果——两种正确的结果和两种错误的结果。

当我们预测该应聘者会取得成功，而事实证明后来他确实在工作上取得了成功，或者我们预测该应聘者不会取得成功且没有雇用他时，这项决策是正确的。在第一种情况下，我们成功地接受了；而在第二种情况下，我们成功地拒绝了。

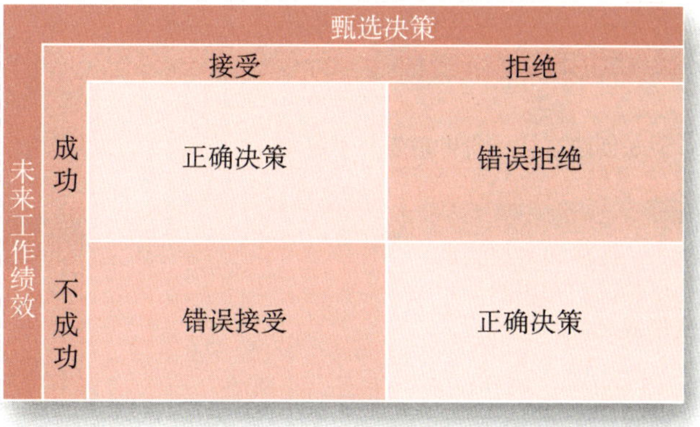

图表 12-5 甄选决策的结果

用数字说话

- CEO 们认为，无法吸引和留住顶尖人才是他们最关心的问题（甚至领先于竞争或技术颠覆）。[36]

当我们拒绝了那些以后会在工作中取得成功的应聘者（错误拒绝），或者接受了那些最终在工作上表现糟糕的应聘者（错误接受），就会带来各种问题。这些问题可能会非常严重。在当今人力资源相关法律法规的约束下，错误拒绝所耗费的成本不仅仅来自必须进行额外的筛选以找到合适的应聘者。为什么？因为他们可能会使组织面临歧视指控，尤其是在这些应聘者属于受保护群体并且受到不恰当拒绝的情况下。例如，塔吉特公司的就业评估发现，在不分级别的专业职位中，黑人、亚裔和女性申请者被不成比例地排除在外。[37]公平就业机会委员会认为，该企业违反了《民权法案》第七章的相关内容，因为该评判标准与工作本身并不密切相关，也不符合业务需要。另外，错误接受的成本包括培训员工的成本、由于员工的无能而导致的利润损失、解雇以及随后的招聘和筛选的成本。任何甄选活动的重点都应该是减少错误拒绝（正确人选）或错误接受（人选）的概率，同时增加作出正确决策的概率。管理者通过使用有效和可靠的甄选工具可以做到这一点。

效度和信度 **一种有效度的甄选工具**（valid selection device）应该具备某种特征，这种特征是该甄选工具与某种相关指标之间存在一种已被证实的相关关系。联邦就业法律禁止管理者采用某项测试所得分数来甄选员工，除非有明确的证据表明，在该项测试中得高分的个体一旦获得这份工作，会比得分低的个体表现得更为出色。因此，管理者有责任为自身采用的用于区分求职者的甄选工具与工作绩效之间存在有效的相关关系提供支持。

一种有信度的甄选工具（reliable selection device）意味着在测量同一事物上一直保持一致的结果。在一种有信度的测试中，假设测量的这些特征是相当稳定的，任何一个个体的分数都应该在一段时间内保持相对一致。如果一种甄选工具不具有信度，那么它就不可能是有效的。采用这样一种工具就好像每天在一个不稳定的磅秤上称量体重。如果这个秤是没有信度的——每次你站上去后，随机地上下浮动 5～10 磅——那么测量结果也不会有什么意义。

不同类型的甄选工具 最普遍的甄选工具包括申请表、笔试、绩效模拟测试、面试、背景调查，在某些情况下要进行体检。图表 12-6 列举了每一种工具的优缺点。

图表 12－6 甄选工具

申请表
● 应用最为普遍
● 收集信息最为有用
● 能够预测工作绩效，但是创建这样一份申请表并不容易
笔试
● 必须与工作相关
● 包括智力、资质、能力、性格和兴趣测试
● 应用非常普遍（如性格测试、资质测试）
● 能够相对较好地预测管理岗位的绩效
绩效模拟测试
● 采用实际的工作行为
● 工作模拟测试——利用与工作岗位相关的工作任务来测试应聘者；适用于按部就班或标准化的工作
● 评价中心——模拟工作；适用于对管理潜能的评估
面试
● 应用最为普遍
● 必须知道什么可以问，什么不可以问
● 适用于管理岗位的甄选
背景调查
● 用于核实求职者信息——有价值的信息来源
● 用于核实推荐信——不是一种有价值的信息来源
体检
● 适用于对身体素质有某些特殊要求的工作岗位
● 主要是出于保险目的

关于这些工具的质量和普及程度，需要做一些评论。具体来说，大多数面试都不能很好地预测工作绩效，预测未来绩效的最好方法是实际的绩效模拟，而社交媒体正迅速成为一个流行的背景信息来源。

求职面试仍然是最流行的选择工具之一。很少有工作是不经过面试的。遗憾的是，压倒性的证据表明，面试不是很可靠，但面试在最终的选择决定中有着不成比例的影响力。[38]主要问题在于大多数面试都倾向于非结构化——时间短、随意，由随机提出的问题组成。如果不采用结构化面试，面试官可能会更青睐于和他们持相同态度的应聘者，且过分重视负面信息，同时面试者的顺序也会影响到他们的评价。[39]而结构化面试的好处在于，所有的候选人都会收到一套标准化的问题，可以显著提高可靠性。[40]

预测应聘者未来工作表现的最可靠和有效的方法之一就是让应聘者展示与工作相关的实际技能。[41]绩效模拟测试包括工作模拟测试和评估中心。**工作模拟测试**（work sample tests）是对从事该工作的员工日常必须完成的部分或全部工作的模拟。每一个工作模拟元素都与一个工作表现元素相匹配，以衡量求职者的知识、技能和能力，且比书面资质或性格测试更具特异性。[42]在**评估中心**（assessment centers），一套更详细的绩效模拟测试被专门设计来评估候选人的管理潜力。直线经理、主管和/或训练有素的心理学家会在候选人经过一天或几天的训练后评估他们，这些训练模拟了他们在工作中会遇到的真实问题。[43]

正如社交媒体正在重塑组织决策和沟通一样，它也正在成为作出甄选决策的流行工具。[44]像脸书这样的社交媒体被用来收集信息和筛选潜在员工，但这些信息对提高招聘决策的质量有帮助吗？初步证据表明并非如此[45]，有证据显示，申请人的脸书信息与主管对工作表现或流动率的评价无关。此外，这些信息往往有不利的潜在影响（倾向于女性和白人申请者）。

真实工作预览 当招聘人员和面试官描述他们的组织和潜在求职者将从事的工作时，他们往往会把注意力集中在积极的方面。这样做的逻辑是，如果一个好的求职者听到否定的声音，他就不太可能接受一份工作。但问题是，如果只告诉申请者好的方面，那么当现实问题来袭时，他们很可能会有一种幻灭感。[46]当应聘者获得的信息经过了过度粉饰，也会带来一些负面影响。第一，与职位不匹配的应聘者可能不会自动从甄选过程中退出。第二，过度粉饰的信息建立了一些不真实的期望，所以新员工可能不久后就开始感到不满意并离开组织。第三，当新员工面临工作中意料之外的严酷现实时，就会出现幻想破灭的情况，从而降低对组织的投入。此外，这些员工也可能会认为他们在招聘过程中被误导了，因此变成问题员工。

为了提高员工的工作满意度和降低离职率，管理者应该考虑提供**真实工作预览**（realistic job preview，RJP），其中包括关于公司和工作的正面和负面信息。例如，面试过程中除了要向应聘者展示一些正面评价，可能还需要告知应聘者：在工作时间内与同事交谈的机会有限，晋升机会比较少，工作时间比较不固定，可能需要周末加班等。研究表明，与那些所获信息经过加工的应聘者相比，经历了真实工作预览的应聘者对他们即将从事的工作拥有更加真实的期望，并且能够更好地应对工作中令人沮丧的因素。

场景实践

乔斯·萨利纳斯（José Salinas）是一家大型食品加工厂的人力资源经理。最近几年，他发现越来越多的家长参与到成年子女找工作的过程中。事实上，某位应聘者的家长会在孩子获得一个工作机会之后与公司进行交谈，希望讨论孩子的工资、一系列升迁计划以及教育报销机会等。乔斯不确定该如何解决这些状况。

你会为乔斯提出什么建议？

你可能会理解为人父母的关心与忧虑，但是我们不能跟他们讨论公司的信息。我们是与潜在的员工建立关系。让这些父母知道你很乐于直接与他们的子女沟通，并且回答任何他们想知道的问题。

扎奇亚·罗杰斯（Zakiyyah Rogers），人力资源部经理

12.4 向员工提供技能和知识

就算是最优秀的新员工也要适应新的工作团队，熟悉全新的组织文化。当今的工作环境变化十分迅速，因此现在的员工要保证他们的技能紧随时代。基于此，人力资源管理运用入职培训、社会化以及员工培训的方式实现这一目标。

12.4.1 入职培训与社会化

在入校之初，你是否参加过某些组织举办的“大学生活介绍”活动？如果你参加过，

这些活动可能会告诉你学校的一些规章制度，例如申请财务资助、兑换支票或课程注册等事项，也可能向你介绍学校的一些行政管理人员。刚开始从事新工作的员工也需要对其工作岗位和所在组织的入门介绍。这种介绍称为**入职培训**（orientation）。

入职培训有两种类型。部门入职培训是使员工熟悉工作单位的目标，明确自身工作如何为部门的目标做贡献，也包括向新员工介绍新同事。组织入职培训则是告知新员工关于组织的目标、历史、理念、程序以及规章制度。其中，也包括相关的人力资源政策，甚至包括带领新员工参观组织各个工作场所。

除了向组织介绍新员工之外，管理层还应该考虑帮助新员工适应组织文化的选择。如第 3 章所述，这属于社会化过程。图表 12－7 列出了一些管理行为选择。这些选择可以同时运用，以鼓励员工表现出受约束的、有纪律的，或独立而有创造性的行为。[47] 如果管理越依赖于正式的、集体的、固定的和顺序的社会化计划，同时越强调剥离，那么新成员的差异就越有可能被抹去，并被标准化、可预测的行为所取代。这些制度实践在公安部门、消防部门和其他重视规则遵循和秩序的组织中很常见。而在强调员工以规范的方式接受身份的同时，非正式的、个体的、可变的和随机的，同时强调授权的社会化项目更有可能给予新进者一种创新意识——关于他们的角色和工作方法。在创意领域，如研究与开发、广告和电影制作，都依赖于这些个人创新实践。

图表 12－7　进入社会化选择

正式与非正式	新员工越是与当前的工作环境分离开来，并且以某种方式彰显其新员工的身份，那么社会化过程就越正式。具体的入职培训项目就是案例。非正式社会化让新员工直接进入工作岗位，对新员工很少或没有特别关注。
个体与集体	新成员可以以个体方式完成社会化过程。许多专业化部门都是这样做的。或者这些新员工可以作为一个群体，来体验一系列相同的经历，就像军事上的新兵训练营一样。
固定与可变	固定社会化是指新人从外部人过渡到内部人的明确社会化时间安排。这一固定的时间安排确定了这一转变需要经历的标准化阶段。它的典型特征是，这些轮岗培训项目要求，新员工在最终确定任务之前，可能要花费三个月的时间在六个部门轮岗。而可变社会化计划没有预先的时间安排。这很符合一个十分典型的晋升系统，在这个系统中，一个人只有准备好了才能进入下一阶段。
顺序与随机	顺序社会化的特点是：让某一领域的专家来训练和鼓励新员工。学徒制和导师计划就是很好的例子。而在随机社会化中，没有专门使用这些专家，而是让新员工自己解决问题。
授权与剥离	授权社会化假定新员工的某些素质和资质是成功的必备条件，因此这些素质和资质得到肯定和支持。但剥离社会化试图剥离新人已有的素质和资质。比如，兄弟会和姐妹会等使用宣誓仪式来使其担任新的角色。

让新员工尽快开始工作，这符合公司和新员工的最大利益。成功的社会化可使新员工感到舒适，降低工作表现不佳的可能性，减少过早辞职的可能性。[48] 一项研究表明，有 22%的员工流失发生在入职之初的 45 天，而在第一年失去一名员工的成本大约相当于其年薪的三倍。[49]

12.4.2 员工培训

一般来说，飞机本身不会导致航空事故的发生，但是人会。大部分碰撞、坠毁和其他航空事故——50%以上的事故——是因为飞行员或空管员的失误，或维修不力。[50]例如，如果联合航空公司的飞行员听从了副驾驶员关于油量正在迅速下降的警告，他就可以在试图降落时避免一场灾难性的事故。因此航空公司认识到，如果在培训中强调团队合作原则，这起事故本来是可以避免的。[51]我们列举这些案例是为了说明在航空行业中员工培训的重要性。这种维修不力和人为失误的问题本可以通过更好的员工培训避免或显著减少。正如 2009 年 1 月全美航空公司 1549 号航班在哈德逊河上令人震惊的“迫降”所展示的，该事故并没有造成任何人员死亡。机长切斯利·苏伦伯格（Chesley Sullenberger）将这一正面结果归因于全体飞行员和机组人员所接受的广泛的高强度培训。[53]

用数字说话

- 2017 年，美国公司在每位员工培训上的平均支出为 986 美元。[52]

员工培训是一项重要的人力资源管理活动。随着工作要求的改变，员工技能也不得不随之改变。2017 年，美国企业在正式员工培训上花费了 906 亿美元。[54]当然，管理者有责任决定员工需要什么类型的培训，什么时候需要，以及培训形式。[55]

培训类型 图表 12－8 描述了组织提供的培训的主要类型。最为普遍的包括专业/具体行业培训、管理/监管技能培训、强制/合规信息培训（如性骚扰、安全性等）以及客户服务培训。对于很多组织来说，员工的交际能力培训（沟通、冲突解决、团队建设、客户服务等）是重点事项。例如，直到最近，医学院都没有教授学生如何与病人沟通。许多医院现在已经承担了这一责任，因为病人的满意度变得更加重要。例如，罗切斯特大学医学中心（University of Rochester Medical Center）提供一对一指导，帮助医生改善与患者的沟通。[56]

类型	内容
一般培训	沟通技能、计算机系统应用与编程、客户服务、高管开发、管理技能与开发、个人发展、销售、监管技能、技术能力与知识
具体培训	基本的生活-工作技能、创造力、客户教育、多样性/文化意识、写作辅导、管理变革、领导力、产品知识、公开演讲/展示技能、安全知识、道德意识、性骚扰、团队建设、身心健康等

图表 12－8 培训类型

培训方式 由于基于技术的培训方式在传播信息上更具便利性、经济性和传播性，因此许多组织越来越依赖这样的培训方式。图表 12－9 对管理者可能采用的多种传统培训方式和基于技术的培训方式进行了描述。在这些培训方式中，专家相信组织将日益依赖电子化学习和移动应用软件来传达重要信息和开发员工技能。

图表 12-9 培训方式

传统培训方式
在职培训——通常是在向员工初步介绍工作任务之后，员工简单地通过实际执行来学习如何开展这些工作任务。
工作轮换——员工在某个特定领域从事不同的工作岗位，从而接触各种各样的工作任务。
辅导制——员工跟随一位经验丰富的同事一起工作，该同事向他提供信息、支持和鼓励；在某些特定行业中也称为学徒制。
体验式练习——员工参与到角色扮演、模拟或其他类型的面对面培训中。
工作手册/指南——员工可以参考培训工作手册和指南，获取相关信息。
课堂讲座——员工参加传达特定信息的讲座。
基于技术的培训方式
DVD/CD/播客——员工听或看所选择的传达信息或展示技巧的特定媒介。
视频会议/电话会议/卫星电视——传达信息或展示技巧时，员工可以听或参与其中。
电子化学习——基于互联网的学习，员工可以参与多媒体的模拟功能或其他互动模块。
移动学习——通过移动设备开展学习。
虚拟现实——使用 VR 头盔和定制软件，员工通过模拟训练学习。

12.5 留住胜任的高绩效员工

长期以来，评估员工绩效一直是人力资源实践中的一个基本要素。例如，年度评估传统上向管理层提供关于员工工作表现的反馈，构成基于绩效的薪酬决定的基础，并确定员工可能需要额外监督或培训以提高绩效的领域。

技术和工作人员的变化鼓励一些组织尝试替代年度审查的方法。其中一种方法就是向员工提供不间断的绩效反馈。[57]例如，在软件公司 Revinate，管理者使用目标设定项目和应用程序实时评估员工的进度。正如奉行顾客至上原则的资深经理所说的，团队成员会得到“少量的反馈”，但“意蕴深厚”。[58]其他公司如 Adobe Systems、普华永道（PricewaterhouseCoopers）和 Lumeris Healthcare Outcomes 也纷纷效仿。员工数字评估工具的可用性，以及对年轻员工的雇用——他们习惯于即时满足和渴望持续反馈，使简短、持续的评估模式成为一个有吸引力的选择。

用数字说话

- 与一年提供一次绩效评估的雇主相比，每月或者连续提供绩效评估反馈的雇主在挽留与吸引员工方面的成效要高出 1.5 倍。[59]

12.5.1 绩效评估

鲜有管理话题比绩效评估更容易引起争议。正如 Revinate 的例子所展现的，一些组织已经用持续性的评估取代了年度绩效评估。1/3 的美国公司现在已经放弃了传统的年度绩效评估。[60]60 家或至少 30 家《财富》500 强公司已经完全放弃了正式的评估，取而代之的是主观评估。[61]但在后一种情况下，人们抱怨带有政治性、偏见性和惩罚性特征的评估玷污了绩效评估过程的价值。

绩效评估方法 大多数组织处理问题时并不会把孩子同洗澡水一起倒掉，因此它们仍在进行正式的绩效评估。图表 12-10 描述了七种不同的绩效评估方法及其优缺点。

图表 12-10　绩效评估方法

书面描述法
考评者以书面形式描述一位员工的优缺点、以往绩效和潜能；提出改进建议。
优点：使用简单。
缺点：可能并不是对员工实际绩效的考核，而是对考评者写作能力的一种考量。
关键事件法
考评者聚焦于区分有效和无效绩效的关键行为。
优点：实例丰富，基于行为进行评估。
缺点：耗时，无法量化。
图尺度评价法
一种流行的评估方法，列出了一系列绩效要素并规定了量表尺度；考评者根据这个列表逐项对员工进行打分。
优点：提供了量化数据；不会耗时太久。
缺点：无法提供关于工作行为的深度信息。
行为锚定等级评价法（行为定位法）
一种流行的评估方法，同时结合了关键事件法和图尺度评价法的一些要素；考评者采用一个评分量表进行评估，但其评分项目是实际工作行为事例。
优点：聚焦于具体的、可衡量的工作行为。
缺点：耗时；难以开发。
多人比较法
通过与工作群体中的其他员工进行比较来评估员工。
优点：使员工与其他员工两两进行比较。
缺点：当员工数量较大时难以应用；可能需要关注法理上的问题。
目标管理法
根据员工在特定目标上的完成程度来评估员工。
优点：聚焦于目标；结果导向。
缺点：耗时。
360 度评估法
利用来自上司、员工本人和同事的反馈来评估员工。
优点：全面。
缺点：耗时。

我们应该注意到，即使是在进行正式绩效评估的地方，技术也在改变绩效数据的收集方式。尤其是在依靠电脑完成的工作中，主管的监督工作正越来越多地被**电子绩效监控**（electronic performance monitoring）所取代[62]，此举是指使用电子仪器或设备来收集、存储、分析和报告个人或团体的绩效。例如，这项技术被广泛应用于呼叫中心，主管可以持续跟踪和实时分析员工的工作流程。电子监控系统可以不断地收集关于绩效指标的信息，比如平均话务处理时间、总话务处理数量和休息时间。这样，主管就可以用客观的数据进行正式的绩效评估。此外，这些数字监控系统几乎可以立即向主管发出绩效问题警报，进而可以迅速采取纠正措施。这与年度绩效评估相比是一个巨大的改进，因为在年度绩效评估，主管们可能正在解决的问题是六个月或九个月前就已经出现的。

在失败中学习　强制排名在微软“爆炸”了

该问题始于通用电气，后来逐渐扩展到其他主要的企业中。强制排名（末位淘汰制）需要企业的管理者对企业的所有员工进行评价并加以比较。最终位于排名末端的人要离开。从理论上讲，一直以来，每年绩效评估采取强制排名时，都有组织开除绩效不佳的员工。

强制排名的运转机理是这样的：大部分员工小组都是由高于平均水平、平均水平和低于平均水平的员工构成的，或者至少可以认为这是该系统要求管理者评分的方式。当然缺陷也很明显，该方式假定每个小组都是均匀分配的，即使一个经理可能拥有一个五人全明星小组阵容，这个体系也一定要评出一名低于平均水平的员工和一些平均水平的员工。但工作小组通常并不是均匀划分的，所以优秀的人也有可能被一脚踢下车。

那么强制排名的初始诱因是什么？该方法迫使管理者在压力下作出决策——找出并面对绩效不佳者，很多管理者都尽量避免这样的事情。这样做的代价是什么？微软发现在运行该体系的几十年间，员工想尽办法成为平庸的团队的一员，他们相互竞争，并让自己的同事看起来稍逊自己一筹。如果你即将被他人评头论足，那么你为伤害"他人"所做的一切都有理可循。例如，公司高管拒绝合作，因为害怕伤害到他们的排名。公司的员工也会定期给同事捣乱，以让自己看起来更好一些。

微软意识到强制排名对公司而言没有效果，于是在 2012 年废止了该体系，并用绩效评估系统取而代之，该系统强调团队行动、互相帮助以及合作。[63]

12.5.2 薪酬与福利

除非从事志愿服务工作，否则我们总是希望从雇主那里得到报酬。开发一个有效而恰如其分的薪酬体系是人力资源管理过程的重要组成部分。它是任何组织吸引并留住有能力、有才华的员工的关键部分。

组织薪酬可以包括许多不同类型的奖励和福利，包括底薪（基本薪酬）、奖金、股权激励及其他福利和服务。[64]员工福利通常包括退休福利、健康保险和带薪休假等。许多公司都在通过提供灵活的工作选择和有利于家庭的福利来满足员工对工作-家庭生活平衡的需求。

一些公司给员工提供一些并不常见但很受欢迎的福利。例如，金宝汤（Campbell Soup）和梅赛德斯-奔驰（Mercedes-Benz）都提供礼宾服务。员工可以让礼宾部代取干洗衣物或预订晚餐。在美国银行，员工购买混合动力或电动汽车可获得 3 000 美元的补助。在这里还有一项广受学生欢迎的福利：学生贷款偿还补助。法国外贸银行全球资产管理公司（Natixis Global Asset Management）和在线订餐平台 ChowNow 提供还款协助，希望能招募和留住顶尖人才。[65]

管理者如何确定谁将获得什么？有一些因素会影响不同的员工所获得的薪酬和福利。图表 12－11 对这些因素进行了总结，主要是工作岗位以及所在公司或所在行业。然而，许多组织也在采用其他方案来确定员工薪酬：基于技能的薪酬和浮动薪酬。

在以下章节中，我们将着眼于三个当代薪酬问题：基于技能的薪酬和浮动薪酬；奖金与年度加薪；秘密支付与透明支付。然后我们简要地看一下福利措施的相关内容和员工更喜欢哪一个。

基于技能的薪酬和浮动薪酬　**基于技能的薪酬**（skill-based pay）是基于员工表现出

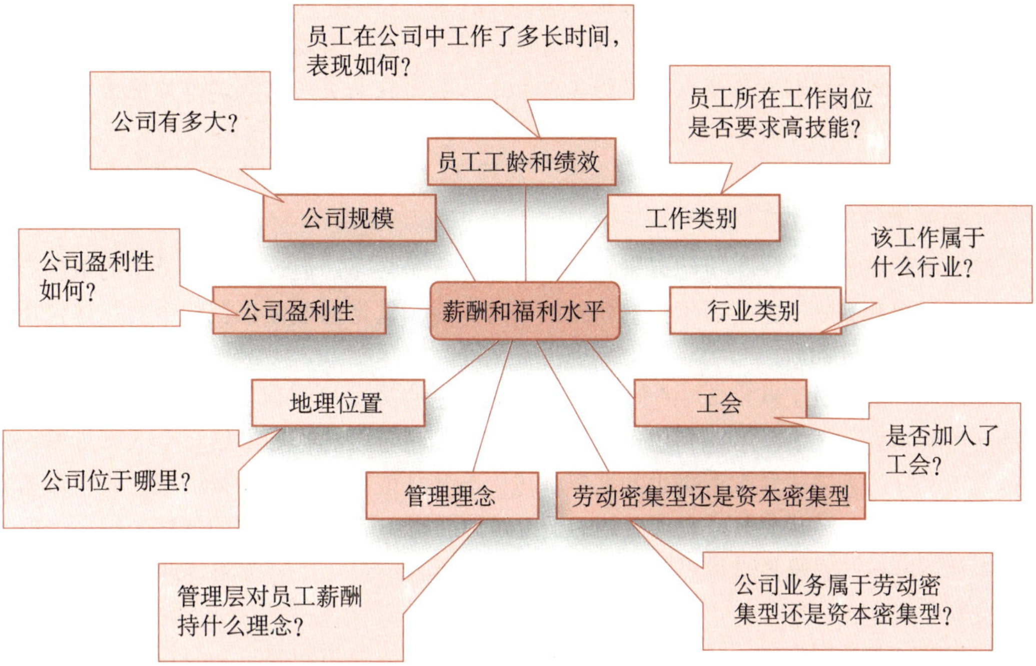

图表 12-11 薪酬和福利的影响因素

的工作技能和能力来确定薪酬。在这种类型的薪酬体系下，员工的工作岗位名称并不能决定他所获得的工资，技能却可以。各种各样的雇主都建立了以技能为重点的薪酬计划。很多已知的制造业公司也在使用这种薪酬制度。这些项目运转效果如何？一项研究发现，在制造业背景下，以技能为基础的薪酬计划提高了工厂 58%的生产率，降低了 16%的劳动力成本，并产生了良好的质量结果。[66]另外，也有许多组织采用**浮动薪酬**（variable pay），它是由个人绩效水平决定的薪酬——90%的美国组织采用了某种类型的浮动薪酬，而 50%的亚洲和拉丁美洲国家也是如此。[67]在第 16 章，我们将会与员工激励相联系，进一步讨论浮动薪酬体系。

很多因素都会影响一个组织薪酬体系的设计，灵活性是一个关键的考虑因素。支付员工薪酬的传统方式更多地反映了一个稳定的时代，在这种时代背景下，员工薪酬很大程度上由资历和工作级别所决定。而考虑到当今许多组织所面临的动态环境，薪酬设计的趋势在于使其变得更加灵活，并且减少薪酬等级的数量。

场景实践

作为 Extreme Software Solutions 公司的人力资源经理，吉田金（Kim Yoshida）帮助公司制定了管理日益增多的员工的政策和措施。作为一家已有十年历史的企业，该公司主要雇用刚毕业的大学生，他们渴望在任何时间内工作来帮助公司发展和运行。鉴于 Extreme Software Solutions 是一家成熟的公司，吉田金指出，许多员工开始成家立业，她收到了一些缩短工作时间或提供更灵活的工作时间安排的请求。在这一点上，吉田金认为公司应该考虑提供有利于家庭的福利。

吉田金应该考虑提供什么样的家庭福利？

为了维护与初创员工的关系，吉田金应该考虑灵活的工作计划和工作-生活平衡方面的福利，以及使员工在成家后更容易投入工作的政策。例如：对缩短工作时间感兴趣的雇员实施工作分享、在家或远程办公、内部日托或补贴日托方案以及在孩子出生或收养后的带薪休假。制定的福利政策不仅要根据工作和个人安排提高员工完成工作的能力，还应帮助公司继续实现其业务目标。

雷亚·盖娜（Leya Gaynor），人力资源业务合作伙伴

奖金与年度加薪 一个世纪以来，每年加薪一直是常态。但这是补偿员工的最佳方式吗？一些公司和薪酬专家扩展了浮动薪酬的概念，对于选定的业绩出色的个人，建议用一次性奖金取代年度加薪。[68]

当表现一般的员工获得 3%的加薪，而表现出色的员工只获得 5%的加薪时，加薪的激励潜力就丧失了很多。考虑到用于加薪的资金数额是有限的，如果给每个人都加薪，那么对表现最好的人来说意味着更少的薪资加成。与其分散财富，为什么不把它放在最有益的地方呢？在 Novitex 公司，表现最好的员工可以获得 10%乃至更多的加薪。另一个好处是，正如 Novitex 的服务交付经理所说的，在表现不佳的员工中，你将“经历一些健康的人事变动”。[69]

秘密支付与透明支付 从历史上看，雇主（尤其是大公司的雇主）会特别注意告诉员工，他们不应该分享工资信息。他们的想法是：个人的工资取决于很多因素，而员工并不了解所有这些因素，所以员工之间的比较容易产生问题。具体来说，员工可能会质疑分配的公平性，降低他们对组织的信任和忠诚，并导致较低的工作动机和满意度。[70]

2016 年，一项行政命令开启了美国工资透明化的新时代，该命令适用于与美国政府签订合同价值超过 1 万美元的所有组织。[71]该行政命令禁止雇主因雇员披露和讨论薪酬信息而对其进行报复。因此，许多公司（包括那些与政府没有业务往来的公司）开始重新评估它们的薪酬保密政策。鉴于保密禁忌在年轻员工中不受欢迎，我们应该期待在未来几年看到更高的薪酬透明度。最近一项针对千禧一代的调查发现，30%的人曾与同事分享过自己的薪酬信息。而在婴儿潮一代中，这一比例仅为 8%。[72]

福利措施 员工薪酬不仅仅是工作报酬。吸引和留住优秀员工的一个关键因素是公司的福利计划。对员工的调查证实了这一点：57%的员工表示，福利是他们考虑工作时的首要因素；80%的人表示，他们更希望获得额外福利，而不是加薪；87%的人表示，合适的福利待遇会降低他们离职的可能性。[73]

但是大多数员工想要什么样的福利呢？管理者应该关注哪些项目来最大化这些利益的价值？对员工满意度影响最大的福利（按顺序排列）是：健康保险、假期、带薪休假以及退休计划（包括养老金和 401（k）计划）。[74]额外的福利应该反映员工的利益、组织的文化，甚至是公司的地理位置等因素。例如，苹果、脸书和谷歌都提供班车服务，将它们的技术员工从旧金山的家送到硅谷的办公室。[75]锐步公司（Reebok）则为员工提供混合健身课程和现场健身设施。[76]

12.6 职业生涯发展

人力资源管理过程的最后一项活动是职业生涯发展。在第 9 章的“工作场所的秘密”

专栏中，我们讨论了职业问题。在此，我们想简要地集中讨论组织的责任。

在过去的 30 年里，作为员工责任的职业生涯发展已经成为一种趋势。以前几乎所有的大公司，如 IBM 和通用电气，都提供持续多年的正式培训项目和持续的职业生涯发展研讨会，但现在，这样的机会少得多。正如一些作者所说的，创建“个人品牌”是每个人的责任。[77]

虽然总体发展趋势是将职业生涯发展的责任推到员工身上，但有两个重要的趋势应该关注一下。首先，企业通过支持“终身学习”的方式来帮助员工保持他们的技能跟上时代。例如，许多公司为员工提供学费报销，让他们参加与工作相关的大学课程。斯堪的纳维亚航空公司（SAS）、亚马逊、Bonobos 和企业租车公司（Enterprise Rent-A Car）等都提供领导力课程，帮助员工为承担管理职责做好准备。[78]其次，公司正在扩大和推广它们的实习项目。[79]一个为期三个月的暑期实习项目是评估一个潜在员工的能力和积极性的好方法，而且如果一个正式员工表现不好，也不会涉及成本和法律问题。而对实习生来说，他们获得了通过实践学习的机会，企业也可以考察他们是否愿意成为全职员工。例如，摩根大通（JPMorgan）、瑞士信贷（Credit Suisse）和德意志银行等大型银行在大四前的暑期招募了数百名潜力巨大的大学生，给予他们丰厚的薪酬，让他们从事多种工作，借此决定哪些实习生在毕业后将获得全职工作。

12.7 当代的人力资源管理问题

最后，我们通过考察当代管理者所面临的一些人力资源管理问题——性骚扰以及职场欺凌来结束本章。

12.7.1 性骚扰

无论是在公共组织还是私营组织，性骚扰都是一个严重的问题。但正如我们在讨论性别歧视的第 5 章中指出的那样，2017 年是一个分水岭，那些几十年来都被接受的或者至少很少被关注的，尤其是来自在组织中有权力和影响力的行为，被一个新的标准所取代：零容忍。

以前不敢说出来的女性现在有人倾听。一些有权势的高管、政客和高调的媒体人因为不当的性行为丢掉了工作。这一趋势使得几乎所有组织的高级管理人员对不当行为的指控越来越敏感，并意识到创造一个没有威胁的工作场所是必需的。现实的钟摆已经从经常视而不见转向积极调查指控，并对当事人积极采取行动。

性骚扰（sexual harassment）究竟是什么？它被定义为任何带有性色彩的，会直接或间接影响目标员工的就业、工作绩效或工作环境的不必要的行为或行动。此外，正如我们前面指出的，性骚扰可能发生在异性之间，也可能发生在同性之间。

许多与性骚扰相关的问题都涉及如何精确界定什么构成了这种违法行为。美国公平就业机会委员会按照这种方式来定义性骚扰：“不受欢迎的性挑逗、性要求，以及其他带有性色彩的言语或肢体行为，当这些行为直接或间接地影响到个体的就业，不合理地干扰到个体的工作绩效，或形成了一种胁迫、充满敌意和攻击性的工作环境时，就构成了性骚扰。”[80]美国公平就业机会委员会进行了补充，性骚扰还包括对某人作出攻击性性评论。对于很多组织来说，这种充满攻击性和敌意的工作环境正是问题所在。管理者必须清楚是什么构成了这样一种环境。

存在性骚扰的组织的成本很高。在美国，几乎所有的《财富》500 强公司都有员工投诉，其中至少有 1/3 的公司被起诉。[81]而处理费用则从几千到数千万美元不等。例如，21 世纪福克斯花了 2 000 万美元来解决一名前新闻主播的性骚扰索赔问题。[82]性骚扰不仅在美国是一个问题，也是一个全球性的问题。全球 35%的妇女曾遭受过身体或性暴力。[83]

一个组织可以做什么来保护自己免受骚扰指控？有这样一项由七个要素组成的计划[84]：(1) 明确的反骚扰政策；(2) 明确说明可被视为骚扰的禁止行为；(3) 具有鼓励员工主动投诉的程序；(4) 对举报人、证人的保护；(5) 既保护受害人的隐私权，又保护被告人的隐私权的调查策略；(6) 持续进行管理培训和员工意识培训；(7) 采取措施和程序，以确保迅速采取纠正行动，停止持续的骚扰，并对违规者采取适当的纪律行动。

12.7.2 职场欺凌

职场欺凌（workplace bullying）是什么？当一个人在一段时间内反复遭受一些负面行为的侵扰，导致身体或精神受损时，职场欺凌就出现了。[85]要注意，单独的一次消极行为并不被认为是欺凌。欺凌行为包括辱骂、贬损言论、羞辱、恐吓和报复。员工描述的一些具体的欺凌行为有：意见被忽视、被大声呵斥、被散布关于他们的流言蜚语、在公共场合被嘲笑。[86]我们来定义最后一个要素：欺凌行为还包括存在权力不平衡，进而导致一方处于不利地位，无法防御或保护自己免受欺凌。

耐克曾发生一起被广泛报道的欺凌事件。[87]该公司因工作气氛紧张而出名，其中就包括许多关于欺凌的投诉。为了应对这种文化，该公司发起了一项内部不当行为调查。这导致一些高层人员离职。品牌总裁特雷弗·爱德华兹（Trevor Edwards）被解雇，他因辱骂和毁谤下属而臭名昭著。另外四名高管也被解雇，其中一名是在该公司工作了 20 多年的女性。

职场欺凌问题有多严重？该现象很普遍，而且还在增长。研究估计，大约 29%的美国劳动力在工作中受到过欺凌。[88]就其影响而言，这大约是性骚扰报告的 4 倍。[89]

欺凌会对员工和组织产生多重真正的负面影响。[90]对于员工来说，欺凌会增加他们的焦虑和恐慌，降低他们的自尊，甚至会导致与压力有关的抑郁。对于组织来说，欺凌行为会导致员工生产力降低、缺勤增加、离职率上升以及替换雇用成本增加。

也许这令人感到有些吃惊，因为美国没有针对欺凌行为的联邦法律。相比之下，西欧、加拿大和澳大利亚都有具体的反欺凌政策。在美国，受影响的员工很难以职场欺凌为由提起诉讼。解决这一问题的方法之一是，被欺凌者可以证明欺凌行为与受保护的歧视阶层有关。如果诉讼能证明欺凌行为与种族、肤色、残疾或性取向等有关，那么诉讼就会成功。

尽管管理层的确有义务创造一个没有欺凌弱小者的工作场所，但遗憾的是，这并不容易。为此，有必要采取多方面的办法。从最高管理层的领导开始，高管们必须在言语和行动上作出承诺。然后可以通过提出正式政策、行为规范，开办警示工作坊，为受害者建立正式申诉渠道，迅速开展欺凌事件调查，并对施虐者进行组织纪律惩罚来支持这一工作。[91]

为考试做准备

本章小结

12.1 解释人力资源管理的重要性以及人力资源管理过程。

人力资源管理之所以重要，有以下三个原因：第一，人力资源管理是竞争优势的一个重要来源。第二，人力资源管理是组织战略的重要组成部分。第三，组织对待员工的方式会对组织绩效产生显著的影响。为了达到这些目标，管理者依赖涵盖了人力资源管理过程八个方面的活动（见图表 12-1）。

12.2 描述影响人力资源管理过程的外部因素。

最直接影响人力资源管理过程的外部因素是经济、工会、法律和人口趋势因素。经济影响着员工如何看待他们的工作，也影响着组织如何管理人力资源。工会是代表员工利益并通过集体谈判来保护他们利益的组织。在工会组织中，人力资源管理实践是由集体谈判协议决定的。人力资源管理实践受一个国家的法律约束，如果不遵守这些法律，可能会产生巨大的成本。人口趋势，如劳动力队伍中种族和民族构成的变化、“婴儿潮”一代员工的退休以及“Y 世代”员工数量的扩大，也将对人力资源管理实践产生影响。

12.3 讨论与识别和甄选合格员工相关的工作任务。

人力资源规划是管理者确保他们在正确的时间、正确的地点拥有正确数量和类型的有能力的员工的过程。工作分析是评估过程的一部分，它定义了一份工作以及从事该工作所需的行为。工作说明书是描述工作内容、工作环境和工作条件的书面声明。工作规范也是一种书面声明，它规定了任职者必须具备的最低任职资格，以成功地完成既定的工作。

雇主必须谨慎地筛选潜在求职者。招聘是发现、识别和吸引合格的求职者的过程。解聘是指在劳动力供应过剩时减少劳动力。

甄选包括预测哪些应聘者会被录用。一个有效度的甄选工具的特征是能够证明甄选工具和一些相关的标准之间的关系。一个有信度的甄选工具表明它能够一致地测量同一件事情。甄选工具包括申请表、笔试、绩效模拟测试、面试、背景调查，在某些情况下还包括体检。

真实工作预览很重要，因为它能让应聘者对工作有更现实的期望，从而提高员工的工作满意度，降低员工离职率。

12.4 解释企业如何向员工提供技能和知识。

入职培训非常重要，它可以使新员工实现从外部角色向内部角色的转换，感到适应并有效地进行自我调节，降低产生不良工作绩效的可能性，同时降低新员工短期内突然辞职的可能性。

最普遍的培训包括专业/具体行业培训、管理/监管技能培训、强制/合规信息培训以及客户服务培训。这些员工培训可以采用传统培训方式（在职培训、工作轮换、辅导制、体验式练习、工作手册/指南、课堂讲座）或基于技术的培训方式（DVD/CD/播客、视频会议/电话会议/卫星电视、电子化学习、移动学习、虚拟现实）来进行。

12.5 描述留住胜任的高绩效员工的策略。

绩效评估方法包括书面描述法、关键事件法、图尺度评价法、行为锚定等级评价法、多人比较法、目标管理法、360 度评估法。

影响员工薪酬与福利的因素包括员工工龄和绩效、工作类别、行业类别、工会、劳动密集型还是资本密集型、管理理念、地理位置、公司盈利性以及公司规模。

基于技能的薪酬是基于员工表现出的工作技能和能力来确定薪酬。浮动薪酬是由个人绩效水平决定的薪酬。一些公司为表现出色的个人提供一次性奖金，而不是使用年度加薪。对员工满意度影响最大的福利是健康保险、假期和带薪休假等。

12.6　识别组织中职业生涯发展的两种重要趋势。

一种趋势是终身学习。在过去的几十年里，技术需求变化十分缓慢。如果一个人在工作中、在大学或在师徒制中学习了某种特定的技能，那么这种技能很可能会贯穿他的整个职业生涯。现在情况不再是这样了。为了与时俱进，员工需要致力于通过终身学习不断更新自己的技能。组织也在提供支持。另一种趋势是实习项目的增长。这为潜在的雇员提供了学习技能的机会，也为雇主提供了评估个人的机会，而不必承担给予其全职工作的义务。

12.7　讨论当代的人力资源管理问题。

性骚扰是任何带有性色彩的，会直接或间接影响目标员工的就业、工作绩效或工作环境的不必要的行为或行动。管理者应该了解是什么因素构成了充满攻击性和敌意的工作环境，对所有员工进行有关性骚扰的各方面教育，还需要确保不会对提出性骚扰指控的员工进行报复。

职场欺凌是指个体长期以来不断遭受不良行为的迫害（比如辱骂），并导致身体或者精神受损。对欺凌行为的回击方式有：上级领导对于肃清工作场所欺凌行为作出承诺，提出正式政策、行为规范，开办警示工作坊，以及建立正式申诉渠道。

复习和讨论问题

1. 讨论人力资源管理实践如何成为企业的竞争优势。
2. 讨论最直接影响人力资源管理过程的外部因素。
3. 请描述不同的甄选工具，以及哪种工具最适用于哪些工作。
4. 真实工作预览有什么优缺点？（请从组织和员工的角度分别考虑这个问题。）
5. 请描述入职培训和员工培训的不同类型，以及组织该如何提供每种培训方式。
6. 请列举一些影响员工薪酬和福利的因素。
7. 请描述不同的绩效评估方法。
8. 你认为什么行为构成性骚扰？请描述组织应如何尽量避免工作场所中的性骚扰。

为我的职业做准备

道德困境

为了防止知识产权被盗用，企业会在工作场所安装安全摄像头或监控与业务有关的电子邮件。[92]但是，现在有很多其他的方法可以在工作时对雇员进行电子监控。软件可以监控员工在社交媒体网站上花了多少时间，并对员工屏幕上的内容进行截屏。甚至还有可以记录同事之间谈话语气和时长的徽章，以及健康追踪器和指纹扫描仪。[93]由于没有统一的法律规定什么样的员工监控行为是合法的，许多公司实施了电子监控却不让员工知道他们正在被监控。从法律角度出发，雇主不需要告诉员工他们在镜头监控之下。[94]即使他们知会了员工，这些条款也往往被埋在一份冗长的文件里，而这些文件往往是用员工无法理解的法律语言编写的。

1. 对员工实施电子监控的优点和缺点是什么？

2. 对员工实施电子监控是如何影响员工留任、敬业度和生产率的？

3. 如果雇主想要对员工进行电子监控，他们应该怎样做才合乎道德？他们应该如何判断一个特定的监控行为是尚可接受的还是有些过分的？

技能练习

开发你的面试技能

关于技能

大多数管理者必须掌握的一项人力资源管理技能就是在招聘过程中面试求职者。作为一名管理者，你需要开发你的面试技能。以下讨论强调了与该项技能相关的一些关键行为。

练习技能的步骤

- 查看工作说明书和工作规范。查看工作相关信息有助于为评估求职者提供有价值的信息。再者，相关的工作要求有助于消除面试中的偏见。

- 准备好一系列结构化问题来向所有应聘该职位的求职者提问。通过准备好一系列问题，你可以确保获得你想要得到的信息。此外，如果你向所有的求职者提出了相似的问题，你就可以在一个共同的基础上更好地对他们的回答进行比较。

- 在与某位求职者见面之前，先查阅他的申请表和简历。这样做有助于你从简历介绍上和工作要求上对该求职者有一个比较全面的认识。你也可以确定你要在面试中进一步深入了解的地方。也就是，有一些地方在简历或申请表上并没有阐述得很明白，但这一部分却对工作至关重要，这将会成为你在面试中与求职者讨论的焦点。

- 开始面试前应该使求职者感到放松，并且先简要介绍即将讨论的话题。对于求职者来说，面试是有压力的。从一些轻松的聊天开始（例如天气），可以给求职者一些时间来调整自己的面试状态。通过简要介绍接下来谈论的话题，你可以为求职者提供一项议程，这有助于求职者就如何回答你的问题构思自己的框架。

- 提出你的问题并认真倾听求职者的回答。根据求职者的回答，自然而然地提出一些后续问题。当他们谈及一些确保他们能够满足工作要求的信息时，你应该聚精会神地倾听他们的回答。如果有任何的不确定，你可以继续提出问题来进一步获取精确信息。

- 在面试结束之际告知求职者接下来的事项安排。求职者对于招聘决策的具体情况会感到非常焦虑。开诚布公地告知求职者还有多少人参加面试，以及接下来的招聘流程是什么。如果你计划大概两周作出决策，那么让求职者知道你接下来打算做什么。此外，告知求职者他们将如何得知你的招聘决策。

- 趁着面试记忆比较清晰时写下你对该求职者的评价。不要等面试了好几个求职者快要下班时才写下你对每一位求职者的评价。记忆可能会欺骗你。在面试之后，你越快完成对求职者的评价，你越有可能准确地记录面试中所发生的事情。

技能实践

面试求职者最具挑战性的部分是为面试做准备。你需要通过写一份包括一套结构化问题的面试指南来准备面试，并在网上找一个工作说明书的例子。为你需要在面试中评估的工作技能和资格列一张表。接下来，写一份问题清单来评估这些资格。确保你有能让求职者放松的开场问题，测试技能和资格的一系列问题，以及结束问题。

共同工作

团队练习

新员工入职培训是一项重要的人力资源管理实践。花几分钟时间考虑一下你上一份工作的情况。写下一些关于入职培训过程的笔记。入职培训是正式的还是非正式的？你了解你的组织或工作的部门吗？什么对你有帮助？在入职培训期间，还有什么对学习或入职培训有帮助？如果你还没有从事过一份工作，考虑一份你现在可能有资格申请的工作。在接受那份工作的入职培训时，把你认为需要学的东西做些笔记。以 3～4 个学生为一组，分享你们的入职经验。接下来，列出你们认为公司入职培训应做和不应做的事情。准备好与全班同学分享你们的成果。

学习成为管理者

- 研究表明，即使是在公平就业机会法律法规下，女性员工的薪酬仍然落后于男性员工，女性员工的薪酬大约只有男性员工的 80%。[95]对可以解决这一问题的薪酬体系进行研究，以项目列表的形式写下你的发现。
- 登录美国人力资源管理协会的网站（www. shrm. org），查看一些人力资源方面的新闻。从中挑选出一则新闻来阅读。（请注意：其中一些新闻只有人力资源管理协会会员才能获得，其他新闻是大众都可阅读的。）为该新闻撰写一份概要。在概要的最后，请讨论这一话题对管理者的意义所在。
- 搜索《财富》杂志的“最佳工作场所”排行榜。阅读顶级公司的简介，确定这些公司共同的福利类型和其他的公司特征。将上述内容收录到一份正式报告中，并向班级汇报。
- 访问一个网上招聘公告栏，了解一家公司是如何发布职位的。选择一个招聘网站，或者在你所在地区的招聘网站上找工作。点击“雇主”标签，阅读发布工作的流程。
- 制作你的简历。如果你还没有简历，那么研究一下一份优秀的简历应该包括什么。如果你已经有了一份简历，请确保简历上提供了具体信息，这些信息直接明确地描述了你拥有的工作技能和经历，而不是使用“以结果为导向”等毫无意义的词语。
- 在网上搜索一个关于性骚扰培训项目的案例。组织如何利用这个培训项目来帮助防止工作场所的性骚扰？

案例应用 1

联合利华：人力资源的“点球成金”

让我们假设你想要在联合利华应聘一份工作。这是一家拥有超过 400 个食品和个人护理产品品牌的消费品公司，这些品牌包括多芬和 VO5 洗发水、本杰瑞冰激凌、立顿茶。[96]联合利华在招聘过程中会要求求职者参与一些益智游戏，比如，猜出在特定的时间内你敲击键盘空格键的次数，以获取虚拟货币。尽管它从概率角度听起来很随机，但是受过麻省理工学院（MIT）教育的神经学家弗丽达·波利（Frida Polli）却说事实并非如此。她是

PyMetrics 公司的创始人，该公司负责相关测试。波利说公司的测试可以预测到通常体现在高绩效员工身上的行为举止。她的公司可以运用算法得出每个求职者在公司中适合的岗位（如果这些求职者能够胜任该公司的工作）。这种数据驱动的招聘方式很像“点球成金”在人力资源管理中的实际应用。波利说，就好比《点球成金》这本书及其改编的电影中描述的奥克兰运动家棒球队（Oakland Athletics）用来挑选运动员的统计方法。[97]除了联合利华，PyMetrics 的客户还包括汉堡王、领英和特斯拉。[98]

并不只有吸引了众多大客户的 PyMetrics 在招聘中应用这一方法。应用这一高科技招聘方法的人力资源创业公司仅在一年间就实现了 138%的投资增长率（2018 年预计总投资额为 29 亿美元）。在沃尔玛的 Jet.com 部门负责招聘的高级主管特拉维斯·凯塞尔（Travis Kessel）这样说：“假设你面临 4%的离职率，深感自己在人才招聘方面的能力与竞争对手有很大的差距，那么，你想要赢，就必须应用数据。现在人才的竞争太激烈了，在这方面输不起。”凯塞尔试图突破传统的应聘者评估方法——看简历，这要求雇主在平均 6 秒之内浏览通篇简历来选择员工，但他们所耗费的 30%～50%的时间是无用的。

联合利华已经认识到新招聘方案带来的优势。它的人力资源成本下降，求职者数量增加了 100%，招聘过程则从原先的 4 个月缩短到 4 周。因此，从长远角度来看，这个招聘过程很成功。

在人力资源方面应用科技工具并不一定能确保成功。正如跨国制药公司强生负责人才招聘的副总裁舒尔德·格林（Sjoerd Gehring）所解释的：“我的很多同行一看到新上市的人工智能工具或者聊天机器人就说：‘哦，我也要用这些工具，这样我就可以向别人展示我也在应用人工智能。’假设你年复一年这么做，你可能最终应用了四五十种毫不相关的工具，但不会产生任何结果。”

◆ **问题讨论**

1. 人力资源管理过程中的哪些活动（见图表 12-1）与人力资源的“点球成金”方法有关？这些活动中采用的方法试图解决哪些挑战？

2. 联合利华的招聘方法有什么优点和缺点？

3. 哪些必要的证据证明联合利华正在使用有效度的甄选工具雇用员工？有什么证据可以清楚地表明他们正在使用有信度的甄选工具？

4. 你会向正在考虑实施类似于联合利华的方法的公司提供哪些建议？

案例应用 2

日产：留住汽车经销商的销售员

截止到 2018 年 9 月，汽车制造商日产（Nissan）的营业额增长了 4.4%，这对日产来说无疑是个好消息。[99]但对日产来说，坏消息是，当年其汽车经销商销售员的离职率达到了 100%。这并不是孤例。[100]尽管美国汽车行业收入普遍不错，但汽车经销行业销售员的离职率在过去 5 年一直在稳步增长。

部分原因在于，汽车经销商在其招聘中主要依靠千禧一代的销售员。千禧一代通常比早几代背负更多债务，因此希望获得更稳定的收入。[101]汽车经销商通常怎么支付销售员工资呢？销售员的收入往往仅仅基于佣金。通过互联网，顾客可以便捷地开展调研，当他们走进经销商门店进行汽车交易谈判的时候，相较销售员而言，他们拥有更多话语权，导致销售员的佣金缩水。千禧一代通常认为汽车销售工作包括大量的与顾客讨价还价的过程，他们将这项工作视为“老男孩俱乐部”——某种通常不能产生大量就业的工作。

经销商解决这些问题的一种方式是调整销售员的收入支付途径。一些经销商根据销售员每个月销售汽车的数量来支付销售员工资，另外一些经销商增加了佣金的比例，并根据每个月的销售量发放奖金。一些经销商为不离职的销售员支付大学学费，缩短工作日的工作时间，以便留住销售员。那些制定了“无须讨价还价的低价格”的经销商使销售员不再需要和顾客讨价还价。

有太多销售员是新上岗的，他们经常对销售的汽车不够了解。当你从事一份新工作时，有许多技术需要学习。位于得克萨斯的一家现代汽车经销商最近推出了针对销售员的线上培训，最大限度地解决了销售员的高离职率所引发的潜在买家了解的汽车知识多于销售员。

◆ **问题讨论**

1. 影响人力资源管理过程的外部力量如何影响汽车经销商最近在员工离职方面的经历？

2. 本章所述的若干薪酬问题可适用于本案例。这些问题有哪些，如何应用？

3. 你认为哪个经销商降低员工离职率的尝试似乎最有希望？还能做什么来降低员工离职率？

4. 对于汽车经销商的潜在销售人员来说，真实工作预览能帮助降低员工离职率吗？

注 释

第13章 管理群体和团队

Managing Groups and Teams

学习目标

13.1 定义群体和群体发展的阶段。

13.2 描述决定群体绩效和满意度的主要因素。

13.3 定义工作团队和影响团队绩效的最佳实践。

就业技能矩阵

		批判性思考技能	沟通技能	合作技能	知识运用与分析技能	社会责任技能
技能盒子	这是你的职业	✓		✓	✓	
	工作场所的秘密			✓	✓	
技能实践	道德困境	✓		✓		✓
	技能练习	✓	✓	✓	✓	
	共同工作	✓		✓		
	学习成为管理者	✓		✓	✓	
案例	案例应用	✓			✓	

你也许有很多在群体中工作的经历，可能是班级小组项目，也可能是运动队，或是筹款委员会。在如今的组织中，越来越多的工作是以团队为单位完成的，而这也给管理者带来了不小的挑战。

为什么团队变得如此受欢迎？为什么这些团队看起来如此相似？管理者要如何搭建高效团队？在本章中，我们会探讨这些问题的答案。然而在理解团队之前，我们需要首先了解一些关于群体和群体行为的基础知识。

13.1 群体与群体发展

消防队员的生死取决于他们队友的工作成效，尽管他们可能使用不同的策略和标准程序，但世界各地的消防部门都依赖一个共同的准则：团队合作。如果团队中的任何成员在他的任务上失败了，那么有人就面临生命危险。

> **用数字说话**
>
> ● 在工作中，50%的领导者花在人和团队上的时间比花在个人项目上的时间要多。[1]

虽然组织中的大多数群体不会面临生死攸关的情况，管理者也不会真的去灭火，但管理者的确需要依靠工作群体来达成目标。那么，我们所说的“群体”是什么意思呢？

13.1.1 什么是群体？

群体（group）是为了实现某个（些）具体目标而组合到一起的两个或更多相互依赖、彼此互动的个体。群体可以是正式的也可以是非正式的。正式群体是由组织结构所确定的工作群体，这些群体以实现组织目标为目的，具有明确的工作分工和特定的工作任务。图表 13－1 提供了一些示例。非正式群体是一种社会性群体。这些群体是在工作场所中自然而然产生的，其形成往往是基于友谊和共同的兴趣爱好。例如，来自不同部门却经常在一起吃午餐的五个员工就是一个非正式群体。

图表 13－1 正式工作群体示例

- 命令群体——由组织结构图所确定的群体，并由向指定管理者汇报工作的个体组成。
- 任务群体——为完成一项特定的工作任务而将个体组合在一起的群体；这种群体通常是临时性的，因为当任务结束后，这个群体也随之解体。
- 跨职能团队——由来自不同工作领域或职能领域的个体组成的工作群体，这种群体形式有效地将各种知识和技能组合在一起。
- 自我管理型团队——这是一种本质上相对独立的群体。除了完成自身的工作任务之外，也承担传统意义上的一些管理职责，如招聘、计划与安排、绩效评估等。

13.1.2 群体发展阶段

研究表明群体发展通常要经过五个阶段。[2]正如图表 13－2 所示，这五个阶段分别是形成阶段、震荡阶段、规范阶段、执行阶段和解体阶段。

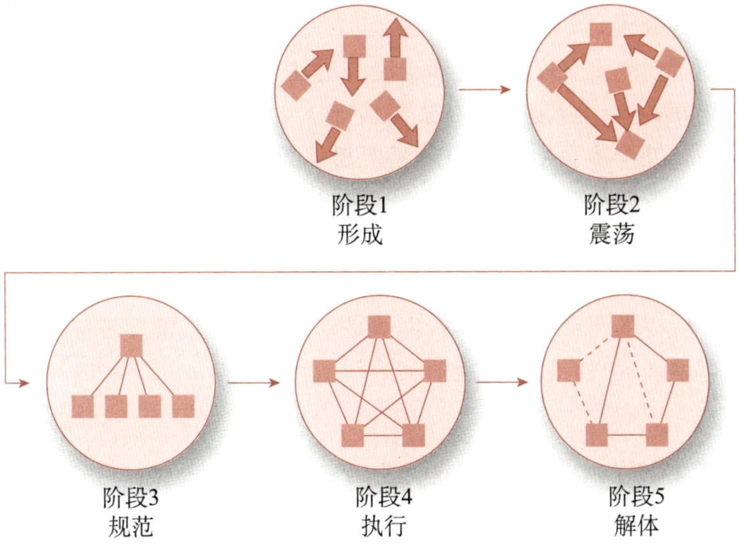

图表 13-2 群体发展阶段

形成阶段（forming stage）包含两个分阶段：第一个分阶段是人们加入该群体。在一个正式群体中，人们由于一些工作任务而加入该群体。一旦他们加入了某一群体，第二个分阶段随即开始：定义该群体的目标、结构和领导。这一分阶段的不确定性极强，因为群体成员会不断“试水”以确定什么类型的行为是可接受的。当成员开始认同自己是该群体的一部分时，这一阶段就结束了。

震荡阶段（storming stage）是一个恰当的命名，因为这是一个群体内部发生冲突的阶段。这些冲突包括谁将对该群体实施控制，以及该群体需要做什么。这一阶段形成了相对清晰的领导层级和对群体发展方向的一种共识。

规范阶段（norming stage）是形成紧密关系和群体凝聚力的时期。这个阶段将形成一种群体认同感和群体情谊的强烈认知。当群体结构稳定下来，并且群体对群体行为预期（或者行为规范）形成普遍共识时，这一阶段就结束了。

执行阶段（performing stage）是群体发展的第四个阶段。在这个阶段，群体结构发挥有效作用，而且被群体成员所接受。他们从彼此之间的相互认识和了解转移到致力于群体的工作任务上。这是长期性工作群体的最后一个阶段。然而，对于临时性群体（项目团队、特别行动组或者从事某些特定任务的群体）来说，最后一个阶段是**解体阶段**（adjourning）。这个阶段的群体为解散做好准备，将主要精力投入善后事宜而非从事工作。群体成员会表现出不同的反应。有一些成员非常乐观，对群体取得的成就感到兴奋激动，也有一些成员可能会为即将失去的群体情谊和友谊而伤心失落。

在课堂上的项目群体中，许多人很可能经历过这些阶段。自由选择或分配指定群体成员，随后这些成员聚集到一起。这时，群体会经历一个“试探”过程以评估群体准备做什么以及如何做。通常，接下来会有一场关于控制权的争斗：谁负责掌控？一旦这个问题得以解决，而且就“领导层级”达成一致意见，群体就开始确定需要完成哪些特定工作、每一位成员负责哪一部分以及指定任务需要在什么时间前完成。这时，群体成员形成了大致的期望。人们都期望群体努力协作以圆满地完成项目，而这些决策则为此奠定了基础。一旦这个项目完成并上交，这个群体也就解散了。当然，也有一些群体并没有在形成阶段或者震荡阶段之后走得更远。这些群体可能会有很激烈的人际冲突，提交一份令人失望的工作成果并获得很低的分数。

一个群体经历了前四个阶段之后是否会变得更加有效？通常情况下是，但是究竟是什么造就了有效的组织，这十分复杂。在某些情况下，激烈的冲突有助于群体提高绩效水平。在某些情况下，处于震荡阶段的群体甚至胜于处于规范阶段或执行阶段的群体。另外，群体并不一定是按照从前一个阶段向下一个阶段的顺序逐步推进。有时候，群体会同时处于震荡阶段和执行阶段。群体甚至在某些情况下会倒退到先前的阶段；因此，不要认为所有的群体都严格遵循这一过程，或者执行阶段总是最为可取的阶段。认同这一模型是一种整体框架时，应该强调这样的事实：群体是动态的实体，管理者应该了解一个群体所处的阶段，以更好地理解它们最有可能面临的问题和事项。

13.2 工作群体绩效和满意度

为什么有些群体比其他群体更成功？为什么有些群体达到了高绩效水平和较高的员工满意度，而其他一些群体却不能？图表 13－3 展示了决定群体绩效和满意度的主要因素。[3]让我们逐项进行了解。

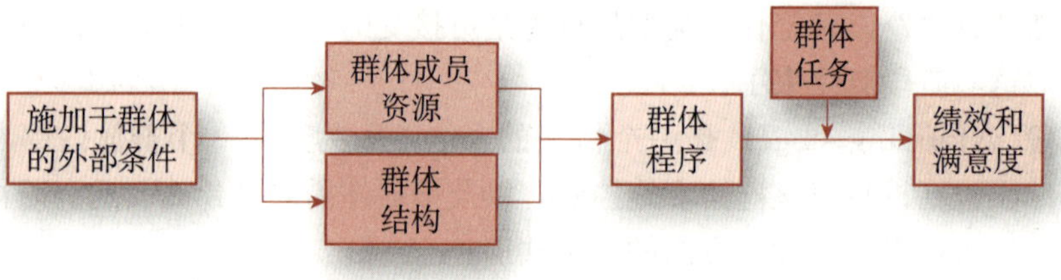

图表 13－3 群体绩效/满意度模型

13.2.1 施加于群体的外部条件

工作群体会受到施加于该群体的外部条件的影响，如所在组织的战略、权力关系、正式的规章制度、资源的可获得性、员工选聘标准、绩效管理系统与文化以及群体工作场所的总体布局。例如，波音公司的质量改进小组必须遵守波音公司的雇用标准、预算限制、公司政策和员工评估体系的相关要求。

13.2.2 群体成员资源

一个群体的绩效潜能很大程度上取决于每一位成员给群体带来的资源。这些资源包括知识、能力、技能和个人特质，这些资源决定了群体成员可以做什么以及他们如何在群体中发挥作用。人际交往技能，尤其是冲突管理和解决技能、协作解决问题技能以及沟通技能，始终对群体提高工作绩效具有重要作用。[4]

个人特质也会影响群体绩效，因为这会强烈影响到个体如何与群体中的其他成员打交道。研究表明，在我们的文化中被认为是正面的品质特征（例如，善于交际、自力更生和独立自主）往往与群体的生产率和士气有正相关关系。与此相反，负面的品质特征（例如，独裁主义、控制欲和反复无常）往往与群体的生产率和士气有负相关关系。[5]一些组织认识到在团队中拥有适当的个性组合的重要性。例如，汽车评论网站 Edmunds. com 将性格测试的结果作为组建高管团队的参考因素之一。[6]

13. 2. 3 群体结构

工作群体并非无组织的乌合之众。它们拥有一种内部结构，这一结构塑造了成员的行为并影响群体绩效。群体结构定义了角色、规范、从众、地位系统、群体规模、群体凝聚力和领导。我们首先来了解群体结构的前六个方面。领导方面将在第 17 章进行讨论。

角色 我们在第 1 章中讨论管理者在做什么时已经介绍过角色的概念。（还记得明茨伯格的管理角色吗?）当然，管理者并不是组织中唯一扮演着不同角色的个体。角色的概念适用于组织内的所有员工，也适用于他们在组织外的生活。（考虑你所扮演的各种角色：学生、朋友、兄弟姐妹、员工、配偶或者其他重要角色。）

角色（role）是人们期望在社会单元中占据某个特定位置的个体所表现出的行为模式。[7]鉴于群体成员在群体中所处的特定位置（角色），人们期望这些个体能够做某些特定的事情。这些角色通常是为了完成工作或保持团队成员的士气而存在。[8]思考一下你所在的群体以及你在这些群体中扮演的角色。你是否一直设法使你所在群体聚焦于工作的完成？如果是，那么你正在扮演一种任务完成者的角色。或者你是否更关注群体成员能够有机会提出自己的想法以及他们对工作经历感到满意？如果是，那么你正在扮演一种群体成员满意维护者的角色。这两种角色对于群体有效率且有成效地发挥职能作用非常重要。

规范 所有群体都有**规范**（norms），即该群体的成员共同接受和认可的标准或期望。[9]规范规定了一些事情，如工作产出水平、缺勤率、准时性和工作上的社交程度。

例如，韩国文化中的规范要求员工“晚下班”，因为他们认为有必要取悦他们的上级。有一位观察家如此描述这些员工：“他们只是坐在椅子上，看着他们的上司，思考着‘他什么时候下班?’”[10]然而也有十分值得期待的时候，比如员工和上司一同出去喝酒。此时员工的参与是十分重要的，因为一同饮酒有助于构建同事间的友谊与信任。[11]

尽管每个群体都会拥有自己独特的一系列规范，但常见的组织规范通常聚焦于工作的努力与绩效、着装和忠诚度。应用最为广泛的规范通常是那些与工作努力和绩效相关的规范。关于如何努力工作、期望的产出水平、什么时候要显得忙碌、什么时候可以接受磨洋工的行为等，工作群体往往会为他们的成员提供明确的提示。这些规范会对员工的绩效产生强烈影响。它们的影响如此强烈，以至于你根本无法仅仅根据一个人的能力和动机来预测其绩效水平。着装规范往往规定在工作中如何着装是可接受的。如果规范倾向于更为正式的着装风格，任何一位着装随意的员工都可能面临不露声色的微妙压力而被迫遵循规范。最后，忠诚度规范会影响个体是否会工作到很晚、是否会周末加班或者是否会搬到他们并不喜欢的地方生活。

从众 因为个体都希望被他们所在的群体接纳，因此他们很容易受到从众压力的影响。[12]所罗门·阿希（Solomon Asch）早期进行的实验说明了从众对于个体判断和态度造成的影响。[13]在这些实验中，由 7～8 人组成的群体对实验者手中的两张卡片进行比较。其中一张卡片有三条长度不一的线，另一张卡片只有一条线，并且这条线与前一张卡片上三条线中的一条长度相同（见图表 13－4）。每一位被测试的群体成员都必须大声说出三条线中哪一条线与另一张卡片中单独的那条线长度相等。阿希想要看到，如果某些成员一开始就给出错误答案会发生什么，从众压力是否会导致个体仅仅为了保持与他人一致而给出错误答案。这个实验是"预先设计好的"，除了一位成员（毫不知情的被试）以外的所有群体成员都被提前告知，在一轮或两轮之后开始给出明显错误的答案。在多轮实验之后，毫不知情的被试有超过 1/3 的次数选择了从众行为。

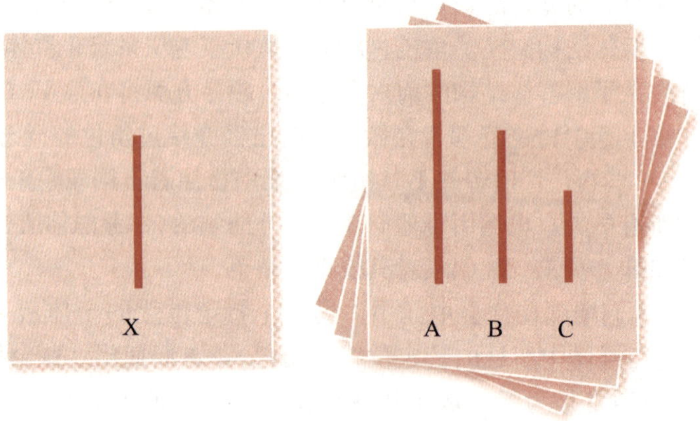

图表 13－4 阿希的卡片实验

这些结论仍然有效吗?[14]大多数情况下依然有效。管理者仍然不能忽略从众这一因素，因为它仍然是群体中的一股强大影响力。群体成员通常希望自己被视为群体中的一员，并避免看起来与其他人明显不同。我们发现，人们更乐于表示同意而不是反对，即使提出反对意见可能会带来群体效益的提高。所以人们选择了从众。但是，有时候从众的程度还会更甚，尤其是当某一个体的观点与群体中其他人的观点截然不同时。在这种情况下，群体往往会对该成员施加巨大的压力，使其与其他成员的观点保持一致，这种现象称为**群体思维**（groupthink）。群体成员拥有一种他们想要保护的正面群体形象，而当该群体认为这一正面形象受到了威胁时，就很可能会出现群体思维。[15]但有时，群体思维会导致灾难性的后果。例如，尽管人们曾担心"O"形密封圈可能会出现故障，但美国航空航天局（NASA）所谓的"奔向发射"的心态还是加速了 1986 年挑战者号航天飞机的发射进程。很不幸，该航天飞机在升空后不久就爆炸了，而对这次灾难的调查显示，"O"形密封圈故障可能的确是导致爆炸的原因。

地位系统 地位系统是理解群体的一个重要因素。[16]**地位**（status）指的是群体内的威望等级、位置或职衔。早在研究者能够追踪群体的时候，他们就发现其存在地位等级。地位是行为结果产生的一种重要激励，尤其是当个体认为自己应该具有的地位与其他人认为他所处的地位之间存在差距时。[17]

由于教育水平、年龄、技能或经验等个人特征，个人可以获得非正式地位。任何特征都可能拥有地位价值，只要群体中的其他人从这一特征出发来进行评估。当然，地位是非正式的并不意味着就不重要，或者难以确定谁拥有或不拥有地位。群体成员在将组织中的个人对应不同的地位范畴时显得游刃有余，并且通常能够对每个人的地位高低达成共识。

地位也可以通过正式途径获得，并且很重要的一点是员工相信组织的正式地位系统是名副其实的，也就是说，该系统应该表现出某一个体归属的地位等级与组织授予他的地位象征之间具有一致性。例如，当一位上司比他的下属获得的报酬还要低，一位低级别员工占据了一间人人合意的办公室，或者部门经理获得了公司提供的付费乡村俱乐部会员资格而副总裁却没有获得时，就出现了地位的不一致性。员工希望每一个体获得的东西与该个体的地位相一致。当出现不一致性时，员工可能会质疑管理者的权威，可能不再受到工作晋升机会的激励。

群体规模　群体的规模是否会影响群体的整体表现？回答是肯定的，但是受偏好的规模取决于群体要完成的任务。[18]

例如，研究指出，小群体能够比大群体更快速地完成任务。然而，对于那些从事解决复杂问题的群体而言，大群体一如既往地比小群体取得了更好的成果。从具体人数来说，这些发现意味着什么？大群体（那些拥有 12 名甚至更多成员的群体）更有利于获得多元化投入。因此，如果群体的目标是发现事实，大群体将会更加有效。虽然有例子表明大型群体的工作效率更高，但 5～7 人的小群体更擅长利用这些事实做一些有成效的事情。

一个有关群体规模的重要研究发现了**社会惰化**（social loafing），它指的是个体在群体中工作不如单独工作时努力的倾向。[19]社会惰化的出现是由于人们认为群体中的其他人并没有完成他们分内的工作，或是个体投入与群体产出之间的关系往往是不明确的。这些情形可能会鼓励个体成为搭便车者，依靠群体而自己不努力。

社会惰化的影响是非常显著的。当管理者采用群体的形式开展工作时，他们必须找到一种方法来识别每个成员的努力。如果没有这样做，群体的生产率和个体成员的满意度都会有所下降。[20]

群体凝聚力　凝聚力之所以很重要，是因为我们发现凝聚力与群体的生产率密切相关。内部存在大量分歧、缺乏合作的群体在完成工作任务时比成员达成共识、彼此相互合作和相互欣赏的群体效率更低。这一领域的研究关注**群体凝聚力**（group cohesiveness），即成员被该群体吸引及共享群体目标的程度。[21]

研究大体上表明了凝聚力强的群体比凝聚力弱的群体更加有效。[22]然而，群体凝聚力与群体效率之间的关系是非常复杂的。一个关键的调节变量是群体与组织目标的一致程度[23]（见图表 13－5）。群体凝聚力越强，群体成员就越遵从群体的目标。如果这些目标

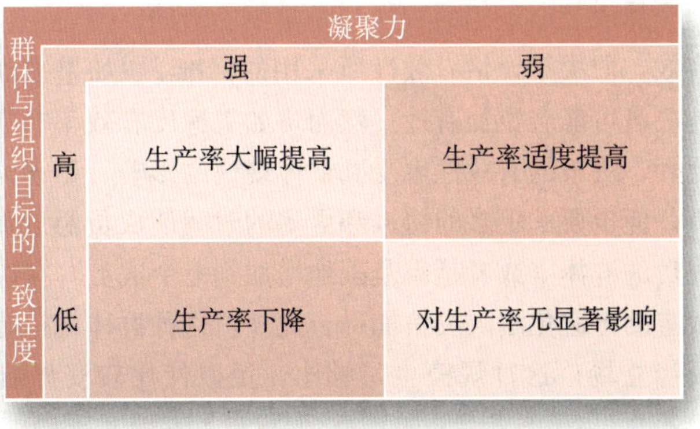

图表 13－5　群体凝聚力与生产率

是令人满意的（例如，高产出、高质量的工作，与群体外的人员合作），那么凝聚力强的群体比凝聚力弱的群体具有更高的生产率。但如果凝聚力很强，而群体却持不支持态度，生产率将会下降。如果凝聚力很弱而目标却得到了支持，生产率将会提高，但提高程度低于凝聚力和支持度都很高的群体。当群体凝聚力很弱而目标也得不到支持时，生产率并不会受到显著影响。

13.2.4 群体程序

接下来，我们看看在一个工作群体中执行的程序。这些程序对于理解工作群体非常重要，因为它们会积极或消极地影响工作群体绩效和满意度。举一个积极的程序因素的例子，由四名成员组成的市场调研团队在相互协作条件下能够产生的想法，要比这些成员单独产生的想法的总和多得多。然而，群体也可能会出现一些消极的程序因素，如社会惰化、激烈的冲突或者糟糕的沟通，这些都会阻碍组织效率的提高。接下来我们将了解两项重要的群体程序：群体决策和冲突管理。

群体决策 很少有组织不通过委员会、特别行动组、审查小组、学习团队或其他类似群体来制定决策。一项调查发现，员工平均要花37%的时间在会议上。[24]而另一项针对首席执行官的研究发现，他们花在会议上的时间接近所有时间的3/4。[25]毫无疑问，这些时间大部分都用在了阐明问题、提出解决方案以及确定如何实施方案上。事实上，群体决策很可能同样遵循着决策过程的八个步骤（参见第2章）。

相对个人决策而言，群体决策具备哪些优势？[26]首先是群体能够带来更全面的信息和知识。他们为决策过程带来了个人所不具备的多元化经验和视角。另外，由于群体拥有大量的多元化信息，因此他们可以产生更多样化的选择方案。其次，群体决策提高了解决方案的可接受度。群体成员通常不会抵制或破坏自身参与制定的决策。最后，群体决策提高了决策的合理性。人们认为，由群体共同制定的决策比个人制定的决策更为合理。

群体决策也存在劣势。首先，大多数情况下，群体决策制定解决方案往往比个体决策更加耗时。其次，处于主导地位的小部分人极大地影响了决策的最终结果。再次，群体思维会破坏群体中的批判性思维，并对最终决策的质量产生不利影响。最后，在群体中，成员共同分担责任，但个体成员所承担的责任却是模糊不清的。

群体决策是否有效，取决于评估有效性所采用的标准。[27]如果准确性、创造性和接受度很重要，那么群体决策可能会更加有效。然而，如果速度和效率非常重要，个体决策可能会是最佳选择。此外，决策的有效性也受到群体规模的影响。尽管大规模群体提供了更多样化的信息和观点，但也要求更多的协调和更多的时间使成员愿意贡献自己的想法。有证据指出，有五个成员的群体（或者是小范围地增加到七个成员）在决策上表现得最为有效。群体成员为奇数有助于避免陷入决策僵局。此外，这种群体规模足够大，足以让成员转换角色以撤回不妥当立场；这种规模也足够小，足以使比较安静的成员积极参与到讨论中。[28]

管理者可以采用什么技巧以帮助群体制定出更具创造性的决策？图表13-6描述了三种可能的技巧。

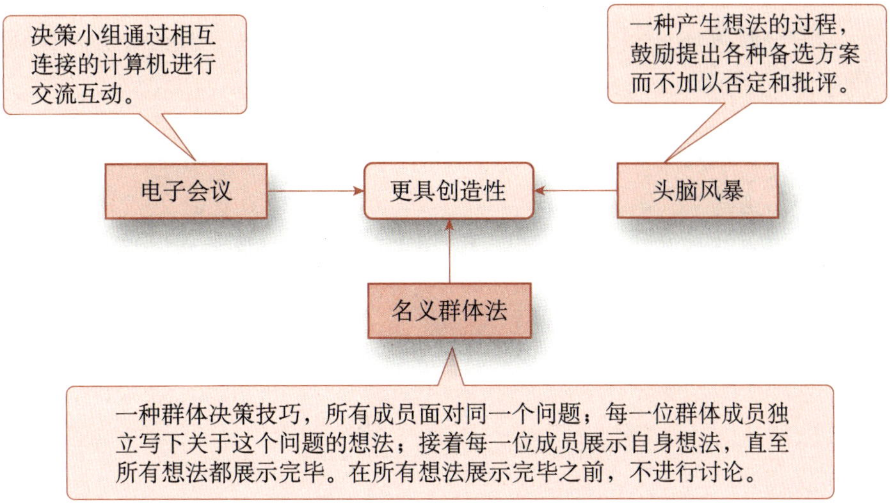

图表 13-6　制定创造性群体决策

冲突管理　另一项重要的群体程序是群体如何管理冲突。当一个群体执行指定的工作任务时，不可避免地会出现分歧。**冲突**（conflict）被认为是由某种干扰或对立状况所导致的不协调或差异。而这种差异是否真实存在并不重要。如果群体中的成员认为这种差异存在，那么这种冲突就会存在。

关于冲突，目前已经演变出三种不同的观点。[29]第一种观点是**传统冲突观**（traditional view of conflict），认为必须避免发生冲突，冲突意味着群体内出现了问题。第二种观点是**人际关系冲突观**（human relations view of conflict），认为冲突是所有群体自然而然、不可避免的结果，并且冲突不一定是消极的，相反，它是为群体绩效作出贡献的潜在积极力量。第三种也是最新出现的一种观点，即**相互作用冲突观**（interactionist view of conflict），该观点认为冲突不仅可以成为群体中的一种积极力量，而且有些冲突对群体有效开展工作是绝对必要的。

相互作用冲突观并不是主张所有冲突都是有益的。一些冲突——**良性冲突**（functional conflicts）——是建设性的、支持群体的工作目标和改进其绩效的冲突。有些冲突——**恶性冲突**（dysfunctional conflicts）——是破坏性的、妨碍群体实现目标的冲突。图表 13-7 说明了管理者在不同的冲突中所面临的挑战。

冲突什么时候是良性的？什么时候是恶性的？研究表明，你首先应该了解冲突的类型。[30]**任务冲突**（task conflict）指的是与工作内容和目标有关的冲突。**关系冲突**（relationship conflict）指的是人际关系的冲突。**程序冲突**（process conflict）指的是关于工作如何完成的冲突。研究表明，绝大多数关系冲突都是恶性的，因为人际关系的敌对会加剧个体之间的性格冲突，并削弱彼此之间的相互理解，从而使工作无法完成。低度的程序冲突以及低度或中等程度的任务冲突是良性的。程序冲突必须是很轻微的程度才会有益，否则，关于谁应该做什么的激烈争论很可能会造成恶性冲突，并可能导致任务分配的不确定性，推延任务完成的时间，并导致成员在相互矛盾的目标下工作。然而，低度或中等程度的任务冲突能够为群体绩效带来积极的影响，因为它激发了各种创意想法的讨论，有助于群体更具创新性。

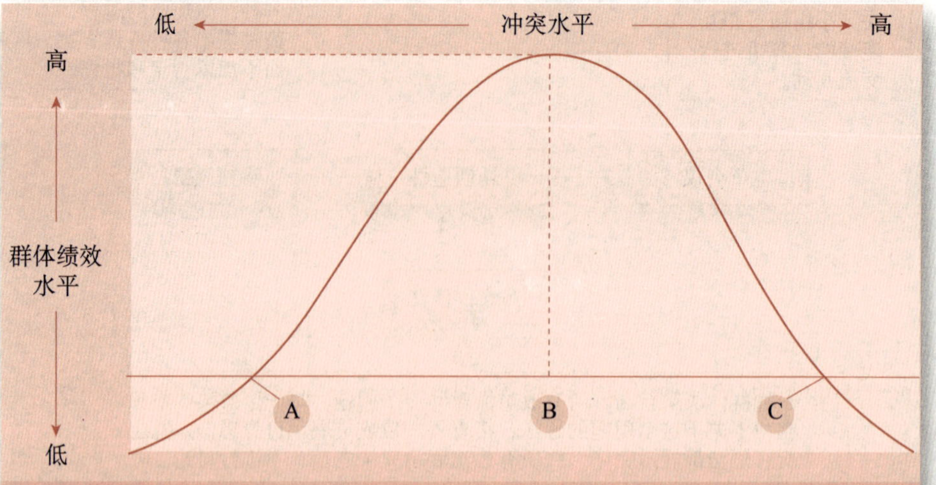

境况	A	B	C
冲突水平	低或无	适中	高
冲突类型	恶性	良性	恶性
群体内部特征	无动于衷 停滞不前 对变化反应迟缓 缺乏创新	有活力的 自我批判的 创新的	不稳定的 混乱的 缺乏合作的
群体绩效水平	低	高	低

图表 13－7　冲突和群体绩效

场景实践

弗兰·沃勒（Fran Waller）是一家全美大型连锁零售商某零售店的经理。店里有许多员工是在校生，也有一些全职员工。在节假日的工作安排上已经出现了多次冲突，这不仅使工作气氛变得十分紧张，也不利于顾客服务的开展。她想要立刻解决这个问题。

你会为弗兰管理这一冲突提供什么建议？

年初，当假日安排出来后，管理者就应该告知所有员工这一安排是依据任期给出的。这将有助于解决员工之间的争论。为了立刻解决这一问题，她可以与那些期望将假期集中到同一周的员工交谈，看看是否有人愿意换到其他周的假期并给予他们一些激励。比如给他们一个周末的额外休假，或者多一天假期。采用同样的方式解决节假日的问题；如果有 6 天的节假日，让每一位员工工作 3 天。这样有助于最大限度地使忙碌的那几天都有员工在岗，也有助于提供最佳的顾客服务。

阿方索·马雷斯（Alfonso Marrese），零售主管

13.2.5　群体任务

在新泽西州的哈肯萨克大学医疗中心（Hackensack University Medical Center），由护

士、病历管理人员、社会工作者和住院医师组成的群体以多学科综合治疗方式对每一间护理室中的每一位病人进行每日例行检查。这些群体执行各种工作任务，如开处方或是推荐病人出院。在洛克希德·马丁公司的纽约工厂中，员工群体生产一些复杂的定制化产品，如地面雷达系统。在密苏里州斯普林菲尔德市，埃森哲依靠工作群体为客户提供咨询服务。每个群体都要完成不同类型的任务。

正如图表 13-3 所示，群体程序对群体绩效和成员满意度的影响会由于群体从事的工作任务的不同而有所改变。更确切地说，工作任务的复杂性和相互依存性会影响到群体的绩效。[31]

工作任务可分为简单任务和复杂任务。简单任务是常规化和标准化的。复杂任务往往是新颖的或者非常规的。现在看来，工作任务越复杂，群体越能够从各种备选工作方法的讨论中获益。例如，WPP 等广告公司会指派工作团队为客户的产品或服务创建品牌标识。WPP 是一家知名广告公司，为士力架（Snickers）和舒洁（Kleenex）都做过品牌推广。群体成员不用为了简单任务而展开这样的讨论，他们可以依赖标准的运作程序。与此相似，群体成员必须执行的任务存在越高的相互依存性，也就意味着他们需要越多的交流和互动。因此，当工作任务复杂程度和相互依存程度更高时，有效的沟通和掌控之内的冲突对于群体绩效最为重要。

13.3 使群体转变为高效团队

20 世纪 70 年代，当戈尔、沃尔沃和卡夫食品（Kraft Foods）等公司将团队形式引入它们的生产流程时，相关的新闻报道一时间如火如荼，因为当时没有其他公司这么做。今天，情况恰恰与此相反——那些没有采用团队形式的组织倒是会有报道价值。毋庸置疑，基于团队开展工作是当今组织的一项核心特征。而且，团队很可能会继续受到青睐。为什么？研究表明，当工作任务的完成要求多样性技能、判断力和经验时，团队往往比个人表现得更为出色。[32]很多组织正在采用基于团队的组织结构，因为他们发现团队比传统部门或者永久性的工作群体更具灵活性，并且能够更快地应对变化。团队具有快速组建、部署、重新聚焦和解散的能力。在这一节中，我们将会讨论工作团队是什么、组织可能会采用哪些类型的工作团队以及如何开发并管理工作团队。

13.3.1 工作团队与工作群体之间的区别

你们中大多数人对团队很可能已经非常熟悉，尤其是如果你观看过或者参加过有组织的运动会。但工作团队和工作群体有所不同，两者有各自的特征（见图表 13-8）。工作群体成员彼此之间的互动主要是为了分享信息和制定决策，从而帮助每一位成员更有效、更高效地完成工作。工作群体没有必要也没有机会参与需要共同努力才得以完成的集体工作。**工作团队**（work teams）是由通过积极协作、个人与集体责任制度以及彼此互补的技能来努力完成某个特定的共同目标的成员组成的群体。

图表 13-8　工作团队与工作群体

工作团队	工作群体
• 共同分担领导角色 • 承担个人责任和团队责任 • 由团队制定具体目标 • 协作完成工作 • 会议具有开放式讨论和协作解决问题的特征 • 通过评估集体工作来直接衡量绩效 • 工作是由团队共同决定并完成的 • 能够快速组建、部署、重新聚焦、解散	• 由一位确定的领导者负责 • 只承担个人责任 • 目标与整个组织的目标相同 • 独自完成工作 • 会议有高效的特征，不存在协作或开放式讨论 • 根据该群体对其他群体的影响来间接衡量绩效 • 工作由群体领导者决定并分配给群体成员

资料来源：J. R. Katzenbach and D. K. Smith，"The Wisdom of Teams，" *Harvard Business Review*，July-August 2005，p. 161；A. J. Fazzari and J. B. Mosca，"Partners in Perfection：Human Resources Facilitating Creation and Ongoing Implementation of Self-Managed Manufacturing Teams in a Small Medium Enterprise，" *Human Resource Development Quarterly*，Fall 2009，pp. 353-376.

13.3.2　工作团队的类型

工作团队可以从事各种各样的工作。它们可以设计产品、提供服务、进行交易谈判、协调项目、提供建议和制定决策。[33]例如，在罗克韦尔自动化公司（Rockwell Automation）北卡罗来纳州的工厂，工作团队应用于工作流程优化项目中。在西尔瓦尼亚，新创业务集团（New Ventures Group）创造了非常酷的基于LED的产品。在总部位于阿肯色州的安客诚公司（Acxiom Corporation），由人力资源专家组成的团队计划并实施了一场文化变革。此外，夏季的每个周末，在全美运动汽车竞赛协会（NASCAR）举办的比赛中，你会看到在赛车停车加油处工作团队在积极发挥作用。[34]工作团队四种最为常见的类型分别是问题解决团队、自我管理型工作团队、跨职能团队和虚拟团队。

工作团队最开始盛行时，大多数都是**问题解决团队**（problem-solving team），即由来自同一个部门或职能领域的员工组成，以改进工作实践或解决具体问题为目的的团队。成员为如何改进工作流程和工作方法而分享想法或提出建议。然而，这些团队极少被赋予权力来实施他们推荐的任何行动方案。例如，美国中西部的一所大学组建了一个教职工团队，研究如何提高教职工的留任率。该团队完成了各种各样的任务，包括对现任和前任教师的采访。然后，团队成员为大学教务长提交了一份报告，讨论了他们的发现和建议。是否实施这些建议取决于教务长。

尽管问题解决团队能够有所帮助，但这种团队并没有使员工充分参与到与工作相关的决策和程序中。这个缺点导致通用电气、谷歌、美捷步、3M、惠普等公司引进了另一种类型的团队，**自我管理型工作团队**（self-managed work team），这是由员工组成的不包含管理者的一种正式群体，单独负责一个完整的工作程序或部门。自我管理型工作团队承担着完成工作和自我管理的责任，通常包括进行工作计划和安排、为成员指派工作任务、集体控制工作进程、制定运营决策以及采取行动回应问题。例如，通用电气在其位于加拿大布罗蒙特的飞机发动机工厂就运用了自我管理型工作团队。[35]各工作团队决定需要完成哪些任务以及如何完成。诸如计划和安排生产、制定加班和休假政策以及改进制造过程等传统的管理任务都是由团队承担的。每个团队的员工还和公司高管一起参加"委员会"会议，参与员工评估、晋升和解雇决策的制定。

第三种团队类型是**跨职能团队**（cross-functional team），我们将其定义为来自不同职能领域的个体组成的工作团队。很多组织采用了跨职能团队。例如，通用汽车运用由雕塑家、系统分析师、工程师和创意设计师组成的跨职能团队来提出具有创新性的汽车设计方案。跨职能团队的概念甚至被应用到医疗保健领域。例如，马里兰州的贝塞斯达郊区医院采用了重症监护室团队，包含一名受过医学领域重症监护培训的医生、一名药剂师、一名社会工作者、一名营养师、一名重症监护室主管护士、一名呼吸治疗师以及一位牧师，他们每天与临床护士碰面，开会商讨最佳治疗方案。该医院相当赞赏这种团队护理方式，这不仅减少了错误，缩短了病人在重症病房的治疗时间，还改善了病人家属与医护人员之间的沟通与交流。[37]

用数字说话

- 在一项全球调查中，91%的受访者表示，他们公司的员工会花时间在职责范围之外的项目上。[36]

最后一种团队类型是**虚拟团队**（virtual team），指的是利用信息技术把分散在各地的成员连接起来，以实现某个共同目标的工作团队。他们在网上合作，不管成员是在附近还是在不同的大陆，他们都用广域网络、公司社交媒体、视频会议和电子邮件等通信方式联系。[38]例如，在 60 个国家拥有 3 万多名员工的软件公司 SAP，就极其依赖虚拟团队。[39]该公司总部设在德国，在印度、中国、以色列和美国都有研发中心。每个中心都有与整个公司共享的特定专业领域。技术条件允许管理者组建虚拟团队来利用这些专业小组的员工。

用数字说话

- 555 美元等于佐治亚州亚特兰大的一个虚拟团队成员每年节省的汽油费用。
- 343 小时等于纽约市虚拟团队一年节约的通勤时间。[40]

这是你的职业　通过协商使成果最大化

无论是你的事业还是管理工作，成功的关键在于明白如何进行协商，进而促成最大化的产出。

一位年轻的律师近期被问及一个问题：在法学院的三年间，你学到了什么？她回答：“万事皆可协商。”

律师并不是唯一花费大量时间在协商工作上的人，管理者需要与员工、老板、同事、供应商谈判，有时甚至也要与消费者磋商。在日常生活中，我们每一个人都会发现我们不得不与父母、爱人、孩子、朋友、邻居乃至汽车销售人员相互协调，这是显而易见的。

想必我们十分了解有效的协商者会做什么[41]，在这里，我们有一些简短的建议来提升你的协商技巧。

1. 做足功课。在协商前收集尽可能多的相关信息。要了解你自己，你感觉协商应该是怎样的？你是否愿意做这件事？是否只是期望这件事赶紧结束？同时，不仅要认识到自己协商的优势与不足之处，也要在协商前了解你的协商对象。试着去评估他们的优势和不足。如果不了解自己与他人的情况，你很难作出正确的决定。

2. 评估目标。除了花时间评估他人及其各个方面，也要花些时间评估自己和其他群体的目标和利益。了解你想要什么，但也要试图预测他人想要什么。然后再进一步，思考其他人认为你究竟想要什么。

3. 积极视角。让步对于两者来说都是好的，因此试图从一些积极的方面出发思考问题。通常来说，如果你期望更多，你将会得到更多。你的积极乐观将帮助你实现自我满足。

4. 聚焦问题解决而非主观臆断。聚焦协商问题本身，而不要把注意力集中在对手的个人特质上。不要用主观眼光来看待问题和他人的行为。更不要让个人问题影响协商话题，这对你正在协商的问题毫无意义。

5. 关注协商过程的人际关系问题。协商是一种沟通，信任是该沟通过程的重要组成部分。通过实话实说、信赖可靠和信守承诺的方式来构筑信任。当然，“耳听八方”的同时，也要“眼观六路”。留意重要的非语言信息、面部表情、声音用词的变化。不仅要倾听，更要真正听出其他人言明的和未言明的东西。

6. 别太在意初期条件。一开始的磋商条件是很极端和理想化的，要让自己这样对待它：协商是个过程，并非一蹴而就的一次性沟通。

7. 强调共赢的解决方案。形成备选方案的时候要考虑协商对象的利益，并寻找能使你与对方共赢的方案。

13.3.3 塑造高效团队

然而团队的表现并不总是高水平的，关于团队的研究为我们提供了一些启示，揭示了通常与高效团队联系在一起的一些特征。[42]图表 13－9 列举了这些特征。

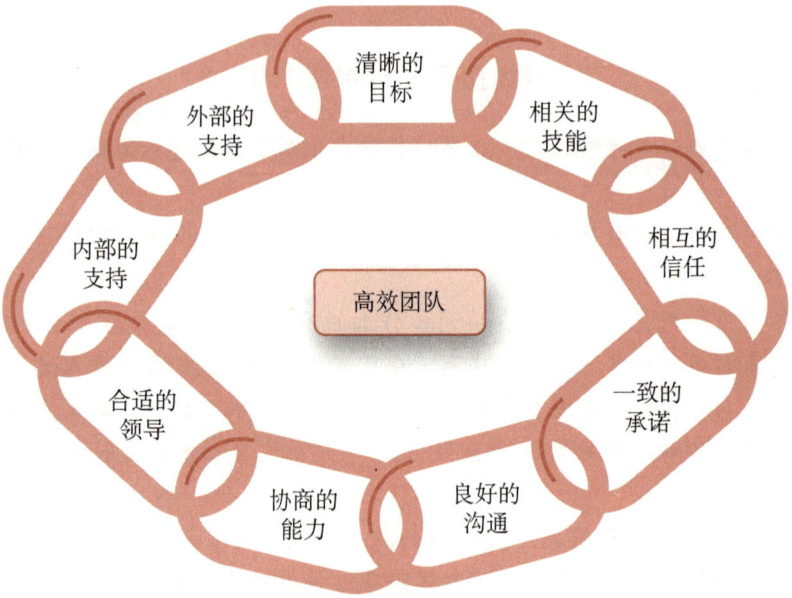

图表 13－9 高效团队的特征

清晰的目标 高效团队对于需要达成的目标有一个清晰的认知。团队中的成员致力于实现组织的目标，了解他们应该实现什么目标以及他们将如何共同努力以实现这些目标。

相关的技能 高效团队由有才能的个体组成，这些个体能够提供必要的技术和人际交往技能，共同努力做好工作并协助实现期望的目标。人际交往技能之所以很重要，是因为并不是每一个拥有技术能力的个体都有人际交往技能，从而成为一名与他人友好合作的团队成员。

相互的信任 高效团队拥有成员之间高度信任的特征。也就是说，团队成员非常信任彼此的能力、性格和诚信。

一致的承诺 一致的承诺使团队具有这样的特性，成员致力于团队目标并乐于投入大量精力来实现这些目标。高效团队中的成员表现出对团队的高度忠诚和投入，并且乐于做任何有助于团队获得成功的事情。

良好的沟通 高效团队具有良好沟通的特征，这丝毫不让人感到意外。无论是言语信息还是非言语信息，成员之间都能够以一种容易理解和清晰明确的方式彼此传递。另外，反馈有助于为团队成员提供指导并纠正误解。如同老夫老妻的默契一般，高效团队中的成员也能够快速、高效地分享想法和感受。

协商的能力 高效团队需要不断对由谁来完成什么任务进行调整。这种灵活性要求团队成员具备协商能力。由于团队里的问题和关系会经常发生改变，所以团队成员需要正视和调解分歧。

合适的领导 有效的领导者也是非常重要的。他们能够激励团队成员与其共进退。如何做到呢？可以通过明确团队目标、克服惰性以证明变革是可行的，增强团队成员的自信心，以使他们更加全面地认识到自身的潜能。高效团队的领导者越来越多地充当教练和促进者的角色。他们指导和支持团队，但不会操控团队。

场景实践

真是一团乱麻！当沃尔特·史密斯（Walter Smith）同意接管一家金融服务公司的客户服务代表团队的管理工作时，他并没有意识到这个团队的合作有多糟糕。他了解到团队在工作职责上有很多分歧，甚至有两位成员完全不愿交流。结果就是这个团队绩效不佳。沃尔特现在必须采取措施让团队重新合作。

沃尔特能做些什么来提高他的团队的效率？

作为领导者，首先要为团队设定基调。把所有人聚集在一起，解释团队愿景以及对合作的期望。要有同理心，解释你想要更好地理解当前的挑战，并与大家一起努力来改善困境。在规划好远景之后，和每个人一起工作，详细列出每个人的角色和职责，熟悉他们当前的工作量、职业目标和优势。工作中，看似微不足道的事情可能会带来重大的变化，比如庆祝胜利，公开表达你的感激之情。一定要尽快和那两个心怀芥蒂的员工谈谈，否则他们会破坏你作出的努力。根据他们冲突的严重程度，你可能需要让你的人力资源伙伴参与讨论。

克里斯蒂娜·莫泽（Christina Moser），战略客户经理

内部和外部的支持 对于高效团队而言，最后一种必要条件是提供一种支持型环境。从内部角度来说，团队应该拥有一套健全的基础结构，这就意味着恰当的培训、一套清晰合理的用以全面衡量员工绩效水平的考核系统、一项用以认可和奖励团队活动的激励计

划，以及一套提供支持的人力资源系统。恰如其分的基础结构应该能够为团队成员提供支持，并强化一些能够带来高绩效的行为表现。从外部角度来说，管理者应该为团队完成工作提供必备资源。

工作场所的秘密　与难相处的人一同工作

我们身边总有这么一群人不是很好相处。他们或许是牢骚满腹的人，或许是爱管闲事的家伙，后者总以为自己对别人的工作无所不知，并无所顾忌地和你分享他的信息，或者他们可能会表现出其他一些令人不愉快的人际关系特征。如果你不知道如何与他们相处，他们可能会让你的工作变得困难重重，充满压力。和难相处的人在一起会暴露出我们所有人最坏的一面。你能做什么？你要如何学习与这些难相处的人相处？

我们建议你要意识到，是这个人的行为影响到了你，而不是他本人。不要将这个问题个人化，理解行为将会有助于你确认问题的根源以及如何解决问题。

然后扪心自问，我能够在多大程度上解决问题？此处的关键问题在于，移除你在情境中带来的可控因素。例如，你是一个容易情绪化的人吗？如果是的话，这是否有助于问题的解决？如果你与某人同属一个项目，你是不是一个催促型或者命令型的人？因为你的行为是可控的，所以只要你作出一些改变，困难可能就会大幅降低。

现在考虑这些人行为的来源。具体来说，是什么在困扰你？试图与他人换位思考，站在对方的角度看待问题。

另外，寻找这些人行为的来源十分重要。不管你是在应对风格的冲突，还是在面对一位“有害”的人，这都是非常重要的。后者指一种影响到周围人的内在人格特点，如易怒或不信任。与“有害”类型的人之间的冲突是更加难以解决的。

风格的冲突可能包含对于及时性、最后期限等问题的重要性的认知差异，也可能是交流的方式的不同。或者可能包含你们两者对于处理变革、压力、过失、多嘴以及干扰因素的方式的差异。问题的关键在于，你要明白你不是在处理客观状态下的正误，相反，困难的真正根源在于看待问题和做事情的不同方式。

所以你要如何处理风格之间的差异？以下是一些常见的难相处类型的人，你很有可能在工作中遇见他们。我们也给出了一些应对他们的策略。

1. 富有攻击性的人。对于这种人，第一，你要为自己挺身而出。第二，给他们充足的时间（讲述），不要担心自己的礼貌问题，必要的时候可以插话。第三，引起他们注意的时候要小心。第四，注意从自己的角度出发阐述问题。第五，避免直接冲突的同时，做好友好交流的准备。

2. 牢骚满腹的人。面对抱怨者，你首先要认真倾听他们，并认可他们的关注点。其次，要准备好打断他们一连串的抱怨。再次，不必认同他们的观点，但需要承认他们所言之事。最后，不加评论和歉意地陈述事实，并试图将重点转移到问题解决上来。

3. 沉默或者毫无回应的人。对于这种人，你需要向他们提出开放性的问题。目光要友好而平静。交谈时不要自己喋喋不休，填满对话的空白。评论一下正在发生的事情，并通过让他们感到放松的方式打破紧张的气氛。

4. “万事通”的人。第一，应对这种人的关键在于掌握一切。第二，要倾听并认可他们的发言。第三，提问时要坚决，但不要针锋相对。第四，要避免被这种人同化。第五，与他们一起工作并引导他们将能量用在积极的方面。

5.“有害”的人。“有害”的人造成了更严峻的挑战。这种人具有破坏性和虐待性。虽然他们通常有很多令人向往的特质，比如魅力、领导能力和印象管理技巧，但他们也有阴暗面。黑暗的一面体现为以下三个特征中的一个或多个：精神变态、马基雅维利主义和自恋。精神变态是一种人格障碍，特点是缺乏懊悔和同理心。精神变态者在情感上是冷漠而孤立的，但是他们与那些登上报纸头条的人不同，他们中的大多数人过着相对正常的生活，也要为生活奔波。马基雅维利主义者是大师级的操纵者。他们诡计多端。这些人非常善于展示自己的魅力，给别人留下深刻印象。“有害”员工的第三个部分是自恋者。自恋者是高度以自我为中心的人，他们认为世界都围着他们转。研究发现，马基雅维利主义者和自恋者会使用赞美和借口等“柔和”的战术来达到目的，而精神变态者则使用强硬的策略，如魄力和直接操纵。

那么，你该如何应对一位“有害”的人呢？专家建议，最好的办法是与对方保持一定的距离。保持安全距离，避免吸入“有害”物质，因为“有害”行为是会传染的！如果空间上的回避不可行，那么试着在精神上和情感上使自己与其疏离。为实现这一目标，最好的办法是设置底线。告诉他你愿意和不愿意接受的事情。这可能需要重复很多次，但是一定要坚持你的底线。此外，要明确越界的后果，并准备好向你的上司投诉不当行为。如果到了这一步，要确保你的抱怨是简洁而专业的。你需要弄清楚这些行为打破了哪些工作规则，以及这种行为是如何影响你和其他人的工作绩效的。[43]

为考试做准备

本章小结

13.1　定义群体和群体发展的阶段。

群体是为了实现某个（些）具体目标而组合到一起的两个或更多相互依赖、彼此互动的个体。正式群体是由组织结构所确定的工作群体，这些群体以实现组织目标为目的，具有明确的工作分工和特定的工作任务。非正式群体是一种社会性群体。

形成阶段包含两个分阶段：人们加入该群体以及定义该群体的目标、结构和领导。震荡阶段是一个群体内部发生冲突的阶段，这些冲突包括谁将对该群体实施控制，以及该群体需要做什么。规范阶段是形成紧密关系和群体凝聚力的时期。执行阶段是群体成员开始执行工作任务的阶段。解体阶段是群体为解散做好准备，将主要精力投入善后事宜而非从事工作的阶段。

13.2　描述决定群体绩效和满意度的主要因素。

决定群体绩效和满意度的主要因素包括施加于群体的外部条件、群体成员资源、群体结构、群体程序和群体任务。

施加于群体的外部条件，如资源的可获得性、组织目标和其他因素等，都会影响工作群体。群体成员资源（包括知识、能力、技能和个人特质）影响了群体成员可以做什么以及他们如何在群体中发挥有效作用。

群体角色总体上包括完成工作或者保持团队成员的士气。群体规范对个人绩效有显著的影响，也决定了工作产出水平、缺勤率、准时性等。从众压力对个人判断和态度也产生了重大影响。在极端情况下，群体思维也是一个大问题。地位系统是行为结果产生的一种重要激励，尤其是当个体认为自己应该具有的地位与其他人认为他所处的地位之间存在差距时。群体在什么规模下最有效率且有成效取决于群体要完成什么任务。群体凝聚力与该群体的生产率息息相关。

群体决策和冲突管理是重要的群体程序，在群体绩效和满意度上发挥着重要作用。如果准确性、创造性和接受度很重要，那么群体决策可能会更加有效。绝大多数关系冲突都是恶性的，低度的程序冲突以及低度或中等程度的任务冲突是良性的。当工作任务复杂程度和相互依存程度更高时，有效的沟通和掌控之内的冲突对于群体绩效最为重要。

13.3 定义工作团队和影响团队绩效的最佳实践。

工作群体的特征包括：由一位确定的领导者负责；只承担个人责任；目标与整个组织的目标相同；独自完成工作；会议具有高效的特征；根据该群体对其他群体的影响来间接衡量绩效；工作由群体领导者决定并分配给群体中的个体成员。工作团队的特征包括：共同分担领导角色；承担个人责任和团队责任；由团队制定具体目标；协作完成工作；会议具有开放式讨论和协作解决问题的特征；通过评估集体工作来直接衡量绩效；工作是由团队共同决定并完成的；能够快速组建、部署、重新聚焦、解散。

问题解决团队指的是由来自同一个部门或职能领域的员工组成，以改进工作实践或解决具体问题为目的的团队。自我管理型工作团队是由员工组成的、不包含管理者的一种正式群体，单独负责一个完整的工作程序或部门。跨职能团队是指来自不同职能领域的个体组成的工作团队。虚拟团队指的是利用信息技术把分散在各地的成员连接起来，以实现某个共同目标的工作团队。

高效团队具备的特征包括：清晰的目标、相关的技能、相互的信任、一致的承诺、良好的沟通、协商的能力、合适的领导、内部和外部的支持。

复习和讨论问题

1. 描述群体的不同类型以及群体发展的五个阶段。
2. 解释外部条件和群体成员资源如何影响群体的绩效和满意度。
3. 讨论群体结构、群体程序和群体任务如何影响群体绩效和满意度。
4. 比较工作群体和工作团队。
5. 描述最为普遍的四种工作团队类型。
6. 列举高效团队所具备的特征。
7. 解释非正式（社会）网络在团队管理中发挥的作用。

为我的职业做准备

道德困境

当同事在团队项目中紧密合作时，关系会不会变得太过亲密了？并不是每个人都这么认为。最近的一项调查显示，51%的员工说他们有过办公室恋情。[44]另一项调查发现，与上一代人相比，20 多岁和 30 多岁的员工会以更积极的观点看待办公室恋情。[45]有时，同事可以自由分享个人信息。比如，在一家公司，刚刚结束了一个重大项目的一支工作团队共进午餐庆祝一番。席间，一位同事提到他正在为一项 20 英里自行车比赛进行训练。除了讨论他的新头盔和莱卡弹力短裤以外，他还分享了如何调整整个身体来减少空气阻力。过了一会儿，一位团队成员说：“为什么？为什么？我们为什么要谈论这些？这些信息不过是与我的一位同事相关，而我并没有真正把他当作朋友，但现在这些信息却不断地出现在我的脑海里。”

1. 你如何看待上述内容？为什么许多同事陷入办公室恋情？工作中的同事为什么会选择分享私密的个人信息？

2. 员工是不是应该知会他们的领导这样的关系？解释你的原因。

3. 员工的办公室恋情会延伸出怎样的道德问题？是过度分享信息吗？

技能练习

开发你的指导技能

关于技能

高效工作团队的管理者越来越多地被描述为教练，而不是上司。就像教练一样，组织期待他们为员工提供指示、指导、建议和鼓励，以帮助团队成员提高工作绩效。

练习技能的步骤

- 对提高团队绩效和团队能力的各种方法进行分析。一名教练总是想方设法地为团队成员寻找拓展能力和提高绩效的机会。如何做到这一点？你可以采取以下行动。每天观察团队成员的行为。询问他们一些问题：你为什么要以这种方式来完成某项任务？这种方式能够改善吗？还可以采用什么其他方法？把每一个团队成员当成独特的个体表现出真正的兴趣，而不仅仅是把他们当成一位员工。尊重他们每一个人。倾听每一位成员的想法。

- 营造一种支持性的氛围。教练有责任减少成员发展的阻碍，并促进一种氛围的形成使其有利于激励个人改进绩效。如何做到这一点？你可以通过以下行动：营造一种有助于自由开放地交流创意的氛围；为团队成员提供帮助和支援；当团队成员向你寻求帮助或提出疑惑时，为他们提供指导和建议；不断地鼓励你的团队成员；时刻保持积极乐观的态度；不要威胁你的团队成员；经常提出疑问：我们能从中学习到什么对未来有帮助的东西；为团队成员减少各种障碍；使团队成员相信你会重视他们对团队目标作出的贡献；为实现团队绩效承担你应尽的责任，但不要剥夺团队成员的责任；当团队成员取得成功时，对他们的努力表示认可，当他们失败时，指出存在的缺陷；永远不要把糟糕的结果归咎于团队成员。

- 通过影响团队成员来改变他们的行为。指导效果的最终衡量标准在于员工绩效是否得到了改善。你必须鼓励组织持续成长和发展。如何做到这一点？你可以尝试以下行动：认可和奖励一些细微的改进，将指导视为一种帮助员工持续改进工作的方法；采用一种协作型的方式，允许团队成员参与各种改进想法的鉴定和选择；把困难的工作任务拆分成多个简单的任务；塑造你希望从你的团队中看到的品质；如果你希望从团队成员身上看到坦诚、奉献、承诺和责任心，那么首先你应该在自己身上展示出这些品质。

技能实践

找一位你可以指导的朋友或者同学。他的角色可能是你的同事、团队中的新成员、一门艰难课程的同学。依据上述指导意见，通过与你的同学或朋友一同工作来改善你的指导技能，并改善他的绩效。

共同工作

团队练习

在一家软件公司做了五年的顶级应用程序开发人员后，你被提升到团队领导的职位。在这个职位上，你将领导一个由五名员工组成的新团队，负责开发新产品。你的团队从想法开始到最终产品测试，必须一起工作。而分配到你的工作团队的员工在公司工作的时间还不到一年，且以前你们没有一起工作过。花几分钟考虑一下你的新角色将会提供的一些挑战。接下来，3～4人一组，制订一个计划，开始领导你的新团队。回顾图表13-9中高效团队的特征。写下你的计划，与你的团队一起践行，并准备与全班同学分享你的计划。

学习成为管理者

- 想一想你从属（或者曾经从属）的群体。根据图表13-2，描述你所在群体的发展阶段。该群体的发展轨迹在多大程度上匹配了群体发展模型？如何应用群体发展模型来改善该群体的有效性？
- 仍然利用上一群体，撰写一份报告来描述以下相关事项：群体成员承担的角色类型、群体规范、群体从众问题、地位系统、群体规模和群体效率以及群体凝聚力。
- 仍然利用上一群体，描述如何进行决策。这个过程是否有效？是否高效？描述群体中最常出现什么类型的冲突（关系冲突、程序冲突还是任务冲突），以及如何解决这些冲突。将这些信息添加在关于群体发展和结构的报告中。
- 从图表13-9列举的高效团队的特征中选择两项，并为这两项特征分别开发团队建设训练，以帮助群体增强这一特征。发挥你的创造力。请确保解释清楚你的训练将如何帮助一个群体开发或增强这一特征。
- 通常，快速提高生产率的新团队必须从编写基本守则或团队工作协议开始。对团队工作协议进行研究，并写出此类协议可能包括哪些内容。当分配给你下一个团队项目时，试着写一份团队工作协议来开始你的项目。

案例应用1

Alphabet让配送无人机成为现实

当谷歌的母公司Alphabet的X事业部成立了一个配送无人机团队后，他们可以用一些抓人耳目的话来招募成员：你想不想在一个要把墨西哥卷饼送上天的团队里工作？他们并不需要借助推销的言辞，因为成为这个团队一员本身就十分有趣。这个团队可以在其他的项目中脱身出来，在具有创造性的项目中使用先进的技术和丰富的资源开展工作。而且他们并不需要立刻展示出盈利能力。[46]

这个团队名为“Wing”，由研究人员、商业战略专家、工程师与开发人员组成。团队的早期目标是为心脏病患者提供除颤器套件，在团队第一年的工作中，团队成员致力于设计一款配送无人机。他们并不想让无人机着陆，因为重新起飞要耗费大量的能源。因此他们希望找到一种方法让无人机配送时在空中盘旋。

这并不是一个简单的任务。他们原以为，无人机在空中盘旋时可以用绳子将包裹顺到地面。但是每个包裹似乎都需要特别处理。他们尝试了很多设计，都没有用，直到他们想到了一个方案——带钩子的系统。

Wing 团队的另一挑战来源于空中交通管制。该团队最开始设计每架无人机的时候，无人机都有各自的线路——从起飞地到目的地。如果空中只有 Wing 团队的无人机，这设计听起来不错。但问题是飞机怎么办？因此该团队不得不与监管部门以及其他的竞争者密切合作，避免无人机撞上其他的“飞行物体”。这种关系构建工作是团队员工以往从未遇到的。[47]

在第一次试飞中，无人机成功将瓶装水和黄油递送到澳大利亚农户的手里。截至 2017 年秋天，无人机为澳大利亚的乡村地区提供上门送货服务，在这些地区，人们往往要开很久的车来购买日用品。现在，通过一个 App，顾客就可以在一家制药公司预订药品，或者在 Guzman y Gomez 餐厅点个墨西哥卷饼。2018 年，Wing 团队的无人机一直在人流更加密集的区域递送物品。

该项目团队在 2018 年 7 月抵达了一个里程碑。他们从 X 的一个团队“毕业”，成为 Alphabet 旗下的一家独立企业。[48]

◆ 问题讨论

1. 哪一种工作团队类型适用于 Wing 团队？

2. 不同的群体发展阶段可如何运用于这个团队？在你的回答中，注意如何对无人机设计进行修改可能会影响到群体发展阶段。

3. 你认为在案例中描述的不同时刻可能发生了什么样的冲突？为什么这些类型的冲突对团队是有效或者无效的？

4. 施加于群体的外部条件是如何助力或阻碍 Wing 团队的？请解释。

案例应用 2

核心地带公司的“远程工作周”

当瑞秋·李斯特（Rachel Leist）在核心地带公司（HubSpot）（总部位于马萨诸塞州剑桥市的一家设计营销和销售软件的技术公司）的营销部门工作时，公司意识到了随着其体量的增长，公司的许多工作团队都分散在世界各地。[49]这也就意味着工作会议经常采用虚拟会议的方式召开。瑞秋的团队想要做些有利于自己的团队，而且可以让企业从他们的经验中学习的事情。他们想出来一个特别的活动，名为“远程工作周”。

该团队尝试在“远程工作周”期间通过视频的方式举行所有会议。而且他们还达成了一项协议，要在这一周内尝试举办各种类型的会议，包括跨部门的、一对一的和全员的会议。[50]在“远程工作周”结束的时候，他们收集团队中每个人的反馈。他们发现了什么？

瑞秋的团队成员意识到，让谁在视频会议中扮演引导者的角色会有很大的影响。这个引导者要确保每个人都有机会发言。同时该团队发现，有时引导者会看到人们做“金鱼脸”（他们总是被团队中的其他人打断，他们张嘴又闭上，最后什么也不说）。因此，团队需要一位引导者来引导每位成员发言，不仅仅是那些做“金鱼脸”的人。引导者也可以留意成员私下的讨论，并与整个团队分享。同时确保视频通话的每个人都在不同的房间，这有助于减少私下的沟通。

该团队还意识到，计划之外的对话沟通对他们的工作非常有帮助，但是在虚拟环境下，这种对话很难实现。而好消息是，他们想出了一些变通办法，并重新创造出在飞行途中面对面交谈的替代方案。对于刚开始的新手，他们将该流程制定为标准化的行为，如果有人有问题，团队成员就会迅速准备好进行视频通话。如果团队中有人无法进行视频通话，他们就会录制一个短视频，这样就不会遗漏任何团队成员。

另外，如果你不在工作现场，那么你需要尽你所能让公司中的其他人看到你，这是显而易见的事情。这意味着要确保你能在虚拟会议中分享你的想法。此外，他们还在核心地带的平台上使用 Slack 进行公司内部团队之间的沟通。如果有人对与工作相关的项目——甚至是你周末做了什么——有什么想说的话，参加 Slack 上的群聊会让你想起那些不在同一地点工作的人。

瑞秋表示，“远程工作周”对她的团队而言是成功的。当他们在不同的地方工作时，他们之间的合作得到了改善，团队成员相信，在确保每位团队成员都得到倾听方面，他们也取得了进展。

◆ **问题讨论**

1. 参加核心地带公司“远程工作周”的团队代表了什么类型的工作团队？
2. 请解释一下，在“远程工作周”期间，规范和角色是如何让核心地带的营销团队发挥良好作用的。
3. “远程工作周”试图解决虚拟团队经常面临的哪些挑战？
4. 创建高效团队的各个特征如何与虚拟团队相关联？

注　释

第IV篇 管理实践

Management Practice

管理者的困境

管理理论认为，相对于个体而言，一个多样化的小组会更有创新性，因为小组成员能够为团队提出不同的想法、观点和方法。对于谷歌这样的公司，创新对它获得成功至关重要，并且团队合作也是谷歌公司的一种做事风格。如果关于团队的管理理论是中肯的，那么谷歌位于印度的研究和发展中心应该在创新上有出色表现。为什么？因为在那里你将会发现人员的多样性，即使所有的雇员都来自印度。这些谷歌员工包括印度教教徒、伊斯兰教教徒、佛教教徒、基督教教徒等。这些人说英语、印地语、泰米尔语、孟加拉语以及超过 22 种印度官方有记载的语言。谷歌公司在招聘时看重的是团队合作的能力。随着谷歌的持续快速发展，新的谷歌人也在源源不断地加入团队。

设想一下，如果你是谷歌公司海得拉巴（印度南部城市）分部的一位管理者。你将如何衡量一位求职者是否具有团队合作的能力，以及当新的工程师和设计人员加入队伍之后，你将如何维持你的团队的创新性？

全球观

对于全世界的管理者和政策制定者而言，劳动生产率是一个非常重要的绩效指标。各国政府都希望它们的劳动力有较高生产率，管理者希望手下的员工富有生产率。富有生产率包含两点：效率和成效。回顾一下我们在第 1 章中对于效率和成效的讨论。效率指的是以最小的投入获得最大的产出，或者可以说是“正确地做事”。成效指的是所从事的工作活动有助于组织实现目标，或者说是“做正确的事”，这些事情有助于实现既定目标。那么如何比较全世界不同国家的劳动生产率？下面有一些来自经济合作与发展组织的关于生产率增长率的最新数据：澳大利亚，1.57%；加拿大，0.99%；希腊，－1.09%；爱尔兰，6.12%；韩国，2.09%；土耳其，3.06%；英国，0.23%；美国，0.36%。尽管近年来经济增长势头强劲，失业率较低，但全球劳动生产率增长相对缓慢。自经济衰退以来，劳动生产率增长约为上一次经济危机前的一半。公司一直在雇用更多的员工以提高生产率，而低失业率意味着公司不得不雇用不太熟练的员工。这使得企业更难实现生产率增长。如果你进入职场，并且拥有技能和强大的生产力，这种情况会给你带来怎样的机会呢？

运用你在第Ⅳ篇所学的内容，讨论以下问题：

- 组织设计如何影响劳动生产率？参考组织设计的六项要素。
- 适应性强的组织设计中，哪种类型有助于提高员工生产率？哪种类型可能会抑制员工生产率？
- 组织中的人力资源管理方法可能会如何影响员工的生产率？管理者应该如何应用人力资源程序来提高员工的生产率？
- 团队比个人更有效率吗？讨论并解释你的观点。
- 管理者能做些什么来减轻员工因管理者对于生产率的追求而造成的压力？[1]

连续案例

星巴克——组织

组织是管理者的一项重要工作任务。一旦组织的目标和方案得以妥善设立，组织职能则开始调动各项实现这些目标和实施这些方案的流程。当管理者开展组织职能时，他们会界定应该完成哪些必要工作，并创造某种组织结构使得组织雇用的人员能够有效率且有成效地完成这些工作活动。随着星巴克持续地进行全球扩张和推进创新战略行动，管理者必须妥善处理持续进行工作组织和再组织这一现实问题。

星巴克的结构

同很多创业公司一样，星巴克最初的创始人根据每个人的独特长处围绕着一个简单结构组织了他们的公司：杰夫·西格负责零售；杰里·鲍德温负责行政；戈登·鲍克则自称为“一个神奇的、神秘的、浪漫的”梦想家，从一开始他就定下了星巴克的基调——感受星巴克带给你的“唤醒你逃离到一个遥远世界的短暂瞬间”。随着星巴克的逐渐发展，杰里·鲍德温意识到他们需要聘请更职业化、富有经验的管理者，随后霍华德·舒尔茨加入星巴克，带来了他在销售、市场营销和运营上的能力。直到星巴克最初的创始人最终将公司卖给舒尔茨，舒尔茨才得以引领星巴克获得如今的成就，并奔向未来的美好愿景。而凯文·约翰逊之所以能顺利登上星巴克的总裁和首席执行官职位，部分原因在于他对星巴克非常了解。约翰逊在担任首席执行官之前，曾在星巴克担任两年的首席运营官。在此之前，他也曾在星巴克董事会任职 6 年之久。他能够把他在其他公司的领导经验以及销售、市场营销和运营技能带入当前的工作中。

随着扩张，星巴克的组织结构也在不断调整以适应这种发展。星巴克为它“精干”的公司结构而感到非常自豪。霍华德·舒尔茨处于组织结构的顶端，致力于招聘一些来自如埃克森美孚、山姆会员店（Sam's Club）、卡夫食品、金佰利（Kimberly-Clark）、梅西百货（Macy's）等大公司的高管组成高管团队。约翰逊意识到拥有这些曾经在大公司运营事业部或职能上有经验的高管团队是多么重要，他们是约翰逊一直致力于为星巴克招聘的人才。公司的这些高级职员包括：首席执行官、执行副总裁、地区总裁、集团总裁、事业部副总裁。因为成为一个全球性的公司对星巴克的战略而言十分重要，所以在星巴克所覆盖的地区都有区域总裁掌舵。星巴克对技术的重视也反映在其结构上。星巴克不仅有一位首席技术官，还有三位高级副总裁负责监督技术方面的工作。我们可以在公司的网站上找到星巴克高管团队及其各自负责事项的全面描述。

尽管高管团队为星巴克提供了非常重要的战略方向，但开展“实际”工作的是星巴克的支持中心、技术中心、区域办事处、星巴克门店和烘焙工厂。支持中心为其他所有运营事项提供支持和援助，如会计、财务、信息技术、销售以及供应链管理领域。而位于亚利桑那州斯科茨代尔的技术中心则专注于数字零售体验，包括信息安全、商业智能和公司的数字产品。

区域办事处负责监管各地区星巴克门店的运营事项，并在人力资源管理、设备管理、会计管理、财务管理和销售管理上提供支持。区域办事处采用矩阵结构，每个经理同时向一个区域主管和一个职能部门主管报告。例如，一个在中国工作的人力资源经理既要向中国/亚太地区经理报告，也要向中国和亚太地区人力资源主管报告。区域办事处和门店之间的重要联系是区域经理，每个区域经理管理8～10家门店。由于区域经理应该与这些门店一起工作，因此大多数区域经理利用移动技术，得以花更多的时间在门店上，同时也能够与自己的办公室保持联系。这些区域经理被称为“公司最重要”的环节，因为门店是星巴克实现愿景和目标的落实点。因此，使这些区域经理与门店紧密联系是至关重要的。

在星巴克的门店中，时薪雇员（咖啡师）在值班经理、门店副经理和门店经理的指导下为客户提供服务。这些经理承担着星巴克门店日常运营的责任。

最后，如果没有咖啡和其他饮品、食品销售的话，星巴克也将不复存在。咖啡豆在该公司位于华盛顿州、宾夕法尼亚州、内华达州、南卡罗来纳州以及佐治亚州的烘焙工厂加工，国外则在阿姆斯特丹加工。星巴克在加州也有榨汁设施，星巴克与塔塔全球饮料公司（Tata Global Beverages）合作，在印度成立了一家咖啡豆烘焙工厂。在每一家工厂，产品团队负责咖啡和其他产品的生产，配送团队则管理存货和星巴克各门店产品及设备的配送。

星巴克的人员管理

星巴克承认公司能够实现什么成就依赖它所雇用的人员。当你拥有有才华的员工，并且他们愿意贡献创意和专长时，成功也将随之而至。

从一开始，星巴克就一直努力成为培养员工并给予他们成长和挑战机会的雇主。星巴克自称“赞成式伙伴”，始终承诺为员工提供一个有弹性、有进步空间的工作环境，尊重并善待员工。

随着在美国和国际上的持续扩张，星巴克很有必要确保在正确的时间安排正确数量的正确人选处于正确的位置上。对于星巴克来说，什么样的人员是“正确”的？他们认为，理想的员工应有能力在某一刻真正与顾客建立联系、愿意学习并在帮助其他团队成员的同时完成工作。星巴克采用各种各样的方法吸引潜在的伙伴。星巴克拥有一个互动的、易于使用的在线职业中心。求职者可以在线查找并申请任何地区的办公室、零售、制造工作。星巴克也为学生提供限额的暑期实习机会。其实公司作出的努力远不止这些。

该公司致力于帮助社区，这促使公司制订了针对特定群体的各种特殊招聘计划。例如，星巴克雇用了 6.5 万名低收入者。最近，星巴克在华盛顿特区开设了第一家美国手语店，雇用了 25 名懂美国手语的员工。在这里，顾客可以点餐并通过手语交流。2016 年，星巴克在马来西亚开设了第一家手语店。

星巴克提供了各种各样的培训，但在费城，在两名非洲裔美国人在等待朋友时被店员要求离开后，星巴克开始了它最引人注目的培训。星巴克在全美关闭了超过 8 000 家门店来开展反种族偏见培训。培训内容包括各种视频、关于种族与身份的探讨、关于何种肤色的人在当前社会环境下遭受日复一日的歧视的信息以及关于在培训几个月后记录个人日志的要求。未来，星巴克计划将反种族偏见培训纳入新员工入职培训中。

星巴克还为新员工提供星巴克体验课程，让他们快速了解公司历史、文化和社会责任实践。除非员工在偏远的地方工作，否则星巴克的体验培训是在区域培训中心提供的。为加强这种非现场培训，每家门店都有一名学习教练，指导新员工在店内进行实践。进一步的在线培训用来支持现场培训。例如，星巴克的在线培训项目 Solutions University Online Training 旨在为众多员工提供触手可及的即时培训。

星巴克最大的培训项目是它的"大学成就计划"（College Achievement Plan）。该计划提供亚利桑那州立大学在线学士学位的学费报销。任何在星巴克工作至少 3 个月，每周工作至少 20 小时，没有学士学位的星巴克员工都有资格申请该项目。申请项目的星巴克员工，80%都获批准。该项目于 2014 年推出，目标是让员工上得起大学，并能进入大学学习。

◆ **讨论题**

1. 星巴克采用了哪种类型的部门化？请解释之。（提示：除了案例中提及的信息，你也许需要了解公司网站上提供的公司高层的完整信息和详细描述。）

2. 星巴克的矩阵结构可能会遇到什么问题？他们能做什么来使这些问题最小化？

3. 如果星巴克想要提供压缩工作周、弹性工作时间或工作分享等灵活就业形式，他们需要考虑什么？在星巴克提供这些就业选择的优点和缺点是什么？

4. 星巴克表示，其目标是将外卖服务扩展到 1/4 的美国门店，并将每股收益提高 10%。组织职能将如何有助于实现这些目标？

5. 星巴克曾表示，它想要的是那些有能力在某一刻真正与顾客建立联系、愿意学习并在帮助其他团队成员的同时完成工作的人。公司如何确保其招聘和甄选过程能识别出这类人？

6. 评估星巴克的培训工作并思考，其他哪些类型的培训可能是必要的？

7. 假设你是星巴克门店的经理。有三位新的时薪伙伴（咖啡师）加入了你的团队。请描述你将如何向新员工介绍情况。

注 释

第 V 篇

领　导

第 14 章 沟通管理

Managing Communication

学习目标

14.1 定义沟通的本质和职能。
14.2 描述沟通过程。
14.3 解释沟通如何在组织中实现最有效的传达。
14.4 描述互联网与社交媒体如何影响管理沟通与组织。
14.5 讨论如何成为更好的沟通者。

就业技能矩阵

		批判性思考技能	沟通技能	合作技能	知识运用与分析技能	社会责任技能
技能盒子	这是你的职业		✓		✓	
	工作场所的秘密		✓		✓	
	在失败中学习		✓		✓	✓
技能实践	道德困境	✓				✓
	技能练习		✓		✓	
	共同工作		✓	✓	✓	
	学习成为管理者		✓		✓	
案例	案例应用	✓	✓		✓	

沟通失败已被证明是造成工作冲突、全国性灾难以及国际事件的主要原因。发生于西班牙加那利群岛特内里费岛机场的事故或许是最富悲剧色彩的失败沟通案例之一。一架满载乘客的荷兰皇家航空（KLM）大型喷气式客机的机长误以为航空调度员给予他起飞许可——实际上并没有。这一误解导致该飞机在跑道上与一架同样满载乘客的泛美航空公司（Pan Am）的大型喷气式飞机相撞，该事故是航空史上最致命的事故：共有 583 人丧生。[1]

在本章，我们关注人际与组织的沟通过程、阻碍有效沟通的因素以及克服这些困难的方法。最后，我们将提供给你一些成为更好的沟通者的建议，并以此来结束本章。

14.1 理解沟通

有效沟通是任何想要成为有效管理者的人必须掌握的一种技能。有效沟通对管理者之所以重要，有一个理由需要着重强调：管理者所开展的一切工作都涉及沟通。并不是一些事情，而是所有事情！在缺乏信息的情况下，管理者无法进行决策。这些信息必须通过沟通获得。一旦制定了某项决策，沟通也必定会再次发生。缺乏充分沟通，就无法形成最好的创意、最具创造性的建议、最好的方案或者最有效的工作再设计。

14.1.1 什么是沟通？

沟通（communication）是意思的传递和理解。请注意意思的传递：如果没有表达出信息和想法，沟通就不会发生。如果没有人听讲话者讲话，或者作者所写的东西没有人阅读，沟通就也不会发生。然而，更重要的是，沟通还包括意思的理解。为了使沟通能够成功，意思必须被准确地传达和理解。一封用西班牙语写的信寄给了一位不懂西班牙语的人，这不能被认为是沟通，除非这封信被翻译成收信人可以阅读和理解的语言。如果完美的沟通确实存在，那么也只会发生在接收者精确地接收和理解发送者所传达的想法和意见这种情况下。

该记住的另一点是，沟通双方通常会错误地认为，良好的沟通应该是对信息达成一致意见而不是清楚地理解这些信息。[2]如果某人对我们的观点表示不同意，我们会认为这个人并没有完全理解我们的立场。换句话说，很多人会将良好的沟通定义为使别人接受我们的观点。但是，我能够清晰地理解你的意思，却不一定要同意你的观点。

关于沟通我们应该了解的最后一点是沟通包括**人际沟通**（interpersonal communication）（两人及两人以上的沟通）和**组织沟通**（organizational communication）（组织中的各种沟通模式、网络和系统）。对于管理者而言，这两种类型的沟通都非常重要。

14.1.2 沟通的职能

沟通在群体或者一个组织中发挥着五项重要的职能：管理、激励、情感共享、游说和信息交换。[3]

第一，沟通通过几种方式来管理员工行为。正如我们在第 11 章中了解到的，组织中存在着要求员工遵循的职权等级和正式的指导原则。例如，当员工依照工作说明书或者公司政策行事的时候，沟通此时担任着管理职能。非正式沟通也能起到控制的作用，比如，当某个团队成员因过于努力工作忽视了组织规范而遭到成员揶揄时，他们也在进行非正式沟通并管理成员的行为。

第二，沟通通过向员工清楚阐述他们应该做什么、表现得如何以及他们如何改善自己的表现等来激励员工。在员工设定明确目标、为实现这些目标而努力工作以及获得进展反馈的过程中，都需要沟通发挥作用。

第三，对于许多员工来说，他们所在的工作群体是他们与社会进行交往的重要来源。工作群体中的沟通是员工分享挫败感和满足感的一种基本机制。因此，沟通为他们提供了情感共享的释放途径，同时也满足了他们的社会需要。

第四，游说职能的作用可好可坏，取决于组织的领导者是在试图劝说工作团队坚信组织对于社会责任的承诺，还是在教唆工作团队以违法的方式来实现组织目标。这些都是十分极端的案例，但要记住游说对于组织而言可能是有益的，也可能是有害的，这很重要。

第五，沟通的最后一个职能是信息交换，该职能有利于决策制定。个体和群体都需要一些信息来完成决策工作，而沟通传递了用于确认和评估决策的必要数据。

14.2 沟通过程

在沟通发生之前，必定存在某种意图，也就是将被传递的**信息**（message）。信息在来源（发送者）与接收者之间的传递，首先被转化为符号形式（**编码**（encoding）），然后通过某种媒介（**渠道**（channel））传递给接收者，最后对发送者的信息进行再译（**解码**（decoding））。最终的结果是意思从一个人传递给了另一人。[4]

图表 14-1 说明了**沟通过程**（communication process）由七个部分组成：来源、信息、编码、渠道、解码、接收者和反馈。此外，整个过程对于**噪声**（noise）是十分敏感的，也就是说，信息传递过程中会受到干扰信息的影响。典型的噪声示例包括字迹难辨的打印材料，电话中的静电干扰，接收者注意力不集中，或者是来自设备、生产楼层的背景声音。要记住，不论是内部的因素（例如说者（发送者）说话音量太低）还是外部的因素（邻座说话声音太大），只要干扰到对于信息的理解，统统算作噪声。噪声能够在沟通过程的任何一个环节导致信息的失真。

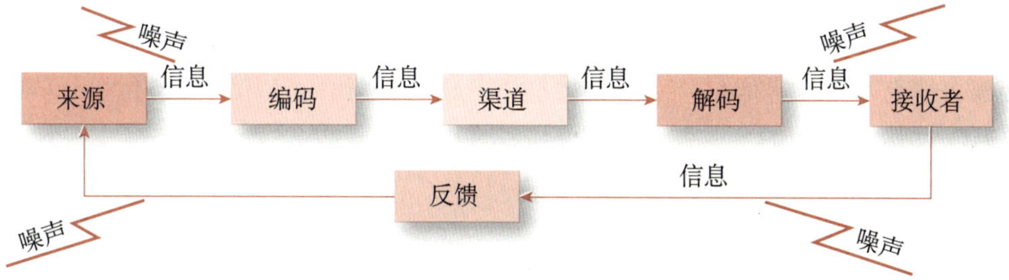

图表 14-1 沟通过程

14.2.1 沟通方式

组织中的个体如何在他们之间传递信息？他们依赖于口头沟通、书面沟通以及非语言沟通几种方式。

口头沟通 信息传递的主要方式之一便是口头沟通。演讲、正式的一对一会谈、小组讨论、非正式的流言蜚语以及小道消息等都是十分常见的口头沟通形式。

及时性、反馈性以及交流性是口头沟通的优势所在。在口头沟通时我们能用最少的时间完成语言信息的传递并得到反馈。如果接收者对于信息不太确定，口头交流可使发送者快速检查并更正信息。同时依靠口头沟通展开的交流包含着社会、文化以及情感的成分。在文化的社会交流过程中，我们有意识地开展跨越文化壁垒的社会交流，这有利于构筑信任、合作以及个体与团队之间的共识。

口头沟通的主要缺陷在于，无论什么时候，信息可能都要经由很多人传递。传递的人越多，信息失真的可能性就越高。如果你玩过“电话传音”游戏，你就会理解口头沟通的问题所在。尽管有时我们觉得这是一则简单而直接的信息，但每个人都是依照自己的方式来理解信息，因此信息的内容在传到终点时往往和开始的时候不太一样。因此在大型企业中，口头沟通的“长链”通常是一种不利因素而非有效的工具。

书面沟通 书面沟通方式有书信、电子邮件、即时通信、博客、组织期刊以及其他任何传递书面文字与符号的方式。如今商业书面沟通往往通过书信、演示文稿、电子邮件、短信、社交媒体、应用程序以及博客来进行。

非语言沟通 每次传递一则语言信息时，我们也在其中赋予“并未言说”的信息。如果不考虑非语言沟通，那么对于沟通的探讨就没有结束。非语言沟通包括肢体语言、语音语调以及面部表情。而肢体语言和语音语调尤其能包含有分量的信息。

我们可以说我们的每一个肢体语言都有含义，不存在无意义的肢体动作（尽管有的动作是无意的）。我们通过肢体语言来表达自己的状态，例如，我们用微笑表示信任，用放下双臂表示平易近人，用站立表示权威。[5]

肢体语言可以传达出地位、参与程度以及心情。[6]通常而言，伴随口头表达的肢体语言是复杂的。研究表明，相比于语言，人们在他人的非语言线索中得到了更多关于态度与心情的信息。但如果非语言线索与语言表达之间相互矛盾，那么非语言信息更容易被倾听者接受。[7]

如果你只是阅读会议记录，你就不会像自己出席会议或观看视频会议那样理解会议内容。为什么？因为会议记录并没有关于非语言沟通的内容，语音语调遗失了，所以只有两者的结合才能让含义清晰。

面部表情也可以传达信息，面部表情与语音语调一样，可以表现出自大、好斗、胆小、害羞以及其他的特质。

14.2.2 有效沟通的障碍

在探讨沟通过程时，我们注意到始终存在干扰的隐患。究竟是什么造成了干扰？除了在沟通过程中发现的一般的干扰因素以外，还有一些其他的干扰因素。

信息超载　信息超载（information overload）即信息超出人们的处理能力。例如，一位营销经理要前往西班牙开展为期一周的销售之旅，但她无法在西班牙登录自己的邮箱，所以在她回来时要面对 1 000 封邮件。你信不信每个员工平均每周要花 13 个小时来处理邮件？[8]这并没有什么稀奇的，如今的员工十分频繁地抱怨信息超载的问题。要求即时处理邮件、短信、电话、会议专业读物，造成了一种信息冲击。那么当员工面临信息超载时会发生什么？他们可能会忽略、遗漏、遗忘、选择性接收信息或者停止沟通。

过滤　过滤（filtering）是使信息更容易被接收者认同的故意操纵。例如，当一个人只汇报经理想要听到的内容时，信息就被过滤了。或者如果信息在向上传递的过程中，经过组织的各个层级不断进行浓缩加工，这也是过滤。

组织中会出现多少过滤现象，这通常与组织纵向层级数量和组织文化相关。组织纵向层级越多，过滤的机会就越多。当组织更多地采用协作和合作的工作安排时，很可能信息过滤就不再是一个问题。此外，电子邮件有助于减少信息过滤，因为沟通更加直接。最后，组织文化通过奖励某些行为来鼓励或抑制信息过滤。组织奖励越是青睐形式和外表，管理者就越是受到激励，并按照这种风格来过滤信息。

情绪　接收者在接收某条信息时心情如何会影响到他如何理解这条信息。极端情绪最有可能阻碍有效沟通。在这种情况下，我们通常会忽视自身理性客观的思维过程，取而代之的是情绪性的判断。

当人们感觉到害怕时，会倾向于以一种阻碍有效沟通的方式回应，这会伤害他们达成共识的能力。他们会因此变得颇具防卫性——言语攻击他人、说话冷嘲热讽、过度苛责他人或者质疑他人的行为。

语言　即使我们用相同的语言进行沟通，同样的词语，对于不同的人来说意味着不同的含义。年龄、教育和文化背景是影响一个人所采用的语言风格和对词语的定义最为明显的三个变量。

在一个组织中，员工的背景和言谈举止通常各不相同。即使是在同一组织不同部门的员工通常也有不同的**行话**（jargon）——某个群体的成员在内部沟通时使用的专业术语或技术语言。例如，人力资源经理讨论真实职业资格（BFOQ）作为对非法歧视的辩护，会计经理使用后进先出法和先入先出法这两个术语作为存货评估方法的参考。

沉默　我们很容易忽视沉默或者沟通不足，因为两者都被定义为信息缺失。这会成为一个严峻的问题。例如，沉默有时意味着人们处理不感兴趣的事或者不愿意谈及某个话题。当员工认为自己遭遇管理者不公平对待时，或经常遭遇负面情绪时，或感觉他们在组织中没有什么影响力时，他们就会选择沉默。[9]但沉默有时也只是单纯的信息超载或考虑回复时的信息延迟罢了。无论是什么原因，研究表明沉默与拒绝沟通都存在问题，但二者都十分普遍。[10]

国家文化　国际沟通的方方面面都会受到文化差异的影响。[11]例如，尽管日本掌握着最先进的科学技术，但是相比于书面沟通方式，日本人更多采用面对面的沟通。而在美国，管理者很大程度上依赖报告、备忘录以及一些其他的正式沟通方式。一位日本管理者会就某一问题首先与下属密切协商讨论，随后形成一份正式文件，列出达成的共识。而拉丁美洲和亚洲一些国家的高管会留下很多未指明的信息，需要依靠语境和非语言信息来理解。这与德国管理者形成了鲜明对比，后者希望传达的信息是明确而具体的。

以上示例说明在进行跨文化互动时理解和尊重差异的重要性，展示了这些差异如何对有效沟通造成曲解。

14.2.3 克服障碍

你与管理者要怎么做才能成为好的沟通者？这里有五条建议：

利用反馈 很多沟通上的问题都直接源于误解和不准确。如果管理者能够在沟通过程中获得反馈，包括言语的和非言语的反馈，出现这些问题的可能性就会有所降低。

针对所传递的信息，管理者可以通过询问一些问题以确定信息是否如预期那样得到正确的理解和接收。或者管理者也可以要求接收者用自己的话复述这一信息。如果管理者能够听到预期的结果，那么理解和准确性就有保证。

反馈也不一定非得是言语上的。如果一位销售经理将最新月度销售报告的相关信息以电子邮件的形式发送给所有的销售代表并要求他们完成该报告，而其中的一些销售代表并没有如期上交，销售经理也就获得了反馈。这一反馈表明销售经理应该在最开始的沟通中阐明一些信息。与此类似，管理者可以通过寻找一些非言语线索来辨别某人是否已经获得了正确信息。

简化语言 由于语言也可能是一种障碍，因此管理者应该考虑那些直接接收信息的听众，并通过调整自身的措辞满足他们的需求。要记住，只有在信息被接收和理解的情况下，才能实现有效沟通。例如，一位医院院长应该以清晰易懂的言辞进行沟通，并且根据不同的员工群体有针对性地调整自己的措辞。针对外科医务人员的言辞应该有意识地与针对办公室员工的言辞有所区分。行话的使用只有在该群体了解其具体意思时才能促进理解，如果在该群体之外使用可能会产生问题。

积极倾听 我们经常听别人说话，但我们通常没有在认真倾听。倾听是一种积极获取信息的方式，而单纯地听只是一种被动的行为。在倾听过程中，接收者也在努力参与沟通。

我们当中很多人都不是称职的倾听者。为什么？因为当一名称职的倾听者非常难，大多数人宁愿当一名演讲者。实际上，倾听往往要比说话更让人疲惫。与单纯地听有所不同，**积极倾听**（active listening）要求人们全神贯注、集中注意力，聆听说话者的完整意思而不作出先入为主的判断或解读。正常情况下，一个人讲话的平均速度为一分钟 125～200 个单词。然而，一个倾听者平均一分钟能够理解接近 400 个单词。[12]这种差异留给我们大量的大脑空闲时间和机会使我们“溜号”。

这是你的职业　　我在听！

促成成功的管理工作与事业的关键因素在于明白如何成为一个积极的倾听者。

你究竟能多好地倾听他人？成为积极的倾听者需要你专注于谈话内容，这不仅包括听到什么，也包括努力理解和揣摩谈话者的意图。这里有一些妙招，你可能想要记住它们并努力成为一名良好的倾听者。

1. 眼神交流。与说话的人进行眼神交流可以集中你的注意力，减少你分心的可能性，并鼓励说话的人。

2. 表现出肯定的点头和适当的面部表情。肯定的点头和适当的面部表情，再加上良好的眼神交流，就能让对方知道你在听。

3. 注意非语言暗示。有时候，说话者所说的话和他的感觉并没有什么关系。比如说，说话的人可能以“这并不是一件多大的事”开头，然而实际上，他们的肢体语言透露出事关重大。当人们焦虑、气愤、高兴或者悲伤的时候，从他们的面部表情发现这些并不难。

4. 提问并准备好回答。一个严格的倾听者会分析他听到的内容，并询问问题。这种行为明确了谈话内容，保证了理解并向倾听者表明你在听。一个有成效的倾听者往往使用诸如“我听到你说……”和“你的意思是……吗?”等句式。解释是一种非常好的控制工具，他可以检查你是不是听得足够仔细，并证实你听到的内容是否准确。

5. 在说者和听者的角色之间进行平稳转换。有效的倾听者能在说话者与倾听者之间顺畅地转换。从倾听的角度来看，这意味着专注于说话的人要说的话，并练习一有机会就发言。

场景实践

托德·斯图尔特（Tod Stewart）给员工发了一份备忘录，概述了他们在吸引新客户时需要遵循的新流程。这项新的公司政策为员工发掘新的业务机会提供指导，使他们能够表现得很专业，体现公司的良好形象。他告诉团队的员工，为了公司的声誉，遵守公司的新政策非常重要。但最近出现了几名员工没有遵守公司新政策的情况，这让托德怀疑自己是否可以在沟通方面做得更好。

托德应该做什么来确保他有效地将新流程传达给他的员工?

改变和采用新政策可能很困难，特别是当现有的做法和员工行为已经确定下来很长一段时间时。从我的个人经验来看，帮助团队采纳新政策、计划或程序的关键在于后续工作。通过面对面的会议或简短的电话交谈，管理者有通过调查来理解并回答问题的机会，并进一步鼓励员工遵守新标准。一个能以身作则并能与团队有效沟通的管理者，很有可能帮助团队成长并适应新的挑战。

埃里克·布朗（Eric Brown），物理疗法临床主任

控制情绪 如果认为管理者始终能以理性的方式与员工进行沟通，那就太天真了。我们知道，情绪可能会扰乱和扭曲沟通的过程。一位对某一问题感到心烦意乱的管理者更有可能误解接收到的信息，并且无法清楚准确地表达自己的意思。这种情况下该怎么办？最简单的方法就是在沟通之前冷静下来，使自己的情绪保持在可控状态。

注意非言语线索 如果行动胜于空谈，那么很重要的一点是确保你的行动匹配并强化与之相伴的语言。一位有效的沟通者会有意识地注意自身的非言语线索，以确保它们传达了所要表达的信息。

工作场所的秘密 缄默的上司

我们很多人都幻想有一份上司不打扰我们的工作。眼不见，心不烦。我们可以在没有上司打扰的情况下自由地完成工作。但要注意你的愿望！因为为悄无声息的人工作也是非常令人沮丧的。

我们用“缄默”一词来涵盖你在工作场所可能会遇到的一系列行为。有的上司不出现，他从不在你身边。即使你有一些问题或担忧，也没有人可以与你讨论。有的上司害羞或内向，不愿与人交流。有的上司讨厌冲突或对抗，对棘手的问题表现得躲躲闪闪。有的上司似乎总是很忙而没有时间和你说话。还有不回复消息、邮件或电话信息的上司。你知道它们正在被接收，但是它们就像消失在空气中一样。如你所见，缄默的方式有很多种。

下面的建议可以帮助你和缄默的上司打交道。

1. 问问你自己：只有我是这样的吗？首先，你要评估一下你的上司是对所有人都沉默寡言，还是把你单独挑出来了。有可能你的上司是故意疏远你。你做了什么让他不高兴的事了吗？他是故意躲着你吗？如果你对你的上司发火动怒，他可能会注意到这一点，并为了避免冲突而疏远你。如果你的上司对所有员工都一视同仁，那就能假设你不是个案。底线原则是：首先确定你是不是问题的起因。

2. 你所在组织的文化是否鼓励你上司的（缄默）行为？好好审视你所在企业的文化。你的组织是否鼓励管理者放任自流？在某些情况下，组织会以此为标准鼓励这种行为，并以此来评估奖励管理者的工作成果。例如，组织可以鼓励自由放任的领导风格，作为培养未来管理者的一种方式。在这样的文化中，你的上司很有可能会给你承担任务的自由，并表现出主动性，目的在于让你准备好承担更多的责任。如果你公司的大多数管理者都表现出类似的缄默风格，那就别指望你的上司会有较大的变化。

3. 你的上司有什么理由沉默寡言吗？客观地看待你的上司。他不干涉的做法可能有很好的理由。一种常见的解释是，他把时间花在了“向上管理”上——也就是说，努力从上级那里获得更多的资源或支持。其他的原因可能是你的上司有太多的事情要做，有太多的员工要管理。这些解释可以帮助你更好地理解上司的处境，更好地理解他为什么没空。

4. 积极主动：支持你的上司。有句老话说得好：上司不一定总是对的，但上司永远是上司。如果你觉得没有得到赏识，那么暂且假定上司是无辜的。要主动出击，但不要阿谀奉承。主动认可他做得好的事情，并感激他的努力。这是一个很好的机会，因为你积极的接触将得到回报。当你让上司感觉良好时，就会增加他和你在一起的意愿。

5. 与上司分享你的需求。除非你说些什么，否则你的上司很可能永远不会意识到问题的存在。去见你的上司，就你的需求与上司沟通。准备好如何表达你所寻求的那种支持。你想每周与他会面吗？你想要他更快地回复邮件吗？不要咄咄逼人，要表现出你对他的处境与时间需求的理解，然后明确而简洁地表达你的需求。

6. 开展行动，但要让你的上司知晓。如果你改善沟通的努力未得老板耳闻，那就继续自己向前迈进。要采取主动态度，但非常重要的是，得让你的上司知道情况。即使你可能得不到任何反馈，你也要继续给你的上司做简要的书面报告。如果以后出现问题，你至少要留下书面记录证明你向上司汇报过情况。

7. 寻找上司的替代者。如果你的上司不在你身边，可以考虑在公司里寻找能填补空缺的人——一个能指导和支持你的人。

8. 保护自己：了解上司的上司。和上司的上司发展关系没什么坏处。这事很简单，比如互相寒暄一下，或者在餐厅里一起喝杯咖啡。从政治视角来看，保护自己并与当权者建立联盟是有意义的。

9. 使情况对你有利。最后，看看积极的一面。（缄默的上司）于你而言也是一个提升自己、展示主动性，并给公司其他人留下深刻印象的好机会。那些非管理职位的人往往没有机会展示自己的领导能力。因此如果机会向你招手，不要让它溜走。你可以趁此机会填补领导职位的空缺，扩大你在组织中的影响力，给高层留下积极的印象，甚至有可能打开晋升的大门。[13]

14.3 有效的组织沟通

现在你已经了解了沟通过程的基本知识。在这一部分，我们通过将组织结构置于沟通框架之上来理解组织沟通。我们将会探讨正式与非正式组织沟通方式、组织内部沟通的流动方向、组织沟通网络等。

14.3.1 正式沟通与非正式沟通

一个组织内的沟通通常被描述为正式沟通或非正式沟通。**正式沟通**（formal communication）指的是在规定的指挥链或组织安排内发生的沟通。例如，一位管理者要求员工完成一项工作任务，这就是正式沟通。关于正式沟通的另一个示例是员工向自己的上司汇报某个问题。

非正式沟通（informal communication）是不受限于组织层级结构的组织沟通。员工在午餐室、走廊或者下班后在公司提供的健身房里交谈，他们就是在进行非正式沟通。员工会因此产生友谊，并实现彼此之间的交流。这种非正式沟通系统实现了组织的两个目的：(1) 员工能够满足自身的社交需求；(2) 通过提供各种非正式但往往更快速、更有效的可替代沟通渠道，有效改善组织绩效。

14.3.2 沟通的流动方向

我们一起来了解组织沟通的几种流动方向：下行沟通、上行沟通、横向沟通以及斜向沟通。

下行沟通 你的上司把你叫到他的办公室，告诉你公司的审计人员下周会来，让你为他们准备几份报告。这是**下行沟通**（downward communication），指的是从管理者流向下属员工的沟通。下行沟通通常用于通知、指挥、协调和评估员工。当管理者为其下属员工分配工作目标时，他们就是在使用下行沟通。当管理者为员工提供工作说明书，告知员工有关组织的政策和程序，指出员工需要注意的一些问题，或者进行员工绩效评估时，他们也是在使用下行沟通。

上行沟通 管理者依赖他们的下属员工获取信息。例如，管理者在员工提交的报告中获得了目标实现的进展情况或其他信息。**上行沟通**（upward communication）是从下属员工流向上级管理者的沟通。上行沟通使管理者得以了解员工大体上如何看待他们的工作、同事和组织。管理者同样也依赖上行沟通收集关于如何改进工作的想法。上行沟通的途径有由员工提交的绩效报告、建议信箱、员工态度调查、申诉程序、管理者-员工讨论会，以及非正式的群体会议，这种会议使得员工有机会与其管理者或高层管理者讨论问题。

横向沟通 在组织同一层级的员工之间发生的沟通称为**横向沟通**（lateral communication）。在当今的动态环境下，为了节省时间和促进协调，组织越来越需要进行横向沟通。例如，跨职能团队就对这种形式的沟通互动非常依赖。然而，如果员工没有告知管理者他们所作出的决定或采取的行动，也可能会出现各种冲突。

用数字说话

- 半数的美国员工将邮件作为与同事沟通的主要手段。
- 与使用电子邮件相比，只有 20%的美国员工更喜欢面对面交流或打电话。[14]

斜向沟通 **斜向沟通**（diagonal communication）指的是横跨不同工作领域和组织层级的沟通。一位信用分析员直接与一位区域市场经理谈论某位客户的信用问题——请注意他们属于不同的部门以及不同的组织层级——这就是在进行斜向沟通。这种沟通方式高效快速，对于组织大有裨益。电子邮件的日益普及促进了斜向沟通的应用。在很多组织中，任何一位员工都可以通过电子邮件与其他员工进行沟通，无论是处于组织中的什么工作领域或组织层级，甚至是可以与更高层级的管理者进行沟通。斜向沟通的缺点是，斜向沟通的相互作用往往把管理者排除在循环之外，有可能产生冲突。

14.3.3 组织沟通网络

横向和纵向的组织沟通渠道组合而成的各种各样的沟通模式称为**沟通网络**（communication networks）。图表 14－2 列举了三种常见的组织沟通网络。

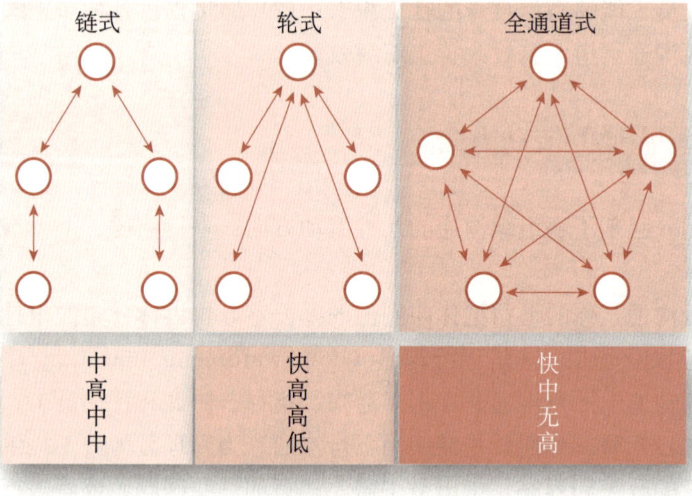

评价标准	链式	轮式	全通道式
速度	中	快	快
准确度	高	高	中
产生领导者的可能性	中	高	无
员工满意度	中	低	高

图表 14－2 组织沟通网络

沟通网络的类型 在链式网络中，无论是上行沟通还是下行沟通，都是沿着正式的指挥链流动。在轮式网络中，由一位明确的强有力的领导者与工作群体或团队中的其他成员进行沟通。该领导者充当中心枢纽的角色，所有的沟通都会经过这一中心。在全通道式网络中，沟通在工作团队所有成员之间自由流动。

应该采用哪一种沟通网络取决于你的目标。图表 14-2 根据以下四项标准概括了每一种沟通网络的效果：速度、准确度、产生领导者的可能性以及员工满意度。但有一个结论是显而易见的：没有任何一种沟通网络能够适用于所有的情况。

小道消息 我们在结束关于沟通网络的讨论之前，一定要了解**小道消息**（grapevine）——非正式的组织沟通网络。在绝大多数组织中，小道消息非常活跃。这是信息的一种重要来源吗？当然是！一项研究表明，63%的员工声称他们最先都是通过流言蜚语或小道消息得知某些重要事情的。[15]

有一则关于小道消息的有趣事实，那就是很少有人对它们感兴趣。通常，一个组织中只有大约 10%的人充当联络员，并将小道信息传递给不止一个人。在小道消息传播中的活跃分子通常取决于所传递的信息。能引起员工兴趣的信息可能会促使他告诉其他人。然而，被认为是不太感兴趣的信息可能永远不会获得进一步传播。

小道消息能给管理层带来好处吗？[16]答案是肯定的。考虑到只有少数员工通常会将信息传递给不止一个人，管理者可以分析小道消息并预测其传播情况。某些消息可能遵循可预测的模式传播。因此管理者甚至可以考虑利用小道消息，将信息以非正式的方式传递给特定的人，即那些活跃在小道消息中的关键人物，他们可能会发现某条信息值得传递。

管理者不应该忽视小道消息的价值，因为它能识别出员工眼中重要的问题，这些问题让他们感到焦虑。它既是过滤器也是一种反馈机制，也就是说，它既可以收集在管理者看来相关的问题，也将员工想要传递给高层管理者的信息植入其中。例如，小道消息可以挖掘员工的担忧。如果一个大规模裁员的谣言正沿着小道传播，而管理层知道这个谣言是完全错误的，这一消息仍然有意义。因为它反映了员工的恐惧和担忧，管理层不应该忽视该问题。

传统的小道消息依赖于面对面的交流或电话交谈。20 世纪 90 年代，电子邮件成为一种流行的小道消息传播工具。如今，社交媒体成为越来越重要的小道消息媒介。[17]通过使用推特、脸书和其他流行的网站，员工可以与更广泛的受众分享信息，而不仅仅是同事。不用说，这样做的缺点是会对组织或特定的管理者造成不利的宣传。最近的法律裁决支持私营部门内的员工自由讨论工作条件的权利。而且无论讨论是在办公室还是在社交媒体网站上进行，他们都不用担心受到报复。我们给管理层的建议是：制定清晰的社交媒体政策，并确保它们被广泛理解。例如，沃尔玛的社交媒体使用政策包括禁止发布"可能包括歧视性言论、骚扰、暴力威胁或类似不当或非法行为的帖子"。[18]

场景实践

亚历山德拉·帕夫洛（Alexandra Pavlou）有一个可能会相对棘手的敏感问题需要与她的房地产评估团队共同讨论。她应该如何合理谨慎地开展这次讨论，并真正地解决问题？

你会给亚历山德拉提什么建议？

首先，应该考虑最好是通过几次一对一的会面解决这个问题，还是通过一个群组会议解决这个问题。尽你所能设想所有可能的反应，并反过来考虑你将如何应对。一开始就应该坦诚地对待你的团队，因为接下来的讨论可能会使某些人感到不舒服，因此要解释清楚为什么解决这个问题非常重要。

玛丽贝尔·拉拉（Maribel Lara），客户管理部主管

14.4 互联网与社交媒体时代的沟通

沟通的世界已与从前完全不同！尽管变化的技术条件已成为组织面临的环境不确定性重要来源之一，而同样是这些变化的技术条件，促使管理者与员工以更具效率与成效的方式协作。如今，信息技术与几乎所有组织运营的方方面面息息相关，这对于人们如何、何地、何时开展沟通影响深远。

14.4.1 24小时/7天的工作环境

用数字说话

- 美国49%的员工在下班后或周末每隔几小时就会查看邮件。[19]

就在不久之前，大多数员工在传统的工作时间之后基本没有交流。原因在于，以前也没有人这么做。但IT促使实时互联成为可能，甚至是每一天。例如，信息技术极大地改善了管理者监督员工和团队绩效的能力，同时也使员工掌握更加完整的信息以快速作出决策，并为员工提供了更多的机会开展合作，共享信息。此外，IT也使人们在任何时间、任何地点都能联系到组织中的人成为可能。员工不需要时刻在办公桌前开着电脑来实现与组织中的人进行沟通。

在失败中学习　通用汽车糟糕的沟通方式的崩溃

这个故事简要来说，其实是几句欠妥的话造成了124人死亡、275人受伤的结果。通用汽车生产的雪佛兰Cobalt车型有一个缺陷，点火开关有自动关闭的可能，并且导致汽车断电、安全气囊失效。2014年，数百万辆汽车由于这一缺陷被召回，但通用汽车的某些员工实际上早在2004年就意识到了这一问题。但是他们没有采取行动。为什么？因为他们认为这不是安全问题。

点火开关故障第一次浮出水面时，该问题被就解读为“顾客便利度”的问题。这个术语给通用管理层留下的印象是，它只是让一些司机不太舒心罢了。但安全问题长期以来一直是通用汽车的头等大事。这个词语总是会引起快速的反应。就在问题被定义为“安全缺陷”的那十年里，该公司曾以高昂的成本数百次召回汽车。事实上，在涉及安全问题时，通用汽车的员工接受过使用问题（issue）、麻烦（matter）或缺陷（defect）等词汇的培训。但当点火缺陷（defect）被称为客户便利度问题时（一种设计不合理问题），这种描述没有紧迫感。因此，有缺陷的点火开关继续安装在车上，导致不断有人丧生。

通用汽车从这次悲剧性的沟通失败中学到了什么？显然，它需要改善沟通。公司设立了一个新职位——全球汽车安全副总裁。担任此职位的人实施了一些项目，包括指导员工识别安全问题，并与主管和高管讨论这些问题。其中一个项目是“为安全说话”（Speak Up for Safety），旨在鼓励员工识别、报告和提升安全问题，并培训他们怎么做。

这些纠正措施似乎正在起作用。在这一事件曝光和新项目启动的三年后，消费者对通用汽车质量的评价比丑闻之前要高——实际上是该公司有史以来最高的。[20]

14.4.2 社交媒体

一位销售执行副总裁告知他团队中的 100 个地区销售经理：他们需要阅读关于消费者偏好趋势的调查结果。他在公司的 HipChat 上发布了这份报告，它是为了交流这一主题的信息而创建的。此举使得整个团队可以阅读报告并交流经验。员工现在可以在 HipChat 上阅读、评论和交换相关文章，就像他们在脸书上一样。这种方法有两个重要的好处。首先，大多数员工每天都要收发几十封商务邮件，有时重要的邮件会被压在拥挤的收件箱里。而为开展特定主题的信息交流提供的通道有助于区分对话的优先等级。其次，在这个例子中，销售执行副总裁不仅传达了重要的信息，也开启了一个有用的对话渠道，在这个渠道中，员工可以分享他们的经验，为创造竞争优势提出建议。

在 YouTube 或 Vimeo 上创建一个只面向内部用户的视频门户网站，这是员工了解同事、新产品和公司信息的绝佳方式。[21]例如，德事隆（Textron）建立了一个内部视频门户。“这是我们内部的‘YouTube’，也是员工主导内容的社交场所。我们用它制作关于产品演示的视频，庆祝员工的成就，并强调公司领导的建议。”[22]

虽然社交媒体作为组织内部交流的工具具有令人振奋的潜力，但也不能忽视它的缺点：社交媒体具有成瘾性。它会消耗员工大量的时间，并降低生产力。最近的一项调查发现，近 90%的员工表示他们在工作时查看社交媒体。近 1/5 的人表示，他们在工作日查看社交媒体的次数超过 10 次。[23]遗憾的是，大多数查看毫无疑问是外部网站，与员工的工作职责无关。

最后，互联网时代带来的另一个交流挑战是缺乏个人化的互动。即使两个人面对面交流，也不一定能理解对方。[24]当通信发生在虚拟环境中时，相互理解和协作完成工作尤其具有挑战性。尤其是“Z 世代”的年轻人，比起面对面的交流，他们更喜欢发短信、使用电子邮件和社交媒体。当数字渠道被用于传递带有情感或敏感成分的信息时，可能会在工作场所导致问题。尽管数字沟通存在时间和地点维度，但当信息复杂、敏感、需要保密或需要关于理解的明确反馈时，数字沟通方式就难以代替面对面的交流。而当建立信任关系很重要的时候，面对面的交流也是首选。

14.4.3 网络安全

索尼影视娱乐公司（Sony Pictures Entertainment）曾是黑客攻击的目标，黑客成功地获得了有关员工薪酬、财务和特定电影明星的机密通信材料等敏感信息。[25]在另一则案例中，黑客渗透进联邦政府的人力资源数据库，获得了关于安全检查和医疗的记录。[26]这些事例提醒我们，网络空间并不是密不透风的。企业计算机和邮件系统应防范黑客与垃圾邮件。如果要实现沟通技术的价值，那么这些重要的问题必须得到解决。

计算机系统被黑客“黑”过的公司有塔吉特、家得宝（Home Depot）、eBay、艾奎法克斯（Equifax）等[27]。历次事故中，被波及的顾客达数千万，公司的可信度遭到了极大的破坏。常见的数据泄露可能数月都未被发觉，这会给公司带来巨大的损害。

如今，组织所做的一切基本上都被电子化。而其中的大部分信息都是敏感信息——雇员、顾客、财务记录以及知识产权信息。在智能手机、云存储以及物联网之间，组织对于黑客而言是最脆弱的。这使得网络安全受到重视。虽然不可能完全消除这种风险，但必须采取某些行动。[28]这些行动包括：使用安全的密码；警惕外部下载和电子邮件；备份数据；确保无线网络安全；在每台电脑上安装并更新完整的杀毒软件、反间谍软件和防火墙。

用数字说话

- 34%的美国人表示，在过去的一年中他们遭遇过个人信息泄露问题。
- 18%的美国人的社交媒体账号曾被“黑”。[29]

14.5 成为更好的沟通者

大部分管理者都会告诉你，成为一名卓有成效的沟通者是成就一番事业的要素之一。他们是对的。你要一直找机会改善自己的沟通技能。除了我们先前在“这是你的职业”专栏中讨论过的倾听技能，重要的沟通技能还包括游说、演讲、写作、阅读，让我们逐个简单看一下。

14.5.1 磨砺你的游说技能

成功的管理者展示出良好的游说技能。**游说技能**（persuasion skills）可使人们影响他人，改变他人的思想或者行为。考虑下述情况：维珍集团（包括 Virgin Mobile 和 Virgin Megastore）的创始人理查德・布兰森（Richard Branson）在很小的时候就明白了游说的价值。在上寄宿学校时，布兰森开始了自己的第一次创业——创办学生杂志。但他认识到，没有投资者的支持，他无法做到这一点。为此，布兰森成功地学会了如何通过电话进行五分钟的推销，而且做得相当成功：杂志从 1968 年就开始经营了。是什么促使他能够成功推销？布兰森说：“任何人都能把事情复杂化，但是把一件事简单化却很难。”[31]

用数字说话

- 领英对 4 000 名专业人士的调查显示，软技能应该是人才发展的首要任务。具体来说，管理者认为沟通和领导力是员工应该学习的两项最重要的技能。[30]

布兰森的评论与游说研究的结果是一致的。[32]成功说服别人的四个最基本的要素包括：（1）清楚“谁”“什么”“为什么”；（2）保证简单易懂；（3）在形成论点的时候，考虑到对方的需要、动机和兴趣；（4）通过有机结合理性与情感来吸引“大脑”和“心灵”。

14.5.2 磨砺你的演讲技能

到现在为止，你可能已经做过很多次课堂报告了。在课堂上做报告的一个好处是有机会发掘演讲技能。**演讲技能**（speaking skills）指的是通过说话来传达信息和想法，并让别人理解的能力。一项调查显示，70%会做演讲的员工表示：良好的演讲技巧对职业成功很重要。[33]然而，不习惯在公共场合演讲阻碍了一些员工的发展。约20%的受访者表示，即使这意味着“失去尊重”，他们也会避免开口。[34]而幸运的是，有一些资源可以帮助你克服对于公众演讲的不适，比如当地的Toastmasters俱乐部，它为你提供了在一个支持性的环境中做正式和即兴演讲的机会。

一旦你在别人面前演讲更有自信，就有必要了解有效演讲的特点了。参加成功的商务人士的演讲或在线观看他们的演讲都是很好的开始。你可能会注意到有效演讲者的以下特点：真实、谦逊、简洁、易于理解。[35]而说到简洁，没有人会抱怨一个演讲太短。

14.5.3 磨砺你的写作技能

写作技能（writing skills）可实现有效的文本沟通，而文本沟通对于受众而言是最得体的。与你在日志、给朋友的信件或者是短信中使用的非正式写作不同，我们的关注重点在于商业书信与专业写作方面。

有一些相当直接的规则可以帮助你简明、清楚和准确地写作[36]：

1. 动笔前思考。在动笔前专注于自己要说的内容，有助于避免语无伦次、词句冗长以及重复。

2. 直达主题。快速点明主旨。

3. 避免使用行话以及浮夸的言辞。注意表达清楚，并不是让人印象深刻。

4. 体现专业。商业备忘录、信件、报告与电子邮件、短信以及社交媒体评论不同，因为这里不是说缩略语、首字母缩略词或短信的地方。这一建议对“千禧一代”“Z世代”以及靠智能手机生活的人尤为适用。

14.5.4 磨砺你的阅读技能

员工每天平均会收到122封工作电子邮件[37]，也会收到许多手写备忘录、报告和政策文件。就数量而言，这需要良好的阅读技能。**阅读技能**（reading skills）使人能理解所写的与工作相关文件的句子和段落的含义。如果你的阅读技能未达标——无论是理解上还是速度上——就不要害怕参加阅读提高补习班。

为考试做准备

本章小结

14.1 定义沟通的本质和职能。

沟通是意思的传递和理解。人际沟通是两人及两人以上的沟通。组织沟通包括组织中的各种沟通模式、网络和系统。

沟通的职能包括：管理、激励、情感共享、游说和信息交换。

14.2 描述沟通过程。

沟通过程由七个部分组成。发送者拥有某一信息；信息是将要被传达的意图；编码是将这一信息转化为符号形式；渠道是信息传递的媒介；解码指的是接收者对发送者的信息进行再译；最后是发生反馈。

组织中的人传递信息的方式有口头的、书面的以及非语言的方式。非语言沟通不以语言为媒介，而是通过肢体语言、语音语调以及面部表情。有效沟通的障碍包括信息超载、过滤、情绪、语言、沉默以及国家文化等。而利用反馈、简化语言、积极倾听、控制情绪以及注意非言语线索等有助于克服这些障碍。

14.3　解释沟通如何在组织中实现最有效的传达。

正式沟通指的是在规定的指挥链或组织安排内发生的沟通。非正式沟通是不受限于组织层级结构的组织沟通。组织沟通可以是下行沟通、上行沟通、横向沟通和斜向沟通。

三种组织沟通网络包括：链式网络，指的是沟通沿着正式的指挥链流动；轮式网络，指的是沟通在一位明确的强有力领导者与其他成员之间进行流动；全通道式网络，指的是沟通在工作团队所有成员之间自由流动。小道消息是指非正式的组织沟通网络。

14.4　描述互联网与社交媒体如何影响管理沟通与组织。

信息技术从根本上改变了组织成员之间的沟通方式。它创造了每天 24 小时，一周 7 天的工作环境，人们可以随时保持联络，随地开展工作。社交媒体促使管理者通过一个渠道展开沟通，并鼓励分享经验。尽管信息技术允许合作性工作，但是管理者必须小心谨慎：要警惕他们是不是过度使用了技术或者压抑了创新。管理者需要确保他们的网络安全举措到位，保障网络系统不受黑客攻击。

14.5　讨论如何成为更好的沟通者。

通过磨砺你的游说技能、演讲技能、写作技能以及阅读技能，你便能成为一名更好的沟通者。

复习和讨论问题

1. 定义沟通、人际沟通以及组织沟通。为什么有效沟通不等于达成共识？
2. 沟通的职能有哪些？
3. 解释沟通过程的组成部分。
4. 管理者可以使用哪些沟通方式？这些沟通方式的优点和缺点是什么？
5. 比较正式沟通与非正式沟通。
6. 解释沟通的流动方向、三种常见的组织沟通网络以及管理者应该如何处理小道消息。
7. 互联网与社交媒体是如何改变组织沟通的？
8. 你能通过哪些具体行为成为一名更好的沟通者？

为我的职业做准备

道德困境

56%的员工担心他们会因为发在社交媒体上的帖子而被同事品头论足。[38]

社交网络平台非常有趣。通过这些平台与老朋友甚至是家人保持联系是加入社交网站的乐趣之一。然而，当你的同事，甚至是你的上司想加你为好友时，会发生什么？专家表示，你应该慎重处理这种情况。[39]

1. 你如何看待这种情况？为你在职场上认识的人提供一个“进入你私人生活的窗口”

合适吗?

2. 这种情况下可能会出现什么道德问题?

技能练习

开发你的积极倾听技能

关于技能

管理者会因为各种各样的原因做演示。无论你是在分享关于新产品或新流程的信息,提出问题的解决方案,培训新员工,还是向客户销售产品,有效地进行演示的能力都是一项重要的沟通技能。作为一个演讲者,你演说的有效性常常会决定是否达到预期效果。好消息是,通过一些计划和练习,你可以成为一个引人注目的演示者。[40]

练习技能的步骤

- 了解你的受众。考虑受众的情况。他们已经了解你所演示主题的哪些内容?他们需要在演示中学习什么?他们对你的演示感兴趣吗?了解你的受众以及他们的需求可以帮助你组织你的信息和内容。
- 组织你的内容。保持开放的态度,与受众保持连接状态。用故事或者情境吸引受众,或者使用数据及其他信息来帮助他们理解问题。关于演示的主体内容,注意要紧密围绕3个或者4个主题。结尾要清晰明了,让人们记住一些内容。
- 准备引人注目的视觉效果。使用幻灯片来补充你的演示,但不要让视觉效果分散你的注意力。保持简单的布局,不要在你的幻灯片上写太多的字,否则听众会去阅读而不是听你说。考虑使用图表或照片来帮助阐述你的观点。
- 练习!练习!还是练习!虽然使用提示卡很好,但你不应该单纯阅读演讲内容。先排练一下,这样演示内容会更顺畅。但不要让人觉得你只是把它背下来了,可以考虑在排练的时候自己录下视频,这样你就能知道哪些地方需要改进。
- 不要紧张。每个人演示前都会紧张。上台前深呼吸,挺起腰站直,展现出自信!展示本身就是克服紧张的良药。
- 注重你的表达方式。使用自信的语气,并注意使用语气助词(啊、嗯等)。用眼神交流,问问题来吸引受众。

技能实践

寻找机会做演示。自愿在课堂演示中发挥带头作用,为你参与的小组做演示,或向你的老板寻求做演示的机会。运用上面的指导来准备和发表你的演讲。你的自信会随着你演讲经历的丰富而增加。

共同工作

团队练习

为可能出现的沟通问题做好准备可以让你在工作中更有效率。以3～4人为一组,讨论在沟通过程中可能出现的挑战、可能存在的障碍,以及以下每种情况下克服这些障碍的方法:

1. 你将作为一个跨职能团队(这个团队由来自信息技术部门、市场部门、会计部门以及法律部门的各一名员工组成)的领导参加第一次会议。

2. 你和另外两个人一起做一个项目，项目的截止期限即将到来，你必须坚持下去。

3. 由于销售额下降，公司需要削减成本，你需要解雇一名员工。你有责任告诉员工，他将在六周内失业。

学习成为管理者

● 记录你一天中所使用的沟通类型（例如面对面沟通、发短信、写邮件、语音或视频通话）。哪一种沟通方式你用得最多？哪一种最少？你所选择的沟通方式是否有效？为什么？沟通效果能否改善？如何改善？

● 记录一天中你注意到的他人的非语言沟通。你观察到了什么类型的非语言沟通？这些非语言沟通是否始终伴随语言沟通而出现？请描述。

● 调研五位管理者，向他们咨询如何成为好的管理者。将这些信息以项目列表的形式写出来，准备好在课堂上展示这些信息。

● 通过加入 Toastmasters 俱乐部（www.toastmasters.org）来提高你的口语表达能力。Toastmasters 是一个非营利组织，通过俱乐部网络来教授公众演讲，在那里你可以练习向听众发表演讲，听众可以提供反馈来帮助你提高演讲技能。

● 找出至少一家有效利用社交媒体与客户或员工沟通的公司。该公司使用什么社交媒体应用程序？订阅公司的社交媒体，并记录至少一周的社交媒体沟通情况。你看到了什么模式？基于点赞或分享的数量，哪些社交媒体消息是有效的？

● 考虑到电子邮件是大多数组织的主要沟通方式，练习有效地使用它很重要。研究一下电子邮件的使用规范，列出在工作中使用电子邮件应该做和不应该做的事。

案例应用 1

互随：沟通伴随公司成长发展

瑞恩·霍尔默斯（Ryan Holmes）是温哥华社交媒体管理平台公司互随（HootSuite）的创始人兼首席执行官。霍尔默斯意识到，当公司员工人数超过 1 000 人时，他需要做更多的工作来改善公司的内部沟通。毕竟指望有效的沟通自动发生是不可能的。他甚至不能期待在走廊里和很多同事交谈，因为公司已经太大了。

互随是如何改进沟通的？公司建立了一个网站，将来自不同部门的员工配对，让他们坐下来一起喝杯咖啡。只有注册的员工才会参与“随机咖啡匹配”（“#RandomCoffee”）活动。[41] 而这些边喝咖啡边进行的聊天催生出解决工作问题的方法，激发了新项目的构思，并增加了公司内正式组织结构图之外的沟通。事实上，霍尔默斯实现了他从“随机咖啡匹配”活动中听到的一个想法：每周，霍尔默斯都会用手机录制 5～10 分钟的自拍视频，与公司内部的员工分享。这些视频让员工有机会直接听取首席执行官的意见。正如霍尔默斯所说的：“它可以让整个公司在最优先的事情上达成一致，并听取重要的事情。”该活动鼓励员工在视频下评论或提问。有的视频只有少数员工评论，但有的视频能收到数百条员工的帖子。现在，霍尔默斯还在每个季度举行网络会议，让世界各地的员工听到正在发生的事情并发表意见。最重要的是，霍尔默斯在社交媒体上很活跃，而一般首席执行官会避开社交媒体，并将社交事务委托给其他人。

大约每一两个星期，公司会在下午 4 点停止工作，并鼓励每个人在公司茶水间互相交流。除了社交活动之外，他们有时还会组织由员工主讲的 5 分钟非正式“快闪讲座”，其主题通常与工作无关，比如“绘画技法”或“魔方艺术”。霍尔默斯说：“人们停留的这几分钟或几个小时是十分随意、且不受拘束的。但我了解到这样一个事实，就是原本永远不会相遇的人连接起来，从而开辟新的沟通渠道，拉近团队的距离。”

◆ **问题讨论**

1. 霍尔默斯的沟通技巧以何种方式阐述了本章所讨论的沟通的职能？

2. 当霍尔默斯的员工使用本案例中描述的沟通技巧时，会有哪些阻碍有效沟通的因素？

3. 在克服障碍的五种方法中，霍尔默斯在哪种方法上做得很好？哪些克服障碍的方法可能需要进一步探讨？

4. 霍尔默斯的沟通技巧解决了哪个方向的沟通流动（下行、上行、横向、斜向）？他们还能做些什么来更全面地处理沟通流动的方向？

案例应用 2

脸书的沟通挑战

2018 年 9 月 27 日，美国国会听证会期间，脸书负责全球公共政策的副总裁乔尔·卡普兰（Joel Kaplan）坐在他的朋友布雷特·卡瓦诺（Brett Kavanaugh）法官后面两排。这次听证会是为了确定卡瓦诺法官是否适合继续在最高法院任职。在听证会上，法官就性侵指控进行了作证。当听证会上的电视摄像机拍摄到卡瓦诺时，卡普兰也出现在背景中。

不久之后，脸书的员工在公司内部留言板上发帖表达了他们的担忧。一些员工认为，卡普兰的出现似乎是一种支持，不仅来自卡普兰本人，也来自脸书。他们担心的问题在于，卡普兰作为脸书的高管，在听证会期间坐在如此引人注目的位置就意味着他代表了公司。

卡普兰在听证会当天向公司员工道歉，承认他给大家造成的困扰，但他也表示，他个人应该支持他的朋友。但当员工的担忧不断涌入关于公司内部信息的论坛时，公司副总裁安德鲁·博斯沃思（Andrew Bosworth）写道：“如果你需要改换工作团队、公司或职业来保证你生活中的每一天与你的激情相适，我们会因你的离开而悲伤。可我们都理解你。我们会支持你选择的任何道路。但需要为选择一条道路负责的人是你，而不是你供职的公司。”[42]

包括脸书人力资源主管在内的一些员工都认为，博斯沃思的评论似乎打消了员工的担忧。作为回应，博斯沃思在公司留言板上发了一个帖子：“我在应该倾听的时候发表了演说，这是很大的错误。但我很感激那些分享反馈的员工，也对因为我的行为而倍感痛苦郁闷的员工表示歉意，因为他们那时需要的是领导层更好的支持和理解。”为继续处理这些事件，脸书举行了首席执行官马克·扎克伯格和首席运营官谢丽尔·桑德伯格（Sheryl Sandberg）出席的会议。

◆ **问题讨论**

1. 当员工在脸书内部留言板上发帖时，涉及哪一种沟通网络（链式、轮式、全通道式）？

2. 卡普兰在美国国会听证会上现身属于哪一种非语言沟通形式？

3. 你认为在员工针对卡普兰出席美国国会听证会的反应中，小道消息可能扮演了怎样的角色？员工对博斯沃思发在公司留言板上的帖子的回应是如何与小道消息产生关联的？

4. 针对员工对卡普兰现身的担忧，博斯沃思要如何做才能更有效地回应员工的忧虑？

注 释

第15章 理解和管理个体行为

Understanding and Managing Individual Behavior

学习目标

15.1 识别组织中个体行为的重点和目标。

15.2 解释态度在工作绩效中发挥的作用。

15.3 描述不同的人格理论。

15.4 描述知觉及其影响因素。

15.5 讨论各种学习理论及其与行为塑造的关系。

就业技能矩阵

		批判性思考技能	沟通技能	合作技能	知识运用与分析技能	社会责任技能
技能盒子	工作场所的秘密	✓	✓		✓	
技能实践	道德困境	✓				✓
技能实践	技能练习		✓	✓	✓	
技能实践	共同工作			✓	✓	
技能实践	学习成为管理者		✓		✓	
案例	案例应用	✓			✓	

你是否想在西南航空公司做一名商业分析师？取得该工作的资格似乎与你在微软或者高盛集团（Goldman Sachs）谋一份相似的差事差不多——良好的语言沟通能力，相关的工作经历，当然，有 MBA 学位更好。但除此以外，西南航空公司将最重要的一点放在了员工态度和人格上。[1]该公司相信，公司的成功来源于员工的快乐、积极向上的精神以及使人们融入“欢乐”的组织文化中的能力。西南航空公司管理员工的理念是：技能可以学习，但是人格无法复制。

在本章中，我们将探讨员工行为——特别是态度、人格、知觉以及学习。正如我们所展示的那样，管理者需要理解员工的行为，以获得在招聘决策、激励员工、选择领导行为和留住高绩效员工方面的洞见。

15.1 组织行为学的重点和目标

本章和接下来两章的内容主要借鉴了组织行为学领域的研究。它所关注的主题是**行为**（behavior），也就是人们的活动。**组织行为学**（organizational behavior，OB）就是对工作中的人的行为进行研究。[2]

理解组织行为学所面临的挑战之一是组织行为学解决的并非显而易见的问题。如同冰山一样，很多组织行为直接用肉眼是看不见的（见图表 15－1）。当对一个组织进行考察时，我们看到的是它正式的方面：战略、目标、政策与程序、结构、技术、正式的权力以及指挥链。但在这些表象之下是管理者需要了解的其他因素——这些因素也会影响员工工作表现。正如我们即将展示的，组织行为学为管理者更深入地了解组织中这些非常重要但隐而未现的各个方面提供了相当多的启示和洞察。

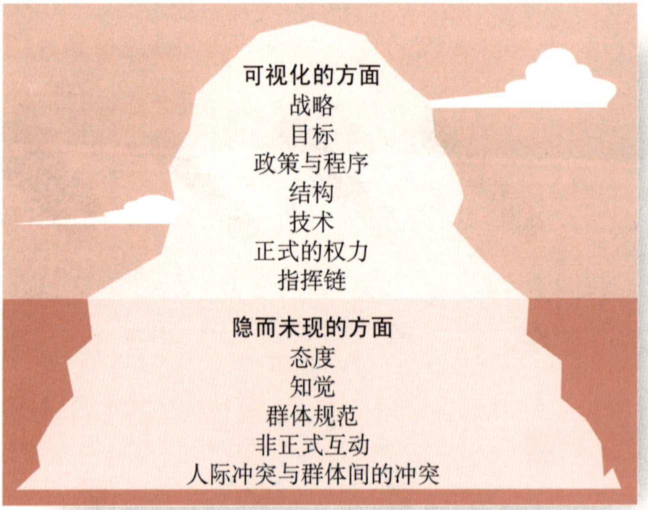

图表 15－1 组织如同一座冰山

15.1.1 组织行为学的重点

组织行为学聚焦于两个领域。第一，组织行为学考察个体行为。这一领域主要来自心理学家的贡献，包括诸如态度、人格、认知、学习和动机之类的主题。第二，组织行为学关注群体行为，包括规范、角色、团队建设、领导力和冲突等。我们对群体的认识基本上源于社会学家和社会心理学家的工作研究。在本章，我们将对个体行为进行深入了解。

15.1.2 组织行为学的目标

组织行为学的目标在于解释、预测和影响行为。管理者需要能够解释为什么员工会表现出这样的行为而不是其他行为，预测员工对于不同的行动和决策将会做何反应，并影响员工的行为方式。

在对员工的行为进行解释、预测和影响时，我们会尤其关注哪些行为？我们识别出六种重要的员工行为：员工生产率、缺勤、离职、组织公民行为、工作满意度、工作场所反生产行为。

员工生产率（employee productivity）是一种测量效率和效果的绩效工具。**缺勤**（absenteeism）指的是没有在工作岗位上工作。据测算，不定期缺勤会给美国公司造成每个小时工每年 3 600 美元、每个受薪员工每年 2 650 美元的损失。[3] **离职**（turnover）指的是自愿或非自愿地退出某个组织。由于离职会带来招聘、甄选和培训成本的提高以及工作的中断，因此离职是一个大问题。对于公司而言，该成本十分高昂，其损失范围是不熟练员工工资的 16%到熟练员工工资的 213%。[4] **组织公民行为**（organizational citizenship behavior，OCB）是一种并不属于员工正式工作要求但可以促进组织有效运行的自愿行为。[5] 关于优秀组织公民行为的示例包括在工作团队中互相帮助，自愿参与职责外的工作活动，避免不必要的冲突，以及对所在工作团队和组织提出建设性意见。**工作满意度**（job satisfaction）指的是员工对自己工作所持有的总体态度。尽管工作满意度是一种态度，而不是一种行为，但它也是很多管理者关注的一种结果，因为感到满意的员工更有可能表现出高出勤率和高绩效水平，并且更有可能一直留在该组织中。**工作场所反生产行为**（counterproductive workplace behavior）指的是员工故意采取的可能会对组织或其成员造成伤害的行为。工作场所反生产行为通常以四种形式出现在组织中：异常行为、攻击性行为、反社会行为以及暴力行为。[6] 这些行为形式多样，可能仅仅是大声地播放音乐激怒同事，也可能是言语攻击扰乱工作，所有这些行为都会严重破坏组织的正常运作。在接下来的部分，将会介绍对四种心理因素（员工态度、人格、知觉和学习）的理解将如何帮助我们预测和解释这些员工行为。

用数字说话

- 68%的员工表示他们对同事非常满意。
- 58%的员工表示他们对他们的老板和顶头上司非常满意。[7]

15.2 态度与工作绩效

态度（attitudes）是对事物或人的评论性陈述——可以是支持性的，也可以是反对的。态度反映的是个体对某些事物、人或事件的看法。当一个人说“我喜欢我的工作”时，他就是在表达对于工作的一种态度。

态度由三种成分构成：认知、情感和行为。[8] **认知成分**（cognitive component）指的是个体所持有的信念、观点、知识或信息。(例如这样一种信念:歧视是错误的。)**情感成分**(affective component)是态度中的情绪或感受部分。举一个例子,“我不喜欢派特(Pat),因为他歧视少数族裔”的陈述,就是情感成分的一种体现。最后,情感会导致行为结果。**行为成分**(behavioral component)是个体以某种特定的方式对某人或某事采取行动的意向。继续我们刚刚的例子,由于我对派特的这种感觉,我可能会选择尽量避免与他接触。理解态度由三种成分构成有助于我们更深入地体会态度的复杂性。但是需要记住,通常我们所说的态度指的是情感成分。

当然,管理者不会对员工所持有的每一种态度都感兴趣。他们尤其关注与工作相关的态度。最广为人知的四种态度是工作满意度、工作投入、组织承诺和员工敬业度。

15.2.1 工作满意度

正如我们在前面所了解到的,工作满意度指的是员工对自己工作所持有的总体态度。工作满意度较高的员工通常对自身的工作持有积极的态度。感到不满意的员工通常持有消极的态度。当人们提及员工态度时,通常指的是工作满意度。[9]

员工有多满意? 对于大部分人而言,工作满意度等级是相对稳定的指标。例如,美国的平均工作满意度从 1972 年到 2006 年间维持在 60%。[10]该指标在 2010 年跌落到 40 年来的低谷——主要是经济危机所致。[11]2017 年,美国工作满意度为 51%。[12]

员工的工作满意度受到收入的影响,这没什么值得惊讶的。[13]家庭总收入超过75 000美元的个体,将近 58%都对自己的工作感到满意,但在家庭总收入低于 75 000 美元的家庭中,这一比例只有 45%。尽管更高的收入有可能转化为更高的工作满意度,但是对于满意度差异的另一替代性解释是,高收入也意味着不同的工作类别。高收入的工作通常需要更先进的技术,赋予在职者更大的责任,也给予激励性和挑战性以及更多的控制权。相比于收入本身,高收入群体的高工作满意度更有可能源于这些因素。

最后,工作满意度中也存在着文化差异。[14]在六维工作满意度量表中,墨西哥获得了 5.58 的最高分,斯堪的纳维亚半岛国家紧随其后,得分在 5.51~5.72,美国得分为 5.46。而最低分落在法国、韩国(得分分别为 4.89 和 4.67)。这些国家在得分上的差异是工作的质量导致的,还是与生俱来的文化框架的差异导致的,目前还不清楚。

满意度与生产率 在霍桑实验(在管理史模块中讨论过)之后,管理者认为快乐的员工通常是生产率高的员工。一些管理研究者质疑这一观点,因为确定高工作满意度是否会导致高工作生产率并不容易。然而,后续的研究已经帮助证明了两者之间的关系。我们可以确定,满意度与绩效之间的相关性是十分稳健的。[15]具有更高工作满意度的个体会表现更好,而具备更高工作满意度的组织也比满意度较低的组织更加富有成效。

满意度与缺勤率 尽管研究表明,感到满意的员工比感到不满意的员工缺勤率更低,但两者之间的相关性微弱。[16]一般来说,当有很多可供选择的工作时,不满意的员工会有很高的缺勤率,但是当有很少的选择时,不满意的员工和满意的员工的缺勤率是一样的(低)。[17]提供宽松病假福利的组织正在鼓励他们所有的员工——包括那些对工作非常满意的员工——休假。如果这些日子毫无代价,那么你能够在对工作感到非常满意的同时享受一个三天的周末。

满意度与离职率 研究表明,满意度与离职率之间的关系表现得更加显著。[18]总的来说，一种工作满意度降低的工作模式是员工离职意愿的最佳预测因子。离职率也与工作环境有关。如果员工处于一种低工作满意度的环境，并且这种环境导致员工离职，这就会产生传染效应。这表明，管理者在将员工分配到一个新领域时，需要考虑其同事的工作满意度（和离职率）模式。[19]此外，劳动力市场状况、对替代工作机会的期望、在公司工作的时间长短等因素也会影响员工的离职决定。[20]研究表明，对于表现出色的员工来说，满意度在预测离职率方面并不那么重要，因为公司通常会尽一切可能留住他们——加薪、赞扬、增加晋升机会等等。[21]

工作满意度与客户满意度 工作满意度是否与正面的客户评价相关？对于那些经常与客户打交道的员工而言，答案是肯定的。对工作感到满意的员工有助于提高客户的满意度和忠诚度。[22]为什么？在服务型企业中，客户的维系或流失很大程度上取决于一线员工如何与客户打交道。对工作感到满意的员工更加有可能表现出友好、乐观以及对客户的要求有所响应，这些正是客户所欣赏的品质。此外，由于感到满意的员工离职率更低，客户更加有可能遇到熟悉的面孔并获得有经验的服务。这些都有助于建立客户的满意度和忠诚度。

工作满意度与组织公民行为 员工的工作满意度是其组织公民行为的一项主要决定因素，这一看法似乎具有很强的逻辑性。[23]对工作感到满意的员工似乎更有可能对组织作出积极评价，帮助其他成员，并超出正常的工作预期。相关证据表明，工作满意度与组织公民行为之间总体上呈现出中等程度的相关关系。也就是说，对工作更满意的人更有可能表现出公民行为。[24]

为什么工作满意度会促进组织公民行为？其中一个原因是信任。在 18 个国家进行的研究表明，管理者以他们的可信赖行为来回报员工的组织公民行为。[25]那些感觉同事支持他们的人也比那些有敌对同事关系的人更有可能作出帮助他人的行为。[26]

工作满意度与工作场所反生产行为 当员工对工作感到不满意时，他们很有可能作出一些盗窃、不得体的社交、搬弄是非、旷工、迟到等反生产行为。[27]而问题在于难以预测他们将如何作出回应，有的员工可能会离职，有的员工可能会在工作时间玩电脑游戏，还有的员工可能会在言语上辱骂其他员工。如果管理者想要对工作不满意所带来的不良后果进行控制，他们最好从了解不满意的根源开始。比如，员工是否认为他被上级不公正地对待，或者他是否为制服自费的新规而沮丧不已？

我们还需要了解三项与工作相关的态度，包括工作投入、组织承诺和员工敬业度。

15. 2. 2 工作投入与组织承诺

工作投入（job involvement）指的是员工对工作的认同、积极参与以及对工作绩效重视的程度。[28]高水平工作投入的员工通常高度认可并切实关注他们所从事的工作。他们的积极态度驱使他们以各种积极的方式作出贡献。研究发现，高水平的工作投入通常与更低的缺勤率、更低的离职率和更高的员工敬业度相关。[29]

组织承诺（organizational commitment）指的是员工认同所在组织及其目标，并愿意留在组织中的程度。[30]工作投入是对所从事工作的认可，而组织承诺是对所在组织的认可。研究表明，组织承诺同样导致了更低的缺勤率和离职率，相比于工作满意度而言，组织承诺事实上是预测离职率更好的一个指标。[31]为什么？很可能是因为满意度针对某一具体的工作，而组织承诺针对的是整个组织更为宏观和持久的反应。[32]然而，作为一种与工作相关的态度，组织承诺并不如过去那般重要。在大多数员工的职业生涯中，他们并非始终留在同一组织，因此他们与雇主之间的关系发生了相当大的改变。[33]尽管员工对于组织的承诺不如过去那样重要，但是关于**组织支持感**（perceived organizational support）——员工对组织重视他们的贡献并关心他们切身利益的程度的总体看法——的研究表明，组织对员工的承诺对于组织而言大有裨益。高程度的组织支持感能够带来工作满意度的提高以及离职率的降低。[34]

15.2.3 员工敬业度

员工敬业度（employee engagement）是指员工参与和热爱自己的工作，并且对工作满怀热情的程度。为评估这一指标，我们可能会问及员工是否有获得资源和学习新技能的机会，他们是否感觉自己的工作是重要和有意义的，以及与同事和上级互动是否有回报。[35]高敬业度的员工是充满热情的，并与工作本身紧密相连。而不那么敬业的员工则基本处于“退出”状态，且毫不在意。他们会上班但是毫无动力与热情。

拥有高敬业度的员工能够使组织受益匪浅。首先，高敬业度的员工更有可能成为高绩效员工，其可能性是低敬业度员工的 2.5 倍。其次，拥有高敬业度的员工能够使组织保持低离职率，这有助于将招聘和培训成本保持在较低水平。而这两种结果——高绩效和低成本——都有助于带来出色的财务绩效。[36]管理者有很多工作要做，以获得这些好处。在世界范围内，只有 13%的员工认为自己敬业。[37]

15.2.4 态度与一致性

你是否曾经注意到，为了与自身的实际行为不相违背，人们往往会改变自己说过的话？也许你的一位朋友多次表达了她认为加入大学女生联谊会是大学生活非常重要的一部分。之后她经过一轮轮面试，最终仍未能加入。然后，她开始说女生联谊会也没有什么了不起的。

研究大体上表明，人们会尽量在他们所持有的各种态度以及他们的态度与行为之间寻求一致性。[38]这种倾向意味着个体会努力去协调不同的态度，并尽量使自己的行为与所持态度之间保持一致，以使他们表现得更为理性和一致。当面临行为与态度之间的不一致时，个体会通过改变态度、改变行为或者对这种不一致性寻求合理化解释以使其表现得言行一致。

举个虚构的例子：一位企业租车公司的校园招聘人员访问了大学校园，并向学生推销该公司作为一个很好的工作场所的优势。但如果他个人认为这家公司工作条件很差，晋升机会也少，他就会经历一种不一致的状态。但随着时间的推移，这位招聘人员可能会发现自己对公司的态度越来越积极。实际上，他可能会通过不断阐述为这家公司工作的好处来说服自己。另一个案例是招聘人员可能会公开对企业本身以及企业内部求职者的晋升机会持负面态度。招聘人员最初的热情可能会减弱，取而代之的可能是对这家企业彻彻底底的冷嘲热讽。最后，招聘人员可能会承认，这家企业是一个不受欢迎的工作场所，但作为一个专业人士，他认识到他的义务是呈现为企业工作的积极方面。他可能会进一步解释说，没有一个工作场所是完美的，他的工作就是将企业完美的一面呈现出来，而不是正反两面都要说。

15.2.5 认知失调理论

我们能否根据一致性原则作出以下假设：如果我们知道了一个人对某个事物的态度，那么是否总能对他的个人行为作出准确预测？答案并非简单的“是”或者“不是”。为什么？因为认知失调理论。

认知失调理论试图对态度与行为之间的关系进行解释。[39] **认知失调**（cognitive dissonance）指的是态度之间或者态度与行为之间的不协调或不一致。该理论认为不一致会令人感到不适，个体会尽力减少这种不适，也就是失调。

当然，没有人能够避免失调。你知道每天都应该用牙线清洁牙齿，但是你并没有这么做。这就是态度与行为之间的不一致，人们如何解决这种认知失调呢？该理论提出，我们为减少失调而付出的努力程度取决于以下三件事情：（1）产生失调的各项因素的重要性；（2）个体认为他们自身对这些因素的影响力大小；（3）失调所涉及的奖赏。

如果导致失调的因素相对而言并不重要，那么纠正这种不一致的压力就会比较小。然而，如果这些因素非常重要，那么个体可能会改变自己的行为，得出这种失调的行为并没有那么重要的结论，改变自己的态度，或者是识别出比这些失调因素更为重要的其他兼容因素。

个体认为他们对这些因素所具备的影响力也会影响他们对失调的反应。如果他们认为对于这次失调他们别无选择，那么他们不太会改变态度，也不会认为他们有必要这么做。例如，如果导致失调产生的行为是遵循管理者要求的结果，那么比起这种行为是出于自愿的情况，减少失调的压力会小得多。尽管存在失调，但是它可以通过必须遵循管理者要求的正当理由进行合理化——也就是说，该个体别无选择或者这些因素处于该个体的控制范围之外。

最后，奖赏也会影响个体减少失调的努力程度。如果严重失调伴随着很高的奖赏，这会促使个体相信其中存在某种一致性，从而使他们的不适感有所降低。

15.2.6 态度调查

> **用数字说话**
>
> - 47%的公司在使用正式和大规模的态度调查。[41]

许多组织会定期对员工进行态度调查。[40] 图表 15-2 为我们展示了态度调查的一个示例。通常而言，**态度调查**（attitude survey）指的是通过向员工提出一系列陈述或问题，来了解员工对自己的工作、工作群体、上司或组织的看法。理想状态下，这些调查事项的设计能够使管理者获得想要的具体信息。根据每位员工在问卷上每个题目的回答的总计，能够得到一个态度值。然后可以将这些分数作为工作小组、部门、事业部或整个组织的平均值。例如，福特汽车公司提出了一个“员工满意度指数”来衡量员工的态度。每年公司都会通过培训来衡量员工的满意度，以及员工对他们出色工作所获得的认可的满意度。管理者随后利用结果来制订改进的行动计划，并评估以前实施的计划是否成功。[42]

图表 15-2 员工态度调查示例

以下陈述来源于一份员工态度调查的样本：
- 在工作中，我有很多机会使用我的技能/能力。
- 我的上司与我所在的工作群体之间关系融洽。
- 我所在的组织为我提供了职业发展机会。
- 组织会向我反馈我的工作表现是否良好。
- 我所在的工作环境让我有安全感。
- 我所在的组织是一个非常适合工作的地方。

定期进行员工态度调查能够为管理者提供有价值的反馈，使他们了解员工如何看待他们的工作条件。管理者认为政策和实践客观公正，员工可能并不这么认为。定期进行态度调查能够尽早提醒管理者存在的一些潜在问题和员工意向，有助于管理者提前采取措施，防患于未然。

15.2.7 对管理者的意义

管理者应当关注员工的态度，因为这些态度会影响员工的行为。例如，对工作感到满意和认可的员工拥有更低的离职率和缺勤率。如果管理者想要降低离职率和缺勤率——尤其是那些生产率高的员工——那么他们应该采取一些措施促使员工产生积极的工作态度。

对工作感到满意的员工通常也会表现出较高的工作绩效。因此，管理者应该重点关注那些已经被证明有助于提高员工工作满意度的因素：让工作更具挑战性、更有趣。提供公平的酬劳，营造支持型的工作环境，以及鼓励员工彼此相互支持。[43]这些因素可能有助于提高员工的生产率。

管理者还应该对员工进行态度调查。一项研究指出："对于员工总体工作态度的全面测量是一个组织所能获得的最有价值的员工信息之一。"[44]

最后，管理者应当知道，员工会努力减少失调。如果要求员工做一些前后矛盾或者与他们所持态度不相符的事情，而员工认为这种失调来源于外部压力并且自身无法控制，减少失调的压力并不会那么强烈。如果失调带来的奖赏非常显著，足以抵消失调的影响，这种压力也会有所减少。所以，管理者在解释员工可能会表现出失调但有必要执行的工作任务时，可以指出一些外部因素，如竞争者、顾客或其他因素。或者，管理者也可以向员工提供一些他们希望得到的奖励。

15.3 人　格

有些人比较安静和被动，有些人比较张扬和主动。当我们用安静、被动、张扬、主动、雄心勃勃、外向、忠诚、紧张、善于社交等词语来描述一个人的时候，就是在描述他的人格。**人格**（personality）是指个体情感模式、思维模式和行为模式的独特组合，这些模式通常会影响一个人应对各种状况以及与他人互动的方式。

我们热衷于探讨人格，因为像态度一样，它在很大程度上影响着人们作出行为的原因以及方式。多年来，研究人员试图找出用以描述人格的特征。两种最广为人知的方法是

MBTI®和大五人格模型。其他的测量框架，比如黑暗三联征，也解释了某些特定的方面。后面将逐一讨论，现在让我们从最主要的框架开始。

15.3.1 MBTI®

迈尔斯-布里格斯类型指标（Myers-Briggs Type Indicator，MBTI®）是世界上运用最为广泛的人格评估工具。它包括 100 个问题，要求人们回答在不同的情况下他们通常是如何应对或认为的。[45]基于他们的回答，可以判定个体在以下四个维度中表现出哪种倾向：外向型或内向型，感觉型或直觉型，思维型或情感型，判断型或知觉型。这些术语的定义如下：

- 外向型（E）与内向型（I）。外向型的个体通常比较开朗、善于社交和自信果断。他们需要多样化以及行动导向型的工作环境，为他们提供与他人共事的机会，并使他们得以收获丰富多彩的经历与体验。内向型的个体通常比较安静和害羞。他们强调理解，更喜欢一种安静专注的工作环境，使他们不被打扰，并为他们提供机会使他们得以在有限的经历和体验中进行深入探索。
- 感觉型（S）与直觉型（N）。感觉型的个体更加注重实际，并且更喜欢常规和秩序。他们不喜欢解决新问题，除非这些新问题存在标准的解决方式，他们对于事情的结果有很高的需求，对常规的细节表现出足够的耐心，并且往往擅长精细的工作。直觉型的个体依赖于潜意识过程，着眼于“全局”。这种类型的个体喜欢解决新的问题，不喜欢一而再再而三地重复同样的事情，通常跳跃性地进行思考，仓促得出结论，对常规的事情缺乏耐心，并且不喜欢在追求更高的精确度上花时间。
- 思维型（T）与情感型（F）。思维型个体通过事理和逻辑来解决问题。他们通常不会感情用事，并且对于人们的情感和感受无动于衷，喜欢分析并且按照逻辑顺序安排事情，他们通常会在必要的时候谴责甚至解雇员工，可能会显得铁石心肠，并且往往只能与同为思维型的人相处融洽。情感型个体依赖于个人的价值观和情感。他们会关注其他人以及他们的情感，喜欢和谐，需要偶尔的赞美，不喜欢告知他人一些不愉快的事情，通常富有同情心，与大多数人能够融洽相处。
- 判断型（J）与知觉型（P）。判断型个体希望一切都处于可控状态，更喜欢他们的世界井然有序、有条不紊。他们是优秀的计划者，通常比较坚决果断、意志坚定和要求严格。他们专注于完成一项任务，快速地制定决策，并且只想获得完成某项工作所必需的信息。知觉型个体通常比较灵活多变、率性而为。他们具备较强的好奇心和适应能力，心胸较为宽广。他们专注于任务的开始，往往决策较为迟缓，在开始某项任务之前希望找出所有相关信息。

> **用数字说话**
>
> - 最为常见的 MBTI®人格类型是 I-S-F-J 型，约有 13.8%的人是这种类型。
> - 最少见的 MBTI®人格类型是 I-N-F-J 型，约有 1.5%的人是这种类型。[46]

每一个体都能在这四种维度中找到对应的类型，这些偏好的组合为我们提供了 16 种人格类型的描述。图表 15－3 简要介绍了其中的两种类型。从这两种人格类型的描述中，我们可以发现它们处理工作和人际关系的方式各不相同——并不是说某种方式比其他方式更好，只是不同罢了。

图表 15-3 MBTI® 人格类型示例

类型	描述
I-S-F-P（内向-感觉-情感-知觉型）	敏感、宽容、谦逊、害羞，并且非常友善。这种人格类型的个体非常不喜欢意见分歧，会尽量避免这种情况。他们是忠诚的跟随者，并且对于完成工作感到很轻松。
E-N-T-J（外向-直觉-思维-判断型）	热情、友善、率真、果断；同时也非常擅长任何要求推理和智力的工作任务，但有时候也可能会过于高估自己所能做的事情。

资料来源：Based on I. Briggs-Myers, *Introduction to Type* (Palo Alto, CA: Consulting Psychologists Press, 1980), pp. 7-8.

MBTI®被运用于各种组织，每年有250万人采用该测量方法。《财富》杂志中排名前100的企业中，有80%都采用类似于MBTI®的人格测试方法来组建卓有成效的工作团队。[47]例如，一位通用汽车的发言人说，公司30年来一直使用MBTI®。宝洁公司的一位发言人说，成千上万的员工"已经并将继续从测试中受益"。[48]尽管MBTI®很受欢迎，但有关MBTI®有效性的证据是混杂不清的，而且越来越多的证据都在表明这一点。[49]例如，研究发现，超过半数的人在重测时，得到了不同的结果。[50]一位心理学家这样评价MBTI®："（与其做这样的测试），（不如）下一次就看星座吧，这样更省时间。"[51]我们已经描述并讨论了MBTI®，并不是因为它是洞悉个体行为的有效工具，而是因为你很有可能在组织中遇见这一工具。

场景实践

珍妮弗·金（Jennifer King）很高兴，因为她的公司决定使用MBTI®来帮助她管理员工。她在一家广告公司管理着一支有创意的专业团队。这个团队必须在各种各样的项目上一起工作，帮助他们的客户开展广告创意活动。她的所有员工都参加了MBTI®测试，她对员工有了很多了解。然而，现在她不知道该如何处理这些信息。

珍妮弗应如何使用MBTI®测试结果来改善员工的表现？

珍妮弗可以与她的团队进行讨论（或者找一个有经验的协助人），以分享和分析每个团队成员的测试结果。她还可以在每个工作站附近张贴团队的结果和（或）创建一个一页的摘要。这将使团队更好地持续性理解成员并利用彼此的优势。

艾丽西亚·凯瑟（Alicia Kiser），人力资源主管

15.3.2 大五人格模型

MBTI®或许缺少强有力的证据支持，但众多研究都支持**大五人格模型**（Big Five Model），该框架提出有五项基本人格维度是所有其他人格类型的基础，并突出了绝大多数重要的人格变量。[52]该测试各项特质的得分对预测人们在现实生活中如何表现十分有效[53]，且对于个体而言，该结果在一段时间内相对稳定。[54]这五项人格特质分别是：

1. 外倾性：个体善于交际、健谈、果断以及善于与他人相处的程度。
2. 随和性：个体脾气温和、善于合作和值得信任的程度。

3. 尽责性：个体值得信赖、负责任、可靠、执着和以成就为导向的程度。

4. 情绪稳定性：个体保持冷静、热情、安全感（积极的），以及紧张、忧虑、沮丧和缺乏安全感（消极的）的程度。

5. 开放性：个体聪明、涉猎广泛，富有想象力、创造性和好奇心，以及具有艺术敏感性的程度。

大五人格模型为我们提供的不仅仅是一个人格框架。研究表明，这些人格维度与工作绩效之间存在重要的关系。以下是我们所了解的关于这五方面人格特质的信息。[55]

外倾者在社会互动要求较高的岗位上有更好的表现——如管理与销售岗位。它们都是社会主导型职业，外倾者通常比内向的人更坚定果敢。外倾性也是领导力与领导行为是否显现的较强预测因子。外倾者也更容易获得较高的工作满意度并减少工作疲劳。

随和的人比不随和的人更容易受到欢迎，这并没有什么稀奇的。因此他们更容易在人际关系导向的工作上获得成功，比如顾客服务。

尽责性是工作绩效的最好预测变量。在尽责性上得分较高的员工会获得更高的工作知识水平，这可能是由于尽责的员工学习得更多，而知识水平等与更高水平的工作绩效相关联。同时尽责的员工也被发现更容易表现出组织公民行为，因此他们并不太可能表现出反生产行为或者离开组织，也能够适应变化的组织任务与外部环境。

对于大五人格的各项特质而言，情绪稳定性是与生活满意度、工作满意度以及减少疲劳与跳槽意愿最密切相关的因素。拥有较高情绪稳定性的个体可以更好地适应难以预测或者需求变化的工作环境。

最后，相比于其他特质，具备开放性的人会更具创造性与创新性。这一类人很有可能成为卓有成效的领导者，同时他们对于模糊性也更加包容——在应对组织变革方面更加游刃有余，可塑性更强。最后，对于培训能力而言，对待经验的开放态度也十分重要。

15.3.3 黑暗三联征

大五人格模型中的人格特质更偏向于积极和正向。除了那些组织中情绪不太稳定的个体（比如神经质的个体），组织通常情况下会因开放、随和、尽职尽责的成员而获益。但如果有人带有反社会特质呢？是否存在这样的"有害"员工？例如，某人自私自利，将个人利益置于组织利益之上，或者他的控制欲较强，又或者他存在道德问题并意图破坏组织环境，伤害组织成员。而对于该问题的回答是肯定的。这样的个体所拥有的特质与黑暗三联征是一致的。

黑暗三联征（Dark Triad）由三部分组成[56]，分别是马基雅维利主义、自恋以及精神变态。上述的每一个都是负面的特质，尽管被称作"三联征"，但是它们并不一定同时表现出来。

马基雅维利主义（Machiavellianism）是以尼科洛·马基雅维利（Niccolo Machiavelli）的名字命名的，此人在 16 世纪撰写了如何获得和操控权力的著作。在马基雅维利主义维度上得分较高的个体通常比较现实，与他人保持着情感距离，并且相信结果能够对手段进行正当的解释。"如果这是有效的，就采用它"，这与马基雅维利主义者的观点非常一致。高马基雅维利主义的员工会通过操纵他人为自己谋利，在短期内会获得成功，但从长期来看，他们会失去这些收获，因为他们不受欢迎。

自恋（narcissism）指的是一个人有一种过于夸大的自我重要性感知，他需要过度的赞美，而且态度傲慢。这一类人有利用环境和他人的倾向。尽管他们有权利意识，但缺乏同理心。他们也可能十分敏感易怒。但颇具讽刺意味的是，自恋者更有可能被选中担任领导职位，因为其他人往往认为他们魅力十足。例如，研究发现，自恋与首席执行官的不道德行为密切相关。[57]

> **用数字说话**
>
> - 自恋的首席执行官在公司诉讼中被列为被告的风险会上升。
> - 自恋的首席执行官不太可能处理诉讼，即使他们胜算不大，这导致更高的成本，也浪费了时间。[58]

黑暗三联征的第三部分是**精神变态**（psychopathy）。该词在这里并不是用以暗指一种临床精神疾病，它指的是个体缺乏对他人的关心，缺少羞愧感以及行为给他人造成伤害时的自责感。这类人具有反社会倾向。一旦担任领导岗位，他们就会过度依赖于恐吓、操纵以及欺凌等手段，并将其作为影响他人的方式。

当你看到有人身上拥有一个或多个这样的有害特质时，你可能会问：为什么公司要雇用他们？答案在于，这些人身上也拥有十分美好的特质，比如说积极向上、坚定果敢、领导力以及令人印象深刻的管理技能。[59]而且在较短的时间内，像是工作招聘时，有着有害特质的人往往非常善于隐藏这些特质，并放大他们的积极特质。

15.3.4 其他关于人格的观点

大五人格与黑暗三联征提供了关于人格特质重要且有效的洞见。但除此以外，研究者也区分了五种可以对个体与组织行为进行较好预测的特质。

控制点 有些人认为他们能够掌控自己的命运，也有一些人将自己视为小卒，认为他们生命中所发生的事情都取决于运气或机遇。在第一种情况中，控制点（locus of control）为内控型，这些人认为他们能够掌控自己的命运。而在第二种情况中，控制点为外控型，这些人认为他们的生活由外部因素所控制。[60]研究表明，相比于那些高度内控型的员工，外控型员工对工作的满意度更低，更难以融入工作环境，并且对工作投入更少。[61]管理者也许能够预见到，外控型员工可能会将糟糕的绩效评估归咎于上司的偏见、同事或者在自身可控范围之外的其他因素；而内控型员工可能会从他们自身行为方面来解释同样的绩效评估。

自尊 人们喜爱或厌恶自己的程度有所不同，我们称这种人格特质为自尊（self-esteem）。[62]关于自尊的研究为我们提供了行为方面一些有趣的见解。例如，自尊与成功的期望直接相关。高自尊者相信他们拥有在工作上获得成功所必需的能力。相比于低自尊者，高自尊者在工作选择上会更冒险，并且更有可能选择非同寻常的工作。

关于自尊，最普遍的发现是低自尊者比高自尊者更容易受到外界的影响。低自尊者依赖他人的正面评价，他们比高自尊者更有可能寻求他人的赞同和支持，并且更加倾向于遵循他们尊重的那些人所提倡的理念和行为。在管理岗位上，低自尊者往往会取悦他人，因此，比起高自尊者，他们采用不受欢迎的标准行事的可能性更低。最后，研究也发现了自尊与工作满意度相关。大量的研究证实，高自尊者比低自尊者拥有更高的工作满意度。

自我监控 **自我监控**（self-monitoring）的人格特质指的是根据外部情境因素调整自

己行为的能力。[63]高自我监控者在调节自身行为上展示了相当强的适应性。他们对外界因素高度敏感，并且能够在不同的场合表现出不同的行为。高自我监控者在公众形象和自我之间呈现出一种显著的自相矛盾。低自我监控者则无法自如地调节自身行为。他们往往会在任何场合都呈现出自己的真实性情和态度，在真实自我和所作所为之间保持高度的行为一致性。

关于自我监控的研究表明，高自我监控者比低自我监控者更密切关注他人的行为，并且更加灵活多变。[64]此外，高自我监控的管理者在职业生涯中流动性更大，获得的晋升机会（无论是组织内部还是跨组织）更多，并且更有可能在组织中担任核心职位。[65]高自我监控者能够在面对更多不同人时表现出不同的“面孔”，这对于充当着众多角色，甚至是相互冲突角色的管理者而言是一种至关重要的人格特质。

冒险　人们冒险的意愿各不相同。研究表明，承担风险或规避风险倾向的差异会影响管理者决策的时间以及在决策之前他们所要求获取的信息量。例如，一项针对管理者的模拟实验要求这些管理者制定招聘决策。结果显示，具有更高冒险倾向者比风险规避者决策时间更短，在决策过程中所采用的信息也更少。[66]

从一般意义上来讲，组织中的管理者是厌恶风险的。[67]虽然这一结论一般是正确的，但在此维度上仍然存在个体差异。[68]因此认识到这些差异，甚至考虑使风险偏好与特定的工作要求相一致是有意义的。例如，高风险偏好可能促使对冲基金的操盘者有更高的绩效水平。这类工作要求快速决策。但这种个性可能是会计师执行审计活动的主要障碍。后一份工作或许由一个风险厌恶型的人来做会更好。

主动型人格　你是否曾注意到，有些人主动去改善他们的现状或者开创一个全新的局面？这些人具备主动型人格。[69]拥有**主动型人格**（proactive personality）的个体能够发现机会、表现出主动性以及采取行动，直到发生有意义的变化。这与通常被动回应环境的人是不同的。

具备主动型人格的个体表现出了众多组织所期望的良好行为。他们的工作绩效更高，往往对自己的工作感到满意，不需要太多的监督。[70]同时他们更有可能被视为领导者，更有可能在组织中扮演变革推动者的角色。他们也更有可能挑战现状，具有创业的能力，经常取得事业上的成功。[71]

15.3.5　不同文化中的人格类型

人格框架，例如大五人格特质，在不同国家中会有所不同吗？像控制点这样的维度是否在所有文化中都有意义？让我们尝试回答这些问题。

大多数跨文化研究都出现了大五人格模型研究中所提及的五种人格特质。[72]这些研究涉及各种各样的文化，如中国、以色列、德国、日本、西班牙、尼日利亚、挪威、巴基斯坦以及美国。在对这些维度的强调上，各文化之间存在差异。例如，相对于美国人，中国人更常涉及尽责性的范畴，更少使用随和性这一范畴。但令人惊讶的是，众多研究竟然在某一结论上达成了高度一致，尤其是在发达国家。举一个例子，一项针对欧洲共同体成员的文献综述发现，在各种工作岗位和工作群体中，尽责性都是预测工作绩效的一项有效指标。[73]美国的众多研究也证明了这一结论。

我们知道没有任何一种人格类型是整个国家的国民所共有的。例如，你可以在任何一种文化中找到冒险倾向者和冒险规避者。然而，一个国家的文化确实也会对其国民普遍的人格特质有所影响。我们可以通过考察刚刚讨论过的一项人格特质——控制点，来了解国家文化的这种影响。

在人们对自己对环境的掌控程度的看法上，各种文化会有所不同。例如，北美人相信他们能够掌控自己的环境；而其他社会，如中东国家，则相信本质上他们的生活是天注定的。请注意，这种特殊差异与内外部控制点的概念有多么一致。基于这种特别的文化特征，我们可以预料到，在美国和加拿大的劳动力队伍中，内控者所占的比例要比沙特阿拉伯或伊朗劳动力队伍中内控者的比例更高。

场景实践

当邦妮（Bonnie）坐在办公室时，她在想："为什么我们就不能好好相处？"今天，她已经解决了一位员工的情绪问题，该员工几乎天天都在抱怨某位同事的所言所为。紧接着，邦妮又不得不去安抚另一位员工受伤的情绪，因为他在休息室里无意间听到了一些对话。邦妮心想："我非常热衷于当一名管理者，但这些天工作上的情绪压力实在是太大了。"

关于如何处理工作场所的情绪问题，你会给邦妮提什么建议？

我会告诉邦妮，工作场所中总会出现各种各样的情绪，并且这些情绪很可能会超出她的控制。毕竟，人总是会有情绪的。然而，不要让工作上的这些情绪影响到自己的心情。很遗憾的是，作为一名管理者，有时候你必须学会微笑，即使你可能并不喜欢这样做。我还会建议邦妮找一项她可以在工作之余进行的自我放松活动，或者在工作时间，花几分钟关上办公室的门做一下深呼吸；或者如果有时间的话，不妨来一次度假。我们可能都会感觉到被压得喘不过气，但真正重要的是我们该如何应付这种情绪。

西奥多·彼得森（Theodore Peterson），领导导师/行为助教

15.3.6 情绪和情绪智力

我们在结束人格这个话题之前，不得不考察情绪这一重要方面。员工很少会在进入办公场所之前检查自己的情绪状态，他们也不可能不受工作期间所发生事情的影响。[74]在情绪上如何作出应对以及如何处理自己的情绪，通常关乎我们人格的功能。

情绪（emotions）是对某人或某事的强烈感觉。情绪是有具体对象的；也就是说，情绪是对某一对象作出的反应。[75]例如，当一位同事因为你对客户讲话的方式而提出批评时，你很可能会感到愤怒。也就是说，你是针对某一具体对象（你的同事）表达了你的情绪（愤怒）。有时候消极的情绪可能是件好事。因为有不好的感觉会让人们认为某些事情是错的，并促使他们去"寻找外部信息来支持他们的论点，进而在质疑自己的假设和他人的观点时更加严格，（并且）更加依赖客观数据"。[76]员工每天上班都带着情绪化的成分，因此管理者需要了解情绪在员工行为中所起的作用。[77]

工作场所的秘密　施虐的上司

没人想要一个施虐的上司，但有时候我们却不得不与他狭路相逢。研究发现约有 13% 的美国员工都经历过这样的上司。这种行为在军事和医疗等领域最为普遍。一种可能的解释是，这些组织的特点往往是高工作要求、高压力、高风险以及高失败成本——所有这些因素都会让上司倍感压力。

希望你永远不会面对一个施虐的上司。但如果你时运不济，那么你就要有应对他的策略。

让我们首先澄清一下“施虐的上司”是什么意思。我们把它定义为：你能持续感知到上司表现出充满敌意的语言或非语言行为。它包含了哪些具体的行为？以下是一些例子：欺凌、贬低、威胁、恐吓、报复、公开揶揄以及向你发火。关于我们的定义，请注意两点。首先，施虐是一种认知概念。不管你的上司是否真的虐待你，如果你认为他是，他就是。其次，我们的分析与偶尔的谩骂或虐待无关。我们所关心的是你上司表现出的常规行为特征。

这里有一个有趣的见解，可以帮助你更好地应对上述问题。滥用权力的上司是有策略的，他们会不断挑选目标。研究发现，他们特别喜欢欺负那些他们认为脆弱的人。你很少会看到上司辱骂有权势或有关系的部门成员。因此传达的信息很明显：无论你的实际自信程度如何，都不要给人一种软弱或对自己不自信的印象。

如果你在工作中受到虐待，你能做什么？下面是一些备选方案：

1. 正面迎击：直接与施虐上司讨论这个问题。

2. 消极反击：通过拖延、固执、喜怒无常等行为间接表达你的敌意，或故意在完成任务时三心二意。

3. 讨好：努力赢得上司的欢心，通过帮助或奉承等方式让他对你“放松”。

4. 向他人寻求支持：我们假定人多力量大，这种方法会让他人认识到你的问题，并代表你采取行动。

5. 回避：远离你的上司，并限制他骚扰你的机会。

6. 重构认知：由于虐待是一种认知，试着在精神上重构你上司的行为，使其看起来不再是虐待。

7. 向（上司的）上级抱怨：把你的抱怨告诉你组织中的上级，以获得他们的支持，促使你的上司改变他的行为。

那么专家建议以上哪一种策略？在企业文化容忍甚至支持虐待行为的地方，将你的抱怨诉诸公司高层是行不通的。恶劣的工作环境确实存在！他们甚至还鼓励那些有虐待倾向的人采取行动。所以，在你考虑向上级抱怨之前，要确保你的企业文化反感虐待员工的管理者并会采取行动。

研究发现，员工对虐待最常见的反应是避免与上司接触并寻求社会支持。毫不奇怪，正面迎击是最少使用的策略。但回避和寻求支持是对付虐待最有效的方法吗？显然不是。它们会导致员工产生负面情绪，他们的压力水平也会增加，因为这种方式只会强化他们的软弱感和对上司永恒的恐惧。而与我们的直觉有点相悖的是，研究表明，与上司对抗与积极情绪关系密切。这种行为强化了你维护自己权利的欲望，从表面上传达出你意识到你上司的行为，且你不认为这种行为不可接受。另一项与直觉相反的发现是，消极反击会得到回报。因此，如果员工表现得非常自信、敢于发言或表现出向上的反击行为，上司就不太可能苛责他们。证据表明，为自己挺身而出或进行回击不太可能让你觉得自己是受害者。同样，如果你态度坚定，直言不讳，你也不太可能把自己看作受害者。因为这给你的上司传递了一个信息，那就是你很有骨气，不愿被欺负。

记住，试图避开你的上司或重新认识他的辱骂行为对真正解决问题毫无帮助。你这样做只是为了掩盖事实，而且可能会让你仍然觉得自己是个受害者。如果你打算很快离开公司，或者希望很快找到一个新上司，回避可能会很有效。否则，使用回避或重构认知不会改变任何事情。[78]

到底有多少种情绪？你很可能说出数十种，而研究已经确定了六种普遍的情绪：愤怒、害怕、伤心、快乐、厌恶和惊奇。[79]这些情绪在工作场合是否有所体现？当然有！在我获得糟糕的绩效评估结果之后，我会感到愤怒。当我由于公司绩效不佳而可能遭受解雇时，我会感到害怕。当一位同事准备前往另一座城市从事新的工作时，我会感到伤心。当我当选月度最佳员工时，我会感到快乐。对于我的上司对待团队中女性成员的方式，我感到厌恶。而管理层打算对公司实施退休计划的重组，我会感到惊奇。

对于同一种情绪诱因，每个人会产生不同的情绪反应。在某些情况下，这种差异可以归因于个体的人格差异，因为人们在表达情绪的能力上有所不同。例如，毋庸置疑，你一定认识某些从来不表达自己情感的人。他们很少生气或表露出愤怒。当然，你很可能也认识某些情绪急转突变的人。当感到快乐时，他们会表现得欣喜若狂。当感到伤心时，他们会表现出极度的沮丧。当两个人处于同一状况下，其中一人可能会表露出兴奋和愉悦，而另一个人可能仍然保持平静。

然而，在某些情况下，人们如何作出情绪反应是工作要求的结果。不同的工作对于需要表现出什么类型的情绪及其强弱程度的要求各不相同。例如，一般要求航空管制员、急诊室护士和法官即使在压力极大的情况下也应该保持冷静和情绪的可控性。而体育赛事的解说员和法庭上的律师必须能够根据需要调整情绪表达的强度。

情绪研究的其中一个领域为人格提供了一些有趣的见解，这一领域就是**情绪智力**（emotional intelligence，EI），指的是人们察觉并管理情绪线索和信息的能力。[80]情绪智力包括五个维度。

自我感受：感受自身情绪的能力。

自我管理：管理自身情绪和冲动的能力。

自我激励：面对挫折和失败时坚持不懈的能力。

感同身受：感受他人情绪的能力。

社交技能：处理他人情绪的能力。

研究表明，在各组织层级中，情绪智力与工作绩效之间呈现出一种正相关的关系。例如，曾有一项研究考察了美国朗讯科技公司（Lucent Technologies）工程师所具备的特征，这些工程师被同行评价为佼佼者。该研究者得出结论，这些佼佼者都很擅长与他人融洽相处。也就是说，区分这些高绩效者的典型特征是情绪智力，而不是学术智力。还有一项针对美国空军征兵人员的研究也得出了相似的结论。优秀绩效的征兵人员表现出了高水平的情绪智力。尽管有这些研究结论，情绪智力仍然是组织行为学领域颇有争议的一个话题。[81]支持者声称情绪智力具有一种本能上的魅力，并且能够有效预测一些重要行为。[82]批评者则声称情绪智力是模糊的、不可测量的，其效度也值得质疑。[83]但是我们能够得出的一个结论是：情绪智力似乎对于那些要求高度社交互动的工作的成功具有至关重要的作用。

用数字说话

- 87%的首席执行官相信公司的财务绩效表现与组织中的共情水平息息相关。
- 81%的员工愿意为一个有同理心的老板长期工作。[84]

15.3.7 对管理者的意义

大约 80%的美国公司在招聘以及雇用员工时使用人格测试。[85]很可能理解人格差异的主要价值就在于此。如果考虑了人格与工作之间的匹配程度，管理者则更可能拥有高绩效、高满意度的员工。

最著名的人格-工作匹配理论来自心理学家约翰·霍兰德（John Holland），他确定了六种基本的人格类型。[86]他的理论认为，某位员工对其工作的满意程度和离职的可能性取决于该个体的人格与工作环境匹配的程度。图表 15-4 描述了这六种人格类型，以及每种人格特质和适合的职业示例。

类型	人格特质	职业示例
实际型：偏好要求技能、力量和协调性的体力活动	害羞、真诚、坚持不懈、稳定、顺从、关注实际	机械师、钻孔操作员、装配线工人、农民
研究型：偏好要求思考、组织和理解的活动	注重分析和原创、具有好奇心、独立	生物学家、经济学家、数学家、新闻记者
社会型：偏好可以帮助和提高他人的活动	善于交际、友善、关注合作、体谅他人	社会工作者、教师、咨询师、临床心理学家
传统型：偏好有规可循、井然有序、清楚明确的活动	顺从、高效、关注实际、缺乏想象力和灵活性	会计、公司经理、银行柜员、档案管理员
企业型：偏好能够提供机会使其得以影响他人和获取权力的言语活动	自信、雄心勃勃、精力充沛、盛气凌人	律师、房地产经纪人、公共关系专家、小企业经理
艺术型：偏好可发挥创造力的、模糊的、非系统性的活动	富有想象力、无拘无束、理想主义、情绪化、脱离实际	画家、音乐家、作家、室内设计师

图表 15-4 霍兰德的人格-工作匹配理论

资料来源：Based on J. L. Holland, *Making Vocational Choices: A Theory of Vocational Personalities and Work Environments* (Odessa, FL: Psychological Assessment Resources, 1997).

霍兰德的理论提出，当人格和职业兼容时，满意度能够达到最高水平，离职率也会降到最低水平。例如，社会型个体应该从事与“人”打交道的工作类型。这一理论的关键观点在于：（1）不同个体之间人格的本质差异是显而易见的；（2）存在各种各样的工作类型；（3）人们在与自身人格兼容的工作环境下工作能够比在不兼容情况下获得更高的满意度和更低的离职率。

在这一节中，我们讨论了很多关于人格的内容。管理者能从中学到什么？以下是与招聘相关的四点建议：

1. 在招聘过程中评估职业兴趣。通过成功地将兴趣和工作要求匹配起来，增加新员工在工作上表现出色并留在公司的可能性。

2. 如果你正在寻找一种可能与出色工作表现有关的个性特征，那么你最好雇用在责任心方面得分高的人。尽责性得分高的人是值得依赖、可靠、细心、周密、有组织、勤奋和执着的人。在大多数职业中，这些特质往往会导致更好的工作表现。

3. 当社会互动作为填补岗位空缺的主要考虑因素时，雇用高情绪智力的人。这尤其适用于管理职位。

4. 最后，花点时间通过高强度的面试、背景调查等方式仔细筛选求职者，以识别和拒绝那些具有“黑暗三联征”的人。虽然具有这些特质的人通常都有积极的一面，但他们性格中的负面也可能破坏他们的工作环境。当发现雇用错误的人时，最好在试用期内迅速修正。

15.4 知 觉

也许你会在脸书或者其他一些在线网站上看到这样一段话：AOCRNDICG TO RSCHEEARCH AT CMABRIGDE UINERVTISY，IT DSENO'T MTAETR WAHT OERDR THE LTTERES IN A WROD ARE，THE OLNY IPROAMTNT TIHNG IS TAHT THE FRSIT AND LSAT LTTEER BE IN RGHIT PCLAE. TIHS IS BCUSEAE THE HUAMN MNID DEOS NOT RAED ERVEY LTETER BY ISTLEF，BUT THE WORD AS A WLOHE. IF YOU CAN RAED… TIHS，PSOT IT TO YUOR WLAL. OLNY 55% OF PLEPOE CAN.[87]在设法读懂这段话时你感觉如何？如果你能够读懂这些乱七八糟的信息，那就是知觉过程在起作用。**知觉**（perception）是指个体通过组织和解读自己感觉到的印象而对周围环境赋予意义的过程。关于知觉的研究一致表明，即使个体在看到同样的东西时，也会产生不一样的知觉。例如，某位管理者的助理通常需要花几天的时间来制定某些重要的决策，该名管理者将这种事实解读为该名助理行动缓慢、缺乏条理并且恐惧决策。而同样状况下的另一位管理者可能将同样的事实解读为该名助理考虑周全、心思缜密并且行事深思熟虑。第一位管理者很可能对他的助理作出负面的评价，第二位管理者很可能作出正面的评价。关键在于没有人能够看清事实。我们对我们所看到的东西进行解读，并将其视为事实。当然，正如例子中所展示的，我们也会根据我们的知觉采取不同的行为。

15.4.1 影响知觉的因素

我们该如何解释人们对同样的事物会产生不同的知觉？一些因素会影响知觉的形成，

有时候甚至扭曲知觉。这些因素包括知觉者、感知的对象或知觉形成的情境。

当一个人看到某一对象并试图去解读他所看到的事物时，该个体的个人特征会极大地影响这一解读。这些个人特征包括态度、人格、动机、兴趣、经验以及预期。例如，员工对文身的看法因年龄而异。年长的员工往往认为在办公室里文身是不合适或令人反感的，而年轻的员工则不这么认为。[88]这些看法的差异可能部分是因为有文身的年轻人更多，或者他们知道其他人有文身。

被观察对象的特征也会影响知觉。在某一群体中，比较招摇的人比相对安静的人更容易被注意到，并被视为极具吸引力的人或极度不受欢迎的人。观察对象与其背景之间的关系也会影响知觉，因为我们倾向于将相近的、相似的东西组合在一起。通过观察图表15－5的视觉知觉示例，你可能能够体会到这些倾向。请注意，当你从不同的角度来观察每一幅图时，你所看到的东西会发生怎样的改变。

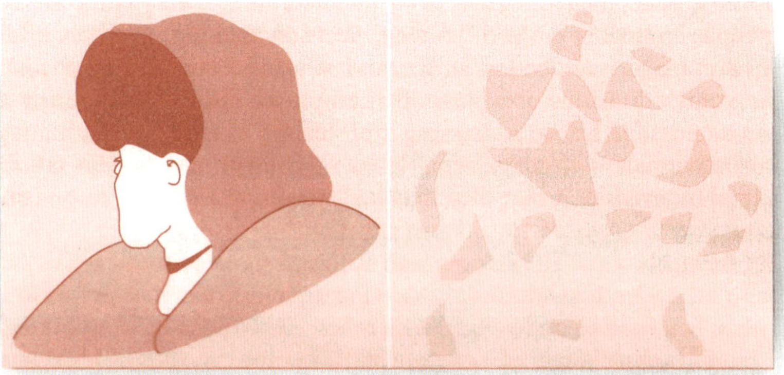

是老妇还是少妇?　　是一位骑士还是一匹马?

图表 15－5　你看到了什么?

最后，我们观察事物或事件的情境也非常重要。我们观察事物或事件的时间点可能会影响知觉，地点、光线、温度、颜色和其他任何情境因素都有可能造成影响。

15.4.2　归因理论

大部分知觉研究针对的是没有生命力的物体。然而，管理者关注的是人。我们对人的知觉与对无生命物体的知觉截然不同，因为我们需要对人的行为进行推断，而对于无生命物体，我们不必如此。物体不具有信念、动机或意图，而人却具有。结果就是，当我们观察某个个体的行为时，我们会设法解释为什么该个体会以这些特定的方式行事。我们对于该个体行为的知觉和判断显著地受到我们对于该个体所作出的假设的影响。

归因理论（attribution theory）指的是我们对他人作出的判断取决于我们对于某种特定行为的归因。[89]基本上，该理论表明当我们在观察某一个体的行为时，我们会试图去明确该行为是由内因导致的，还是由外因导致的。由内因导致的行为是那些处于个体控制范围内的行为。由外因导致的行为是该个体迫于具体情境而表现出的行为。然而，这种判断取决于三种因素：区别性、一致性、一贯性。

区别性指的是某一个体是否在不同的情境下表现出不同的行为。今天迟到的员工是不是那个总在抱怨的“混日子”的人？我们想知道这种行为是否不同寻常。如果这种行为不同寻常，那么观察者很可能将其归为外因，也就是超出该个体控制范围的因素。如果该行为并非不寻常的行为，那么它可能被判定为内因导致的行为。

如果身处相似情境的每一个人都以同样的方式予以回应，我们称这种行为表现出了一致性。如果通过同一条路线来上班的所有员工都迟到了，那么员工迟到的行为就满足了这种标准。从归因的角度而言，如果一致性程度很高，那么你可能会将员工迟到的行为归于外因；也就是说，一些外因——可能是修路，或者是一场交通事故——导致了这一行为。如果走相同路线来上班的其他员工都准时到达了，那么你会得出结论，这种迟到行为是由内因导致的。

最后，观察者还会考察个体行为的一贯性。该个体长期以来都表现出一致的行为吗？该个体一段时间内都以同样的方式予以回应吗？如果对某位员工来说，上班迟到 10 分钟是一种不常见的状况（她几个月来都没有迟到），那么这种行为会被认为只是特例；而如果是一位每周迟到 2～3 次的员工，这种行为会被认为是一种常规状况。某种行为表现出来的一贯性越高，观察者就越倾向于将其归为内因导致的行为。图表 15－6 简要概括了归因理论的关键因素。

观察	解读	归因
该个体在其他情境下也会表现出这种行为吗？	是：区别性低 不是：区别性高	内因 外因
其他人在相似的情境下也会表现出同样的行为吗？	是：一致性高 不是：一致性低	外因 内因
该个体是否一直表现出这种行为？	是：一贯性高 不是：一贯性低	内因 外因

图表 15－6　归因理论

在归因理论的研究中有一项有趣的发现，错误或者偏见会扭曲我们对行为的归因。例如，大量的证据证实了当我们判断他人的行为时，总是倾向于低估外因的影响并高估内因的影响。[90]这种倾向称为**基本归因错误**（fundamental attribution error）。这种倾向可以用于解释为什么一位销售管理者可能会将其下属销售代表糟糕的绩效表现归因于他们的懒惰，而不是竞争者推出了创新系列产品。另一种倾向是把自己的成功归于内因，如自己的能力或努力，而把自己的失败归于外因，如运气。这种倾向称为**自我服务偏见**（self-serving bias）。这种倾向表明在绩效评估中，为员工提供的反馈可能会被员工扭曲而失真，这取决于反馈是积极的还是消极的。[91]在某些情况下，这些扭曲可能很严重。最近的一项调查发现，有自我服务偏见的员工认为老板虐待他们的可能性要高出 25％。[92]很明显，这些看法会损害那些不滥用职权的管理者的声誉。

这种扭曲归因的错误或偏见是否普遍存在于不同的文化中？尽管证据是混杂不清的，但大多数证据表明，文化背景的差异会导致归因的差异。[93]例如，在一项研究中，当事情出了问题时，亚洲管理者更有可能指责制度或整个组织，而西方观察家认为单个管理者应该受到责备。[94]这也许可以解释为什么美国报纸在公司业绩不佳时只刊登个别高管的名字，而亚洲媒体则报道整个公司的倒闭。

15.4.3 评判他人时使用的捷径

认知和解读某一个体的行为需要做大量的工作，因此，我们会利用一些捷径来使这项任务更加易于管理。这些技巧能够使我们更快速地进行精准解读，并且为我们的预测提供有效的数据，这显得非常有价值。然而，它们也不是完美的。这些技巧能够而且确实会使我们陷入困境。

选择性知觉 某一个体、物体乃至事件的任何特征如果十分突出，那么我们感知到它的可能性就更高。为什么？因为将我们看到的任何事物内化并不现实，我们只能接收特定的一部分。你更容易注意到与你的汽车更相似的车辆；而同样做一件事，你的上司会训斥一些人而不训斥其他人。这是因为我们不能观察到周边所有的事物，我们只能运用**选择性知觉**（selective perception）。但我们并非随意选择，我们会依据自身兴趣、背景、经验以及态度进行选择。由于我们看到的是我们想看到的，因此有时在模糊不清的环境中我们会得到没有根据的结论。

假设相似性 如果我们假设其他人与我们相似，那么评判他人就会变得很容易。**假设相似性**（assumed similarity）或“与我相似”效应中，观察者对他人的知觉在更大程度上会被观察者自身的特征而非他人的特征所影响。例如，如果你希望在你的工作中获得挑战和责任，你会假设其他人也希望在工作中获得同样的东西。当然，假设其他人与自身相似有可能是正确的，但并不总是如此。

刻板印象 我们有时会根据自身对对方所属群体的看法来判断对方，我们称这种捷径为**刻板印象**（stereotyping）。例如，“已婚人士比单身人士更有可能成为稳定的员工”，这就是刻板印象的一种例子。根据刻板印象基于事实的程度，可能会产生正确的评判。然而，很多刻板印象并不是事实，而且会扭曲我们的评判。

晕轮效应 当我们根据个体的某种单一特征（如智力、社交能力或外貌）而形成对该个体的总体印象时，我们就受到了**晕轮效应**（halo effect）的影响。在学生对授课老师进行评价时，经常会出现这种效应。很多学生可能只关注某种单一特质（如热情），从而使得他们对授课老师的整体评价深受对该特质认知的影响。某位授课老师可能比较安静、笃定、学识渊博并且高度胜任，但是如果他的授课风格缺乏热情，那么他可能在其他特征上得分也会较低。

对比效应 娱乐界有句格言：“永远不要模仿孩子或动物的表演。”为什么？因为观众喜欢孩子和动物，所以相比之下你会显得很糟糕。该案例阐释了**对比效应**（contrast effect）是如何扭曲认知的。我们不会毫无参照地评价某人，我们的反应会受到近期遇到的人的影响。

15.4.4 对管理者的意义

管理者需要意识到，员工作出的反应是基于知觉而非现实。因此，管理者对员工绩效的评估实际上是否客观公正以及组织的工资水平在社区中是否处于最高水平，都比不上员工对此的认知来得重要。如果个体认为绩效评估不公正，或者工资水平不高，那么他们所表现出来的行为就如同这些状况确实存在一样。员工对他们所看到的东西进行组织和解读，因此这种认知扭曲的潜在可能性一直存在。显然，管理者应该密切关注员工是如何看待他们自身的工作以及管理活动的。

15.5 学　习

美国国家橄榄球联盟堪萨斯城酋长队（Kansas City Chiefs）让经验丰富的老球员罗恩·帕克（Ron Parker）留在队伍中，尽管他的黄金时代已然过去。他是少数几名被该球队重新签下的前球员之一。此举目的在于指导年轻球员，并帮助他们适应球队的复杂计划。帕克说："我的任务是教授这些年轻的球员，将我毕生所学教给他们，帮助他们组织防守，让他们成为更优秀的球员。"[95]

辅导制是我们将要考察的最后一个个体行为概念——学习的一个很好的实例。很明显，学习也在我们对个体行为的讨论范围之内，因为几乎所有的行为都是通过学习获得的。如果我们想要解释、预测和影响行为，还需要了解人们是如何学习的。

心理学家对学习的定义比普通人认为的"学习就是我们在学校里所做的事情"要广泛得多。我们始终在学习，持续不断地从我们的经历中学习。一个关于**学习**（learning）的可行定义是作为经验的结果而发生的相对持久的行为变化。有两种学习理论有助于我们了解个体行为发生的过程和动机。

15.5.1 操作性条件反射

操作性条件反射（operant conditioning）理论认为行为是结果的函数，人们通过学习知道如何行事以获得自己想要的东西或者避开自己不想要的东西。操作性行为是一种自觉行为或习得行为，而不是反射行为或先天行为。这种重复习得行为的倾向会受到该行为导致的结果是否得到强化或缺乏强化的影响。行为结果得到强化会使得该行为也得到强化，并提高该行为重复的可能性。而行为结果缺乏强化会导致该行为的弱化，并降低该行为重复的可能性。

斯金纳（B. F. Skinner）的研究大大拓展了我们对操作性条件反射的认识。[96]斯金纳认为，行为是后天习得的，而不是来源于内部，也就是并非反射行为或先天行为。斯金纳认为，如果人们的某种行为得到了正面的强化，他们可能会更加乐于实施这种期望的行为。而且，如果在发生这种期望行为之后立刻得到了期望的回应，奖励效果最为显著。此外，得不到奖励或者是受到惩罚的行为，重复发生的可能性会有所降低。

我们随处都可以观察到操作性条件反射的例子。强化物（奖励）取决于你所采取的行为的情境，无论强化是明确说明还是含蓄暗示的，这就是操作性条件反射的实例。你的授课老师说，如果你想要在该门课程中得高分，你必须在考试时给出正确答案。一位佣金制销售人员知道，获得一笔可观的收入取决于他在负责范围内实现高销售额。当然，行为与强化之间的联系也可能会导致个体表现出与组织最佳利益相违背的行为。假设你的上司告诉你如果你在接下来三个星期的旺季里加班，你将会在下一次的绩效评估中得到补偿。然而，到了下一次绩效评估时，你并没有获得正面的强化（例如，因在企业需要帮助时作出贡献而受到表扬)。下一次你的上司要求你加班时你会如何做?你很有可能会拒绝。你的这种行为可以用操作性条件反射来解释:如果一种行为没有得到正强化,这种行为重复发生的可能性就会降低。

15.5.2 社会学习

个体可以通过观察和听取他人身上所发生的事来学习,也可以通过个体的直接经验来学习。我们所学的大部分东西都来自对其他人(示范者)——父母、老师、同龄人、电视和电影明星、管理者等的观察。这种通过直接经验以及观察他人来学习的观点称为**社会学习理论**(social learning theory)。

他人的影响是社会学习理论的核心观点。这些示范者对某一个体的影响取决于以下四个过程。

1. 注意过程。当人们意识到并关注示范者的关键特征时,他们就是在从示范者身上学习。我们深受那些有吸引力的、反复出现的、重要的或者与自己相似的示范者影响。

2. 保持过程。某位示范者的影响取决于个体记住该示范者行为的程度,即使是该示范者之后不再出现这一行为。

3. 再现过程。在某一个体通过观察示范者而了解到一种新行为之后,这种观察的过程必须转化为行为再现。这一过程表明该个体能够真正地再现这种示范行为。

4. 强化过程。如果提供积极的诱因或奖励,个体会受到激励从而表现出该示范行为。受到强化的行为能够得到更多的关注,有更好的学习效果,并且表现得更加频繁。

15.5.3 行为塑造:一种管理工具

因为学习不仅发生在工作中,也发生在工作之前,所以管理者需要关注如何指导员工表现出对组织最为有益的行为。因此,管理者通常会循序渐进地指导员工学习以努力"塑造"员工,这种方式称为**行为塑造**(shaping behavior)。

考虑这样一种情况,某位员工的行为与管理者所期望的行为截然不同。如果管理者只在该员工表现出期望行为时才予以强化,那么强化这种行为的机会出现的频率会过低。行为塑造则提供了实现期望行为的一种逻辑方式。我们可以通过促进个体接近期望行为的一系列步骤来塑造行为。如果一位上班长期迟到半小时的员工仅仅迟到了 20 分钟,我们就可以强化这一改进。随着员工越来越接近期望行为,强化强度也应该加强。

行为塑造包括四种方式:正强化、负强化、惩罚和自然消退。当某一行为出现之后给予某些令人愉悦的诱因,例如,因为某项工作的出色表现而表扬一名员工,这种方式称为正强化。正强化提高了期望行为重复出现的可能性。通过消除或撤销某些不愉快的诱因来奖励某种反应则是负强化。当管理者说,"如果你准时上班,我就不会扣你的工资",这就是采用了负强化。通过撤销某些不愉悦的东西(扣除员工的工资)来鼓励期望行为(使员工准时上班)。惩罚通过对达不到期望的行为进行处罚以消除这种行为。某位员工由于长期上班迟到而被停薪停职两天就是惩罚的一个例子。最后,消除维持某一行为所需的所有强化称为自然消退。当一种行为得不到强化时,这种行为就会逐渐消失。在开会时,如果管理者不希望员工一直提出一些无关紧要的或者是分散注意力的问题,他会通过在这些员工举手发言时忽略他们以消除这种行为。不久,这种行为就会消失。

正强化和负强化都会导致学习。它们强化了期望行为，并且提高了期望行为重复出现的可能性。惩罚和自然消退同样也会导致学习，但它们是通过弱化达不到期望的行为和降低这种行为出现的频率来实现的。

15.5.4 对管理者的意义

员工在工作中不断学习。唯一的问题在于管理者是否能够通过分配奖励、设立榜样或营造学习氛围使之频繁发生来管理员工的学习。如果勉强合格的员工都能获得薪酬奖励和晋升，那么他们没有什么理由去改变自己的行为。实际上，高产出的员工在看到勉强合格的员工也能够获得奖励之后可能会改变自身的行为。如果管理者期望看到行为 A，却奖励行为 B，他们就不应该为员工学习行为 B 而感到惊讶。同样，管理者也应该预料到，员工会将他们视为榜样。管理者如果一直上班迟到，或者花两个小时吃午饭，或者将公司的咖啡供应挪为己用，就应该预料到员工会读懂他们所传达的信息，并模仿他们的行为。

为考试做准备

本章小结

15.1 识别组织中个体行为的重点和目标。

像冰山一样，隐藏的组织要素（态度、知觉、群体规范等）使理解个体行为变得具有挑战性。

组织行为学聚焦于两个领域：个体行为、群体行为。组织行为学的目标在于解释、预测和影响行为。

员工生产率是一种测量效率和效果的绩效工具。缺勤指的是没有在工作岗位上工作。离职指的是自愿或非自愿地退出某个组织。组织公民行为是一种并不属于员工正式工作要求但可以促进组织有效运行的自愿行为。工作满意度指的是员工对自己工作所持有的总体态度。工作场所反生产行为指的是员工故意采取的可能会对组织或其成员造成伤害的行为。

15.2 解释态度在工作绩效中发挥的作用。

认知成分指的是个体所持有的信念、观点、知识或信息。情感成分是态度中的情绪或感受部分。行为成分是个体以某种特定的方式对某人或某事采取行动的意向。

工作满意度指的是员工对自己工作所持有的总体态度。工作满意度提升会积极影响员工生产率，降低缺勤率和离职率，提高客户满意度，适度促进组织公民行为，并且有助于减少工作场所反生产行为。

工作投入指的是员工对工作的认同、积极参与以及对工作绩效重视的程度。组织承诺指的是员工认同所在组织及其目标，并愿意留在组织中的程度。组织支持感是员工对组织重视他们的贡献并关心他们切身利益的程度的总体看法。员工敬业度指的是员工参与和热爱自己的工作，并且对工作满怀热情的程度。

个体会通过改变自身的态度、改变自身的行为或者为不一致寻找合理的理由以试图调解态度与行为之间的不一致。许多组织定期对员工的态度进行调查。

15.3 描述不同的人格理论。

MBTI® 衡量了四个维度：外向型与内向型、感觉型与直觉型、思维型与情感型、判断型与知觉型。大五人格模型包含了五种人格特质：外倾性、随和性、尽责性、情绪稳定性、开放性。

另外，还有五种人格特质有助于解释组织中个体的行为，分别是控制点、自尊、自我监控、冒险和主动型人格。

个体在情绪上如何回应以及如何处理自己的情绪，通常关乎人格的功能。情绪智力较高的个体拥有察觉并管理情绪线索和信息的能力。

15.4　描述知觉及其影响因素。

知觉是指个体通过组织和解读自己感觉到的印象而对周围环境赋予意义的过程。因为人们会根据自己的知觉行事，因此管理者有必要了解知觉。

归因理论取决于三种因素。区别性指的是某一个体是否在不同的情境下表现出不同的行为（也就是说，这种行为是否常见）。一致性指的是身处相似情境的每一个人是否都以同样的方式予以回应。一贯性指的是该个体长期以来是否表现出一致的行为。这三个因素的程度高低有助于管理者判断员工的行为是归于外因还是内因。

基本归因错误指的是当我们判断他人的行为时，总是倾向于低估外因的影响并高估内因的影响。自我服务偏见指的是把自己的成功归于内因，而把自己的失败归于外因的倾向。

在评判他人时我们经常采用的捷径是选择性知觉、假设相似性、刻板印象、晕轮效应和对比效应。

15.5　讨论各种学习理论及其与行为塑造的关系。

操作性条件反射理论认为行为是结果的函数。管理者可以利用该理论来解释、预测和影响行为。

社会学习理论认为个体通过直接经验以及观察他人来学习。

管理者还可以采用正强化（当期望行为出现之后给予某些愉悦的诱因）、负强化（通过撤销某些不愉悦的东西来鼓励期望行为）、惩罚（通过对达不到期望的行为进行处罚以消除这种行为）以及自然消退（对某种行为不进行强化使之消失）。

复习和讨论问题

1. 对于组织中不同层次的管理者而言，组织行为学的重要性是否有所不同？如果是，会有什么差别？如果不是，为什么？请具体解释。
2. 请解释为什么一个组织犹如一座冰山这一观点如此重要。
3. 请定义六种重要的员工行为。
4. 请描述态度所包含的三种成分，并解释与工作相关的四种态度。
5. 请比较 MBTI® 和大五人格模型。请描述有助于解释组织中个体行为的其他五种人格特质。
6. 请解释对于知觉的理解如何帮助管理者更好地理解个体行为。请描述在评判他人时所采用的五种捷径。
7. 请描述归因理论的关键因素。请讨论基本归因错误和自我服务偏见。
8. 请描述操作性条件反射理论以及管理者如何塑造行为。

为我的职业做准备

道德困境

某零售企业的总部需要招聘一位新的商业分析师。杰里德（Jared）与阿曼达（Amanda）

是负责招聘决策的管理人员。备选人员框定在三位可能的候选人身上：(1) 谢丽 (Sheri)，与阿曼达毕业于同一高校（尽管两人的学生时代并未重叠），同时也和她来自同一女性联谊会。(2) 斯科特 (Scott)，杰里德多年的老朋友。(3) 斯蒂芬妮 (Stephanie)，和前两位相比，此人的 GPA 比较高，工作经历也更加丰富。在面试之后，阿曼达认为结果很明了，谢丽是最优秀的。然而杰里德相信斯科特是工作最佳候选人。

1. 如果斯科特被雇用，这会导致什么道德问题？与雇用斯科特相比，雇用谢丽会产生什么样的道德问题？

2. 在这种情况下，高层管理者可以采取什么方式来减少道德问题？

技能练习

开发你塑造行为的技能

关于技能

在当今动态的工作环境下，学习是持续的。但这种学习不应该是员工个人的独立学习或没有任何的指导。大多数员工需要管理者表现出对他们工作上的期望。作为一名管理者，你必须教会员工哪些行为对于他们自身和组织的成功至关重要。

练习技能的步骤

1. 确定那些对员工绩效具有显著影响的关键行为。从绩效结果来说，员工在工作上所做的所有事情并非同等重要。实际上，有一些关键行为可能在很大程度上解释了绩效结果。管理者需要识别并确定这些具有显著影响的行为。

2. 设置绩效底线。可以通过判断这些被识别出来的关键行为在员工当前工作条件下发生的次数来确定底线。

3. 分析对工作绩效起作用的因素以及这些因素导致的结果。一些因素，例如群体规范，可能会对绩效底线起作用。识别这些因素以及这些因素对于绩效产生的效果。

4. 制定一项塑造行为的战略。行为改变的发生要求改变绩效的一些因素——结构、程序、技术、群体或者工作任务。这项战略的目的在于强化那些期望行为，而弱化那些达不到期望的行为。

5. 应用该项战略。一旦制定好了战略，就应该实施战略。在这一步骤中，管理者将会介入。

6. 测量已经发生的改变。管理者的介入应该在绩效行为中产生期望的结果。评估现在那些关键行为发生的次数，并将其与步骤 2 中底线评估的次数相比较。

7. 强化期望行为。如果管理者的介入成功地塑造了新的行为，并导致了预期的结果，应该通过强化机制维持这些行为。

技能实践

1. 设想一下，你的助理各方面都非常优秀，除了一点——当你不在办公室时，他无法很清楚地记录下电话传达的信息。而你经常要出去培训，但这些电话却恰恰是你很想跟进的销售线索，因此你把记录电话传达的准确信息确定为助理起作用的一项关键行为。

2. 关注步骤 3 和步骤 4，并且设计出一种塑造该名助理行为的方式。确定哪些因素导致该助理无法准确地记录信息——这些因素可能是工作负载，也可能是缺乏对工作任务重要性的理解（你可以排除该名助理不服从工作安排的可能性）。然后，制定一项行为塑造战略，比如确定你可以做什么改变——使用的技术、工作任务本身、工作结构或绩效等其他一些因素。

3. 现在，开始进行你的介入计划，并且与你的助理进行一次简短的会面以解释你希望看到什么变化。找一位朋友来帮助你进行角色扮演。你认为在一个真实的场景中，你会成功吗？

共同工作

团队练习

小组成员经常会有他们喜欢做什么任务的偏好，而至少在一定程度上，这些偏好是小组成员的人格特质决定的。因此如果小组成员在小组工作的早期阶段或者分配任务的时候就将个人特质考虑在内，那么团队就有可能避免问题。

组建一个 3～4 人的小组。头脑风暴一下，如果针对某个高校中典型的班级项目，本章中探讨的不同的人格特质会如何影响小组成员对工作任务的偏好？什么类型的任务应该被分配给具备不同人格特质的小组成员？哪种人格特质应当在小组工作的早期（相比于后期）就被纳入考虑中？准备好在班级中讨论你们的想法。

学习成为管理者

- 写下你所持有的三种态度。确定这三种态度的认知成分、情感成分和行为成分。
- （在你工作的场所或者是一些大学办公室中）调查 15 位员工。请确保在开展这项匿名调查之前获得许可。询问他们在工作中目睹了哪些粗鲁的或负面的行为。将你的发现写在你的报告中，并准备好在课堂上进行讨论。如果你是该工作场所的管理者，你会如何处理这种行为？
- 如果你从来没有进行过人格测试或者职业匹配测试，联系你所在学校的测试中心，看看你是否可以进行一次测试。一旦你拿到了测试结果，评估这对你的职业选择意味着什么。你是否选择了一项与你人格相“匹配”的职业？有什么意义？
- 你是否听说过“服务员原则”？许多商业人士认为你如何对待服务人员在很大程度上体现了你的性格和态度。你认为这意味着什么？你是否同意这一观点？为什么？如果按照“服务员原则”，你会获得什么评价？
- 无论你是否同意，我们每一个人都在不断地塑造着身边的人的行为。一周时间内，跟踪记录你使用了多少次正强化、负强化、惩罚或自然消退来塑造行为。一周后，哪一项你使用得最多？你试图做什么？也就是你试图塑造什么行为？你的努力是否成功了？请进行评估。当你试图改变某个人的行为时，你原本还可以采用什么不同的方式？
- 找两家员工敬业度得到认可的公司。比较每家公司在培养和聘用员工方面采用的不同策略。是否有相同（不同）之处？你认为每家公司在员工敬业度方面取得成功的原因是什么？
- 你的情绪智力是多少？找到谷歌的情绪智力测试，选择并完成一项测试。结果表明了什么？它们与你个人对情绪智力的评估一致吗？

案例应用 1

IBM 员工的经历

IBM——信息技术企业中的“蓝色巨人”——想要将员工敬业度提到一个全新的水平。他们发现员工敬业度可以解释 2/3 的顾客评分，并且对公司收益有着很大的影响。[97]

那么 IBM 做了什么？他们将注意力放在了重新设计流程上，以此来改善员工工作体验。他们从员工招聘开始，并延伸至员工在公司的全部工作时间。IBM首席人力资源官黛安·盖尔森（Diane Gherson）说，员工体验法要求大家“转变思维模式”。他们要求员工共同设计影响员工的变革举措，并注重那些曾经被忽视的过程。

在过去，IBM可能会升级新员工第一天的入职培训。但现在，作为员工体验法的一部分，他们要求新员工反馈他们的培训感受。其中关于没有按期收到笔记本电脑或访问工作电子邮件的评论指出了哪些地方可以作出改变。同时IBM意识到，要正确开展入职培训，他们也需要让安全部门参与进来，在保证身份的同时，与网络部门合作也能保证邮件收发迅速。

除此之外，IBM也与员工共同重新设计了员工学习平台和绩效评估流程。新的学习管理系统与网飞公司十分相似，有着不同的频道和用户评级。还有一个实时聊天顾问，帮助回答员工在浏览系统时可能遇到的问题。在收到10万名员工的反馈后，IBM重新设计了绩效评估系统。员工现在经常收到更丰富的反馈，并且可以继续通过公司内部的博客提出改进建议。

爱彼迎和通用电气在员工体验方面也处于领先地位。在员工的参与之下，爱彼迎总部对员工的工作空间进行了重新设计。通用电气员工经验主管保罗·戴维斯（Paul Davies）将他们的做法解释为：“我们问员工、员工代表和候选人，对他们来说什么最重要，倾听他们的故事，特别是情感方面。”[98]

◆ 问题讨论

1. 为什么员工敬业度得分高的员工能提供更好的客户服务？

2. 为什么公司在员工经历上的投资会对行为（例如，生产力、缺勤、离职）和态度的产生有所裨益（组织承诺、组织支持感）？

3. 当询问员工什么对他们重要时，“倾听情绪”有什么好处？

4. 你认为怎样才能使员工体验法行之有效？什么会让员工的体验无效？

案例应用 2

将公司标志做成文身

如果你想要些什么来证明你与沃尔玛共同度过了1/4人生的工作时光，那么你可能会得到一些带有沃尔玛标志的衣服或者汽车牌照。而杰夫·阿特金斯（Jeff Atkins）决定将沃尔玛的标志文在自己的左臂上。[99]

如今文身非常普遍，最近的调查显示超过40%的美国家庭中有成员有文身。在美国，一项针对2 000人的研究发现，拥有文身对于就业的影响很小，且不会影响你的工作收入。[100]但是将公司标志作为文身却不是寻常可见的事情。

还有一些人也作出了用公司标志文身的决定。当博思咨询公司（Booz & Company）要被普华永道收购时，马哈德瓦（Mahadeva）正在参与公司的度假会议。他意识到，要想减轻员工对公司将被收购的担忧，最好的办法就是他自己文个文身来显示忠诚。袜子公司邦巴斯（Bombas）的联合创始人戴夫·希斯（Dave Heath）开玩笑说，他会在卖出第100万双袜子后在身上文上公司的标志。因为在他作出这个承诺的时候，他们没有卖过袜子，所以他认为只是说说而已。两年半后，当卖出100万双袜子时，希思想起了自己的承诺，于是他文上了文身。

保罗·博斯尼格（Paul Bosneag）则认为文上公司的标志可以防止自己被解雇。他记得自己当时想：“什么样的混蛋会解雇一个身上文着公司标志的员工呢？”虽然他还没有被解雇，但他的公司——Anytime Fitness Gym连锁店——已经解雇了7名文有公司标志的员工。

◆ **问题讨论**

1. 一旦一名员工将公司标志作为文身，那么他的工作满意度、工作投入、组织承诺、旷工以及离职情况与没有文身的员工相比，会有什么不同？产生差异的原因是什么？

2. 如果员工对于公司的态度是积极的，那么他可能会将公司标志作为文身。如果他们对于公司的态度是消极的，应如何运用认知失调理论解释此种情形？

3. 那些用来判断他人的方法（例如，选择性知觉、假设相似性、刻板印象等）怎么能适用于一名有公司标志文身的员工呢？

4. 有时员工的家人会认为，突然决定去文身是不明智的。家庭成员可能如何应用归因理论解释一名员工将公司标志作为文身的决定？

注　释

第16章 激励员工

Motivating Employees

学习目标

16.1 定义动机。

16.2 比较早期的动机理论。

16.3 比较当代的动机理论。

16.4 讨论当代的激励问题。

就业技能矩阵

		批判性思考技能	沟通技能	合作技能	知识运用与分析技能	社会责任技能
技能盒子	这是你的职业	✓		✓		
技能盒子	工作场所的秘密	✓			✓	
技能盒子	在失败中学习	✓			✓	
技能实践	道德困境	✓			✓	✓
技能实践	技能练习	✓			✓	
技能实践	共同工作			✓	✓	
技能实践	学习成为管理者	✓	✓		✓	
案例	案例应用	✓			✓	

究竟是什么在激励千禧一代？越来越多的证据表明，灵活性是排在首位的因素。[1]例如，32 岁的杰西·贝林（Jessi Berrin）在南佛罗里达州迈阿密的一家健康中心总部工作。她说：“传统的朝九晚五对于千禧一代已没有吸引力……我们希望为能在我们所在地会面的雇主工作。”她很珍视她的工作，因为它很灵活。比如她可以在家办公，提前下班参与健身课程，或者晚点到岗以避免交通高峰时段。

尽管对于每个员工而言，灵活性本身可能并不是重要的影响因素，但如果雇主想要吸引或者留住千禧一代的员工，那么他们应当考虑在组织工作安排中逐渐增加灵活性。

16.1 什么是动机？

每一位管理者都需要做到激励员工，这首先就要求我们了解什么是动机。让我们从什么不是动机开始讨论。为什么？因为很多人错误地将动机视为一种人格特质。也就是说，他们认为有些人能够受到激励，而有些人不能。关于动机的知识告诉我们不能按照这种方式给每个人贴上标签，因为每个人的动机各不相同，而且每个人的整体动机也会根据不同的情境而有所变化。例如，你很可能在某些课上比其他课上更有动力学习。

动机（motivation）体现了一种过程，涉及个体为实现目标而付出努力的强度、方向和坚持性。[2]这一定义包含了三个关键要素：努力、方向和坚持性。

努力要素是强度、驱动力和活力的一种衡量指标。受到激励的个体会尽力并努力地工作。然而，不仅是努力的强度，努力的质量也需要考虑。高强度的努力不一定会带来优秀的工作绩效，除非这种努力朝着有利于组织的方向。朝着组织目标迈进的努力是一种我们期望从员工身上看到的努力。最后，动机还包含坚持性维度。我们希望员工能够为实现这些目标而不懈努力。

激发员工产生高绩效是组织重点关注的问题，而管理者也一直坚持不懈地寻找该问题的答案。例如，盖洛普民意调查发现，大部分美国员工（68%以上）对工作失去了兴趣。[3]其他一些国家的结果也令人不安，大约 87%的员工对他们的工作提不起兴致。[4]这也难怪无论是管理者还是学者都想要理解和解释员工激励问题。

这是你的职业　什么在激励你？

这份工作对你来说最重要或最让你兴奋的是什么？有人说“钱”。其他人可能会说“有挑战性的工作”或者“有趣的同事”。如果你在动机方面打下了坚实的基础，并且理解了它，这将有助于你作出明智的职业选择。

以下是可能影响你择业决策的 12 个因素。把清单看一遍。然后按重要性排序，1 是重要性最高的，12 是重要性最低的：

（ ）高收入
（ ）优越的工作条件
（ ）友善和乐于助人的同事
（ ）灵活的工作时间
（ ）成长的机会与全新的挑战

( ) 体贴的上司
( ) 可以参与影响你的决策
( ) 公正平等的待遇
( ) 工作安全
( ) 晋升可能性
( ) 很好的福利（假期或者退休补贴等）
( ) 自由与独立

现在，把你的清单和班里的其他人比较一下。你们的偏好有多相似？列表之间应该很少完全相同。这告诉我们，首先，人们的价值观是不同的；其次，要利用这些结果来更好地了解你想从工作中寻求什么。

16.2 早期的动机理论

我们通过考察四种早期的动机理论，即马斯洛（Maslow）的需求层次理论、麦格雷戈（McGregor）的X理论和Y理论、赫茨伯格（Herzberg）的双因素理论和麦克莱兰（McClelland）的三种需求理论来开始本小节。尽管如今已经发展出了对解释动机更具说服力的理论，但是这些早期动机理论仍然非常重要，因为这些理论代表着当代动机理论演变的基础，而且许多管理者仍在应用这些理论。

16.2.1 马斯洛的需求层次理论

最著名的动机理论可能是马斯洛的**需求层次理论**（hierarchy of needs theory）。[5]马斯洛是一位心理学家，他提出每个人都有五个层次的需求。

1. **生理需求**（physiological needs）：人们对食物、水、住所、性以及其他生理方面的需求。
2. **安全需求**（safety needs）：在生理上的需求得到保证的同时，保护自身免受生理和情感伤害的需求。
3. **社会需求**（social needs）：人们在爱情、归属、接纳以及友谊方面的需求。
4. **尊重需求**（esteem needs）：内部尊重因素包括对自尊、自主和成就感的需求，外部尊重因素包括对地位、认可或被关注的需求。
5. **自我实现需求**（self-actualization needs）：对自我发展、自我潜能发挥和自我理想实现的需求。

马斯洛认为，每个需求层次都必须得到充分的满足，才能使下一层次的需求占据主导地位。个体的需求层次是由低向高逐层上升的（见图表16-1）。此外，马斯洛还将五种需求划分为低层次需求和高层次需求。生理需求和安全需求被认为是低层次需求；社会需求、尊重需求和自我实现需求被认为是高层次需求。低层次需求的满足主要来源于外部因素，而高层次需求的满足来源于内部因素。

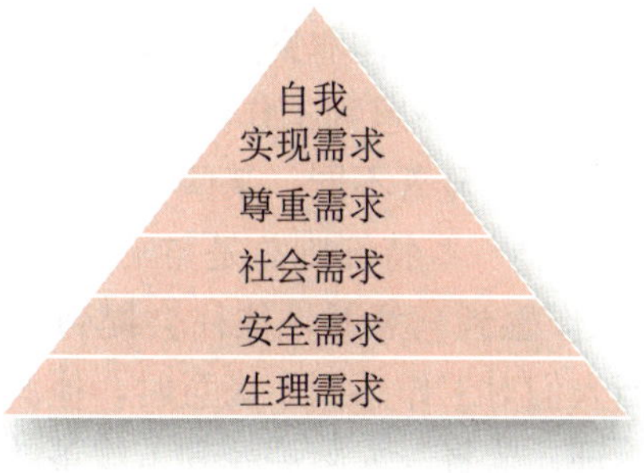

图表 16-1 马斯洛的需求层次

资料来源：A. H. Maslow, R. D. Frager, and J. Fadiman, *Motivation and Personality*, 3rd Edition, © 1987. Reprinted and electronically reproduced by permission of Pearson Education, Inc., Upper Saddle River, NJ.

马斯洛的理论是如何解释动机的？管理者运用马斯洛的需求层次理论来激励员工为满足自身需求而努力工作。但是该理论也认为，一旦一种需求得到了充分满足，个体将不再受到这种需求满足的激励。因此，为了激励某个个体，你需要了解该个体处于哪一需求层次，并聚焦于满足该层次或以上层次的需求。

马斯洛的需求层次理论在 20 世纪 60 年代和 70 年代得到了广泛认可，尤其是在实践管理者中，这很可能是由于其直观的逻辑和易于理解。但马斯洛并没有为他的理论提供实证支持，仅有的几项试图验证其效度的研究也缺乏说服力。[6]

16.2.2 麦格雷戈的 X 理论和 Y 理论

麦格雷戈因提出了两种关于人性的假设——X 理论和 Y 理论而闻名。[7]**X 理论**（theory X）是一种消极的人性观点，认为员工没有雄心壮志，不喜欢工作，只要有可能就会逃避责任，为了保证工作效果必须严格监控。**Y 理论**（theory Y）是一种积极的人性观点，认为员工喜欢工作，他们接受甚至主动寻求工作责任来自我激励和自我指导，把工作视为一种自然而然的活动。麦格雷戈相信 Y 理论人性假设更应该用于指导管理实践，并且参与决策制定、提供承担责任和充满挑战的工作以及融洽的群体关系能够使激励员工的效果最大化。例如，沃尔玛在决策制定过程中充分体现了员工的角色。商店的员工可以作为当地售卖商品的供货人。沃尔玛依赖员工的判断，因为他们直接与顾客互动。沃尔玛的美国首席执行官说："与听到员工的工作情况、想法、愿望、困难，以及倾听如何让他们生活得更容易这样的事情相比，其他的事情都显得微不足道。"[8]显然，这是沃尔玛将 Y 理论应用于实践的例证之一。

遗憾的是，没有任何证据证实哪一种人性假设更为有效，或者利用 Y 理论是管理者激励员工的唯一途径。在现实中，也有很多运用 X 理论成果的管理者。例如，苹果公司联合创始人史蒂夫·乔布斯一直在努力驱动员工，有时在员工会议上毫不留情地羞辱员工。然而，他在推动员工创新与改善产品方面取得了极大的成功。

16.2.3 赫茨伯格的双因素理论

赫茨伯格的**双因素理论**（two-factor theory）（也称**激励-保健理论**（motivation-hygiene theory)）认为内在因素与工作满意相关，而外在因素与工作不满意相关。[9] 赫茨伯格想要知道什么时候人们会感到自己的工作非常好（满意）或非常差（不满意）。（这些发现如图表 16－2 所示。）他总结出人们在感到工作非常好的情况下所给出的回复与在感到工作非常差的情况下所给出的回复有显著不同。某些特定的特征总是与工作满意相关（见图表 16－2 中左侧的因素），而其他一些特征则总是与工作不满意相关（见图表 16－2 中右侧的因素）。当人们对自己的工作感到满意时，往往会提到一些来源于工作本身的内在因素，如成就、认可和责任。当人们对工作感到不满意时，他们往往会提到来源于工作情境的外在因素，如公司政策与管理、监督、人际关系和工作条件。

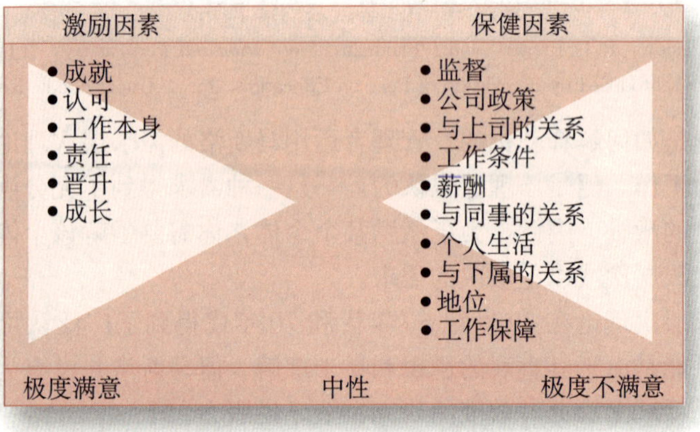

图表 16－2 赫茨伯格的双因素理论

资料来源：Based on F. Herzberg, B. Mausner, and B. B. Snyderman, *The Motivation to Work* (New York: John Wiley, 1959).

此外，赫茨伯格认为研究数据还表明了满意的反面并不是传统所认为的不满意。消除了工作中的不满意特征并不一定会使个体对工作更加满意（或者受到激励）。正如图表 16－3 所示，赫茨伯格提出存在一个二维连续体："满意"的反面是"没有满意"，而"不满意"的反面是"没有不满意"。

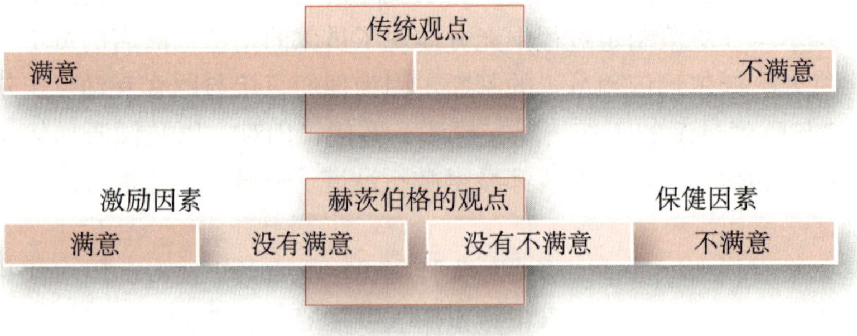

图表 16－3 满意-不满意观点的对比

另外，赫茨伯格认为导致工作满意和不满意的因素是彼此分离、有所区别的。导致工作不满意的外部因素，称为**保健因素**（hygiene factors）。当这些因素得到充分满足时，人们不会感到不满意，但是也不会感到满意（或者受到激励）。为了激励员工，赫茨伯格建议应该强调**激励因素**（motivators），也就是增加员工满意度的内在因素。

虽然针对赫茨伯格理论的程序和方法论上的批评一直不断，但是该理论在20世纪60年代中期到80年代早期得到了普及。尽管一些批评者认为他的理论过于简单化，但它确实对我们该如何设计工作产生了重大影响，尤其是涉及工作丰富化方面，我们会在本章后续内容中予以讨论。

16.2.4 三种需求理论

麦克莱兰和他的助理提出了**三种需求理论**（three-needs theory），该理论认为主要有三种后天的（而不是先天的）需求推动人们从事工作。[10]这三种需求分别是：**成就需求**（need for achievement，nAch），即在一套标准之下获得成功、追求卓越的愿望；**权力需求**（need for power，nPow），即让他人听从自己的指示以某种特定方式行事的愿望；**归属需求**（need for affiliation，nAff），即建立友好、亲密的人际关系的愿望。在这三种需求中，针对成就需求的研究最多。

成就需求较高的个体始终致力于追求个人成就，而不是成功所带来的诱惑和奖励。他们渴望将事情做得比以前更好、更高效。[11]他们更加偏好于这样的工作：能够独立解决问题的工作；在工作中他们能够获得及时、明确的绩效反馈以告知他们是否有所改进；在工作中，他们得以设立难度适中的目标。高成就需求者会尽量避免他们认为过于容易或者过于困难的工作任务。此外，高成就需求者不一定能够成为一位优秀的管理者，尤其是在大型组织中。因为高成就需求者重视他们自身的成就，而优秀的管理者应该重视帮助其他人实现他们的目标。[12]麦克莱兰认为可以通过培训激发员工的成就需求，如为他们营造需要个人责任、反馈和中度冒险的工作情境。

该理论中的其他两种需求并没有像成就需求一样获得广泛的研究。然而，我们知道，最优秀的管理者往往具有较高的权力需求和较低的归属需求。[13]

这三种需求都可以通过一项投射测验（如著名的主题统觉测验（Thematic Apperception Test，TAT））进行测量，在测验中，被试对一系列图片作出反应。被试被要求基于所展示的每一幅图片写一个故事（见图表16-4中的示例）。然后，受过训练的解读员会根据写下的故事判断被试成就需求、权力需求、归属需求的水平。

成就需求：通过故事中的人物想要做得或表现得更好来确定。

归属需求：通过故事中的人物想要与其他人交往并享受友谊来确定。

权力需求：通过故事中的人物想要对故事中的其他人产生影响或留下深刻印象来确定。

图表16-4 主题统觉测验的示例图片

资料来源：Bill Aron/PhotoEdit.

16.3 当代的动机理论

我们将在本节中考察的理论代表着当代对员工动机的一些解释。尽管这些理论可能不如我们刚刚所讨论的早期理论那么著名，但是它们都获得了实证研究的支持。[14]这些当代的动机理论包括目标设置理论、强化理论、工作设计理论、公平理论、期望理论等。

16.3.1 目标设置理论

在第 8 章中，我们在对计划的讨论中介绍了目标的重要性。在这一部分，我们将从动机的视角再次回顾这一问题。

在进行一项大任务或一次重要的课程项目展示之前，老师是否曾经鼓励你们“只要尽最大的努力就行”？这种模糊的说法意味着什么？如果老师说的是“要想在这个课程上得到 A，你必须拿到 93 分”，那么你在课程项目上的绩效是否会更高？目标设置理论的研究就是围绕这些问题展开的，而且如你所见，这些研究发现目标明确性、挑战性和反馈性会对员工的绩效产生深刻影响。[15]

众多的研究为**目标设置理论**（goal-setting theory）提供了充分的支持，该理论认为具体的工作目标会提高工作绩效，与容易的目标相比，困难的目标一旦被员工接受，将会产生更高的工作绩效。目标设置理论告诉了我们什么？

首先，努力实现某一目标的意愿是工作动机的一个重要来源。关于目标设置的研究表明，明确具体且富有挑战性的目标提供了极强的激励力量。[16]相比于“只要尽最大的努力就行”那种泛化目标，这样的目标能够产生更好的效果。目标本身的具体性也充当着一种内在激励。例如，当某位销售代表承诺每天打 8 个销售电话，这种意向就为他提供了一个努力实现的具体目标。

目标设置理论认为困难的目标能够使激励效果最大化，而三种需求理论认为难度适中的目标能够激发成就动机，这两者其实并不矛盾。[17]第一，目标设置理论针对的是普通大众，而成就动机的结论是基于高成就需求者得出的。考虑到北美只拥有 10%～20%的高成就需求者，因此困难目标的设置仍然适用于大多数员工。第二，目标设置理论的结论是应用于那些接受并致力于实现这些目标的人。困难的目标只有在被接受的情况下，才会带来更高的绩效。

用数字说话

- 对于与管理者共同参与目标的制定这一观点，30%的员工十分认同。
- 与管理者一同参与目标制定的员工工作敬业度是其他员工的 3.6 倍。[18]

其次，如果员工有机会参与到目标设置的过程中，是否会更加努力地实现目标？结论是不一定。在某些情况下，积极参与目标设置的员工会表现出更高的绩效；在某些情况下，当管理者为员工分配目标时，他们会表现最佳。然而，当员工可能会抗拒接受困难的挑战时，参与目标设置可能会提高他们对目标的接受程度。[19]

最后，我们知道，如果员工在实现目标的过程中能够获知进展情况，他们会表现得更好，因为反馈有助于识别他们所做的以及他们想要做的之间的差距。但并非所有的反馈都具有同等效果。研究表明，比起来自他人的反馈，自我反馈——员工对自身的改进情况进行监控——是一种更为强大的激励。[20]

除了反馈，还有其他三个权变因素会影响目标-绩效关系：目标认同、足够的自我效能、国家文化。

首先，目标设置理论假定个体致力于目标的实现。当目标是公开设定的，或者当个体是内控型的，或者该个体参与了目标的设定而不是由别人设定目标时，能够获得该个体更高的认可度。[21]

其次，**自我效能**（self-efficacy）是指员工相信自己能够完成工作任务。[22]你所具有的自我效能越高，你越有信心在工作中取得成功。所以，我们发现，在面对困难时，自我效能较低的个体有可能会减少努力的程度或者完全放弃，而自我效能较高的个体则会更加努力战胜挑战。[23]此外，自我效能较高的个体在回应负面反馈时，似乎会投入更多的努力和动力，而自我效能较低的个体则更有可能采用减少努力的方式。[24]

最后，目标设置理论的价值还取决于国家文化。该理论假定下属具有一定的独立性（在权力距离维度上得分不高），人们会追求具有挑战性的目标（在不确定性规避维度上得分较低），管理者和下属都认为绩效很重要（在男性气质维度上得分较高）。在那些不满足这种特征的文化中，不太可能出现期望的结果——目标设置会带来更高的员工绩效。

图表 16－5 总结了目标、动机以及绩效之间的关系。我们的总体结论是：为实现困难、具体的目标而努力的意愿是一种强大的激励力量。在合适的条件下，这种意愿能够导致更高的绩效。然而，没有证据表明这样的目标能够提高工作满意度。[25]

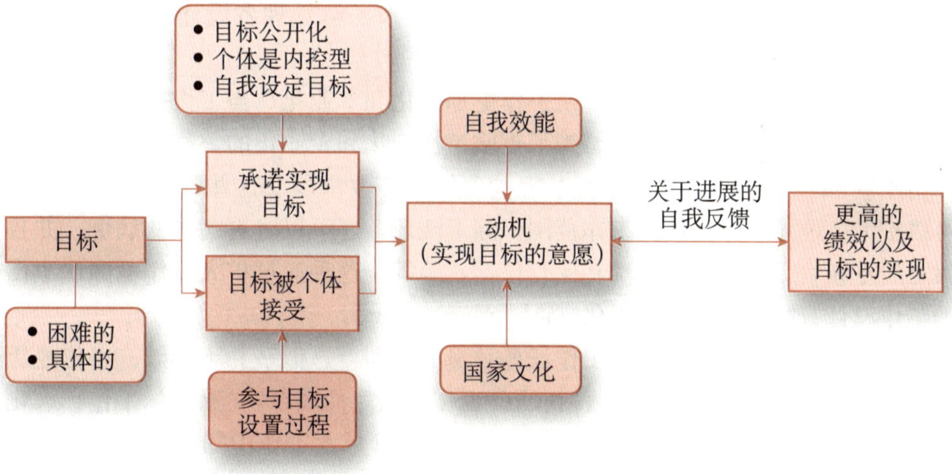

图表 16－5　目标设置理论

16.3.2　强化理论

强化理论（reinforcement theory）认为行为是结果的函数。在某种行为之后立即出现，并且会提高该行为未来重复的可能性的某种结果，称为**强化物**（reinforcers）。强化理论不考虑如目标、期望和需求这样的因素，而只关注个体做某些事情时对该个体产生的后果。

在先前的章节中，我们介绍了管理者如何利用强化物进行行为的塑造，但这一概念用于解释动机也得到了广泛的认可。根据斯金纳的观点，如果个体在表现出某一行为之后受到奖励，那么该个体极有可能再次表现出这种期望行为。在期望行为之后立即给予奖励最为有效；而如果行为得不到奖励，或者是受到了惩罚，这种行为则不太可能再次出现。[26]

运用强化理论，管理者可以对有利于组织目标实现的行为施加正强化，从而影响员工的行为。而对于达不到期望的行为，管理者应该忽略而不是惩罚。尽管比起不实施强化，惩罚能够更快地消除达不到期望的行为，但是其效果是暂时性的，并且有可能会带来不愉悦的负面效果，比如工作场所冲突、缺勤、离职等失调行为。虽然强化会对工作行为造成重大影响，但它并不是员工动机差异的唯一解释。[27]

16.3.3 工作设计理论

> **用数字说话**
>
> - 97%的员工离职都是因为感觉自己不被赏识。[28]

由于管理者希望能够激励员工努力工作，因此我们有必要了解激励性工作设计的各种方式。如果进一步考察组织是什么以及组织是如何运作的，你会发现组织由成千上万的工作任务构成。反过来，这些任务又合并为各种工作。我们利用**工作设计**（job design）这一专有名词来指代将各种工作任务组合成完整工作的方法。人们在组织中所承担的工作不应该是随意变化的。管理者应该深思熟虑之后慎重地进行工作设计，以反映不断变化的环境需求、组织的技术，以及员工的技能、能力与偏好。[29]按照这样的方式来进行工作设计，员工将受到激励并努力工作。我们一起来了解管理者设计激励性工作的一些方法。

工作扩大化 工作设计过去用于使工作更加细化和专业化。当工作按照这种方式进行设计时，很难对员工起到激励作用。为了克服工作细化和专业化的弊病，早期人们横向扩大**工作范围**（job scope）——一份工作所包含的任务数量以及这些任务重复的频率。例如，可以扩大一位牙科保健员的工作范围，除了洗牙，还可以查看病人的病例，并且在治疗结束之后重新填写病例，再清洗和保管仪器，等等。这种通过扩大工作范围使工作横向扩展的工作设计方案称为**工作扩大化**（job enlargement）。

大多数工作扩大化仅仅聚焦于工作任务数量的增加，这似乎并不奏效。一位经历过工作扩大化的员工说："我以前只有一件讨厌的工作要做。而现在，'感谢'工作扩大化，我有三件讨厌的工作要做！"研究表明知识扩大化活动（扩大工作中知识的使用范围）有助于提高工作满意度，改进客户服务，减少错误的发生。[30]

工作丰富化 工作设计的另一种方式是通过增加计划和评估责任使工作纵向扩展——**工作丰富化**（job enrichment）。工作丰富化加深了**工作深度**（job depth），也就是员工对于工作的控制程度。换言之，员工得到授权以承担一些往往由他们的管理者所承担的工作任务。因此，工作丰富化使员工有更多的自由、独立性和责任去完成一项完整的活动。此外，员工还应获得反馈，这样他们可以评估并改进自身的工作绩效。例如，如果牙科保健员的工作进行了丰富化，那么除了洗牙，他还可以安排门诊时间（计划），并且在治疗之后跟进患者的情况（评估）。尽管理论上工作丰富化可能会提高工作质量，增进员工激励和满意度，但是相关研究并没有证据表明其有效性。[31]

工作特征模型　很多组织应用了工作扩大化和工作丰富化计划，得到的结果好坏参半，但是这两种方式都没能为管理者设计激励性工作提供有效框架。然而，**工作特征模型**（job characteristics model，JCM）做到了。[32] 工作特征模型确定了五个核心工作维度及其相互关系，以及其对员工生产率、动机和满意度的影响。这五个核心工作维度分别是：

1. **技能多样性**（skill variety）：一项工作需要多种活动从而使员工能够利用不同技能和才干的程度。

2. **任务完整性**（task identity）：一项工作需要完成一件完整的、可辨识的工作任务的程度。

3. **任务重要性**（task significance）：工作对人们生活和其他人工作的实际影响程度。

4. **工作自主性**（autonomy）：实际情况中，一项工作在安排工作内容、确定工作程序方面给员工的自由度、独立权和决定权。

5. **工作反馈**（feedback）：员工在完成任务的过程中，可以获得关于自己工作绩效的直接而明确信息的程度。

图表 16-6 对工作特征模型进行了描述。请注意前三个维度（技能多样性、任务完整性、任务重要性）如何组合在一起以创造有意义的工作。换言之，如果某项工作同时包含了这三项特征，我们可以预测个体会认为该项工作非常重要、有价值并且值得去做。同样需要注意的是，拥有工作自主性特征的工作能够使员工感到对结果负有个人责任，而如果一项工作能够提供工作反馈，员工就可以了解自己的工作表现如何。

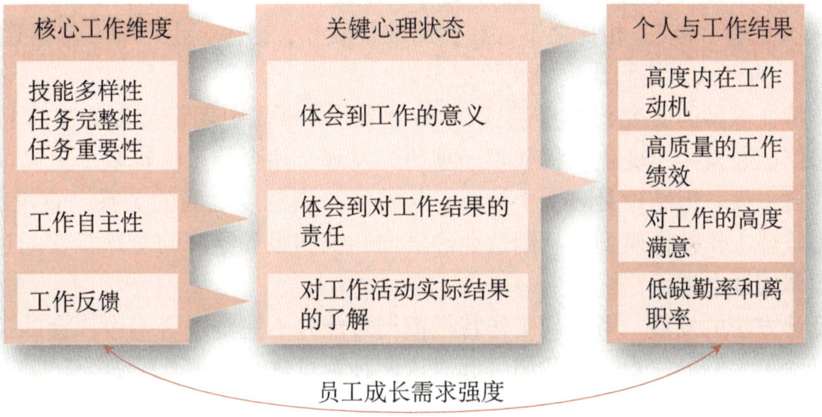

图表 16-6　工作特征模型

资料来源："Job Characteristics Model," from *Work Redesign*, by J. R. Hackman & G. R. Oldham. Copyright © 1980 by Addison-Wesley (a division of Pearson). Reprinted with permission.

工作特征模型表明，当员工能够了解到（通过反馈了解结果）在自己认可的工作上（通过技能多样性、任务完整性和任务重要性体会到工作的意义）自己表现很好（通过工作自主性体会到责任感）时，他们很可能会受到激励。[33] 工作的设计越多地围绕这三个因素，员工的激励效果和绩效会更佳，满意度会更高，缺勤率和离职率也可能会更低。正如模型所示，工作维度与工作结果之间的关系受到员工个体成长需求（个体对自尊和自我实现的渴望）强度的影响。当他们所从事的工作包含这些核心工作维度时，个体成长需求高的个体比需求低的个体更能体会到关键的心理状态，并且更有可能予以积极回应。这种差异也许可以用来解释工作丰富化所带来的差异性结果：对于工作丰富化，那些成长需求低的个体可能不会实现更高的绩效和满意度。

工作特征模型为管理者进行工作设计提供了具体的指导。这些建议具体说明了哪些类型的变化最有可能带来这五个核心工作维度的改善。你会注意到，其中的两项建议实际上是结合了工作扩大化和工作丰富化的结果，而其他建议除了包含工作在横向和纵向上的扩展，还包含其他内容。

1. 合并任务。把一些碎片化的工作任务重新整合形成新的、范围更广的工作模块（工作扩大化），以提供技能多样性和任务完整性。

2. 形成自然的工作单元。管理者应该将工作设计成完整的、有意义的整体，以增强员工对工作的“拥有感”。鼓励员工将他们的工作视为有意义的、重要的事情，而不是无关紧要的、无聊的事情。

3. 建立客户（外部或内部）关系。只要有可能，管理者就应该建立员工与客户之间的直接联系以提高技能多样性、工作自主性和工作反馈。

4. 纵向拓展工作。纵向拓展赋予员工过去仅由管理者正式拥有的责任和控制，以此提高员工的工作自主性。

5. 开通反馈渠道。直接反馈能够让员工了解他们在工作上表现如何，绩效是否得到了提高。

关于工作特征模型的研究为理解工作设计如何影响员工激励提供了丰富的知识基础。然而，研究并没有直接指定激励性工作，那么人们认为哪些工作更有意义或更没有意义？

一项针对 24 个工作类别的 200 多万名员工的调查提供了一些见解。[34]当被问及“你的工作能让世界变得更美好吗？”在医疗保健、社会服务、教育和安保服务行业工作的人中，超过 70%的人回答“能”。相比之下，在食品准备服务、销售、生产和办公室管理行业中，只有不到 50%的人认为他们让世界变得更美好。

对工作特征模型的研究仍在继续。自 20 世纪 70 年代中期最初制定工作特征模型以来，工作岗位已经发生了变化。例如，一项研究发现，如今的工作提供了更高的技能多样性和更大的自主权，但结论是，五个核心工作特征与满意度之间的关系一直没有改变。[35]其他评估则质疑工作特征模型在从制造业经济向知识和服务经济的全球转变的过程中，没有考虑到工作的社会层面。[36]

工作设计方法的发展 考虑到工作特征模型可能并不完全适合当今社会的工作，两个新兴观点引发了人们的注意。让我们一起对这两种观点进行了解。

第一种观点是**关系取向的工作设计观**（relational perspective of work design），主要聚焦于员工的任务和工作如何日益依赖各种社会关系。[37]在今天的工作中，员工与同事和组织内外的其他个体有越来越多的互动，并且彼此更加相互依赖。员工在开展自身工作的过程中，越来越依赖周围的其他人获取信息、建议和帮助。这对设计激励性工作意味着什么？这意味着管理者需要考虑到这些员工关系中的重要组成部分，例如获取组织中社会支持的途径及其程度、与组织外部的互动类型、工作任务的相互依赖程度以及人际反馈。

让我们来看一个关系取向的工作设计观的案例。你以前打过软件公司的服务热线吗？是不是期待产品专家给出直接的回答，并一步步指导你解决问题？当然，我们都是这样的。微软公司就很了解顾客的想法。公司经理通过将软件开发师与消费者对接的方式来帮助解决问题。在这一案例中，经理的目标是让软件开发者在依照技术条件以及用户友好原则的前提下设计软件。

第二种观点是**主动的工作设计观**（proactive perspective of work design），该观点认为员工积极主动地改变自己的工作方式。[38]他们会更多地投入对他们工作有影响的决策和行动。根据这种观点，重要的工作设计因素包括工作自主性（这也是工作特征模型中的一项重要因素）、模糊性及责任性程度、工作复杂性、应激源水平以及社会或关系背景。有证据表明，上述每一种因素都会对员工的主动行为产生影响。例如，研究者发现，医院的清洁工会主动创造自己的工作。根据一位研究者的信息，“在很短的时间内，清洁工有很多需要清理的房间，所以对于自己要完成的任务的数量，他们并没有多少主动权。因此为了使自己的工作更加有意义，他们会做各种各样的小事情来帮助病人及其家属”。[39]

与主动的工作设计观相关的一个研究分支是**高投入工作实践**（high-involvement work practice），它被用来激发员工更多地投入或参与。[40]该观点认为，员工更多地投入对他们的工作有所影响的决策过程，会提高员工的主动性水平。

16.3.4 公平理论

如果你大学毕业就有人给你提供年薪 8 万美元的工作，你很可能会欣然应承，对工作充满热情，准备好迎接任何工作任务，并且确实对薪酬感到十分满意。然而，如果你工作了一个月之后发现，你的一位同事——也是刚毕业的，他与你年龄相仿，毕业于与你不相上下的学校，与你有着不相上下的成绩和相似的工作经历——却获得了 8.5 万美元的年薪，你有何反应？你很可能会感到非常失落、沮丧！尽管从绝对数量上来说，8 万美元的年薪对于刚毕业的大学生而言已经是一笔不菲的收入（并且你也确实承认这一点），但突然间这已经不是你所关注的了。现在你关注的问题是这件事是否公平。“公平”这一术语指的是与你行为表现方式相似的个体相比，你是否获得公正和平等的待遇。研究表明，员工会拿自己与其他人比较，而不公平感会影响员工付出努力的程度。[41]

公平理论（equity theory）认为员工首先将自己从工作中得到的（所得）和投入的（付出）进行比较，然后将自己的付出-所得比与其他相关人员的付出-所得比进行比较（见图表 16-7）。如果员工认为自己的付出-所得比与其他相关人员的付出-所得比相同，那就没什么问题。然而，如果这一比率不同，员工会认为自己获得的薪酬过低或过高。当出现不公平的感受，员工就会试图采取某些措施。[42]结果则可能出现生产率的下降或上升、产品质量的提高或降低、缺勤率的上升或自愿离职。有趣的是，人们会将自己的过高薪酬合理化，因此薪酬过低对员工行为有着最大的影响。

感知到的比率比较	员工的评价
$\frac{\text{A所得}}{\text{A付出}} < \frac{\text{B所得}}{\text{B付出}}$	不公平（薪酬过低）
$\frac{\text{A所得}}{\text{A付出}} = \frac{\text{B所得}}{\text{B付出}}$	公平
$\frac{\text{A所得}}{\text{A付出}} > \frac{\text{B所得}}{\text{B付出}}$	不公平（薪酬过高）

图表 16-7 公平理论

参照对象（referent）——为了评估公平性，个体用来与自己进行比较的其他个体、系统或者他自己——是公平理论中十分重要的变量。[43]这三种参照对象都非常重要。“个体”参照对象包括在同一组织中从事相似工作的其他个体，也包括朋友、邻居和同行。员工会根据他们在工作中或者在报纸、行业期刊中的所见所闻，将自身薪酬与其他薪酬进行比较。“系统”参照对象包括组织薪酬的政策、程序和分配制度。“自我”参照对象指的是每个员工的付出-所得比。这一比例反映了个体过去的经历和交往，并且受到一些标准的影响，比如过去的工作或家庭负担等。

公平理论最开始聚焦于**分配公平**（distributive justice），即人们认为薪酬数量以及薪酬分配的公正程度。近年来，越来越多的研究聚焦于**程序公平**（procedural justice）方面的考察，即用来确定薪酬分配的程序所具有的公正程度。研究表明，分配公平比程序公平更能影响员工的满意度，而程序公平往往会影响员工对组织的承诺、对上司的信任以及离职意向。[44]这对管理者而言有什么意义？他们应该考虑将分配决策如何制定的信息公开化，遵循稳定、公正的程序，并采取措施以提高对程序公平的认同感。通过提高员工对程序公平的认同感，员工即使在对薪酬、晋升或其他个人所得不满意的情况下，也有可能积极地看待他们的上司和组织。

16.3.5 期望理论

期望理论（expectancy theory）是对员工受到激励的过程最全面的解释。[45]尽管该理论也受到了一些批评[46]，但它得到了大多数研究证据的支持。[47]

期望理论认为，个体趋于表现出某种特定行为是因为预期该行为会带来特定的结果，以及所得结果对该个体具有吸引力。该理论包含了三个变量或关系（见图表 16－8）：

1. 努力-绩效关系：个体所认为的付出一定的努力能达到某一特定绩效水平的概率。
2. 绩效-奖励关系：个体所认为的某一特定绩效水平有助于获得期望结果的程度。
3. 奖励的吸引力：在工作中可能获得的结果或奖励对个体的重要程度。它同时考虑了该个体的目标以及需求。

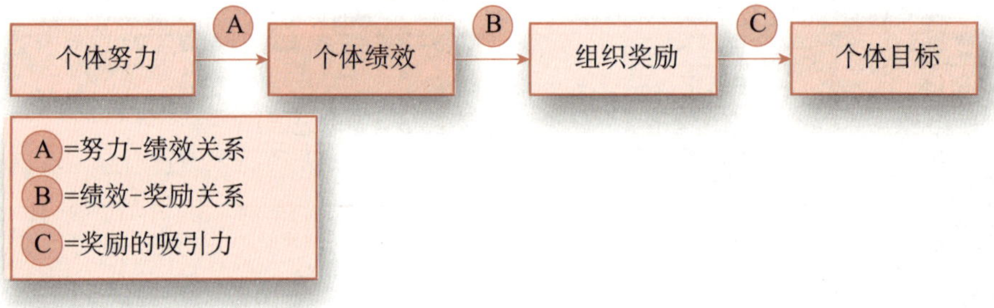

图表 16－8 期望模型

工作场所的秘密 **针对不公平薪酬的感受**

对于很多员工来说，没有什么比这样的事更打击人——知道公司里的某个人做着和自己相同或者相似的工作，但获得了比自己更高的薪酬。这种感觉取决于你的公平敏感度，某天你也许会发现，你会因为相信你没有被公平地支付薪酬而感到愤怒与失望。

让我们从这一事实出发：我们并不是对是否公平同样敏感。公平敏感度是一个由公平理论延伸而来的词语。公平敏感度是一种基于人们所偏好的付出-所得比的个人特质。就我们的目的而言，我们将会关注那些认为自己相比于他人而言，没有得到公正薪酬待遇的个体。但如果你对于公平并不敏感，且认为自己并没有得到过低的薪酬，你可能会让这件事过去。就像我们指出的那样，当你试图纠正你认为的不公平薪酬现象时是有风险的。有时候最好的策略就是什么都不做。在你采取行动之前，要确定你是不是真的想追究这个问题。

如果你认为你遭遇了不公平的薪酬待遇，一开始你要问自己：你的证据是什么？有些企业会将员工的薪酬信息公开，但这并不是一种规范。尤其是对于白领阶层来说，组织通常并不希望员工知道其他人的薪酬状况。实际上，一些组织明文规定员工不能相互分享薪酬信息。那么组织这么做的原因是什么？答案显而易见，管理者并不希望员工之间进行比较，更不希望为员工感知到的每一份不公平待遇主持公道。

因此你在提出你的不公平薪酬申诉之前要进行调查研究。而从历史来看，薪酬间的比较很难得到准确的数据，但是互联网改变了这一切。Glassdoor 和 PayScale 之类的薪酬网站为处于不同市场的许多工作岗位提供薪酬对比数据。

有两个问题需要考虑：你凭什么认为你的薪酬过低？与和你担任相同或相似岗位的人相比，有没有关于为什么你的薪酬会比较少的合乎逻辑的解释？记住，判定薪酬差异的原因有很多——教育水平、技能、在组织中的资历、相关经验、不同的绩效水平、地理位置、生活成本等等。这是有原因的，例如，两个保险理算员都供职于利宝保险公司（Liberty Mutual），如果一个在纽约市工作，另一个在亚拉巴马州的伯明翰工作，他们的薪酬可能会不一样。在美国，性别差异并不能成为女性做着和男性相同的工作却获得比男性少的报酬的理由。因为《公平薪酬法》明确禁止基于性别差异的薪酬差距。此外，要记住，大多数组织对特定的工作规定了薪资范围，而且人们在谈判方面的技能也是不一样的。因此薪酬的一些差异可能是在不同的时间和条件下议定的初始薪酬所致。

但如果你确信你的薪酬是不公平的，并且有证据支持你的要求，那么问问自己：你愿意承担多少风险？这份公平是否值得你去追求？如果值得，你希望付出多大的努力？一些组织文化不鼓励人们比较薪酬或挑战薪酬结构。做好准备，你关心的问题可能会被晾在一边。因为许多管理者担心，如果由于一个人抱怨就增加他的薪酬，会引发大量要求重新评估薪酬的请求。

如果你决定追究这个问题，那么你要有一个策略。首先要决定向谁陈述你的观点。不要以为你的上司有调整你薪酬的自主权。特别是在大型组织中，薪酬结构是被精心设计和监管的。虽然你的上司在建议加薪方面可能有一定的发言权，但最后的结果通常取决于人力资源部门。所以，你应该考虑一下是向你的顶头上司还是人力资源经理汇报问题，或者两者兼而有之。

把握时机！也就是说，在某些情况下，情况会对你更有利。一个天然的时机就是评估你绩效的时候。一份强有力的评估结果会增强你要求调整薪酬的能力，尤其是当有证据表明你的薪酬过低的时候。什么样的证据能证明你的观点，并帮助你的老板获得上级的批准？如果你有客观的数据表明你的组织或社区里的其他人在相同或类似的工作中比你挣得多，那么请陈述事实。另外，要详细说明你的贡献。特别要提到你过去的成就以及你希望在未来能作出什么贡献。理想情况下，你要有具体的证据来证明你的观点，比如你为公司带来了多少销售额，或者你通过提高生产力节省了多少资金。如果你的工作不需要这些事实，那就用客户、供应商或同事对你成就的积极评价来支持你的观点。

最后，我们来总结一下你应该极力避免的事。(1) 不要越过你的上司。例如，在没有获得上司同意的前提下直接与人力资源经理沟通。没有哪一位管理者会因感受到自己的权威被削弱而开心。(2) 不要和同事讨论你的薪酬。薪酬是一个敏感话题，最好不要分享这方面的信息。(3) 不要与你的部门或者组织中的某个特定的人进行比较，这么做不会为你赢得上司和同事的支持。(4) 不要消极。牢骚满腹或是威胁他人很少会达成积极的结果。同样，抱怨你已经多年未被加薪或是自己的工作量是其他人的两倍也是无效的行为。[48]

关于动机的解释也许听起来非常复杂，但实际上并非如此。它可以总结为以下几个问题：为了实现某一特定的绩效水平，我应该付出多大程度的努力，我是否真的能够实现这一水平？实现这一绩效水平可以为我带来什么奖励？该奖励对我的吸引力如何？是否有助于实现我的个人目标？在任何时候，你是否受到激励而付出努力（即努力工作）取决于你是否认为达成某一特定绩效水平对于实现这些目标必不可少。

让我们用班级组织来阐述个体如何运用期望理论来解释激励。

大部分学生都比较喜欢告诉他们课程要求的老师。学生希望了解作业与考试的情况，截止日期和上交时间，以及在期末成绩中的占比。他们也喜欢思考他们在上这门课时听课、做笔记、写论文、与小组成员讨论中要投入多少精力，与这门课的成绩相关的合理学习投入是多少。假设你也是这样思考的学生，你上了五周 MGT301 课程，而且很喜欢，现在考试来临。你做了充分准备迎接这次考试，在其他课程中你的成绩一直都是 A 或者 B，这门课你也付出了相似程度的努力。你这么努力是为了取得好成绩，你相信这在毕业的时候对谋一份好工作十分重要。但你并不确定，你也想接下来读研究生，但成绩对于进入一所好的研究生院十分重要。

然而，五周课程的考试结果出来了，班级均分为 72 分。班级中 10%的学生得到了 85 分或者更高的分数并得到了 A 的评级。你只得了 46 分，班级最低通过分数为 50 分。你彻底疯掉了，而且很失落。更重要的是，你十分疑惑。按照同等水平的努力程度，你在其他课程上都能得到顶尖的分数，这一门怎么会考得这么差?

接下来你会表现出一些十分有趣的行为。从那以后，你发现你没有动力参与 MGT301 课程，也不再为这门课学习。就算来到教室你也是在神游，最后的成果不过是空空如也的笔记本。在 MGT301 课上，有人形容你是“毫无动力”的，这并没什么问题，但问题在于你为什么会变成这副样子？其实你我都了解其中的缘由，让我们用期望理论来解释一下。

如果用图表 16 - 8 来解释这一情形，我们可能会做如下表述：对于 MGT301 课程的学习以及准备情况（努力）受到作答考试结果（绩效）的约束。如果考试成绩很好（奖励），那么你将会拥有安全感、声誉及找到一份好工作之类的其他好处（个人目标）。

最终结果的吸引力是很强的，在本案例中是好的成绩。但是绩效-奖励关系是怎样的呢？你认为你得到的分数真的反映了你的课程知识水平吗？换句话说，考试能公正地评判你的学识吗？如果回答是肯定的，那么两者间就有较强的联系。但如果回答是否定的，那么你的动力减少的部分原因就在于你认为考试没有公正地反映你的绩效水平。如果考试是论文形式的，你也许会相信老师的给分方式是差劲的。你是否在这种无关紧要的问题上倾注了太多精力？也许老师不喜欢你，在给你的论文评分时是有失公允的。这些都是影响绩效-奖励关系和你的动机水平的例子。

另一个使你灰心的可能是努力-绩效关系。在考试之后，如果你觉得无论做多少准备，你都无法通过这门考试，你学习的动力就会下降。也许是老师在出题的时候假定你拥有大量的关于这一课程的背景知识，也有可能是这门课需要一些你并不了解的基础知识。但结果是一样的：你认为努力无助于你在考试中给出正确答案，因此你的动机水平降低了，并减少了努力。

期望理论的关键在于理解个体目标，以及努力与绩效、绩效与奖励、奖励与个体目标满足的关系。它强调了报酬和奖励。因此，我们必须相信组织所提供的奖励与个体所想要的奖励相一致。在权变模型中，期望理论也认识到没有一种普遍的原则能够用来解释是什么在激励员工，因此强调管理者应该了解为什么员工认为某些奖励非常有吸引力或者没有吸引力。毕竟，我们希望以员工重视的东西来予以奖励。此外，期望理论也强调期望行为。员工是否知道组织对他们的期望，以及组织如何对他们进行评估？最后，该理论也关注认知。事实其实是无关紧要的。个体对绩效、奖励和目标结果的认知——而不是真实结果本身——将决定个体的动机（努力的程度）。

16.3.6 当代动机理论的整合

我们在这一章中提出了许多理论。在这一点上，人们倾向于独立地看待它们。这是不对的。事实上，这些理论背后的许多观点都是互补的，当你将这些理论结合在一起时，就会理解如何最大限度激励人们。

图表 16-9 的模型融合了我们所知道的大部分动机理论。该模型以期望模型为基础。让我们从模型的左侧开始，一起了解这一模型。

个体努力的方框，有一个由个人目标指向它的箭头。与目标设置理论相一致，目标-努力关系是为了说明目标的导向作用。

期望理论表明如果员工认为努力与绩效、绩效与奖励、奖励与个体目标满足之间存在显著的关系，那么员工会愿意付出更高程度的努力。反过来，这种关系又会受到其他因素的影响。为了努力取得良好的绩效，个体必须有必要的执行能力，衡量个体绩效的评估系统必须是公平和客观的。如果个体认为绩效（而不是资历、个体偏好或其他一些标准）带来了奖励，那么绩效与奖励之间会存在比较强的关系。期望理论中最后一个关系是绩效-目标关系。需求理论在这一环节发挥了重要作用。个体由于高绩效表现所获得的奖励满足了与其个体目标相一致的主导需求时，就会表现出与需求满足程度相对应的激励程度。

对于该模型做进一步考察会发现，该模型也融合了成就需求、强化理论、公平理论和工作特征模型。高成就需求者并非受组织对其绩效评估或组织奖励的激励；因此，从个体努力到个体目标之间出现了一个跳跃的箭头，由高成就需求者指向了个体目标。要记住，对于高成就需求者而言，只要他们所从事的工作能够为他们提供个体责任、反馈和适度风险，他们就会获得内在驱动力。他们并不关注努力与绩效、绩效与奖励或奖励与目标的关系。

我们也可以在该模型中看到强化理论通过组织奖励对个体绩效的强化作用。如果员工

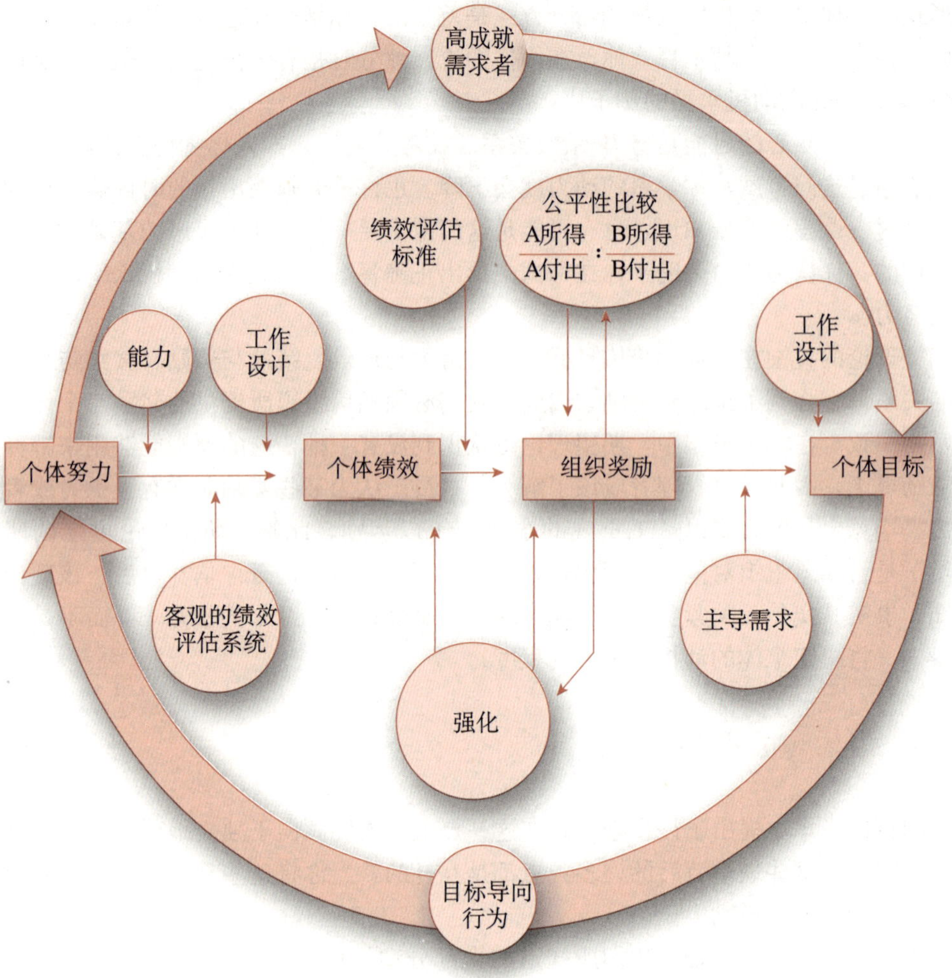

图表 16-9　当代动机理论的整合

认为管理者所设计的奖励系统是对优秀绩效的回报，那么这种奖励会强化并鼓励持续的优秀绩效。奖励在公平理论中也发挥着关键的作用。个体会将他们所付出的努力与所得到的奖励（结果）与其他相关人员的付出-所得比相比较。如果觉得不公平，个体所付出的努力程度会受到影响。

最后，在这个整合模型中，我们也能够看到工作特征模型的身影。工作任务的特征（工作设计）在两个方面对工作激励造成了影响。第一，围绕着五种核心工作维度的工作设计可能会提高实际工作绩效，因为个体动机会受到工作本身的刺激——也就是说，这些工作维度增强了努力与绩效之间的关系。第二，围绕着五种核心工作维度的工作设计也会提高员工对于工作中核心要素的掌控程度。因此，提供了自主性、反馈和类似特征的工作有助于那些渴望更好地控制自身工作的员工实现个人目标。

场景实践

劳拉·莫拉（Laura Mora）是一家太阳能电池板安装公司的销售经理。她的一些销售人员似乎只是简简单单地度过一天，而没有积极地将激情和努力投入工作中。这些销售人员负责吸引新客户，通过电话讨论潜在客户的需求，并实地拜访潜在客户，以确定哪种产品最适合他们。劳拉最近听到一些员工与潜在客户的几个电话，员工似乎只提供了最低限度的信息，而没有讨论关于产品及其好处的更多细节。最近几个月，公司的销售额一直在下降，至少对她的部分员工来说，这是可能存在激励问题的一种迹象。

对于劳拉如何提高员工的积极性，你有什么建议吗？

劳拉可以使用一些策略来提高员工的积极性：

1. 她的一些员工可能不熟悉产品的更多细节和好处。劳拉可以对所有员工进行培训，并提供培训材料，以确保所有销售人员都了解他们正在销售的产品。

2. 劳拉可以和她的团队一起开发培训指南，以便员工在进行电话推销时参考。这些指南可以提醒员工关于产品及其好处的其他细节内容。

3. 最后，劳拉可以引入员工之间的比赛或友好竞争机制。这可以帮助团队成员彼此激励，以取得更大的成果。劳拉可以设计一个比赛，激励员工相互竞争，努力提升每月销售额和生产率。

阿诺贾·兰格奈卡（Anooja Rangnekar）

16.4 当代的激励问题

理解和预测员工动机是管理研究中最为热门的领域之一。我们已经介绍了几种动机理论。然而，即使是员工动机的当代理论也会受到工作场所中一些显著问题的影响：管理跨文化激励的挑战；激励独特的员工队伍；设计合适的奖励机制。

16.4.1 管理跨文化激励的挑战

在当今的全球商业环境下，管理者不能想当然地认为在某一地区起作用的激励计划在其他地方也行之有效。大多数当代动机理论都是由学者针对一个或几个地区的人进行研究得出的。[49]在这些理论中，也许最为公认的、明显的一种文化特征就是极力强调个人主义和个人成就。例如，目标设置理论和期望理论都强调了目标的实现以及个人的理性思维。让我们一同考察这些动机理论的跨文化通用性程度。

马斯洛的需求层次理论认为，人的需求始于生理需求，随后按照顺序逐层上升。在日本、希腊和墨西哥这样的国家中，不确定性规避的特征特别明显，安全需求则是需求层次的最底层。女性气质维度上得分很高的国家——丹麦、瑞典、挪威、荷兰和芬兰等——则将社会需求置于最底层。[50]因此我们可以预测，当国家文化在女性气质维度上得分较高时，群体工作能够发挥更大的激励作用。

另一个明显具有个人成就倾向的动机概念是成就需求。认为高成就需求是一种内在动机的观点，假定存在两种文化特征：乐于接受中等程度的冒险（排除了那些具有明显的不确定性规避特征的国家）以及重视绩效（基本上只适用于具有非常强的高成就特征的国家）。在美国、加拿大、英国等国家，可以看到这两者的结合。[51]这些特征在诸如智利和葡萄牙等国家中几乎不存在。

一项在全球范围开展的研究针对 5 万多名员工进行了调查，以考察两项文化特征——个人主义和男性气质（我们在第 4 章中已经对这些特征进行了讨论）——与动机的关系。[52]研究者发现，在美国、加拿大等个人主义文化的国家，个人主动性、个人自由和个人成就受到高度重视。在伊朗、秘鲁和中国等集体主义文化更浓厚的国家，员工非常重视和谐、归属和共识。他们还发现，在诸如日本、斯洛伐克等男性气质（成就/独断）文化中，人们关注物质上的成功。管理者通常可以设计这种类型的工作环境来促进员工努力工作，并奖励高绩效者以高收入。然而，在女性气质程度更高的文化中，例如瑞典和荷兰，员工之间的薪酬跨度很小是非常普遍的，员工更倾向于大量提高生活质量的福利。

尽管在动机方面存在一些跨文化差异，但是也存在非常明显的跨文化一致性。最近一项针对 13 个国家的员工进行的调查研究，概括了一些排名靠前的动机（从第一名开始顺次排列）：受到尊重、工作-生活的平衡、从事工作的类型、同事特点和组织领导风格特点（得分相同）、基本薪酬、可为他人提供优质服务的工作环境、长期的职业潜能、灵活的工作安排、学习发展机会和福利（得分相同）、晋升机会、奖金或津贴。[53]另一项研究表明，无论员工来自什么样的国家文化，工作有趣的需求似乎对所有员工都非常重要。例如，在比利时、英国、以色列和美国，员工将“有趣的工作”排在 11 项工作目标的首位。而在日本、荷兰和德国，该项指标排在了第二位或第三位。[54]与此相似，一项研究调查了美国、加拿大、澳大利亚和新加坡的毕业生对于工作偏好的比较，结果表明成长、成就和责任排在前三位，并且呈现出一模一样的排列顺序。[55]这两项研究都表明了赫茨伯格在双因素理论中提出的内在因素的重要性所表现出来的普遍性。一项针对日本工作场所动机趋势的研究表明，赫茨伯格的模型也适用于日本的员工。[56]

16.4.2 激励独特的员工队伍

员工带着不同的需求、性格、技能、能力和天资来到组织。他们对于雇主有着不一样的期望，并且关于雇主对员工的要求有着不同的看法。此外，他们想要从工作中获得的东西也千差万别。鉴于这些差异的存在，管理者应该如何有效激励当今员工队伍中独特的员工群体？重要的一点是了解这些群体的动机要求，包括多元化员工、专业人员、灵活就业员工以及只具有低技能而获得低薪酬员工的动机需求。

激励多元化的员工队伍 在当今多元化的员工队伍中，为了最大限度地激励员工，管理者需要从灵活性的角度加以考虑。例如，研究表明，男性比女性更看重在工作中拥有自主权。相比较而言，女性则更看重学习机会、方便而灵活的工作安排以及融洽的人际关系。[57]相比于老一辈的员工，Y 世代员工更注重社会关系，且更享受作为团队成员。[58]管理者需要认识到，针对一位独自抚养两个年幼孩子，靠着全职工作维持家计的单亲年轻妈妈的激励，与一位兼职的单身员工或者是一位只为了补贴养老金而工作的老员工的需求截然不同。为了激励员工如此多元化的需求，需要一系列多元化的奖励。为了回应多元化员工队伍的多样性需求，很多组织实施了有助于工作-生活平衡的计划。例如，还有许多组织提供了灵活性的工作安排以满足不同的需求，例如压缩工作周、弹性工作时间和工作分享（这些我们已经在第 11 章进行了讨论）。另一种工作方案是远程办公，这种方案此前也讨论过。但是需要记住，不是每一位员工都推崇远程办公这种方式。一些员工非常喜欢通过工作中的非正式沟通来满足自身的社会需求，这也是一种创意灵感的来源。

灵活的工作安排能够对员工起到激励作用吗？尽管这种工作安排看起来具有很强的激励作用，但研究发现，两者之间可能是正相关关系，也可能是负相关关系。例如，最近的一项研究考察了远程办公对工作满意度的影响，结果表明随着远程办公程度的提高，一开始工作满意度也随之提高，但是当远程办公耗时继续增加，工作满意度便开始下降并最终趋于稳定。[59]

激励专业人员　与上一代人相比，当今典型的员工更可能是一位具有大学学历的专业人员，而不是一位蓝领工人。当管理者试图去激励英特尔公司印度研发中心的工程师团队、北卡罗来纳州的 SAS 公司研究院的软件设计师或埃森哲公司在新加坡的咨询师时，管理者应该关注哪些特殊问题？

专业人员与非专业人员有所不同。[60]他们对于自身的专业领域有着强烈而持久的投入。为了跟上专业领域的发展，他们需要不断更新知识，并且由于他们对自身专业领域的投入，他们基本上不会把自己的工作限定为每周五个工作日，每个工作日从早上 8 点到下午 5 点。

哪些因素能够激励专业人员呢？金钱和晋升往往在他们的优先级列表中排于较靠后的位置。为什么？专业人员往往收入不菲，同时他们也享受自身所从事的工作。相比较而言，工作的挑战性往往排在靠前的位置。他们喜欢处理问题和寻找解决方案。对他们来说，工作本身就是最主要的奖励。一些有趣的研究集中在“沉浸体验”上。[61]“沉浸”是一种完全专注于工作的状态，在这种状态下，人们失去了对时间的感知和对周围活动的意识。这种状态似乎最适用于专业人员。管理者可以通过设计具有挑战性的工作，提供使用创造力的机会，充分利用员工技能，从而使专业人员之间的沉浸体验最大化。具有讽刺意味的是，尽管沉浸是自我激励的，但任务本身能激发高水平的绩效。

最后，请记住，专业人员倾向于把工作作为生活兴趣的中心，而非专业人员通常在工作之外还有其他兴趣，可以弥补工作中没有满足的需求。这表明，专业人员不太可能留在缺乏挑战、多样性或不能充分利用自己技能的工作岗位上。

激励灵活就业员工　我们已经在第 11 章讨论了组织中灵活就业员工数量的增加。对于这类员工的激励没有简单的方法。对于这小部分喜欢临时性身份所带来的自由的员工，工作缺乏稳定性可能不是一个问题。另外，那些收入不菲且不希望受缚于全职工作要求的内科医师、工程师、会计师和财务规划师可能会更加偏向于临时性工作。但这样的个体也只是特例。大多数情况下，临时性工作并非灵活就业员工的自主选择。

哪些因素能够激励非自愿的灵活就业员工呢？一种显而易见的答案是为这些灵活就业员工提供成为长期员工的机会。很多情况下，长期员工是从一大群灵活就业员工中选拔的，因此灵活就业员工通常会努力工作以希望成为长期员工。另一种相对不那么显而易见的答案是提供培训机会。灵活就业员工找到一份新工作的能力很大程度上取决于他所拥有的技能。如果员工发现他的工作能够帮助他开发具有市场需求的技能，那么激励效果会有所增强。从公平的角度考虑，长期员工通常与灵活就业员工干同样的工作却获得了更多的薪酬和福利，当灵活就业员工与这些长期员工一同工作时，灵活就业员工的绩效很可能会受到影响。让这两种类型的员工分开工作，或者尽量降低彼此的依赖程度，可能有助于管理者减少这些潜在问题。[62]

这些问题如何影响灵活就业员工的工作满意度？研究表明，只有当我们考虑特定灵活就业工作安排的临时员工和独立承包商时，灵活就业员工和固定员工之间的工作满意度差异才会显著。[63]临时员工比固定员工更不满意。这种差异大概可以用如下事实解释：大多数灵活就业员工没有福利，比如带薪假期，而且他们的工资比技术相当熟练的固定员工低。相比之下，独立劳务派遣人员的满意度与固定员工不相上下。为什么？组织更有可能认识到独立劳务派遣人员贡献的重要性，因为他们是有着高级技能的人。例如，管理顾问都受过良好的教育，有成功的工作经历。

16.4.3 设计合适的奖励机制

我们将通过介绍三种旨在提高员工积极性的奖励机制来结束本章。

开卷管理 视频技术公司 Pixability 的创始人贝蒂娜·海茵（Bettina Hein）在秘密方面好好上了一课。[64]她经营第一家公司时，在大家认为业绩向好时她却宣布大裁员，所以她失去了大家的信任。“那可真是太痛苦了，从那天开始，我们执行开卷管理。”[65]当她创办 Pixability 时，她从一开始就采纳了开卷管理。

在**开卷管理**（open-book management）模式下，公司高管与员工共享财务信息，使员工更积极地作出有利于工作的决策，更好地理解自己的工作内容和工作方式对公司的意义，最终影响公司整体的利润情况。[66]在理想状态下，员工会以主人翁思维而不仅仅是一位雇员的身份自居。

用数字说话

- 执行开卷管理的公司在第一年的生产能力和盈利能力都经历了不低于30%的增长。[68]

开卷管理特别符合当今千禧一代员工的需求。一项针对千禧一代的调查发现，他们在老板身上最看重的品质是诚实和正直。[67]因此，开卷管理似乎对新进入劳动力市场的人有吸引力。

员工认可计划 劳拉（Laura）在佛罗里达州彭萨科拉的快餐店工作，时薪是 11 美元。这份工作既没有挑战性，也没有什么乐趣。然而，劳拉热情洋溢地谈论着这份工作、她的老板以及雇用她的公司。“我喜欢的是那位男士（她的上司）欣赏我所做的努力。他经常在与我有相同班次的其他人面前称赞我的变化，在过去六个月里，我两次被选为‘月度最佳员工’。你看到那张挂在墙上的我的照片了吗？”组织越来越意识到劳拉所谈及的事情：认可计划可以增加员工积极性。

员工认可计划（employee recognition program）是一种通过正式表彰员工的特定贡献来鼓励特定行为的计划。[69]它的范围可从自发和私人的感谢到广泛宣传的正式计划，在这些计划中，获得认可的程序是明确的。例如，华盛顿州的埃弗雷特诊所（Everett Clinic）采用了地区和总部联动的举措，鼓励管理者认可员工。[70]员工和经理会给在工作中取得杰出成就的同事颁发“英雄勋章”或“活力四射”卡片。奖励的一部分是简单地获得认可，但也有基于一个人收到的卡片数量的奖励。

随着公司和政府机构面临更紧张的预算，非财务激励变得更具吸引力。一项对组织的调查发现，89%的组织都有某种形式的项目来表彰员工的成就。[71]另一项调查发现，12%的员工说他们经常因为工作出色而受到表扬，7%的员工表示，他们的公司在感谢他们出色的工作方面非常出色。[72]员工认为这些项目重要吗？是的！在几年前进行的一项调查中，很多员工被问及他们认为最有力的职场激励因素是什么。他们的回应如何呢？是认可，认可，更多认可！[73]

认可计划的显而易见的优势在于成本低廉！赞美不用花一分钱，不管有没有资金奖励，它们都能激励员工。

绩效薪酬方案 尼克·加西亚（Nick Garcia）是一名大学生。在克利夫兰印第安人队（Cleveland Indian）① 比赛期间，他有份工作，主要是在球场的楼梯上走来走去卖花生。这些花生每袋卖5美元，尼克每袋赚1美元。天气好的时候，他能赚200多美元。而在糟糕的日子里，他只能收入50美元。尼克没有基本工资，没有最低工资，也没有保险。我们称他的工作为纯粹按绩效付费。他卖的花生（绩效）越多，赚（支付）的钱越多。

绩效薪酬方案（pay-for-performance programs）是一种根据个人或组织的绩效情况而变化的薪酬计划。[74]长期以来，它一直被用于支付销售人员和高管的薪酬，但浮动薪酬工作的范围已经扩大。现在大约94%的雇主使用某种形式的浮动薪酬计划。[75]

计件薪酬制度、奖励薪酬制度、利润分享制度和卓越绩效奖励制度都是绩效薪酬方案的实例。这些形式的薪酬方案与传统薪酬计划的区分在于，前者并非按照员工从事工作的时长进行薪酬支付，而是调节薪酬以反映某些绩效的测量结果。这些绩效测量结果可能包括这样一些指标，例如个人生产率、团队或群体生产率、部门生产率，或者整个组织的利润绩效等。

绩效薪酬方案很可能与期望理论最为吻合。个体应该认识到他们的绩效与所获得的奖励之间存在强相关，以使他们的激励效果最大化。如果奖励的分配仅仅依赖非绩效因素——例如资历、工作职称或者全体员工加薪——那么员工很可能会降低努力的程度。从激励角度来看，依据员工某些绩效测量结果来确定员工的部分或全部薪酬，有助于使员工朝着实现绩效结果的方向集中注意力和付出努力，而继续努力带来的绩效又进一步强化了这种关系。如果个人绩效、团队绩效或组织绩效降低，那么薪酬也会随之降低。因此，这也是一种能够让员工维持较高程度的努力和动机的激励方式。从期望的角度来看，关键在于确保一种强大的绩效关系，这样员工就会觉得，出色的表现会给他们带来所珍视的奖励。[76]

绩效薪酬方案是否奏效了？在大部分情况下，研究似乎表明它确实有效。特别是绩效和奖金薪酬，已被证明与未来员工的表现正相关。[77]但是，正如本章的“在失败中学习”专栏所显示的那样，绩效薪酬并不适用于所有的组织。

场景实践

Footwear Unlimited 公司的员工拿的是最低工资，但他们可以通过销售提成来增加工资。因此，店员会努力接待顾客，并帮助他们找到合适的尺码。然而，商店经理克里斯蒂·杰斐逊（Christy Jefferson）担心目前的佣金计划会阻碍员工团队合作。她已经注意到，一些员工不会帮助其他人，因为只有一名员工将收到销售的佣金。此外，员工似乎忽视了商店里的一些职责，比如整理展示物品。

克里斯蒂是否应该考虑一种不同于绩效薪酬方案的方法？

不要接受一种不鼓励团队合作的环境：强大的团队是实现业务成果的关键因素。克里

① 现已更名为克利夫兰守护者队（Cleveland Guardians）。——译者

斯蒂应该考虑修改绩效工资方案，将团队目标纳入其中，而不是奖励个人销售。如果团队在一段时间内取得了关键的业绩，比如总销售额，就会得到奖金；如果团队整顿了店铺，就会得到非货币性的奖励。为了强大的团队和公司文化，方法上的改变是值得的。

迈特·奥鲁尔克（Matt O'Rourke）

在失败中学习　走向深渊的绩效薪酬计划

2008 年，美国的一个政府部门（US Department of Defense）引入了国家安全人事系统（NSPS）。这是第一个在大型联邦部门实施的绩效薪酬制度。

NSPS 的目标是使工作绩效成为决定员工薪酬的主要因素。加薪将根据业绩来分配，而不是根据资历、偏袒或政治影响力。主管和员工将共同制订年度评估计划，然后主管会用该计划来评估每个员工。在每个评估年度结束时，员工的加薪幅度将取决于他完成计划的情况。

遗憾的是，NSPS 并没有起作用。在尝试了三年之后，该项目终止。结论是，NSPS 就像是在试图把一个方钉塞进一个圆孔里。

哪里出了问题？问题可能出在该政策试图在政府中应用一个更多地为私营部门设计的概念。绩效薪酬在目标明确、衡量方式精确的组织和工作中是有意义的。例如，对于销售、准时交货、每天看到的客户数量，或者拍摄电影所需的天数等目标，它可能是有效的。该政府部门的大多数工作都不容易接受这种客观的衡量。员工抱怨说，他们的工作目标太宽泛，难以准确衡量，在打分时，主观上给了管理者很大的自由度。但或许更重要的是，与商业部门相比，大多数政府工作的薪酬范围都很狭窄。因此，管理者在分配加薪时几乎没有自由裁量权。当表现最好的员工得到每月 40 美元的加薪，表现不佳的员工得到每月 20 美元的加薪时，绩效工资并没有提供太多的激励。

该部门从 NSPS 的失败中学到了什么？那就是在私营部门有效的管理理念不一定能成功地转移到公共部门。[78]

为考试做准备

本章小结

16.1　定义动机。

动机体现了一种过程，涉及个体为实现目标而付出努力的强度、方向和坚持性。

努力要素是强度、驱动力和活力的一种衡量指标。高强度的努力需要朝向组织目标并有助于组织实现目标。员工必须为实现这些目标而不懈努力。

16.2　比较早期的动机理论。

马斯洛的需求层次理论认为，个体存在五个层次的需求（生理需求、安全需求、社会需求、尊重需求、自我实现需求），某一层次的需求得到充分满足之后，个体的需求层次会由低到高逐层上升。一旦某种需求得到了充分满足，个体将不再受到这种需求满足的激励。

X理论是一种消极的人性观点，认为员工没有雄心大志，不喜欢工作，只要有可能就会逃避责任，为了保证工作效果必须严格监控。Y理论是一种积极的人性观点，认为员工喜欢工作，他们接受甚至主动寻求工作责任来自我激励和自我指导，把工作视为一种自然而然的活动。

赫茨伯格的双因素理论认为内在因素与工作满意度相关，这种因素能够起到激励的效果。而外在因素与工作不满意度相关，外在因素的满足只是使人们不会感到不满意而已。

三种需求理论认为主要有三种后天需求推动人们从事工作：成就需求、权力需求和归属需求。

16.3　比较当代的动机理论。

目标设置理论认为具体的工作目标会提高工作绩效，与容易的目标相比，困难的目标一旦被员工接受，将会产生更高的工作绩效。目标设置理论的关键点包括：努力实现某一目标的意愿是工作动机的一个重要来源；困难而具体的目标比普通目标能够带来更高水平的工作成果；让员工参与到目标设置过程中比直接为员工分配目标更为可取，但也并非总是如此；反馈有助于指导和激励行为，尤其是自我反馈；还有其他三个权变因素会影响目标设置——目标认同、足够的自我效能和国家文化。自我效能是指员工相信自己能够完成工作任务。自我效能感高的人通常会在整个任务过程中保持努力，从而获得更高的绩效。

强化理论认为行为是结果的函数。运用强化理论，管理者可以对有利于组织目标实现的行为施加正强化，从而影响员工的行为。而对于达不到期望的行为，管理者应该忽略而不是惩罚。

工作扩大化是通过增加一份工作所包含的任务数量以及这些任务重复的频率，横向扩大工作范围。工作丰富化是通过加深员工对于工作的控制程度，使工作纵向扩展。工作特征模型提出了用以设计激励性工作所涉及的五种核心工作维度（技能多样性、任务完整性、任务重要性、工作自主性、工作反馈）。另一种工作设计方案则主张应该关注工作中的关系方面和主动性方面。

公平理论聚焦于员工如何将自己的付出-所得比与其他相关人员的付出-所得比进行比较。当不公平的认知出现时，员工就会试图采取某些措施。分配公平比程序公正对员工满意度的影响更大，而程序公平会影响员工的组织承诺、对上司的信任和离职意向。

期望理论认为，个体趋于表现出某种特定行为是因为预期该行为会带来特定的结果，以及所得结果对该个体具有吸引力。期望是一种努力-绩效关系（我需要付出多少努力来实现某一特定绩效水平?）；手段是一种绩效-奖励关系（达到某一特定绩效水平将使我获得某种特定奖励）；效价是奖励的吸引力（这种奖励是我想要的吗?）。

16.4　讨论当代的激励问题。

管理者必须应对当代的一些激励问题：管理跨文化激励的挑战；激励独特的员工队伍；设计合适的奖励机制。

一些激励理论并不是在所有文化中都适用。然而，对于有趣的工作的需求似乎对于所有员工来说都非常重要，而赫茨伯格的激励（内在）因素表现出了普遍适用性。

管理者面临着激励独特的员工队伍的挑战。多元化的员工队伍渴望更高的灵活性。专业人员则更想获得工作挑战和支持，并且受到工作本身的激励。设计专业工作以使员工获得沉浸体验（完全专注于工作）通常会激发高水平的绩效。灵活就业员工想获得成为长期员工的机会或者获得技能培训。

开卷管理是与员工共享公司的财务信息，并使得员工理解这些信息的含义。员工认可计划是对员工的关注以及对出色的工作表现给予赞扬和感谢。绩效薪酬方案是根据对绩效的衡量来支付员工工资的浮动薪酬方案。

复习和讨论问题

1. 什么是动机？请解释动机的三个关键因素。
2. 请描述早期的四种动机理论。
3. 目标设置理论、强化理论和公平理论是如何解释员工动机的？
4. 有哪些不同的工作设计方法可用于激励员工？
5. 请解释期望理论中的三个关系以及它们在动机中的作用。
6. 管理者在激励当今的员工队伍时面临什么挑战？
7. 请描述开卷管理、员工认可计划和绩效薪酬方案。
8. 个体是否会受到过度激励？请讨论。

为我的职业做准备

道德困境

开卷管理的支持者指出了使员工学会以主人翁意识考虑问题和受到激励的好处，一旦他们能够清楚地看到他们的决策是如何影响财务结果的，就会因此更好地作出应该如何开展工作的决策。然而，其中是否会涉及“过于公开”这样的问题？在某些公司，员工不仅能够获得公司的一些财务细节，还可以看到所有员工的绩效考评和个体的薪酬信息。[79]

1. 你如何看待这一问题？这种管理方式有何利弊？
2. 你认为其中存在什么潜在的道德问题？管理者如何解决这些道德问题？

技能练习

开发你激励员工的技能

关于技能

简单的、放之四海而皆准的激励准则是不存在的，下面的建议仅仅是利用我们所了解的员工激励内容的精髓提出的。

练习技能的步骤

- 识别个体差异。几乎所有的当代动机理论都承认员工并不是同质化的。他们有不同的需求。他们在态度、人格和其他重要的个人变量上也有所不同。
- 匹配人员与工作。大量研究表明，谨慎地进行人员与工作的匹配能够对员工起到激励作用。缺乏出色完成工作的必要技能的员工将会处于劣势。
- 利用目标。你应该确保员工拥有困难而具体的目标，并且在追求这些目标的过程中，他们能够获得有关完成情况的反馈。在很多情况下，应该让员工参与到这些目标的设置过程中。
- 确保员工认为这些目标是可实现的。无论这些目标实际上能否实现，一旦员工认为这些目标实现不了，他们就会减少自身的努力。因此，管理者应该确保员工自信地认为只要不断付出努力就能够实现绩效目标。

- 个别化奖励。由于各个员工的需求有所不同，对某位员工起作用的强化物也许对另一位员工并不起作用。利用你对员工差异的认识，在你所能控制的范围内对员工进行个别化奖励。你所能进行分配的一些更为显而易见的奖励包括薪酬、晋升、自主性和提供员工参与目标设置和决策过程的机会。
- 将奖励与绩效联系起来。你需要依据绩效表现来确定奖励。针对非绩效因素进行奖励只会强化这些因素的重要性。加薪和晋升等关键奖励只有在员工实现了某些特定目标的情况下才能给予。
- 检查系统的公平性。员工应当认为自己的付出与所获得的奖励或成果是公平的。简单而言，经验、能力、努力和其他一些明显的付出应该能够解释薪酬、职责以及其他一些明显结果的差异。
- 不要忽视经济奖励。我们很容易过分注重目标设置、创造有趣的工作和提供参与机会等，以至于忘记了金钱是大多数人工作的主要原因。因此，基于工作绩效的加薪、计件奖金、员工持股计划和其他一些薪酬激励在决定员工动机上非常重要。

技能实践

为列出的每一组员工设计一个激励计划，包括关于每一种奖励的想法以及对每组而言合适的激励方式。

a. 快餐店员工。

b. 软件开发工程师。

c. 高中教师。

d. 建筑工人。

共同工作

团队练习

是什么激励你努力工作？想想你曾经做过的工作或者服务过的组织，哪些工作能激励你？如果你未曾被激励过，那么你感觉缺少了什么？管理或组织的领导者分别做了什么？各自组成 3～4 人的小组分享你们的回答。确定一些有效激励因素的共同主题，并准备好与全班同学分享你们的想法。

学习成为管理者

- 如果你还没有养成设置目标这样一种好习惯，那么你应该培养自己养成这一习惯。利用目标设置理论中的建议和主张，为你自己设置目标。把这些目标写在你的笔记本上，随后跟进你实现这些目标的情况。
- 描述你最近付出了很大努力完成的某项任务，运用本章中介绍的任意三种动机理论解释你的行为。
- 关注你受到强烈激励和没有受到激励的时候，写下对这些情况的描述。是什么导致了你受激励程度的差异？
- 采访三位管理者，了解他们是如何激励员工的。他们发现什么方式最有效？在报告中记录你的发现，并准备好在课堂上展示给大家。

● 运用工作特征模型对零售店销售助理、公用事业公司抄表员和折扣店收银员等工作进行再设计，使这些工作更具激励性。在书面报告中，描述你运用五种核心工作维度为每一份工作提出的至少两项具体行动。

● 认真思考毕业之后你想要从工作中获得什么。利用本章的“这是你的职业”专栏，列出对于你而言什么是重要的。考虑你将如何发现某份特定工作是否能够帮助你获得这些东西。

● 从你熟悉的组织或者你找到的文章中，找出三种不同的员工认可方法。撰写一份报告来描述这些例子，并评价这些不同的方法。

● 你是否从事过实行绩效薪酬制的工作？如果没有，询问你的朋友或者有过这样工作经历的人。思考你和你朋友的工作，这对于员工来说是否起到了激励的作用？为什么？应该如何改进这样的工作项目？

案例应用

激励那些热爱户外活动的 REI 员工

作为一家户外商品零售商，REI 公司已经成为《财富》杂志“最适宜工作的 100 家公司”的常客。[80]2018 年，该公司连续第 21 年入选《财富》杂志的榜单。[81]REI 还在 2018 年获得了 Glassdoor 网站的员工选择奖，这两个奖项都是基于员工对在自己公司工作的看法取得的。一名员工在 Glassdoor 上评论道：“在 REI，有着非常热爱自己的工作的同事，他们喜欢在那里工作，并希望你也喜欢在那里工作。”[82]

REI 设计了一些福利来吸引员工的户外活动兴趣。例如，公司有“耶日”（Yay day）——员工每年有两天带薪假期，用于参加自己喜欢的户外活动或帮助维护户外活动空间。“人们用耶日的字面意思来表示利用假期出去玩。”当你要求参与该活动的时候，你要告诉你的经理你在做什么。[83]该公司的人力资源高级副总裁拉奎尔·卡尔斯（Raquel Karls）如此解释。几年前，该公司还推出了名为“#OptOutside”的福利。这是一天带薪假期，公司在这一天关闭门店，以鼓励员工和顾客享受户外活动，而不是工作或购物。

除了户外活动之外，REI 还有其他一些福利，这些福利也能改善 REI 员工的工作体验。REI 公司提供长达 6 周的带薪产假。公司也有年度激励计划、退休补助以及学费报销等福利。所有员工都可以享受 REI 品牌的五折优惠。如果你每周至少工作 20 小时，你将得到一份健康保险。员工在 REI 工作满 15 年后，除了假期外，每年还有 4 周的带薪年假。[84]

◆ **问题讨论**

1. REI 的工作环境在哪些方面可以帮助满足三种需求理论中的一种需求？
2. 如何用期望理论解释 REI 提供的以户外活动为导向的福利？
3. REI 还能做什么来改善其激励员工的方式？
4. 在 REI 雇用不像其他员工那样喜欢户外活动的员工有什么优点和缺点？

注 释

第17章 成为有效领导者

Being an Effective Leader

学习目标

17.1 定义领导者和领导。

17.2 对比分析早期的领导理论。

17.3 描述三种主要的领导权变理论。

17.4 描述当代领导观。

17.5 比较各种领导理论的有效性。

17.6 探讨当代的领导问题。

就业技能矩阵

		批判性思考技能	沟通技能	合作技能	知识运用与分析技能	社会责任技能
技能盒子	这是你的职业	✓	✓		✓	
	工作场所的秘密	✓			✓	
	在失败中学习	✓			✓	
技能实践	道德困境	✓				✓
	技能练习	✓			✓	
	共同工作		✓	✓	✓	
	学习成为管理者	✓	✓		✓	
案例	案例应用	✓			✓	

迪洛斯·“托比”·科斯格罗夫（Delos “Toby” Cosgrove）是一名受过正规培训的心脏外科医生，主刀超过 22 000 台手术。但是在 2004 年，他将自己的角色转换成了一名领导者——克利夫兰诊所的首席执行官。直到 2017 年退休，他一直担任此职。在将近 13 年的管理生涯中，诊所在多伦多与阿布扎比开设了分部，就诊量从 2 800 万人次上升到 7 100 万人次，收益也从 37 亿美元增加至 85 亿美元。[1]

诊所之所以能够飞速成长、扩张并获得全美医院第二的地位，科斯格罗夫的领导能力功不可没。他取得的成果包括：将诊所重组，使其成为围绕病人的器官与疾病进行疗程设计的“病患中心模式”而非“医生中心模式”；实施全新的方法，使病人在任何时间、地点都能接受治疗；无须预约，支持使用手机与平板电脑进行“虚拟探视”。

让我们从分辨谁是领导者以及什么是领导开始本章的学习。

17.1 谁是领导者？什么是领导？

领导者（leader）是指能够影响他人并拥有管理职权的人。**领导**（leadership）是指影响团队来实现组织目标的过程，是领导者所做的事。

所有的管理者都是领导者吗？因为领导是管理的四大职能之一，所以理所当然，所有的管理者都应该是领导者。所以，我们将从管理的角度研究领导者和领导。[2]然而，虽然我们选择从管理的角度看待这一问题，但仍然要意识到组织中经常会出现非正式领导。这些非正式领导可以影响其他人，但并不是大多数领导理论研究的焦点，也不是本章要研究的领导类型。

17.2 早期的领导理论

人们从最开始聚合成团队共同达成目标时就开始关注领导，但直到 20 世纪初，才真正开始研究领导。早期的领导理论重点研究领导者（领导特质理论）以及他们如何与组织成员互动（领导行为理论）。

17.2.1 领导特质理论

佛罗里达州和北加利福尼亚州一些大学的研究者近来发现，身高较高的人与较矮的人相比，拥有更多的社会尊重，是更成功的领导者，有更高的收入，能够获得更大的职业成功。[3]关于身高的研究和领导特质理论有什么关系呢？事实上，这就是领导特质理论试图去做的——识别所有领导者的某些特质。

20 世纪 20 年代和 30 年代的领导研究集中在提炼领导者区别于非领导者的特质，或者说特点。这些研究包括生理状况、外貌、社会阶层、情绪稳定性、语言流利程度和社交能力。尽管研究者们付出了极大的努力，然而并不是总能找到用于区分领导者和非领导者的一系列特征。或许认为一些独有的特质可以应用到所有高效领导者身上的想法有点过于乐观了，不管这些领导者是负责宝洁公司、莫斯科芭蕾舞团（Moscow Ballet）、法国乡村、Alphia Chi Omega本地大学分会、麦当劳连锁，还是牛津大学。然而，之后将特质与领导（领导的过程，不是领导者）联系起来的努力较为成功，与领导相关的十种特质简要罗列在图表17-1中。

图表17-1 与领导相关的十种特质

1. 驱动力。领导者表现出较高的努力程度。他们具有较强的成功欲望，积极进取，精力充沛，对自己从事的工作坚持不懈，而且表现出较强的主观能动性。
2. 领导欲。领导者有很强的欲望影响和领导他人。他们乐于承担责任。
3. 诚实与正直。领导者通过诚实可靠和言行一致来与下属建立信任关系。
4. 自信。下属认为领导者不应该自我怀疑。因此，领导者需要表现出自信来说服下属，他们的目标和决策是正确的。
5. 智慧。领导者需要足够的智慧来收集、整合以及解读大量的信息，而且他们还要能够创造愿景，解决问题，作出正确的决策。
6. 与工作相关的知识。有效领导者对企业、行业、技术问题都有着较高的知识水平。渊博的知识可以让领导者作出明智的决策，并且理解这些决策的意义。
7. 外向性。领导者是精力充沛、充满活力的人。他们善于交际、坚定果断，很少沉默寡言或孤僻离群。
8. 自我内疚倾向。内疚倾向之所以对领导效果有积极影响，是因为它会产生一种强烈的对他人负责的感觉。
9. 情绪智力。有同理心的领导者能感觉到别人的需要，倾听追随者的心声（说了什么和没说什么），并理解其他人的反应。
10. 责任心。自律的人和信守承诺的人在领导力上有着十分明显的优势。[4]

研究者最终发现单靠特质没办法充分识别有效领导者，因为单纯依靠特质的解释忽略了领导者与团队成员的互动以及情境因素。拥有合适的特质仅仅说明一个人更有可能成为一名有效的领导者。因此，从20世纪40年代后期到60年代中期的领导研究聚焦在领导者示范出来的偏好的行为方式。研究者想知道是否有效领导者做了什么特殊的事。换句话说，是他们的行为起到了关键的作用。

17.2.2 领导行为理论

FCB公司的首席执行官卡特·默里（Carter Murray）曾经对一位同事说："你看，我觉得你很了不起，非常有才华，你能做的比你想象的还要多。所以我不会管着你做什么，这要由你自己决定。"[5]相比之下，玛莎·斯图尔特生活全媒体（Martha Stewart Living Omnimedia）的创始人玛莎·斯图尔特（Martha Stewart）则以严苛的领导方式著称。据报道，她事无巨细地管理员工，把他们当作商品对待。[6]正如你所看到的，这两位领导者表现出两种截然不同的风格。我们对领导者的行为了解多少？它又如何帮助我们理解什么是有效的领导者？

研究者们希望，与特质理论相比，**领导行为理论**（behavioral theories of leadership）可以提供更多有关领导本质的明确答案。[7]四大领导行为理论研究汇总于图表17-2中。

图表 17-2 领导行为理论

	行为维度	结论
艾奥瓦大学	民主型风格：考虑员工，进行员工授权，而且鼓励员工参与 独裁型风格：命令式的领导方式，集中化的决策制定，限制员工参与 放任型风格：为群体提供决策制定和完成工作的自由	民主型领导风格最为有效，虽然后来的研究中出现了不一致的结果
俄亥俄州立大学	关怀维度：考虑下属的想法和感受 定规维度：将工作和工作关系结构化来实现工作目标	高-高型（高关怀和高定规）领导者能够实现较高的员工绩效和满意度，但并非总是如此
密歇根大学	员工导向：强调人际关系，关心下属的需求 生产导向：强调工作技术和任务层面	员工导向的领导者能够获得高团队生产率和高工作满意度
管理方格	关心员工：用1～9（由低到高）的量表来评估领导者对员工的关心程度 关心生产：用1～9（由低到高）的量表来评估领导者对完成工作的关心程度	（9，9）型领导者的绩效最好（高度关心生产，高度关心员工）

艾奥瓦大学的研究 艾奥瓦大学（University of Iowa）的研究考察了三种领导风格，试图找出哪一种才是最有效的。[8] **独裁型风格**（autocratic style）是指规定具体的工作方法、单方面制定决策、限制员工参与的领导风格；**民主型风格**（democratic style）是指让员工参与决策制定、向员工授权，并且把反馈作为教导员工的机会的领导风格；**放任型风格**（laissez-faire style）是指让团队作决策，用任何合适的方法完成任务的领导风格。研究者的结论试图说明民主型风格更有助于提升工作的数量和质量。这就找到有关有效领导者问题的答案了吗？并没有那么简单，后续有关民主型和独裁型领导风格的研究显示结果并不恒定。例如，有些情境下民主型领导能比独裁型领导带来更高的绩效水平，但在另外的情境中却不一定如此。然而，当涉及员工满意度的衡量时，答案却颇为一致。与独裁型领导相比，民主型领导让团队成员更满意。[9]

因此领导者陷入了两难境地！他们应该专注于获得高的绩效水平还是获取高的员工满意度？这一对领导者行为双重本质的认知——专注于任务还是专注于人——同样是其他行为研究的关键点。

俄亥俄州立大学的研究 俄亥俄州立大学（Ohio State University）的研究界定了领导行为的两大重要维度。[10] 从超过 1 000 个行为维度开始，研究者们最终缩减至两大维度，这两个维度可以涵盖由团队成员描述的大多数领导行为。第一个维度是**定规维度**（initiating structure），是指领导者为实现目标而对自己以及团队成员的角色进行界定的程度，它包括努力组织工作、工作关系以及目标的行为。第二个维度是**关怀维度**（consideration），是指领导者与团队成员建立工作关系并相信和尊重成员想法和感受的程度。具备高的关怀维度的领导者会帮助团队成员解决个人问题，友善且容易亲近，对所有团队成员一视同仁。这样的领导者会关心下属的感受、健康、状态和满意度。有研究发现，**高-高型领导者**（high-high leader）有时会实现高团队任务绩效和高团队成员满意度，但并非总是如此。

密歇根大学的研究 密歇根大学（University of Michigan）有关领导的研究几乎与俄

亥俄州立大学处于同一时期，也是希望可以识别出和工作绩效相关的领导行为特点。密歇根大学的研究团队也设定了领导行为的两大维度，分别为员工导向和生产导向。[11]员工导向的领导者被描述为强调人际关系。相反，生产导向的领导者更关注工作的任务层面。和其他研究不同，密歇根大学的研究者认为员工导向的领导者能够获得高团队生产率和高团队成员满意度。

管理方格 这些早期领导研究中的行为维度为发展评估领导风格的二维方格奠定了基础。**管理方格**（managerial grid）运用了行为维度“关心员工”（方格的纵轴）和“关心生产”（方格的横轴），并利用从 1（低）到 9（高）的量表来评估领导者作出这些行为的程度。[12]虽然该方格有 81 种领导行为风格的潜在分类，但研究者们只选取了其中的五种风格加以命名：贫乏型管理（(1，1)，低度关心生产，低度关心员工)；任务型管理（(9，1)，高度关心生产，低度关心员工)；中庸型管理（(5，5)，中度关心生产，中度关心员工)；乡村俱乐部型管理（(1，9)，低度关心生产，高度关心员工)；团队型管理（(9，9)，高度关心生产，高度关心员工)。在这五种风格中，研究者们断定运用（9，9）风格时，管理者的绩效最好。但遗憾的是，该方格并没有回答什么使得管理者成为一名有效领导者这一问题，它仅仅提供了一个将领导风格概念化的框架。事实上，并没有实质的证据支持在任何情况下（9，9）领导风格都是最有效的这一结论。[13]

领导领域的研究者们发现，想要对成功的领导进行预测，要涉及更复杂的工具，仅仅列举出几个领导特质和可取行为是不够的。他们开始研究情境的影响，具体而言，比如什么样的领导风格可能适用于哪种情境，有哪些不同的情境。

17.3 领导权变理论

“在企业界充斥着领导者由于没有理解他们工作的情境而未获得成功的故事。”[14]在本小节，我们介绍三种权变理论——费德勒权变模型、赫塞和布兰查德的情境领导理论以及路径-目标理论。每种理论都尝试界定领导风格和情境，试图说明如果-那么的权变关系（在一定的情境和背景下，采用某种特定的领导风格最好）。

17.3.1 费德勒权变模型

最早提出综合性领导权变模型的是弗雷德·费德勒（Fred Fiedler）。[15]**费德勒权变模型**（Fiedler contingency model）认为，有效的团队绩效依赖领导风格与情境中控制力、影响力的合理匹配。该模型基于不同领导风格适用于不同情境这一前提，提出关键在于界定领导风格和不同的情境种类，识别出领导风格和情境的匹配组合。

费德勒提出个人的基本领导风格是成功领导的要素之一，这一基本风格可以是任务导向型或者关系导向型。为了衡量一个领导者的风格，费德勒开发了**最难共事者问卷**（least-preferred coworker（LPC）questionnaire），该量表包括 18 对反义形容词，例如开心的/不开心的、冷酷的/温和的、烦人的/有趣的、友好的/不友好的等等。问卷回答者被要求回想所有他们共事过的同事，然后描述一位他们最不喜欢共事的同事，并给每对形容词打分（1～8，8 代表积极的形容词，1 代表消极的形容词）。

如果一个领导者用相对积极的词语形容最难共事的同事（换句话说，该同事得到一个高的 LPC 分值——64 分及以上），那么该领导者很注重与同事保持好的个人关系，其领导风格就被称为关系导向型。相反，如果看到对最差同事的形容是相对消极的词语（该同事得到一个低的 LPC 分值——57 分及以下），则表明该领导者注重生产率和把工作做好，因此这种领导风格被称为任务导向型。费德勒指出有小部分人处于这两种极端风格的中间，没有明确的领导风格。费德勒还假设个人的领导风格是固定不变的，不会随着情境的变化而变化。换言之，如果你是关系导向型领导者，在任何情境下你都是关系导向型的；如果你是任务导向型领导者，在任何情境下你都是任务导向型的。

在通过 LPC 问卷确定了个人领导风格之后，应该评估情境以便对领导风格和情境进行匹配。费德勒的实验揭示了三大权变维度，用以界定领导者效力的关键情境因素。

- **领导者-成员关系**（leader-member relations）：员工对其领导者的信心、信任和尊重程度，用好或差衡量。
- **任务结构**（task structure）：工作任务正式化和结构化的程度，用高或低来衡量。
- **职位权力**（position power）：领导者对某些工作活动的影响力程度，例如雇用、解聘、惩处、晋升、加薪，用强或弱来衡量。

任何领导情境都用这三个权变情境变量来评估，它们结合起来构成了对领导者有利或不利的八类可能的情境（见图表 17－3）。情境Ⅰ、Ⅱ、Ⅲ被划分为对领导者高度有利，情境Ⅳ、Ⅴ、Ⅵ被划分为对领导者适度有利，情境Ⅶ、Ⅷ被划分为对领导者高度不利。

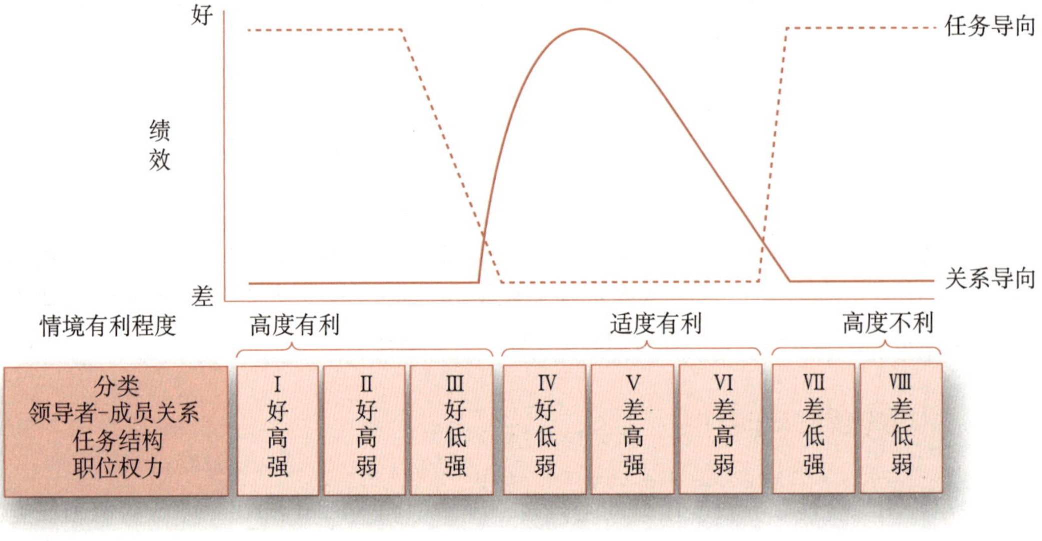

图表 17－3　费德勒权变模型

在确定了领导风格变量和情境变量之后，费德勒开始界定领导效率的一些特定情况。他研究了 1 200 个团队，在八类情境中对关系导向型领导风格和任务导向型领导风格进行了对比，发现任务导向型的领导者在非常有利和非常不利的情境中表现较好（详见图表 17－3，纵轴代表绩效，横轴代表情境有利程度）。而关系导向型的领导者在适度有利的情境中表现较好。

由于费德勒认为个人领导风格是固定不变的，所以仅有两个途径可以提升领导效率。第一，找到一个能与情境更好匹配的新领导者。例如，如果一个团队的工作情境是非常有利的，但由关系导向型的领导者所统领，将其替换成一个任务导向型的领导者，整个团队的绩效就能有所提升。第二，改变情境使之与领导者匹配，这可以通过多种方式来实现，如对任务进行重构，提高或降低领导者对加薪、晋升、惩处等活动的影响力，改善领导者与成员间的关系。

对费德勒权变模型的整体有效性进行检测的实验表明有强有力的证据支持该模型。[16]但是，对他的理论并非没有批评意见，最大的一个质疑是认为假设个人不能改变其领导风格来适应情境是不切实际的，高效领导者可以而且正在改变他们的领导风格。另一个较大的质疑是 LPC 问卷不太有实践性。此外，情境变量很难评估。[17]虽然存在一定的不足，但费德勒权变模型表明高效领导风格应该反映情境要素。

17.3.2 赫塞和布兰查德的情境领导理论

保罗·赫塞（Paul Hersey）和肯·布兰查德（Ken Blanchard）也提出了一种领导理论，受到了管理发展学者的强烈追捧。[18]该模型被称为**情境领导理论**（situational leadership theory，SLT），是聚焦于下属成熟度的权变理论。在介绍该理论之前，有两个问题需要加以说明：为什么一个领导理论要聚焦到下属？成熟度这一概念指什么？

领导效率中对下属的重视反映了是下属在认可或反对领导者这一现实。不管领导者做了什么，团队的效率取决于下属的行为，这一点在大多数领导理论中都被忽视或者轻视了。**成熟度**（readiness），根据赫塞和布兰查德的定义，是指员工完成特定任务的能力和意愿的程度。

SLT 运用了与费德勒相同的两个领导维度：任务和关系行为。但赫塞和布兰查德的理论更为深入，他们给两个维度都设定了高、低两种水平，组合到一起构成了四种特定的领导风格。

- 告知型（高任务水平-低关系水平）：领导者设定工作角色，对于不同的任务，领导者告知员工做什么、怎么做和在哪里做。
- 推销型（高任务水平-高关系水平）：领导者同时表现出指挥性和支持性的行为。
- 参与型（低任务水平-高关系水平）：领导者和下属共同进行决策制定，领导者的主要角色是促进和沟通。
- 授权型（低任务水平-低关系水平）：领导者很少提供指导和支持。

该模型最后的组成部分是下属成熟度的四个水平。

- R1：人们没有能力也不愿意为事情负责；下属是无能或者缺乏自信的。
- R2：人们没有能力却愿意完成必要的工作任务；下属有积极性但缺乏适当的技能。
- R3：人们有能力却不愿意做领导者想让他们做的事；下属是有能力的，但不愿意做事。
- R4：人们有能力并且愿意做要求他们做的事。

本质上，SLT 将领导者-下属关系看作父母与孩子的关系。就像当孩子变得更成熟和更负责任后父母应该放手一样，领导者也应该这样做。当下属达到更高的成熟度后，领导者不仅应该降低对他们行为的控制，更应该减少关系型行为。SLT 提出如果下属的成熟度处于 R1 水平（无能力且不愿意完成任务），领导者应该采用告知型领导风格，给出清晰具体的指示；如果下属处于 R2 水平（无能力但愿意），领导者应该采用推销型领导风格，展现高的任务导向来填补下属能力的缺乏，展现高的关系导向让下属理解领导者的想法；如果下属处于 R3 水平（有能力但不愿意），领导者应该采用参与型领导风格来获得下属的支持；如果员工处于 R4 水平（既有能力又愿意），领导者就不需要多做什么，采用授权型领导风格即可。

SLT 有着直觉上的吸引力。它确立了下属的重要性，理论的构建基础是领导者可以弥补下属在能力和积极性上的不足。然而，试图检验和支持该理论的研究结果并不令人满意。[19] 可能的解释包括模型内部的不一致性或者研究方法的问题。尽管 SLT 有着广泛的影响力和普及度，但我们必须警惕对该理论的狂热追捧。

17.3.3 路径-目标理论

另一个用以理解领导的模型是罗伯特·豪斯（Robert House）创立的**路径-目标理论**（path-goal theory），该理论认为领导者的任务是提供所需的信息、支持及其他的必要资源。路径-目标理论参考了动机的期望理论中的关键因素。[20] 有效领导者可以扫除路障和陷阱，以便为下属清理出实现工作目标的清晰路径，路径-目标这一词语就源自这一理念。

豪斯确定了四种领导行为：

- 指挥型领导：让下属了解对他们的期望是什么，制定工作日程安排，提出完成任务的具体建议。
- 支持型领导：表现出对员工需求的关心，态度友好。
- 参与型领导：咨询团队成员，在做决策之前会听取他们的建议。
- 成就型领导：设定有挑战性的目标，要求下属发挥他们的最佳水平。

与费德勒的领导者不会改变其行为的观点相反，豪斯认为领导者是有灵活性的，可以根据情境呈现任何或者全部的领导风格。

如图表 17-4 所示，路径-目标理论提出了领导行为-绩效关系的两个情境或权变的调节变量：在下属可控范围之外的环境变量（包括任务结构、正式权力系统和工作团队），下属的部分个人特质变量（包括控制力、经验和理解能力）。环境要素决定在确保下属绩效最大化时的领导行为类型；下属的个人特质决定如何理解工作环境和领导行为。该理论认为如果领导者的行为与环境结构提供的资源重合或者与下属的特质不协调，就是无效的领导行为。

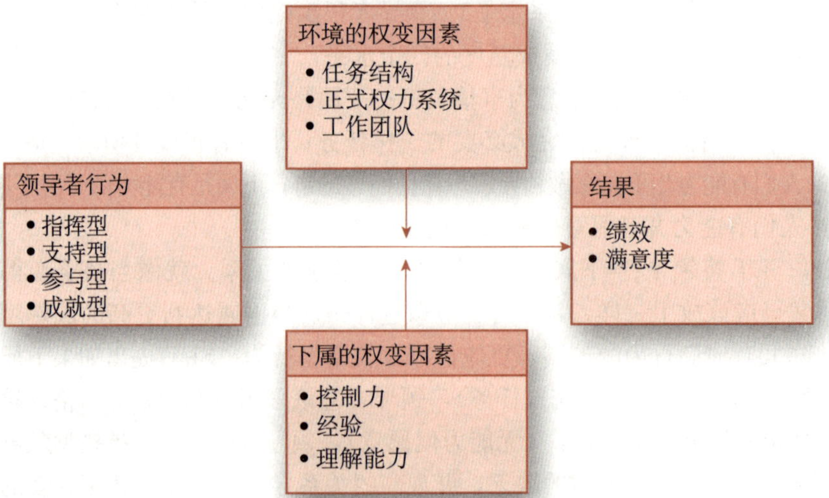

图表 17-4 路径-目标理论

路径-目标理论的一些预测结果如下：

- 与高度结构化和安排合理的情况相比，当任务模糊不清或者更有压力时，指挥型领导能带来更高的满意度。下属不清楚自己要做什么，所以领导者需要给他们一些指示。
- 当下属从事结构化的任务时，支持型领导能带来高员工绩效和满意度。在这种情境下，领导者只需为下属提供支持，不用告诉他们要做什么。
- 对于理解能力好或者经验丰富的员工，指挥型领导似乎是多余的。因为这些员工很能干，不需要领导者告诉他们怎么做。
- 正式权力关系越清晰、越官僚，领导者越应该表现出更多的支持性行为，减少指挥性行为。员工已经从组织情境中了解到应该做什么，所以领导者的角色就是单纯地提供支持。
- 当工作团队中存在重大冲突时，指挥型领导可以带来更高的员工满意度。在这种情境下，下属需要一个能负责的领导者。
- 内控型的下属更满意参与型的领导风格。这些下属认为他们可以掌控自己的工作，所以更喜欢参与到决策中去。
- 外控型的下属更满意指挥型的领导风格。这些下属认为在他们身上发生的事都是外部环境导致的，所以更喜欢一个告诉他们怎么做的领导者。
- 当任务结构模糊不清时，成就型领导会提高下属的预期，使他们相信付出努力可以获得更好的绩效。通过设定有挑战性的目标，下属就能明白领导者对他们的预期是什么。

相关研究的综述表明，研究结果并不一致。[21]但总结该模型大致可以得出，当领导者选择能弥补员工或工作环境不足的领导风格时，可以正向影响员工的工作绩效和工作满意度。然而，当领导者花时间解释已经很清楚的任务或当下属有能力和经验在无干涉的情况下处理好工作时，下属会觉得指挥性的行为是多余的甚至是无礼的。

17.4 当代领导观

最新的领导观是什么？鉴于人们对领导这一话题的广泛兴趣，你会发现领导研究中有许多新的和有趣的方向，这没什么奇怪的。我们将在下文回顾其中的一些。

17.4.1 领导者-成员交换理论

你是否参与过这样一个团队：领导者有他偏爱的下属，这些人形成了他的小圈子？如果有，这就是领导者-成员交换理论的前提。[22]**领导者-成员交换理论**（leader-member exchange theory，LMX）认为领导者会区分圈内人和圈外人，那些在小圈子里的员工会有更高的绩效排名、较低的离职率和更高的工作满意度。

领导者-成员交换理论认为，在领导者和下属的早期关系中，领导者会下意识地将下属划分为圈内人和圈外人。这样的关系在相当长的时间内都保持稳定。领导者还会通过奖励他想与之建立亲密联系的员工以及惩罚他不想亲近的员工强化领导者-成员交换关系。[23]然而，为了保持领导者-成员交换关系的完整性，领导者和下属都必须“投资”该项关系。

当前人们还不是很清楚领导者到底怎么选择哪些人属于圈内，哪些人在圈外，但有迹象表明圈内成员与领导者在人口统计特征、态度、个性甚至性别上都有相似性，抑或他们比圈外员工更有竞争力。[24]领导者做选择，但是下属的特征会影响领导者的选择。

有关领导者-成员交换的研究结果一般支持该理论。事实表明，领导者确实会区分下属员工；这些区分不是随机的；处于圈内的下属具有更高的绩效水平，在工作中提供更多的帮助或者表现出更多的公民行为，对上司也更为满意。[25]

17.4.2 魅力型领导

维珍集团的创始人理查德·布兰森是个精力充沛、积极热情、动力十足的人。他以极大的热情追求他对维珍的愿景，并在维珍拓展到一系列不同业务的过程中——从音乐到太空旅行——展示了他激励员工的出色能力。布兰森就是我们常说的**魅力型领导者**（charismatic leader），也就是说，当追随者观察到某些行为并倾向于授权时，他们会认为这样的人拥有英雄般的或非凡的领导能力。[26]

有些学者试图找出魅力型领导者的人格特质。[27]其中最全面的一项分析确定了五项特征：有愿景，有清晰地描述愿景的能力，愿意为实现愿景承担风险，对环境约束和员工需求很敏感，有打破常规的行为。[28]

越来越多的证据表明魅力型领导与好的绩效以及员工满意度之间存在显著联系。[29]虽然有一项研究发现魅力型首席执行官对后续的组织绩效没有影响，但领导魅力仍然被视为一项重要的领导品质。[30]我们也不能忽视魅力型领导的缺点。具备超凡魅力的领导者并不一定会为组织利益最大化考虑。[31]研究表明，自恋的个体与魅力型领导相关的一些行为的关联性更高。许多有魅力但腐败的领导者允许他们的个人目标凌驾于组织目标之上。安然、泰科（Tyco）、世通（WorldCom）和南方健康（HealthSouth）等公司中富有魅力的领导者甚至为了个人利益不顾一切地利用组织资源，置道德法律于不顾，抬高股价，利用个人股票期权套利数百万美元。这些组织中富有魅力却腐败的领导者之所以脱颖而出，大体是因为他们是例外，而非主流。

如果领导魅力很重要，那么人们可以通过学习成为一个魅力型领导者吗？还是说魅力型领导者都是天生的？虽然有一小部分专家仍然认为领导魅力是不能被学习的，但大多数人都坚信人们可以被训练出魅力型行为。[32]例如，有研究者已经成功教会本科生“变得”富有魅力。如何做到呢？他们教导学生清晰地描绘一个宏大的目标，传递高的绩效期望，对下属实现这些期望的能力表现出强烈的信心，清楚下属的需求；学生还学习展现出强大、自信、有活力的面貌，练习迷人且富有感染力的声音和语调。研究者还训练学生领导者使用魅力型的非语言行为，包括交流时将身体靠近对方，维持直接的眼神交流，保持放松的姿势和生动的面部表情。与在非魅力型领导团队中工作的成员相比，在这些“受训练”的魅力型领导团队中的成员有着更高的任务绩效，能更好地适应任务、领导和团队。

最后值得一提的是，魅力型领导并不是实现员工出色绩效的必要条件。魅力型领导比较适合下属的工作具有某种观念形态的目的或者工作环境涉及高强度的压力和不确定性的情况。[33]这种特性能解释为什么魅力型领导更多出现在政治、宗教领域或者战争时期，抑或商业企业的初创期或生死存亡的时刻。例如，马丁·路德·金（Martin Luther King）

运用他的魅力通过非暴力途径实现了社会平等；史蒂夫·乔布斯通过构建个人电脑将显著改变人们的生活方式这一愿景，在 20 世纪 80 年代初期赢得了苹果公司技术人员的忠诚和认可。

17.4.3 变革型领导与交易型领导

很多早期的领导理论将领导者视作**交易型领导者**（transactional leaders）；就是说，领导者基本上是通过社会交换（或交易）来实施领导的。交易型领导者通过用奖赏交换员工的产能来引导和激励下属朝既定的目标努力。[34]但另一种类型的领导者——**变革型领导者**（transformational leaders）——则采用激励和鼓舞（变革）的方式使下属出色地完成任务。变革型领导者的例子包括 SAS 公司的吉姆·古德奈特（Jim Goodnight）和网飞公司的里德·哈斯廷斯（Reed Hastings）。他们很关注员工所在意的事和发展需求；他们改变下属对事情的看法，帮助员工用新的方式来看待旧问题；而且他们可以激励、调动和鼓舞下属付出更多的努力来实现团队目标。

交易型领导和变革型领导不应该被视作两种相反的做事途径。[35]变革型领导是从交易型领导发展而来的。与单独采用交易型领导相比，变革型领导会提升员工的努力程度和绩效水平。更甚者，变革型领导不仅仅是魅力的体现，因为变革型领导要努力培养下属质疑现有观点甚至领导者观点的能力。[36]

用数字说话

- 约 47%的拥有难以令人振奋的领导者（在激励与鼓励员工方面排名低于 10%的管理者）的员工表示他们曾考虑过辞职。[37]

在失败中学习　**苹果解雇乔布斯**

有些故事好得让人难以相信。史蒂夫·乔布斯在苹果公司的经历就是其中之一。他是公司的联合创始人，虽然他被解雇了，但随后他回来拯救了公司。

1976 年，乔布斯和沃兹尼亚克创立了苹果公司。沃兹尼亚克负责技术方面的工作，乔布斯负责创意和业务方面的工作。随着公司的发展，他们引入了专业的管理者来监督运营。1983 年，乔布斯聘请当时的百事首席执行官约翰·斯卡利（John Sculley）接管苹果公司。但乔布斯和斯卡利很快就发生了冲突。斯卡利认为乔布斯是一个狂热的人，他更关心生产出漂亮的产品，而不是赚钱。斯卡利极大削弱了乔布斯的职权。1985 年，公司业绩下滑，他们的冲突达到了顶峰。乔布斯诉诸董事会，抗议斯卡利对他施加限制。董事会站在了斯卡利一边，乔布斯基本上被赶下了台。

但事实证明，斯卡利无法扭转苹果的颓势。在斯卡利的领导下，苹果推出了 Newton MessagePad，这款产品失败了，它是一款走在时代前端的个人协助设备，只是不太好用。董事会在 1993 年解雇了斯卡利。在接下来的几年里，公司聘请了新的首席执行官，但公司在继续走下坡路。

1996 年，董事会意识到了自己的错误，于是联系了乔布斯。在被解雇期间，乔布斯创建了一家小型个人电脑制造公司 NeXT。苹果收购了 NeXT，并让乔布斯担任临时首席执行官。两年后，这个临时的头衔被取消，乔布斯重新回到了公司掌舵者的位置上。之后便是他的光辉历史。乔布斯通过 iMac、iPod、iPhone 和 iPad 等创新产品引领了苹果的复兴，并将其转变为世界上最有价值的公司。苹果董事会已经认识到乔布斯确实是一个独一无二的天才，并毫不介意承认让他离开是个错误。[38]

很多证据都表明变革型领导要优于交易型领导。例如，对不同领域（包括军队和商业领域）管理者的研究发现，变革型领导者要比交易型领导者更有效率、绩效更好、更有机会晋升，并且对人际交往更敏感。[39]此外，有证据表明变革型领导与较低的离职率以及较高的产出、员工满意度、创造性、目标实现程度、员工状态和公司企业家精神紧密相关，特别是在初创企业中。[40]

17.4.4 诚信领导

家得宝前首席执行官弗兰克·布莱克（Frank Blake）也是真正的领导者。布莱克主动对公司电脑系统数据泄露事件负责，该事件导致 5 600 万张信用卡号码被盗。这起盗窃事件发生在布莱克退休前，他本可以轻松地将危机留给新任首席执行官处理，但他并没有这么做。

诚信领导注重领导者道德方面的修养，**诚信领导者**（authentic leader）知道他们自己是谁，坚信什么，并且公开、坦率地依照这些价值观与信念行事。或者更明确来讲，我们发现诚信领导者拥有四种品质：自觉、透明、公开征求挑战他们固有立场的意见以及受到较强道德准则的指引。[41]而且，他们往往谦逊有礼。

由于他们集上述品质于一身，所以追随者认为他们是有道德的人，并信任他们。当领导者践行他们所宣扬的东西，或公开、坦率地践行他们的价值观时，追随者往往会对他们产生强烈的情感承诺和信任，并在有限范围内提高其绩效和组织公民行为。[42]

17.4.5 道德领导

在成为通用汽车的首席执行官不久之后，玛丽·巴拉面临着一个角色定义选择：她是否该承担公司数百万辆车的点火开关故障问题？尽管这个问题发生时她还不是首席执行官。最终她选择了一条坎坷的道路。“我想以此为始，表达我个人对所发生之事的歉意，以及通用汽车公司的歉意。”[43]随后她任命杰夫·鲍耶（Jeff Boyer）为公司全球安全部门的副总裁。巴拉说：“如果杰夫面临什么阻碍，他有权解决，如果他需要额外的资源，他也能得到。”[44]玛丽·巴拉是一个道德领导者的范例，因为她将公众安全置于公司利润之上，让应负责的员工承担责任，并支持员工，创造一种让他们觉得自己可以做到，而且也应该做得更好的文化。

领导并非价值中立的，在评价其有效性的时候，我们需要提出领导者为实现目标采取的手段以及目标的内容。在为员工创造道德期望方面，管理者的角色至关重要。[45]有道德的高管不仅仅会影响其直接追随者，还会使这种影响沿着指挥链向下传递。因为高层设定了期望之后，要求低层的管理者与道德准则一致。[46]

道德水平较高的领导者会得到下属较高的评价，他们自身对工作更加满意和投入，也会经历更低水平的焦虑，离职意向更低。[47]跟随这样的领导者，员工也会更加富有动力，绩效更高，表现出更多的公民行为和更少的反生产行为。[48]

17.4.6 仆人式领导

近年来，一种道德领导的延伸产物引起了领导研究者的关注。这个概念名为**仆人式领导**（servant leadership）。[49]仆人式领导者关注能够帮助员工成长和发展的机会，甚至会不顾个人利益。仆人式领导的特别之处在于，相对于其他领导形式，其将跟随者的利益置于个人利益之上。该领导模式的特点包括：关心员工的个人问题与幸福感；赋予员工责任和决策影响力；帮助下属成长并获得成功；以身作则，是正直的标杆。[50]

索迪斯全球企业服务（Sodexo Corporate Services Worldwide）的首席执行官西尔维娅·梅塔耶（Syliva Metayer）就是一名仆人式领导的典范。“我已经就任首席执行官 18 个月了，我一直在学习，”梅塔耶说道，“我了解到，成为一名管理者就是成为一名仆人，我主要的工作就是支持协助员工、委托方以及顾客。”[51]此外，更加值得注意的仆人式领导者包括：马丁·路德·金、纳尔逊·曼德拉（Nelson Mandela）、特蕾莎修女（Mother Teresa）和圣雄甘地（Mahatma Gandhi）。

一项针对 71 位美国餐厅总经理和 1 000 多名餐厅员工的研究发现，仆人式领导者倾向于创造一种服务文化，并通过增加员工对餐厅的认同感来改善员工的态度，提升绩效。[52]另一项对中国发型师的研究也发现了类似的结果，即仆人式领导能够预测顾客满意度和发型师的服务绩效。[53]

另外一个有趣的现象是，仆人式领导在某些文化中可能更为普遍和有效。例如，当被要求画下领导人的画像时，美国被试倾向于将领导者置于群体前方，并对追随者发号施令。[54]相比之下，新加坡被试则倾向于把领导者置于群体后方，更多地采取行动把群体的意见汇集在一起，然后再从后方统一起来。这表明新加坡的领导者原型更像仆人式领导者，这可能也意味着仆人式领导在这些文化中更有效。

17.4.7 追随力

有句话无人争辩：无人追随，你就无法成为领导者。因此，只有当领导者有能力吸引追随者的时候，他们才能有效工作。然而最近，有领导力的学生开始考虑追随者在领导过程中的角色。[55]

领导者-追随者互动是双向的。首先，领导者需要激励并吸引追随者来实现最终目标，这是显而易见的。但是常常忽视的事情是，追随者也在影响领导者的态度、能力以及行为。[56]两者需要通力合作，携手共进。[57]

最近对追随力的关注强调：领导是一个在领导者和追随者之间的关系中不断演进的过程，他们作为同一社会群体的一部分被联系在一起。为了成功，追随者需要一套与领导者互补的技能。[58]

那么依据什么来定义好的追随者呢？纵观 20 世纪的大部分时间，回答毫无疑问是对于领导者的顺从与尊重。但是如今，当管理者更少采取单边的决策模式而更多采用合作的方式时，用于定义良好追随力的品质标准也是不同的。[59]

1. 自我管理。有效的追随者能够自我驱动，他们能够自我激励并在没有密切监督的情况下工作。

2. 致力于某些身外之物。除了关注自己的生活，有效的追随者会致力于某些身外之物，比如一件事、一件产品、一个工作团队、一个点子、一个组织等。大多数人喜欢和那些在精神上和身体上都对工作投入的同事一起工作。

3. 热情。他们以积极的态度工作，并接受领导者的观点。

4. 提升能力并集中力量以求得产出最大化。有效的追随者掌握对于组织而言有用的技能，且他们有着高于他们的职务或者团队要求的绩效标准。

5. 充满信心、诚实守信、可靠可信。有效的追随者会要求自己独立思考，因为批判性思考者的知识和判断更加可信。他们有着更高的道德标准，该给予赞扬时不吝赞美，且不害怕承认过失。

17.5 领导理论的整合

在本章中，我们已经介绍了很多领导理论，让我们试着寻找这些理论中可能存在的共性，它们可能如何互补或重叠，以及如何将它们整合起来。这将会帮助你更好地理解是什么造就了有效的领导者。

特质 让我们从特质开始。虽然没有一种特质或一组特质是领导者所独有的，但有几种特质似乎经常出现在对领导者的研究中。我们在图表 17 - 1 中发现了其中的十种。其中，最有影响力的似乎是智慧、情绪智力和责任心。[60]但这些特质可能更准确地反映了人们对领导的看法，而不是实际的领导效率。我们的结论是，即使特质在定义领导者时有所影响，它们的作用也很小，而且取决于情境因素。

行为 我们讨论的行为理论集中在几个维度：民主、独裁还是放任；指导型还是参与型；定规维度还是关怀维度；员工导向还是生产导向；关心员工还是关心生产。在没有术语冗余的情况下，即使是对这些维度进行最粗略的回顾，也会发现相当多的重叠。此外，交易型、变革型、魅力型领导理论和领导者-成员交换理论都包含了领导行为。

而对这些行为进行简化之后我们发现，有三个元分类几乎概括了上述所有内容[61]：

1. 任务导向行为。该分类用于概括交易型领导者行为、定规维度、指导型行为以及生产导向行为。

2. 关系导向行为。它描述了关心下属需要的领导者，他们平等地对待员工，为人友善，平易近人。它描述了体贴的、民主的、员工导向的、参与型的、变革型的以及领导者-成员交换的领导行为。

3. 变革导向行为。这种领导行为包括交流变革愿景、鼓励创新性思考、风险行为。该行为是变革型领导和魅力型领导的主要行为组成部分。

使用上述三种行为分类，研究者发现关系导向的领导行为可以解释在员工承诺和工作绩效方面的大部分差异。[62]

为减少冗余和困惑，我们对比了诚信领导、道德领导与变革型领导，发现重叠的部分很多。具体来说，变革型领导几乎覆盖了诚信和道德领导的全部变量。[63]所以尽管诚信领导和道德领导可能会帮助理解一些专注于员工的结果，但它们并没有提供“许多变革型领导还未提供的信息”。[64]同时，变革型领导好像的确与员工承诺、信任、满意度以及绩效相关联。

权变因素 为帮助解释什么时候领导者最可能是有效的，我们借助于权变因素。然而，有些似乎联系更加紧密。我们将探讨以下几点：

追随者的经验似乎很重要。员工的经验越多，他对领导的依赖就越少。当员工是新人时，领导的指导显得尤为重要。但有经验的员工不需要密切的监督，他们可能会觉得领导者的任务导向行为是不必要的，甚至是带有侮辱性的。

追随者的能力也很重要。像经验一样，高水平的能力让员工在很少的监督下完成他们的工作。

文化一直被证明是领导中高度相关的权变因素。[65]组织文化决定了什么样的领导风格是合适的。不管领导者的倾向如何，在监狱或军事组织中被认为是适当的文化可能与咨询公司或大学的学术部门中的非常不同。国家文化也决定了什么是合适的，什么是可接受的。以关系为导向的风格在瑞典是恰当和有效的，但相同的风格在墨西哥可能被视为无力且无效的。

场景实践

布里安娜·波特（Brianna Porter）是一家非营利组织的负责人，该组织为她所在社区有困难的青少年提供支持项目。最近，她被提拔为一个筹款团队的负责人，负责接触当地企业和富人，以确保维持组织运转的资金。她最初采取了不干涉的方式，并鼓励工作人员自己决定向谁筹款。但现在捐款在减少，她知道她需要干预。

关于如何支持她的团队，你能给布里安娜什么建议？

你可能很清楚自己想要实现什么，但更重要的是，你的团队要有同样的愿景。如果你的团队不知道如何实现这个目标，那么你们就不可能朝着同一个目标努力。要努力参与进来，与你的员工见面，并为如何取得成功提供明确的方向，这样你的团队对自己的能力有信心，并能实现期望。如果你希望你的团队努力工作以产生高质量的成果，你必须以身作则，向他们展示这是可以做到的。

凯文·克罗斯博（Kevin Krossber），运营总监

17.6 21世纪的领导问题

如今，管理者要面对许多十分重要的问题，在这一部分，我们将关注其中几个。

17.6.1 管理权力

领导者从哪里获得他们的权力——影响工作行动或决策的权利和能力？这里界定了领导权力的五大来源：法定权力、强制权力、奖赏权力、专家权力和参照权力。[66]

法定权力（legitimate power）和权威是一回事。法定权力代表领导者所拥有的由其在组织中的职位所带来的权力。虽然在这个职位上的人也具有奖赏权力和强制权力，但法定

权力比强制权力和奖赏权力的范围更为宽泛。

强制权力（coercive power）是指领导者实施惩罚和控制的权力。对于领导者的强制权力，下属会害怕不服从而导致的不良后果。管理者通常会有一些强制性的权力，例如让员工停职或降职，或者分配让他们不开心或他们不喜欢的工作。

奖赏权力（reward power）是给予正面奖赏的权力。奖赏可以是个人认为有价值的任何东西，例如钱、有利的绩效评估、晋升、有趣的工作任务、友好的同事以及有利的工作变动或销售区域。

专家权力（expert power）是基于专业技术、特殊技能或知识而拥有的权力。如果有一个员工具备对于组织而言关键性的技能、知识或专业技术，该员工的专家权力就会有所提升。

参照权力（referent power）是由于个体拥有令人羡慕的资源或个人特质而产生的权力。如果我认可你并且想和你建立关系，你就可以对我运用权力，因为我想取悦你。参照权力会让人认可他人并想成为与之相像的人。

大部分有效领导者都会依靠一些不同形式的权力来影响下属的行为和绩效。例如，一艘潜艇的艇长，在管理他的艇员和设备时就会运用不同的权力。他给艇员下命令（法定权力），赞扬他们（奖赏权力），惩罚违规者（强制权力）。作为有效领导者，他还努力通过专家权力（基于他的专业技能和知识）和参照权力（基于艇员对他的尊重）来影响他的艇员。

> **用数字说话**
>
> 当员工信任他们的领导者的时候：
>
> - 23%的员工会提供更多的想法和解决方案。
> - 21%的员工会愿意工作更长时间。[67]

17.6.2 建立信誉和信任

我们已经看到信任在各种领导理论中所扮演的重要角色。事实上，公平起见，缺乏信誉与信任很可能会降低领导力。但是领导者要如何才能构建信誉与信任？就让我们从理解什么是信誉和信任，以及为什么它们如此重要开始吧。

信誉最重要的部分是诚实。有调查显示，诚实是令人尊敬的领导者最重要的品质。"诚实对于领导来说绝对是至关重要的。如果有人自愿跟随某人，无论是在一场战争中还是在会议室中，他们首先想要确定这个人是值得他们信任的。"[68]除了诚实，可信的领导者还是有能力的和能鼓舞人心的。他们能够有效地传递自己的信息和热情。所以，下属通过领导者的诚实、胜任力以及鼓舞人心的能力来判断其**信誉**（credibility）。

工作场所的秘密

一位"微管理"上司

微管理（micromanaging）可能是人们对上司最常见的抱怨。什么是微管理？如果你发现自己在为一位微管理者工作，你该怎么办？

一位微管理的上司想要控制你工作的每一个具体方面，甚至最小的细节。对你来说，这也许是令人十分沮丧、有压力且泄气的事。有哪些迹象表明你的上司在对你进行微管理？比如，他每天查看你的进度好几次，经常询问你最新的情况，告诉你如何完成任务，沉溺于无意义的细节；或者如果你没有事先咨询他就做了决定，他会很恼火。但如果你的老板只是监督你的工作，那这并不意味着他是微管理者。每个管理者都有责任控制他所负责的活动。好的管理者都会注重细节。不同之处在于，微管理者虽然也注重细节，却忽略了事情的轻重缓急，表现得好像不信任你一样。另外，好的管理者都懂得授权的价值。遗憾的是，你可能并不总能拥有这样一个通情达理的上司。

上司对你进行微管理的原因有很多。其中包括不安全感、对他人缺乏信任、规避风险或对自己的能力缺乏信心。此外，其他原因可能在于他没有太多事情可做，认为他是在帮忙，或他单纯只是一个控制狂。

1. 自我评估。如果你觉得你的上司对你进行微管理，那你应该从自我评估开始。问问你自己："是我吗？"什么原因使得管理者认为有进行微管理的必要？例如，你上班迟到了吗？你有没有错过一些最后期限？你最近有没有在工作中分心？你是否犯了一些错误，给上司造成了负面影响？首先你要确定上司的行为不是理性合理的。

2. 岗位新人。下一个要问的问题是：你或你的上司是新上任的吗？如果你是新人，你的上司可能只是暂时监督你的工作，直到你证明了自己，使他对你的能力有信心。如果你的上司是一个新人，无论是就他现在的职位还是对他的第一个管理职位而言，你都应该给予他一些调整的空间。微管理在缺乏经验、害怕授权和对最终结果负责的新管理者中并不少见。而经验丰富的管理者在新职位上也可能会过度控制你，直到他们相信你的能力。所以，如果你或你的上司是新人，你可能需要给他一些时间。

3. 和上司沟通。如果你认为上司的行为不是暂时的，且给你的工作制造困难，那么你就需要和上司谈谈了。你的上司很可能并未意识到问题所在。注意要以非对抗性的语气交谈，具体地解释他的疏忽如何影响你的工作，给你带来压力，并使你难以充分发挥自己的能力。你想让他知道事情在你的掌控之中，你也了解他的期望是什么。

4. 随时向上司汇报最新情况。除了和上司谈谈，你还想减轻他对工作做得有问题或者他不能把握你工作进度的担心。最好的办法是定期向他汇报你的工作状况。没有一个上司喜欢"惊喜"，尤其是那些可能会对他的管理能力产生负面影响的"惊喜"。要做到这一点，最好是在上司要求之前主动向他汇报最新情况。

5. 强化上司的积极行为。当你的上司让你独处的时候，让他知道你很欣赏这种没有干涉的方式，并对他的信任致以谢意。通过正向强化他的信任，你增加了他表现出更多非干涉行为的可能性。随着时间的推移，当你的进步和稳定的表现结合在一起时，你很可能就会看到微管理行为减少。[69]

信任和信誉是紧密相连的，事实上，这两个概念可以相互替换使用。**信任**（trust）被定义为对领导者的正直、品质和能力所持的信心。相信领导者的下属愿意受到领导者行为的支配，因为他们坚信自己的权利和利益不会受到侵害。[70]有研究确定了构成信任概念的五个维度[71]：

- 正直：诚实与真诚。
- 胜任力：技术上和人际关系上的知识和技能。
- 一致性：处理各种情况时的可靠性、可预测性和良好的判断力。
- 忠诚：从生理上和情感上保护他人的意愿。
- 开放性：自由地分享想法和信息的意愿。

在这五个维度中，诚实似乎是人们衡量他人是否可信最关键的维度。[72]当我们讨论与领导力相联系的领导特质时，也会提到诚实和胜任力。工作场所的变化强化了这些领导品质的重要性。例如，趋于员工授权和自我管理的团队已经减少了很多用以监视员工的传统控制机制。如果一个团队可以自由地安排自己的工作进度，评估自己的绩效，甚至能自行制定招聘决策，那么信任就至关重要。员工必须相信管理者能公平对待他们，管理者也必须相信员工会认真履行自己的职责。

此外，领导者还不得不暂时性地领导那些当时不在他们的工作团队内，甚至不在一个地方办公的下属——跨职能团队或虚拟团队的成员，服务于供应商或顾客的员工，抑或在战略合作中代表其他组织的人员。在这样的情境中，领导者很难通过他们的正式职位来施加影响，所以快速构建信任并维持信任的能力对于这种工作关系的成败尤为关键。

这是你的职业　如何取信于人

显然，被人认为值得信赖是一种财富。作为一个领导者，你能做什么来让别人信任你？尽管这并不是一个简单的任务，但有证据表明，某些行为将有助于建立相互信任的关系。[73]

1. 保持开放。不信任根源于人们了解或者不了解的事情。因此保持人们之间的沟通，让决策制定的标准清晰明了，并解释决策的合理性。坦率面对问题，并完全公开所有的信息。

2. 公平公正。在作出决定或采取行动之前，考虑一下别人会如何看待他们的客观性和公平性。在评价工作表现时要客观公正，在报酬分配时要注意人们的公平感知。

3. 说出你的感受。只讲事实的领导者会给人以冷漠和疏远的印象。如果这是你的职业，你要分享你的感受，这样其他人会感觉你是真实且有人情味的。

4. 实话实说。实话是正直的内在组成部分。一旦你的谎言被揭穿，你获得和保持信任的能力就会大大减弱。而且比起发现领导对自己撒谎，人们更愿意去了解他们“不想听”的东西。

5. 展现一致性。人们想要可预测性。不信任来自不知道将要期待什么。让你的核心价值观和信仰引导你的行动，这有助于提升一致性并构建信任。

6. 言出必果。信任需要人们相信你是值得信赖的，所以一定要信守诺言。

7. 保持信心。人们信任那些谨慎的和可以信赖的人。他们需要确信你不会和别人讨论他们的秘密，或者背叛他们。如果人们认为你是一个泄密的人，或者是一个不能依赖的人，你就不被认为是值得信赖的。

为什么下属对领导者的信任这么重要？研究发现，领导过程中的信任与积极的工作成果显著相关，这些工作成果包括工作绩效、组织公民行为、工作满意度和组织承诺。[74]

与之前相比，如今管理和领导的有效性都更依赖于获取下属信任的能力。[75]精简规模、财务挑战和越来越多地使用临时工已经降低了员工对领导者的信任，动摇了投资者、供应商和顾客的信心。当今的领导者面临的一个重大挑战就是重建和修复员工以及其他重要利益相关者的信任。

场景实践

艾德希塔·乔普拉（Adhita Chopra）在工作中被难住了。三个月前，他被任命领导一个手机 App 设计师团队。虽然没有人站出来直接说些什么，但他感觉他的团队并不信任他。他们阻碍信息传递，只有在提问时才进行交流。而且他们总是质疑团队的目标和战略，甚至是艾德希塔的行动和决策。他如何和他的团队建立信任？

你可以给艾德希塔什么建议？

工作场所的信任一直是一个复杂的问题。我曾经见过一个类似的情况。如果艾德希塔感受到了不信任，但没有直接听到什么，他的直觉很有可能是对的。在工作中获得信任需要以下三点：擅长你所做的事，热情对待你的工作和周围的人，善于倾听和坚持不懈。艾德希塔应该确保出色地完成工作，并且每周和团队开展一对一的会谈。努力工作、认真倾听会帮助艾德希塔走出现在的困境。

马特·拉莫斯（Matt Ramos），市场主管

17.6.3 领导虚拟团队

在第 13 章中，我们简要介绍了虚拟团队。与其他类型的团队相比，虚拟团队因不具备"面对面"的沟通方式，而给管理者提供了很多挑战。具体而言，你如何领导在地理空间上处于不同时区、不同地点或者身处不同文化环境中的人呢？

我们无法否认如今的管理者与员工更多地被网络而不是地理上的接近性所连接。远程办公正快速成为一种趋势。例如，最近的一次电话调查发现，43%的美国员工认为他们多少会花点时间在远程办公上。[76]而新兴的技术允许人们几乎可以在任何地点工作。很明显的例子包括：经常使用电子邮件或视频电话与员工沟通的管理者，监督虚拟项目或团队的管理者，以及通过家里的电脑将远程办公的员工与办公室联系在一起的管理者。这些管理者使用电子邮件、即时通信、电话会议、网络会议以及 Skype 和 FaceTime 等技术进行有效沟通，他们需要成为有效的虚拟领导者。[77]

那么在虚拟交流中缺失的何物构成了对虚拟领导者的挑战？由于没有现实意义上的连接，工作团队很难达成共识，也没有机会实现直接的监督，而且经常会存在时差。但是最核心的问题在于沟通。

在面对面沟通的时候，尖刻的言辞可以被非语言动作缓和。比如，一个微笑或者支持性的肢体语言可以减缓强硬的言辞造成的冲击，比如像是失望的、不满的、不恰当的或者未达预期的这一类词语。而这种非语言的部分在线上或者电话里是不存在的。由于缺乏情绪与感受，一封邮件或者短信很可能会扩大冲突，而这种冲突在面对面沟通时可能不会发生。线上领导者也要确保他们的消息准确反映了他们想要传达的情感。这消息是正式的还是非正式的？它是否符合发件人的语言风格？他是否正确传递了适当水平的重要性与紧迫性？所以线上领导者需要选择一种合适的交流方式。许多经验不足的线上领导者使用完全相同的模式与他们的上司和员工沟通，结果惨不忍睹。或者在传递负面消息时，他们选择性地使用电子沟通方式来"隐藏"信息。

通常发生在面对面环境中的非正式互动——被描述为闲聊，在虚拟世界中是不存在

的，或者至少是受限制的。很多领导者与他的团队的现场个人层面互动是在这些非正式的环境中完成的。它们是领导者表达个性、表现热情、建立信任和建立联系的工具。然而，成功的虚拟领导者在社交媒体中找到了替代品。通过脸书和类似的渠道，虚拟领导者可以分享兴趣、经历和八卦，以及与工作相关的文件、图片、视频等。

任何关于虚拟领导力的讨论都需要考虑到数字时代将非领导者转变为领导者的可能性。一些面对面的领导能力并不令人满意的管理者，在网上可能会大出风头。他们的才能可能在于他们的写作技巧和阅读隐藏信息的能力。虚拟的环境对那些有很强的口头表达能力的人不利，对具备写作技巧的人来说是有利的。

最后，发展有效的虚拟人际交往技能也是一个挑战。乍一看，虚拟人际交往技能似乎是一个自相矛盾的词语。人际交往技能意味着社会交往，而虚拟指的是事件发生与空间脱离。但虚拟领导者确实需要人际交往技能，只不过它们不同于面对面接触所需的技能。虚拟人际交往技能可能包括通过电脑、智能手机或平板电脑上的文字表达支持和领导的能力；阅读别人所写信息中的情绪；培养良好的电话沟通技巧。对于虚拟领导者来说，良好的写作技能正迅速成为人际交往技能的延伸。

17.6.4 领导力训练

世界各地的组织在领导力培训和发展上花费不菲。据估计，仅在美国，企业每年在正式培训和发展上的花费就超过了 870 亿美元。[78]这些培训形式多样，从哈佛大学和迪士尼等组织提供的 5 万美元的领导力课程，到拓展训练学校的航海体验。

领导力培训有效吗？许多关于领导效能的个人研究都有不同的结果。[79]但是，最近对 300 多份研究的全面审查发现，在满足某些条件时，结果非常令人振奋。研究发现，领导力培训由多次学习组成，并结合信息、演示和实践方法，在创造真正的行为改变和积极影响组织与下属的结果方面是有效的。[80]

更具体地说，对于有效的领导力培训的特点是有一些共识的。一是情境化（确保学习是在组织的战略和文化中设置的），二是个性化（使参与者寻找与他们的目标相关的学习）。[81]

首先，让我们认清显而易见的事实。有些人不具备成为领导者的素质。例如，有证据表明，自我监控能力强的人比自我监控能力弱的人更有可能在领导力培训中取得成功。这些人可以根据不同情况的需要灵活地改变自己的行为。此外，组织可能会发现，具有更高层次领导动机的个人更容易接受领导能力发展的机会。[82]

其次，要成为一个更有效的领导者，人们要学习什么？乐观一点来说，我们可以认为“愿景构建”本身是可以教授的，而其实施技能也能被传授。人们可能通过受训来构建出“关于内容主题的理解”[83]，这对于有效愿景而言至关重要。我们也可以教授诸如信任构建、指导等技能。所以管理者可以学习情境化的分析技能。他们可以学习如何评估情境，如何调整情境使其更适合自己的风格，以及如何评估在特定情况下哪种领导行为可能是最有效的。

用数字说话

- 只有 5%的企业提供所有层级的领导力发展培训。
- 63%的百万富翁相信他们的员工没有充分开发出他们的领导技能。[84]

17.6.5 什么时候领导力或许并不重要

尽管人们相信某些领导风格在任何情况下都是有效的，但领导力可能并不总是重要的！大量研究数据表明，在许多情况下，领导者所表现出的任何行动都是无关紧要的。某些个体、工作和组织变量可以作为领导者的替代品，或者抵消领导者对下属的影响。[85]

中和因素使领导者的行为不可能对追随者的成果产生任何影响。它们抵消了领导者的影响力。另外，替代品因素使领导者不会产生影响，而且这种影响是不必要的。它们发挥了领导者影响力的替代作用。例如，员工的经验、培训、专业取向，或对组织奖励的淡然态度等特征都可以替代或中和领导的作用。经验和培训可以取代对于领导者的支持，或是创造结构和减少任务含糊不清的能力的需求。那些本质上明确和常规的工作，或者本质上令人满意的工作，可能对领导变量的要求更少。而且，像明确的正式目标、严格的规则和程序以及有凝聚力的工作小组等组织特征也可以取代正式的领导。

为考试做准备

本章小结

17.1 定义领导者和领导。

领导者是指能够影响他人并拥有管理职权的人。领导是指影响团队来实现组织目标的过程。管理者都应该是领导者，因为领导是管理的四大职能之一。

17.2 对比分析早期的领导理论。

早期试图界定领导者特质的努力并不成功，但后续的研究发现了与领导相关的十种特质。

艾奥瓦大学的研究考察了三种领导风格，得出的唯一结论是与独裁型领导相比，民主型领导让团队成员更满意。俄亥俄州立大学的研究界定了领导者行为的两个重要维度——定规维度和关怀维度。高-高型领导者有时会实现高团队任务绩效和高团队成员满意度，但并非总是如此。密歇根大学的研究考察了员工导向和生产导向的领导者，得出的结论是员工导向的领导者能够获得高团队生产率和高团队成员满意度。管理方格理论考察了领导者对生产的关心和对员工的关心，界定了五种领导风格。虽然管理方格理论认为同时高度关心生产和员工的领导者是最好的，但并没有得到实质的证据支持。

正如领导行为的研究所呈现的，领导者的行为具有双重本质：专注任务和专注人。

17.3 描述三种主要的领导权变理论。

费德勒权变模型试图找出在特定情境中最好的领导风格。他通过最难共事者问卷来衡量领导风格——关系导向型还是任务导向型。费德勒假设一个领导者的风格是固定不变的，他测量了三个权变维度：领导者-成员关系、任务结构和职位权力。该模型认为任务导向型的领导者在非常有利和非常不利的情境中表现较好，关系导向型的领导者在适度有利的情境中表现较好。

赫塞和布兰查德的情境领导理论聚焦于下属的成熟度。他们界定了四种领导风格：告知型（高任务水平-低关系水平）、推销型（高任务水平-高关系水平）、参与型（低任务水平-高关系水平）、授权型（低任务水平-低关系水平）。他们还界定了成熟度的四个水平：

没有能力也不愿意为事情负责（采用告知型风格）；没有能力却愿意完成必要的工作任务（采用推销型风格）；有能力却不愿意做领导者想让他们做的事（采用参与型风格）；有能力并且愿意做领导者想让他们做的事（采用授权型风格）。

由罗伯特·豪斯创立的路径-目标理论确定了四种领导行为：指挥型、支持型、参与型和成就型。他认为领导者能够而且应该根据情境运用四种领导风格中的任意一种。环境以及下属身上存在两个情境权变因素。总之，路径-目标模型认为领导者应该在员工需要时提供指导和支持，即确定路径以便让下属实现目标。路径-目标模型提出，如果领导者的行为与环境结构设置没有很好地匹配，或者与追随者的特征不一致，那么领导者的行为就不会有效。

17.4　描述当代领导观。

领导者-成员交换理论认为领导者会区分圈内人和圈外人，那些在小圈子里的员工会有更高绩效排名、较低的离职率和更高的工作满意度。

魅力型领导者就是热情、自信，其人格魅力和行动能够影响人们以某些特定方式行事的领导者。人们可以通过学习来变得富有魅力。

交易型领导者用奖赏交换员工的产能，而变革型领导者激励和鼓舞下属实现目标。与魅力型领导者相比，变革型领导者的绩效水平更高。

诚信领导关注成为一名领导者的道德方面的内容。诚信领导者也会以开放的态度广泛吸收观点，尽管这些观点可能挑战他们的立场。这些人也有自知之明、透明坦荡、谦逊有礼。道德领导者开创了一种促使人感到他们能够且应当做得更好的文化。仆人式领导者在超越个人利益的层面上关注帮助员工成长与发展的机会。

追随力观点认识到了追随者在领导过程中的角色。不仅是领导者需要激励追随者，追随者也在影响领导者的态度与行为。

17.5　比较各种领导理论的有效性。

即使特质在定义领导者时有所影响，它们的作用也很小，而且取决于情境因素。在行为方面，关系导向的领导要素似乎解释了员工承诺和工作绩效的大部分差异。变革型领导几乎覆盖了诚信和道德领导的全部变量。跟随者的经验和能力、组织文化和国家文化是最相关的权变因素。

17.6　讨论当代影响领导的一些问题。

领导权力的五大来源是法定权力（职权或职位）、强制权力（惩罚或控制）、奖赏权力（给予正面奖赏）、专家权力（专业技术、特殊技能或知识）和参照权力（令人羡慕的资源或个人特质）。

如今的领导面临着管理权力、建立信任、领导虚拟团队以及通过训练成为有效领导者等挑战。

复习和讨论问题

1. 四种领导行为理论的主要内容是什么？
2. 请解释费德勒权变模型。
3. 情境领导理论和路径-目标理论是如何解释领导的？
4. 什么是领导者-成员交换理论？它是如何理解领导的？
5. 区分交易型领导者和变革型领导者，道德领导者和仆人式领导者。
6. 领导权力的五大来源是什么？

7. 你是否认为现实生活中大多数的管理者会运用权变方法来提升领导效果？请详细解释。

8. 为什么领导者与员工之间的信任很重要？领导者应如何构建信任？

为我的职业做准备

道德困境

你是否看过《卧底老板》（*Undercover Boss*）这个节目？这个节目让一个公司的老板卧底在自己的公司，看看自己的公司究竟是如何运行的。一般高管卧底一个星期，然后和他们一起共事的员工就被召集到公司总部，这些员工会因为他们在高管卧底期间的表现受到奖励或者处罚。从美国废弃物管理公司（Waste Management）和白色城堡公司（White Castle）到NASCAR和Family Dollar公司的老板都曾参与该节目。

1. 你怎么看待这一现象？一个领导者到他的公司中去卧底是否道德？为什么？

2. 领导者卧底会产生什么样的道德问题？管理者如何处理这些问题？

技能练习

开发你选择一种有效领导风格的技能

关于技能

有效领导者善于帮助自己所领导的团队在不同的发展阶段获得成功。没有哪种领导风格是一直有效的。在选择有效领导风格时必须考虑情境因素，包括下属的特点。决定领导有效性的关键情境因素包括群体发展阶段、任务结构、职位权力、领导者-成员关系、工作群体、员工特点、组织文化和国家文化。

练习技能的步骤

采用以下六点建议，你就可以选择一种有效的领导风格。

● 确定你领导的群体或团队的发展阶段：形成阶段、震荡阶段、规范阶段或者执行阶段。因为每个发展阶段会涉及特定的和不同的问题和行为，所以了解你领导的团队处于哪个阶段很重要。形成阶段是群体发展的第一阶段，在该时期人们加入群体并帮助定义群体的目标、结构和领导。震荡阶段是第二阶段，主要特征是群体内冲突。规范阶段是第三阶段，该时期的特点是紧密的关系和群体凝聚力。执行阶段是第四阶段，群体在该时期充分发挥自己的职能。

● 如果你的团队处于形成阶段，你需要展现特定的领导者行为。这些行为包括确信所有的团队成员都被介绍给彼此认识，回答成员的问题，努力构建信任和开放性的基础，以身作则来表达你期望团队成员采取哪些行为，以及说明团队的目标、程序和期望。

● 如果你的团队处于震荡阶段，你需要展现特定的领导者行为。这些行为包括找到冲突的来源和充当调解员的角色，鼓励一种双赢哲学，重申团队的愿景、核心价值观和目标，倡导开放性的讨论，鼓励对团队流程的探讨以找到提升的方法，加强团队凝聚力和认同感，赞扬团队成员以及整个团队。

● 如果你的团队处于规范阶段，你需要展现特定的领导者行为。这些行为包括说明团队的目标和期望，为团队成员和团队提供绩效反馈，倡导团队清晰地阐述未来的愿景，以及找到方法来公开和开放地传达团队愿景。

● 如果你的团队处于执行阶段，你需要展现特定的领导者行为。这些行为包括提供规律的、最新的绩效反馈，促进创新和创新性行为，鼓励团队充分利用自己的优势，庆祝成就（无论大小），以及在团队需要时提供必要的支持以使其继续开展工作。

● 监控团队以便及时改变行为以及调整自己的领导风格。由于群体并不是一个静态的实体，它会经历各种上升期和低潮期。你应该根据情境的需求调整自己的领导风格。如果群体看起来需要你更多的领导，那就为它提供领导。如果群体看起来自己就能高效运行，那么为它提供必要的支持使之继续保持这种良好的运行水平。

技能实践

当你练习如何选择一种有效的领导风格时，可以采取以下建议的行为。

1. 回想你曾经或者当前所在的某个群体或团队。该群体的领导者展现出什么类型的领导风格？举例说明并评估这种领导风格。该领导风格是否适合这个群体？为什么？你会采取哪些不同的方式？为什么？

2. 观察你认为非常成功的一支运动团队和不成功的一支运动团队（大学校队或职业运动队）。在这些团队情境中领导者采用了什么样的领导风格？举例说明你观察到的领导风格。你会怎么评价这种领导风格？它是否适合运动团队？为什么？你认为领导风格多大程度上会影响团队成绩？

共同工作

团队练习

在了解了不同的领导特质和行为之后，列一张你认为好的领导者所具备的特质清单。就你自己的领导能力而言，你需要培养哪些技能或特质才能成为一个更好的领导者？一旦你有了自己的清单，和其他 3～4 个学生一起头脑风暴来发展你的领导能力。你可以采取哪些步骤（尤其是还在大学的时候）来把自己培养成一个领导者？在你们的讨论之后，每个学生应该写一份简短的个人领导力发展计划。

学习成为管理者

● 回想你所在的各个组织。注意这些组织中领导者采用的不同的领导风格。写一篇文章来描述这些人的领导风格（请不要写出人名），并且对这些领导风格进行评估。

● 写出三个你认为是有效领导者的人。制作项目列表列举他们表现出来的你认为使他们成为有效领导者的特点。

● 回想一下你不得不进行领导的时候。描述一下你自己的领导风格。你将会做些什么来提升你的领导风格？制定出你会采用的行动计划。将这些信息整理成一篇简要的短文。

● 管理者提到他们越来越多地依靠影响来完成工作。做一些有关说服的艺术的研究，用项目列表列举出你找到的关于如何提高影响他人的技能的建议。

● 以下是一个领导技能的清单：创建员工社区；建立团队；指导和激励他人；沟通时具有感染力、自信和有活力；制定决策；提供前进方向和重点；重视多样性。选择其中的两项并开展可以开发或提升这些技能的培训。

● 从“21 世纪的领导问题”这一小节选取一个主题。在这个主题上做一些深入的研究，将你的发现归纳到项目列表中，并准备好将该项目列表在课堂上分享。确保你给出了你的参考来源。

- 采访三个管理者，询问他们怎样成为一名优秀的领导者。将你的发现整理成一份报告，并准备好在课堂中展示。
- 锻炼你的管理技能！自愿担任你加入的某一组织的领导岗位。

案例应用 1

Stitch Fix：颠覆时尚产业

卡特里娜·莱克（Katrina Lake）本来打算当医生，可惜没有如愿。她的职业生涯开始于咨询行业，随后她供职于一家风险基金，再后来她前往商学院学习。[86] 从商学院毕业后，莱克创办了在线订阅的个人造型时尚服务公司 Stitch Fix。从那以后，她取得了巨大的成功。她现在经营着一个市值 30 亿美元的企业，是有史以来最年轻的上市公司女性企业创始人兼首席执行官。[87] 莱克入选 2016 年《福布斯》40 岁以下 40 人榜单，并被评为美国最富有的白手起家女性之一。[88]

但 Stitch Fix 公司并不总是一帆风顺的。风险投资家对这家公司的投资动作不温不火。就像有人说的，我不明白为什么它（网站）比我妻子在萨克斯百货（Saks）找的导购员要好。尽管大多数人不雇用导购员，但是 Stitch Fix 第一次面向大众市场开放了个人导购。该公司最终获得的投资比官方所需的要少，但莱克认为，这迫使该公司在早期就专注于盈利能力的构建。

作为首席执行官，莱克参与影响公司的战略决策。但她也会抽出时间，每周向客户推荐五六种风格的衣着搭配。正如莱克所说的："这样做的价值在于能看到谁是我们的客户，今天的存货情况如何……它让我更深入地了解各种领域，是的，尽管我们有关于它的数据，但有时亲身体验会更好。这也让我有了做造型师的感觉。"[89]

2017 年 11 月 Stitch Fix 上市时，莱克抱着年幼的儿子敲响了纳斯达克的开盘钟。媒体对此大肆报道，但莱克表示，这一刻纯属意外。"我这么做是因为我就是这样的人，这对我来说很正常。现在回想起来，我真希望自己够聪明，能做好计划，因为我明白为什么这对人们来说意义重大……对于作为一名高管的我、家庭一员的我，乃至我个人而言，我开始打破我周围的各个层面的障碍。能参与其中，我倍感荣幸。"

而作为一名导师，莱克已经开始帮助培养下一代女性公司创始人。她说："高管行列中不同类型的典范人物依旧十分缺乏。我觉得自己有责任让别人看到他们自己的存在。"

◆ **问题讨论**

1. 在这个案例中有哪些例子可以说明莱克是如何展现真正的领导力的？

2. 莱克的什么举动使其有可能成为一个有信誉和值得信任的领导者？

3. 莱克用什么方式展示了仆人式领导的行为？她能做些什么来更充分地展示仆人式领导呢？

4. 人们认为，莱克的 Stitch Fix 让个人购物变得更实惠、耗时更少，从而改变了时尚业。如果莱克是一位变革型领导者，她的追随者会表现出什么样的行为？

案例应用 2

金州勇士队：认识到需要什么样的领导力

当史蒂夫·科尔（Steve Kerr）刚担任金州勇士队（Golden State Warriors）的教练

时，他发现必须变革。但他极力避免一出现新领导者，就宣布改变球队文化的现象，因为这可能是一种蛮横无理的行为。科尔专注于关键领域，比如球队的传球数在联盟垫底。因此科尔为球队设定了一个目标，即通过每场比赛 300 次的传球跻身联盟传球排名前五的球队。[90]科尔的努力似乎得到了回报，在科尔担任金州勇士队教练的第一个赛季，球队创下了 69 年历史上的最佳战绩，该赛季也是 NBA 历史上最好的赛季之一。[91]

接下来的一个赛季，科尔的背疼得很厉害。事实上，他的身体情况过于糟糕以至于他错过了赛季的前 43 场比赛。他不在的时候，科尔依靠他的高级助理卢克·沃顿（Luke Walton）开展训练。在沃顿的领导下，球队的战绩是 39 胜 4 负，这是不可思议的。在之后的季后赛中，另一位助理教练（迈克·布朗（Mike Brown））见证了 12 场胜利，没有一场失败。沃顿和布朗的努力当然值得称赞，而科尔则致力于培养和授权两位助理，并作为导师提供建议。[92]

2018 年初，当金州勇士队陷入困境时，科尔认为，球员需要做的是自我指导。2018 年 2 月，在对阵菲尼克斯太阳队（Phoenix Suns）的一场比赛中，安德烈·伊戈达拉（Andre Iguodala）负责训练，贾维尔·麦基（JaVale McGee）负责电脑运算，其他球员则在团队会议上分析影片。在那天晚上的比赛中，伊戈达拉、大卫·韦斯特（David West）和德拉蒙德·格林（Draymond Green）在暂停期间轮流担任教练，而受伤的格林则在比赛的大部分时间里负责监督球队。科尔用这样的话来解释这些举动："我上个月并没有联系他们。因为他们已经听腻了我的声音。我也厌倦了我的声音……我们只是觉得今晚可能是个好机会来变个戏法，做点不同的事情……作为教练，我们的工作是把他们推向正确的方向，引导他们，但我们不能控制他们。他们要自己决定自己的命运。"这招似乎奏效了。当晚，金州勇士队以 40 多分的大比分优势战胜了菲尼克斯太阳队。[93]

科尔领导力的另一个方面是，他坚持自己的信念。记者问了他一些关于当前的事件是如何影响他的球队的问题。他可以很容易地回避这些问题，特别是当他们在比赛前询问他的时候。当被问及有争议的问题时，大多数教练都保持沉默，因为他们担心球队老板或赞助商会怎么想。相反，科尔花时间来解释他的立场和他认为正确的事情。金州勇士队总经理鲍勃·迈尔斯（Bob Myers）说："史蒂夫·科尔没有什么隐秘的计划，他就是直抒胸臆，说出他的想法，并以这种方式生活，且努力支持它。"[94]

◆ **问题讨论**

1. 在这个案例中，你看到了什么样的领导模式、理论或概念？列出并描述。

2. 你认为什么样的情境或什么样的领导行动对球员开展有效的自我训练是必要的？

3. 这个案例说明了追随力（以及领导者与追随者之间的关系）是什么？

4. 谈论当前热点话题的优点和缺点是什么？这种方法在哪些方面增进或削弱了科尔作为领导者的力量？

注 释

第 V 篇 管理实践

Management Practice

管理者的困境

作为一名新员工，如果你的老板要求你做事，但你不得不承认你不知道怎么做的时候，你的感觉如何？我们大部分人可能都会感到相当不妥和无能。尤其是在遭遇这样的问题之后，你和老板一起回家了——因为你们是室友而且从四年级开始就是好朋友，如此想来这是多么奇怪和别扭的一件事。这正是约翰（John）、格伦（Glen）和库尔特（Kurt）所要面对的局面。约翰和库尔特是一家软件公司的员工，而这家软件公司是他们的朋友格伦和其他四个合伙人一起创办的。该公司现在有 39 名员工，而这些好朋友发现当工作和友谊掺杂在一起时会很复杂。在家，他们是平等的。他们分享一套三室的高级公寓，分担家务和其他杂事。然而，在工作上，平等是不可能的。格伦是约翰的上司，而库尔特的上司是另一位公司经理。最近，公司搬到一个新的办公地点。作为公司四人管理团队的一员，格伦有一间带窗户的转角办公室。约翰被分配到了一个小隔间，在分配办公室时，格伦没有站出来为他说话，这让约翰很恼怒。然而，约翰并没有抱怨，因为他不想仅仅因为他和格伦的友情而得到一间办公室。另一个已有苗头的问题是室友们在比较谁工作得更晚。库尔特的上司觉得他已经快筋疲力尽了。当讨论公司的绩效时，往往会出现尴尬的时刻。当格伦想要好好谈谈有关工作的问题时，他不得不停止。问题很明显，但大家都在逃避。如果该软件公司被一家更大的公司买下，格伦（和他的三个合伙人）会赚很多钱，这就会给他的室友们带来一些奇妙的情绪问题。虽然有个看似很简单的解决方法是搬出去，但房子太贵了，而且他们是好朋友。

将你自己放到格伦的位置。运用你在第 V 篇学到的有关个体行为、沟通、员工激励和领导的知识，你会如何处理这种情况？

全球观

正如你在本篇内容中所发现的，员工投入对于管理者而言很重要。管理者希望员工可以与他们的工作紧密联系，对工作感到满意并抱有热情，即投入工作。为什么员工投入如此重要？员工投入水平是组织健康和最终商业成功或失败的指标。关于全球员工投入水平的最新数据显示，只有 15% 的员工对自己的工作很投入（在 155 个国家进行调查）；66% 的员工对自己的工作并不投入，还有 18% 的员工主动游离于工作之外。也就是说，全球仅有 15% 的员工说他们对自己的工作充满热情并与之紧密相连。东亚地区的员工投入水平最低，仅为 6%。美国和加拿大具备最高的员工投入水平，将近 34%。拉美地区紧随其后，投入水平约为 27%。中东和北非地区的员工对工作的游离程度最高。[1]

管理者可以做些什么来使得员工投入并保持这份投入？管理者可以作出以下努力：提供职业晋升的机会、表扬员工、树立良好的企业声誉。

根据你在第Ⅴ篇学到的内容，探讨以下问题：

- 你认为全球经济下行和一个国家的文化之类的外部因素在员工投入水平中起到什么作用？请详细讨论。
- 一个组织的激励项目在员工是否投入中起到什么作用？请详细讨论。
- 一个管理者的领导风格如何影响员工的投入水平？请详细讨论。
- 管理者应该如何通过沟通来影响员工的敬业度？
- 你认为 Y 世代员工（生于 1978—1994 年）和 Z 世代员工（生于 1995—2015 年）对工作会更加不投入吗？请讨论之。

连续案例

星巴克——领导

当人们被组织雇用或融入组织时，管理者必须监督和协调他们的工作以便追求和实现组织目标。这就是管理中的领导职能，而且是一项重要的职能！然而，领导职能也会变得很有挑战性。成功地管理人意味着理解他们的看法、行为、人格特质、个人努力、动机、冲突等。星巴克一直努力创造一种工作环境，在这种环境下员工（伙伴）受到激励并且想要尽自己最大的努力来工作。霍华德·舒尔茨说他相信每个地方的人都有同样的渴望——被尊重、被重视以及被感激。

星巴克的沟通

保持全方位的组织沟通对星巴克来说很重要。凯文·约翰逊在担任星巴克首席运营官时就经常光顾星巴克，现在他担任首席执行官。这一举动不仅让他更好地了解到在门店发生的事情，也为员工提供了一个与公司高层对话的机会。约翰逊发起了“伙伴关系之旅”(Partner Connection Tours)，该活动从伙伴分享他们的生活历程开始，而后讨论他们心中的其他事情。根据约翰逊的说法，“伙伴关系之旅”教会了他用心倾听，并更好地理解公司正在发生的事情。约翰逊还举办了公开论坛，以问答形式接触更多员工。最后，不仅约翰逊使用星巴克内部社交媒体工具 Workplace 的现场直播功能与门店经理联系，而且 80% 的门店经理也会使用这个工具与伙伴和其他星巴克经理沟通。

大多数人可能会认为，凯文·约翰逊担任首席执行官期间面临的最大挑战是 2018 年费城一家星巴克门店发生的事情——两名非洲裔美国人在等朋友时被要求离开星巴克，最后遭逮捕。约翰逊在事件发生后的第二天就飞到费城会见了这两人，同时发布了道歉视频，紧接着会见了警察局局长和市长，最后解雇了该门店的经理。他还建议星巴克关闭所有美国门店以进行一次种族歧视培训。约翰逊说，在这样做的过程中，他意识到是时候采取星巴克曾在 2008 年实施的措施了，当时所有的美国门店都关闭了，以重新培训咖啡师的咖啡体验感。在 2008 年，星巴克的重点是重申为客户提供咖啡体验的重要意义。时间快进到 2018 年，公司当天关闭门店是为了重申公司的承诺，即为每一位顾客创造安全、友好的环境。

星巴克——聚焦个人

星巴克在全球已有大概 33 万名全职和兼职员工，从第一天起对于约翰逊而言很重要的一件事便是他与员工之间的关系。约翰逊认识到，照顾好员工是确保这些员工营造积极客户体验的关键途径。事实上，约翰逊指出，他明白在门店层面减少员工离职率会如何影响员工与顾客的沟通。星巴克的员工流动率仅为行业平均水平的 20%。据星巴克估计，每一名小时工的离开，要花掉他们 2 000 多美元。因此，保持低离职率对公司的利润也大有益处。

星巴克通过一项名为“合作伙伴视角”的态度调查来展示其对员工的关心。它衡量员工的总体满意度和参与程度，即员工与公司的联系程度。对于星巴克来说，这是一种有效显示它关心员工的想法的方式。例如，一项员工调查显示，更灵活的着装于员工而言很重要。于是星巴克修改了着装规定，同时允许有明显的文身（脸上和喉部的除外）、小鼻钉和耳垂上较大的穿孔（根据调查反馈）。然后，在 2016 年，星巴克的员工可以染发，可以穿除了黑白以外颜色的浅色衬衫，也可以穿深色水洗牛仔裤，戴浅顶软呢帽。星巴克试图在公司的品牌形象和声誉与回应员工诉求之间取得平衡。

星巴克在照顾员工方面做得很好，但也有需要改进的地方。在 Glassdoor 网站上，星巴克员工给公司的评分为 3.8 分（满分 5 分）。员工经常评论说，他们喜欢公司的福利和晋升机会。然而，大多数星巴克门店快节奏的工作环境对他们而言是具有挑战性的，许多星巴克的员工对此也发表了评论。在加州法院审理的一起案件中，一名前星巴克值班主管解释说，星巴克曾表示其值班主管在完成关店任务之前就可以打卡下班，但打卡下班后，值班主管还要向总部提交销售和库存数据，带同事们走到他们的车上，启动商店的警报装置，并为防止夜间盗窃上锁。法院裁定，星巴克需要为这些工作向值班主管支付报酬，而星巴克一直在履行这一裁定。

星巴克表示，它希望员工能够在某一刻真正与顾客建立联系，愿意学习并在帮助其他团队成员的同时完成工作。正如你所看到的，理想的星巴克员工应该有个人的优势，且他们应该能够作为一个团队的一部分工作。特别是在零售商店的环境中，每个人必须以团队为单位一起工作，以提供顾客所期望的体验。

星巴克——激励员工

霍华德·舒尔茨小时候的一段故事从某些方面塑造了他待人的哲学。舒尔茨的父亲曾在多个蓝领岗位辛勤工作。然而，当他不工作时就没有工资了。舒尔茨 7 岁时，他父亲的踝关节受伤了，整个家庭“没有收入，没有健康保险，没有工人补贴，没有任何可以依靠的东西”。他父亲受伤休养无法工作的场景给幼小的舒尔茨留下了深刻的印象。很多年后，他父亲死于肺癌，“他没有存款，没有退休金，更重要的是，他从未在他认为有意义的工作中获得成就感和尊严”。他父亲经历的各种糟糕的工作环境对舒尔茨造成了很大的冲击，他发誓如果他“处于一个能有所作为的位置，他一定不会抛下自己的员工”。这些个人经历也塑造了星巴克关心员工的方式——公司与每一位员工的关系和承诺。

星巴克对待合格的全职和兼职员工的一个最佳体现就是它的整体福利体系，包括有竞争力的基本工资、奖金、完整的健康计划、带薪休假、股票期权、储蓄计划和员工特权（包括每周一磅咖啡）。虽然不同的区域和国家具体的福利不同，但全球所有星巴克的员工都享受到“整体福利”的理念。例如，在马来西亚和泰国，除了健康保险、带薪假期、病假以及其他福利，星巴克会给员工提供额外的培训机会来推动他们的职业生涯。在土耳其，星巴克员工的“整体福利”计划包括交通补助和提供免费治疗的企业医生。

员工认同度对星巴克来说很重要。该公司具有多个正式的奖励项目，员工可以将其作为彼此鼓舞、奖赏和激励的工具。公司有针对个人和团队的绩效奖励、周年奖和全公司范围的奖励（如季度最佳伙伴）。这些奖励的范围甚广，从正式的公司奖励到非正式的同事给予的特别感谢（他们称之为“绿围裙奖”）。

为了帮助那些面临特殊困难情况（例如自然灾害、火灾、疾病）的员工，星巴克设立了一个 CUP（关心部门伙伴）基金来给他们提供财务支持。在 2017 年的哈维飓风之后，得克萨斯州 2 000 多名员工从 CUP 基金收到了超过 100 万美元的补助。

2018 年，星巴克被《公司》（*Inc.*）杂志评为 50 家最佳工作场所之一（在榜单上排名第 21 位），同时也被 Glassdoor 评为 100 家最适宜工作的公司。星巴克自 2013 年起就没有进入《财富》杂志的最佳雇主 100 强榜单，但在此之前它已经连续 15 年入选该榜单。和很多公司一样，在最近一次的艰难的经济形势中，星巴克不得不作出一些困难的战略决策。虽然面临这些挑战，但星巴克曾连续 15 年入选最佳雇主 100 强是它友善对待员工的最好证明。然而，在没有入选最佳雇主 100 强之后，员工调查显示星巴克有很多潜在的问题需要解决。

星巴克——培养领导力

对霍华德·舒尔茨来说，成为一位伟大的领导者意味着确定组织需要遵循的路径，然后在员工中创造足够的信心，让他们遵循这条路径，而不是走更容易的路线。他还说，领导者，特别是成长型公司的领导者，需要忠于那些指导他们开展业务的价值观和原则，不要让这些价值观被增长的雄心冲毁。凯文·约翰逊的领导力与舒尔茨非常相似。当谈到他在星巴克的领导力时，约翰逊反复提到，对他来说，每一天都忠于星巴克的使命和价值观是多么重要。当搞清楚公司需要做什么之后，问题就变成了星巴克在多大程度上完成了激励和培育员工精神的任务。自 1982 年起，霍华德·舒尔茨以符合道德约束和负责任的方式领导星巴克，他的领导让公司得以成功发展，并实现和超越了企业目标。从公司指导原则的树立到多种创新战略计划，舒尔茨从未偏离他有关星巴克可以成为什么和应该成为什么的信仰。2011 年，《财富》杂志提名舒尔茨为年度商业人物。

凯文·约翰逊经常讲述一个转折点的故事，这个转折点决定了他作为领导者继续行进的方向。在担任科技公司瞻博网络（Juniper Networks）首席执行官期间，约翰逊被诊断出患有皮肤癌。但他一直把事业置于健康之上，直到有一天，在机场候机的时候，他意识到自己把事情的轻重缓急搞错了。所以他取消了航班，缩减了工作量，承诺只做让自己开心的事。他生活中的这一事件可能促使星巴克决定为需要请假照顾生病家人的员工提供带薪福利。约翰逊还表示，他生活方式的改变让他从一个以理性方式理解商业的领导者变成了一个兼顾感性与理性视角的星巴克领导者。约翰逊说，这种感性的理解对他的领导能力很重要，因为星巴克是一家以实现其使命为核心的公司。

星巴克还意识到让全公司的员工具备出色领导技能的重要性。在为高层管理者提供领导力开发培训之外，星巴克还通过培训那些特别优秀的“顾客服务代表”员工来促进其领导能力的发展。这一培训以非现场会议的形式提供。此外，星巴克还向组织内所有级别的管理者提供额外的培训课程，以进一步培养他们成为领导者。

◆ **讨论题**

1. 你认为凯文·约翰逊在“伙伴关系之旅”活动中使用了哪一种沟通功能？当他在工作场所使用内部社交媒体工具时，沟通功能有什么不同吗？讨论该问题。

2. 对于在繁忙的星巴克工作的员工来说，有效沟通的潜在障碍是什么？门店经理应该做些什么来减少这些障碍？

3. 除了通过态度调查来询问员工的意见，星巴克的管理者还能采取什么措施确保员工拥有尽可能积极的态度？

4. 看一下对星巴克所追求的员工类型的描述。在管理这些类型的员工时，有可能产生什么样的个人行为问题？（考虑一下态度、人格等。）有可能产生什么样的团队工作问题？（考虑一下什么让团队取得成功。提示：一个人可以自我激励、充满热情以及成为优秀的团队成员吗？）

5. 根据不同的人格特质理论讨论一下“理想”的星巴克员工。

6. 用你自己的话来描述一下星巴克努力创造的工作环境。这样的工作环境对激励员工有什么作用？

7. 根据图表16-6中的工作特征模型，为兼职时薪员工重新设计工作使其更有激励性。同样，为门店管理者重新设计一份更有激励性的工作。

8. 描述凯文·约翰逊的领导风格。他的方法是否适用于其他类型的组织？为什么？

9. 星巴克在领导职能方面做得对吗？他们做错了什么吗？请解释之。

10. 公司的哪条使命与价值观（见公司网站）影响了管理的领导职能？请解释你所选择的使命与价值观内容如何影响星巴克的管理者处理以下问题：(a) 沟通问题；(b) 个人行为问题；(c) 激励技巧；(d) 领导风格或方法。[2]

注　释

第 Ⅵ 篇

控　制

第18章 监管和控制

Monitoring and Controlling

学习目标

18.1 解释控制的本质和重要性。
18.2 描述控制过程的三个步骤。
18.3 解释如何控制组织绩效和员工绩效。
18.4 描述用于测量组织绩效的工具。
18.5 讨论当代的控制问题。

就业技能矩阵

		批判性思考技能	沟通技能	合作技能	知识运用与分析技能	社会责任技能
技能盒子	这是你的职业	✓	✓		✓	
	工作场所的秘密	✓	✓		✓	
技能实践	道德困境	✓				✓
	技能练习	✓			✓	
	共同工作			✓	✓	
	学习成为管理者	✓	✓		✓	
案例	案例应用	✓			✓	✓

苏拉杰·萨马鲁（Suraj Samaroo）在马里兰州宜家的一家呼叫中心工作。[1]在掌握了这家家具公司的电话和邮购系统后，萨马鲁开始通过为那些根本没有退货的顾客所买的东西退款来牟利，并以篡改库存记录的方式来掩盖阴谋。不到一年，他就盗窃了近 40 万美元。

美国社会保障局（US Social Security Administration）曾错误地向 740 名已故受益人支付了大约 1 700 万美元的退休金。[2]

同时，一份机场安检报告揭示了一项骇人的统计数据：在 95%的时间里，安检人员都让伪装后的炸药和武器顺利通过安检环节。[3]

以上是组织控制不力的例子。它们表明，无论一个组织的计划多么有效，结构多么严密，都有出错的可能。在本章中，我们将探讨控制体系在确保组织成功实现目标方面的重要意义。

18.1 什么是控制？控制为什么重要？

18.1.1 什么是控制？

控制是管理过程的最后一步，但我们具体想用这个词来表达什么意思呢？

控制（controlling）是监控、比较和纠正工作绩效的过程。所有的管理者都需要控制，即便他们所在部门的表现完全符合计划，因为除非管理者已经评估哪些行为得到了实施并且将实际的绩效和预期标准进行了比较，否则他们很难真正知道绩效结果。有效的控制可以确保所有的行动都是按照实现目标的方式完成的。因此，控制是否有效取决于它们如何帮助员工和管理者实现他们的目标。[4]

在组织中应用控制并不是什么新鲜事。例如，在古代中国和埃及就发现了会计和审计的做法。在近代，弗雷德里克·泰勒、亨利·法约尔和马克斯·韦伯（见管理史附加模块）在其 20 世纪早期的著作中直接提出，随着工业经济的到来，制订控制方案十分必要。他们引入了科学培训员工、建立权力结构、实施正式规章制度等概念，确保工作与管理层设定的目标一致。

18.1.2 控制为什么重要？

人们可以制订计划，可以建立组织结构来帮助目标的有效实现，也可以通过有效的领导来激励员工。但这些并没有确保所有的行动都按计划执行，并且无法确保员工和管理者为之努力奋斗的目标真正得以实现。因此，控制很重要，因为它是管理职能链中的最后一环。控制职能的价值体现在三个具体的方面：计划、员工授权、保护工作场所。

在第 8 章，我们对目标进行了描述，目标作为计划的基础，为员工和管理者指明了具体的方向。然而，仅仅明确目标或让员工接受目标并不能确保他们已经采取了完成这些目标的必要行动。老话说得好："完美的方案往往会出错。"有效的管理者会采取措施跟进以确保员工要做的事已经真正完成以及目标已经逐步实现。管理者实施控制的第一个原因是控制提供了反馈到计划的关键纽带（见图表 18－1）。

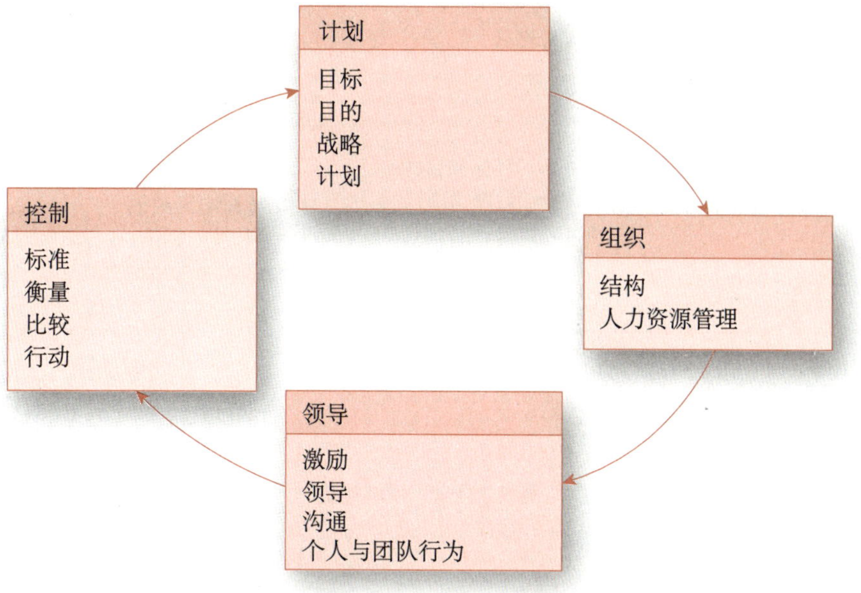

图表 18-1 计划-控制链

控制之所以重要，第二个原因在于员工授权。很多管理者不愿意进行员工授权，因为他们害怕万一出错自己要承担责任，所以他们更多被亲力亲为的工作方式吸引。然而，如果管理者开发出一种有效的控制系统，这种不愿授权的情况就会减少。这样的控制系统可以提供有关他们授权员工的绩效信息和反馈。有效的控制系统很重要，因为管理者需要授权。但由于他们对员工的决定负有最终责任，管理者也需要反馈机制。

管理者实施控制的第三个原因是保护组织和组织的资产。当今的环境会给组织带来诸如自然灾害、财务丑闻、工作场所暴力、全球供应链断裂、违反安全条例的行为甚至是可能的恐怖袭击等重大威胁。管理者必须在这些可能发生的事件中保护组织的资产。全面控制和应急计划可以帮助确保将这些事件对工作的影响降至最小。管理者有责任保护组织的资产免受此类事件的威胁。全面的控制和后备计划将有助于确保工作中断的风险最小化。

18.2 控制过程

控制过程（control process）包括三个独立而不同的步骤：(1) 测量实际绩效；(2) 比较实际绩效和绩效标准；(3) 采取管理行动纠正偏差或不合理标准（见图表 18-2）。在详细考虑每个步骤之前，你应该知道控制过程假设已经存在绩效标准。这些标准是衡量进展的具体指标。它们是在计划职能中创建的。如果管理者使用目标管理，那么根据定义，目标应该是有形、可验证和可衡量的。在这种情况下，这些目标就是衡量和比较进展的标准。如果没有实行目标管理，那么标准就是管理层使用的具体绩效指标。我们的观点是，这些指标是在计划职能中设计的，因此计划要先于控制职能。

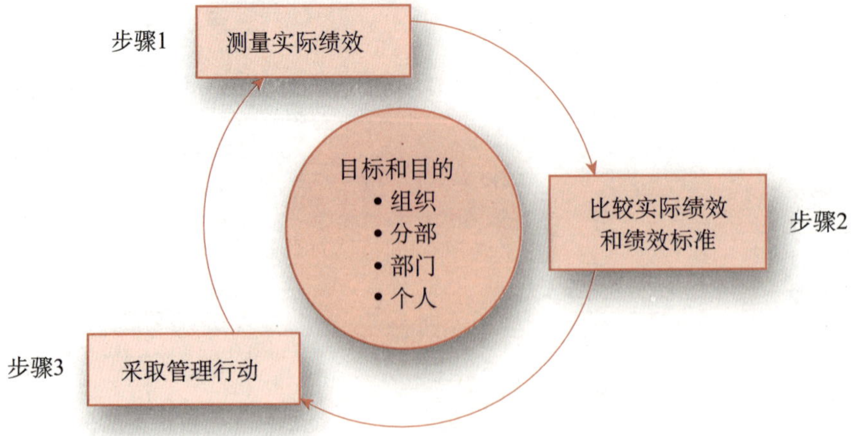

图表 18-2 控制过程

18.2.1 步骤 1：测量实际绩效

在确定实际绩效究竟如何之前，管理者必须首先获取有关实际绩效的信息。所以，控制的第一步是测量。让我们从考虑如何测量以及测量什么开始。

如何测量 管理者用来测量和报告实际绩效的五种方法是：个人观察、统计报告、自我监控计算机、口头报告和书面报告。

个人观察提供了一手而密切的实际活动信息，且没有被其他人过滤。这种方式可以观察到主要与次要的绩效活动，并为管理人员提供了解细节的机会。比如，**走动管理**（management-by-walking-around）可以发现遗漏的信息、员工的面部表情和声调，这些都可能被其他信息来源忽略。遗憾的是，在一个认为定量信息具有客观性的时代，个人观察往往被认为是较差的信息来源。因为人们容易受到知觉偏见的影响，某一管理者看见的东西可能另一位管理者看不到。同时，个人观察也会消耗大量的时间。最后，这种方法会受到干扰，员工可能会将管理者的公开观察行为解读为对自己缺乏信心或不信任。

管理者也越来越依赖统计报告衡量实际业绩。此种途径的信息包括计算机输出数据、图形和任何形式的数值。管理者可以用它们来评估绩效。虽然统计数据很容易实现可视化，且可以有效地显示关系，但它们提供的有关活动的信息是有限的。统计数据往往只报告几个关键部分，而常常忽略其他重要因素。

自我监控计算机很可能成为未来的信息源。一切事物的计算机化——有时也被称为物联网——正在重塑管理者在控制过程中的角色。智能手机、机械、机器人、跟踪设备等通过传感器收集数据，并开展纠偏或向管理层发出问题警报。随着计算机开始感知、思考和行动，人类干预变成了一种选择，而非必需的行为。但要确定计算机控制措施的有效性还为时过早。目前存在的一个问题是，员工要如何面对一项可以监控他们的每一个动作的技术——从电脑键盘上的每一次敲击，到他们在大楼中的位置。

口头报告包括通过正式会议、会谈、一对一沟通或电话沟通进行的口头报告。虽然这些信息已经被过滤了，但口头报告快速高效，可以接收反馈，并且允许通过表达方式、语音语调以及词语本身来传递信息。

实际绩效也可以通过书面报告来测量。它们比一手或者二手口头报告要慢，但更正式。这种形式也往往比口头报告更全面和简洁。此外，书面报告通常很容易编目和引用。

测量什么 对于控制过程来说，测量什么可能比我们如何测量更关键。如果选择错误的标准，可能会导致严重的功能失调的结果。[5] 许多年前就有一个例子证明了这一点[6]：某城市雇用的一名顾问注意到，城市的警察一到值班的时间，就把巡逻车开到穿过小镇的高速公路上，从城镇的一边到另一边来回转。虽然这与有效的警务工作没有多大关系，但当这位顾问了解到市议会是根据巡逻车的里程表上的累积里程数来衡量警务效率时，这一切就都说得通了。

有些控制标准在管理情境中是通用的。例如，任何管理者都要与人打交道，所以通常都要测量员工满意度、流动率以及缺勤率等指标。根据预算控制成本同样是一项常规的控制标准。其他控制标准适用于管理者不同的管理活动。如一个比萨外卖店的经理可能会采用每天外卖比萨饼的数量、手机订单和网络订单的平均派送时间、优惠券的使用情况等指标。一个政府机构的管理者可能会采用每天的申请打印数量、每小时完成客户诉求的情况或者进行文书工作的平均时间等控制标准。

大部分的工作活动都能用有形的和可测量的方式表现出来。当一项业绩指标无法用量化的方式表述时，管理者应该寻找并使用主观的测量标准。尽管这些测度方式可能有局限性，但总比没有标准和忽略控制功能要好。

18.2.2 步骤 2：比较实际绩效和绩效标准

比较步骤判断了实际绩效和绩效标准之间的偏差。虽然所有的行动中都会出现一些绩效偏差，但确定一个可接受的**偏差范围**（range of variation）至关重要（见图表 18－3）。超过该范围的偏差需要得到重视。让我们通过一个例子来阐述。

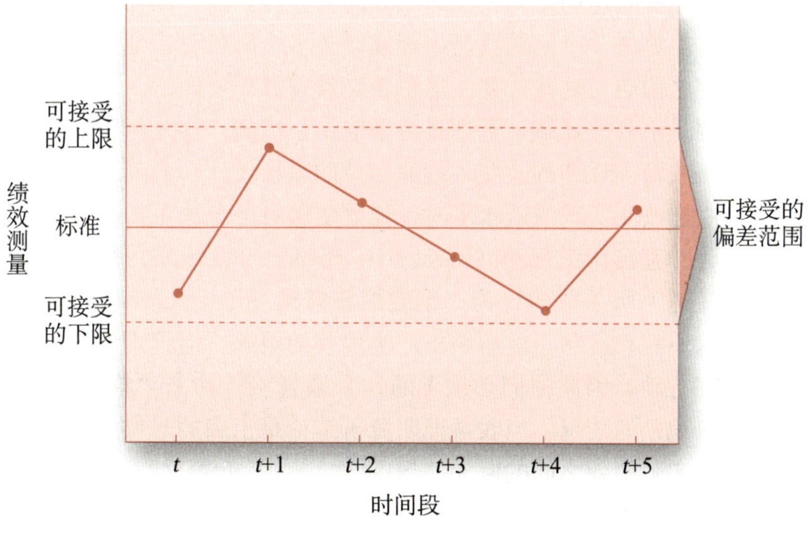

图表 18－3 可接受的偏差范围

克里斯·坦纳（Chris Tanner）是绿色地球园艺供应公司（Green Earth Gardening Supply）的一名销售经理，该公司是太平洋西北地区专业的植物和种子经销商。克里斯要在每个月的第一周准备一份有关上月销售情况的报告，按照产品系列来划分。图表18-4展示了6月份的销售目标（绩效标准）和实际销售数据（实际绩效）。看到数据之后，克里斯应该担心吗？实际销售比预先设定的目标稍高，但这是否能说明不存在显著的偏差？这取决于克里斯对“显著”的理解，也就是说，超过可接受的偏差范围。虽然整体绩效是相当乐观的，但某些产品系列需要更密切的关注。例如，如果纯种种子、球根花卉和一年生开花植物的销量持续超过预定目标，克里斯可能需要从苗圃多预订一些植物以满足消费者的需求。因为蔬菜苗的销量低于预定目标15%，克里斯可能需要更加关注它们。如这个例子所示，过高或过低的偏差可能都需要得到管理关注，这也正是控制过程的第三个步骤。

图表18-4 绿色地球园艺供应公司6月份的销售

产品	绩效标准	实际绩效	超过（低于）
蔬菜苗	1 075	913	(162)
多年生开花植物	630	634	4
一年生开花植物	800	912	112
草本植物	160	140	(20)
球根花卉	170	286	116
开花灌木	225	220	(5)
纯种种子	540	672	132
总计	3 600	3 777	177

18.2.3 步骤3：采取管理行动

管理者可以在三种备选行动方案中选择：什么都不做、纠正实际绩效或修改绩效标准。因为“什么都不做”不需要多加说明，所以我们来看一下其他两项。

纠正实际绩效 体育教练明白纠正实际绩效的重要性。在一场比赛中，他们会经常纠正一个队员的行动。但如果一个问题反复出现或涉及多个队员时，他们就会在训练中投入时间，在下一场比赛之前纠正这些行动。这也正是管理者需要做的。

如果变化的来源是不良的业绩，管理者将采取纠正措施。这些纠正措施的例子可能包括战略、结构、薪酬或培训计划的改变，就业岗位的重新设计，或者人员的更替。

当一位管理者决定改变实际绩效水平时，他需要做另一个决策：是否该立刻采取行动或者基本的纠偏行为？**直接纠正行动**（immediate corrective action）是为了立即纠正问题以使绩效回到正确轨道上所采取的行为。**彻底纠正行动**（basic corrective action）是首先考察绩效偏差产生的原因和机制，然后纠正产生偏差的根源。但管理者通常会认为他们没有时间采取彻底纠正行动，因此他们必须不断地采取直接行动来“救火”。然而，卓有成效的管理者会分析有偏差的情况，当收益证明分析结论是正确的时候，管理者就会花时间彻底纠正绩效标准和实际绩效之间的巨大差异。

修改绩效标准 导致偏差的原因也有可能是不现实的标准——一个过低或者过高的目标。在这种情形下，需要对标准而非实际绩效实施纠正行动。如果实际绩效持续超过目标，那么管理者应该看一看设定的目标是否太过简单，需要提高标准。此外，管理者必须对降低标准谨慎行事。当员工或团队失败时，从预定目标上找原因是很自然的事情。例如，在考试中取得低分的学生经常会质疑给分标准太严格。他们不愿意接受自己成绩不佳的事实，而会争辩说给分标准不合理。同样，没有达到月度标准定额的销售人员经常想归咎于不切实际的销售定额。或许标准真的定得有点高，导致了十分显著的差距，并打击了该标准之下的员工的积极性。但是请记住，如果员工或者管理者未达标，他们能想到的第一件事就是攻击标准本身。如果你坚信你的标准合理，那就要坚定自己的立场。你需要向他们解释自己的立场，并重申你希望他们在未来可以改善自己的绩效，并采取必要的纠正行动让期望变成现实。

18.2.4 总结

图表 18-5 总结了管理者在控制中所做的决策。其中，标准由目标演变而来，但是因为目标是在计划过程中形成的，所以它们与控制过程是不相关的。这个过程本质上是测量、比较和管理行动之间的连续流动。根据比较阶段的结果，管理层的行动方针包括：什么都不做、纠正绩效或修改标准。

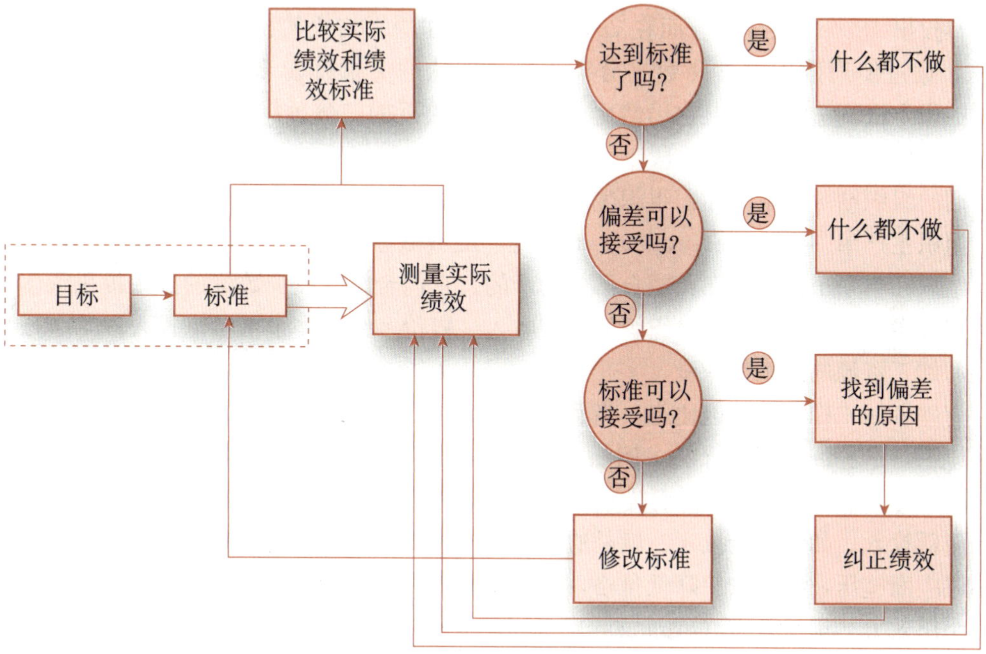

图表 18-5　控制过程中的管理决策

18.3 控制组织绩效和员工绩效

成本效益，顾客在电话接通之前的等待时长，顾客对于所提供服务的满意程度，这些仅仅是竞争激烈的呼叫中心服务行业的管理者所测量的几项重要的绩效指标。为了作出有效决策，这个行业的管理者想要而且需要这类信息来管理组织和员工的绩效。各行各业的管理者都要对管理组织和员工绩效负责。

18.3.1 什么是组织绩效?

当你听到“绩效”这个词，你会想到什么？当地社区的管弦乐队举办的夏季夜晚音乐会？在激烈的奥运会比赛中奋力冲向终点的运动员？西南航空公司在佛罗里达州迈尔斯堡机场的一名登机管理员尽可能高效地让旅客们登机，实现 20 分钟全员登机的目标？绩效可以是所有这些事。**绩效**（performance）是一项活动的最终结果。不管这个活动是音乐会或比赛之前数小时的高强度训练，还是尽可能有效率且有成效地完成工作职责，绩效都是这些活动的结果。

管理者关心的是**组织绩效**（organizational performance）——所有组织活动的累积结果。这是一个多层面的概念，但管理者需要理解对组织绩效有影响的因素。

18.3.2 组织绩效的测量

NBA 球员比前几年投出了更多的三分球，这并非偶然。[7] 2012 年，NBA 球队平均每场比赛投出 18.4 次三分球。而在 2017 年，三分球的平均投篮次数增加了近 50%，达到 27 次。通过使用数据科学和数据分析手段，球队的分析师发现，尽管一个三分球只有 35%的机会进到篮筐内，但它仍然比一个离篮筐更近的二分球得分更多。在这种情况下，数据分析作为一种绩效测量手段，可以帮助教练提高组织绩效。在本节中，我们将看看三种常用的组织绩效测量指标：组织生产率、组织效力和行业及公司排名。

组织生产率 **生产率**（productivity）是产品或服务的总产出除以产生这些产出的总投入。组织和单个工作部门都希望自己是高产的。它们希望以最少数量的投入提供最多的产品和服务。产出用产品卖出时组织的销售收入（售价×销量）来衡量。投入以为了产出而购买和加工资源的成本来衡量。

管理者的工作是提升该比率。当然，最简单的方法是提高产出的价格。但在今天的竞争环境中，这也许是不可行的。例如，沃尔玛很难实现每天低价的目标，因为它已经为 120 万工人增加了工资，并且面临着来自开市客等零售商的激烈竞争。[8] 唯一的可行途径就是降低投入。如何降低投入？就是通过更有效率的工作降低组织费用。沃尔玛一直在向产品供应商施压，要求它们降低价格，以减少开支并保持有竞争力的商店价格。[9]

组织效力 **组织效力**（organizational effectiveness）是对组织目标的合适程度及实现程度的测量。这是管理者的底线，也是在制定战略、工作活动以及协调员工工作时对管理决策的指导。

行业及公司排名 排名是管理者衡量自己组织绩效的一种常用方法。正如图表 18 - 6 所示，这种排名无所不在。排名取决于具体的绩效测量指标，每个排名清单上的指标都不相同。例如，《财富》的最佳雇主榜单是这样得出的：随机挑选成千上万名员工，让他们填写一份优秀雇主信任指数问卷，根据问卷的回答以及成千上万的公司管理者填写的材料选出最佳雇主，这些材料包括最佳雇主研究所设计的一种企业文化审计。这些排名可以向管理者（和其他人）展示相比于其他公司，自己公司的绩效如何。韦格曼斯食品超市

（Wegmans Food Markets）就是一个很好的工作场所。自 1998 年起，它每年都入选《财富》杂志的榜单。[10]毫不奇怪，该公司 96%的员工表示他们有很棒的老板和丰厚的奖励，97%的员工表示他们的工作氛围很棒。[11]

图表 18-6 热门的行业及公司排名

《财富》（www. fortune. com） 《财富》500 强企业 全球 500 强企业 最受尊敬的公司 最佳雇主 100 强 增长最快企业 100 强 **《福布斯》（www. forbes. com）** 全球最大的上市公司 **《公司》（www. inc. com）** 快速增长的私人企业	**《产业周刊》（www. industryweek. com）** 《产业周刊》1 000 强企业 《产业周刊》美国 500 强企业 最佳制造企业 500 强 《产业周刊》最佳工厂 **顾客满意度指数** 美国顾客满意度指数——密歇根大学商学院 顾客满意度测量协会（Customer Satisfaction Measurement Association）

这是你的职业　如何成为给予反馈的高手

管理工作与事业成功的关键在于了解如何给予有效的反馈。

人人都需要反馈。如果你想要人们做到最好，那么你需要让人们了解他们哪些做得很好，而哪些需要改进。这也是为什么提供反馈是一项十分重要的技能。但有效提供反馈是件麻烦事。所以我们经常发现管理者有时不想进行反馈，或者做了些没有发挥任何积极影响的反馈。

如果你采用下面的具体建议，你在提供反馈的时候会更顺畅有效[12]：

1. 直接关注具体行为。反馈应当是具体的而不是概括性的。要避免诸如“你态度不好”或“你干得不错，我印象很深刻”之类的表述。尽管这些表述也提供了信息，但它们是模糊不清的。因为它们并没有告知关于如何改正“不良态度”的充足信息，或是基于什么得出了“你干得不错”这一结论。但个体只有了解这些，才能知道要保持或者避免什么行为。

2. 从实际出发。反馈要关注什么可以改变。当人们得到关于他们无法控制的事物的评价，这通常是令人十分失望的。

3. 保证反馈并非个人化。反馈应当是描述，而不是批判或者是评估，尤其是负面评价。无论你如何失落，也要将反馈聚焦在工作相关的行为上，不要从个人化的视角出发批评某人的不合时宜的行为。

4. 保证反馈目标导向。以“发泄”和“超负荷”的方式向某人提供反馈是不应当的。如果你不得不向某人提供一些负面的反馈，确保提供的反馈与接收者的目标直接相关。扪心自问，反馈用来帮助谁？如果不是别人而是你自己，你最好不要作出评价。这种反馈会降低你的信誉，也会减轻你未来反馈的意义和影响力。

5. 知晓何时给予反馈——让反馈恰逢其时。当接收者的行为与反馈的时间间隔很短时，反馈才最有意义。此外，如果你特别关注改变行为，那么延迟对不良行为提供反馈就会减少反馈带来有效改变的可能性。当然，如果你没有足够的信息，如果你很生气，或者你心烦意乱，仅仅为了及时给予反馈而作出决定，那么可能会适得其反。在这种情况下，合适的时机可能意味着某种程度的延迟。

6. 保证反馈易于理解。保证反馈是简洁完整的，这样接收者可以十分清晰完整地理解沟通的内容。此举有利于让接收者复述你的反馈内容，确认他是否完全明白你想要表达的意思。

7. 观察你的肢体语言、语调和面部表情。你的肢体语言与语调要比语言更有用。思考你要沟通些什么，确保你的肢体语言能支撑你要传达的信息。

18.3.3 员工绩效控制

管理者要确保员工的工作努力有助于保质保量地完成组织目标，因此管理者需要执行控制。管理者提供有效的绩效反馈和在必要时随时准备采用纪律处罚是极其重要的，**纪律处罚**（disciplinary actions）是指管理者为了推行组织的工作标准和规则所采取的行动。[13] 让我们首先来看一下有效的绩效反馈。

用数字说话

- 管理者每周要花费 26% 的时间来培训绩效不佳的员工。[14]

提供有效的绩效反馈 在整个学期里，你是否会关注自己在作业、考试以及论文中的所有成绩？如果你关注了这些，那么你为什么想知道这些信息？对于我们大多数人而言，是因为我们想知道，我们想要去做或者想要在工作中完成的事，已经做到什么程度。我们想了解自己做得怎么样。这在工作场所中是相似的，管理者应该向他们的员工提供反馈，所以员工可以明白自己在工作中做到了什么程度。前文的“这是你的职业”专栏，为如何给出有效的反馈提供了具体的建议。

然而有些时候，绩效反馈并不起作用。员工的绩效可能仍然是一个问题。在这种情况下，通过纪律处罚来解决问题就很有必要了。

采取纪律处罚 幸运的是，大多数员工能很好地完成自己的工作，不需要正式的纠正。但是，有些时候员工绩效是需要纠正的。图表 18－7 列举了一些常见的工作纪律问题类型以及相应的例子。

问题类型	例子
出勤	旷工、迟到、早退、滥用病假
工作中的行为	不服从、不会使用安全设备、酗酒和药物滥用
不诚实	偷盗、对上司撒谎、在就职申请或其他组织表格上伪造信息
工作之外的行为	犯罪活动、无授权的罢工活动、为竞争对手组织工作（如果不为竞争对手工作是雇用条款之一）

图表 18－7 纪律问题类型及例子

在图表 18－7 中的这些情况下，管理者了解在该纪律问题上的组织政策是很重要的。大多数组织要求管理者遵守渐进式纪律处罚政策。**渐进式纪律处罚**（progressive disciplinary action）旨在确保施加与失范行为相适应的最低惩罚。此种方式通常会经过五个步骤：口头警告；初次书面警告；最终书面警告；停职审查或者解雇；在最严重的情况下，还需要一封说明解雇原因的解雇信。[15]从法律的角度来看，如果纪律处罚被仔细地记录下来并遵循渐进原则，员工对组织纪律处罚的挑战的结果通常是在支持管理者。[16]

工作场所的秘密　回击不公的绩效评估

近期一项针对 1 000 名 1980 年后出生的全职员工的调查发现，他们对于自己的绩效评估无比失望。例如，62%的员工感觉得到的评价“始料未及”，74%的人并不确定主管领导是不是真的考虑了他们的绩效，22%的人由于对于绩效评估过于焦虑而请了病假，28%的人以跳槽的方式回应了自己的绩效评估。我们由此得出结论：在你的职业生涯中，你很有可能会由于绩效评估的结果而感到失落。

你可能会惊奇地发现，大部分管理者并不喜欢绩效评估。为什么？第一，管理者直接与下属沟通绩效事宜时并不舒心，因为他们怕提出负面反馈时会发生冲突。第二，下属被指出不足时，会变得戒备心十足。员工会通过批评管理者或间接指责某人的方式来挑战对自己的绩效评估，这样的事并不少见。第三，员工倾向于高估自己的绩效水平。从统计学意义上来讲，半数的员工肯定是在平均绩效水平之下的。但有相关证据显示，员工对于自己绩效评价的平均值落在 75%左右的位置。所以即使管理者宣布什么好消息的时候，员工也很可能感觉这并不是什么好消息。

这里有一些关于如何很好地处理一份你感到不公的绩效评估的建议：

1. 认真听你的上司在说什么。一开始应该认真倾听你的绩效评估中的具体内容。上司到底说了什么？在上司讲解评估内容时不要打断他。尽管你特别想弄清楚那些负面评价是怎么回事，但是要让上司说完评估报告，并确保你理解了他的关切点后再作出回应。

要做好接受负面评价的准备，因为评估中的一些乃至全部内容可能都是真的。就像我们上面提到的，我们有高估绩效水平的倾向。或许你上司的评价比你更准确一些。

2. 保持平和冷静，不要充满戒备心理。控制你的情绪和言辞。不要乱发脾气或者说出让自己后悔的话。不要表现出转移责任、寻找借口或者和上司发生争执的行为。当你想搞清楚什么的时候，注意你的言辞，这样不会显得你在质疑他反馈的可信度。在这个问题上，只需要将他的负面评价当成是建设性批评意见。

3. 询问你能做什么来进行改善。询问你用来改善工作的意见可以在两个层面给你帮助。第一，此举显示出你虚心接受了批评。第二，这显示出你改变的意愿。

4. 要在下一次评估来临前，寻求更多的反馈。一旦你了解了你绩效评估的内容，以及你需要改进的地方，你应当和你的上司探讨，以求在下次正式评估前获得更多反馈的可能性。你的目标是减少年度绩效评估的“意外惊喜”。你想要知道上司是不是认为你没有达到绩效标准，这样你就可以更正问题。此举的目的在于，防止你的上司把绩效问题积攒起来，在年度评价的时候一并抛出。

5. 你想反击吗？如果你对上司的评估有异议怎么办？如果你确信上司的绩效评估是不公的，你就要做一个十分严肃的决定：是听之任之还是挑战它？两者都有风险，忽视负面的评价可能会导致上司炒你的鱿鱼，而挑战上司的评估可能会导致冲突，这会长期影响你的职业生涯。

如果你真的感觉你收到的评估是不公正的，那么就存在对你有利的改变的可能性。然而，在你反对上司的决定之前，考虑你所处的组织文化，并与同事交流那些挑战不良绩效评估的人下场如何。

6. 挑战绩效评估结果。如果你决定挑战绩效评估结果，这里有一些建议：（1）要一份你的评估报告，以便你能更好地处理这些信息。（2）确定你所反对的评估的确切内容；（3）安排一次与上司的会面，提供支持你立场的证据。（4）如果与上司的会面未能达到你想要的结果，就把你的情况提交给人力资源部门，但前提是要让你的上司知晓你的意图。

7. 写一篇反驳的文章。如果你决定质疑对你的评估结果，你需要写一份正式的驳斥文章。文章应该简明扼要；不要攻击你的上司或组织；保持积极和尊重的态度，控制你的愤怒或其他负面情绪。最后要注意，只解决绩效评估中你觉得不公平的具体问题。

8. 最坏的情况。如果你发现你的绩效考核只是被解雇的前兆，不要绝望。这或许是一个伪装的机会。同时这可能就是你找到自己真正使命的动力。正如我们在本书中所描述的那样，把被解雇变成成功故事的人比比皆是。托马斯·爱迪生（Thomas Edison）失去了在西部联盟夜班电报员的工作。罗伯特·雷德福（Robert Redford）失去了标准石油公司（Standard Oil）体力劳动者岗位。亿万富翁马克·库班（Mark Cuban）也曾在他职业生涯的早期被解雇，那时他是一家电脑商店的销售员。[17]

场景实践

马利克·格林（Malik Green）明白今日的世界日渐充满挑战。作为一名当地社区中心游泳池的管理者，保证安全是他的首要职责。今天，他必须对一位兼职的救生员采取纪律措施，因为该员工在换班时没有遵守安全程序。尽管他了解他应该给予该员工警告，但他也对纪律会议感到紧张。他想要确定他进行了十分清楚的警告，并且鼓励员工今后可以遵守安全程序。

对于马利克要进行的纪律行为，你有什么建议？

你要为对话做好准备，明确你的谈话要点，解释你指导策略背后的逻辑，也要解释执行安全程序的重要性。这样做以后，管理者获得了信誉，因为他想要建立的文化建立在承诺而不是服从上。同时给员工一个提问的机会，明确你的期望，并确保所执行的政策已经被明确知晓。

凯文·克罗斯博（Kevin Krossber），运营总监

18.4 测量组织绩效的工具

所有的管理者都需要合理的工具来监控和测量组织绩效。在介绍一些具体类型的控制工具之前，让我们先来看一下前馈控制、同期控制和反馈控制的概念。

18.4.1 前馈/同期/反馈控制

管理者可以在活动开始之前、活动正在进行时以及活动完成之后实施控制。[18]第一类称为前馈控制；第二类称为同期控制；第三类称为反馈控制（见图表 18－8）。

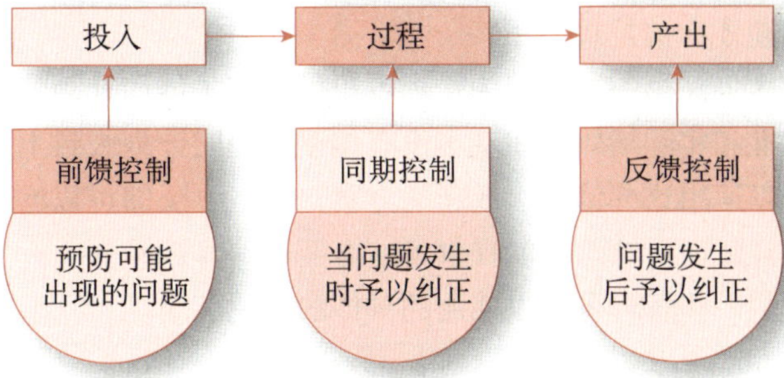

图表 18－8　控制的类型

前馈控制　最理想的一种控制——**前馈控制**（feedforward control）——防止问题的产生，因为它发生在实际活动之前。[19]例如，医院急诊室希望可以防止以下错误：一名 18 岁的发烧打着寒战的患者输了泰诺之后被从急诊室送回家，却死于败血症——一种血液感染；或者一名 42 岁患有心绞痛的女士被安排出院，仅仅两个小时后就心脏病发作了。医疗专家明白一种严重的疾病在喧闹嘈杂的急诊室很容易被误诊。所以这就是为什么很多急诊室会恰当地实施协议和监督来预防这些失误。[20]当在莫斯科开第一家餐厅时，麦当劳派出了公司的质量控制专家来帮助俄罗斯农民学习种植高品质土豆的技术并且帮助烘焙师掌握烤出优质面包的流程。为什么？因为麦当劳不管餐厅的地理位置在哪，都要求品质相同的产品。它希望莫斯科的芝士汉堡包尝起来和奥马哈的一样。另一个前馈控制的例子是能源公司开展的定期预防性维护计划。这些计划被用来消除（最好是能够预防）有可能导致航空事故的结构性损害。

前馈控制的关键是在问题出现之前采取管理行动。这样就可以预防问题，而不是在损害（劣质产品、客户流失、销售下降等）发生之后再去弥补。然而，这些控制需要及时、准确的信息，这些信息通常不易获得。所以，管理者不得不经常运用其他两种类型的控制方法。

同期控制　正如字面意义所示，**同期控制**（concurrent control）发生在工作活动进行的时候。例如，劳斯莱斯（Rolls-Royce）汽车的装潢师在将皮革安装到座椅上之前，会先清除皮革上的污点。在每个阶段对材料质量和恰当组装的持续监测实际上最大限度消除了生产不合格产品的可能性。

最常见的同期控制是直接监督。例如，瓦利福吉谷赌场度假村（Valley Forge Casino Resort）前首席执行官迈克尔·鲍曼（Michael Bowman）曾与客房清洁工一起打扫客房。[21]他注意到从一个房间走到另一个房间要花很长时间。通过观察和倾听客房部经理的谈话，鲍曼了解到，等待电梯的时间过长会减慢清洁工的速度。一位客房经理提供了一个解决方案：从早上 7 点到 9 点电梯只供顶层使用。[22]执行这个建议可使更多的房间得到及时打扫。信息服务提供商 NIC 的首席执行官哈里·赫林顿（Harry Herington）骑着摩托车走访 NIC 在美国各地的分支机构，与员工见面，并近距离了解其运营情况。他把他的倡议称为"问问首席执行官"。[23]所有的管理者都可以从同期控制中受益，一线管理者尤甚，因为他们可以在问题变得很严重之前就加以纠正。

反馈控制 最常用的控制类型依靠反馈。在**反馈控制**（feedback control）中，控制发生在活动之后。例如，大多数主要的汽车制造商都有很多的质量控制部门，这些部门在汽车下线时对其进行检查。不符合质量标准的汽车会被识别出来，并送回去修理。注意，有了反馈质量控制，问题才会被发现。

反馈控制有两大优势。第一，反馈为管理者提供了有关他们计划的有效程度的重要信息。如果反馈显示标准和实际绩效之间基本没有偏差，说明计划大致上是准确的。如果偏差很显著，管理者可以运用这些信息形成新的方案。第二，反馈可以增强激励。人们想要知道他们工作得怎么样，而反馈给他们提供了这方面的信息。

现在，让我们了解一些管理者可以使用的具体的控制工具。

18.4.2 财务控制

每一笔业务都想获得利润。为了实现这个目标，管理者需要运用财务控制。例如，他们可能会分析季度财务报表来弄清超支费用。他们也可能会计算财务比率来确保有足够的现金用来偿还当期费用，债务水平没有过高，或者资产被高效利用。

图表 18－9 归纳了一些最常用的财务比率。流动性比率测量组织偿还短期债务的能力。杠杆率考察组织对债务杠杆的利用以及是否有能力偿还债务利息。活动性比率评估一家公司的资产有效利用程度。最后，利润率测量了公司如何高效利用自己的资产创造利润。这些比率可以用组织两大基本财务报表（资产负债表和利润表）的相关信息计算得到，以百分比或比值来表示。由于你已经在其他会计或财务课程中学习了这些比率，或者将会在不久的将来学习它们，我们就不再详细描述它们的计算过程。我们在这提及它们是为了告诉你，管理者将这些比率作为内部控制工具。

图表 18－9 常用的财务比率

目标	比率	计算公式	含义
流动性	流动比率	流动资产÷流动负债	测量组织偿还短期债务的能力
	速动比率	不包括库存在内的流动资产÷流动负债	在库存周转缓慢或不易销售时更精确地计算流动性
杠杆	资产负债率	总负债÷总资产	该比率越高，组织的杠杆率越高
	已获得利息倍数	息税前利润÷总利息	测量组织能够偿还其利息费用的倍数
活动性	库存周转率	销售÷库存	该比率越高，库存资产的利用率越高
	总资产周转率	销售÷总资产	实现特定销售所用的资产越少，管理过程对组织总资产的利用率越高
利润	销售利润率	税后净利润÷总销售	确定组织获得的利润
	投资回报率	税后净利润÷总资产	测量组织资产创造利润的效率

预算是计划和控制工具。当编制预算时，它就是一个计划工具，因为它明确了哪些工

作活动是重要的以及什么资源要分配到这些活动中，如何分配。但预算也会用于控制，因为它们为管理者提供了量化标准，用来衡量和比较资源的消耗情况。如果偏差足够显著需要采取行动，管理者会检查发生了什么，并努力找到原因。根据这些信息，可以采取必要的行动。

场景实践

自从开了一家精品巧克力店后，爱丽丝·钟（Elyse Chung）就一直在该店经营。她认识到，在工作时间偶尔不去商店对她来说是有益的。她雇用的三名员工知道需要做什么，她也证明了他们值得她的信任。

你有什么建议给爱丽斯，让她觉得即使她不在店里，她的店也在掌控之中？

虽然听起来好像爱丽丝可以指望她的员工在她不在的时候负责管理店铺，但要谨慎考虑，应该对店铺进行流程设置和监管。为保证店铺运营，对于经营的关键部分，她应该执行相应的程序，例如开门营业、闭店、登记对账、订货等程序，并提供每天需要完成的核对表，以便对这些程序进行审核。爱丽丝还应该确保她向员工传达了她的期望，以及告知员工在她外出期间，不适当管理店铺运营活动会造成的后果。

艾丽西亚·凯瑟（Alicia Kiser），人力资源主管

18.4.3 信息控制

2014 年至 2018 年 9 月入住喜来登（Sheraton）、威斯汀（Westin）、W 酒店（W Hotels）、瑞吉（St. Regis）、福朋酒店（Four Points）、雅乐轩（Aloft）、艾美（Le Méridien）、Tribute 酒店和元素酒店（Element Hotel）的客人在 2018 年 11 月受到了冲击。万豪旗下的酒店品牌喜达屋透露，其预订系统遭到黑客攻击，多达 5 亿名客人的个人信息被盗。[24]被盗信息包括姓名、地址、电话号码、生日、电子邮件地址和加密信用卡的详细信息。针对某些顾客，他们甚至还登记了旅行记录和护照号码。无须多言，于万豪而言这十分尴尬，同时也是公司声誉的污点。

万豪的遭遇并非个案。类似的攻击也发生在艾奎法克斯、eBay、塔吉特和美国运通的电脑系统中。信息保护对全面信息控制的需求日益增加。管理者以两种方式对待信息控制：（1）作为帮助他们控制其他组织活动的工具；（2）作为他们需要控制的组织领域。

在控制过程中如何利用信息？ 管理者需要在恰当的时候获得合适数量的正确信息来监督和测量组织活动和绩效。

在测量实际绩效时，为了对实际绩效和标准进行比较，管理者需要有关职责范围内所发生情况的信息和有关标准的信息。他们还要依赖信息帮助他们判断偏差是否在可接受范围内。最后，他们依赖信息帮助他们制订恰当的行动方案。信息至关重要！管理者运用的大多数信息工具来自组织的管理信息系统。

管理信息系统（management information system，MIS）是用来定期向管理者提供所需信息的系统。理论上，该系统可以是手工的或基于计算机的，虽然大部分组织已经发展为计算机支持的应用程序。MIS 中“系统”一词意味着秩序、安排和目的。此外，MIS 尤

其强调向管理者提供信息（经过处理和分析的数据），而不仅仅是数据（原始的、未经处理的事实）。图书馆就是一个很好的例子。即便它有着数百万藏书，但如果你不能快速找到你想要的，该图书馆对你而言就没有任何价值。这就是为什么图书馆花费大量的时间对藏书进行分类，确保材料都被归还到了它们应在的位置。如今的组织就像是藏书丰富的图书馆。问题不是缺乏数据，而是组织是否有能力对数据加以处理以便在需要时组织成员可以获取正确的信息。MIS 收集数据并将其转化为相关的有效信息供管理者使用。

控制信息 一项调查显示，在过去的一年内 60％的公司都遭遇了网络安全事故。[25]因为信息对于组织所做的每一件事都非常重要，所以管理者必须实施全面有效的控制来保护信息。这些控制的范围可以从数据加密到系统防火墙再到数据备份和其他技术。问题可能会潜伏在组织没有意识到的地方，如博客、搜索引擎和推特账户。敏感的、诽谤的、机密的或令人尴尬的组织信息有可能会成为搜索引擎里的结果。例如，美国洞穴学会（National Speleological Society）详细的每月费用和员工工资出现在了谷歌的搜索结果中。[26]平板、笔记本电脑、智能手机甚至是射频识别标签都容易受到病毒和黑客的攻击。无须多说，组织应该定期监督信息控制，确保所有可能的预防措施都有效地保护了重要的信息。

18.4.4 平衡计分卡

平衡计分卡（balanced scorecard）是不仅仅从财务角度来评估组织绩效的一种方法。[27]平衡计分卡通常关注有助于财务绩效的四大领域：财务、顾客、内部流程以及人员/创新/成长性资产。根据这一方法，管理者应该在四大领域的每一个方面设立目标，然后测量目标是否实现。

虽然平衡计分卡非常重要，但管理者会倾向于重视那些推动组织获得成功的领域，并采用可以反映这些战略的计分卡。[28]例如，如果公司的战略是以顾客为中心，那么比起其他三个领域，顾客领域可能会受到更多的关注。但是，你不能仅仅测量一个绩效领域，因为其他领域也会受到影响。例如，英国建议金融公司将高管团队与性别平衡联系起来。[29]这一建议是基于几项研究得出的，这些研究表明，更多样化的领导层可以带来更好的财务回报。在休斯敦的 IBM 全球服务中心，管理者围绕重要的顾客满意度战略开发了一种平衡计分卡。然而，其他领域为核心战略提供了支持。该部门管理者对此这样描述："我们业务的内部流程与及时响应顾客需求紧密相关，学习和创新环节对我们也很关键，因为我们向顾客销售的首先是我们的专业技能。当然，我们在这些方面做得有多成功将会影响公司的财务部分。"[30]

18.4.5 标杆管理

前文说到，美国克利夫兰诊所因提供优质的医疗服务享誉全球，它的顶级心脏治疗项目吸引了来自世界各地的患者。但你没有意识到的是，它还是医疗服务领域具有成本效益的典范。[31]其他想要提升效率和成效的医疗服务组织都将其视为榜样。

医疗服务、教育以及金融服务等多个行业的管理者发现了制造业早就意识到的一件事——标杆管理的好处，**标杆管理**（benchmarking）是指从竞争对手或其他组织中寻找让其获得卓越绩效的最佳实践。[32]标杆管理应该识别不同的**标杆**（benchmark），即用来测量和比较的卓越标准。例如，塔吉特公司以亚马逊的在线服务为标杆，模仿包括定期递送尿布、免费送货和会员折扣等行为。[33]同时，许多公司用同行公司来衡量其高管的薪酬。[34]

从最基本的层面出发，标杆管理意味着向他人学习。作为一种监测和测量组织绩效的工具，标杆管理可以用来确定具体的绩效差距和潜在的改进领域。它的一个主要优势在于，它使管理层获得一个判断其组织与其他组织相比表现如何的独立视角，但最佳实践并不只是从外部找到的。

有时候那些最佳实践可以从组织内部找到，管理者仅仅需要对其进行分享。一个能发掘好的绩效提升建议的沃土是员工建议箱。最佳实践通常已经存在于一个组织中，但是经常未被发觉并处于受忽视状态。在如今的环境中，追求高绩效的组织不能忽视这些潜在而有价值的信息。标杆管理的一些例子可能包括比较自己的数据中心与最高效工作中心的高效节能、比较不同业务部门的每个员工的收入，以及比较不同业务部门的 IT 成本占收入的百分比。图表 18-10 提供了内部标杆管理的一些建议。[35]

图表 18-10　内部标杆管理的一些建议

1. 将最佳实践与战略和目标联系起来。组织的战略和目标应该指明什么类型的最佳实践对组织中的其他成员最有价值。
2. 找到适用整个组织的最佳实践。组织必须能够找到什么样的实践在不同的工作领域和部门都能成功。
3. 建立最佳实践奖励和认可系统。组织必须激励员工分享他们的知识。奖励系统必须建立在组织文化之中。
4. 在整个组织内传递最佳实践。一旦确立了最佳实践，应该和组织中的其他员工分享该信息。
5. 创造最佳实践的知识分享系统。组织需要一个正式的机制让成员不断地分享他们的想法和最佳实践。
6. 持续不断地培育最佳实践。创建一种组织文化，强调“我们向每个人学习”的态度和信息分享。[36]

18.5　当代的控制问题

在本部分，我们着眼于五个当代控制问题：作为控制工具的社交媒体、控制在全球范围内的差异、工作场所隐私、员工偷窃和公司治理。

18.5.1　作为控制工具的社交媒体

20 世纪 70 年代中期，纽约市市长安倍·比姆（Abe Beame）不停地问：“我做得怎么样?”如果现在纽约市市长要问这个问题，他只需要查看社交媒体网站就能找到答案。政府和企业都发现，社交媒体可以成为提供运营和服务反馈的宝贵工具。[37]在 2018 年肆虐加州的大火中，政府官员和救援人员依赖社交媒体获取人们被困的位置、逃生路线以及最佳资源分配等信息。[38]

在英国的两次洪水灾害中，人们看到了社交媒体作为一种控制工具的潜力。[39]当时城市官员不能确定洪水的峰值深度和影响范围，而来自推特的数据提供的信息使官员能够详细和准确地确定最大的麻烦在哪里，并向公民发出警告。

> **用数字说话**
> - 90%的顾客通过社交媒体向公司提供反馈。
> - 反馈被忽略的顾客中，有36%会使用社交媒体抱怨品牌。[40]

顾客、委托方和公民都聚集在社交媒体上。因此，企业和政府机构希望参与其中，以便利用这一媒介获得关于组织做得好的和不足的地方的反馈。20年前，如果管理层想从顾客那里得到关于他们产品或服务质量的反馈，他们会通过邮件或电话进行调查。尽管这些调查仍在广泛使用，但今天我们可以通过监控社交媒体来获得十分明确的评论和评估。

18.5.2 控制在全球范围内的差异

我们已经探讨的控制概念适用于工作部门不分散或没有文化距离的组织。但是不同国家的控制技术截然不同。这些差异主要体现在控制过程的测量和纠正行为的步骤。在一个全球化公司，总部对国外分支机构管理者的控制力度往往较弱，原因主要在于距离使得管理者无法直接观察分支机构的工作。因为距离导致了对正式化控制的倾向，所以全球化公司往往依赖大量的正式报告进行控制，大部分报告是通过电子化方式进行沟通的。

比较技术发达国家和技术欠发达国家时，我们可以看到技术对控制的影响。技术较发达国家的管理者在标准化的规则和直接监管之外，还常常运用电子化报告和分析等间接控制手段来确保工作活动按计划进行。然而，在技术欠发达国家，管理者倾向于运用更多直接监管和高度集中的决策来实施控制。

在国外工作的管理者还需要注意对调查投诉和他们所能采取的纠正行为的限制。有些国家的法律禁止关闭工厂、解雇员工、将资金转移到国外或者从国外引进新的管理团队。

全球化的管理者在收集用于测量和比较的数据时面临的另一个挑战是可比性。例如，一家在柬埔寨生产服装的公司可能会在苏格兰的工厂生产同样的产品。但是，为了更好地利用柬埔寨的低成本劳动力，比起苏格兰工厂，柬埔寨的工厂可能是更加劳动密集型的。这种差异使得比较如单位产品的劳动力成本时很困难。

最后，全球化组织需要在全球动荡和灾难时期实施恰当的控制来保护组织的员工和其他资产。例如，当2011年3月日本发生地震/海啸时，众多企业争相启动灾难管理计划。在政局不稳的中东，很多公司不得不在危机时疏散员工。准备的最好时机是在紧急事件发生之前，而且很多公司正在这样做，所以一旦出现危机，企业可以尽可能地保护员工和其他组织资产。

18.5.3 工作场所隐私

如果你工作了，你认为在工作中你拥有隐私权吗？管理者可以知道你和你工作的哪些信息？答案可能会让你大吃一惊！雇主可以（而且已经在做）在诸多事情里查阅你的邮件（即便是那些标注为“私人”或者“机密”的邮件），对你的电话进行录音，通过电脑监视你的工作，存储和查阅电脑文件，监视你在员工洗手间和更衣间的行为，通过公司的交通工具查看你的行踪。

一项调查显示，66%的美国公司会监控公司互联网的使用，45%会记录键盘敲击，

43%会跟踪电子邮件。[41]员工不当浏览网页或使用电子邮件是要承担后果的。还有一些公司并不把监控电脑的使用仅限于办公室。例如，UPS 跟踪送货司机的位置、行驶速度和每日送货的数量。他们的努力得到了回报。通过追踪，该公司每天多送了 140 万件包裹，而投入的司机人数却减少了 1 000 人。[42]

约 26%的公司曾因员工滥用电子邮件而解雇员工，26%的公司曾因员工滥用互联网而解雇员工，6%的公司曾因员工不当使用手机而解雇员工，4%的公司曾因滥用即时通信工具解雇员工，3%的公司因为员工发送不恰当的短信解雇员工。[43]

为什么管理者觉得他们应该监督员工在做什么？一个很大的原因是他们雇用员工是来工作的，而不是来上网查看股价、看在线视频、玩虚拟棒球比赛或为家人和朋友购买礼物的。最近的调查显示，50%的美国成年人承认在工作时出于个人目的使用互联网。[44]据估计，在工作时间上网娱乐每年会导致十几亿美元的生产效率损失。

管理者监控员工邮件和电脑使用情况的另一个原因是他们不想因为员工电脑屏幕上出现的攻击性信息或不恰当的图片而被控告营造恶意的工作环境。公司想要监控和复制所有电子邮件的一大原因是担心种族歧视和性骚扰问题。电子记录可以帮助核实实际发生了什么，以便管理者迅速作出反应。

最后，管理者想要确保公司的机密没有被泄露。除了常用的电子邮件和电脑，公司还会监控即时信息并且禁止在办公室使用拍照手机。管理者需要确保员工不会（即便是无心的）将信息传递给那些可能会利用信息损害公司的人。

由于潜在的高额成本和很多工作都必须使用电脑这一事实，很多公司都制定了工作场所监管政策。这些政策应该通过一种人性化的方式来控制员工行为，而且管理者必须告知员工这些政策。

18.5.4 员工偷窃

在曼哈顿的萨克斯百货旗舰店，一位 23 岁的销售员被发现在伪造的商品退货中将 13 万美元的金额充入了一张礼品卡中。[45]这种情况在其他零售商也发生过。

在所有组织偷窃中，85%是内部员工而非外部人干的，你是否会为此感到惊讶?[46]这是一个成本高昂的问题——据估计，在美国每年因此损失 500 亿美元。[47]

员工偷窃（employee theft）是员工未经允许就将公司财产据为己有的行为。[48]它的范围很广泛，从贪污到虚报费用再到从办公场所拿走设备、零部件、软件以及办公用品。虽然零售业已经在员工偷窃方面遭受了长期严重的潜在损失，但初创公司和小公司松散的财务控制以及轻易可得的信息技术使得员工偷窃在各行各业、各种规模的公司都成为严重的问题。管理者要更好地了解这个控制问题，为解决这一问题做好准备。[49]

员工为什么偷窃？答案取决于你问谁。[50]不同领域——行业安全、犯罪学以及临床心理学——的专家有着不同的观点。行业安全方面的人士认为是宽松的控制和有利的环境提供了员工偷窃的机会。犯罪学专家认为员工偷窃是因为他们有财务方面的压力（如个人财务问题）和恶习压力（如赌债）。临床心理学家认为员工偷窃是因为他们可以将自己所做的所有事合理化，认为那是正确的、恰当的行为（“每个人都这样做”“是他们让事情这样发生的”“公司已经挣了足够多的钱了，不会在意这些小钱”“这些都是我应得的”等等）。[51]虽然每种观点都对员工偷窃给出了强有力的解释，也有利于防止此类事件，但不幸的是，员工会继续偷窃。管理者可以做些什么呢？

前馈控制、同期控制和反馈控制的理念有助于找到措施防止和减少员工偷窃。图表 18 - 11 总结了一些可行的管理行为。

前馈控制	同期控制	反馈控制
雇用前进行仔细的筛选	尊重员工	确保员工知道何时发生了偷窃和欺诈——不要点名，但要让员工知道这是不可接受的行为
制定具体的规章制度来界定偷窃、欺诈以及相应的纪律程序	公开传播偷窃的代价	利用专业调查员的服务
让员工参与规章制度的制定	定期让员工了解他们在预防偷窃和欺诈方面的成就	重新设计控制措施
就规章制度对员工进行教育和培训	如果条件允许，使用摄像监视设备	评估组织文化以及管理者与员工之间的关系
对内部安全控制进行专业化的检查	在电脑、手机和电子邮件中安装“锁定”选项 利用公司的热线电话进行举报 树立良好的典范	

图表 18 - 11　控制员工偷窃

资料来源：Based on A. H. Bell and D. M. Smith, “Protecting the Company Against Theft and Fraud,” *Workforce Management Online*, December 3, 2000; J. D. Hansen, “To Catch a Thief,” *Journal of Accountancy*, March 2000, pp. 43 - 46; and J. Greenberg, “The Cognitive Geometry of Employee Theft,” in *Dysfunctional Behavior in Organizations: Nonviolent and Deviant Behavior*, eds. S. B. Bacharach, A. O'LearyKelly, J. M. Collins, and R. W. Griffin (Stamford, CT: JAI Press, 1998), pp. 147 - 193.

18.5.5　公司治理

作为哥伦比亚广播公司的首席执行官，莱斯利·穆维斯（Leslie Moonves）是好莱坞最有影响力的媒体界领头人之一。当然，这绝不应该成为他 20 多年的性丑闻的借口。让公司股东感到不安的是，哥伦比亚广播公司的高管和部分董事会成员知道穆维斯的行为，但出于对他的忠诚，他们选择忽略这一行为。[52]时间回溯到 1997 年，有关穆维斯行为的报告那时就已经出现在洛杉矶警察局。公司的很多高管都知道这一点，但他们选择什么都不说。董事会终于在 2018 年决定解雇穆维斯。这为公司治理失败提供了一个明晰的案例。

公司治理（corporate governance）是用来治理一家公司以保护其所有者利益的管理系统。它在哥伦比亚广播公司彻底失败了，正如它在很多发生丑闻的公司一样。为了改善公司行为，更好地保护自己的公司，越来越多的公司的高层管理者推动改革。[53]已经进行改革的三个领域是：改变董事会的角色，改善财务报告，扩大合规部门。

董事会的角色 董事会的最初目的是建立一个独立于管理层的群体，来维护没有参与组织日常管理的股东的利益。然而，这并非总是管用。董事会成员通常是由管理层挑选的，他们应该忠于并支持管理层的利益。

这种“交换关系”的安排已经发生了改变。2002 年颁行的《萨班斯-奥克斯利法案》对美国上市公司的董事会提出了更高的要求，要求他们依法履行自己的权利和义务。[54]为了帮助董事会更好地做到这些，商业圆桌会议（代表了美国各个经济部门的商界领袖）发布了一份文件，列举了公司治理的准则。[55]重点是对治理实践的承诺，目的在于改善上市公司、董事会和投资者之间的诚信度、问责制度和有效参与度。

财务报告和审计委员会 除了强化董事会的作用，《萨班斯-奥克斯利法案》还号召加大公司财务信息的披露力度和透明度。实际上，该法案还要求美国的高层管理者（首席执行官或者首席财务官）对公司的财务结果进行证明。这种变化带来更好的绩效——信息更准确，更能反映一个公司的财务状况。

合规部门与职位 为了应对法规的增加，大多数大型组织都设立了一个合规部门，任命一名高级执行官担任合规官，并制定了企业合规政策。

公司合规性（corporate compliance）是确保公司和员工遵循适用于该公司的法律、规章、标准和道德实践的过程。[56]它既包括内部政策和规则，也包括联邦和州的法律。合规政策由**合规官**（compliance officer）监督实施，确保公司在进行业务活动时完全遵守与该特定行业相关的所有国家和内部法规，以及专业标准、公认的业务惯例和内部标准。

制药巨头拜耳集团（Bayer）提供了一个合规政策的例子。[57]拜耳公司概述了其商业行为原则，这些原则包括：在每个市场上公平竞争；在所有商业交易中诚实守信；平衡经济增长与生态和社会责任；保存准确的账簿和记录；以公平和尊重的态度对待所有员工；保护和尊重公司的知识产权。

为考试做准备

本章小结

18.1 解释控制的本质和重要性。

控制是监控、比较和纠正工作绩效的过程。作为管理过程的最后一个步骤，控制建立了与计划的联系。

控制之所以重要，原因有三：（1）控制是可以知道目标是否实现，如果没有实现，原因何在的唯一方法；（2）控制提供了信息和反馈，因此管理者可以更方便地进行员工授权；（3）控制帮助保护组织及组织的资产。

18.2 描述控制过程的三个步骤。

控制过程的三个步骤是测量实际绩效、比较实际绩效和绩效标准以及采取管理行动。测量涉及如何测量实际绩效和测量什么。实际绩效可以通过个人观察、统计报告、自我监控计算机、口头报告和书面报告来衡量。比较涉及查看实际绩效与标准（目标）之间的偏差。超过可接受范围的偏差需要注意。

采取管理行动包括什么都不做、纠正实际绩效或修改标准。什么都不做不用赘述。纠正实际绩效包括不同的纠正行动：直接纠正行动和彻底纠正行动。可以通过提升或降低标准来对标准进行修改。

18.3 解释如何控制组织绩效和员工绩效。

组织绩效是所有组织活动结果的累积结果。常用的三种测量组织绩效的指标包括：组织生产率，产品或服务的总产出除以产生这些产出的总投入；组织效力，对组织目标的合适程度及实现程度的测量；各种商业刊物刊登的行业及公司排名。

管理者通过有效绩效反馈和必要时的纪律处罚来控制员工绩效。大多数组织更希望管理人员采取渐进式纪律处罚，以确保给予与违规行为相适应的最低限度的惩罚。

18.4 描述用于测量组织绩效的工具。

前馈控制发生在实际活动之前。同期控制发生在工作活动进行的时候。反馈控制发生在活动之后。

管理者可以运用的财务控制包括比率分析（流动性、杠杆、活动性和利润）和预算分析。

管理者以两种方式看待信息控制。信息控制可以作为帮助他们控制其他组织活动的工具，也可以作为他们需要控制的组织领域。

管理者可以运用的一个信息控制手段是管理信息系统，定期为管理者提供所需信息。其他全面和安全的信息控制手段包括数据加密、系统防火墙和数据备份，以保护组织的信息。

平衡计分卡从四个不同领域而不仅仅是财务视角提供了评估组织绩效的方法。标杆管理通过从竞争对手或其他组织中寻找最佳实践来进行控制。

18.5 讨论当代的控制问题。

五个当代的控制问题是：作为控制工具的社交媒体、控制在全球范围内的差异、工作场所隐私、员工偷盗和公司治理。对于这些问题中的任意一个，管理者都需要使用适当的政策来控制不适当的行为，并确保工作能够高效地完成。

社交媒体对运营和服务提供快速、直观的反馈，其经常作为顾客调查的补充，以表明组织哪些做得很好，哪些还不够好。

控制在全球范围内的差异主要体现在测量和采取纠正措施方面。组织应该清楚地向管理者和员工传达如何处理和应对东道国内外的常规和非常规情况。

出于个人目的使用互联网和社交媒体的员工存在隐私暴露风险。管理者监控员工的电子邮件和电脑使用情况，因为员工行为可能会造成生产成本的损失，攻击性信息有被起诉的风险，当然他们也担心公司机密被泄露。员工应该被告知公司的工作场所监控政策。

员工偷窃对企业来说代价高昂，监视偷窃行为的程序和偷窃行为的后果应该和员工说清楚。

公司治理是用来治理一家公司以保护其所有者利益的管理系统。董事会照顾股东的利益。《萨班斯-奥克斯利法案》要求加大公司财务信息的披露力度和透明度。大多数大公司都设立了合规部门，以确保业务符合法规。

复习和讨论问题

1. 控制过程的三个步骤是什么？请详细描述。
2. 什么是组织绩效？
3. 比较前馈控制、同期控制和反馈控制。

4. 讨论可以用来监控和测量组织绩效的各种工具。

5. 解释评估组织绩效的平衡计分卡方法。

6. 为什么控制对与顾客互动至关重要？

7. 在第 7 章，我们讨论过急流险滩变革观，指的是不可预测的变化是常规和预期中的，管理是一个持续的过程。你认为在这种情境下有可能建立和维持有效的标准和控制吗？请讨论。

8. “一个组织中的每个员工都在控制工作的活动中发挥作用。”你认可这个观点吗？或者你认为控制只是管理者负责的事吗？请解释。

为我的职业做准备

道德困境

网购星期一是感恩节后的第一个星期一。在网购星期一期间，雇主发现有相当数量的员工在网上寻找节日优惠。最近的一项调查显示，64%的专业人员计划在工作时间网购。尽管科技部门 53%的管理者更希望员工在工作时不要在网上购物，但 76%的人承认他们的公司政策并没有禁止这样做。[58]

1. 你在这里看到了什么问题，尤其是与控制有关的问题？

2. 你会怎么处理？组织如何确保在道德层面解决工作控制问题？

技能练习

和难以相处的人打交道

关于技能

在第 13 章中，我们就如何应对难相处的员工提出了一些建议。难相处的人对于管理者而言更加棘手。在这一部分，我们将扩展在第 13 章提出的想法，不仅为你的未来提供指导，也为你未来作为一名管理者与不同的人打交道磨炼技能。

几乎所有的管理者都不得不在某些时候和难以相处的人打交道。有些特点会使一些人难以和其他人共同工作。例如，容易发脾气的人、苛刻的人、骂人的人、愤怒的人、防备心强的人、喜欢抱怨的人、恐怖的人、有攻击性的人、自恋的人、自大的人、呆板的人。成功的管理者能学会如何与难以相处的人打交道。

练习技能的步骤

在与难以相处的人打交道时，没有总是有效的方法。但是，我们可以提供一些建议，这些建议可以缓解这些人在你生活中制造的焦虑感，也可以帮助减少他们难以相处的行为。

- 不要被你的情绪所左右。对于难以相处的人，我们的第一反应是情绪化的。我们很生气，感到沮丧。当我们感到他们侮辱或贬低自己的时候，我们想痛斥他们或进行报复。这样的反应并不能降低你的焦虑感，还有可能助长他人的不良行为。所以要与你的自然反应抗争，保持冷静，保持理性和思考。这样的方式虽然有可能不会改善局面，但至少不会鼓励和助长不良行为。
- 努力限制联系。如果可能，试着限制你与难以相处的人的联系。避免去他们经常闲逛的地方，限制不必要的互动。此外，使用交流媒介——如电子邮件和短信——将面对面的联系和语言沟通降到最少。

- 试着礼貌地抗争。如果你无法避免难以相处的人，考虑以礼貌但强硬的方式站出来应对他们。让他们知道你意识到了他们的行为，你也发现这些行为不可接受，你不会容忍。对于那些没有意识到他们的行为对你有影响的人而言，抗争可以让他们意识到并改变自己的行为。对于那些刻意为之的人而言，采取明确抗争可以让他们重新考虑自己的行为所带来的结果。

- 采取正强化。我们都知道正强化是改变行为的一个有力工具。试着通过赞美和其他积极评论强化令人满意的行为，而不是批评不良行为。这种方式将会弱化和减少不良行为的出现。[59]

技能实践

在这一部分，设想一个你不得不面对的难相处的人，比如你以前共事的人或者一位同学。写下你所发现的他难以相处的行为。考虑你应付这个人的策略。什么有用？什么没用？使用上述步骤，你如何另辟蹊径，才能使你更有效地应付此人？现在，设想你是一位管理者，而这个人是你的直接下属，你会怎么做？写出为有效管理此人，你可以采取的措施，并减小此人的行为对组织其他员工造成的负面影响。

共同工作

团队练习

提供有效的反馈对于管理者而言是一项十分重要的控制技能。由 3～4 个学生组成一个小组。依据以下情境，轮流为小组中的其他成员提供反馈，接受者要注意观察和倾听。在每个人依据以下情境完成发言后，以小组为单位讨论：如何给出有效的反馈？如何才能有效运用“这是你的职业”专栏的意见？

依据以下情境提供反馈意见，并在提供你所选择情境下的反馈时补充细节（你创造的）：

1. 员工没有很好地管理时间，这影响了部门为客户有效完成项目的能力。
2. 这个员工上个月一直绩效不佳。你之前已经和该员工讨论过一次了，尽管之前有过对话，但这个问题仍然存在。
3. 你的部门有一种技术设备，是部门所有员工共享的。使用完设备后，应该把它放回一个中心位置供其他人使用。但该员工一直在使用该设备没有归还，这影响了部门其他员工的工作流程。
4. 员工倾向于做他被告知的事情，但除了这些要求之外，不会主动采取行动。

学习成为管理者

- 你有一个重要的课程项目在一个月内截止。确定一些你可以运用的绩效测量指标来帮助判断该项目是否按计划进行，是否将会有效率（按时）且有成效（高质量）地完成。

- 在你的个人生活中，如何运用控制的概念？请具体说明。（从前馈控制、同期控制和反馈控制以及对你生活的不同方面——学校、工作、家庭关系、朋友等——的具体控制来考虑。）

- 采访 30 个人，问他们是否经历过办公室怒气。具体询问他们是否经历过以下情形：来自同事的大吵大闹或其他口头侮辱，自己对同事大吵大闹，为了与工作相关的事大哭，看见某些人蓄意破坏机器或家具，看见过工作场所的身体暴力，或者袭击过同事。将你的发现制作成一张表格。你对这些结果感到惊讶吗？做好准备在课堂上展示这些结果。
- 假设你是一个分时度假顾客来电中心的管理者。你将会采用什么类型的控制措施来考察员工的效率和效果？又会采用什么措施来评估整个来电中心？
- 惩罚员工是管理者最不喜欢的任务之一，但也是所有管理者不得不做的事。采访三位管理者，询问他们惩罚员工的经历。什么类型的员工行为导致了惩罚行动的必要性？他们曾使用什么类型的惩罚措施？当惩罚员工时，他们认为什么是最困难的事？对于惩罚员工，他们有什么建议？
- 图表 18-6 列出了几个行业和公司排名。在网站中找到三个排行榜单，找出用于确定每个榜单排名的绩效衡量标准，思考有没有相似的或者独特的举措，并做简要总结。

案例应用 1

通用汽车的漏洞众测黑客

当通用汽车决定开启漏洞众测项目时（该项目旨在奖励发现公司计算机信息网络漏洞的黑客），他们有意避免其他公司在此类项目上存在的问题。比如优步公司最终支付给黑客高于其起初拨款 10 倍的金额，部分原因在于他们想要阻止黑客破坏他们下载的顾客数据。[60]在那以后，优步公司改进了它的漏洞众测项目，进一步明确了黑客的权力边界。优步的经历表明，如果黑客想要从他们发现的漏洞中牟利，那么该项目就存在潜在风险。

通用汽车并不想面对过度支付或是过少支付的迷局，或是陷入漏洞众测黑客的工作是否值得支付这样的争执中。实际上，通用汽车起初并没有给黑客一分钱。在该项目的第一阶段，发现了漏洞的黑客可以直接与通用汽车安全团队取得联系。通用汽车网络安全高管杰夫·马西米拉（Jeff Massimilla）说："构建这样的报告系统，向黑客们传达了这样的消息：公司十分重视安全问题。"在与黑客建立关系两年后，通用汽车开始为网络漏洞支付。仅两年后，选拔出的黑客小组在公司漏洞众测项目中发现了 700 余处漏洞。

通用汽车的漏洞众测项目只是其网络安全"三管齐下"策略的一部分。其他的策略是什么？另一组员工包括 25～30 名白帽黑客，他们有时被称为道德黑客。[61]白帽黑客的工作重点是确保公司的信息系统不受安全漏洞的影响。通用汽车还与雇用更多白帽黑客的第三方公司合作。除了全职的内部黑客之外，他们还必须使用漏洞众测项目和第三方公司，因为他们缺乏白帽黑客。

白帽黑客不仅需要技术技能，还需要得到信任，为雇用他们的公司的利益而工作。有黑客技能的人通常不愿意只在一家公司工作，他们更偏好灵活性和在家工作。通用汽车的"三管齐下"策略也是为了捕捉更多的漏洞。马西米拉说："如果你把这么多不同的想法汇集在一起，你会发现这与你自己内部的黑客——可能都是用同样的程序训练的黑客——是非常不同的。"[62]

◆ 问题讨论

1. 漏洞众测项目和雇用白帽黑客都是信息控制的形式。本章还提到了哪些其他形式的信息控制？

2. 当发现漏洞众测项目存在缺陷时，你认为管理者更可能采取直接纠正行动还是彻底纠正行动？理由是什么？

3. 雇用黑客的危险和好处是什么？为什么企业认为通过雇用黑客来完成控制过程的好处大于危险？

案例应用 2

发帖，只为另一位员工可以看见

当沃尔玛想要找到一种方法来联系公司内部员工，包括那些不坐在办公桌前、可能不会使用电子邮件的员工时，他们会求助于一个知名的社交媒体平台——脸书。只是他们使用的不是员工习惯使用的脸书。他们推出了脸书工作版（Workplace by Facebook），这是一个独立的应用程序，具有脸书的外观。公司希望熟悉的界面能增加员工在工作场所对该软件的使用。

沃尔玛员工可以用这种工作场所应用做什么？它的目的是为员工提供一个交换意见和发表看法的平台。它还允许管理者以另一种方式查看他们的商店中正在发生的事情。同时，全国各地的员工可以通过发布摆放在店内产品的照片，分享在他们的商店卖得不错的产品来相互交流。[63]而如果一种新产品在几家被选出的商店进行试用，如何成功销售该产品的故事就可以被分享出来。

由于工作场所的帖子，员工的想法也有可能被快速地实现。以星巴克的情况为例。因为星巴克员工在公司网站上发的帖子，公司在一天之内就决定在菜单上增加一种新饮料。一位门店经理通过软件分享说，他的门店在 Instagram 上卖了很多饮料，但他和同事们并没有确切的配方。其他门店的经理也说出了同类饮料的销量。那些关注脸书工作版的营销经理当天就决定提供一份正式的饮品配方，并立即将其添加到菜单上。通常，作出这样的决定需要几个月的时间，但由于 Instagram 和脸书工作版的结合，他们能够特别迅速地作出改变。[64]

员工的成就和成功故事也可以与公司里的其他人分享。这种分享促进了员工敬业度的提升，减少了员工的离职率。[65]脸书工作版通常会更替没有人使用的邮件列表、实时通信和内部网。“我们想要避免的行为是首席执行官发送一封无人回复的邮件”[66]，公司主管朱利安·科多纽（Julien Codorniou）解释道，新一代的首席执行官都希望得到反馈。

员工使用社交媒体可能会导致问题，比如意外泄露机密信息。[67]但是脸书工作版是不同的，因为外面的人看不到。员工利用工作时间浏览广告的问题也不存在，因为这款应用没有广告。相反，它通过向公司每个员工每月收取 3 美元的订阅费来获得收入。

◆ 问题讨论

1. 星巴克是如何使用脸书工作版作为控制工具的？

2. 员工如何运用脸书工作版来让雇主以积极或者潜在消极的方式监管员工的工作活动？

3. 脸书工作版如何影响组织绩效？

4. 有些员工可能不喜欢使用脸书工作版，你认为管理者可能需要做什么来增加员工选择脸书工作版的机会？

注 释

附加模块　计划与控制技术

Planning and Control Techniques Module

迪士尼魔幻王国（Disney World Magic Kingdom）与迪士尼主题公园的管理者决定执行旺季收取更高票价、淡季收取更低票价的措施。因为旺季的高票价可以减少拥挤的游客，使顾客得到更好的服务体验；而淡季低价则有利于招徕价格敏感型游客，增加收入。迪士尼的发言人雅克·瓦勒尔（Jacquee Wahler）说："为了为顾客提供世界级的游园体验，我们始终在改进管理需求的思考方式——尤其是在我们最繁忙的时候。"[1]迪士尼使用的这种方式就是依照需求定价。如果方法奏效，迪士尼预计其收益将会提升，同时顾客体验也会得到改善。

就像上文案例展示的那样，管理者使用计划工具与技术来帮助组织更有效且高效地行事，在这一模块中，我们将讨论三方面有关基础计划工具与技术的内容：环境评估技术、资源配置技术以及当代计划技术。

环境评估技术

在第 8 章和第 9 章，我们讨论了对组织所处的环境进行评估的重要性。有两种方法可以帮助管理者更好地进行这种分析，就是环境扫描和预测。

环境扫描

管理者应该如何及时察觉到以下具有重大意义的环境变化呢？诸如德国的法律开始允许在周日购买旅游商品，日本、德国、意大利和俄罗斯等国劳动适龄人口骤减，墨西哥的家庭规模日益萎缩等。正如我们在第 8 章中讨论的，环境扫描是战略计划制订的重要基础性环节。该活动的目的在于通过扫描大量的信息来预测并解读环境中的变化，实现对于新趋势的探查。研究证明，使用环境扫描的企业有着更高的绩效水平。[2]

环境扫描在两个领域快速发展：竞争情报和全球扫描。竞争情报是指一个组织收集关于竞争对手的信息，目的在于清楚回答这样一些问题："谁是我们的竞争对手？""他们在做什么?”“他们做的事情会对我们产生怎样的影响?”我们来看一个关于组织如何运用竞争情报的例子。作为一家全球领先的商业信息提供商，邓白氏公司（Dun & Bradstreet）拥有一个活跃的商业情报部门。一天，这个部门的经理接到了本公司某个地区销售副总裁助理的电话。这位副总裁助理说他在一个销售电话中，听到一个重要客户碰巧提到有另外一家公司刚刚拜访了他们并进行了服务演示。有趣的是，这家公司并不在邓白氏公司所了解的众多竞争对手之中。于是这位部门经理立即组建了一个团队，通过多种渠道（调查机构、互联网、私人关系和其他外部信息渠道）收集相关信息，很快就证明了这种情况确实存在，并且意识到这家公司正在“把枪口对准邓白氏”。于是邓白氏公司的管理层迅速采取行动，制定应对之策。[3]然而，投入行动并不总是一个谨慎的选择。竞争情报也可能证明：从一种行动中解脱出来或许是最合适的。例如，在一项对管理者的调查中，一名受访者说：“竞争情报识别一位竞争对手，同时确定其他竞争对手没有继续追击的商业理由。”[4]

竞争情报领域的专家认为，80%以上的对管理者有价值的竞争者信息都可以从公司员工、供应商和客户那里得到。[5]竞争情报并不一定意味着要采取间谍行为，宣传广告、促销材料、新闻发布会、提交给政府的报告、公司年报、招聘信息、媒体报道和调研报告等都是现成的信息源。此外，在贸易展览会上直接询问销售人员也是非常有效的办法。许多公司甚至定期购买竞争对手的产品，让工程师进行研究（通过一种被称为“反向工程”的方式），以了解新的技术创新。同时，互联网也为管理者提供了大量的竞争情报，因为很多公司的网页上都有新产品信息和各种新闻稿。

管理者需要格外注意收集情报的方式，以避免道德争议甚至是法律风险。无论手段如何，只要涉及对私有材料和商业机密的窃取，竞争情报就变成了非法的商业间谍行为。根据《经济间谍法》，参与商业间谍活动或者窃取商业机密在美国被视作犯罪。例如，美国钢铁公司（U. S. Steel）声称，有黑客闯入其服务器，窃取了开发新钢铁技术的专利。[6]由于合法且道德的行为与合法但不道德的行为之间界限十分模糊，管理者在制定情报收集决策时往往很困难。然而不可否认的是，的确有一些公司或个人会为获取竞争情报而不择手段。

另一个格外重要的环境监测方法是全球扫描。由于全球市场复杂多变，管理者需要拓展扫描范围，以捕捉到全球范围内有可能影响到企业发展的关键信息。当然，对于管理者而言全球扫描的重要性很大程度上取决于该组织开展全球活动的范围和深度。对于那些以全球市场作为重要利益来源的企业，全球扫描的重要性不言而喻。例如，嘉年华邮轮公司（Carnival Cruise Lines）积极将航线扩展到世界上更多的地区。它的努力得到了回报。一艘嘉年华邮轮从美国驶往古巴，这是50多年来美国邮轮运营商的首次乘客游览活动。[7]与此同时，其他美国邮轮公司仍在与古巴政府谈判准入问题。[8]

进行全球扫描对信息来源广度的要求远远高于国内市场分析，这要求管理者拥有国际视野。比如可以订阅信息剪辑服务，这些服务可以帮他们浏览全球的新闻报纸和商业期刊，并提供个性化的信息摘要。此外，当前众多的电子信息服务提供商均能就管理者感兴趣的领域提供主题检索和自动更新服务。

预测

管理者评估环境的另一种有效方法是预测。作为计划的重要环节，预测可以帮助管理者更有效、更及时地预知未来的情况。环境扫描是**预测**（forecasting）的基础，而预测是指对未来结果的预报。实际上，组织环境中的每个要素都可以被预测。接下来我们看一下管理者是如何进行预测的，以及这些预测的有效性如何。

预测技术 预测技术可以分为定量和定性两类。**定量预测**（quantitative forecasting）指的是运用数学方法分析以往的数据对未来结果进行的预测。当管理者拥有翔实可靠的数据时，定量预测更加合适。**定性预测**（qualitative forecasting）指的是使用经验丰富者的判断和观点对未来结果的预测。当数据有限或难以获得时，往往采用定性预测。图表 1 介绍了一些常用的预测技术。

图表 1 预测技术

技术	描述	应用
定量预测		
时间序列分析	令趋势线与某个数学方程相匹配，然后借助数学方程来预测未来情况	基于前四年的销售数据来预测下个季度的销售额
回归模型	根据其他已知变量或者假设变量来预测另外一个变量	找出用于预测某个特定销售水平的因素（如价格、广告费用）
经济计量模型	用一组回归模型来模拟经济的某个部分	预测税法修改之后轿车销售量的变化情况
经济指标	采用一个或者多个经济指标来预测未来经济的状况	用国民生产总值（GNP）的变动来预测可支配收入的变化
替代效应	采用某个数学公式来预测一种新产品或者技术将如何、何时以及在什么情况下替代现有产品或者技术	预测流媒体服务对蓝光播放机销售量的影响
定性预测		
评审小组意见	综合以及平衡各专家的意见	人力资源经理对公司下一年的校园招聘需求进行预测
销售人员意见汇集	综合一线销售人员关于顾客未来购买情况的估计	预测工业激光器下一年的销售量
顾客评估	对现有顾客购买情况进行估计，然后对这些估计进行综合	某个汽车制造商对主要的汽车经销商进行调查统计，以确定市场所需的产品类型和数量

当前，有许多组织使用 CPFR 方法来联合进行预测。[9] CPFR 具体是指协同计划（collaborative planning）、预测（forecasting）和补货（replenishment）。CPFR 为零售商与生产商之间的信息、产品和服务的流动提供了有效的框架。每个组织利用自己的数据，预测某个特定产品的未来需求。如果它们各自进行的预测的结果之间差异较大（比如差距在 10%或以上），零售商和生产商就会交换数据信息和书面意见，直到作出更准确的预测。每个参与协同预测的组织都能从中获益，提高计划的有效性。

预测的有效性 预测的目的是为管理者提供辅助其进行决策的信息。虽然预测很重要，但管理者常常误把预测等同于成功的决策。[10] 在一项对跨国企业库存经理的调查中，70%的受访者表示他们对库存管理策略的理解是很不错的，预测精度为 56%～75%。然而为提高精度所做的努力也并不总是有收获。有 40%的受访者表示，在引入库存管理软件后，他们的预测精度得到了改善。[11]另一项调查显示，有 39%的财务总监表示他们只能相对准确地估计公司接下来一个季度的营业额。更加让人意外的是，这些财务总监中有 16%的人在进行营收预测的时候“心里完全没底”。[12]即便如此，尽可能准确地去进行预测仍至关重要，因为相关调查显示一个公司的预测能力能够成为其独特的竞争优势。[13]这里有一些建议，可以帮助你作出更准确的预测。[14]

第一，当环境相对稳定时，预测结果最为准确，认识到这一点至关重要。环境越是变动不居，管理者越是容易作出错误的预测。另外，非周期性的事件往往难以预测，此类事件包括经济衰退、非常规事件、不连续的经营，以及竞争者的举动和反应等。第二，要使用尽可能简单的预测方法。与复杂的预测方法相比，简单的预测方法往往同样有效，甚至更优，而复杂的方法有可能会让人把随机的结果误认为是有意义的结论。第三，使更多的人参与预测进程。在《财富》100 强企业中，让 1 000～5 000 个管理者提供用于预测的原始数据是司空见惯的事情。这些企业逐步意识到：越多的人参与进来，结果的可信度越高。[15]第四，将每个预测的结果与“不变”的情况做比较。如果一个预测的结果为“未来的情况不发生变化”，那么这个预测往往有 50%的可能性是对的。第五，使用“滚动预测”方法对未来 12～18 个月进行预测，而非进行单一静态的预测。这种类型的预测方法可以帮助管理者更好地把握趋势，并且帮助他们所在的组织更好地适应环境变化。[16]此外，不依赖单一的预测方法也很重要。最好能够使用多种预测模型，然后对结果加权平均，进行长期预测的时候更应如此。第六，不要假设你能够准确预测一个趋势中的转折点。多数所谓被成功预测到的重要转折点，往往仅是巧合而已。第七，要记住预测是一种管理技能，因此可以通过实践加以提高。预测软件已经大大降低了预测的数理门槛——尽管“咀嚼数字”仅占到预测工作的很小一部分。对预测的解读和将预测结果落实到计划决策中，才是管理者面临的真正挑战。

资源配置技术

组织在明确了其目标之后，下一个重要环节是确定实现目标的方法。在管理者进行组织和领导工作以实现目标之前，他们手中必须先拥有相应的**资源**（resources），即组织的各种资产——金融资产、有形资产、人力资本和无形资产。管理者应该如何高效率、高产出地分配这些资源，以保证组织目标的顺利实现？虽然有许多资源配置的方法（其中多数都在会计、财务、运营管理等课程中有所涉及）可供管理者挑选，但这里我们只讨论四种资源配置技术：预算、排程、盈亏平衡分析和线性规划。

预算

我们每个人或多或少都和做预算打过交道。也许我们在很小的年纪就知道，除非仔细地安排自己的“收入”，否则每周的零花钱可能半个星期就花完了。

预算（budget）是指关于如何为各种具体活动分配资源的财务方案。管理者通常会为收入、支出以及大额资本开支（如购买设备）等制定预算。同时，用于提高时间、空间和物质资源使用效率的预算也不少见。此类预算用非货币单位替代货币单位。例如人工小时、产能利用率或者产量等项目可以用于制定每天、每周或每月活动的预算。图表 2 介绍了管理者可能会用到的几类预算。

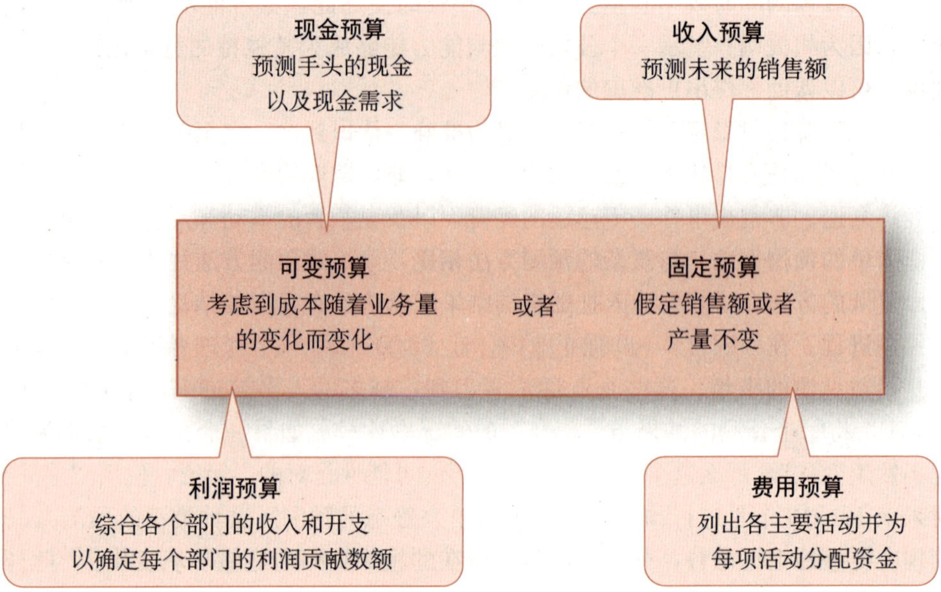

图表 2　预算的类型

资料来源：Based on *Production and Operations Management*，by R. S. Russell and B. W. Taylor Ⅲ. Upper Saddle River，NJ：Prentice-Hall，Inc.，1966.

为什么预算会如此流行呢？最可能的原因是预算能够广泛用于各种类型的组织及组织内部的工作活动。我们生活在一个几乎任何事情都能够用货币单位来衡量的时代。美元、卢比、比索、欧元、人民币、日元和其他货币，都在某个国家内被用作统一的价值衡量单位。这就是为什么货币预算会是一个有效的工具，可以用于在一个拥有多元部门（如生产部门和信息系统部门）和多层结构的组织中分配资源和指导工作。预算是处于组织各层级的管理者普遍采用的计划工具。预算是一个重要的管理活动，因为它可以强化整个企业的财务纪律和财务结构。然而，很多管理者并不喜欢制定财务预算，因为他们感觉预算非常消耗时间、不灵活、低效率且没成效。[17] 如何优化预算流程？图表 3 提供了一些建议。既然我们了解了预算的重要性和类型，那么组织是如何设置它们的？

图表 3　如何优化预算

- 协作与沟通。
- 保持灵活性。
- 要用目标驱动预算，而不是预算决定目标。
- 协调整个组织的预算。
- 在合适的时候使用预算/计划软件。
- 记住预算只是工具。
- 要记住利润来自聪明的管理，而不是因为你编制了预算。

预算编制（budgeting）是分配资源以支付规划好的未来成本的过程。有两种常见的预算编制方法：增量预算和零基预算。

增量预算（incremental budgeting）以当前的预算为起点，管理者依照当前预算情况决定是否需要额外的资源，并确定对资源的需求量。这种方法用于调整那些已经包含了所有必要支出的预算计划。例如，制造经理可能会低估运行设备的维护费用。那么基于过去的经验和更高的未来预期成本，管理者就可以调整对额外资金的需求。增量预算法的缺陷在于，可能会造成浪费。管理者明白，如果他没有花完分配的额度，那么未来他获得的资源就会更少。例如，有一个众所周知的故事，美国海军航空站的飞行员在预算年度的最后一周进行了大量时间的额外飞行。之所以进行这种毫无目的的飞行，是因为航站下一年度的燃料预算以当年的使用情况为依据。为了避免燃料预算被削减，基地指挥官示意飞行员把多余的燃料用完。

另一种替代的预算编制方案可以帮助减少浪费现象。**零基预算**（zero-base budgeting，ZBB）的编制基点是“0”，而不是以当前的预算使用情况作为增加、修正或者缩减资源供给的参照。管理者每年都要从一张空白的表格开始编制计划并一条一条地修改预算条目。近些年，ZBB 法逐渐升温，因为企业都致力于降低成本，提升竞争力。例如，威瑞森电信公司（Verizon Communications）十分激进地采用了这种方法，预计 2018—2021 年之间将削减 100 亿美元的运营成本。[18]正如一位金融专家所言：“ZBB 的吸引力在于，对于很多人而言，该方法中的‘0’向利益相关者发送了十分强有力的信息，即支出的底线是不变的，因此也没有那么多理所当然的开销。”[19]当置身于成本管理型的文化环境中，这种方法可帮助管理者更仔细地核查不同行为的价值。[20]比如，办公室翻新有助于生产率提升吗？传统的产品广告（比如报纸广告）的支出是否增加了销售？ZBB 为可替代的支出方式提供了一个平台，帮助管理者重新指导资源流向不同领域，提升了生产率和利润。

排程

杰姬（Jackie）是旧金山一家 Chico 商店的经理。她每周都会确定员工的工作时长和每个人的负责区域。如果你连续几天观察一些主管或部门经理的工作，你就会发现他们做的事情很相似——根据需要完成的工作活动分配资源，确定活动的顺序、分工安排和截止日期。其实这些管理者就是在进行**排程**（scheduling）。在本小节，我们将了解一些有用的排程工具，包括甘特图、负荷图和 PERT 网络分析。

甘特图 **甘特图**（Gantt chart）是在 20 世纪初，由管理学家弗雷德里克·泰勒的助手亨利·甘特（Henry Gantt）发明的。[21]甘特图的原理很简单：它本质上是一个条形图，横轴和纵轴分别代表执行时间和活动内容。条形框代表了工作结果，包括计划结果和实际结果。甘特图可以直观地展现任务的预期完成时间，并将实际进度与预期进度相对比。它是一个简单而重要的工具，可以帮助管理者便捷准确地了解距离工作或项目结束还有哪些任务待完成，以及评估一项活动是超前、落后于进度，还是符合预期进度。

图表 4 描绘了一位出版公司经理制作的一个简单的甘特图，它反映的是图书的生产情况。在图的上侧，是以月为单位的时间。主要的工作事项被自上而下罗列在图的左侧。管理者所要做的计划工作，包括确定这些事项的完成日期、执行顺序和所需时间。每个条形框所坐落的时间区域，就代表执行相应活动的时间进程。其中，条形中的浅色部分代表实际进度。这张图表之所以可以用作控制工具，是因为管理者可以从中看到实际进度与目标进度之间的偏差。在这个例子中，设计封面与审阅样稿这两项工作均落后于目标进度。设

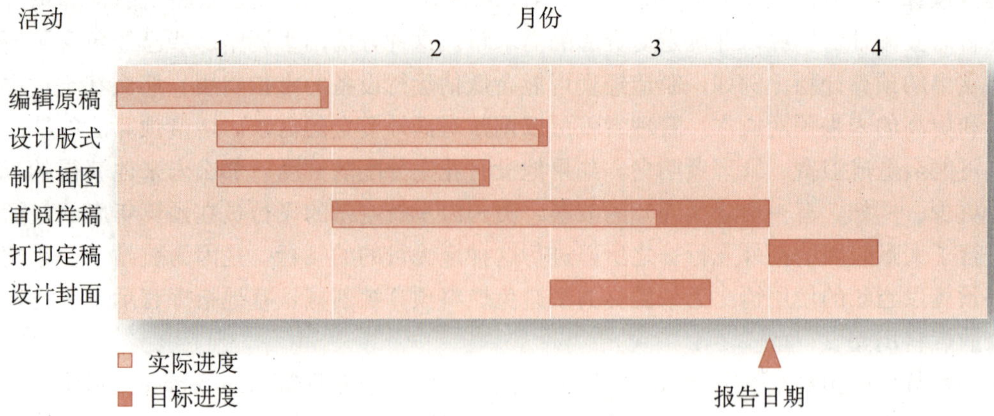

图表 4 甘特图

计封面落后大概 3 周（需要注意的是截至报告日期，这项活动没有任何进展，因为实际进度是用浅色的条形表示的），而审阅样稿落后大概 2 周（应注意，截至报告日期，浅色条形所表示的实际进度已经进行了 6 周，距离预计的 8 周完工时间还差 2 周）。基于这些信息，这位经理应该采取相应的行动，比如补上 2 周的进度，或者确保将来的进度不再延误。在当前情况下，如果不采取任何行动，这位经理可以预计，这本书将会比原定计划至少延迟 2 周出版。

负荷图　负荷图（load chart）是一种改进的甘特图。与甘特图在左侧罗列各种活动不同，负荷图在左侧列出了各个独立部门或者具体资源。这种设计可以帮助管理者计划和控制对产能的利用。换言之，负荷图是根据工作领域分配产能。

例如，图表 5 展示了一张用于管理同一家出版社内六名编辑的工作的负荷图。每名编辑都负责制作和设计几本不同的书。通过观察这张负荷图，负责监督这六名编辑的执行编辑可以看到哪些人有空闲时间来负责一本新书。如果每个人的日程都已经排满，这位执行编辑将不再接受新的出版任务，或者延迟其他书籍的出版以接受新的项目，或者让编辑们加班工作，抑或雇用更多的编辑。正如图表 5 所显示的，只有安东尼奥和莫里斯在接下来 6 个月里是满负荷工作的。其他编辑还有一些空余时间，因而有可能承担新的任务或者协助那些进度落后的编辑。

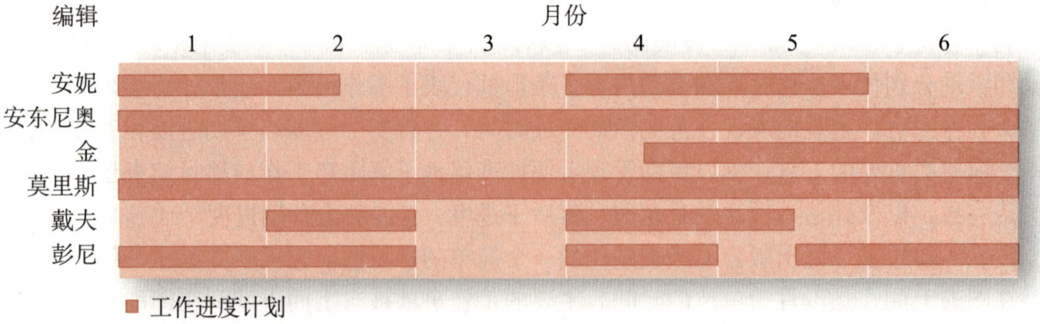

图表 5 负荷图

PERT 网络分析　当任务数量较少且相互独立时，甘特图和负荷图会很有效。然而如果管理者需要为一些大的项目制订计划该怎么办？这些大的项目包括：部门重组，进行成本削减，或者开发一款需要市场部、生产部和产品设计部门协同投入的新产品。这类项目往往需要协调成百上千项活动，其中有些需要同时进行，而另一些却需要等前面的活动完成后才能开始。例如，你要建造一栋楼房，你显然要等地基打好之后才能开始砌墙。管理者应该如何为如此复杂的项目进行排程？PERT 就是非常适合此类项目的一种方法。

PERT 网络（PERT network）是一种流程图状图表，用来描述某个项目所必需的各项活动的先后顺序以及与每项活动有关的时间或成本。[22] 在使用 PERT 网络时，管理者必须思考清楚有哪些要完成的任务，任务之间有怎样的依赖关系，并且识别潜在的问题节点。PERT 网络更便于比较不同备选方案对进度和成本的影响。因此，PERT 网络分析使得管理者能够监控一个项目的进度、识别潜在的瓶颈，并且在必要的时候调配资源以保证项目的进程。

为了理解如何制定一个 PERT 网络，你需要了解四个术语。**事件**（events）代表主要活动完成的一个节点。**活动**（activities）是指从一个事件发展到另一个事件所需的时间或资源。**松弛时间**（slack time）是指在不耽搁整个项目的情况下，单个活动可以推迟完成的时间量。**关键路径**（critical path）指的是 PERT 网络中最长或最耗时的事件和活动顺序。处于关键路径上的事件的任何延迟，都会拖慢整个项目的进度。换言之，位于关键路径上的活动不具有松弛时间。

想要制作一个 PERT 网络，管理者需要先确定完成一个项目所需的所有关键活动，然后按照发生顺序进行排序，并且估计每个事项所需的时间。图表 6 详细解释了这个过程所包含的步骤。

图表 6　制作一个 PERT 网络的步骤

1. 确定一个项目中所有待完成的活动。每项活动的完成都会导致一系列的事件和成果。
2. 确定事件完成的先后顺序。
3. 画出活动从起点到终点的流程，确定每个活动以及它们之间的相互关系。用圆圈表示事件，用箭头表示活动，从而我们能够画出一张流程图，即 PERT 网络。
4. 计算出完成每项活动所需要的时间。计算方式是对三项数值进行加权平均，这三项数值包括：理想情况下对每项活动所耗费时间的乐观估计值（t_o）；正常情况下耗费时间的最大可能值（t_m）；最糟情况下耗费时间的悲观估计值（t_p）。计算预计时间（t_e）的公式为：

$$t_e = \frac{t_o + 4t_m + t_p}{6}$$

5. 根据这张包含每项活动预估时间的网络图，可以确定一张日程表，这张日程表含有每项活动及整个项目的开始与截止日期。位于关键路径上任何活动的延迟都要格外注意，因为这将拖慢整个项目的进度。

多数 PERT 项目都十分复杂，包含大量的活动。这种复杂的计算可以借助定制的 PERT 软件来实现。不过，我们可以考察一个更为简单的例子。假设你是一家建筑公司的主管，你被安排去监督一个办公楼建筑项目。由于在建筑行业里时间就是金钱，因此你必须确定这栋建筑完工所需的时间。你已经确定了具体的活动和事件。图表 7 列出了这个项目中的主要事件，以及你预估的每个事件所耗费的时间。图表 8 展示了基于图表 7 的信息所制作的 PERT 网络。而且你已经计算出了每条活动路径所耗费的时间总长如下：

A—B—C—D—I—J—K（44 周）

A—B—C—D—G—H—J—K（50 周）

A—B—C—E—G—H—J—K（47 周）

A—B—C—F—G—H—J—K（47 周）

图表 7 办公楼建设过程中的事件与活动

事件	描述	预期时间（周）	先导事件
A	批准设计与获取开工许可	10	无
B	挖掘地下车库	6	A
C	搭建脚手架与外墙板	14	B
D	浇筑地面	6	C
E	安装窗户	3	C
F	吊装屋顶	3	C
G	内部布线	5	D，E，F
H	安装电梯	5	G
I	铺设地板	4	D
J	装门和内部装修	3	I，H
K	与物业办理移交手续	1	J

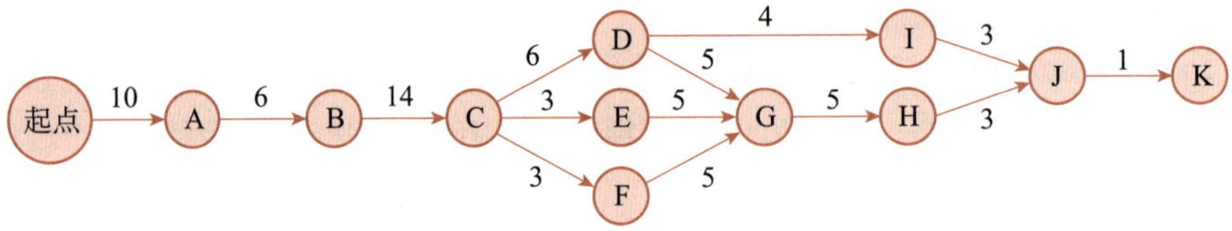

图表 8 办公楼建设的 PERT 网络

从你所制定的 PERT 网络可以看出，如果一切进展顺利，整个项目的完工时间将会是 50 周。这是通过沿着关键路径（时间最长的活动路径）A—B—C—D—G—H—J—K，将所有活动时间加总得出的。如果在此路径上发生任何事件延迟，整个项目的进度就会被拖慢。如果用于铺设地板（事件 I）的时间是 6 周而非 4 周，这并不会对项目完工时间产生影响。为什么？因为这件事并不处于关键路径上。然而，如果用于挖掘地下车库（事件 B）的时间从 6 周延长到 7 周，这将会推迟整个项目的进度。如果管理者希望保持原定进度，或者快于原定进度，他们必须关注关键路径上的有望更快完成的活动。管理者如何才能做到这一点？他们应该详细考察在非关键路径上具有松弛时间的活动拥有哪些空闲资源，并将这些闲置的资源投入关键路径的活动。

盈亏平衡分析

Glory 食品公司的管理者希望了解他们应该卖出多少新型蔬菜罐头才能实现盈亏平衡，即总收入恰好等于总成本的那个临界点。**盈亏平衡分析**（breakeven analysis）是一种被广泛采用的资源配置技术，用于帮助管理者确定盈亏平衡点。

盈亏平衡分析的运算很简单，但是对于帮助管理者搞清楚收入、成本与利润之间的关系具有重要的价值。为了计算盈亏平衡点（*BE*），管理者需要知道所售产品的单位价格（*P*）、单位变动成本（*VC*）以及总固定成本（*TFC*）。当一个组织的总收入等于其总成本时，它就实现了盈亏平衡。但是总成本包括两部分：固定成本和变动成本。固定成本不受销售量变化的影响，如保险费、租金和财产税。变动成本随着产出的变化而成比例变化，如原材料成本、劳动力成本和能源成本。

计算盈亏平衡点可以采用画图的方式，或者使用下面的公式：

$$BE = \frac{TFC}{P - VC}$$

这个公式告诉我们：(1) 当我们以高于单位变动成本的价格销售足够多产品的时候，总收入将会等于总成本。(2) 用价格与变动成本之间的差值乘以所售产品数量，其结果将等于总固定成本。让我们来看一个例子。

假如兰迪冲印服务公司（Randy's Photocopying Service）冲印照片的单价为 0.1 美元。如果该公司的固定成本是每年 27 000 美元，冲印照片的变动成本是每张 0.04 美元，那么该公司可以按照以下方式计算公司的盈亏平衡点：27 000 美元÷(0.1 美元−0.04 美元)=450 000 张照片。换句话说，当年收入达到 45 000 美元（450 000 张照片×0.1 美元）的时候，该公司可以实现盈亏平衡。图表 9 也反映了这一关系。

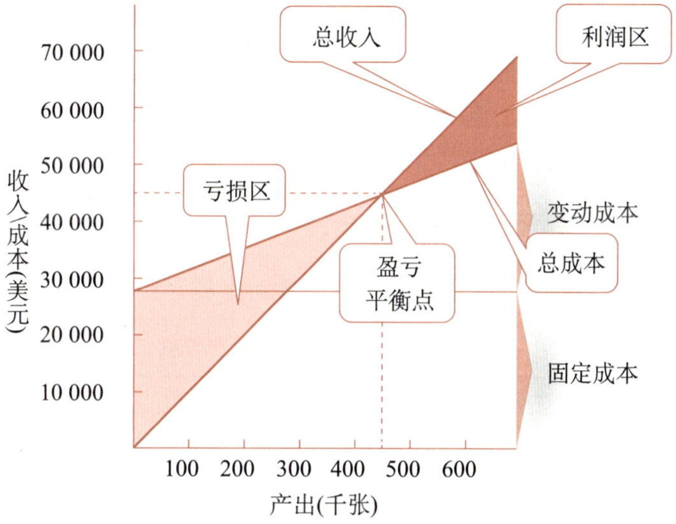

图表 9　盈亏平衡分析

作为一种计划工具，盈亏平衡分析可以帮助该公司设定自己的销售目标。例如，可以制定自己的利润目标，然后计算出为了实现此目标所需完成的销售量。盈亏平衡分析也可以告诉该公司，如果现在正处于亏损，需要提高多少销售量才能实现盈亏平衡；或者，如果处于盈利状态，最多承受销售额下降多少，依旧可以实现盈亏平衡。

线性规划

玛利亚·桑切斯（Maria Sanchez）管理着一家制造厂，这家制造厂生产两种肉桂香味的家用芳香型产品，分别是蜡烛和袋装的香料片。她的生意不错，公司最大产能下的生产量都能销售一空。然而她却遇到了困境：由于袋装的香料片和蜡烛都是用同样的设备制造的，所以她如何分配两种产品的生产才能使得利润最大化？玛利亚可以使用**线性规划**（linear programming）的方法来解决这一问题。

尽管线性规划可以用于此情况，但它并不适用于所有资源配置问题，因为它有一些限制条件。这些限制条件包括：可供配置的资源是有限的，追求的目标是产出最大化，资源可以自由配置以生产出许多产品组合，并且变量之间存在特定的线性关系（一个变量的变化，必然引起另一个变量成比例的变化）。[23] 以玛利亚的工厂为例，如果使用两倍原材料和工时可以使产出翻倍，那么它就满足了线性规划方法的最后一个限制条件。

什么样的问题可以用线性规划来解决？此方法的适用情境包括：选择成本最小的运输路线，在不同的产品品牌之间分配有限的营销预算，使人力资本在不同项目之间进行最优的资源配置，以及在资源有限的情况下确定每种产品应该生产多少。让我们回到玛利亚的例子，一起看看线性规划是如何帮助她解决问题的。幸运的是，她的问题比较简单，因此我们可以快速解决。而如果面对更复杂的线性规划问题，管理者可以借助专用的计算机软件程序，寻求最优的解决方案。

首先，我们需要为玛利亚的生意设定一些前提条件。她已经计算出她的家用芳香型产品的边际利润：每袋香料片的利润为 10 美元，每根蜡烛的利润为 18 美元。基于这些数字，她可以将目标函数表示为：最大利润$=10P+18S$。其中 P 是香料片的产量，S 为蜡烛的产量，该目标函数是一个简单的数学方程式，可以用来预测所有备选方案的结果。此外，玛利亚也清楚每种芳香型产品的单位生产时间，以及制造和装配部门每月分别有多少产能（制造部门为 1 200 小时，装配部门为 900 小时）（详见图表 10）。生产能力被看作公司整体能力的约束条件。此时，玛利亚可以建立她的约束方程：

$$2P+4S\leqslant 1\,200$$

$$2P+2S\leqslant 900$$

当然，玛利亚也可以说 $P\geqslant 0$ 且 $S\geqslant 0$，因为两种芳香型产品的产量都不可能小于 0。

图表 10　家用芳香型产品生产信息

部门	所需工时（小时/单位产品）		每月产能（小时）
	香料片	蜡烛	
制造	2	4	1 200
装配	2	2	900
单位产品利润（美元）	10	18	

在图表 11 中，玛利亚画出了她的解决方案。阴影部分代表所有不会超过任何部门产能上限的备选方案。这是什么意思呢？我们先来观察制造部门的产能约束曲线 BE。我们知道制造部门的总产能为 1 200 小时，因此如果玛利亚想要全部用来生产香料片，那么她可以最多生产 600 袋（1 200 小时÷生产每袋香料片所需的 2 小时）。如果她希望全部用于生产蜡烛，那么她可以最多生产 300 根（1 200 小时÷生产每根蜡烛所需的 4 小时）。而约束曲线 DF 体现了玛利亚所面临的另外一个约束条件。如果她决定将装配部门的产能全部用于香料片，那么可以最多装配 450 袋（900 小时÷装配每袋香料片所需的 2 小时）。与之类似，玛利亚可以装配的蜡烛的最大数量是 450 根，因为每根蜡烛所需的装配时间也是 2 小时。这两种产能限制所带来的约束条件，建立了玛利亚的可行域。她的最优资源配置方式将坐落在该区域的某个角上。点 C 提供了资源限制下的利润最大化的方案。我们是如何知道的呢？在点 A，利润为 0（没有生产任何一种产品）。在点 B，利润为 5 400 美元（300 根×18 美元/根，香料的产量为 0）。在点 D，利润为 4 500 美元（450 袋×10 美元/袋，蜡烛的产量为 0）。而在点 C，利润为 5 700 美元（150 根×18 美元/根＋300 袋×10 美元/袋＝5 700 美元）。

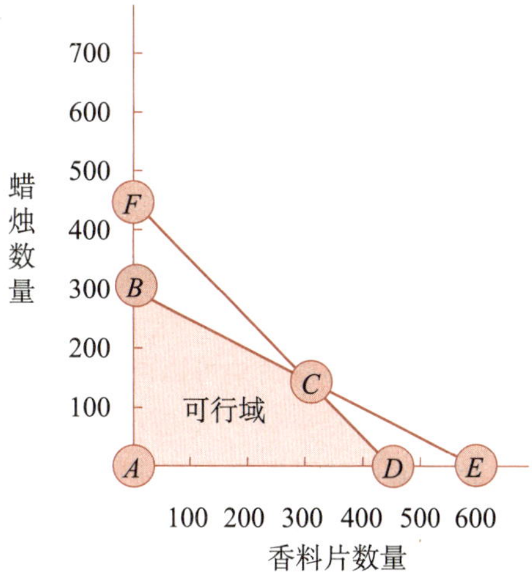

图表 11 线性规划问题图解

当代计划技术

对商品征收贸易关税、不断上升的利率、恐怖袭击、飓风、颠覆性的竞争对手……当今的管理者要在复杂多变的环境中进行计划。适用于这种环境的两种计划技术分别是项目管理和情景规划。这两种技术都格外强调灵活性，而在当今组织环境下，灵活性对于提高计划的效率和效果至关重要。

项目管理

各种类型的组织，包括科尔曼（Coleman）和波音这样的制造公司，以及 SAS 和微软这样的软件设计公司，都会使用**项目**（project）。一个项目是一次性的具有明确的开始和结束时间的一组活动。不同项目的规模和范围各不相同，从波士顿城市中心大型交通隧道建设项目，到妇女联谊会举办的节日聚会。**项目管理**（project management）的任务是在预算范围内使某个项目的活动按照有关规定准时完成。[24]

越来越多的组织开始进行项目管理，因为这种方式可以满足企业对灵活性的要求，并且帮助企业快速捕捉市场机会。例如，印度的塔塔汽车（Tata Motors）依靠项目管理来开发和生产一款微型车，并与现代和丰田的类似车型竞争。汽车项目规划和项目管理高级副总裁吉里什·沃格（Girish Wagh）表示："塔塔的 Tiago（新车型）是塔塔汽车业务的重要产品之一，也是我们转型的第一步。"[25]

组织有时需要执行一些特殊的项目，这些项目有着明确的截止日期，包含着错综复杂的、对技能有着特殊要求的任务，而且本质上是临时性的，这类项目往往不适合采用那些指导组织日常工作的、标准化的计划流程。取而代之的是项目管理技术，管理者借助这些技术，能够更有效率且有成效地完成项目目标。

项目管理流程　在典型的项目中，工作由一个项目团队来实施，团队成员从不同的工作领域被分配到这个团队中，他们向一名项目经理报告。这名项目经理协调该项目团队与不同部门之间的活动。项目团队达成目标之后就会解散，团队成员进入另一个项目团队或者回到原来的部门。

图表 12 展示了项目计划流程的本质特征。项目计划流程的第一步是对项目目标进行清晰定义。这一步必不可少，因为项目经理和组员需要了解组织对于这个团队的期望是什么。第二步是明确项目中的所有活动以及完成这些活动所需的资源。完成这个项目需要哪些原材料和多少劳动力？这一步复杂且耗费时间，尤其是当项目经理没有任何历史项目或者经验可供借鉴的时候。当所有活动被明确之后，第三步需要确定这些活动的顺序。有哪些活动需要在另一些开始之前完成？有哪些活动可以同时进行？这一步骤常常会用到流程图，比如甘特图、负荷图或者 PERT 网络。第四步是对这些项目活动进行排程，估算每项活动所需时间。第五步是建立整个项目的日程表和确定结项时间。第六步将实际进展与预期目标相比较，并查看是否有必要进行一些调整。如果项目完工所需时间太长，项目经理最好把更多的资源分配到关键活动上，以保证能够更快地完成活动。

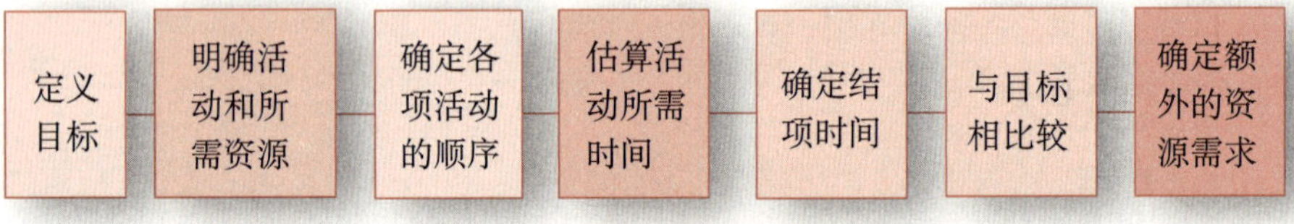

图表 12 项目计划过程

资料来源：Based on R. S. Russel and B. W. Taglor Ⅲ, eds. *Production and Operations Management*, 7th ed. (Hoboken, NJ: Wiley, 2011).

现在，随着越来越多的在线软件包可供使用，项目管理的流程也可以在线进行。这些软件包覆盖了项目管理的方方面面，包括项目会计和估算、项目排程以及故障与缺陷追踪等。

项目经理的角色 项目的临时性使得对项目的管理不同于持续性的管理工作，例如监督一条生产线或者准备每周的成本账目。这种一次性的工作使得项目经理很像一名“被雇用的枪手”。当有一项工作待完成，工作的内容已经被详细定义，这时由项目经理负责决定如何完成这项任务。一些项目的复杂性要求企业雇用项目管理公司。例如，两家外国公司正在考虑是否在爱达荷州博伊西附近开矿。两家公司已与专门管理海外矿产和勘探开发的 MCC8 集团公司签订合同，而后进行可行性分析。[26]因此 MCC8 将指派几名项目经理监督这项可行性研究，这组研究人员包括地质学家和环境影响专家。

即使有复杂的、计算机化的在线排程工具等项目管理工具可供使用，项目经理依旧任务艰巨，因为项目经理需要管理的人员往往依旧从属于他们原来的部门。项目经理对团队成员的影响力仅来源于沟通技巧和说服能力。更糟糕的是，项目组成员很少仅从属于一个项目。他们往往会同时隶属于 2～3 个项目。所以最终的结果常常是，项目经理之间相互竞争，以保证项目组成员能够对自己的项目投入足够的精力。

情景规划

情景（scenario）是对未来可能情形的一贯看法。[27]情景开发也可以称作权变计划，也就是说，如果某个事件发生了，我们就需要采取这些相应的行动。例如，当环境扫描显示美国政府计划通过征收关税来迫使其他国家改变其贸易政策时，相关公司的高管们开始评估此举可能对他们公司造成的影响。对从这些国家进口的钢铁征收10%的关税会有什么影响？如果是25%的关税会有什么影响？如果这些国家进行报复，对进口的钢铁反向征收10%的关税呢？根据这些情况，管理层将准备实施新的战略，以获得并保持公司的竞争地位。

对于那些可预知的事件，情景规划能够有效地进行预测，但是对于随机事件——无法预见的重大意外和反常事件，情景规划也无能为力。例如，2011年5月发生于密苏里州西南部的致命性的龙卷风袭击是能够预测的。由于对此类情景有历史经验，所以龙卷风过后的灾后重建能够有效展开。关于龙卷风袭击的应对措施早已规划好，人们知道应该做哪些事情。但是，情景规划的挑战来自那些完全随机的意外事件。例如，在波士顿的一家医院里，一名医生被病人家属枪杀，这对许多关心工作场所安全的组织来说完全是意料之外的，彻底震撼了这些机构。尽管预测和处理此类事件绝非易事，但这并不意味着管理者对其造成的结果完全无能为力。风险专家提出了一条格外重要的建议，就是建立一套预警系统（一个最简单的例子就是位于太平洋和阿拉斯加的警报系统，它可以将潜在的威胁性海啸告知有关官员，为他们采取预防措施提供时间）。组织的预警指标可以帮助管理者较早地察觉到潜在的问题和变化，并且采取相应的措施。接下来，管理者需要提前准备好相应的措施或计划以防意料之外的事情真的发生。例如，包括美国银行和第一资本（Capital One）在内的五大银行都拥有提前预警服务（EWS）。[28] EWS使银行能够轻松地交换有关客户潜在风险的信息，以打击欺诈行为。

复习和讨论问题

1. 描述用来评估环境的方法。
2. 描述用来配置资源的四种技术。
3. PERT网络分析是如何工作的？
4. 为什么“灵活性”对当今的计划技术至关重要？
5. 什么是项目管理？规划项目时管理者要遵循哪些步骤？
6. “为一些也许永远都不会发生的情况制定复杂的情景规划，是对时间等各种资源的浪费。”你同意这种说法吗？论证你的观点。
7. 直觉和创造性是否与定量的计划工具和技术存在某些相关性？请加以解释。
8. 《华尔街日报》以及其他的商业期刊经常刊登关于一些公司没有实现销售和利润预期的报道。一家公司没能实现其预期的原因有哪些呢？你有哪些提高预测有效性的建议？
9. 管理一个项目与管理一个部门或者其他结构化的工作领域在哪些层面上不同？又在哪些层面上相似？
10. 以下这些情况会出现什么样的预警信号？（a）一个新的竞争对手正进入你所在的市场；（b）发生一次员工停工事件；（c）出现一种能够影响对你的产品的需求的新技术。

附加模块　运营管理

Managing Operations Module

Divergent 3D 公司计划改变汽车的生产方式。[1]传统的汽车生产工厂以往需要 40～50 个足球场大的占地面积，并花费 5 亿～10 亿美元去建造。为摊平前期投资，这些工厂不得不每年生产数十万辆汽车。而 Divergent 3D 公司的创始人凯文·辛格尔（Kevin Czinger）则想要小一点。他承诺建设一个大小不超过一家大型超市占地面积的工厂，只需要 5 000 万美元的投资，且工厂每年可以生产两万辆汽车。依靠大规模的 3D 金属打印机、激光切割技术以及装配机器人，辛格尔说他将以小型化和高度顾客定制化的方式交付低碳的交通工具，并且成本大概维持在 6 700 美元——远远低于当前的工厂成本。

辛格尔的想法并不只是空谈。他在洛杉矶附近建立了一家小型工厂，使用他的创新技术生产了一辆运动摩托和一辆运动跑车。而他的企业正与法国企业开展合作，共同推进很多发展项目。

Divergent 3D 公司是一个关于快速变革的案例，这种变革发生在世界范围内的工厂层面。在这一模块中，我们要回顾运营管理的内容，并描述技术是如何改变商品生产方式与服务提供方式的。

运营管理的角色

什么是**运营管理**（operations management）？它指的是把各种资源转化为产品和服务的过程。图表 1 用一种简化的形式解释了这个过程。这套系统需要投入——人员、技术、资本、设备、材料和信息——然后通过各种流程、步骤和工作活动最终产出成形的产品和服务。由于组织中的每个单元都在生产某些东西，所以管理者需要熟悉运营管理的概念，以更有效率且有成效地实现组织的目标。

运营管理之所以对于组织和管理者很重要，原因有三点：（1）它同时涵盖了服务业和制造业；（2）它对于有效率且有成效地管理生产率非常重要；（3）它对于组织在竞争中获取成功具有战略性意义。

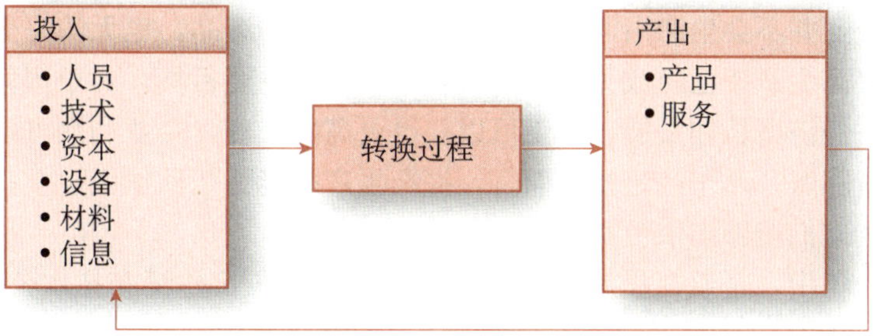

图表 1　运营系统

服务业和制造业

芝士蛋糕工厂（Cheesecake Factory）连锁餐厅的菜单上有 200 多个品类，它们借助有效配置的生产系统来实现这一点。[2]一位餐饮服务行业的咨询顾问说："这些连锁餐厅离不开高度复杂菜单与高效运作厨房的协同作用。"[3]

每个组织都在生产某种东西。然而可惜的是，这一事实经常被忽视，除非是在生产汽车、手机、割草机等显而易见的情况中。毕竟，**制造型组织**（manufacturing organization）生产的是物质产品。在这种组织中，我们很容易观察到运营管理（转化）过程，因为原材料被转化为看得见的物质产品。但是对于**服务型组织**（service organization）——生产以服务为形式的非物质产品的组织，这一转化过程并非如此明显。例如，医院提供医疗与健康护理服务，帮助人们管理个人健康；航空公司提供运输服务，将人们从一个地方运送到另一个地方；邮轮公司提供度假娱乐服务；军队提供防卫保护的服务；等等。这些服务型组织也将投入转化为产出，尽管这个转化的过程并不像制造型组织那样显而易见。以一所大学为例，大学的管理者将"投入"汇集到一起——包括教授、教材、学术期刊、技术材料、计算机、教室和其他相关的资源——然后将"未经点拨"的学生转化为接受过良好教育的、拥有特定技能、有能力为社会作出贡献的个体。

我们强调这一点的原因是，美国的经济乃至某种意义上的世界经济，都以创造和销售服务为主。多数发达国家是服务主导型经济体。例如，在美国，服务业几乎占到了经济活动的 80%；在欧盟，服务业所占比例也超过了 71%。在欠发达地区，服务业的重要性比较低。例如在乍得，服务业只占经济活动的 30%；而在东帝汶，大约只有 17%。[4]

生产率管理

一架喷气式客机有 400 多万个零部件。要想有效地组装这样一个设计精密的产品，需要注意力高度集中。波音公司和空中客车公司，这两家全球主要的飞机制造商，从丰田公司借鉴了一些技术。然而，并非所有的技术环节都能够借鉴，因为飞机制造有着更高的定制化需求，并且相较于汽车，喷气式飞机的制造有着明显更为严格的安全法规约束。然而，制造技术的进步使波音公司能够显著提高其生产定制化客机的能力。该公司计划在 2019 年将 737 型飞机的产量从每月 42 架增加到每月 57 架。[5]

一些企业正计划建造完全用机器人取代工人的工厂。[6]一项研究估计，在韩国，依赖机器人的制造工厂将降低 33%的劳动力成本，在美国将降低 25%。[7]

尽管多数企业并不会生产由 400 多万个零部件组成的产品，也无法完全不用人工而自动运行，但是提高生产率已经成为绝大多数组织的一个主要目标。对于国家而言，较高的生产率可以促进经济增长和发展。员工可以获得更高的工资，企业利润可以实现增长，并且不会引起通货膨胀。对于特定组织而言，提高生产率能够帮助他们建立一种更具竞争力的成本结构，让它们能够提供更有竞争力的价格。

在过去的十年中，企业在提高效率方面突飞猛进。在长盈精密技术公司（Changying Precision Technology Company），技术使该公司能够将其制造缺陷率从 25%降低到 5%，并将产能从每月 8 000 台提高到超过 21 000 台。[8]追求提高生产率的公司不仅仅存在于制造业。位于旧金山的一家餐厅 Les Clos 使用了一款名为 Allset 的智能手机应用程序，顾客可以通过该应用程序预订餐桌、食物并付款。在 Allset 应用后不久，Les Clos 的午餐订单量增加了 30%，销售额也增加了 25%。[9]

生产率是由人力变量和运营变量组合而成的。为了提高生产率，管理者必须兼顾人力和运营。著名的质量专家 W. 爱德华兹 · 戴明（W. Edwards Deming）主张，提高生产率的原动力是管理者而非员工。他给管理者的一些建议包括：要深谋远虑；不在产品质量上骄傲自满；弄清楚问题是出在生产过程中的某个环节，还是植根于整个生产过程本身；针对员工要执行的某项活动进行事先培训；提升一线主管的素质；要求员工高质量地完成工作；等等。[10]很明显，戴明深谙人与运营之间的互动关系。仅靠"对人的管理"无法带来高生产率，真正有效的组织需要通过成功地整合人与整个生产系统，使生产效率最大化。

运营管理的战略作用

现代制造业起源于 100 多年前的美国，最早诞生于底特律的汽车工厂。第二次世界大战期间美国制造商所取得的成功，使得制造业的管理者相信，令人头疼的制造难题已经解决。于是他们将注意力转移到诸如财务和营销等职能领域的改进上，不再过多关注制造领域。

然而，当美国的管理者忽视制造领域的时候，日本、德国等其他一些国家的管理者抓住这个时机，发展了现代化的、基于计算机的、技术先进的生产设施，将生产运营过程有机整合到战略计划决策过程中。这些成功的竞争策略，重塑了国际制造业的领导者次序。美国的制造商很快就发现，国外的商品不仅价格低廉，而且质量更优。最终，在 20 世纪 70 年代，美国管理者意识到他们正面临一场真正的危机，并且采取了应对措施。他们进行大规模投资以提高制造技术水平，提高了制造部门高管的地位和职权，并且开始将现存的和未来的生产要求纳入公司整体的战略计划。当前，成功的组织都认可运营管理的重要性，它对于建立并维持全球领先地位这一组织整体战略发挥着关键作用。[11]

随着越来越多的组织开始从价值链的角度来管理它们的运营，运营管理对于组织的成功所发挥的战略性作用越发明显。接下来我们将讨论价值链管理。

➡ 价值链管理

价值链管理的概念改变了运营管理战略，并且使全球范围的各种组织变得更加有效率和有成效，战略定位更加准确，便于捕捉竞争机会。但是我们所说的价值链管理一词究竟是什么意思？为了理解这一词语，我们需要将其分成几个部分。

什么是价值链管理？

为了生存和繁荣发展，每个组织都离不开顾客。即使是一家非营利组织，也要有顾客享用它的服务或者购买它的产品。顾客希望从自己购买的产品或者享用的服务中获得某种价值，并且他们会判断哪种产品或服务具有这种价值。组织必须提供相应的价值，以吸引和留住顾客。**价值**（value）的定义是：顾客愿意通过放弃某些资源（通常是金钱）以换取的产品或服务的特色、特性、属性以及其他方面。例如，当你在美捷步的网站上购买一双澳大利亚 UGG 羊皮靴时，在校园里温迪快餐店的免下车窗口购买一份培根芝士汉堡包时，或者在当地某个理发店理发时，你就在用金钱换取这些产品中你所需要或者期望的价值——在寒冷的冬天帮你的双脚保暖并且外观时尚；避免中午饿肚子，因为下节课还有 15 分钟就开始了；在下周的面试中让你看起来更加职业。

价值是如何提供给顾客的呢？是通过将原材料和其他资源转化为终端用户需要或想要的产品和服务，使得他们能够随时、随地、以特定的方式享用这些产品和服务。然而，这一看似简单的转化过程，却包含着众多不同参与者（供应商、制造商甚至是顾客）的一系列错综复杂的合作，即包含着整个价值链。**价值链**（value chain）是指整个组织在从获取原材料到产出成品的每个步骤中依次能够增加产品价值的工作活动集合。完整来说，价值链可以涵盖供应商的供应商以及客户的客户。[12] 例如，考虑从种植夏威夷果到变为杂货店夏威夷果饼干这条价值链。这条价值链始于一名种植夏威夷果的农民，他从树上采摘坚果，卖给加工厂。此时的增加值是农民销售坚果的收入，以及种植和采摘坚果所消耗的材料和劳动力。加工厂去除坚果壳，丢弃腐烂的坚果，然后把剩下的卖给面包店。加工厂创造的附加值是购买坚果的成本与出售给面包店的价格之间的差额。面包店通过将坚果和饼干面团混合，烘烤成饼干，然后将它们卖给食品杂货店赚取利润来增值。食品杂货店通过从面包店购买饼干，将它们运送到商店，储存在货架上，然后出售并获得利润来增加价值。

价值链管理（value chain management）是沿着整个价值链，对一系列活动和信息进行有序管理的过程。价值链管理有别于供应链管理。供应链管理是内部导向的，主要关注组织所需的原材料（资源）的高效流入；而价值链管理则是外部导向的，既关注流入的原材料，也关注输出的产品和服务。供应链管理以提高效率为导向，其目标是降低成本与提高组织的生产率，而价值链管理以提高成效为导向，目的是为顾客创造最大化的价值。[13] 麦格纳国际公司（Magna International）和通用汽车之间的关系说明了改善价值链管理的好处。麦格纳国际公司为通用汽车制造保险杠盖。自麦格纳国际公司从俄亥俄州搬到密歇根州后（通用汽车装配厂附近），通用汽车节省了数百万美元的购买成本。[14] 而靠近通用汽车，麦格纳国际公司不再需要维持昂贵的仓储设施，也避免了高运输成本。反过来，节省的成本可以使麦格纳国际公司以较低的价格向通用汽车销售保险杠盖。

价值链管理的目标

在价值链中，哪个环节最具话语权？是提供必要资源和原材料的供应商吗？毕竟它们拥有决定价格和质量的能力。是将资源组合为有价值的产品或服务的制造商吗？它们对于创造产品或服务的贡献显而易见。是确保产品或服务能够随时随地送达顾客身边的渠道商吗？实际上都不是。在价值链管理中，最终还是顾客最具话语权。他们决定着组织需要创造什么样的价值，如何创造这些价值，以及如何提供这些价值。借助价值链管理，管理者希望能够找到独特的组合方式，从而以最快的速度和有竞争力的价格满足顾客的个性化需求。

了解以上事实之后，可以看出价值链管理的目标是建立一种价值链战略，满足甚至超越消费者的需求和预期，并且使得价值链上所有参与者之间能够实现充分且无缝的整合。一个良好的价值链，要求其中的参与者像一个团队般协作，每个参与者都能够为整个流程贡献一部分价值，比如更快的装配速度、更精准的信息、更优质的客户服务等。不同参与者之间配合越默契，为顾客提供的解决方案越优质。当为顾客创造价值，并满足他们的需求和期望时，价值链上的每个参与者都能够从中获益。例如，美国的约翰逊控股公司（Johnson Controls）对其价值链的管理始于改进与内部供应商的关系，进而拓展到改进与外部的供应商和客户的关系。随着公司价值链管理经验的不断丰富，它与客户的关系也不断改进，最终使得价值链中的每个成员都受益。[15]

价值链管理的好处

要想有效整合内外部合作者来创建并管理一个成功的价值链战略，需要价值链上所有的合作伙伴投入大量的时间、精力、资源以及严肃认真的态度。既然有这么高的要求，为什么管理者还要选择价值链战略呢？一项针对制造商的调查展现了价值链管理的四种主要的好处：改进采购；改进物流；改进产品研发；优化客户订单管理。[16]

价值链战略

图表 2 展示了一个成功的价值链战略的六个要素：协调与协作；技术投资；组织过程；领导；员工；组织文化与态度。

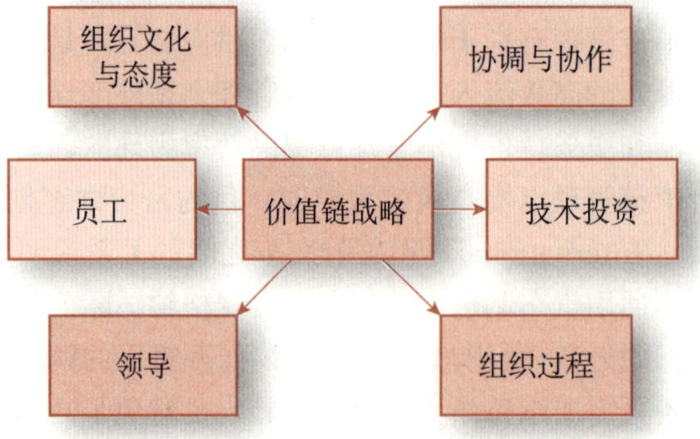

图表 2 价值链战略的要素

协调与协作 为了实现价值链的目标，即满足或超出消费者需求与预期，价值链上所有参与者之间必须建立一种协作关系。每个合作伙伴必须找出那些自己可能忽视却被消费者看重的事情。实现关于价值链中每个参与者行为的信息共享，并且保持灵活，是建立协调与协作的重要步骤。这种信息共享与分析，要求合作伙伴之间有更多开放性的沟通。

技术投资 如果在信息技术上没有大量投资，成功的价值链管理就是天方夜谭。这种投资的回报就是信息技术可以用于重组价值链以更好地服务终端用户。例如，总部位于休斯敦的食品销售商西斯科公司（Sysco）每年都会向餐厅、食堂和体育场馆运送 2 150 万吨的农产品、肉类、熟食和其他食品。为了这些物品能够安全按时送到指定地点，该公司使用了一套由软件、数据库、扫描系统和机器人技术组成的复杂信息系统。[17]

组织过程 价值链管理从根本上改变了**组织过程**（organizational process）——组织完成其工作的方式。当管理者决定以价值链管理的方式进行运营管理时，以前的组织流程就不再适用。必须从头到尾严格评估所有的组织过程，以发现价值增值的环节。没有增加价值的活动应该被撤销。对于组织流程的每个环节，都应该思考这样一些问题："内部知识在哪里可以发挥其杠杆作用，从而优化原材料和信息的流动？""我们如何改进自己的产品以更好地满足顾客与供应商的需求？""如何改进材料和信息的流动？""如何提高客户服务水平？"等等。

关于组织过程，我们可以得出三个重要结论。

第一，进行更准确的需求预测是有必要的，同时借助与顾客和供应商的密切联系，这种预测也是可实现的。例如，为了保证当顾客需要李施德林（Listerine）漱口水的时候可以在商场货架上顺利找到它们，沃尔玛与辉瑞公司（Pfizer）的消费者医疗保健部在改善产品需求预测信息方面进行了协作。通过共同的努力，这种合作伙伴关系促进了沃尔玛商店内李施德林漱口水的销售，对于供应商和零售商而言都是很好的结果。顾客也从中受益，因为他们能够随时随地买到这款产品。

第二，某些特定的功能可能需要与价值链中的其他成员协作完成。这种协作甚至会扩展到共享员工。例如，可口可乐的希腊装瓶公司将员工安排在杂货店，他们与商店员工在商店里一起准备推销可乐并把饮料摆在货架上。

第三，需要建立新的评估方法，对价值链上各种活动的绩效进行评估。由于价值链管理的目标是满足和超越消费者的需求和预期，管理者需要更清楚地了解价值创造与传递的过程是否足够令人满意。例如，当雀巢美国分公司实施价值链管理时，它重新设计了考核体系，将重点放在一系列一致的标准上，其中包括需求预测和生产规划的准确性、准时配送和客户服务的水平等，这些标准使雀巢公司更快地发现问题所在并采取措施加以解决。[18]

领导 成功的价值链管理离不开强有力的领导。在组织自上而下的各个层级，管理者都需要支持、推动和促进价值链管理的实施和持续运行。管理者必须严肃认真地确定组织需要创造什么价值、如何最好地提供这些价值以及组织所付出的努力能够带来多大的成功。如果组织缺乏严肃认真、对价值链管理抱有坚定信念的领导者，就不可能形成一种专注于为顾客创造卓越价值的文化。

同时，很重要的一点是，管理者应指出组织进行价值链管理过程中需要包括哪些活动。最理想的情况是，管理者能够在最开始提出一个愿景或使命，清楚阐明组织的任务是定义并捕捉顾客最看重的价值，并将这种价值提供给顾客。另外，管理者需要明确地阐述对每个员工在价值链中所扮演角色的预期。清晰的预期不仅对于内部的合作伙伴很重要，对于外部的合作伙伴也同样如此。

员工/人力资源 在赛默飞世尔科技公司（Thermo Fisher Scientific）位于俄亥俄州玛丽埃塔的工厂里，当新员工有工作疑问时，可以求助工厂"知识树"的成员。"知识树"

实际上是一块贴有公司员工照片的公告牌，这些员工往往已经在该公司工作了几十年。[19]

员工在价值链管理中所发挥的重要作用不言自明。价值链管理中对于人力资源的三项主要要求是：灵活的工作设计方法；有效的招聘流程；持续的培训。

灵活性是在价值链管理中进行工作设计的关键。传统的职能型工作角色——如市场营销、销售、应付账款、客服等——已经不再适用。取而代之的是，工作岗位必须围绕那些为顾客创造并提供价值的工作环节进行设计。组织既需要灵活的工作岗位，也需要灵活的员工。例如，在诺信公司（Nordson Corporation）位于佐治亚州斯温斯伯勒的工厂里，员工经过培训后可以完成多种不同的任务，这在许多工厂里并不常见。这家工厂的特殊之处在于，即使是行政人员也被要求每个月花 4 小时在车间制造产品。[20]

在一个实施价值链管理的组织中，员工可能被分配到一些工作团队中去负责特定的流程，也可能会按照需要在不同的工作时间被安排去做不同的事情。在这样一种环境中——顾客价值是通过协作关系来创造的，而这种协作关系会随着顾客需求的变化而变化，而且工作流程与职位描述都是非标准化的——员工的灵活应变能力变得至关重要。因此，必须有效设计组织的招聘流程，发现那些具备这种学习能力和适应能力的员工。

最后，为了满足这种对灵活性的要求，组织需要进行大量投资对员工进行持续的培训。无论这种培训是学习如何使用信息技术软件、如何改善原材料在价值链中的流动、如何识别能够增加价值的活动、如何快速作出高质量的决策，还是学习如何改进其他各种活动，管理者都必须确保员工拥有相应的知识和工具，以保证他们能够更有效率且有成效地开展工作。

组织文化与态度　对价值链管理的最后一项要求是要具备支持性的组织文化与态度。从我们对价值链管理的大量描述中，你也许能够猜到什么样的组织文化可以促进价值链管理的成功实施。这些文化态度包括共享、协作、开放、灵活、相互尊重以及信任。这些态度不仅适用于组织内部的合作伙伴，也适用于组织外部的合作伙伴。

当代的运营管理问题

我们通过讨论六个当代运营问题来结束我们对运营管理的论述：一般技术、机器人技术、质量管理、具体的质量目标、批量定制和创建精益组织。

技术在运营管理中的作用

全球定位系统（GPS）改变了一大批企业，这些企业覆盖了从运输业到零售业、从医疗保健到执法甚至畜牧业等诸多领域。[21]和许多其他技术一样，GPS 技术的发明最初是用于军事中对武器和人员的追踪。而现在，GPS 技术被用于追踪运输车辆、丰富消费类产品（如手表或照片等）的功能等。

正如在前面关于价值链管理的讨论中所提到的，当今竞争激烈的市场环境给组织带来巨大的压力，迫使这些组织更加及时地将消费者所看中的产品和服务送到他们身边。聪明的公司正在想方设法通过充分发掘技术力量以优化运营管理。许多快餐公司正在激烈竞争，看谁能够为开车的顾客提供更快速、更优质的服务。由于开车的顾客占了很大比例，快速优质的服务将会成为显著的竞争优势。例如，温迪快餐为自己的一些户外菜单板增设了雨棚，并且将菜单上的某些文字换成图片。其他公司采用了屏幕确认技术，这种技术曾帮助麦当劳将点餐的精确度提高了11%以上。两家全国性快餐连锁公司采用了一种新技术，这种技术可以通过计算排队车辆数量并根据顾客对促销与热销品类的需求，告诉管理者需要准备多少食物。达美乐（Domino's）也在使用一种新型的销售网点系统来吸引顾客和优化线上订单。[22]

尽管一个组织的生产行为总是受“顾客是上帝”的理念驱动，但是管理者仍需要更加及时有效地响应消费者的需求。例如，运营管理者需要能够随时反映剩余产能、订单状态以及生产过程中产品质量（不仅仅是制成品质量）的系统。想要与顾客实现更紧密的连接，必须在整个企业内实现生产同步。为了避免产量瓶颈和进度滞后，生产部门必须成为整个经营系统中紧密协作的一部分。

技术的进步使得密切协作变为可能。技术也使得组织能够控制成本，尤其在预测维修、远程诊断和设施成本节约等方面。例如，兼容互联网的新型设备拥有内设的网络服务器，这种服务器可以做到提前主动沟通——也就是说，在设备的某个零件发生故障时或者达到了某些预示其可能发生故障的参数时，服务器就会发出求助警报。但是科技所能实现的，要远远多于发出一个警报或者点亮一个指示灯。例如，有些设备能够自动向供应商、维修部门或者承包商发出电子邮件或者呼叫信号，向它们传达出现的特定问题或者所需的零件和服务。这种电子自动化的维修控制设备价值有多高呢？当这种维修控制设备能够避免设备故障以及由此导致的生产中断时，它的意义将是巨大的。[23]

运营管理真正的重点在于与组织的各个职能部门通力合作，以寻求顾客所面临的商业问题的解决方案。即使是服务提供商，也懂得技术对于完成这些任务的重要性。例如，美国西南航空公司升级了飞机驾驶舱软件，以保证飞行员（他们接受过大量的培训）能够严格按照卫星定位下的路线飞行至机场，从而节省燃料、减少延误和降低飞行中的噪声。[24]

机器人时代来临了！

机器人即将到来，它们将在各种工作中取代人类。[25]虽然这一说法是对数百万工人的威胁，然而，这种叙述是相当准确的。而且这并不是在遥远的未来才会发生的事情。它正在改变当前运营管理的面貌。

机器人在工厂里无处不在。它们也在亚马逊物流中心挑拣商品，在纳帕谷分拣葡萄。那么，这对管理层和未来的劳动力市场而言意味着什么？

首先，被取代的工作往往是体力劳动或无须脑力的工作，这类工作大多数人不愿意做。其次，在大多数情况下，机器人不会取代人类的工作。它们将承担人类一直在做的部分工作，增强人类的力量，使工作绩效更佳、更有效率。例如，外科医生将使用机器人来进行更精确、更灵活和更可控的复杂手术。因此外科医生这一职业并不会消失，相反，他们会把工作做得更好。

质量管理

什么是质量？当你认为一种产品或服务有好的质量时，这意味着什么？这是否意味着这款产品不会坏掉或者停止工作，也就是说，足够可靠？是否意味着服务是以你想要的方式提供？是否意味着产品具备预期中的功能？或者说质量还意味着其他事情？我们对**质量**（quality）的定义是，产品或服务可靠地达到预期要求并满足顾客期望的能力。

提醒：关于全面质量管理的具体讨论，请参阅管理史模块。

如何实现高质量呢？这是一个管理者必须解决的问题。寻找质量提升措施的一个好的方法是，基于四项基本的管理职能（计划、组织、领导和控制）来进行考察。

质量计划 管理者必须树立质量提升目标，并且制订实现目标的计划。目标可以将每个人的注意力聚焦到主要的问题标准上来。例如，《福布斯》旅游指南按星级系统对酒店进行评级，五星代表质量最高。而一家酒店必须在 800 条标准上获得高评级，才能获得五星的最高评级。

质量计划是一份文件，它规定了与特定产品或服务相关的质量标准、行为、资源、规范和活动顺序。[26]例如，在一家机械加工金属零件的制造业企业中，其质量计划可能由适用的程序、对材料标准的描述、具体的工艺标准和可接受的测量误差组成。[27]

质量方面的组织和领导 由于质量提升措施是由组织中的一些员工来实施的，所以很重要的一点是，管理者要思考如何才能更好地组织和领导这些员工。例如，在通用电缆公司（General Cable Corporation）位于加拿大萨斯喀彻温省的工厂，所有员工都要持续参加关于质量保障的培训。此外，工厂的负责人坚信，要提供给员工一切有利于帮助他们更好工作的信息。他说："最重要的是为操作机器的员工提供信息。你可以构建自己的细胞型组织结构，可以对员工进行交叉式培训，可以利用精细化管理工具，但是如果你不为员工提供改进生产所需的信息，就无法激发他们的热情。"显而易见，这家公司与所有员工分享了生产数据和财务绩效测量指标。[28]

那些拥有广泛而成功的质量改进项目的组织，往往会依赖于两种重要的人员管理方式：交叉职能型工作团队和自我驱动型工作团队。由于产品质量目标的实现需要自上而下所有员工的参与，所以以下这一点也就不奇怪了，即追求质量的组织往往对训练有素、灵活多变和自我驱动型的员工格外依赖。

质量控制 如果无法通过某种方式对进程进行持续的监控和评估，那么这些质量改进措施往往不会取得成功。无论是在库存控制、故障率、原材料采购还是在运营管理的其他方面，质量控制都至关重要。

质量目标

为了公开表明自己的质量承诺，世界上许多组织都在努力追求具有挑战性的质量目标，其中最著名的两个就是 ISO 9001 和六西格玛。

ISO 9001 **ISO 9001** 是由国际标准化组织（ISO）建立的一系列国际质量管理标准，这些标准为制造流程制定统一的指导方针，以确保产品符合顾客的要求。[29]这些标准涵盖了合同审查、产品设计以及产品交付等所有方面。

ISO 9001 已经成为全球市场上公认的用于公司间评估和比较的标准。事实上，该认证已经成为在全球市场开展业务的一个先决条件。来自 160 多个国家的 100 多万家组织已经将 ISO 9001 标准要求应用于其质量管理体系中。而获得 ISO 9001 认证，代表该组织已经具备了一套行之有效的质量管理体系。

六西格玛 在几十年前，摩托罗拉公司就通过使用一种里程碑式的质量改进方法——六西格玛，使得严格的质量标准广为应用。**六西格玛**（Six Sigma）是一种被设计用来减少缺陷率以帮助降低成本、节省时间和提高顾客满意度的质量项目。[30]它基于一套统计标准，这套标准设立了每 100 万个产品中有不超过 3.4 个残次品的目标。六西格玛利用知识、实践和质量资源的通用平台来提高组织有效性。

“六西格玛”这个名字是什么意思呢？西格玛（σ）是希腊字母，统计学家用它来定义标准差。西格玛的数值越高，说明偏差越小——也就意味着残次率越低。如果达到了 1 个西格玛标准，说明有大约 2/3 的测量对象是合格的。达到 2 个西格玛，说明有大约 95%的合格率。如果达到 6 个西格玛，那么你就几乎实现了零瑕疵。尽管这是一个非常高的标准，但是有很多质量驱动的企业都在采用它，并且从中受益。例如，医疗保健信息技术公司麦克森（McKesson）节省了 1.5 亿美元，使订单精度达到了 99.98%。[31]其他追求六西格玛的著名公司包括 ITT Industries、陶氏化学（Dow Chemical）、3M、美国运通、诺基亚和强生。

批量定制

“批量定制”这个词听上去似乎有点相互矛盾。然而，定制化设计的概念已经成为当今管理者所面临的重要运营事项之一。**批量定制**（mass customization）可以为顾客在其希望的时间和地点、以希望的方式提供某种产品。[32]诸如宝马、福特、李维斯（Levi Strauss）、美泰（Mattel）和戴尔等公司，都采用批量定制的方式以获取或者维持一种竞争优势。批量定制需要具备弹性的制造技术和进行持续的顾客沟通。对于这两种能力，技术都起着关键作用。

通过弹性制造，公司能够快速根据订单调整生产线。借助计算机控制的工厂设备、内部局域网、工业机器人、条形码扫描仪、3D 打印机和物流软件之类的技术，公司能够以极短的时间，制造、组装并且向客户配送个性化包装的定制产品。瓦尔比派克公司（Warby Parker）是一个使用弹性制造技术的很好的例子，它根据顾客需求定制化地生产眼镜。

技术对于弹性的顾客沟通也至关重要。借助大量的数据库，公司可以对顾客的偏好进行持续的跟踪。互联网使得公司与顾客之间的持续沟通变为可能，从而公司可以准确了解顾客的消费偏好并及时作出反应。例如，在亚马逊的网站上，对顾客的欢迎问候都是采用实名，顾客可以获得关于图书及其他产品的个性化推荐。这种按照顾客的期待和具体要求来定制产品的能力，使得组织与顾客之间建立起一种重要的关系。如果顾客喜欢某种产品并且这款产品确实提供了价值，那么顾客很有可能成为回头客。

创建精益组织

想要成为一个精益组织，聚焦顾客至关重要。**精益组织**（lean organization）指的是能够理解顾客需求，通过分析制造产品所需的所有工作活动来确定顾客所需的价值，然后从顾客角度来优化整个制造过程的一种组织。[33]精益组织剔除了所有在顾客眼中不增加价值的活动。其目标是提高质量、消除浪费、减少生产时间以及降低总成本。而实现这些目标的关键则是对持续改进的承诺。

例如，UPS、路易威登集团以及哈雷-戴维森公司已经采用了精益运营。“精益运营采取这样一种哲学，通过持续学习、创造力和团队合作来追求完美，从而将浪费降到最低。”[34]

复习和讨论问题

1. 什么是运营管理？
2. 你认为制造型组织还是服务型组织更需要进行运营管理？请说明理由。
3. 什么是价值链和价值链管理？价值链管理的目标是什么？价值链管理能够带来哪些好处？
4. 成功的价值链管理需要满足哪些要求？在追求成功的价值链管理的过程中会面临哪些障碍？
5. 如何将价值链管理运用到你的日常生活中？
6. 技术在制造过程中扮演着怎样的角色？
7. 什么是 ISO 9001 和六西格玛？
8. 请描述精益组织，并且说明为什么它很重要。
9. 如何将运营管理用于除控制以外的其他几项管理职能？

第 VI 篇 管理实践

Management Practice

管理者的困境

当想起宜家时，你会想到什么？你可能还记得跟着父母逛宜家迷宫一样的门店，他们答应你逛完领你吃瑞典肉丸。这家总部位于瑞典的公司以其平装式的家具、简约的风格和低廉的价格而闻名。宜家的目标是通过自己动手组装家具为人们创造更好的日常生活，这被证明是一个成功的策略。宜家成立于 70 多年前，目前公司拥有 19 万名员工，在 49 个国家有 400 多家门店。公司的年收入大约是 410 亿美元——卖了很多家具！听起来，宜家的发展应该会一帆风顺。但是有一次，宜家的一件梳妆台设计品翻倒，几个孩子严重受伤，事情就不一样了。而在导致一名儿童死亡事件后，宜家发起了世界上规模最大的家具召回。它召回了 2 900 万件家具，这是历史上第二大家具召回事件召回数目的 3 倍。宜家还就这次召回展开了大规模的宣传活动，并为那些不愿归还家具的顾客提供梳妆台墙面式支架。之后，还有一名儿童死于没有固定在墙上的梳妆台。

假如你是该公司管理团队的一员。根据你在监管与控制这一部分所学的知识，你会建议团队关注哪五件事情？请仔细考虑你对该团队提出的建议。

全球观

这是关于全球经济的一个故事，它与市场、政治以及公众舆论都相关。而且，随着越来越多的工作——尤其是白领层的工作及专业性工作——被外包或离岸外包，这个故事越来越切中要害。尽管“离岸外包”和“外包”经常被混用，但是这两个词确实含义不同。离岸外包（offshoring）是指重新对业务流程（生产和服务）进行地域部署，使之由一国拓展至另一国。外包（outsourcing）是指将之前在组织内部完成的非核心业务，交由组织外部一个专门从事此活动的实体来完成。

关于全球经济的一个重要事实是，想要增强竞争力，战略决策者必须寻找最合适的地方开展业务。如果在墨西哥制造一辆汽车更便宜，那也许就应该这么做；如果在印度或菲律宾布置电话咨询业务的成本更低，那也许就应该这么做；如果在俄罗斯进行编程的成本更低，那也许就应该选在俄罗斯。几乎所有能够在组织外部开展的专业性活动，都亟待外包出去。将工作安排到其他地方的原因与政治因素或者理念因素无关，前提是这种外包可以节省资金。但是公司需要为由此而导致的员工愤怒或焦虑付出代价。所以，外包或者离岸外包是一件坏事吗？

批评者认为这是坏事。外包或者离岸外包会抢夺美国大范围职业活动中的工作机会，而且外包或离岸外包正在以令人窒息的速度被广泛采用。这意味着从长期来看高校的学生无法获得他们为之苦苦准备的职业机会。这种美国经济的结构性变化也意味着，劳动人群将更频繁地更换工作，并面临降薪的压力。

支持者认为这并非坏事。他们基于这样一种观点：把经济发展看作一把梯子，每个国家都努力在这把“经济梯子”上更上一层。认为美国已经登上梯子的顶端并且没有更高的地方可以去的观点是十分愚蠢的。虽然人们担心，美国白领的命运将会像蓝领工人那样，面临着工作岗位流向低工资国家的问题，不过事实是，美国当前仍然具有在创新方面的竞争优势（尽管如前面所言，这种竞争优势也许岌岌可危）。在商品方面，美国可能存在贸易逆差（以及当今制造过程所需的熟练劳动力的短缺），但在服务业方面，美国仍有贸易顺差。

但总体趋势似乎与美国企业的意愿相偏离，后者希望将其制造业务带回美国（也就是所谓的“回流”）。关税也尚未对离岸外包和外包数量产生明显影响。可以肯定地说，离岸外包与外包是不会很快消失的现实情况。不过，我们能够确定的是，关于外包和离岸外包的观察进一步说明了为什么管理者需要关注组织经营所处的环境。

根据在第Ⅵ篇所学的知识，探讨以下问题：

- 离岸外包和外包有哪些相似之处？又有哪些不同？
- 反对者使用了哪些论据来说明离岸外包和外包的坏处？
- 支持者使用了哪些论据来说明离岸外包和外包的好处？
- 关于离岸外包和外包的决策，会如何影响监督与控制活动？
- 是否只有生产商会面临这些决策/事务？请详细讨论。[1]

连续案例

星巴克——控制

当管理者设定了目标和计划，并且已经有组织、有结构地朝着目标努力时，管理者的职责并没有结束。恰恰相反，管理者此时必须监管工作活动以保证这些活动符合原定计划，并对显著偏离计划的活动进行修正。在星巴克，管理者对许多职能、活动、过程和程序进行控制，以保证组织的各个层级都能够实现预期的绩效目标。

控制咖啡体验

为什么星巴克会如此成功？它的成功得益于诸多因素，其中一个重要因素是星巴克能够以优质的客户体验，为顾客提供高质量的、独具特色的产品。管理者需要控制来帮助监督和评估员工正在做的事情，以及这些事情是如何完成的。星巴克的管理者使用不同的控制方式来确保公司达到目标。这些控制手段包括：交易控制、安全控制、员工控制和组织绩效控制。

星巴克的门店平均每周会产生 85 万次交易。这些店员与顾客之间的交易——也就是用产品换取收益的过程——是星巴克销售收入的主要来源。因此，对店内销售以及驾车外带销售的效率和效果进行衡量和评估，显得至关重要。星巴克多年来一直在进行免下车（开车）取餐，但现在有一股力量在推动产生更多交易。顾客们不再像过去那样把星巴克当作一个坐着工作的地方，因为有更多的共享工作空间可供选择，也更容易找到免费 Wi-Fi。相反，许多顾客想要的是速度和便捷。因此，80%的新店都设有免下车窗口。在有免下车窗口的商店里，70%的销售额来自免下车顾客。然而，星巴克正在增加越来越多的驾车外带服务窗口，而这种销售模式要兼顾质量和速度——这与店内销售的标准有所区别。当一位顾客走进店里点餐，他可以站在一旁等餐，然而这在驾车外带服务区却是不可能实现的。此外，与竞争对手相比，星巴克递送订单给顾客的时间更长。麦当劳、唐恩都乐的免下车递送时间都比星巴克短。意识到这些短板后，该公司正在采取措施改善免下车服务，比如使用屏幕，让顾客在开车到窗口前看到自己点的单并及时修改；同时在屏幕上显示咖啡师的面孔，以保持与顾客的联系；对公司的移动 App 作出改进，加快点单速度。

星巴克在扩大配送服务的过程中也遇到了新的挑战。点外卖的顾客希望咖啡温度恰好，且外观和味道都和在星巴克店里点的一样。通过与优步外卖（Uber Eats）的合作，星巴克外卖服务一直在美国扩张。对星巴克而言，这一合作关系使得外卖提供的咖啡与在星巴克店内消费的咖啡的质量水平相同，这一点很重要。而人们担心的问题是：如果优步外卖的送货车辆突然停下来或被堵在路上怎么办？与单打独斗不同，星巴克在未来需要与优步外卖合作保证派送快速，且与店内食品质量一致。

星巴克还通过社交媒体确保对顾客体验的控制。事实上，星巴克平均每天会对顾客的反馈作出 155 条回复（其中 99%是回复顾客的推特）。例如，有一天早上星巴克手机应用软件崩溃时，顾客在推特上发泄他们的不满。星巴克的回应不仅仅是修复技术故障。一位公司发言人也通过推特迅速向顾客传达了他们正在解决这个问题的消息，并感谢顾客的耐心等待。

安全对于星巴克而言也是至关重要的。为了保证公司的资产（比如人员、设备、产品、财务信息等）不丢失和不出安全事故，公司需要进行安全控制。星巴克致力于为员工提供干净、安全和健康的工作环境。所有员工都需要：承担遵从安全规定和安全实践的责任；与执行这些规定的管理者通力合作；采取必要的措施保护自己和其他员工；参加必要的安全培训；对于各种安全事故、受伤事件以及不安全的行为与环境及时汇报。在被公司雇用之时，每位员工都会收到一份关于安全和健康标准的手册，并且公司会就手册上的要求对员工进行培训。另外，管理者也会持续接受关于这些事务的培训，然后对员工进行培训并使其了解最新的变化。每位员工都能够随时通过联系员工和资产保护部获取信息和建议。

对星巴克来说，还有一个特别重要的安全领域是网络安全。众所周知，星巴克很早就采用了（网络）漏洞众测项目，当安全专家发现影响公司的网络安全问题时，公司就会给予专家奖励。就在星巴克开始提供漏洞奖励后不久，一位安全专家发现了星巴克网站上的漏洞。这些问题包括黑客可以获取客户的信用卡信息，破解客户的账户，更改客户密码。通过持续推进漏洞奖励计划，星巴克能够迅速发现并解决网络安全问题。

虽然星巴克的控制方法是经过深思熟虑的，但有些盗窃行为并不会被立刻发现。例如，威斯康星州的一位星巴克门店经理承认，他在三个月的时间里盗取了总计 3.7 万美元的店内存款，以偿还学生贷款和信用卡债务。当然，偷窃问题也可能来自顾客。北加州的两名顾客涉嫌在三个月的时间里在至少三家星巴克门店偷窃其他顾客的笔记本电脑。由于信任对顾客的看法和星巴克的声誉十分重要，所以迅速制止任何形式的偷盗是星巴克的一项重要任务。

堪称典范的顾客服务是星巴克公司的头等大事，公司鼓励员工竭尽所能为顾客提供满意的餐饮体验，同时以足够的尊重与敬意服务顾客。那么星巴克对员工采取了什么样的控制措施来确保员工如此行事？公司的员工都接受过有关星巴克产品的储存、搬运、准备和服务的所有适当程序的培训，并被要求遵守这些程序。此外，员工还被告知，如果发现任何产品可能对自身或客户的健康或安全构成威胁的迹象，应立即通知其经理。员工们还被教导与可能的工作场所暴力有关的预警信号，以及在面临潜在暴力情况时如何减少受伤的可能。无论是产品还是员工的安全受到威胁，商店经理都接受过培训，了解在这种情况发生时应采取的适当步骤。

一个持续性的挑战是试图控制商店的运营成本。在保持低成本和高质量之间存在着微妙的平衡。有些成本是公司无法控制的（如租金和咖啡豆成本的上涨）。而其他成本，如员工福利和数字化升级则是星巴克使命和战略的一部分，所以他们被认为是必要的。为了抵消成本，星巴克最近将每杯普通滴滤咖啡的价格提高了 10～20 美分，涨幅约为 10%。而公司的挑战在于如何将成本保持在尽可能低的水平，以避免价格上涨。

最后一种对于星巴克的管理者而言很重要的控制方式是绩效与财务控制。星巴克不仅采用通常的财务控制手段（比如收益增长与运营收入），同时也将同店销售增长作为绩效指标。在 2018 年下半年，星巴克就将注意力放在改善同店增长上。截至 2019 年初，此举为星巴克带来了 4% 的增长，星巴克采取的手段主要包括：将店面清理任务转移到闭店后，把浪费顾客时间的流程自动化，提升线上销售额。

除了常规的财务指标，公司治理程序和方针也是星巴克财务控制的重要组成部分。因为这些程序和方针普遍存在于所有适用《萨班斯-奥克斯利法案》的企业。星巴克确立了相应的指导方针，要求其董事会成员尊重责任、过程、程序以及发展预期。

星巴克的价值链：从咖啡豆到每一杯咖啡

星巴克店中每位顾客手里热气腾腾的咖啡，都始于从咖啡园里采摘下来的咖啡豆。从采摘、储存到烘焙，再到按杯进行零售，星巴克深谙价值链上每个参与者所发挥的重要作用。

星巴克从全球筛选咖啡豆，它的咖啡豆采购人员会亲自到拉丁美洲、非洲和阿拉伯半岛、亚洲和太平洋地区等咖啡豆种植区，选择并采购质量最高的阿拉比卡咖啡豆。一旦这些咖啡豆被运抵美国境内的五家烘焙工厂或者全球另外三家烘焙工厂，星巴克专业的烘焙大师就会接手处理。这些烘焙师很懂咖啡，他们会像“施加魔法”一般创造富含精华的烘焙咖啡，保持所有营养元素的均衡。在将原材料加工成星巴克的顾客所期待的产品，并为之提供符合预期的体验的过程中，存在诸多挑战。天气、运输和物流、技术、政局等都有可能影响星巴克的服务质量。

环境保护对于星巴克而言是至关重要的一件事。例如，星巴克不断努力，力争到 2022

年为饮品开发一款更环保的杯子。它计划到 2020 年逐步淘汰塑料吸管，这将导致全球淘汰 10 亿多根吸管。它还制定了目标，要在 2025 年前增加经过环保认证的零售店的数量。同时它在投资太阳能农场，比如北卡罗来纳州的一家农场为超过六个州的将近 600 家星巴克门店提供太阳能能源。为了最大限度地减少星巴克在整个供应链中的环境足迹，供应商被要求签署一份行为准则，以满足商业标准和实践中的某些期望。[2]

◆ **讨论题**

1. 在星巴克的控制过程中，由于它在门店中增加了更多的免下车窗口，可能需要作出什么改变？对于与店内销售无关的免下车服务，需要哪些具体的绩效衡量标准？星巴克需要解决哪些与店外配送相关的控制问题？

2. 星巴克如何利用社交媒体来进行有效的前馈控制、同期控制和反馈控制？

3. 哪些公司可能成为星巴克的标杆？为什么？哪些公司有可能想要以星巴克为标杆？为什么？

4. 什么样的“红色等级预警”也许暗示，实际的运行情况偏离了以下相关人员的标准？(a) 一位小时工；(b) 一位门店经理；(c) 一位区域经理；(d) 财务执行副总裁；(e) 首席执行官。它们之间有何相似之处？为什么？

5. 使用该公司最新的财务报表，计算下列财务比率：流动性比率、资产负债率、库存周转率、总资产周转率、销售利润率和投资回报率。这些提示管理者什么信息？

6. 星巴克是否能够对价值链上的不确定性实施管理？如果能，应该怎样管理？如果不能，为什么？

注　释

术语表*

A

缺勤（absenteeism） 没有在工作岗位上工作。15

积极倾听（active listening） 聆听说话者的完整意思而不作出先入为主的判断或解读。14

活动（activities） 从一个事件发展到另一个事件所需的时间或资源。18

解体阶段（adjourning） 这个阶段的群体为解散做好准备，将主要精力投入善后事宜而非从事工作。13

情感成分（affective component） 态度中的情绪或感受部分。15

平权行动（affirmative action） 为设法平衡许多法律中“应该”和“不应该”的问题而采取的行动。12

人工智能（artificial intelligence） 利用计算机的能力复制人类的推理功能。2

评估中心（assessment centers） 一套绩效模拟测试，用来评估候选人的管理潜力。12

东南亚国家联盟（Association of Southeast Asian Nations，ASEAN） 由 10 个东南亚国家组成的贸易联盟。4

假设相似性（assumed similarity） 观察者对他人的知觉在更大程度上会被观察者自身的特征而非他人的特征所影响。15

态度调查（attitude survey） 通过向员工提出一系列陈述或问题，来了解员工对自己的工作、工作群体、上司或组织的看法。15

态度（attitudes） 对事物或人的评论性陈述。15

归因理论（attribution theory） 我们对他人作出的判断取决于我们对于某种特定行为的归因。15

诚信领导者（authentic leader） 知道自己是谁，坚信什么，并且公开、坦率地依照这些价值观与信念行事的领导者。17

职权（authority） 某个管理职位本身所具有的发布命令和让命令得到执行的权力。11

独裁型风格（autocratic style） 规定具体的工作方法、单方面制定决策、限制员工参与的领导风格。17

工作自主性（autonomy） 实际情况中，一项工作在安排工作内容、确定工作程序方面给员工的自由度、独立权和决定权。16

B

平衡计分卡（balanced scorecard） 一种不仅仅从财务角度来评估组织绩效的方

---

* 术语释义后的数字为该术语所在章号。——译者

法。18

彻底纠正行动（basic corrective action） 首先考察绩效偏差产生的原因和机制，然后纠正产生偏差的根源。18

波士顿矩阵（BCG matrix） 由波士顿咨询集团开发的被广泛应用的业务组合矩阵。9

行为（behavior） 人们的活动。15

行为成分（behavioral component） 个体以某种特定的方式对某人或某事采取行动的意向。15

领导行为理论（behavioral theories of leadership） 识别有效领导者和无效领导者行为的理论。17

标杆（benchmark） 用来进行测量和比较的卓越标准。18

标杆管理（benchmarking） 从竞争对手或其他组织中寻找让其获得卓越绩效的最佳实践。18

偏向（bias） 对特定观点和观念的趋向性或偏好。5

大数据（big data） 庞大而复杂的数据集。2

大五人格模型（Big Five Model） 包含外倾性、随和性、尽责性、情绪稳定性、开放性的五项基本人格维度，是所有其他人格类型的基础，并囊括了绝大多数重要的人格变量。15

董事会代表（board representatives） 成为公司董事会成员并代表公司员工利益的职员。12

有限理性（bounded rationality） 管理者理性地作出决策，但受到他们处理信息能力的限制。2

盈亏平衡分析（breakeven analysis） 一种被广泛采用的资源配置技术，用于帮助管理者确定盈亏平衡点。18

预算（budget） 关于如何为各种具体活动分配资源的财务方案。18

预算编制（budgeting） 分配资源以支付规划好的未来成本的过程。18

官僚组织（bureaucracy） 以劳动分工、清晰界定的等级、详细的规章制度以及非人际关系为特征的组织形式。1

商业模式（business model） 公司如何赚钱的逻辑。9

商业计划书（business plan） 概述某个商业机会并阐述企业如何抓住和利用该机会的书面文件。10

C

能力（capabilities） 用来从事一切必要活动的技能和才智。9

集权（centralization） 决策集中在组织高层的程度。11

指挥链（chain of command） 从组织的最高层延伸到最底层，用以界定汇报工作渠道的职权链。11

变革推动者（change agent） 负责管理变革过程并充当催化剂的人。7

渠道（channel） 将信息传递给接收者的某种媒介。14

魅力型领导者（charismatic leader） 热情、自信，其人格魅力和行动能够影响人们以某些特定方式行事的领导者。17

古典方法（classical approach） 管理学的第一种研究方法，强调理性的重要性，使组织和工人尽可能提高工作效率。1

古典视角（classical view） 认为管理的主要任务是利润最大化。6

封闭系统（closed system） 该系统不受环境的影响，也不与环境互动。1

内部持股公司（closely held corporation） 由数量有限的人员持有并且不能公开交易股份的公司。10

道德准则（code of ethics） 组织价值观及其希望员工遵守的道德规则的正式陈述，是减少模糊性的普遍选择。6

强制权力（coercive power） 领导者实施惩罚和控制的权力。17

认知成分（cognitive component） 个体所持有的信念、观点、知识或信息。15

认知失调（cognitive dissonance） 态度之间或者态度与行为之间的不协调或不一致。15

承诺概念（commitment concept） 认为计划应该扩展到未来足够长远的期限，以兑现制订这些计划时作出的承诺。8

沟通网络（communication networks） 横向和纵向的组织沟通渠道组合而成的各种各样的沟通模式。14

沟通过程（communication process） 意思从一个人传递给另一个人的过程，有七个组成部分。14

沟通（communication） 意思的传递和理解。14

竞争优势（competitive advantage） 使本组织区别于其他组织的特征，即与众不同的优势。9

竞争战略（competitive strategy） 决定组织如何在每种业务上展开竞争的战略。9

竞争情报（competitive intelligence） 收集关于竞争对手的信息，使管理者能够预测竞争对手的行动，而不仅仅是对它们的行为作出反应。8

合规官（compliance officer） 确保公司在进行业务活动时完全遵守与该特定行业相关业的所有国家及内部法规，以及专业标准、公认的业务惯例和内部标准的人。18

压缩工作周（compressed workweek） 员工每天工作更长时间，但每周工作天数更少。11

概念技能（conceptual skills） 管理者用来对抽象、复杂的情况进行思考和概念化的能力。1

同期控制（concurrent control） 在一项工作活动进行期间进行的控制。18

关怀维度（consideration） 领导者与团队成员建立工作关系并相信和尊重成员想法和感受的程度。17

权变方法（contingency approach） 认为组织是不同的，面对不同的情况需要采用不同的管理方法。1

灵活就业员工（contingent workers） 自由职业者、劳务派遣人员、顾问或其他临时雇用的外包和非永久员工，其工作岗位取决于雇主对其服务的需要。11

对比效应（contrast effect） 基于与他人的比较而产生的潜在的认知扭曲。15

控制过程（control process） 一个测量实际绩效、比较实际绩效和绩效标准、采取管理行动纠正偏差或不合理标准的过程。18

控制（controlling） 监管、比较和纠正工作绩效的过程。1

核心竞争力（core competencies） 组织最主要的价值创造能力。9

公司合规性（corporate compliance） 是确保公司和员工遵循适用于该公司的法律、规章、标准和道德实践的过程。18

公司治理（corporate governance） 用来治理一家公司并保护其所有者利益的管理系统。18

公司层战略（corporate strategy） 决定公司从事或想从事什么业务以及它想用这些业务做什么的战略。9

公司（corporation） 一种商业法人实体，其所有者和管理者是分离的。10

工作场所反生产行为（counterproductive workplace behavior） 员工故意采取的可能会对组织或其成员造成伤害的行为。15

创造力（creativity） 以某种独特的方式综合各种思想或者在两种思想之间建立独特联系的能力。7

信誉（credibility） 对领导者的诚实、胜任力以及鼓舞人心的能力所持的信心。17

关键路径（critical path） PERT 网络中最长或最耗时的事件和活动顺序。18

跨职能团队（cross-functional team） 来自不同职能领域的个体组成的工作团队。13

众包（crowdsourcing） 借助互联网的方式，向组织的传统决策者以外的人员网络征求意见。2

D

分权（decentralization） 低层组织成员可以提供输入或作出实际决策的程度。11

决策（decision） 在两个及以上备选方案中进行选择。2

决策制定角色（decisional roles） 需要作出决策或选择的角色。1

决策标准（decision criteria） 每位决策者都有的指导自己决策的一些标准。2

解码（decoding） 对发送者的信息进行再译。14

解聘（decruitment） 减少组织的员工数量。12

深度学习（deep learning） 使用算法来创建模拟人类大脑功能的分层人工神经网络。2

深层多样性（deep-level diversity） 价值观、个性和工作偏好的差异。5

民主型风格（democratic style） 让员工参与决策制定、向员工授权，并且把反馈作为教导员工的机会的领导风格。17

部门化（departmentalization） 工作岗位组合到一起的方式。11

设计思维（design thinking） 像设计师解决设计问题一样去解决管理问题。2

斜向沟通（diagonal communication） 横跨不同工作领域和组织层级的沟通。14

指导性计划（directional plans） 确定一般指导方针的弹性计划。8

纪律处罚（disciplinary actions） 管理者为了推行组织的工作标准和规则所采取的行动。18

歧视（discrimination） 某人将自己的偏见通过行为施加给偏见对象。5

颠覆性创新（disruptive innovation） 描述了在产品、服务或者流程领域内彻底改变行业游戏规则的创新。7

分配公平（distributive justice） 人们认为薪酬数量以及薪酬分配的公正程度。16

劳动分工（division of labor） 将工作分解为细小和重复性的任务。1

事业部结构（divisional structure） 一种由相对独立的事业部或业务单元组成的组织结构。11

下行沟通（downward communication） 从管理者流向下属员工的沟通。14

恶性冲突（dysfunctional conflicts） 破坏性的、会妨碍群体实现目标的冲突。13

E

成效（effectiveness） 常常被称为“做正确的事”，即做那些可以实现目标的工作活动。1

效率（efficiency） 以尽可能少的投入或资源获得尽可能多的产出。1

自我强度（ego strength） 衡量一个人信念的力量。6

电子绩效监控（electronic performance monitoring） 用电子仪器或者设备收集、存储、分析和报告个人或团队的绩效。12

情绪智力（emotional intelligence，EI） 人们察觉并管理情绪线索和信息的能力。15

情绪（emotions） 对某人或某事的强烈感觉。15

员工授权（employee empowerment） 给予员工更多的决策权。11

员工敬业度（employee engagement） 员工参与和热爱自己的工作，并且对工作满怀热情的程度。15

员工生产率（employee productivity） 一种测量效率和效果的绩效工具。15

员工认可计划（employee recognition program） 通过正式表彰员工的特定贡献来鼓励特定行为的计划。16

员工资源组（employee resource group） 由某个相同多样性维度联结起来的员工形成的团体。5

员工偷窃（employee theft） 员工未经允许就将公司财产据为己有的行为。18

编码（encoding） 将信息转化为符号形式。14

创业（entrepreneurship） 为抓住机会而创办新企业的过程。10

环境（environment） 指的是处于组织之外并可能影响组织绩效的机构或力量。3

环境复杂性（environmental complexity） 组织环境构成要素的个数，以及组织对这些要素的了解程度。3

环境扫描（environmental scanning） 通过筛选大量的信息，以检测新趋势，并创建一组场景。8

环境不确定性（environmental uncertainty） 组织环境的变化程度和复杂程度。3

公平理论（equity theory） 认为员工首先将自己从工作中得到的（所得）和投入的（付出）进行比较，然后将自己的付出-所得比与其他相关人员的付出-所得比进行比较。16

尊重需求（esteem needs） 内部尊重因素包括对自尊、自主和成就感的需求，外部尊重因素包括对地位、认可或被关注的需求。16

道德（ethics） 明确正确和错误行为的伦理准则。6

民族（ethnicity） 一种社会和文化概念，涉及国家、地区文化和联系。5

民族中心论（ethnocentric attitude） 一种认为母国（公司总部所在的国家）的做法

是最佳的工作方法和行为的狭隘观点。4

欧盟（European Union，EU） 由一些欧洲国家组成的经济和政治组织。4

事件（events） 代表主要活动完成的一个节点。18

循证管理（evidence-based management，EBMgt） 系统地使用最佳可用证据来改善管理实践。2

期望理论（expectancy theory） 是对员工受到激励的过程最全面的解释。16

专家权力（expert power） 基于专业技术、特殊技能或知识而拥有的权力。17

出口（exporting） 在国内生产产品，然后销往国外。4

F

可行性研究（feasibility study） 为判断拟创办企业的可行性而对该企业的各个方面进行的分析。10

反馈控制（feedback control） 某项活动完成之后所实施的控制。18

工作反馈（feedback） 员工在完成任务的过程中，可以获得关于自己工作绩效的直接而明确信息的程度。16

前馈控制（feedforward control） 为防止许多潜在的问题而在实际活动开始之前实施的控制。18

费德勒权变模型（Fiedler contingency model） 认为有效的团队绩效依赖领导风格与情境中控制力、影响力的合理匹配的领导理论。17

过滤（filtering） 使信息更容易被接收者认同的故意操纵。14

基层（一线）管理者（first-line（frontline）managers） 管理非管理雇员（直接生产产品或者服务顾客的员工）所从事的工作的最底层的管理者。1

弹性工作时间（flextime） 也称弹性工作制，要求员工每周工作一定时间但允许他们在一定范围内改变工作时间的制度实排。11

预测（forecast） 对未来结果的预报。18

外国子公司（foreign subsidiary） 在海外投资的自主经营的、独立的生产机构或办事处。4

正式沟通（formal communication） 在规定的指挥链或组织安排内发生的沟通。14

正规化（formalization） 组织中各项工作的标准化程度以及员工行为受规则和程序指导的程度。11

形成阶段（forming stage） 包含两个分阶段：第一个分阶段是人们加入该群体；第二个分阶段是定义该群体的目标、结构和领导。13

特许经营（franchising） 一个组织向另一个组织授权使用前者的名称和运营手段。4

自由市场经济（free market economy） 资源由私人所有并被私营部门控制的经济。4

良性冲突（functional conflicts） 建设性的、支持群体的工作目标和改进其绩效的冲突。13

职能结构（functional structure） 把从事相似或相关职业的专业人员组合在一起的一种组织设计。11

基本归因错误（fundamental attribution error） 判断他人的行为时，低估外部因素的影响并高估内部因素的影响的倾向。15

G

甘特图（Gantt chart） 由亨利·甘特开发的条形图，显示组织一段时期内的实际结果和计划结果。18

一般管理理论（general administrative theory） 更关注管理者做什么以及是什么造就了好的管理。1

一般环境（general environment） 组织外部影响组织绩效的因素和力量。3

普通合伙制（general partnership） 两个或更多所有者共同管理企业和承担风险的企业法律形式。10

全球中心论（geocentric attitude） 强调使用全球范围内的最佳方法和人员的一种全球导向的观点。4

玻璃天花板（glass ceiling） 阻碍女性或少数族裔成员获得高级管理职位的无形障碍。5

全球企业（global company） 把管理权和其他决策权都集中于母国的跨国企业。4

全球化（globalization） 一个组织跨越国家边界发展其影响力或业务的过程。4

全球领导力和组织行为有效性（Global Leadership and Organizational Behavior Effectiveness，GLOBE） 研究跨文化领导行为的项目。4

全球采购（global sourcing） 从世界上资源最便宜的地方购买原材料或劳动力。4

目标设置理论（goal-setting theory） 具体的工作目标会提高工作绩效，与容易的目标相比，困难的目标一旦被员工接受，将会产生更高的工作绩效。16

小道消息（grapevine） 非正式的组织沟通网络。14

绿色管理（green management） 管理者开始郑重考虑组织对自然环境的影响。6

群体凝聚力（group cohesiveness） 成员被该群体吸引及共享群体目标的程度。13

群体（group） 为了实现某个（些）具体目标而组合到一起的两个或更多相互依赖、彼此互动的个体。13

群体思维（groupthink） 群体往往会对某成员施加巨大的压力，使其与其他成员的观点保持一致。13

成长战略（growth strategy） 组织通过现有业务或新业务来增加市场数量或提供的产品数量。9

H

晕轮效应（halo effect） 根据个体的某种单一特征（如智力、社交能力或外貌）而形成对该个体的总体印象。15

霍桑实验（Hawthorne Studies） 在伊利诺伊州西方电气公司霍桑工厂进行的一系列研究。1

启发法（heuristics） 有助于决策者理解复杂、不确定和模糊的信息的方法。2

需求层次理论（hierarchy of needs theory） 认为人具有五个需求层次的著名激励理论。16

高投入工作实践（high-involvement work practices） 用来激发员工更多地投入或参与的行为。16

高-高型领导者（high-high leader） 有时候会实现高团队任务绩效和高团队成员满意

度。17

人际关系冲突观（human relations view of conflict） 认为冲突是所有群体自然而然、不可避免的结果。13

人力资源规划（human resource planning） 是管理者确保他们在正确的时间、正确的地点拥有正确数量和类型的有能力的员工的过程。12

保健因素（hygiene factors） 导致工作不满意的外部因素。16

I

创意领袖（idea champion） 积极、热情地支持新创意，提供支持并克服抵制，而且确保创新得到贯彻执行的人员。7

直接纠正行动（immediate corrective action） 为了立即纠正问题以使绩效回到正确轨道上所采取的行为。18

进口（importing） 购买国外生产的产品，然后在国内销售。4

增量预算（incremental budgeting） 管理者依照当前预算情况决定是否需要额外的资源，并确定对资源的需求量（来做预算）。18

工业革命（industrial revolution） 始于18世纪晚期，当时机器动力代替了人力，使得在工厂中生产产品比在家庭内生产更加经济的产业革命。1

非正式沟通（informal communication） 不受限于组织层级结构的组织沟通。14

信息超载（information overload） 信息超出人们的处理能力。14

信息传递角色（informational roles） 涉及收集、接收和传播信息。1

定规维度（initiating structure） 领导者为实现目标而对自己及团队成员的角色进行界定的程度。17

创新（innovation） 创意过程产生的成果需要转化为有用的产品或工作方法。7

相互作用冲突观（interactionist view of conflict） 冲突不仅可以成为群体中的一种积极力量，而且有些冲突对群体有效开展工作是绝对必要的。13

国际货币基金组织（International Monetary Fund，IMF） 目标是促进国际货币合作，并且为成员建立和维护金融稳定、加强经济实力提供政策建议、临时贷款和技术援助的组织。4

人际沟通（interpersonal communication） 两人及两人以上的沟通。14

人际关系角色（interpersonal roles） 涉及人与人（下属和组织外部的人）的关系以及其他礼仪性、象征性职责。1

人际关系技能（interpersonal skills） 与他人及团队良好合作的能力。1

直觉决策（intuitive decision making） 基于经验、感觉和日积月累的判断作出决策。2

ISO 9001 由国际标准化组织建立的一系列国际质量管理标准，这些标准为制造流程制定统一的指导方针，以确保产品符合顾客的要求。18

J

行话（jargon） 某个群体的成员在内部沟通时使用的专业术语或技术语言。14

工作分析（job analysis） 对工作及从事该工作所需行为的评估。12

工作特征模型（job characteristics model，JCM） 确定了五种核心工作维度及其相互关系，以及其对员工生产率、动机和满意度的影响的模型。16

工作深度（job depth） 员工对于工作的控制程度。16

工作说明书（job description） 也称职位说明书（position description），一般是描述工作内容、工作环境和工作条件的书面声明。12

工作设计（job design） 将各种工作任务组合成完整工作的方法。16

工作扩大化（job enlargement） 通过扩大工作范围使工作横向扩展。16

工作丰富化（job enrichment） 通过增加计划和评估责任使工作纵向扩展。16

工作投入（job involvement） 员工对工作的认同、积极参与以及对工作绩效重视的程度。15

工作满意度（job satisfaction） 员工对自己工作所持有的总体态度。15

工作范围（job scope） 一份工作所包含的任务数量以及这些任务重复的频率。16

工作分享（job sharing） 让两个或更多的人分担一份全职工作。11

工作规范（job specification） 任职者成功开展某项工作所必须拥有的最低任职资格。12

合资企业（joint venture） 各合作方为了某种商业目的组建的一个自主经营的、独立的、特定类型的战略同盟。4

L

工会（labor union） 代表员工利益并通过集体谈判来保护他们利益的组织。12

放任型风格（laissez-faire style） 让团队作决策，用任何合适的方法完成任务的领导风格。17

横向沟通（lateral communication） 在组织同一层级的员工之间发生的沟通。14

领导者（leader） 能够影响他人并拥有管理职权的人员。17

领导者-成员交换理论（leader-member exchange theory，LMX） 领导者会区分圈内人和圈外人，那些在小圈子里的员工会有更高的绩效排名、较低的离职率和更高的工作满意度。17

领导者-成员关系（leader-member relations） 员工对其领导者的信心、信任和尊重程度，用好或差衡量。17

领导（leadership） 通过影响团队来实现目标的过程，有时译作领导力。17

领导（leading） 通过与他人合作或影响他人来完成组织目标的管理职能。1

精益组织（lean organization） 能够理解顾客需求，通过分析制造产品所需的所有工作活动来确定顾客所需的价值，然后从顾客角度来优化整个制造过程的一种组织。18

学习（learning） 作为经验的结果而发生的相对持久的行为变化。15

最难共事者问卷（least-preferred coworker（LPC）questionnaire） 衡量领导者是任务导向还是关系导向的问卷。17

法定权力（legitimate power） 领导者所拥有的由其在组织中的职位所带来的权力。17

许可证经营（licensing） 一个组织向另一个组织授权使用前者的品牌名称、技术或产品规格，以获得一笔许可资金或基于销售的收入提成。4

有限责任公司（limited liability company，LLC） 融合了合伙制与公司制特征的一种相对较新的商业组织形式。10

有限责任合伙制（limited liability partnership，LLP） 企业由普通合伙人和有限责任合伙人共同组成的企业法律形式。实际上由普通合伙人运营和管理企业。10

直线职权（line authority） 向管理者授予直接指挥下属工作的职权。11

线性规划（linear programming） 解决资源配置问题的一种数学方法。18

负荷图（load chart） 一种改进的甘特图。18

控制点（locus of control） 人们相信可以掌控自己命运的程度。6

长期计划（long-term plans） 时间跨度超过五年的计划。8

M

马基雅维利主义（Machiavellianism） 以尼科洛·马基雅维利的名字命名的一种人格特质，此人在16世纪撰写了如何获得和操控权力的著作。15

机器学习（machine learning） 一种自动建立分析模型的数据分析方法。2

目标管理（management by objective，MBO） 下级和上级共同确定具体绩效目标，定期审查目标实现情况，并根据进展情况分配奖励的系统。8

走动管理（management-by-walking-around） 管理者在工作现场直接与员工进行互动的管理方式。18

管理（management） 协调和监管他人的工作活动，从而使他们的工作可以有效率且有成效地完成。1

管理信息系统（management information system，MIS） 定期向管理者提供所需信息的系统。18

管理者（manager） 协调和监管其他人的工作，以使组织目标能够实现的人。1

管理方格（managerial grid） 该理论运用“关心员工”和“关心生产”这两个行为维度，并且利用从1（低）到9（高）的量表来评估领导者作出这些行为的程度。17

管理角色（managerial roles） 管理者按照人们的预期在实践中展示的具体行为或表现。1

制造型组织（manufacturing organization） 在运营管理过程发挥重要作用，使原材料变成看得见的物质产品的组织。18

批量定制（mass customization） 为顾客在其希望的时间和地点、以希望的方式提供某种产品。18

批量生产（mass production） 描述大量的生产。11

矩阵结构（matrix structure） 分派不同职能部门的专业人员去从事各种工作项目，每个工作项目则由一名项目经理领导。11

机械式组织（mechanistic organization） 一种僵化和严密控制的组织设计。11

指导（mentoring） 有经验的组织成员（导师）向经验不足的成员（徒弟）提供建议等的过程。5

信息（message） 在沟通发生之前，必定存在的某种意图。14

中层管理者（middle managers） 所有处于基层和高层之间的各个管理层次的管理者，他们管理着基层管理者，拥有地区经理、店铺经理或者部门经理的头衔。1

使命（mission） 对组织意图较为宽泛的陈述，对组织成员认为什么是重要的提供了一个总体指南。8

动机（motivation） 体现了一种过程，涉及个体为实现目标而付出努力的强度、方向和坚持性。16

激励因素（motivators） 增加员工满意度的内在因素。16

多国化企业（multidomestic corporation） 把管理权和其他决策权交给东道国的跨国企业。4

跨国企业（multinational corporation，MNC） 在多个国家开展业务的任何类型的国际企业。4

迈尔斯-布里格斯类型指标（Myers-Briggs Type Indicator，MBTI®） 一种将人分成四类的人格类型评估指标。15

N

民族文化（national culture） 特定民族的个体共有的价值观和态度，这些价值观和态度塑造了他们的行为和对重要事物的观念。4

自恋（narcissism） 指一个人有一种过于夸大的自我重要性感知，他需要过度的赞美，而且态度傲慢。15

民族主义（nationalism） 只注重本国利益的价值理念与政策。它主张一国不依赖于其他国家，并且把本国民众和企业利益放在首要位置。4

成就需求（need for achievement，nAch） 在一套标准之下、获得成功、追求卓越的愿望。16

归属需求（need for affiliation，nAff） 建立友好、亲密的人际关系的愿望。16

权力需求（need for power，nPow） 使他人听从自己的指示以某种特定方式行事的愿望。16

噪声（noise） 对信息的传送、接收或反馈造成干扰的因素。14

非程序化决策（nonprogrammed decision） 独特的、非重复的、量身定制的解决方案。2

规范阶段（norming stage） 形成紧密关系和群体凝聚力的时期。13

规范（norms） 该群体的成员共同接受和认可的标准或期望。13

《北美自由贸易协定》（North American Free Trade Agreement，NAFTA） 墨西哥、加拿大和美国达成的一项协定，力求消除贸易壁垒。4

O

目标（objectives） 最终要实现的目的。8

管理万能论（omnipotent view of management） 认为管理者对组织的成败负有直接责任。3

开卷管理（open-book management） 公司高管与员工共享财务信息，使员工更积极地作出有利于工作的决策，更好地理解自己的工作内容和工作方式对公司的意义，最终影响公司整体的利润情况。16

开放系统（open system） 该系统受环境影响，并与环境产生互动。1

操作性条件反射（operant conditioning） 该理论认为行为是结果的函数，人们通过学习知道如何行事以获得自己想要的东西或者避开自己不想要的东西。15

经营合同（operating agreement） 对有限责任公司如何经营作出相关规定的文件。10

业务计划（operational plans） 详细陈述总体目标如何实现的计划。8

运营管理（operations management） 把各种资源转化为产品和服务的过程。18

机会（opportunities） 外部环境中的积极趋势。

有机式组织（organic organization） 一种具有高度适应性的组织形式，其松散和灵活的程度等同于机械式组织僵化和稳定的程度。11

经济合作与发展组织（Organization for Economic Cooperation and Development，OECD） 一个总部位于巴黎的国际经济组织，其使命是帮助其成员实现可持续的经济增长和就业，提升成员的生活标准，同时维持财政稳定以促进世界经济发展。4

组织（organization） 为了实现某个特定目的而对人员的精心安排。1

组织行为学（organizational behavior，OB） 对工作中的人的行为进行研究。15

组织变革（organizational change） 任何人员、结构或者技术上的变革。7

组织结构图（organizational chart） 组织的结构可以形象地用组织结构图来直观展示。11

组织公民行为（organizational citizenship behavior，OCB） 一种并不属于员工正式工作要求但可以促进组织有效运行的自愿行为。15

组织承诺（organizational commitment） 员工认同所在组织及其目标，并愿意留在组织中的程度。15

组织沟通（organizational communication） 组织中的各种沟通模式、网络和系统。14

组织文化（organizational culture） 影响组织成员行动、将不同组织区分开的共享价值观、原则、传统和行事方式。3

组织设计（organizational design） 一个涉及六项要素——工作专门化、部门化、指挥链、管理跨度、集权和分权、正规化——的决策过程。11

组织发展（organizational development，OD） 用来描述那些聚焦于组织的成员及工作中人际关系的性质和质量的变革方式。7

组织效力（organizational effectiveness） 对组织目标的合适程度及实现程度的测量。18

组织绩效（organizational performance） 所有组织活动的累积结果。18

组织过程（organizational process） 组织完成其工作的方式。18

组织结构（organizational structure） 组织内正式的工作安排。11

组织（organizing） 安排和设计员工的工作以实现组织目标。11

入职培训（orientation） 刚开始从事新工作的员工所需要对其工作岗位和所在组织的入门介绍。12

P

狭隘主义（parochialism） 仅仅从自己的视角看待世界。4

路径-目标理论（path-goal theory） 理解领导的一种模型，认为领导者的任务是协助下属实现他们的目标，并提供所需的指导和支持，确保他们的目标与团队或组织目标相契合。17

绩效薪酬方案（pay-for-performance programs） 根据个人或组织的绩效而变化的薪酬方案。16

组织支持感（perceived organizational support） 员工对组织重视他们的贡献并关心他们切身利益的程度的总体看法。15

知觉（perception） 个体通过组织和解读自己感觉到的印象而对周围环境赋予意义的过程。15

绩效（performance） 一项活动的最终结果。18

执行阶段（performing stage） 群体发展的第四个阶段。在这个阶段，群体结构发挥有效作用，而且被群体成员所接受。13

人格（personality） 个体情感模式、思维模式和行为模式的独特组合。15

游说技能（persuasion skill） 人们影响他人，改变他人的思想或者行为的技能。14

PERT 网络（PERT network） 用来描述某个项目所必需的各项活动的先后顺序以及与每项活动有关的时间或成本的流程图状图表。18

生理需求（physiological needs） 人们对食物、水、住所、性以及其他生理方面的需求。16

计划经济（planned economy） 由中央政府对经济决策作出计划的经济体系。4

计划（planning） 设定目标，确定实现目标的战略，并且制订方案以整合和协调各种活动。1

政策（policy） 决策的指南。2

多国中心论（polycentric attitude） 认为东道国（组织在母国之外经营业务的国家）的员工知道运营企业的最佳工作方法和实践的一种观点。4

职位权力（position power） 领导者对雇用、解雇、惩处、晋升、加薪等工作活动的影响程度，用强或弱来衡量。17

偏见（prejudice） 对一个人或一群人预先持有的观念、看法或判断。5

管理原则（principles of management） 可以应用于所有的组织并可以在学校中教授给学生的管理的基本规则。1

主动型人格（proactive personality） 能够发现机会、表现出主动性以及采取行动，直到发生有意义的变化的人格特质。15

主动的工作设计观（proactive perspective of work design） 认为员工积极主动地改变自己的工作方式的一种组织设计观点。16

问题（problem） 在现有状况和预期状况之间存在矛盾。2

问题解决团队（problem-solving team） 由来自同一个部门或职能领域的员工组成，以改进工作实践或解决具体问题为目的的团队。13

程序公平（procedural justice） 用来确定薪酬分配的程序所具有的公正程度。16

程序（procedure） 管理者应对结构化问题的一系列连续步骤。2

程序冲突（process conflict） 关于工作如何完成的冲突。13

连续生产（process production） 技术最复杂、体现了连续的流程制造的生产方式。11

生产率（productivity） 产品或服务的总产出除以产生这些产出的总投入。18

程序化决策（programmed decision） 可以通过某种例行方法来作出的重复性决策。2

渐进式纪律处罚（progressive disciplinary action） 旨在确保施加与失范行为相适应的最低惩罚。18

项目（project） 一次性的具有明确的开始和结束时间的一组活动。18

项目管理（project management） 在预算范围内使某个项目的活动按照有关规定准时完成。18

项目结构（project structure） 没有员工在完成一个工作项目后可返回的正式部门，所有工作都是由员工团队来完成的。11

精神变态（psychopathy） 个体缺乏对他人的关心，缺少羞愧感以及行为给他人造成伤害时的自责感的黑暗人格特质。15

Q

定性预测（qualitative forecasting） 使用经验丰富者的判断和观点对未来结果的预测。18

质量（quality） 产品或服务可靠地达到预期要求并满足顾客期望的能力。18

定量方法（quantitative approach） 运用定量技术改进决策制定。1

定量预测（quantitative forecasting） 运用数学方法分析以往的数据对未来结果进行的预测。18

R

种族（race） 人们用以识别自己的身体特征（如骨骼结构、皮肤或眼睛的颜色）。5

偏差范围（range of variation） 实际绩效与绩效标准之间的偏差。18

理性决策（rational decision making） 作出符合逻辑、前后一致的选择，以实现价值的最大化。2

成熟度（readiness） 员工完成特定任务的能力和意愿的程度。17

阅读技能（reading skills） 使人能理解所写的与工作相关文件的句子和段落的含义的技能。14

真实工作预览（realistic job preview，RJP） 关于公司和工作的正面和负面信息。12

真实目标（real objectives） 组织真正追求的目标，往往依靠组织成员的行为来确认。8

招聘（recruitment） 发现、识别和吸引合格的求职者。12

参照权力（referent power） 由于个体拥有令人羡慕的资源或个人特质而产生的权力。17

参照对象（referent） 为了评估公平性，个体用来与自己进行比较的其他个体、系统或者他自己——是公平理论中十分重要的变量。16

强化理论（reinforcement theory） 认为行为是结果的函数。16

强化物（reinforcers） 在某种行为之后立即出现，并且提高该行为未来重复的可能性的某种结果。16

关系取向的工作设计观（relational perspective of work design） 员工的任务和工作如何日益依赖各种社会关系的一种工作设计观点。16

关系冲突（relationship conflict） 人际关系的冲突。13

有信度的甄选工具（reliable selection device） 在测量同一事物上一直保持一致结果的甄选工具。12

更新战略（renewal strategy） 用来解决绩效下降问题的公司层战略。9

资源（resources） 组织用来开发、制造以及向顾客提供产品的各种资产——金融资产、有形资产、人力资本和无形资产。9

职责（responsibility） 完成任务的义务或期望。11

奖赏权力（reward power） 给予正面奖赏的权力。17

角色模糊（role ambiguity） 员工没有清晰地理解组织对自己角色的期望并且无法确定自己应当做什么。7

角色（role） 人们期望在社会单元中占据某个特定位置的个体所表现出的行为模式。13

角色冲突（role conflicts） 难以满足的工作期望。7

角色过载（role overload） 员工被期待在规定的时间内做更多事情。7

规则（rule） 告诉管理者能做什么和不能做什么的明确声明。2

S

S型公司（S corporation） 具有公司的常规特征，其独特之处是只要满足一些特定标准就可以作为合伙制企业来纳税的一种特殊的公司类型。10

安全需求（safety needs） 在生理上的需求得到保证的同时，保护自身免受生理和情感伤害的需求。16

满足（satisfice） 接受“足够好”的策略。2

情景（scenario） 对未来可能情形的一贯看法。18

排程（scheduling） 详细规定必须完成的活动内容、活动顺序、分工安排以及截止日期。18

科学管理（scientific management） 用科学的方法确定完成一项工作的最佳方式。1

甄选（selection） 对求职者进行筛选以确定某项工作的最佳人选。12

选择性知觉（selective perception） 依照自身的兴趣、背景、经验、态度而得到的有偏见的知觉。15

自我实现需求（self-actualization needs） 对自我发展、自我潜能发挥和自我理想实现的需求；推动个体成为其有能力成为的人。16

自我效能（self-efficacy） 员工相信自己能够完成工作任务。16

自尊（self-esteem） 人们喜爱或厌恶自己的程度。15

自我管理型工作团队（self-managed work team） 是由员工组成的、不包含管理者的一种正式群体，单独负责一个完整的工作程序或部门。13

自我监控（self-monitoring） 根据外部情境因素调整自己行为的能力。15

自我服务偏见（self-serving bias） 把自己的成功归于内因，而把自己的失败归于外因的倾向。15

仆人式领导（servant leadership） 关注能够帮助员工成长和发展的机会，甚至会不顾个人利益的领导方式。17

服务型组织（service organization） 以服务的形式和不容易被人们看到的转换过程生产非物质产品的组织。18

性骚扰（sexual harassment） 任何带有性色彩的，会直接或间接影响目标员工的就业、工作绩效或工作环境的不必要的行为或行动。12

行为塑造（shaping behavior） 使用正强化和负强化的方式循序渐进地指导员工学习的流程。15

短期计划（short-term plans） 为期一年及以内的计划。8

简单结构（simple structure） 一种部门化程度低、管理跨度大、权力主要集中于某一人、正规化程度极低的组织设计。11

一次性计划（single-use plans） 为满足特殊情况的需要而制订的计划。8

情境领导理论（situational leadership theory，SLT） 聚焦于下属成熟度的一种权变理论。17

六西格玛（Six Sigma） 一种被设计用来减少缺陷率以帮助降低成本、节省时间和提高顾客满意度的质量项目。18

技能多样性（skill variety） 一项工作需要多种活动从而使员工能够利用不同技能和才干的程度。16

基于技能的薪酬（skill-based pay） 基于员工表现出的工作技能和能力来确定薪酬。12

松弛时间（slack time） 在不耽搁整个项目的情况下，单个活动可以推迟完成的时间量。18

社会企业家精神（social entrepreneurship） 将社会目标纳入企业活动之中。6

社会学习理论（social learning theory） 通过直接经验以及观察他人来学习的观点。15

社会惰化（social loafing） 个体在群体中工作不如单独工作时努力的倾向。13

社交媒体（social media） 电子交流方式，使用者可以通过其创建网络社区来分享观点、消息、私人信息和其他内容。1

社会需求（social needs） 人们在爱情、归属、接纳以及友谊方面的需求。16

社会义务（social obligation） 企业为了履行特定的经济和法律责任而从事社会活动。6

社会责任（social responsibility） 企业超越法律和经济义务去做正确的事情，以对社会有利的方式实施行动。6

社会响应（social responsiveness） 企业适应不断变化的社会环境的能力。6

社会化（socialization） 帮助新员工适应组织文化的过程。3

社会经济学视角（socioeconomic view） 认为管理者的社会责任超越了盈利，还包括改善社会福利。6

个人独资（sole proprietorship） 由唯一的所有者单独持有和完全掌控整个企业，并且对企业债务承担个人无限连带责任的企业法律形式。10

管理跨度（span of control） 管理者能够有效率且有成效地管理的员工数量。11

演讲技能（speaking skills） 通过说话来传达信息和想法，并让别人理解的能力。14

具体环境（specific environment） 环境中与实现组织目标直接相关的部分。3

具体计划（specific plans） 清晰定义的、没有歧义的计划。8

稳定战略（stability strategy） 使组织继续从事当前各种业务的公司层战略。9

幕僚职权（staff authority） 向拥有直线职权的管理者提供支持、帮助和建议的职权。11

持续性计划（standing plans） 为反复进行的活动提供指导的长期计划。8

地位（status） 群体内的威望等级、位置或职衔。13

刻板印象（stereotyping） 根据自身对对方所属群体的看法来判断对方。15

震荡阶段（storming stage） 群体内部发生冲突的阶段。13

战略同盟（strategic alliance） 组织与外国企业之间建立的一种伙伴关系，它们在开发新产品或建设生产设施的过程中共享资源和知识。4

战略业务单元（strategic business unit，SBU） 形成自身的竞争战略的单一的、独立的业务。9

战略管理（strategic management） 最高管理者为促进组织目标实现，在充分考虑资源与环境机会后制订并执行的方案。9

战略管理过程（strategic management process） 一个包含六个步骤的过程，涵盖了战略的计划、实施和评估。9

战略计划（strategic plans） 应用于整个组织并确定该组织总体目标的计划。8

战略（strategy） 关于组织将如何经营、如何在竞争中获得成功以及如何吸引和满足顾客以实现组织目标的各种方案。9

优势（strengths） 组织擅长的行动或者拥有的独特资源。9

压力（stress） 人们对特别的要求、约束或机会施加的过度压迫感所产生的一种不良反应。7

应激源（stressors） 导致压力的因素。7

强文化（strong cultures） 核心价值观被广泛和深度共享的文化。3

结构化问题（structured problems） 直接的、常见的、容易识别的问题。2

表层多样性（surface-level diversity） 包括可以触发特定的刻板印象，但不一定会反映出人们思考和感受方式的易于识别的差异。5

持续性创新（sustaining innovation） 对现有成熟产品进行小型和渐进式改进而不是颠覆性的突破。7

SWOT 分析（SWOT analysis） 对组织的优势、劣势、机会和威胁的分析。9

管理象征论（symbolic view of management） 认为组织的成败很大程度上归因于管理者可控范围之外的因素。3

系统（system） 由相互联系、相互依赖的部分以特定方式组合起来的一个整体。1

T

任务冲突（task conflict） 与工作内容和目标有关的冲突。13

任务完整性（task identity） 一项工作需要完成一件完整的、可辨识的工作任务的程度。16

任务重要性（task significance） 工作对人们生活和其他人工作的实际影响程度。16

任务结构（task structure） 工作任务正式化和结构化的程度，用高或低来衡量。17

团队结构（team structure） 由工作团队构成并完成工作任务的一种组织结构。11

技术技能（technical skills） 熟练完成工作任务所需的特定领域的知识与技术。1

远程办公（telecommuting） 允许员工在家办公并通过电脑与公司办公场所互连的工作安排。11

黑暗三联征（ Dark Triad） 由马基雅维利主义、自恋以及精神变态三部分组成的黑暗人格特质。15

X 理论（theory X） 认为员工没有雄心大志，不喜欢工作，只要有可能就会逃避责任，为了保证工作效果必须严格监控的消极的人性观点。16

Y 理论（theory Y） 认为员工喜欢工作，他们接受甚至主动寻求工作责任来自我激励和自我指导，把工作视为一种自然而然的活动的积极的人性观点。16

动素（therbligs） 用以标示 17 种基本的手部动作（如伸、抓、握）。1

威胁（threats） 消极趋势。9

三种需求理论（three needs theory） 认为主要有三种后天的（而不是先天的）需求推动人们从事工作的理论。16

三阶段变革过程（three-step change process） 由库尔特·勒温提出的组织变革路径，包括现状的解冻，变革达到一个新的阶段，通过再冻结使变革成果持久化。7

高层管理者（top managers） 负责为整个组织作出决策，制订影响整个组织的计划和目标的组织人员。1

全面质量管理（total quality management，TQM） 致力于持续改进并回应顾客需求和期望的管理理念。1

传统目标设定（traditional objective setting） 由高层管理者设定的目标沿着组织等级链向下传达，并且变成每个层级的子目标。8

传统冲突观（traditional view of conflict） 认为必须避免发生冲突，冲突意味着群体内出现了问题。13

交易型领导者（transactional leaders） 基本上是通过社会交换（或交易）来实施领导的领导者。17

变革型领导者（transformational leaders） 采用激励和鼓舞（变革）的方式使下属出色地完成任务的领导者。17

无国界组织（transnational or borderless organization） 消除了人为的地理障碍的跨国企业。4

信任（trust） 对领导者的正直、品质和能力所持的信心。17

离职（turnover） 自愿或非自愿地退出某个组织。15

双因素理论（two-factor theory） 认为内在因素与工作满意度相关，而外在因素与工作不满意度相关的理论。16

A 型人格（type A personality） 这种人格的人长期有时间紧迫感和感受到竞争驱动力。7

B 型人格（type B personality） 这种人格的人不会有时间紧迫感和焦虑感。7

U

单件生产（unit production） 描述单件或小批量的生产。11

统一指挥原则（unity of command） 一个人应该只向一位管理者汇报的主张。11

管理的普遍性（universality of management） 各种类型和规模的组织、所有组织层级、任何组织工作领域、任何地方的组织都需要管理。1

非结构化问题（unstructured problems） 新的、不常见的、信息模糊或不完整的问题。2

上行沟通（upward communication） 从下属员工流向上级管理者的沟通。14

V

有效度的甄选工具（valid selection device） 具备某种特征的工具，这种特征是该甄选工具与某种相关指标之间存在一种已被证实的相关关系。12

价值链管理（value chain management） 沿着整个价值链，对一系列工作活动和信息进行有序管理的过程。18

价值链（value chain） 整个组织在从获取原材料到产出成品的每个步骤中依次能够增加产品价值的工作活动集合。18

价值（value） 顾客愿意通过放弃某些资源（通常是金钱）以换取的产品或服务的特色、特性、属性以及其他方面。18

价值观（values） 代表着关于对与错的基本信念。6

浮动薪酬（variable pay） 由个人绩效水平决定的薪酬。12

虚拟组织（virtual organization） 由少量的核心全职员工和因工作项目需要被临时雇用的外部专业人员构成的组织。11

虚拟现实（virtual reality） 一种在模拟环境中发生的三维、交互式、计算机生成的体验。8

虚拟团队（virtual team） 利用信息技术把分散在各地的成员连接起来，以实现某个共同目标的工作团队。13

VUCA 一种不断波动、不确定性、复杂和模糊的环境。7

W

劣势（weaknesses） 组织不擅长的行动或者需要但缺乏的资源。9

告密（whistle-blowing） 组织内人员为报告和纠正腐败行为而披露信息的行为。6

工作委员会（work councils） 员工和管理层互相联系的纽带。12

职场欺凌（workforce bullying） 一个人在一段时间内反复遭受一些负面行为的侵扰，导致身体或精神受损。12

工作专门化（work specialization） 把工作活动划分为各项单独的工作任务的程度。11

工作团队（work teams） 通过积极协作、个人与集体责任制度以及彼此互补的技能来努力完成某个特定的共同目标的成员组成的群体。13

员工多样性（workforce diversity） 使得组织中的人不同或相似的方式。5

工作模拟测试（work sample tests） 对从事该工作的员工日常必须完成的部分或全部工作的模拟。12

世界银行（World Bank） 一个向发展中国家提供援助的国际金融组织。4

世界经济论坛（World Economic Forum） 其会议聚集了世界上数千名领导人，每年召开一次，目的是为经济、社会和政治问题寻找解决方案。4

世界贸易组织（World Trade Organization，WTO） 一个负责处理国家与地区间贸易规则的全球组织。4

写作技能（writing skills） 根据受众的需要以书面方式进行有效沟通的技能。14

Z

零基预算（zero-base budgeting，ZBB） 以“0”而不是当前的预算使用情况作为增加、修正或者缩减资源供给的参照。18

译后记

随着经济体制改革和政府机构改革，国有企业的市场竞争意识越来越强，政府机构的管理也面临许多新现象、新问题，对企业管理及公共管理人才的需求非常强烈。随着所有制改革，各种非公有制企业从小到大，蓬勃发展，对管理人才也提出了强烈的需求。1998年，在国务院学位委员会的领导下，完成了本科专业目录的调整工作，旨在建立口径较宽、适应面较广的新型学科专业体系。这次专业目录调整形成了一个新的独立的学科门类——管理学，其下设 5 个类别、18 种专业，其中，工商管理类下设工商管理、市场营销、会计学、财务管理、人力资源管理、旅游管理等 6 种专业；管理科学与工程类下设管理科学、信息管理与信息系统、工业工程和工程管理等 4 种专业；作为国家重点扶持和发展的专业，公共管理专业在滞后企业管理专业十余年后诞生，公共管理类下设行政管理、公共事业管理、劳动与社会保障、土地资源管理等 4 种专业。同时，研究生专业目录也进行了相应的调整。

管理学课程作为该学科门类的学科基础课，具有基础性、综合性的特点，是工商管理类、管理科学与工程类、公共管理类等各专业的同学学习相关管理专业课程的基础。为了有效地确保管理学这门课程的教学质量，选择合适的教材和参考书至关重要。

自 1984 年问世后，罗宾斯与库尔特教授合作撰写的《管理学》不断更新，已至第 15 版，每一版都成为风靡世界的管理学著作，在全球范围内具有广泛的影响力。至今，这部著作已被译成汉语、西班牙语、俄语、德语、捷克语、泰语、印度尼西亚语等多种语言，中国和菲律宾发行了英文的影印版，加拿大、澳大利亚和印度发行了英文的改编版。自 20 世纪 90 年代引进中国以来，这部著作广受欢迎，成为国内采用率最高的管理学引进图书，赢得了高校师生及各类组织管理者的一致好评。

作为企业管理专业的教学人员，我们曾多次研读本书的以往版本。在第 13 版和第 15 版的翻译过程中，我们更加深入地学习了这两位博学多才的学者的管理学思想，对他们愈发钦佩，并由衷地感谢他们对于管理学教学所作出的卓越贡献。

自问世以来，本书一以贯之地以深入浅出的方式阐述了丰富的管理理论，并及时反映获得普遍认可的最新管理学研究成果以及丰富多彩的管理实践，让读者受益颇丰。这也正是它经久不衰的原因所在。总体而言，本书具有如下三个鲜明的特点：

其一，学习内容丰富多彩。全书具有鲜明的国际化视野，知识点和辅助资料的选取都力图反映国际化视野下的企业管理问题，在案例的选择上，涵盖了北美、西欧、北欧和俄罗斯、日本、中国等的企业案例。全书以管理的四大职能——计划、组织、领导、控制为主体脉络，环环相扣，逻辑清晰，全面覆盖了管理理论的主要知识点。管理理论与管理实践的紧密结合也是其亮点所在，通过结合实际应用来解释管理理论，进一步丰富了学习内容，有助于提升学习效果。

其二，学习形式多种多样。为了提升学习效果，作者综合运用了诸多学习形式，包括案例应用分析、场景实践和管理者困境等的介绍、对管理职业生涯的评估和建议、团队练习以及复习和讨论问题等，有助于读者理解和掌握全书的内容，也有助于指导者更好地推进学习工作。

其三，学习素材推陈出新。管理者面对的世界始终处于变化之中，管理学更是一门动态演进的学科。两位作者深谙这一点，因此，在学习素材的更新上很好地反映了这些变化。比较不同版次之间的差异，人们不难发现：随着时代的变化、管理理论的演进、管理实践的发展，每一版的内容都不断推陈出新，所采用的案例也有很大的更新。

与之前的版本相比，第15版作出了许多有价值的改进，内容更加夯实，结构更为紧凑。每章的开篇专栏“就业技能矩阵”旨在帮助读者明确五种管理者所看重的关键管理工作技能，包括批判性思考技能、沟通技能、合作技能、知识运用与分析技能和社会责任技能。每章增加了“工作场所的秘密”“这是你的职业”两部分内容，“工作场所的秘密”专栏侧重帮助学习者认识到工作场所中所需要面对的问题及其解决方案，“这是你的职业”专栏则旨在帮助学习者培养相关技能，提高职业品格。书中删除了个人评估（PLA）部分，新增了“在失败中学习”专栏，目的在于：让读者认识到失败是成功的基础，培养读者的抗逆力，为未来职业生涯做好准备。除了强调技能，书中还加入了有关管理实践的新话题，如逆全球化、大数据、人工智能、社交媒体等。在章节安排上，本书扩充了原有的附加模块“创办和领导创业型企业”的内容，使其独立成章（本书的第10章），并将原书有关组织结构设计的第10章与第11章合并为一章（本书的第11章）。

第15版的翻译工作历时近一年的时间。除了程熙鎔（北京工商大学经济学院）、耿天成（腾讯科技（深圳）有限公司）、黄苏萍（首都经济贸易大学工商管理学院）、梁晗（首都经济贸易大学工商管理学院）、刘嘉颖（LUISS）、刘静（内蒙古大学经济管理学院）、于晓东（中央财经大学商学院）、郑云坚（闽江学院新华都商学院）之外，其他译者均来自中国人民大学商学院，具体分工如下：前言、致谢、第1章、管理史模块、第2章、第Ⅰ篇管理实践由程熙鎔、唐寅翻译；第3章由郑云坚、唐寅翻译；第4～5章由于晓东、付彦翻译；第6章由黄苏萍、程熙鎔翻译；第7章、第Ⅱ篇管理实践、第8～10章、第Ⅲ篇管理实践由刘刚、梁晗翻译；第11～13章、第Ⅳ篇管理实践由梁晗、唐寅、刘嘉颖翻译；第14章由郑云坚、殷建瓴翻译；第15章由付彦、梁晗翻译；第16章由黄苏萍、梁晗翻译；第17章、第Ⅴ篇管理实践由刘静、张泠然翻译；第18章由刘刚、刘静翻译；计划与控制技术模块由刘刚、殷建瓴翻译；运营管理模块、第Ⅵ篇管理实践由唐寅、耿天成翻译。全书由刘刚统稿，梁晗、程熙鎔、唐寅参与了部分统稿工作。

本书的顺利出版，得益于中国人民大学出版社管理分社编辑的大力支持，对于他们耐心细致的编辑工作和认真精心的出版组织工作，本人表示由衷的敬意！

由于译者水平的限制，书中如有翻译不妥之处，敬请各位读者批评指正！

刘　刚

于中国人民大学商学院